"十三五"国家重点出版物出版规划项目
中国建筑千米级摩天大楼建造技术研究系列丛书

千米级摩天大楼结构施工关键技术研究

组织编写　中国建筑股份有限公司
　　　　　中国建筑股份有限公司技术中心
丛书主编　毛志兵
本书主编　张　琨

中国建筑工业出版社

图书在版编目（CIP）数据

千米级摩天大楼结构施工关键技术研究/张琨主编. —北京：中国建筑工业出版社，2017.6
（中国建筑千米级摩天大楼建造技术研究系列丛书）
ISBN 978-7-112-20764-0

Ⅰ．①千… Ⅱ．①张… Ⅲ．①超高层建筑-建筑结构-工程施工 Ⅳ．①TU974

中国版本图书馆 CIP 数据核字（2017）第 111051 号

本书对高度达千米级别的超高层建筑的施工关键技术进行了研究和总结，内容共分 7 章，分别是：概述、千米级摩天大楼基础工程施工关键技术研究、千米级摩天大楼钢结构施工关键技术研究、千米级摩天大楼混凝土施工关键技术研究、千米级摩天大楼模架与施工平台关键技术研究、千米级摩天大楼垂直运输关键技术研究、千米级摩天大楼施工期消防与逃生技术研究。本书的研究成果比较前沿，对于我国建设更高高度的超高层建筑具有参考意义。

本书适用于建筑施工技术、管理人员参考使用，也可作为相关专业大中专院校师生学习参考书。

总 策 划：尚春明
责任编辑：万 李 张 磊
责任设计：李志立
责任校对：李美娜 党 蕾

"十三五"国家重点出版物出版规划项目
中国建筑千米级摩天大楼建造技术研究系列丛书
千米级摩天大楼结构施工关键技术研究
组织编写 中国建筑股份有限公司
中国建筑股份有限公司技术中心
丛书主编 毛志兵
本书主编 张 琨

*

中国建筑工业出版社出版、发行（北京海淀三里河路 9 号）
各地新华书店、建筑书店经销
霸州市顺浩图文科技发展有限公司制版
北京建筑工业印刷厂印刷

*

开本：850×1168 毫米 1/16 印张：22 字数：632 千字
2017 年 12 月第一版 2019 年 4 月第二次印刷
定价：**52.00 元**
ISBN 978-7-112-20764-0
（30435）

《中国建筑千米级摩天大楼建造技术研究系列丛书》编写委员会

丛书主编：毛志兵

丛书副主编：蒋立红　李景芳

丛书编委：张　琨　王洪礼　吴一红　薛　刚　令狐延

戴立先　王　军　满孝新　邓明胜　王冬雁

《千米级摩天大楼结构施工关键技术研究》
编 写 人 员

本 书 主 编：张　琨

本 书 副主编：薛　刚　王　军　戴立先　王　辉

本 书 编 委：

中国建筑第三工程局有限公司：

孙金桥　王开强　陈　凯　许立山　洪　健　陈　波

李　迪　周环宇　刘志茂　明　磊　孙　庆　刘晓升

欧阳明勇　李　霞　巴　鑫　周　勇　叶　贞　刘　威

崔　健　刘　彬　刘卫军　吴全龙　杨　辉　夏劲松

蒋　凯　罗汾毅

中国建筑一局（集团）有限公司：

周予启　史　媛　王红媛　黄　勇　贺茂军

中建钢构有限公司：

欧阳超　刘　曙　叶国新　吕黄兵　梁明雨

中建西部建设股份有限公司：

赵日煦　林家超　彭　园　刘　离　吴　雄

中国建筑股份有限公司技术中心：

张　涛　霍　亮　李国友

序

超高层建筑是现代化城市重要的天际线，也是一个国家和地区经济、科技、综合国力的象征。从 1930 年竣工的 319m 高克莱斯勒大厦，到 2010 年竣工的 828m 高哈利法塔，以及正在建设中的 1007m 高国王塔，都代表了世界超高层建筑发展的时代坐标。

20 世纪 90 年代以来，伴随着国民经济不断增长和综合国力的提升，中国超高层建筑发展迅速，超高层建筑数量已跃居世界第一位。据有关统计显示，我国仅在 2017 年完工的超高层建筑就近 120 栋，累计将达到 600 栋以上。深圳平安国际金融中心、上海中心大厦等高度都在 600m 以上，建造中的武汉绿地中心高度将达 636m。

中国建筑股份有限公司（简称：中国建筑）是中国专业化发展最久、市场化经营最早、一体化程度最高、全球排名第一的投资建设集团，2017 年世界 500 强排名第 24 位。中国建筑秉承"品质保障、价值创造"的核心价值观，在超高层建筑建造领域，承建了国内 90% 以上高度超过 300m 的超高层建筑，经过一批 400m、500m、600m 级超高层建筑的施工实践，形成了完整的建造技术。公司建造的北京"中国尊"、上海环球金融中心、广州东塔和西塔、深圳平安国际金融中心等一批地标性建筑，打造了一张张靓丽的城市名片。

2011 年起，我们整合集团内外优势资源，历时 4 年，投入研发经费 1750 万元，组织完成了"中国建筑千米级摩天大楼建造技术研究"课题。在超高层建筑设计、结构设计、机电设计以及施工技术等方面取得了一系列研究成果，部分成果已成功应用于工程中。由多位中国工程院院士和中国勘察设计大师组成的课题验收组认为，课题研究的整体成果达到了国际领先水平。

为交流超高层建筑建造经验，提高我国建筑业整体技术水平，课题组在前期研究基础上，结合公司超高层施工实践经验，编写了这套《中国建筑千米级摩天大楼建造技术研究系列丛书》。丛书包括《千米级摩天大楼建筑设计关键技术研究》、《千米级摩天大楼结构设计关键技术研究》、《千米级摩天大楼机电设计关键技术研究》、《千米级摩天大楼结构施工关键技术研究》及《中国500 米以上超高层建筑施工组织设计案例集》5 册，系统地总结了超高层建筑、千米级摩天大楼在建造过程中设计与施工关键技术的研究、实践和方案。丛书凝结了中国建筑工程技术人员的智慧和汗水，是集团公司在超高层建筑领域持续创新的成果。

丛书的出版是我们探索研究千米级摩天大楼建造技术的开始，但仅凭一家之力是不够的，期望业界广大同仁和我们一起探索与实践，分享成果，共同推动世界摩天大楼的"中国建造"。

中国建筑工程总公司　董事长、党组书记

中国建筑股份有限公司　董事长

前　言

中国建筑作为全球最大的投资建设集团，为了适应超高层建筑的发展，推动相关技术的提升，2011 年启动了《中国建筑千米级摩天大楼建造技术研究》课题立项工作，并于 2015 年结题验收。本书在课题研究成果的基础上，提炼总结中国建筑多年的研究与实践成果，形成千米级摩天大楼结构施工关键技术。

本书共分 7 章，第 1 章阐述了国内外超高层建筑及其技术的发展概况。第 2 章介绍了适用于千米级摩天大楼基础工程施工的主要关键技术，内容包括超大长径比桩、超大直径桩、超深超大基坑等施工技术研究。第 3 章介绍了千米级摩天大楼钢结构施工关键技术，内容包含多腔体巨型钢柱、超长超厚单层钢板剪力墙的制作与安装、自动焊接机器人、变形控制、远程监测等。第 4 章介绍了千米级摩天大楼混凝土施工关键技术，内容涉及混凝土的研制、施工、千米泵送等方面。第 5 章介绍了千米级摩天大楼模架与施工平台技术，内容包括低位顶模、集成平台、液压爬模三种模架体系。第 6 章围绕千米级摩天大楼垂直运输设备，介绍了回转平台、单塔多笼循环电梯、跃层电梯、竖向通道塔等关键技术研究。第 7 章以千米级摩天大楼施工期消防与逃生为重点，介绍了"临时/永久"相结合消防系统应用研究及磁力缓降安全逃生装置研究。全书比较系统地总结了当今超高层建筑结构施工的关键技术研究与工程实践成果。书中多项技术达到国际领先或先进水平，部分技术全球首创。

本书诸多技术的研发和应用，是中国建筑工程技术人员及业界人士的共同心血。在他们研究成果的基础上，本书编写人员力求将这些成果展现在读者面前。本书涉及的专业门类广、研究成果多，因编者水平有限，难免有不当之处，希望广大读者批评指正！

本书编委会
2017 年 6 月

目　录

1　概　　述

1.1　国内外超高层建筑发展概况

超高层建筑因巨大的社会效益和经济效益受到人们的青睐，许多国家和企业纷纷投资或建设超高层建筑来展示其财富和地位。自超高层建筑诞生以来，这股热潮就一直没有停止过。1894 年美国纽约高 106m 的曼哈顿人寿保险大厦落成，成为世界第一栋超高层建筑。此后，有 13 栋超高层建筑成为当时世界第一高峰，超高层建筑的高度纪录不断被刷新，大部分世界第一的超高层建筑都只是昙花一现，只有 1931 年建成的 381m 的美国纽约大厦保持世界第一高楼称号达 42 年。

从世界范围来看，超高层建筑的发展可大致分为 3 个阶段：

第 1 阶段（1894—1935 年）：高层建筑进入超高层建筑的起步阶段，世界超高层建筑的发展雏形时期，其代表为 1894 年美国纽约高 106m 的曼哈顿人寿保险大厦（见图 1-1）。之后的美国经济危机和第一次、第二次世界大战使得全球超高层建筑几乎全部停止。这一时期的超高层建筑受到设计理论和建筑材料的限制，结构材料用量较多、自重较大，结构形式单一，主要为框架结构，均建于非抗震区。

第 2 阶段（1950—1975 年）：随着建筑技术的进步，建筑结构理论日趋成熟，特别是钢筋混凝土结构技术的应用取得突破性进展。超高层建筑进入新发展阶段。简洁实用、不受传统建筑形式约束的现代主义超高层建筑成为发展主流。1950 年建成的纽约联合国秘书处大厦（39 层，高 166m）是现代主义超高层建筑的早期代表作。1976 年建成的波士顿汉考克大厦（60 层，高 240.7m）建筑体形为简洁的长方体，是现代主义超高层建筑的晚期代表作（见图 1-2）。此后世界超高层建筑设计思潮开始转变。

第 3 阶段（1980 年至今）：超高层建筑发展呈现新特点，简单的几何形式使建筑设计走向了极端。超高层建筑在追求造型及功能多样化的同时，新技术、新材料被大量地应用到超高层建筑中来。不少具有民族和地方特色的超高层建筑在世界各地兴建，超高层建筑的建设呈爆发式增长。2010 年建成的高 828m 的哈利法塔以惊人的高度实现了超高层建筑发展的飞跃，成为世界第一高楼（见图 1-3）。高度超过 1000m 的王国塔也在建设中。相当一批有效高度超过 600m 甚至超过 1000m 的超高层建筑也在规划设计中，全球各地正在掀起超高层建筑的建设热潮。

目前，中国已成为世界上建筑业最活跃与最繁荣的国家，超高层建筑数量已经稳居世界第一。在 2016 年全球十大高楼中，中国已经占据 6 席（见表 1-1）。中国的超高层建筑数量占据了全球超高层建筑的半数以上，截至 2015 年底全球 300m 以上超高层建筑 186 座，中国占 115 座，全球 500m 以上超高层建筑 16 座，中国占 10 座，中国已成为建造摩天大楼的"头号主力"。2010 年以后是全球超高层建筑全面爆发阶段，2010 年以前全球 300m 以上超高层建筑总量为 45 座，2010 年至 2015 年的短短 5 年间全球新增 300m 以上超高层建筑（在建及建成）数量达到惊人的 141 座，相当于 2010 年以前全部数量的 3.1 倍，建设重心明显由欧美转向东亚，其中中国在这 5 年间 300m 以上超高层建筑（在建及建成）多达 86 座，相当于全球其他国家同一时期总和的 1.6 倍。

图 1-1　曼哈顿人寿保险大厦　　　　图 1-2　波士顿汉考克大厦　　　　图 1-3　哈利法塔（一）

全球前 10 名高楼　　　　　　　　　　　　　表 1-1

序号	名称	高度	所在城市	施工单位	状态
1	王国大厦	1007m	吉达(沙特阿拉伯)	美国 Adrian Smith＋Gordon Gill Architecture 公司	在建（见图 1-4）
2	哈利法塔	828m	迪拜(阿联酋)	韩国三星公司	建成（见图 1-5）
3	苏州中南中心	729m	苏州(中国)	中国建筑	在建
4	武汉绿地中心	636m	武汉(中国)	中国建筑	在建
5	上海中心大厦	632m	上海(中国)	上海建工	建成
6	皇家钟塔酒店	601m	麦加(沙特阿拉伯)	沙特 Binladen 集团	建成
7	深圳平安金融中心	600m	深圳(中国)	中国建筑	封顶
8	天津 117 大厦	597m	天津(中国)	中国建筑	封顶
9	沈阳宝能国际金融中心	568m	沈阳(中国)	中国建筑	在建
10	乐天超级大厦	555m	首尔(韩国)	韩国乐天建筑	在建

注：数据来源于高楼迷论坛，截至 2016 年 6 月。

图 1-4　王国大厦　　　　　　　　　　　图 1-5　哈利法塔（二）

摩天大楼在中国如雨后春笋般展现，建筑高度不断被刷新（见表1-2）。除数量增多外，超高层建筑的高度近年不断刷新，我国超高层建筑的高度正在从400m级向600m级、700m级挺进。492m高的上海环球金融中心已正式投入使用；2015年4月，600m高的深圳平安金融中心结构封顶；2015年9月，597m高的天津117大厦结构封顶，成为中国结构第一高楼；2016年3月，632m高的上海中心大厦完工，成为建成高楼中中国第一、世界第二高楼。此外全国各地尚有一批正在兴建的高层建筑，如729m高的苏州中南中心（见图1-6）、636m高的武汉绿地中心（见图1-7）、568m的沈阳宝能国际金融中心等。

中国前十名高楼　　　　　　　　　　　　　　　表1-2

序号	名称	高度	所在城市	施工单位	状态
1	苏州中南中心	729m	苏州	中国建筑	在建
2	武汉绿地中心	636m	武汉	中国建筑	在建
3	上海中心大厦	632m	上海	上海建工	建成
4	深圳平安金融中心	600m	深圳	中国建筑	封顶
5	天津117大厦	597m	天津	中国建筑	封顶
6	沈阳宝能国际金融中心	568m	沈阳	中国建筑	在建
7	广州东塔	530m	广州	中国建筑	建成
8	天津周大福	530m	天津	中国建筑	在建
9	北京中国尊	528m	北京	中国建筑	在建
10	台北101大厦	509m	台北	KTRT团队	建成

注：数据来源于高楼迷论坛，截至2016年6月。

图1-6　苏州中南中心

图1-7　武汉绿地中心

超高层建筑高度的不断攀升，不仅仅是高度的突破，而且还带动了整个建筑业的发展，包括施工技术、材料技术、设备制造技术等多行业的共同发展，是促进国民经济发展的一个重要纽带，超高层建筑发展是经济发展的大势所趋。

1.2 超高层建筑施工技术的发展情况

1.2.1 国外超高层建筑技术的发展

建筑活动往往是在一定技术基础上进行的,因而建筑业的历史发展以建筑技术的不断进步为前提。建筑业对技术的大胆尝试和利用大都表现在材料技术、结构技术、设备技术等方面。

1. 现代科学技术促进超高层建筑材料的发展

超高层建筑对建筑钢材和混凝土的要求更高。对钢材性能的要求:高强度,低屈强比,窄屈服幅等的耐震性能;加工工艺上的可焊性,形状尺寸加工精度;耐久性,如高张力钢、低屈服点钢、热处理钢等。1988—1992 年间,日本开发研制了屈服点为 590N/mm^2 的高张力钢,广泛用于超高层建筑中。近些年来,又开发研制了屈服点为 780N/mm^2 的高张力钢,已开始应用于超高层建筑中。另一方面,低屈服点钢(如屈服点为 100N/mm^2 的钢材,为普通钢材屈服点的一半左右)被研发用于结构梁柱等特殊部位作为吸收地震能的材料。钢筋混凝土结构中的钢筋和混凝土强度也在迅速提高。1988 年以来,进行了强度为 58.8～117.6MPa 的混凝土及强度为 686～1176.7MPa 钢筋的开发及应用。

2. 现代科学技术促进超高层建筑结构体系的发展

传统建筑主要采用砖石作为承重材料,但因其强度较低难以形成整体性,限制了建筑进一步向高空发展。19 世纪后半叶钢铁制造技术取得突破,美国威廉·詹尼发明了一种全新的建筑结构体系——钢框架(骨架)结构体系。该结构体系创新性地采用钢铁作为承重材料,承重结构与围护(分隔)结构分离,1894—1935 年的超高层建筑主要采用钢结构体系。1929—1933 年期间纽约的帝国大厦采用了钢框架支撑结构,具有建筑之王的美称。1950—1975 年的钢结构涌现出多个新结构体系,剪力墙结构、框架-剪力墙结构、框架-筒体结构、筒中筒结构、带转换层结构等体系陆续涌现,混凝土和钢材强度等级不断提高,既满足了建筑形式和功能的需求,更满足了高度不断增长的需求。1980 年以后的超高层建筑结构中,钢结构的数量和高度的发展速度明显减缓,钢筋混凝土结构和混合结构的发展速度超过钢结构。在超高层混合结构中采用了巨型型钢混凝土柱、钢管混凝土柱、巨型伸臂桁架、带钢支撑的巨型外筒、型钢或带斜撑混凝土内筒、钢板混凝土剪力墙等的有效组合。

3. 现代科学技术促进超高层建筑设备设施的发展

1871 年芝加哥发生火灾,使人们认识到城市建筑防火的重要性。由于当时消防设施还比较落后,消防的合理高度在 5 层楼以下,因此消防设施的进步促进了高层建筑的发展。发展高层建筑需要解决的另一个技术难题是垂直运输。1890 年奥迪斯发明了现代电力电梯。由于乘客电梯的出现,建筑突破 5 层的高度限制(徒步可行的登高距离)成为可能。20 世纪后高速电梯的陆续问世,完全解决了超高层建筑垂直运输难题。起重机行业完成了从百吨级到千吨级的跨越,大吨位塔式起重机的问世解决了超高层吊装的难题,大功率、超长臂混凝土泵解决了超高泵送的难题,高承载力模架系统的研究应用解决了超高层建筑施工的模架难题,互联网及通信技术促进了高效管理及远程控制的便捷。目前超高层建筑建造技术基本完备,超高层建筑的技术发展进入了新的阶段。

1.2.2　国内超高层建筑技术的发展

目前在超高层建筑的施工技术方面，美国和日本走在世界的前列，西方发达国家建造百米以上的高楼已各有数十至百余年历史。由于我国对超高层建筑技术的研究起步较晚，自改革开放以来我国超高层建筑的建设和技术研究才有了突破性的进展。中国超高层建筑的数量为世界之最，这些超高层建筑在给城市增添亮点的同时，也极大地推动了我国超高层建筑施工水平的提升。

1. 结构体型复杂化

业主和建筑师为实现建筑功能以及在建筑艺术、建筑造型方面体现创新，越来越重视建筑个性化的体验，设计了众多复杂体型和内部空间多变的超高层建筑，使超高层建筑的平面、立面均极其特别，使得我国超高层建筑的复杂程度也处于世界前列。

根据超高层建筑的功能要求，我国先后发展了框架结构、剪力墙结构、框架-剪力墙结构、框架-筒体结构、筒中筒结构、巨型框架结构等。钢管混凝土、高强度混凝土也在超高层建筑中逐步推广。近几年，各种新的复杂体型及复杂结构体系大量出现，如体型复杂的连体结构，楼板开大洞形成的长短柱，楼板与外框结构仅通过若干节点连接，悬挑、悬挂，大跨度连体的滑动连接等。

国外高层、超高层建筑以纯钢结构为主，而我国以钢-混凝土的混合结构应用居多。据不完全统计，中国已建成的 300m 以上的超高层建筑，混合、组合结构约占 66.7%，如上海环球金融中心（见图 1-8）及金茂大厦均为钢筋混凝土核心筒，外框为型钢混凝土柱及钢柱，上海中心大厦、深圳平安金融中心、天津 117 大厦等全部采用混合结构。钢-混凝土混合结构之所以得到了较大发展，一方面因为其可有效地将钢、混凝土以及钢-混凝土组合构件进行组合，既具有钢结构的技术优势又具有混凝土造价相对低廉的特点；另一方面，我国现场施工的人力成本比国外低，采用混合结构比采用纯钢结构在经济方面更有优势。因此混合结构是符合我国国情的超高层建筑的结构体系，预计将来混合结构仍将得到较大的发展。

随着超高层建筑的发展，近期涌现出了一些新型结构体系。钢-混凝土框架-核心筒结构，内筒采用了型钢、钢板混凝土巨型组合柱及型钢混凝土支撑结构体系；钢管混凝土柱框架＋核心钢板剪力墙体系＋外伸刚臂抗侧力体系，具有较高的抗侧刚度和延性；广州西塔（见图 1-9）采用了外部交叉网格结构体系，该体系具有较强的抗侧刚度及抗扭刚度，能较好地抵御风荷载和地震作用；巨型结构在超高层建筑中被广泛采用，利用外框的带状桁架和巨型柱形成巨型框架，并辅

图 1-8　上海环球金融中心

图 1-9　广州西塔

以必要的外立面的斜撑。随着超高层建筑结构的发展，会有更多新颖合理的结构体系出现。

2. 机械设备国产化

随着建筑规模的扩大，国产设备也更加大型化、专业化以及高速化，此外为了取代整机设计，机械设备也朝产品模块化、组合化和标准化发展。目前我国超高层建筑领域机械设备已实现国产化：我国塔式起重机生产技术发展迅速，建筑施工单位已能生产各种可适应超高层建筑施工需要的自升式塔式起重机，并已逐步走在世界前列；在混凝土超高设备泵送领域，我国建筑施工企业已达到世界领先水平；国产大空间、大吨位、高速施工电梯也已经实现了 500m 级超高层建筑的成功应用。

图 1-10　中联重科 D1250-80
塔式起重机

近几年国内的设备厂家都陆续推出了一批标志性产品，逐步完成了超大型塔式起重机进口品牌替代。以中联重科为例，2008 年推出 D1100 超大型塔式起重机后，陆续开发了多款超大型塔式起重机，打破了超大型塔式起重机领域被进口产品垄断的局面，尤其全球最大上回转塔式起重机 D5200 的开发及创造吉尼斯世界纪录的全球最长臂塔式起重机 D1250 的开发（该机型具有 110.68m 的有效作业半径），彻底打破了我国工程用超大吨位塔式起重机长期依赖进口的局面（见图 1-10）。中国塔式起重机行业从由国外引进技术，到不断地创新研究，经过多年的发展，除满足我国国民经济建设飞速发展的需要外，还大量出口到非洲、中东，甚至欧美国家。

国产高速施工电梯在上海环球金融中心成功应用（见图 1-11），运行速度达到 90m/min，解决了国产化施工电梯在高速运行条件下超长电缆电压降、电缆收集及自身强度等多项超常规技术指标的难题，引领了国产施工电梯在超高层建筑施工中的应用。此后一大批超高层建筑不再采用进口施工电梯，国产施工电梯速度也提高到了 96m/min 以上，最大额定载质量也逐步向 3t 以上发展。

图 1-11　上海环球金融中心高速施工电梯

从 2013 年起中国建筑第三工程局有限公司开始研究单塔多笼循环运行电梯（见图 1-12），即在单根垂直导轨架两侧轨道上运行多部梯笼。在其顶部、底部及其他需要部位设置旋转节。当梯笼运行至旋转节位置时，通过旋转节进行轨道的变换，将梯笼从导轨架一侧上行的轨道变换到另一侧下行的轨道运行，形成周而复始的循环运行。梯笼通过旋转换轨机构平面旋转 180°变换轨

图 1-12　单塔多笼循环运行电梯

道，可以实现全区间或分区间的循环运行，降低常规施工电梯投入及其空间占位影响。设置综合监控系统，对突发情况进行预警及采用自动紧急制动等保护措施，有效保证多部梯笼的安全运行，实现多部梯笼循环运行，大大提高了运输的效率，国产施工电梯得到进一步发展。

在混凝土超高泵送设备领域，我国不但实现了自主研发，打破了国外企业的垄断，而且达到了世界领先水平。三一重工 21 台泵送设备承担了世界第一高楼哈利法塔的混凝土浇筑工程。2012 年三一重工自主研制的 101m 泵车成功下线，三次刷新长臂架泵车世界纪录，刷新了其在 2011 年创造的 86m 的纪录和 2009 年创造的 72m 的纪录。这标志着我国已站在世界泵车设计和制造领域的最前沿。

3. 材料性能不断提升

随着时代发展，国内建筑设计理念不断突破，建筑物造型越来越新颖，朝"高"、"大"、"新"、"奇"的趋势发展，这一趋势在给设计带来巨大难度的同时，对施工材料的要求也越来越高。其中最主要的就是钢材和混凝土。

我国在 1998 年把钢结构技术列为重点推广的新技术之后，超高层建筑中的大跨结构得到迅速发展，因此对钢材性能的要求也越来越多。我国逐渐开发出了适用于超高层建筑的高强度、高韧性、窄屈服点、低屈强比、高抗层状撕裂能力、焊接性及耐火性强的钢材。同时，为了减少在焊接过程中产生的焊接应力，保证焊接质量，采用减少焊接节点数量的方法来减少节点焊接量，因此在工程复杂部位经常采用铸钢节点来解决相应问题。高强度钢的使用，使构件截面小而薄，然而这必带来局部屈曲和刚度降低的问题，解决这个问题的途径之一就是采用 CFT（钢管混凝土）柱。混凝土填充在钢管中，在受压和受弯共同作用下，混凝土向横向扩散，然而却受到钢管的横向约束。所以，混凝土的强度和变形能力提高。另外，由于混凝土的填充，钢管的局部屈曲受到了有效抑制。这样，CFT 柱可以最充分利用高张力钢的强度。

超高层建筑的混凝土强度高、黏度大，随着泵送高度的增加，泵送施工越来越困难。中国建筑对高性能混凝土及其泵送技术进行了大量的试验研究，达到国内领先水平。通过掺入适量粉煤灰、矿粉等优质矿物掺合料，使混凝土在不增加浆体黏性的前提下，提高玻璃珠颗粒含量，减小流动阻力，改善混凝土的可泵性，并提高混凝土的耐久性；利用高效保塑减水剂，使浆体"稀化"，削弱离子间的联系力，降低浆体的黏聚性，使混凝土处于饱和状态，提高混凝土的可泵性。随着高强混凝土材料的研制和不断发展，混凝土的强度等级和韧性性能也不断得到改善。C80 和

C100 强度等级的混凝土已经在超高层建筑中得到广泛使用。

4. 施工技术不断进步

伴随着超高层建筑向高度更高、结构形式更复杂、施工进度要求更快等方向的发展，超高层建筑施工技术逐渐发展为以超大超深基础工程施工、模架施工、混凝土超高泵送、钢结构制作安装为主的现代施工技术。

我国超高层建筑基础不断向超深超大发展，对基础工程的施工也提出了更高的要求。桩基施工技术的不断成熟，成桩材料趋向于多元化发展；成桩工艺趋向于难度更高、技术含量更大，成桩方式也趋向于异型化、组合化。基坑围护结构现在常用钢筋混凝土桩、地下连续墙、钢板桩以及通过地基处理方法采用水泥土挡墙、土钉墙等。逆作法从 20 世纪 80 年代起得到了快速发展，形成了上下同步施工的"全逆作法"和仅进行地下结构逆作施工的"半逆作法"。其中全逆作法在南京青奥项目成功应用（见图 1-13），当负 3 层的大底板封底时，上部塔楼结构已施工至第 17层，相比常规超高层建筑整体工期缩短了 1/3，使得我国在该领域的技术达到了全球领先水平。

20 世纪 80 年代后，我国已完全具备了高层钢结构建筑物的设计、制造及安装施工能力。钢结构因具有强度高、生产制作工业化程度高、施工速度快的特点，在超高层建筑中得到了广泛应用。采用钢结构的超高层建筑，对钢结构的吊装、测控、焊接及吊装机械安装和拆除等技术均要求甚高。随着大型塔式起重机的国产化、焊接机器人的应用，超高层的安装效率大大提高。经过数十年的发展积淀，我国在超高层钢结构安装技术、大跨度滑移技术、复杂空间结构成套施工技术、大悬臂安装技术、整体提升技术和超长超大超厚钢板焊接等方面均达到了领先水平。

在超高泵送方面目前国内的研究主要集中在混凝土的研制、混凝土泵送设备、泵送工艺等方面。在混凝土研制方面已能够研制出满足现有超高层建筑结构需求的各种强度的混凝土。在设备工艺方面，三一重工等公司通过提高设备的可靠性和泵送能力，中国建筑通过研究混凝土可泵性评价、管路润滑装置、新型耐磨泵管、泵管水汽联洗、千米盘管试验等，来解决目前超高层建筑混凝土泵送存在的问题，取得了大量有价值的研究成果，并在实际工程中应用。从 20 世纪末开始采用一泵到顶的方法将混凝土泵送到高空浇筑地点，并且混凝土泵送高度一次又一次刷新。广州珠江新城西塔进行了 411mC100 超高性能混凝土的超高泵送。2011 年，由中国建筑第四工程局有限公司在深圳京基 100 大厦工程中创下 C120 超高性能混凝土超高泵送 417m 的新纪录。2015 年，中国建筑第三工程局有限公司在天津 117 大厦将 C60 混凝土泵送至 621m 的新高度，创造了吉尼斯世界纪录（见图 1-14）。

图 1-13　南京青奥

图 1-14　天津 117 泵送高度创吉尼斯世界纪录

　　在超高层建筑施工领域，混凝土核心筒结构施工是影响整个结构施工的关键环节，模架体系的科学性、先进性成了制约整个混凝土结构施工的重要因素。从传统的搭设脚手架施工到滑模、爬模、提模施工，再到顶模、集成平台，竖向混凝土结构施工机械化、标准化程度不断提高，施工速度不断加快，施工的安全性也越发有保证。超高层建筑施工中采用整体滑模法，有利于主体结构的整体性，减少高空交叉作业，扩大施工作业面，加快施工速度。我国从苏联引进该技术，最早于1986年在房建领域中（深圳国贸大厦）大面积应用该技术，并得到了较快的发展。超高层建筑的筒体结构，常用整体爬模法施工。爬模布置灵活、机械化程度高，对于复杂多变的超高层核心筒设计体现出较好的适应性，目前应用较为广泛。20世纪80年代后期我国开始在超高层建筑中使用爬模技术，并在近些年有了长足的进步与发展。上海环球金融中心、深圳平安中心等世界知名的超高层建筑的施工中均采用了爬模技术。整体提模施工技术是近期发展起来的针对超高层混凝土核心筒结构施工的新技术，它具有综合大钢模和爬模的共同优点，采用整体提模施工相对于爬模施工和滑模施工具有灵活方便、结构形式适应性强、过程控制简洁、工期快的特点，尤其对于竖向结构变化复杂的结构体系，提模系统具有更强的适用性，该技术成功应用于上海中心大厦（632m）。

　　中国建筑近年来先后研发了低位顶升钢平台模架、模块化低位顶升钢平台模架和微凸支点智能顶升模架，模架的承载力高，稳定性和安全性大幅度提升。在微凸支点智能顶升模架的基础上，中国建筑第三工程局有限公司又研发了智能化超高层建筑结构施工装备集成平台系统，创新发明了塔式起重机与平台集成技术，通过平台结构设计优化使小型塔式起重机直接固定在平台上，研发了成套智能化附着装置及工艺使大型塔式起重机与平台结合，随平台同步上升。并能将其他施工设备、设施集成在平台上，为模板工程、钢筋工程、钢结构安装、施工测量、消防、照明等提供全方位服务，实现超高层建筑"工厂化"建造。该技术消除了塔式起重机与施工平台冲突及其自爬升面临的复杂工艺及风险，塔式起重机使用工效提升20%以上，节省塔式起重机使用费用约300万～600万元/台。利用多层作业面优势，实现墙体、楼板多工序高效流水施工，工效提升20%以上，节约工期2～3d/层。平台承载力可达上千吨，能抵御14级大风作用，较传统施工平台承载力及刚度提高3倍以上。该技术经鉴定达到了国际领先水平，并已在武汉绿地中心（636m）、北京中国尊（528m）等地标建筑中成功应用（见图1-15、图1-16）。

图1-15　武汉绿地中心集成平台

图1-16　北京中国尊集成平台

　　继集成平台之后中国建筑第三工程局有限公司又添超高层造楼神器——回转式多吊机集成运行平台（简称"廻转平台"）。平台上固定的吊机，依托平台回转驱动系统可进行360°圆周移位，实现塔式起重机吊装范围对超高层建筑的360°全覆盖，并可通过吊装需求选择大小级配的塔式起重机进行合理配置，充分利用每台塔式起重机的工作性能，因此仅需配置一台大型动臂式塔式起重机就能满足超高层重型构件的吊装需求。该技术优化了吊机的配置，并实现了多吊机的同步提升，通过吊机回转，合理配置塔式起重机，大小搭配，可节省 30％～35％的费用支出；简化了塔式起重机爬升等施工工艺，每层节省约 20％的工期。该技术已在成都绿地中心项目试验成功并投入使用（见图 1-17）。

图 1-17　廻转平台实物图

2 千米级摩天大楼基础工程施工关键技术研究

2.1 研究背景

由于建筑在建设和使用过程中的所有荷载都会传递到基础，由基础再传递到地基中，基础部分的安全可靠是保障建筑正常建设与使用的前提，因此建筑基础部分的施工在整个施工过程中是至关重要的。目前，随着经济的发展，超高层建筑的规模越来越大，建筑高度越来越高，超高层建筑的不断发展对基础工程施工技术提出了更高的要求。

超高层建筑中基础工程施工中的难点主要是复杂地质条件下的桩基础施工和超大超深基坑的施工。超高层建筑桩基础形式的选择并不是一成不变的，不仅要考虑建筑物自身高度、荷载、结构等因素，还要考虑建筑场地地质条件的影响，不同地质与地层情况必然导致桩基的设计与施工的不同。目前，软土地区与浅埋岩高承压水地区超高层建筑的建设因地质条件复杂、桩基施工难度大，引起业内的广泛关注，也是超高层建筑桩基工程施工中值得深入研究的课题。

超高层建筑的施工方法包括顺作法、顺逆结合法和全逆作法，对于顺作法和"主楼顺作，裙楼逆作"施工方法，塔楼结构须待地下室底板封闭后逐层向上施工，土方开挖及地下室结构施工在工程总体工期占据了很大比例，而全逆作法施工则可以在逆作法界面层完成后，直接进入上部结构施工，逆作法界面层以下地下室施工不再处于整个工程的关键线路，极大缩短了施工工期。但与此同时，由于突破传统施工模式，由此带来的施工总体设计及相关施工技术的改变，也给施工带来了极大挑战，需对此进行深入研究。

此外，超高层建筑包括地上结构部分的建设和地下空间的开发利用，近年来地下空间开发规模越来越大，基坑的开挖也越来越深，如上海环球金融中心基坑开挖面积超过 2 万 m^2，深度达 26m，天津 117 大厦基坑面积为 9.6 万 m^2，开挖深度也超过 20m。这些深大基坑通常都位于密集城市中心，基坑工程周围密布着各种地下管线、各类建筑物、交通干道、地铁隧道等地下构筑物，地质条件复杂、施工条件复杂、周边设施环境保护要求高，这些都需要超高层建筑深大基坑的施工技术提供保障。

2.2 软土地区超大长径比灌注桩施工技术

对于软土地区的千米级摩天大楼常需要设置超长桩来提高基础的承载力，成孔质量是超大长径比桩身质量的关键工序之一，而护壁泥浆、垂直度控制分别是成孔质量的先决条件和关键控制要素。灌注桩在成孔以后需要放置钢筋笼，超大长径比桩的钢筋笼细长、质量大，吊装及拼接困难大，而且钢筋笼的制作精度和变形控制要求高，但在制作、转运和吊装过程中变形很难控制，因此钢筋笼的施工也是超大长径比灌注桩施工过程中的一大难点。

由于钻孔灌注桩不可避免有沉渣、桩周泥皮存在，导致桩端承载力降低，桩侧摩阻力不能有效发挥，桩底、桩侧后注浆是提高钻孔灌注桩单桩承载力的有效方法之一，对于普通抗压桩只需进行桩底后注浆即可使单桩承载力得到很大提高,而超高层建筑对单桩承载力要求高,除桩底后注浆外还需进行桩侧后注浆,以进一步提高桩的承载力,因此注浆设计与施工也是超长灌注桩施工的重点。此外,对于水下浇筑混凝土,由于混凝土的运距长和桩身细长,需要较长的浇筑时间,施工现场操作机器较多,为保证混凝土具有良好的施工性能和浇筑的连续性,混凝土需要有良好的和易性和保塑性,同时还要满足结构的耐久性要求,因此关于水下自密实高强混凝土的研究和应用也是一大难题,有必要对自密实混凝土进行进一步研究。

本节将依托于天津117大厦项目对超长灌注桩护壁泥浆研制与施工技术、超长超重钢筋笼关键施工技术、超大长径比灌注桩垂直度控制研究与应用、竖向高密度点位环形注浆设计与施工研究和超细长桩水下浇筑高强高性能混凝土施工技术研究与应用进行介绍。

2.2.1 超长灌注桩护壁泥浆研制与施工技术

灌注桩在施工过程中容易发生缩颈、塌孔等现象,因此要采取泥浆护孔措施。泥浆主要是由黏土或膨润土和水拌合而成,并根据需要掺入少量的纯碱或羧甲基纤维素等物质以改善泥浆的品质。

泥浆所产生的液压力可以平衡地下水压力,并对孔壁有一定的侧压力,成为孔壁的一种液体支撑;泥浆中胶体颗粒分子在泥浆的压力下渗入孔壁表层的孔隙中,形成一层泥皮,促使孔壁胶结,起到防止孔壁塌孔保护孔壁的作用;泥浆在循环排渣时,有携渣、润滑钻头、降低钻头温度、减少钻进阻力等作用。

超长灌注桩桩孔超深,泥浆置换时间长,要求泥浆携渣能力强;钢筋笼吊装及下放时间长,要求泥浆的稳定性要好,静置较长时间仍有较好的护壁作用;此外,地层的稳定性也常常是制约超长灌注桩桩孔稳定性的关键因素,对泥浆的护壁效果和控制沉渣厚度提出非常高的要求。而一般泥浆很难达到超长灌注桩护壁及控制沉渣等的施工要求,因此需要研制满足超长灌注桩施工要求的泥浆,这里介绍PHP不分散低固相泥浆的研制及其在钻孔灌注桩施工中的应用技术。

PHP泥浆又称聚丙烯酰胺不分散低固相泥浆,是通过在采用膨润土作为原料的基浆中加入PHP胶体制成的。该泥浆具有以下特点:

(1)对钻屑和劣质土具有不水化分解的特点。由于不分散的特点,使得泥浆失水量少,孔壁不会因水化膨胀而坍塌,同时因为不分散的优点使钻孔时携渣泥浆易于在循环系统中净化。

(2)具有低固相的特点,表现为密度较小。低固相有利于提高钻进效率,防止糊钻及砂侵。

(3)在小密度的前提下,加入絮凝剂可提高黏度,相应的胶体率大,使泥浆有较强的渗透性能。泥浆胶体在粉细砂土体中形成一层化学膜,封闭孔壁,有效防止在不良地层钻进时极易发生的漏浆和塌孔现象,保持孔壁稳定,同时提高泥浆的携渣能力。

(4)触变性好。配制成功的PHP泥浆黏度适中,在静止状态时呈凝胶状。其流动到静止的过程是一个黏度恢复的过程。黏度恢复后悬浮作用大,能阻止钻屑下沉,而当钻头旋转泥浆流动时,泥浆的絮凝结构被改变,黏度减小,流动性增加,减少了钻头阻力。PHP泥浆的这种触变性能使它能同时满足钻进时阻力小,静止时稳定性好两项要求。

(5)成孔后泥皮薄。这是PHP泥浆的一个重要特点,采用这种泥浆后,孔壁泥皮厚度小于1mm,这也是普通泥浆难以达到的。

(6)失水量小,泥皮薄。一般而言,泥皮厚度与泥浆过滤失水率成正比,该泥浆的低失水率使其具有泥皮薄的特点。

(7)循环施工,经济。PHP泥浆以造浆率高的膨润土作为原料,其造浆率比普通黏土高出4~5倍,采用高效泥浆循环系统后,其使用回收率可达60%,从而可做到循环施工。因此,在大型工程中采用该泥浆系统是比较经济的。

（8）污染程度低，利于环保。PHP 泥浆废料 pH＝8，无毒、无害，可将对环境的污染降低到最低程度。

1. PHP 泥浆制备技术

PHP 泥浆由优质膨润土、纯碱（Na_2CO_3）和聚丙烯酰胺（PAM）等原料制成。

先将一定量的水加入制浆池中，再按 $1m^3$ 泥浆中膨润土的含量为 6％～8％加入膨润土，使用 3PNL 泥浆泵产生的高速水流在池内搅拌 30min，使膨润土颗粒充分分散后，再按膨润土含量的 3％～4％加入纯碱，以调整泥浆密度、黏度及 pH 值。原浆需在储浆池中静置 24h，使膨润土颗粒充分膨化。在基浆中加入一定量的 PHP 胶体，即为新浆（见表 2-1）。加入 PHP 的量应根据黏度及失水率的需要灵活调配。一般情况下，每立方米基浆中加入 PHP 胶体 0.4～0.6kg。

新浆性能指标　　　　　　　　　　　　　　　　　　　　　　表 2-1

密度 (g/cm^3)	黏度 (s)	含砂率 （％）	pH 值	胶体率 （％）	每 30min 的 失水量(mL)	泥皮厚度 (mm)
1.02～1.06	20～25	≤1	8～10	≥96	≤15	≤1

2. PHP 泥浆循环控制技术

该工程试桩泥浆循环方式采用的是气举反循环工艺（图 2-1），泥浆循环控制对成孔工艺的成败起着至关重要的作用。PHP 泥浆循环系统由新泥浆池、钻渣沉淀池、泥浆循环池、废浆池及泥浆净化机等几部分组成。它具有泥浆浓度、黏度、酸碱度（pH 值）、含砂率可调节，泥浆可重复利用等优越性能。

PHP 泥浆循环系统中通过气举反循环泥浆管将钻进过程中形成的带钻屑泥浆送入泥浆净化机，泥浆泵的作用是将造浆池中的新鲜泥浆泵入钻孔内供成孔使用。

泥浆净化经过粗滤、静力沉淀和旋流除砂三个过程：粗滤是气举反循环泥浆管中的泥浆通过 20 目的振动筛网，一般可以过滤粒径 1mm 以上的颗粒，将泥浆含砂量

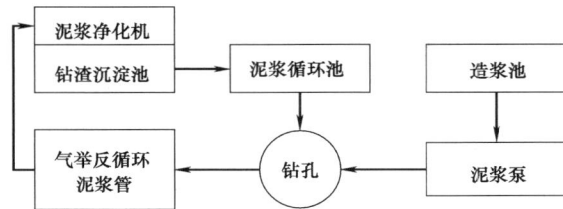

图 2-1　泥浆循环控制流程图

控制在 15％以内；静力沉淀是泥浆颗粒流入泥浆循环池中沉淀，一般 0.075mm 以上的颗粒在泥浆循环池中沉淀，经静力沉淀的泥浆含砂量可降至 8％；旋流除砂是泥浆通过旋流除砂器将 0.075mm 以下的颗粒沉淀，将泥浆含砂量降至 2.5％以内。

对流入泥浆沉淀池后的泥浆，经常检测其密度、含砂量、黏度、失水率等性能指标是否满足钻进需要，必要时对泥浆参数进行调整，将新浆补充泵入桩孔，以保证泥浆性能指标满足钻进需要。

该过程的总体思路是：使用过的含粗颗粒较多的泥浆通过净化、循环等过程后，其中大颗粒沉淀，然后往泥浆里加入 PHP 含量高的新浆，增加其黏度，减小其失水率，调整其性能指标，从而使之重新成为满足钻进需要的泥浆。

3. PHP 泥浆参数控制与调整技术

在材料进场时，加强验收和检验力度，对不合格的材料坚决拒收。PHP 泥浆配制时，需要认真做好配比试验，制定不同的配比方案，不同的地层实施不同的方案。泥浆配制开始和过程中对泥浆性能参数进行测试，其过程控制为每配制 $100m^3$ 泥浆即测试一次。在不同的钻进过程中，需要对泥浆指标进行适当的调整和控制。

钻进过程中每4h做一次进浆口泥浆常规参数测试,以检测泥浆的变化情况来指导钻进。同时,根据钻进深度和不同的地层,调整泥浆的性能指标,见图2-2。

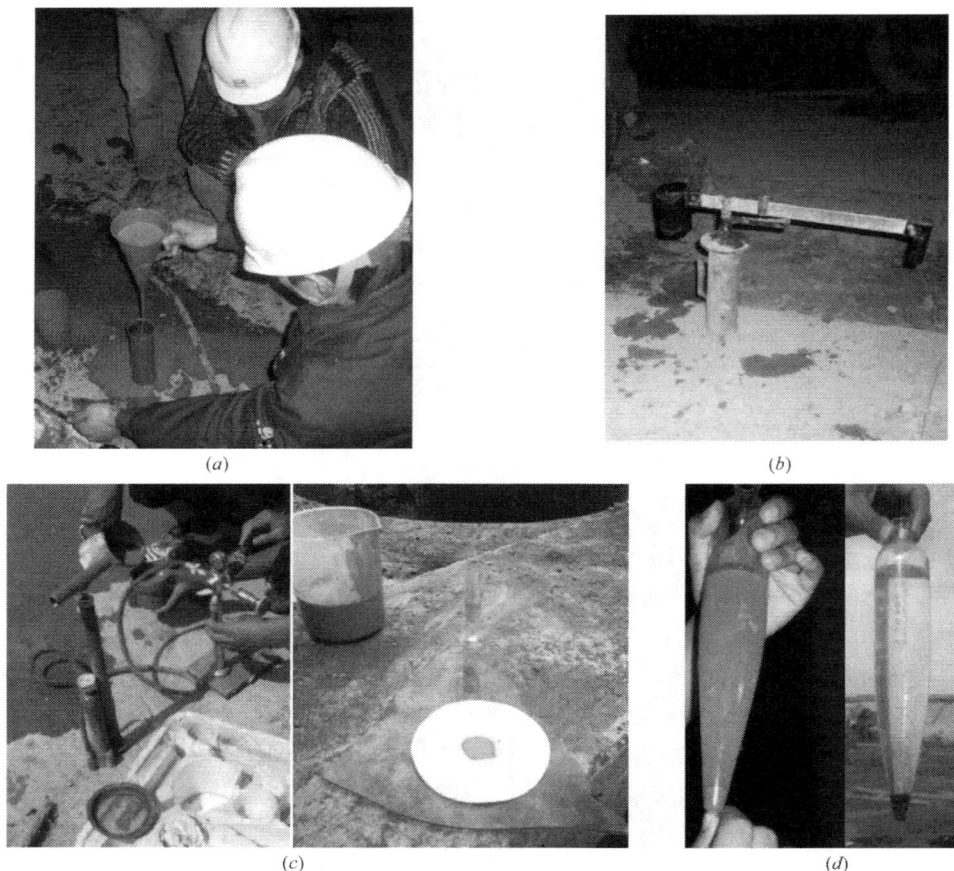

图 2-2 泥浆性能检测实景照片
(a) 泥浆黏度检测;(b) 泥浆密度检测;(c) 泥浆失水率及泥皮厚度检测;(d) 泥浆含砂率检测

当钻进至设计标高时,将钻具提离孔底5cm继续转动钻具,维持泥浆循环,并对泥浆性能进行调整,使泥浆性能指标达到表2-2的要求。

终孔泥浆性能参数 表 2-2

黏度(s)	密度 (g/cm³)	含砂率 (%)	pH 值	胶体率(%)	失水量 (mL/30min)	泥皮厚度(mm)
18~21	1.05~1.10	<2.5	8~10	>97	≤15	≤2

因试桩吊放钢筋笼及下放导管所需时间较长,在此期间桩孔内的泥浆各项技术指标将可能发生变化,且孔底沉渣也较大,因此需利用导管及反循环泵进行再次清孔,使泥浆性能指标达到表2-3的要求。

混凝土浇筑前泥浆性能指标 表 2-3

黏度(s)	密度 (g/cm³)	含砂率 (%)	pH 值	胶体率(%)	失水量 (mL/30min)	泥皮厚度(mm)
18~20	1.05~1.08	<2	8~10	>98	≤15	≤2

2.2.2　超长超重钢筋笼关键施工技术

试桩钢筋笼外径 0.884m，长 121.1m，重达 46t。23 根直径 50mm 的主筋只能采用直螺纹套筒连接，另有 12 根预埋管道，直径如此大的钢筋人工难以校正，不能出现因丝扣不合导致钢筋拼接不上；另外试桩静载试验时，全部主筋需贯穿预留孔径 60mm 厚锚板，所以钢筋笼在制作、转运及吊装的过程中变形控制难度很大。

1. 钢筋笼制作安装技术

为减少接头和废料，选用 12m 长钢筋原材，同时考虑到吊装的方便可行，将 121.1m 长钢筋笼分为 5 节加工（见图 2-3），每节长度及总量见表 2-4。

钢筋笼分节表　　　　　　　　　　　　　　　　　表 2-4

节段号	节长(m)	节重(t)	累计(t)	节段号	节长(m)	节重(t)	累计(t)
第一节	25.1	6	6	第四节	24	11	35
第二节	24	7	13	第五节	24	11	46
第三节	24	11	24				

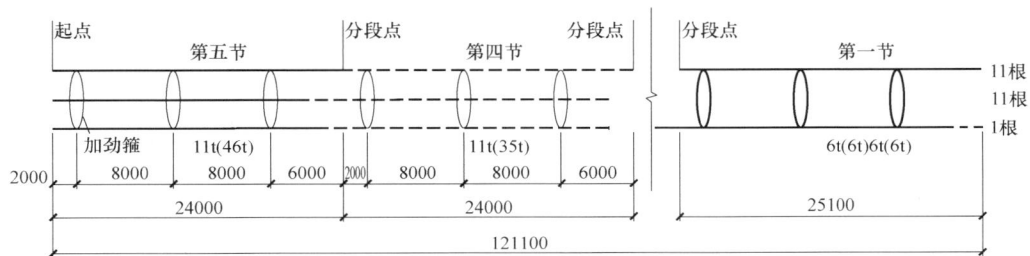

图 2-3　钢筋笼分段示意图

为方便加工，保证精度，专门设置了加工胎架（见图 2-4、图 2-5）。胎架宽 3m，长 130m，高 40cm，胎架由间隔 2m 的砖砌墩台上固定 [20 的槽钢组成，安放槽钢时用砂浆坐浆并用水准仪抄平，高差控制在 5mm 以内。钢筋笼依据钢筋料表加工，整个钢筋笼全长一次性加工成形，分节处用分体式直螺纹套筒连接，其他接头用普通直螺纹套筒连接。

图 2-4　钢筋笼加工胎架

图 2-5　胎架上钢筋笼加工

100m 长的锚桩桩顶钢筋需通过预留 60mm 孔径的厚锚板与检测设备连接（见图 2-6），所以钢筋平面定位偏差不得大于 5mm。为此，项目部专门制作了钢筋定位模具（见图 2-7）。直径

50mm 钢筋线密度大，且每根定尺长度为 12m，工人实际加工定位起来比较困难，因此，又制作了专用的 F 型钢筋笼主筋定位钳（见图 2-8）。

图 2-6　锚桩主筋与检测设备连接现场照片

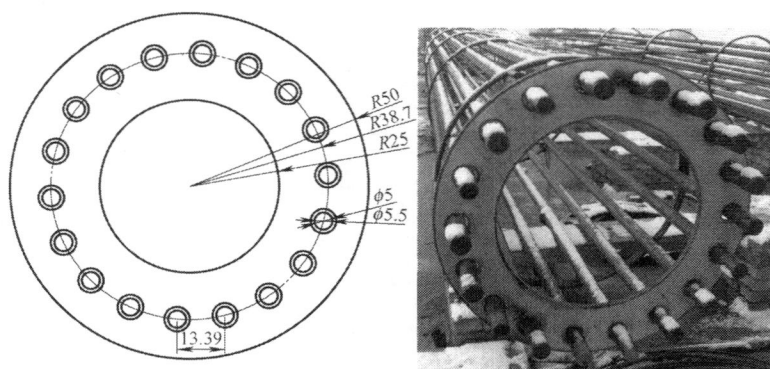

图 2-7　主筋定位法兰圆盘（单位：cm）

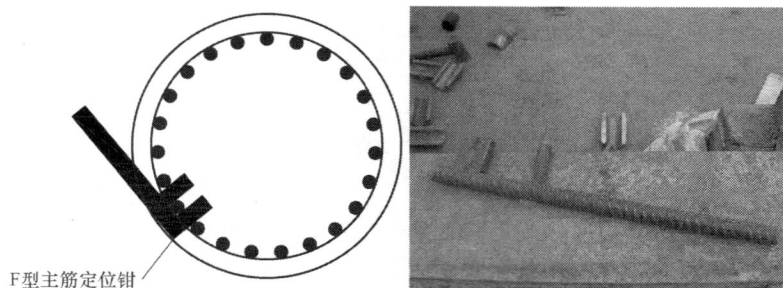

图 2-8　F 型定位工具

2. 钢筋笼主筋的连接

试桩 121.1m 长钢筋笼分 5 节吊装，单节钢筋笼内主筋连接采用普通直螺纹套筒连接，经检测，钢筋连接接头均达到了《钢筋机械连接通用技术规程》JGJ 107 规定的Ⅰ级接头的标准。在满足主筋连接质量的前提下，钢筋笼在孔内的连接速度快，缩短了空孔静置时间，节与节之间采用了分体式直螺纹的连接方式。

分体式直螺纹接头是在钢筋等强度剥肋滚压直螺纹连接技术的基础上衍生出来的一种新型的接头方式（见图 2-9）。该接头形式的连接套筒为分体式，装配时不需要转动钢筋，只需用两个配套的半圆形套筒将等连接钢筋扣装，而后用锁母锁紧即可（见图 2-10～图 2-12）。

图 2-9　分体式直螺纹接头组件

图 2-10　现场接头

图 2-11　分体式直螺纹挤压连接

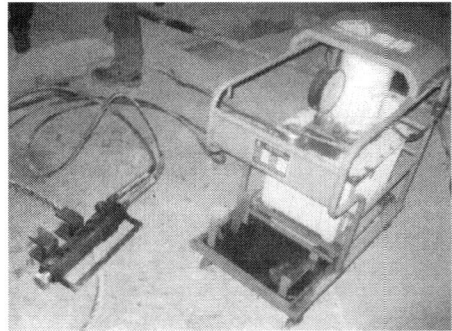

图 2-12　分体式直螺纹挤压机

3. 超长超重钢筋转运与吊装技术

根据施工的需要，提供各项起重数据，设计和计算吊索、吊具（见图 2-13、图 2-14），并委托专业公司加工制作。钢筋笼从制作胎架至桩孔附近，采用 100t 履带吊进行转运（见图 2-15）。为了尽量减少转运时产生的变形，每节钢筋笼采用 4 个吊点转运、5 个吊点吊装，吊点都经过了专项设计和加工。

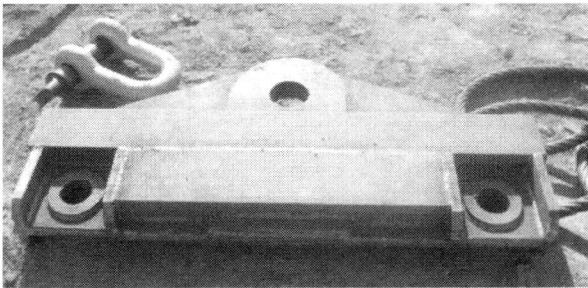

图 2-13　横吊梁及卸扣

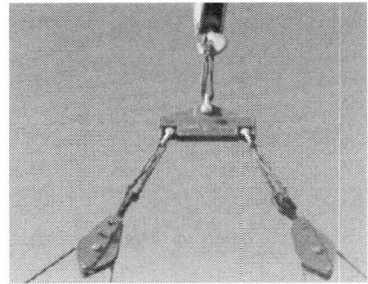

图 2-14　专用的短吊索

图 2-15　钢筋笼的水平转运

钢筋笼分节吊装，现场用 100t 履带吊作为主吊，25t 汽车吊作为辅吊，两台吊车配合施工（见图 2-16）。钢筋笼吊装时，现场安排专人指挥，吊装时利用主次吊车 5 点起吊钢筋笼，待钢筋笼离地面一定高度后，次吊停止起吊，利用主吊继续起吊，直至把钢筋笼吊直（见图 2-17），对准孔位轻放，慢慢入孔，徐徐下放，不得左右旋转（见图 2-18）。

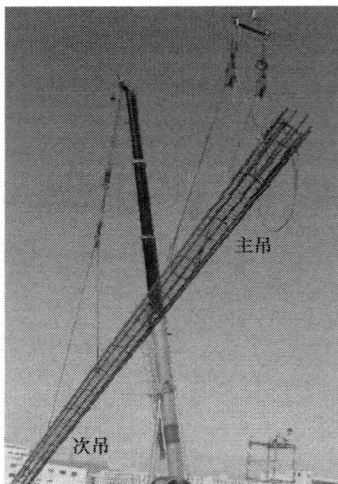

图 2-16　钢筋笼起吊状态

图 2-17　钢筋笼垂直状态

图 2-18　解除次吊下降钢筋笼

图 2-19　连接钢筋笼

当每节钢筋笼入孔下放至最上一道加强箍时，穿入扁担把钢筋笼固定在孔口（见图 2-19）。吊下一节钢筋笼至孔位上方，连接上、下两节钢筋笼的主筋、注浆管、声测管、抽芯管，保证上、下轴线一致，各种管线、钢筋接头应连接牢固可靠。为加快现场钢筋连接速度，钢筋笼主筋利用分体式直螺纹连接，连接接头互相错开，保证同一截面内接头数目不超过钢筋总数的 50%，相邻接头的间距不小于 35d（见图 2-20）。主筋和各种管线在孔内连接完毕后，按搭接顺序逐段连接缓缓下放。同时，补足接头部位的螺旋筋，再继续下笼。根据钢筋笼设计标高及护筒顶标高确定悬挂筋长度，并将悬挂筋与主筋牢固焊接。待钢筋笼吊放至设计位置后，将悬挂筋固定在孔口扁担上，防止钢筋笼在灌注混凝土过程中上浮或下沉（见图 2-21）。

图 2-20　分体式直螺纹现场连接

图 2-21　钢筋笼下放完毕定位

2.2.3　超大长径比灌注桩垂直度控制技术

根据《建筑地基基础工程施工质量验收规范》GB 50202—2002 的要求，泥浆护壁钻孔灌注桩垂直度应<1%，图纸设计要求小于 1/150。试验桩孔深 120m，钢筋笼内净空 760mm，混凝土浇筑导管外径 320mm，为避免因导管碰到钢筋而使钢筋笼无法下放到位的情况，垂直度的偏差必须控制在 440mm 内，即 0.44m÷120m＝0.00367＝1.1/300，所以确定的垂直度控制目标为 1/300。

影响垂直度的主要控制点包括：（1）机械设备应有一定的质量（总质量一般不小于 25t），确保钻机的稳定性，避免钻进时钻机跳动而出现台阶孔；（2）施工地面应是硬地面；（3）避免钻头和钻杆的甩扩作用，导致孔径和垂直度偏大；（4）钻杆及接头应有较强的强度和刚度；（5）在钻头上应增加配重，使钻具重心尽量下移至钻头部位；（6）不同地层采用不同的钻进速度，并采用减压钻进的工艺；（7）定期复核钻进操作平台的水平度；（8）成孔过程中及终孔时应对成孔质量及时进行检测。

1. 钻机钻具的选择与控制

选用气举反循环 ZSD2000 型钻机，主机总质量不小于 25t；自身选用强度大、刚度高的 245mm×20mm（外径×壁厚）的钻杆；接头采用法兰连接，配置双腰带钻头和导正器，在钻头上方增加配重。

2. 作业环境的控制技术

为保证钻机就位时底座牢实、平稳，对表层含有大混凝土块和砖渣的杂填土用素土换填，在其上设置 300mm 厚 C30 的钢筋混凝土硬化平台，并预设桩孔及泥浆沟（见图 2-22）。在正式钻孔之前先在桩孔中心位置进行超前钻，提取各个深度的土样并留存，以便准确了解和掌握各个桩孔位置的竖向土层分布状况（见图 2-23）。

3. 成孔工艺控制技术

为了检验按既定的成孔方案施工能否保证成孔质量，以及对成孔过程中的泥浆性能、钻进参数、成孔垂直度、混凝土质量等各种参数进行验证和调整，并对现场出现的问题分析原因、采取措施，以便形成正式的施工导则，在正式成孔前，在场外进行了 2 次 120m 深的试成孔。

通过 2 次试成孔，对预先确定的泥浆性能、钻进参数、成孔垂直度、混凝土质量等进行检测和调整，并记录相关的数据资料，对出现的问题进行分析和改进，以便形成正式的施工导则。根据超前钻所揭示的地层情况和试成孔的参数，确定钻进参数（见表 2-5）。

图 2-22　施工作业面换土、硬化

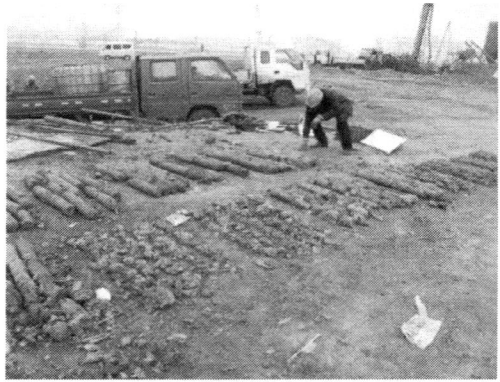

图 2-23　超前钻取土样

钻进参数　　　　　　　　　　　　　　　　　　　　表 2-5

地层	钻压(kN)	转数(r/min)	进尺速度(m/h)	采用的钻头
粉(细、中)砂层	<30	6~8	1~3	梳齿钻头
黏土、亚黏土	10~50	10~14	0.5~2.5	梳齿钻头

开钻时慢速钻进，待导向部分或主动钻杆全部进入底层后，方可加速。每钻进一根钻杆要注意扫孔，每加一节钻杆对机台进行水平检查，定期或在关键深度进行钻杆垂直检查（见图2-24）。在正常施工中，为保证钻孔的垂直度，采用减压钻进，遇到软硬地层交界处，轻压慢钻，防止偏斜。

(a)

(b)

图 2-24　机台水平检查和钻杆垂直检查
(a) 机台水平检查；(b) 钻杆垂直检查

2.2.4　超长灌注桩水下高强高性能混凝土施工技术

当前混凝土结构的耐久性问题已经引起了行业内的高度重视，国家和行业也颁布了有关混凝土耐久性设计与施工的技术规范，该设计在盐碱腐蚀较强情况下满足耐久性100年的要求，这是在配合比设计时必须考虑的问题。同时，水下浇筑的C55混凝土必须要有良好的和易性，能够通过导管下料充填到桩内，即混凝土要有大的流动度和适当的黏度（不泌水、不离析），无需振捣即达到自密实的效果。如何解决大流动度和黏度之间的关系，是自密实混凝土的一大难题。此外，对于超细长桩，由于混凝土的运距长和桩身细长，需要较长的浇筑时间，施工现场操作机器较多，为保证混凝土具有良好的施工性能和浇筑的连续性，在较长的时间内保存其工作性能，顺利地完成灌注桩混凝土的浇筑，要求混凝土具有良好的超保塑性能。

1. 混凝土原材料的选择

原材料选择的原则首先是要按照高性能混凝土的技术途径选用质地坚硬、无碱骨料活性、级配合理、有较小的空隙率、浆骨比小、粒形良好的优质粗细骨料，石头采用碎石，细骨料采用中粗河砂；选用超保塑聚羧酸高效减水剂，降低混凝土的单方用水量，提高混凝土的耐久性；掺入优质磨细矿物掺合料，取代部分水泥，改善混凝土的工作性能和内部结构。此外，原材料的选择还应根据资源情况，尽可能地就近选用。

2. 混凝土配合比优化设计

根据混凝土的运距、浇灌条件确定混凝土类型及工作性能的相关控制指标，确定相应设计使用年限的混凝土，混凝土的耐久性相关要求及自密实混凝土的相关指标按照《混凝土结构耐久性设计与施工指南》CCES 01—2004、《高性能混凝土应用技术规程》CECS 207—2006、《自密实混凝土应用技术规程》CECS 203—2006 的相关规定。为了便于说明超细长桩水下浇筑高强高性能混凝土具体的研制情况，拟对以下指标的混凝土（见表 2-6）进行施工研究。

混凝土的相关参数　　　　　　　　　　　　　　　　　表 2-6

序号	项　　　目		控制指标
1	混凝土胶凝材料总量		≥380kg/m³（C55）
2	混凝土水胶比		≤0.36（C55）
3	混凝土中氯离子含量（占胶凝材料总量）		≤0.15%
4	混凝土中三氧化硫含量（占胶凝材料总量）		≤4%
5	混凝土总碱含量		≤3kg/m³
6	骨料的碱活性		无
7	可选用的水泥类型		PⅠ、PⅡ、PO、SR、HSR
8	水泥熟料中的 C_3A 含量		<8%
9	自密实混凝土	坍落扩展度	550mm<SF<650mm
10		T_{500} 流动时间（倒坍落度筒试验）	2s≤T_{500}≤5s（倒坍落度筒试验≤8s）
11		L 形仪间歇通过性及抗离析性试验	H_2/H_1≥0.8
12		U 形仪间歇通过性及抗离析性试验	Δh≤30mm

注：由于超大长径比桩深埋地下，不存在冻融情况，因此也不必进行抗冻性试验。

根据配合比设计的规定，通过正交试验（9 组），优选出符合表 2-7 所要求的混凝土配合比（见图 2-25～图 2-28），其中粉煤灰的取代系数为 1.3，矿粉的取代量为 1.2（见表 2-7）。经过试验适配优选的配合比见表 2-8。

矿物掺合料的取代量　　　　　　　　　　　　　　　　　表 2-7

项目	取代前水泥总量	矿物掺合料取代的水泥量		配合比中的矿物粉细料量		
		粉煤灰	磨细矿渣	水泥	粉煤灰	磨细矿渣
数量（kg/m³）	517	77	110	330	100	110

超大长径比桩 C55 的配合比及检测情况   表 2-8

材料名称	品种规格	用量（kg/m³）	配合比
水泥	PO42.5	330	1.00
粉煤灰	Ⅱ级	100	0.30
磨细矿渣	S95	110	0.33
砂	中砂	670	2.03
碎石	5～25mm	1010	3.06
外加剂	聚羧酸 W1012	6.4（含固量18％）	0.02
水	饮用水	173	0.52

注：水胶比＝0.34；砂率＝39.9％；坍落扩展度出机640mm，1h为610mm；
L形仪测试：H_2/H_1 出机0.82，1h后0.85；终凝：16h；
抗压强度：$R_7=55.2$MPa，$R_{28}=65.7$MPa；抗氯离子扩散的电通量：380C；氯离子扩散系数：3.7。

图 2-25　混凝土出机情况

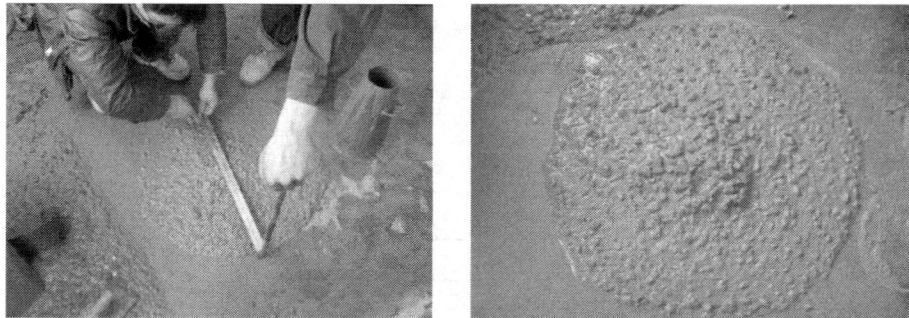

图 2-26　1h 后混凝土坍落度和扩展度

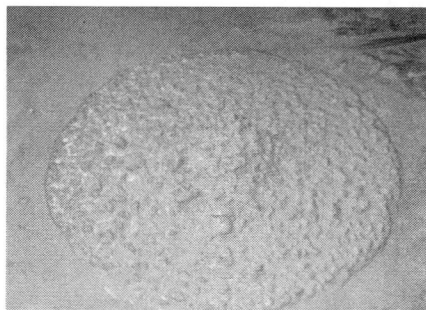

图 2-27　2h 后混凝土坍落度和扩展度　　　图 2-28　3h 后混凝土坍落度和扩展度

适配优选完成后，对混凝土进行了电通量和氯离子扩散试验（见图 2-29）。考虑到混凝土的高耐久性，确保混凝土结构内部的钢筋不会因氯离子的作用而锈蚀，导致混凝土开裂影响耐久性，特进行了混凝土抗氯离子渗透性能试验。试验结果显示（见表 2-9），混凝土 28d 抗氯离子扩散的电通量为380C，混凝土氯离子渗透能力很低；氯离子扩散系数为 3.7。

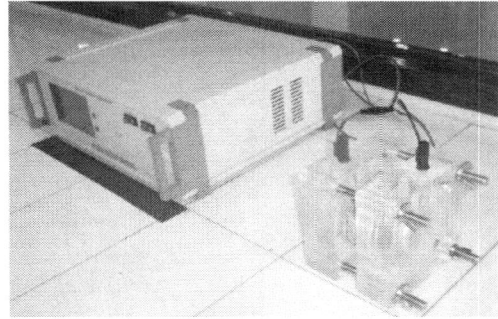

图 2-29　电通量测试图

3. 混凝土生产及施工

按设计配合比选定的原材料组织供应，在施工期间严格按照质量体系和工作指导要求，指定专人定期检查，对原材料的进料、储存、计量全方位进行监控。及时测定砂石含水率，定期检查和校正计量系统，特别注意混凝土出机检查，保证混凝土的质量、工作性能（主要是坍落扩展度）符合要求。

氯离子渗透能力的等级划分　　　　　　　　　　　　　　　　表 2-9

通过电量 $Q(C)$	氯离子渗透能力	通过电量 $Q(C)$	氯离子渗透能力
>4000	渗透能力强	100～1000	渗透能力很低
2000～4000	渗透能力中等	<100	不渗透
1000～2000	渗透能力低		

安排好发车时间和发车数量，做好车辆调度，在一根桩浇筑时，做到浇灌不待车、不压车，保持连续浇灌（见图 2-30）。并且每车浇筑前，都必须检查混凝土的坍落度，若发现个别车辆内混凝土状况异常，坚决退回混凝土搅拌站。下导管前检查导管的连接质量和气密性。每根桩浇筑时混凝土罐车均开到桩孔边直接对料斗下料浇筑，确保混凝土的初灌量。在进行混凝土浇筑时，随时用测绳检测混凝土的液面高度并做好记录，保持导管的合理埋深在 2～6m 范围内（见图 2-31）。

图 2-30　桩基混凝土浇灌

图 2-31　测量混凝土液面

2.2.5　竖向高密度点位环形注浆设计与施工技术

由于钻孔灌注桩不可避免有沉渣、桩周泥皮存在，导致桩端承载力降低，桩侧摩阻力不能有效发挥，桩底、桩侧后注浆是提高钻孔灌注桩单桩承载力的有效方法之一。

1. 桩侧环形注浆设计技术

根据《建筑桩基技术规范》JGJ 94—2008，综合考虑地层条件和该次试桩特点，将 100m 长的试验桩设置 4 道桩侧注浆导管（见图 2-32），第一道在双护筒底标高以下 20m，最下一道注浆阀在桩底以上 15m，中间 2 道等距离设置（间距 12.8m）。120m 长试验桩设置 5 道桩侧注浆导管（见图 2-33），第一道在双护筒底标高以下 20m，最下一道注浆阀在桩底以上 15m，中间 3 道等距离设置（间距 14.6m）。

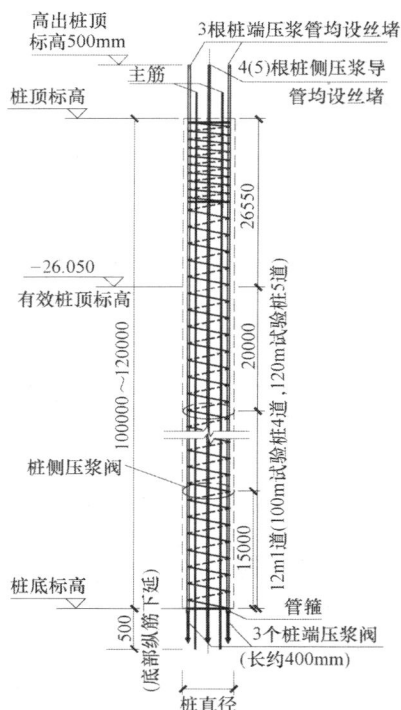

图 2-32　注浆管布置示意图

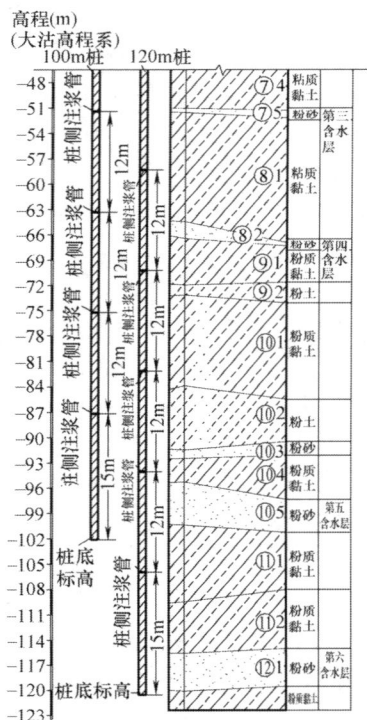

图 2-33　桩侧注浆管断面分布图

注浆管竖向部分为焊接钢管，其中桩底后注浆管竖向部分为直径 50mm、壁厚 3.25mm 的焊接钢管，沿钢筋笼均匀布置，下端至桩底与桩端压浆阀连接，桩底注浆管和超声检测管"二合一"设置。桩侧压浆导管竖向部分为直径 25mm、壁厚 2.75mm 的焊接钢管，每一道压浆导管底端设三通与环形桩侧压浆阀相连。

单桩注浆量的设计根据桩长、桩端桩侧土层性质、单桩承载力增幅及是否复式注浆等因素确定，参考《建筑桩基技术规范》JGJ 94—2008 的相关规定。结合设计图纸要求以及类似施工经验，对环形注浆其他的参数确定如下：①水泥规格为 PO42.5，水灰比 0.6～0.7；②注浆流量 75L/min；③后压浆质量控制采用注浆量和注浆压力双控方法，以水泥注入量控制为主，泵送终止压力控制为辅（见表 2-10）；④注浆水泥总量和注浆压力均达到设计参数，注浆水泥总量达到设计值的 75%，且注浆压力超过设计值，若水泥浆从桩侧溢出或注浆压力长时间低于设计值，则应调小水灰比，间歇注浆。

水泥压入量及泵送终止压力　　　　　　　　　　　　　　　　　　　表 2-10

压浆模式	水泥压入量	泵送终止压力
桩端压浆	不少于 2000kg/桩	不小于 3.0MPa
桩侧压浆	500～700kg/层	不小于 2.0MPa

2. 后注浆装置安装技术

该次后注浆施工选用 3SNS 型高压注浆泵，额定压力不小于 8MPa，额定流量不小于

75L/min，功率 18kW。压浆泵控监测压力表为 2.5 级 16MPa 抗震压力表。液浆搅拌机为与注浆泵相匹配的 YJ-340 型液浆搅拌机，容积为 0.34m³，功率 4kW。

压浆阀的设计是注浆成功与否的关键所在，该次试桩后注浆压浆阀按中国建筑科学研究院地基研究所专利产品样式制作，该注浆阀具有单向注浆功能，桩端压浆阀逆向抗压不小于 1.5MPa，桩侧压浆阀逆向抗压不小于 1.2MPa。

由于试桩需要进行超声波检测以检查桩身混凝土质量，因此桩底注浆管还用作超声波检测用的声测管，在注浆管安装方面，将桩底注浆管设置在钢筋笼的内侧，与钢筋笼某一主筋绑扎固定。由于钢筋笼分节下放，需要对注浆管进行多次连接，在连接方式的选择上，采用套管焊接连接，以保证注浆管焊接的密闭性。考虑到桩侧后注浆有 4～5 道，每一道注浆阀对应一根竖向注浆管，而钢筋笼内空间有限，将桩侧竖向注浆管安放在钢筋笼的外侧，与某一主筋固定，连接采用焊接（见图 2-34）。桩侧注浆阀随钢筋笼的下放及时安装固定，注浆管竖向段钢管与注浆阀采用"三通"进行连接，确保水泥浆流动通畅（见图 2-35～图 2-37）。另外，全部压浆管上端均高出桩顶标高 0.5m 并用丝堵封口，保证无异物进入注浆管内。钻孔施工时，严格控制孔底标高，做到不超深，钢筋笼下放到位后禁止悬吊，以保证桩底注浆阀能顺利插入土层中，因单向注浆阀效果良好，在注浆前，不需要清水开塞（见图 2-38、图 2-39）。

图 2-34 桩侧注浆管

图 2-35 注浆阀安装

图 2-36 导管与注浆阀连接

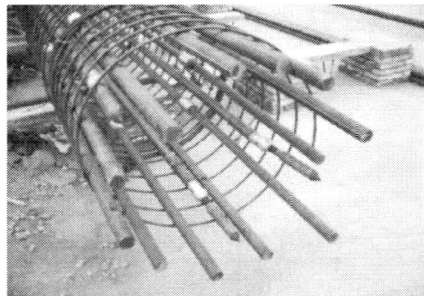

图 2-37 桩端注浆阀安装

图 2-38 注浆后台设备

图 2-39 注浆施工

注浆时常会发生水泥浆沿着桩侧或在其他部位冒浆的现象,若水泥浆液是从其他桩或者地面上冒出,说明桩底已经饱和,可以停止注浆;若从本桩侧壁冒浆,注浆量也满足或接近了设计要求,可以停止注浆;若从本桩侧壁冒浆且注浆量较少,可将该注浆管用清水或用压力水冲洗干净,等到第 2 天原来压入的水泥浆液终凝固化、堵塞冒浆的毛细孔道时再重新注浆。

2.3 浅埋岩地区超大直径灌注桩施工技术

在基岩埋深较浅地区建设高层或超高层建筑时,为提高单桩承载力,单桩截面有越来越大的趋势,超大直径的桩已是屡见不鲜。钢筋笼的加工制作、基岩高承压裂隙水条件下的混凝土浇筑都会面临较之常规有更大的问题和难度。出现质量问题的概率相对较高。因此,如何确保浅埋岩地区、高承压水条件下超大直径灌注桩的施工质量并形成一套或一种有效的施工方法显得尤为重要。本节将依托于重庆来福士超高层项目超大直径灌注桩对该问题进行相关阐述。

2.3.1 超大直径承压桩钢筋笼关键施工技术

因该项目塔楼部分人工挖孔桩桩径大,桩身长,桩身纵向主筋直径大且根数多,整体钢筋笼质量远大于塔式起重机的起重能力,而塔楼桩与桩之间间距小,不具备汽车吊架设条件。因此,塔楼部分人工挖孔桩钢筋笼需在孔井内进行绑扎。

1. 单层钢筋笼的绑扎技术

单层钢筋笼孔内绑扎具体施工流程如图 2-40 所示。

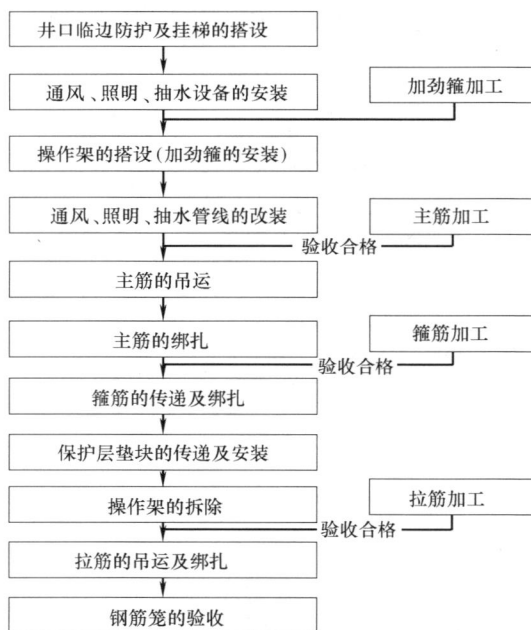

图 2-40 单层钢筋笼孔内绑扎具体施工流程图

终孔验收后,拆除桩口架体,采用钢管搭设临边防护。临边防护高 1.2m,立杆间距 1.5m,在离地高 0.2m、0.6m、1.2m 处搭设水平栏杆,栏杆外侧满挂安全密目网。竖向间距 9m 设一个送风口,送风设施的送风量不应小于 25L/s,采用风力压管引至井内进行送风。施工照明采用低于 12V 的安全行灯,架体搭设前,照明灯搁于护壁边缘,在架体搭设过程中,照明高度随作业高度向上提升。在孔底处使用潜水泵对孔内的积水进行抽排,抽出的水引至附近的沉淀池。送风管、照明电缆、抽水管贴护壁安装。

操作架采用钢管架搭设,操作架水平钢管及竹跳板采用塔式起重机吊入桩内,立杆采用白棕绳捆绑结实后人工放入孔内(见图 2-41)。各层水平杆搭设完毕后,适时吊入竹跳板满铺作业层,依次向上进行各层操作架的搭设。钢管架立杆间距不大于 1000mm,横杆步距 1500mm,具体架体大小根据各桩桩径大小确定,确保架体边缘距离孔壁 200~300mm。操作架从下往上搭,搭设过程中,竖向每隔 3m 间距在横杆上设置一道短钢管,支撑到护壁上,以保架体的稳定。

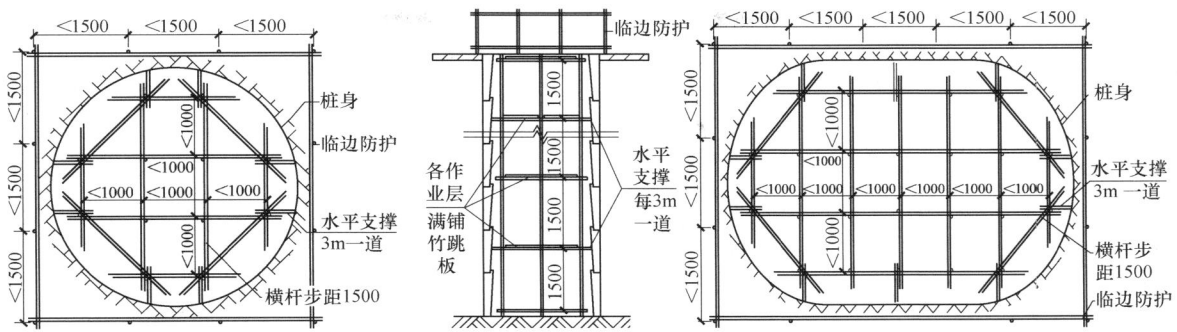

图 2-41 临边防护及操作架搭设示意图

加劲箍设置在主筋外侧，操作架搭设过程中，竖向每间隔 3m，适时设置加劲箍（见图 2-42）。加劲箍大小根据桩径和钢筋保护层大小而定（见表 2-11），采用钢筋在孔外焊接成型，塔式起重机吊入孔内搁于架体水平杆上，调整加劲箍位置，直至加劲箍边缘距离桩孔孔壁处处相等后，采用铁丝将加劲箍与架体绑扎牢固。

加劲箍的钢筋规格 表 2-11

桩径	钢筋规格
1.65m≤d≤2.5m	Φ22
2.5m<d≤3.6m	Φ25
3.6m<d≤5.8m	Φ28

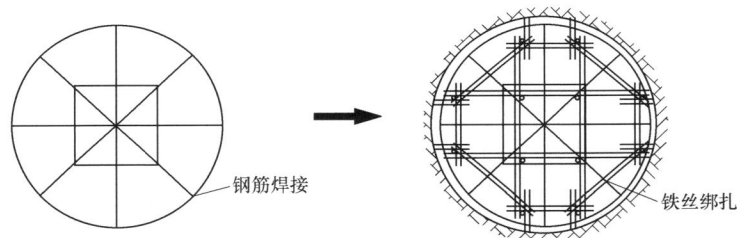

图 2-42 加筋箍的安装

操作架搭设完成后，将通风、照明、抽水管线改装在操作架内，所有管线沿操作架立杆安装，从上往下增设照明灯，每作业层布置两盏 12V 安全行灯，确保施工照明。

钢筋笼主筋在钢筋加工房内机械连接成型后，用白棕绳将六根主筋绑紧成捆（白棕绳间距 2m），采用塔式起重机将成捆的主筋平吊至离桩口较近的平敞区域（见图 2-43），汽车吊配合塔式起重机将成捆的主筋竖立，最后塔式起重机将竖立的钢筋束吊入桩内。在转运主筋时，钢筋束共设置 6 个吊点，且用 16 号工字钢（9m 长）和钢板焊接而成的扁担辅助钢筋笼的转运。竖立主筋时，钢筋束共设置 5 个吊点，采用汽车吊配合塔式起重机完成竖立（见图 2-44）。

为防止竖直吊运钢筋束的过程中，单根钢筋滑落，纵向每隔 2m 采用白棕绳捆紧系牢，在套筒接头两端，采用铁丝将各主筋穿插绑扎成束（见图 2-45）。此外，在桩顶端头处，采用短钢筋与各主筋端头进行点焊，钢筋束下放完成后，在桩顶处对短钢筋进行破除。

按照计算的主筋间距，在定位箍上采用粉笔做好位置标识，操作架各作业层布置人员，齐力将主筋分布在标识位置，采用铁丝完成主筋与定位箍的绑扎（见图 2-46）。当主筋分布均匀后，在主筋内侧采用Φ22 钢筋斜向交叉与主筋绑扎加固。

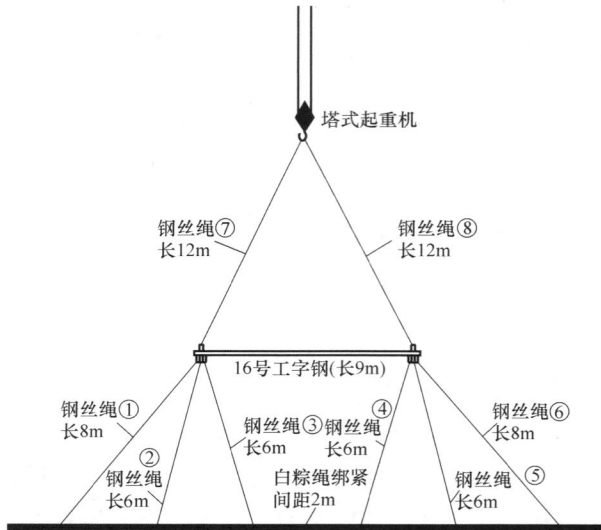

图 2-43　主筋转运

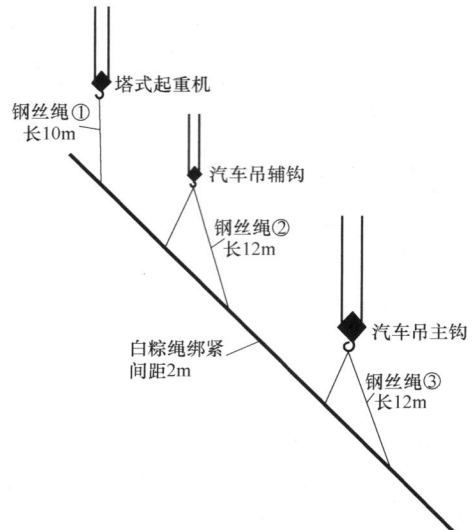

图 2-44　竖立主筋

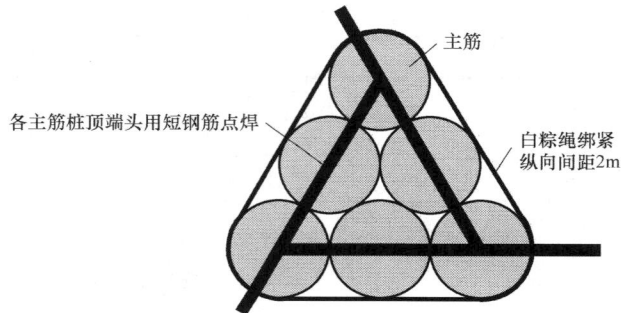

图 2-45　吊运钢筋束的绑扎措施

图 2-46　主筋绑扎

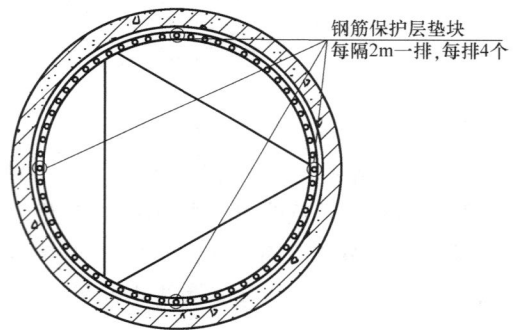

图 2-47　保护层垫块安装

　　主筋绑扎完成后，从下往上进行箍筋的绑扎。操作架各作业层布置人员，人工将单根箍筋（长9m）从桩口往下传至盘绕高度，完成对主筋的盘绕及绑扎。钢筋笼绑扎完毕后，人工将保护层垫块转运至桩底，沿钢筋笼长度方向在其外侧每2m绑扎一排预制混凝土圆饼垫块（垫块厚度为70mm），其中每排为4个，并用细铁丝将其固定在钢筋笼上（见图2-47）。箍筋绑扎完成后，从上往下进行操作架的拆除，拆除的钢管采用白棕绳单根捆绑牢靠后，人工提出井口。存在拉筋的钢筋笼，需在操作架拆除过程中，计算步距对应的拉筋量，每拆除一层作业层，将对应的拉筋采用塔式起重机吊入孔内，从上往下依次完成拉筋的绑扎。

2. 双层钢筋笼的绑扎技术

双层钢筋笼质量大，需在孔内进行绑扎，具体流程如图 2-48 所示。

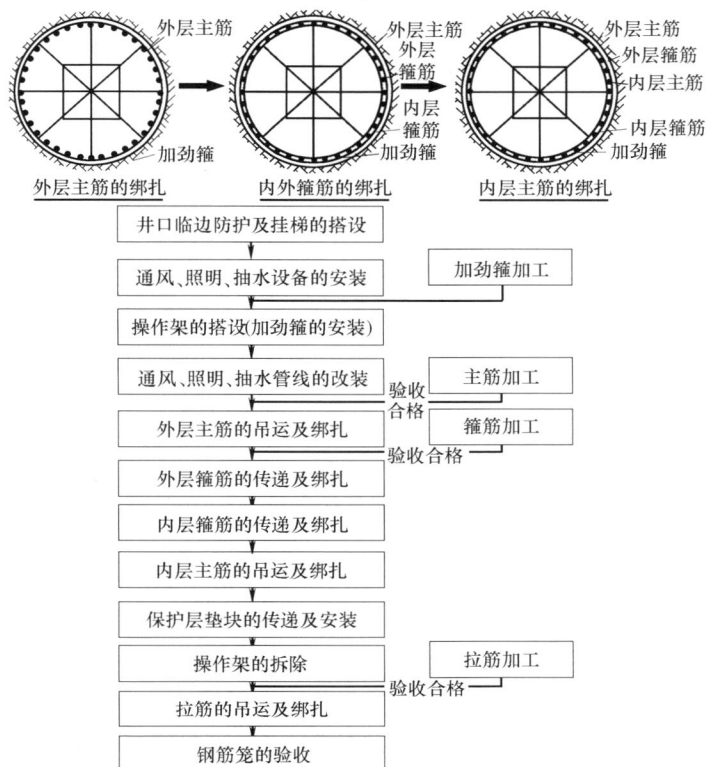

图 2-48 双层钢筋笼孔内绑扎具体施工流程图

孔口临边防护、孔内操作架的搭设、加劲箍的安装（双层钢筋笼加劲箍设置在外层主筋外侧）、通风、照明、抽水设施管线的安装及改装、外层主筋的吊运、外层主筋的绑扎、外层箍筋的绑扎方法与单层钢筋笼孔内绑扎方式相同。

外层箍筋绑扎的同时进行内层箍筋的绑扎，内层箍筋盘绕在外层主筋内侧；内层主筋的吊运与外层主筋的吊运方法相同。操作架各作业层布置人员，齐力将成捆的主筋分布在与外层主筋间距相对应的位置，上下各作业层人员同步完成主筋与内侧箍筋的绑扎。钢筋笼绑扎完毕后，人工将保护层垫块转运至桩底，沿钢筋笼长度方向在其外侧每 2m 绑扎一排预制混凝土圆饼垫块（垫块厚度为 70mm），其中每排为 4 个，并用细铁丝将其固定在钢筋笼上。内层主筋绑扎完成后，从上往下进行操作架的拆除，拆的钢管采用绳子单根捆绑牢靠后，人工提出井口。

3. 带芯桩钢筋笼的绑扎技术

由于芯桩主筋直径小、间距大，桩身长，整体刚度小，需在不同高度采用钢筋与外侧钢筋笼进行支撑加固。因此，芯桩需在孔内进行绑扎，具体施工流程如图 2-49 所示。

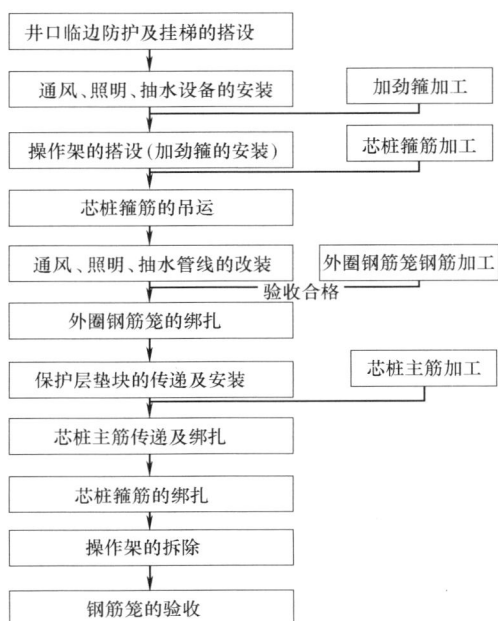

图 2-49 带芯桩钢筋笼绑扎具体施工流程图

29

　　完成终孔验收后，进行孔内操作架的搭设。操作架采用围绕芯桩外侧搭设双排架方式进行，各作业层满铺竹跳板，钢管架立杆间距不大于 1000mm，横杆步距 1500mm，具体架体大小根据各桩桩径大小确定，搭设时架体边缘距离孔壁和芯桩距离不大于 300mm（见图 2-50）。

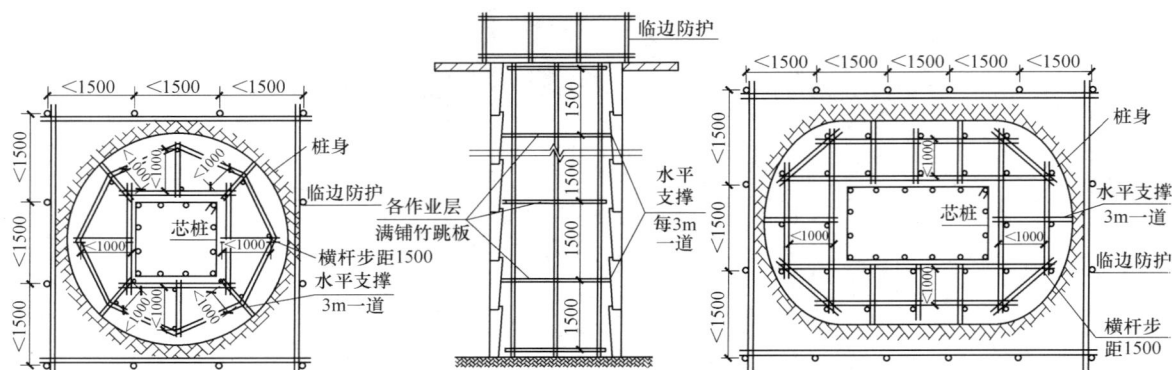

图 2-50　芯桩临边防护及操作架搭设示意图

　　操作架的搭设是从下往上进行，在搭设过程中，竖向每隔 3m 间距在横杆上设置一道钢管，支撑到护壁上，以保架体的稳定。在操作架搭设过程中，竖向每间隔 3m，适时设置加劲箍。加劲箍大小根据桩径和钢筋保护层大小而定，采用钢筋在孔外焊接而成，塔式起重机吊入孔内搁于架体水平杆上，移动加劲箍位置，直至加劲箍边缘距离桩孔孔壁处处相等后，采用铁丝将加劲箍与架体绑扎牢固。加劲箍的内框大小需与芯桩尺寸大小一致，加劲箍同时兼作外侧钢筋笼和芯桩的定位箍（见表 2-11）。

　　在操作架搭设过程中，根据加劲箍间距计算芯桩环形箍筋的个数，将孔外加工好的箍筋适时吊至操作架各作业层上（见图 2-51）。井口临边防护的搭设，外侧钢筋笼的绑扎，通风、照明、抽水设施管线的安装，外侧钢筋笼的绑扎，保护层垫块的传递及安装同本节单层钢筋笼的绑扎及双层钢筋笼的绑扎。

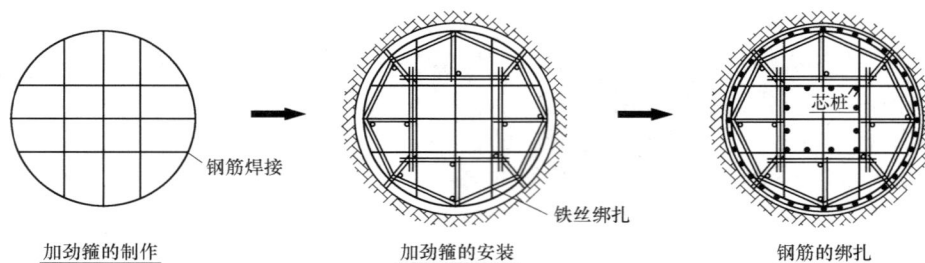

图 2-51　加筋箍的安装（带芯桩）

　　在操作架各作业层芯桩区域搭设水平钢管，将各层箍筋搁置在水平钢管上，摆放就位；操作架各作业层布置人员，人工将单根芯桩主筋（长 9m）从桩口往下传至搭接高度，完成绑扎搭接及芯桩主筋与加劲箍的绑扎；芯桩主筋绑扎完成后，在主筋上采用粉笔做好箍筋间距标识，各作业层同时进行芯桩环形箍的绑扎；芯桩绑扎完成后，从上往下进行操作架的拆除，拆除的钢管采用绳子单根捆绑牢靠后，人工提出井口（见图 2-52）。

2.3.2 水下自密实混凝土特性研究与应用

水下自密实混凝土，主要通过添加高效超塑化剂和大掺量矿物掺合料，依靠自重或自流平特性能够流入窄小空隙或模板边角并能填充密实，由于其可以改善混凝土的施工性能和降低劳动成本，有利于环境保护，有利于提高混凝土的力学和耐久性能，目前在我国获得了长足发展。

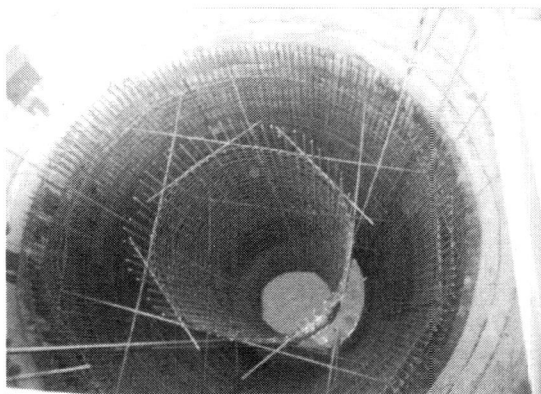

图 2-52　带芯桩钢筋笼绑扎施工

1. 超大直径桩混凝土特性要求

配置高性能水下自密实混凝土代替普通的水下混凝土，该混凝土具有自密实混凝土和水下混凝土的双重优点，同时还具有上述两种混凝土不能同时具备的高流动性、大扩散度、抗离析性和抗侵蚀性，有利于保证混凝土的强度及耐久性。

通过原材料选择、混凝土配合比试验及"同条件"下混凝土水下抛落试验确保混凝土的各项设计性能指标和施工性能指标满足超大直径桩混凝土在承压水条件下满足要求。

（1）水下自密实混凝土对原材料要求较高，很多水下混凝土出现质量问题就是因为在原材料环节出现了问题。

（2）要满足"大坍落度、大扩散度"两项基本施工性能，否则无法做到自密实。而实际操作过程中上述两项指标不易控制，性能不稳定，易导致质量问题。在凝结硬化前，若流动性稍差，就会在混凝土中形成蜂窝和孔洞，影响实体质量。

（3）要满足"黏聚性、保水性"设计性能并做好配合比设计，否则水下浇筑混凝土强度损失较大。黏聚性和保水性差，会导致地下承压水在混凝土初凝前渗入其内，影响混凝土强度。

总之，水下自密实混凝土配合比设计无先例可借鉴，必须通过大量试验确定。

2. 高性能水下自密实混凝土试配

水下自密实混凝土要求具有比普通混凝土更大的流动性、黏聚性和保水性，坍落度控制在24cm以上，首批混凝土初凝时间不得低于6h。经多次对比试验，最终确定水灰比为0.38，砂率为0.42。

除进行试验室试配工作外，在确定配合比时还应该模拟现场施工条件，进行水下抛落混凝土验证试配工作，确定一个完善的施工配合比，保证桩身水下混凝土质量。要达到混凝土自密实的性能，要求混凝土必须具备"大坍落度、大扩散度"的特性，而高效减水剂是实现这一目标的关键因素。超大直径桩的混凝土强度较高且为大体积混凝土，因此要求减水剂同时具备缓凝的能力。所以，选择大连建科院研制的 DK-4 高效缓凝复合型减水剂。

对于丰水地层条件，为确保高效减水剂的掺量能满足自密实混凝土水下浇筑要求，需要对掺加 DK-4 高效减水剂的混凝土的坍落度、扩散（流动）度、保塑性、减水率及强度五项指标进行对比（见表 2-12）。

DK-4 高效减水剂五项指标对比　　　　表 2-12

试验号	掺量（%）	坍落度（mm）	静置 1h 后坍落度（mm）	扩散（流动）度（mm）	减水率（%）	强度（MPa）	水泥用量（kg）
1	0	175	141	415	0	45.4	425
2	5	205	175	530	15	42.3	395
3	6	256	220	670	18	42.8	385

试验表明，该高效减水剂掺量为 6％时能满足要求，并能节约 10％的水泥。大坍落度的取值为 240～260mm，扩散度取值为 640～670mm，经水下抛落混凝土试验，完全能满足自密实性和强度值的要求。

同时，对掺加 DK-4 的自密实水下混凝土与同标号的普通水下混凝土进行了对比试验（见表 2-13）。在进行上述试验的同时对混凝土的强度进行检测。一系列的试验表明，自密实水下混凝土与普通水下混凝土相比，均匀性、流动性及抗渗透性和抗离析性能较好，坍落度损失也小，因而更能胜任水下浇筑，但两者的标养试块强度相差无几。通过一系列的试验比选最终确定了高性能水下自密实混凝土的配合比（见表 2-14）。

DK-4 自密实水下混凝土与普通水下混凝土对比 表 2-13

试验号	掺量（%）	坍落度（mm）	坍落度损失（cm/h）	变异系数（%）	强度（MPa）		节省水泥率（%）	频数
					7d	28d		
1	0	175	5.5	12.6	28.6	45.4	0	6
2	5	205	3.1	9.0	26.5	42.3	7	6
3	6	256	2.3	9.2	25.2	42.8	9.4	6

高性能水下自密实混凝土配合比 （kg/m³） 表 2-14

砂率（%）	水灰比	水泥	砂	石子	水	粉煤灰	DK-4	施工稠度（cm）
43	0.38	385	714	994	175	75	14.4	25

3. 提高水下混凝土密实度的方法

通过在混凝土配制环节提高混凝土湿堆积密度和延长混凝土初凝时间、在混凝土浇筑环节合理提高浇筑速度和压力等措施提高混凝土密实度。

（1）在不影响混凝土设计强度的前提下加大粉煤灰、超细矿渣等掺合料用量，利用其颗粒效应和形态效应，提高拌合物的变形性能，增强密实程度，提高抗离析能力。

（2）选择粒径 5～15mm 的粗骨料，从而大幅度增大粗骨料的比表面积，进而提高混凝土中浆体需要量，最终混凝土的流动性和填充性因此而改善，从而提高水下自密实混凝土的密实度。

（3）由于桩的强度要求较高，且为大体积混凝土，因此在施工中适当延长混凝土的缓凝时间，使得混凝土不至于在较短时间内初凝和较长时间保持流态，从而使得桩孔内的水下自密实混凝土在重力的作用下进一步增大密实度。

（4）在浇筑过程中尽量提高浇筑速度，使得桩孔内的混凝土面尽快升高，以便新浇筑桩混凝土内保持较高的压力，防止地下承压水对混凝土进行渗透和侵蚀而降低其密实度；适当提高料斗高度和保持料斗内混凝土面处于较高的位置，以增加桩混凝土所受到的压力，从而增大密实度。

2.3.3 超大直径承压桩双导管水下混凝土浇筑施工技术

在以往灌注桩施工中，其桩身水下混凝土一般采用单导管进行浇筑。在混凝土浇筑前需根据桩径、孔深、泥浆压力、混凝土导管埋深要求进行初灌量的估算，以此确定初灌料斗的大小。对一般直径的灌注桩而言，采用常规方法即可保证桩基施工满足相关规范要求。但对于超大直径的灌注桩而言，为确保初灌混凝土埋置导管深度的要求，同时考虑混凝土自身扩散度、流动度，此外还要克服孔内高承压水对浇筑影响，必须采用多导管同时浇筑。本节以重庆来福士超高层项目塔楼超大直径基桩对此问题进行相关阐述。

1. 料斗的加工

重庆来福士超高层项目塔楼桩基最大桩径 6.4m（见图 2-53），平直段 2.5m，进尺 1.2m，桩长 15～20m，护壁厚 500mm，翻边宽 1.5m，厚 500mm。根据成桩尺寸，两个料斗采用外加工制作而成，尺寸为 3m×4m×2.5m，每个料斗容量 18m³（见图 2-54、图 2-55）。

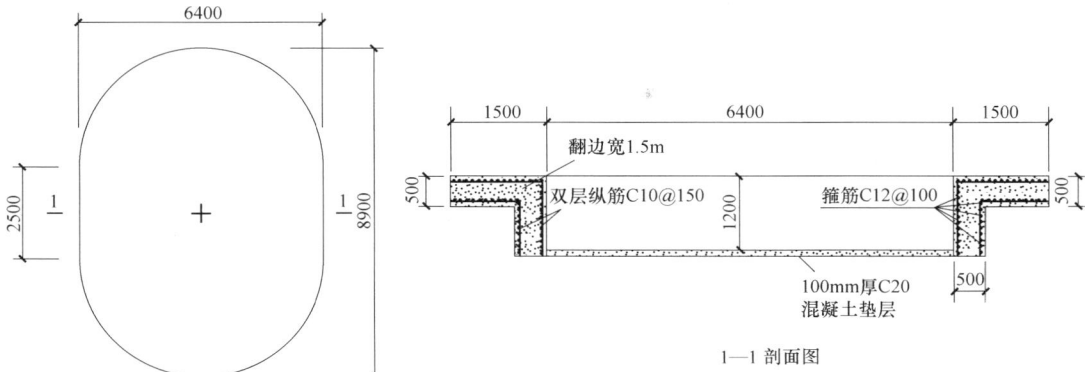

图 2-53 桩开挖示意图

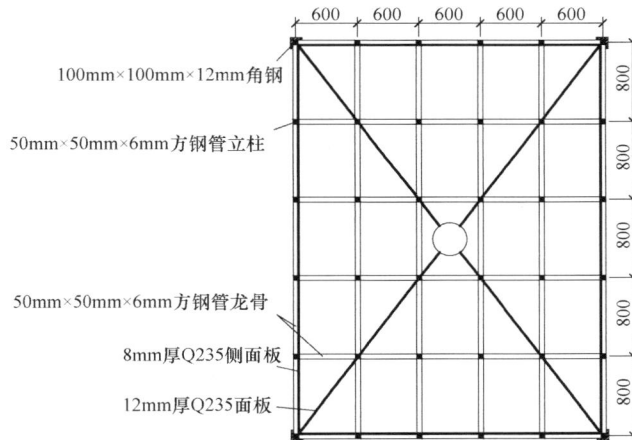

图 2-54 料斗平面图

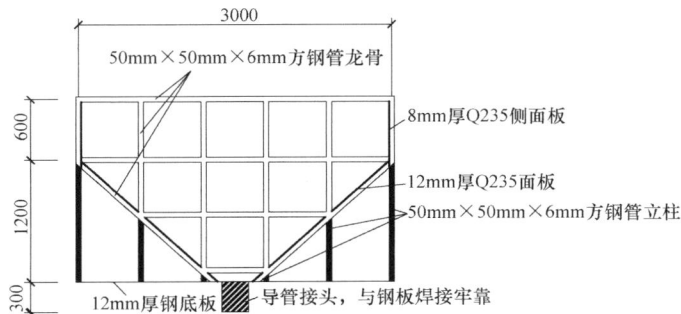

图 2-55 料斗剖面图

2. 沉渣厚度测量、导管及料斗的安装

水下混凝土浇筑前，需选多个点位对孔底的沉渣厚度进行测量，第一次测绳悬挂尖长重物，第二次悬挂底端为平面的重物，两次长度相减值即为沉渣厚度，各点沉渣厚度均需小于 5cm，若

不满足要求，需对孔底沉渣进行清除，测点示意图如图 2-56、图 2-57 所示。

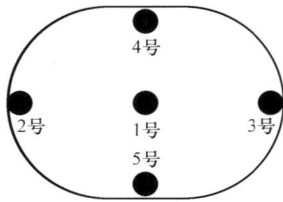

图 2-56 椭圆桩沉渣测点示意图

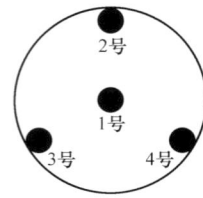

图 2-57 圆桩沉渣测点示意图

在桩侧垫层区域铺垫 2cm 厚钢板，采用 12 根 36a 工字钢横向架与桩侧两端作为料斗主要承重梁，主梁工字钢长 12m，间距 60cm；36a 工字钢上纵向搭设 6 根长 6m 的 16 号工字钢及井口架，根据料斗立柱位置调节工字钢摆放位置，确保每个料斗立柱均落在主、次工字钢相交节点处。工字钢位置摆放正确后，对料斗外圈立柱对应的主、次工字钢相交节点处进行点焊，确保架体形成整体（见图 2-58）。

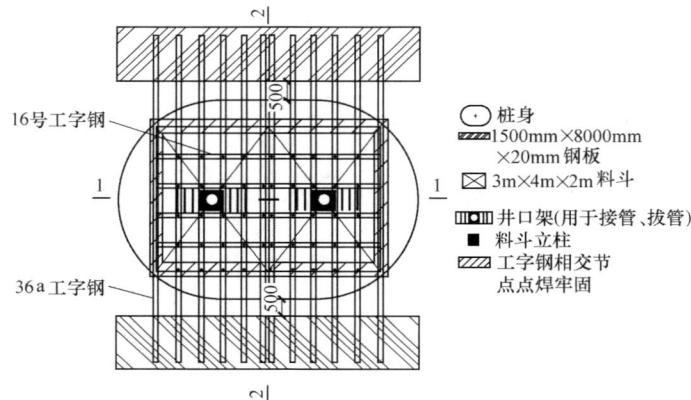

图 2-58 料斗支架搭设平面图

工字钢搭设完毕后，计算导管的连接总长度 L，确保导管底端距离桩底面 300mm。导管总长度计算公式如下：$L = H - H_1 - H_2$（其中，H 为导管附近上层工字钢上表面至桩底的高度，采用端部捆绑重锤的皮尺实地测量；H_1 为料斗底端接头外露长度，取 0.26m；H_2 为导管底端距离桩底距离，取 0.3m）。根据算出的导管总长度进行导管的搭配，最下面一节导管采用短导管进行切割，确保导管底端距离桩底面 300mm，导管搭配成功后，进行导管的连接，完成料斗的安装（见图 2-59）。

3. 混凝土灌注

开始灌注时，先配制 0.2～0.3m³ 流动性好的水泥砂浆，对天泵进行洗管。然后，将场内最后搅拌出罐的三车混凝土作为初灌混凝土，每车混凝土均分输入两个料斗。第四车、第五车混凝土准备就绪后，汽车吊同时将隔料塞拔出，开始初灌，初灌的同时，两台天泵连续向两个料斗内输送混凝土，待混凝土面上升高度达 6m 后，汽车吊将大料斗吊离桩口区域，换常规小型料斗（2m³）进行混凝土的连续浇筑。

灌注水下混凝土过程中，孔内混凝土面连续不断上升，导管埋深也在不断增加，需要定时测量混凝土上升情况，适时测量混凝土面标高，记下灌入的混凝土量。测量混凝土面的标高需要用专业测绳及测锤。测量时，在导管与钢筋笼的中间部位下放测锤，测 4～5 个点，分别记入灌注记录本，然后取平均值，以此确定导管拆卸的高度。混凝土面标高测点如图 2-60 和图 2-61 所示。

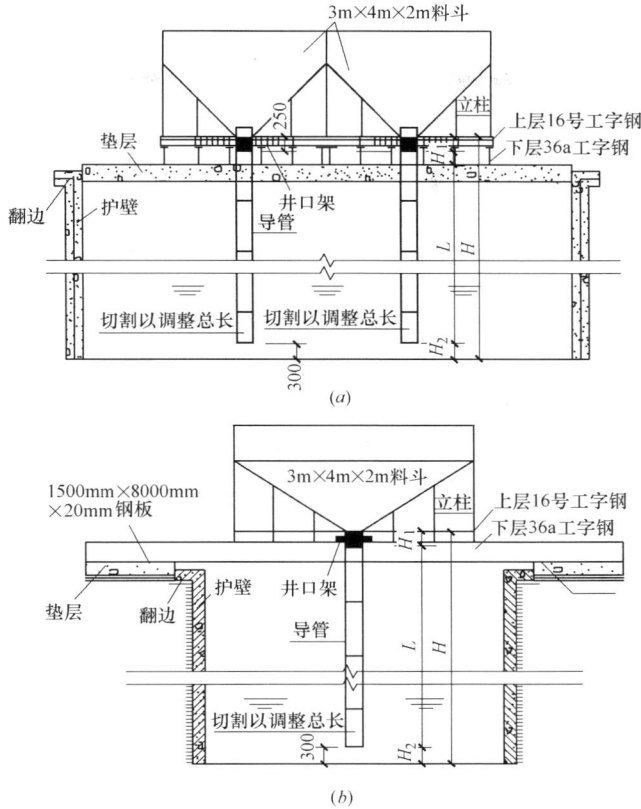

图 2-59　导管连接剖面图

(a) 1—1 剖面图；(b) 2—2 剖面图

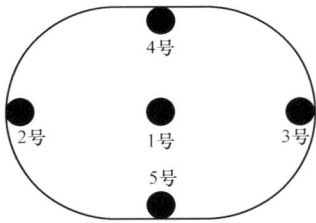

图 2-60　椭圆桩混凝土面标高测点示意图

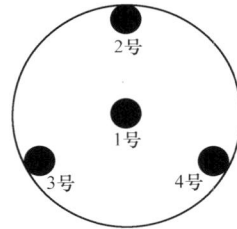

图 2-61　圆桩混凝土面标高测点示意图

　　经测量，计算导管埋入混凝土面深度。当导管埋入混凝土面深度大于 6m 时，提升导管进行拆除。正常浇筑过程中，导管埋入混凝土内深度一般为 3～6m，最小深度为 1.5～2.0m，最深不超过 8m。两根导管同步提升，提升速度保持一致，导管提升不得过快过猛，以防拖带表层混凝土造成泥渣浮浆侵入或挂动钢筋笼等。导管的拆装要干净利落，并防止工具、密封圈及螺栓掉入孔中。拆下的导管应立即用清水冲洗干净，集中堆放整齐。

2.4　超深超大基坑施工技术

　　基坑工程按照开挖深度 H 可以划分为：浅坑（$H < 5m$）、深坑（$5m \leqslant H < 10m$）、超深基坑（$H \geqslant 15m$）。随着我国城市建设中高层、超高层建筑的大量涌入，深大基坑也越来越多。密集的

建筑群，大深度大面积基坑周围复杂的地下设施和地层环境，使得放坡开挖这一传统技术不再满足现代城镇建设的需要，因此，深大基坑的开挖与围护已成为人们关注的重点。特别在20世纪90年代以后，基坑的开挖与围护已成为我国建筑工程界的热点问题之一，基坑工程的规模、数量都急剧增加，经过几十年的发展，我国深基坑工程具有以下特点：

（1）建筑趋向于高层化，基坑向大深度方向发展；

（2）基坑开挖面积大，长度与宽度有的达数百米，给支撑系统带来较大的难度；

（3）在软弱土层中，基坑开挖会产生较大的位移和沉降，对周围建筑、市政设施和地下管线有较大影响；

（4）深大基坑施工工期长、场地狭窄，降雨、重物堆放等对基坑稳定性不利；

（5）在相邻场地的施工中，打桩、降水、挖土和基础浇筑混凝土等工序会相互制约与影响，增加协调工作的难度；

（6）支护形式具有多样性。迄今为止，我国已发展了数十种支护形式。

目前，超深超大基坑的研究、设计、施工深度多数为20m以内，随着超高层建筑高度的增加，往往需要开挖深度超过20m、长宽超过百米的基坑，此类超深超大基坑的研究、设计、施工，依然缺乏经验及技术的支持。这里仅针对超高层建筑中的上下同步逆作法及大面积密集混凝土内支撑条件下超深超大基坑施工技术进行相关阐述。

2.4.1　超高层建筑上下同步逆作法施工技术

随着基坑规模向大面积、大深度方向发展，敏感的工程环境和多样的工期要求，使得基坑工程的设计与施工面临更为复杂的需求，逆作法技术为满足这些工程需求提供了一种新的技术手段。国内早在1955年于哈尔滨地下人防工程中首次应用了逆作法施工工艺，随后在20世纪七八十年代对逆作法进行了研究和探索。1989年建设的上海特种基础工程研究所办公楼（地下2层），是全国第一个采用封闭式逆作施工的工程。

近年来，逆作法技术的应用范围拓展到地铁车站、市政、人防工程等领域，以及超高层建筑地下室。其中为了实现超高层塔楼尽早施工，减小超大超深基坑围护结构、临时支撑、土方开挖在工程总体工期中的占比，一种用于超高层建筑的上下同步施工逆作法（全逆作法）的成功应用取得了较好的经济效益和社会效益，得到了工程界越来越多的重视，并成为一项很有发展前途和推广价值的深基坑设计与施工技术。

1. 上下同步逆作法的设计方法

（1）总体设计流程

上下同步逆作法超高层建筑结构设计不同于顺作法超高层建筑结构，逆作法设计是与施工方案设计相互影响、相互关联的。超高层建筑上下同步逆作法工程中，设计与施工的联系发生于结构设计之初，双方工作的基础为甲方设计的工期节点以及基本的建筑功能需求，结构体系与基础形式的选择、施工工况的确定、基坑围护的设计等工程总体设计均需要双方的交互工作来完成。设计方与施工方的工作成果互相依存，双方均以对方的上一步工作成果为依据推进己方的下一步工作，双方的每一步工作成果都要得到对方的验证，双方之间的联系是常态且稳定的。

超高层建筑上下同步逆作法工程总体设计的组织模式则是设计方与施工方的交互协同工作，具有固定的协同工作组织流程，以及固定的接口文件。超高层建筑选用上下同步逆作法的原因有环境保护要求较高、场地平面狭小、工期紧张等诸多因素，其中决定性因素是极端紧迫的建造工期。在建筑层高、建筑平面布置基本确定的情况下，影响建造工期的主要因素是施工组织设计的选择。因此，在超高层建筑上下同步逆作法工程总体设计的组织流程中（见图2-62），施工方案

建筑初步设计 → 结构平面布置

施工关门工期 → 总工期评估

选用上下同步逆作法施工

结构平面布置 → 总工期评估

结构体系优化取消加强层 ← 不满足工期要求 ← 常规结构体系施工工期分析

结构分析 → 非常规结构体系施工工期分析

满足抗震要求 → 实现工期要求

结构体系选型和优化完成

进度计划细化 总体施工工况划分

逆作法一桩一柱设计 — 荷载要求 / 限制层数 → 底板封闭前地上结构完成层数

上下同步转换梁设计 — 荷载要求 / 限制层数 → 后作墙体施工完成时上部墙体层数

地下室施工组织规划

逆作法水平结构设计 — 施工荷载分布 / 出土口布置 → 逆作法平面布置

地连墙设计 — 土压力变化 / 开挖限制 → 土方开挖与支撑施工工况

施工

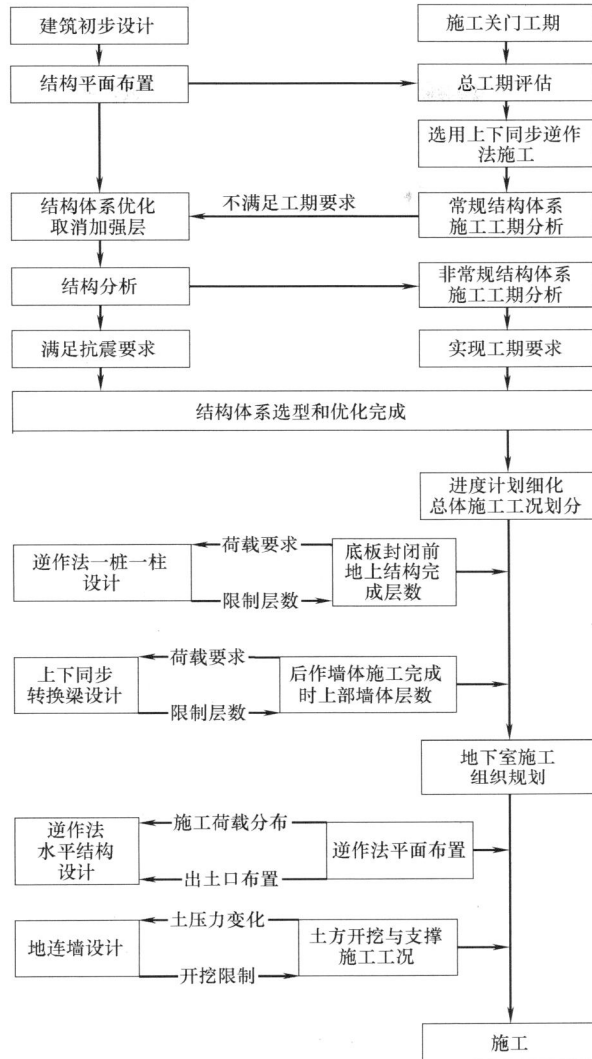

图 2-62　上下同步逆作法组织模式

设计发挥着先导作用。施工组织设计的逐步深入引领建筑结构设计不断深入，形成了总工期分析——结构体系选择、上下同步施工工况划分——竖向结构承力体系选择、地下室及土方开挖组织——基坑围护设计等一一呼应的交互工作成果。

（2）结构体系选型与优化

1）超高层建筑主要结构类型对于上下同步逆作法的适用性

上下同步逆作法用于超高层建筑地下室施工时（见图 2-63），关键在于设置合理的竖向支承体系及转换体系。而竖向支承体系及转换体系的设置，主要受其上部结构形式的影响。超高层建筑常采用巨柱—核心筒结构体系，其中采用钢管混凝土柱作为框架巨柱，外框巨柱难以设置竖向支承体系，不利于逆作法方案的实施。

2）结构类型的选取与优化

采用上下同步逆作法施工，在结构选型设计阶段，需考虑上下同步逆作法施工的需求，对超高层建筑的结构形式进行优化，以推进上下同步逆作法施工的合理实施。

为避免采用巨柱-核心筒结构体系，超高层建筑结构可采用密柱框架-核心筒结构体系，密柱框架-核心筒结构体系平面布置如图 2-64 所示。即用钢管混凝土柱作为框架密柱，内置型钢暗柱的剪力墙作为核心筒,框架梁采用钢梁,组合楼板作为外框板。传力简单、直接、高效,避免层间刚度突变,减弱沉降差异对结构的不利影响;简单、规则、高效的结构形式有利于逆作法方案的实施。

图 2-63　施工全过程模拟示意图

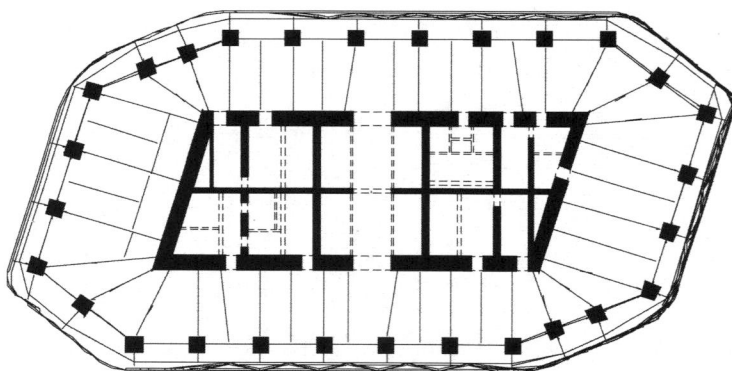

图 2-64　密柱框架-核心筒结构体系平面布置图

　　为保证工期,可取消超高层建筑结构普遍设置的加强层,采用钢管混凝土柱作为框架密柱,内置型钢暗柱的剪力墙作为核心筒,框架梁采用钢梁,采用组合楼板作为外框板。实现了超大长宽比的结构布置,传力简单、直接、高效,避免层间刚度突变,减弱沉降差异对结构的不利影响,在保证优良的结构体系的同时,直接减少了结构设计对施工工期的需求。另外,简单、规则、高效的结构形式有利于针对逆作法施工过程进行精细化设计,提高计算精度,以最可靠、最经济地制定最优化的施工进度计划。

　　(3)竖向支承体系的选取与设计

　　1)竖向支承的形式及选取

　　目前,逆作法竖向支承结构由竖向支承柱和竖向支承桩组成。支承柱根据逆作阶段承受的竖向荷载与主体结构的要求,可采用角钢格构柱、H型钢柱或钢管混凝土柱等结构形式;支承桩宜采用灌注桩,并充分利用主体结构工程桩。竖向支承桩柱宜采用一根结构柱位置布置一根支承柱和支承桩的一柱一桩形式。当一柱一桩形式无法满足逆作阶段的承载力与变形要求时，也可采用一根结构柱位置布置多根支承柱和支承桩的一柱多桩形式。剪力墙下可设置一排多个一柱一桩支承体系进行托换，做法如图 2-65 所示。

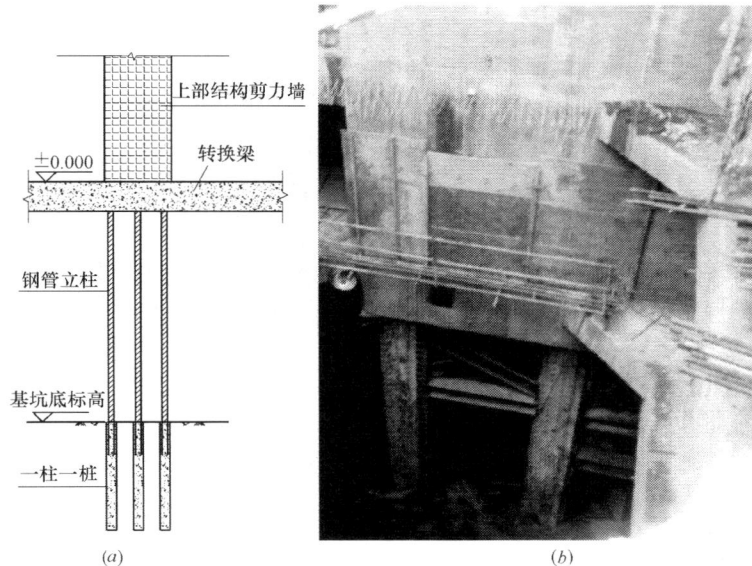

图 2-65 剪力墙一柱一桩支承体系
（a）示意图；（b）实景图

根据主体结构体系的布置和受力需要，竖向支承桩柱一般设置于主体结构柱位置，并应利用结构柱下工程桩作为支承桩。当逆作阶段竖向支承柱竖向荷载较大，框架柱位置设置一根竖向支承桩不能满足竖向承载力要求时，可在框架柱位置设置一柱多桩的形式。一柱多桩可采用一柱（结构柱）两桩、一柱三桩等形式。当采用一柱多桩形式时，可在地下室结构施工完成后，拆除临时支承柱，完成主体结构柱的托换。图 2-66 所示为桩-柱竖向支承体系。

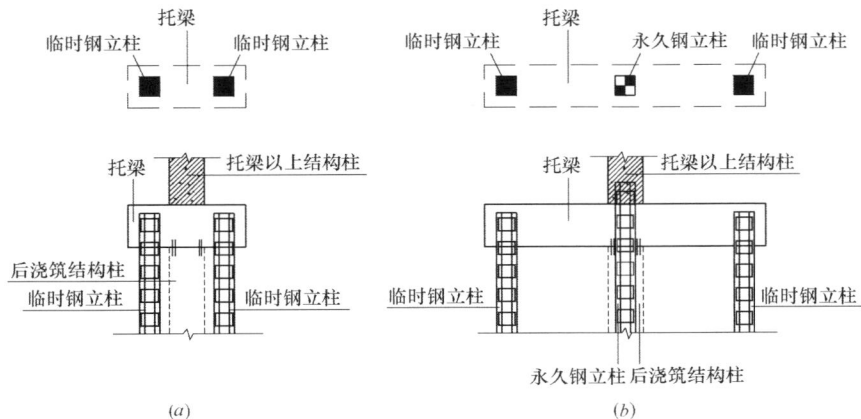

图 2-66 桩-柱竖向支承体系
（a）一柱两桩；（b）一柱三桩

壁式桩可作为一种新型的核心筒剪力墙结构的竖向支承体系（见图 2-67、图 2-68）。其竖向承载力高，适用于托换上部结构同步施工层数较多的情况。目前，壁式桩运用较少，其竖向承载力计算尚无成熟方法，可借鉴《建筑桩基技术规范》JGJ 94—2008 中单桩承载力计算方法进行估算，最终承载力需结合现场试验方法综合确定。

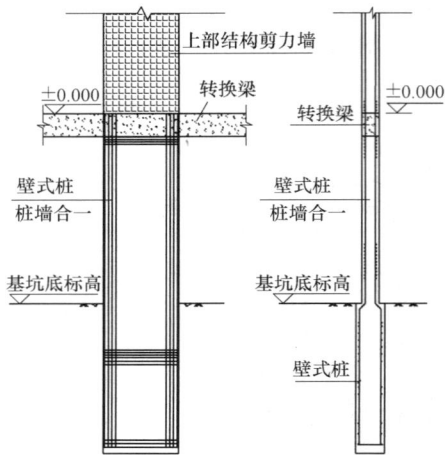

图 2-67 壁式桩示意图

图 2-68 壁式桩实景图

2) 竖向支承的设计计算

竖向支承桩柱应根据逆作施工和永久使用两个阶段的不同荷载工况与结构状态进行设计，并应同时满足两个阶段的承载能力极限状态和正常使用极限状态的设计要求。

竖向支承桩柱的设计计算包括荷载的确定及竖向支承柱承载力计算和稳定性验算。竖向支承桩柱在逆作期间竖向荷载的效应组合，应符合现行国家标准《建筑结构荷载规范》GB 50009—2012 的相关规定。竖向支承柱应按照偏心受压构件对逆作阶段各个工况进行承载力计算和稳定性验算，计算时应考虑支承柱施工偏差和竖向荷载偏心等情况，参考现行国家标准《混凝土结构设计规范》GB 50010—2010。

（4）施工工况设计

在建筑工程逆作法的整个施工过程中，各施工工况直接影响着工程结构的受力状态，例如，对于地下连续墙的受力、柱下桩的承载力的确定、结构节点构造的设置、上部结构的施工控制层数等的影响，工程结构设计应考虑施工阶段和永久使用阶段的各种工况。由于与主体结构相结合的设计，对施工精度和施工质量的要求较高。所以，设计单位和施工单位应该密切配合，对逆作施工工况提出合理的设计方案。

施工工况的设计包括上下同步施工界面层的选取、上下同步工况设计和上下同步施工临界高度的确定。

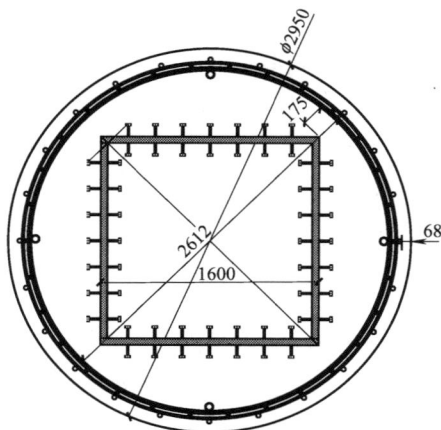

图 2-69 竖向支承桩柱大样图

采用上下同步逆作法的建筑工程应根据上下结构同步施工的流程和实际情况进行整体分析，整体分析计算应符合下列规定：

1）整体计算模型应反映逆作期间的竖向支承柱、先期地下结构以及同步向上施工的上部结构等构件的实际工况；

2）应根据上下结构同步施工的工况，施加水平荷载及竖向荷载并进行全工况模拟分析；

3）根据整体分析结果对相关结构构件进行复核，必要时应进行加强设计。

2. 上下同步逆作法施工的竖向支承体系控制技术

在逆作施工期间，基础底板未施工形成之前，逆作阶段所有的竖向荷载均由竖向支承桩柱承担（见图 2-69），当支承桩承载力不均匀时，支承桩之间及支承桩与围护体之间可能会产生较大的差异沉降，从而引起水平结构梁板的次生应力。当差异沉降过大时，将会使水平结构梁板产生裂缝，甚至影响结构体系的安全。因此，必须对竖向支承体系的施工进行控制。

竖向支承体系施工控制包括竖向支承桩桩位测量及定位、支承桩成孔垂直度控制、支承桩采用桩端后注浆控制和支承柱插入控制四个方面。

对于竖向支承桩桩位的测量及定位，施工场地宜设置硬地坪，应能承受大型吊机行走，并能固定支承柱的吊锤装置；单桩施工作业范围内场地平整度偏差不宜大于 10mm；地基应满足承载力与变形的控制要求。支承桩成孔过程中应采取措施控制成孔垂直度，成孔结束后应检查成孔垂直度和孔底沉渣，成孔垂直度偏差、沉渣厚度应满足设计要求。当支承桩采用桩端后注浆工艺时，应根据桩端地层情况选用桩底注浆器，注浆管数量、注浆量和注浆压力应满足设计要求。支承柱插入支承桩方式可结合支承桩柱类型、施工机械设备、成孔工艺及垂直度要求等因素确定，支承柱插入支承桩的方式可采用先插法或后插法，当竖向支承桩为人工挖孔桩干作业成孔时，也可采用在支承桩顶部预理定位基座后再安装支承柱的方法。

3. 上下同步逆作法施工的先期结构与后期结构连接技术

上下同步逆作法施工的先期结构与后期结构的连接主要分先期竖向结构与后期竖向结构的连接、先期竖向结构与后期水平结构的连接两部分。

（1）先期竖向结构与后期竖向结构的连接

先期竖向结构与后期竖向结构的连接主要为核心筒剪力墙水平筋与钢管混凝土柱的连接节点处理（见图 2-70、图 2-71）。钢管混凝土柱与核心筒剪力墙水平筋的连接可通过设置连接板焊接连接。部分剪力墙水平筋焊接于圆管柱竖向通长钢筋连接板上，两侧部分钢筋从圆管柱外通过，钢筋搭接长度为 10 倍钢筋直径。

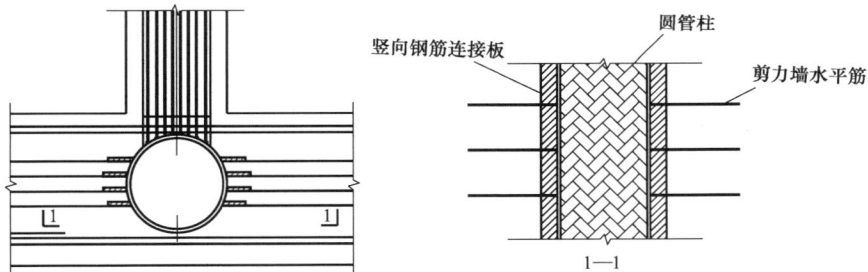

图 2-70　剪力墙水平筋与钢管混凝土柱的连接节点详图

图 2-71　剪力墙水平筋与钢管混凝土柱的连接节点实景图

（2）先期竖向结构与后期水平结构的连接

圆管柱与混凝土连接节点较为复杂，除常规的增设竖板外，还需在梁与梁交叉部位进行特殊处理，如进行竖向板分割、交叉焊接处理（见图2-72）。圆管柱与混凝土梁通过环梁连接，环梁内部有环板，搭接焊环梁钢筋（见图2-73、图2-74）。

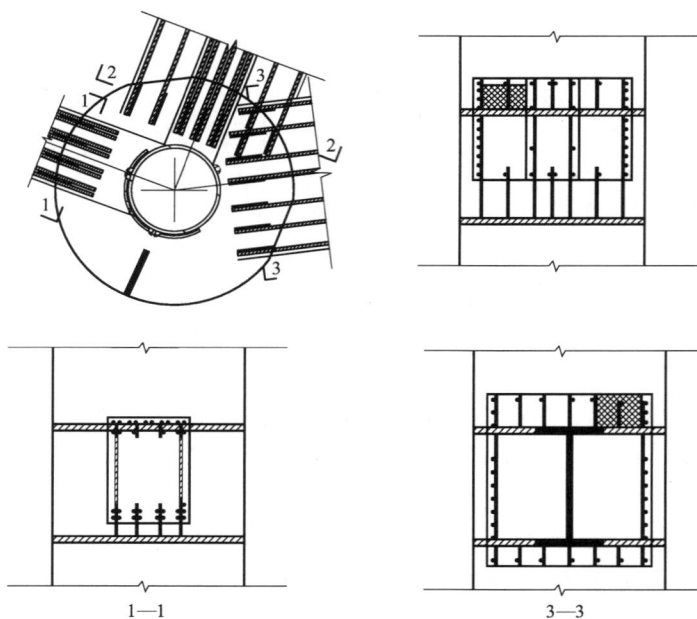

1—1　　　　　　　　　　　　　　3—3

图 2-72　圆管柱与混凝土梁、加劲梁连接节点详图

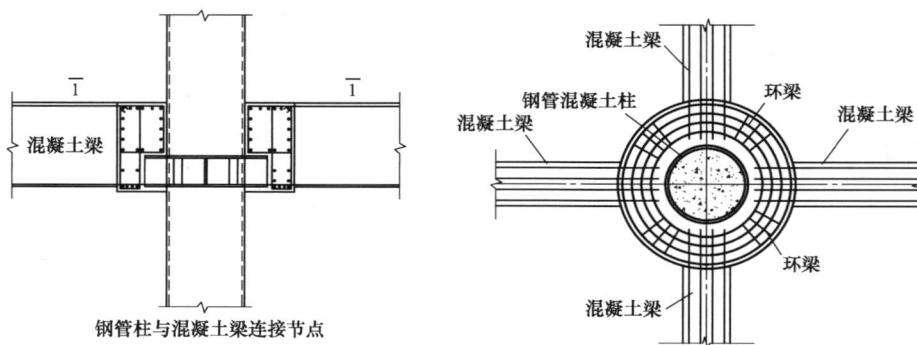

钢管柱与混凝土梁连接节点

图 2-73　环梁节点详图

（a）　　　　　　　　　　　　　　（b）

图 2-74　环板、环梁实景图
（a）环板；（a）环梁

大底板不同区域钢筋排数不一，现以具有代表性的 4 排钢筋为例进行说明，为方便钢筋焊接，筏板上的道板需要拆除，待钢筋焊接完成后进行穿孔塞焊。如图 2-75 所示。

4. 上下同步逆作法施工的核心筒剪力墙水平施工缝处理技术

逆作法水平接缝应使垂直方向上应力有效、可靠传递，并保证水密性与气密性。由于混凝土采用后浇，所以当混凝土浇筑后会因沉降和收缩在其上面形成空隙，并在接缝表面产生析水或聚集气泡，容易使其成为结构和防水上的缺陷。另外，由于混凝土的流动压力和浇筑速度不足，造成填充不良，后期结构模板变形造成混凝土面下

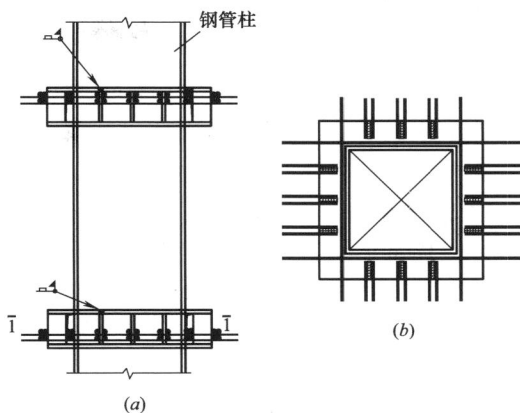

图 2-75　筏板钢筋与钢管混凝土柱的连接节点详图
(*a*) 钢筋竖向排布；(*b*) 钢筋平面排布

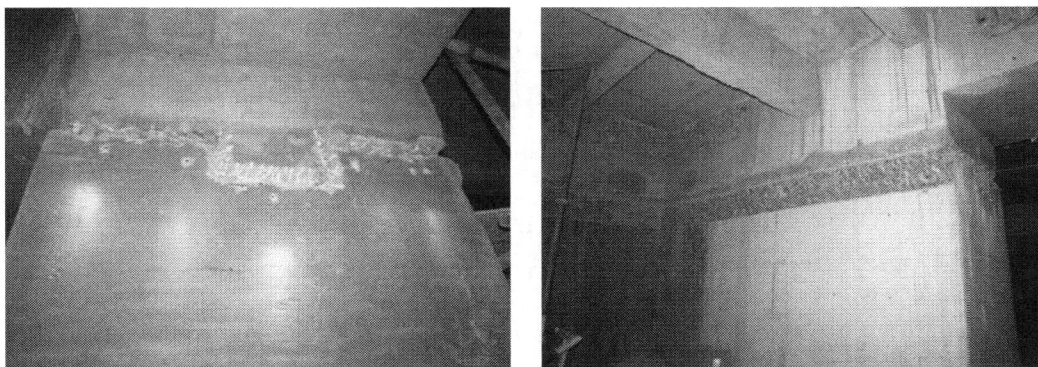

沉等都会形成接缝问题（见图 2-76）。因此，需采取一定的措施对核心筒剪力墙水平施工缝进行处理。

图 2-76　核心筒剪力墙水平施工缝

逆作法常用的接缝处理方式有超灌法与注浆法两种，宜结合工程实际情况选用合适的接缝处理方式。

超灌法指浇筑时直接利用结构混凝土的流动压力，直接由浇捣孔浇捣的施工方法，浇捣口底部应至少高出后期混凝土顶面 300mm，竖向结构混凝土宜采用高流态低收缩混凝土。混凝土沉降收缩量受混凝土配合比、振捣程度、模板、浇筑高度与时间等影响，故不宜采用普通混凝土，应掺加不析水剂和膨胀剂等材料改善混凝土接缝处的性能，前期结构顶面宜采用斜面，后期混凝土浇筑时采取振捣措施，型钢立柱的腹板设置透气孔。超灌法要做到完全没缝隙仍相当困难，建议与注浆法合用。

当竖向结构承载力和变形要求较高时，宜在接缝处预埋注浆管，后期竖向结构施工完成后再采用高强灌浆料对接缝进行处理，灌浆料宜采用高流态低收缩材料，强度高于原结构一个等级。注浆管间距宜控制在 600mm 左右。注浆宜选用下列几种方式：

（1）在接缝部位预埋专用注浆管，混凝土初凝后，通过专用注浆管注浆；

（2）在接缝部位预埋发泡聚乙烯接缝棒，正常浇捣混凝土，混凝土强度达到设计值后用稀释剂溶解接缝棒，形成注浆管道进行注浆；

（3）混凝土强度达到设计值后，在接缝部位用钻头引洞，安装具有单向功能的注浆针头，进行定点注浆。

5. 上下同步逆作法施工的土方开挖技术

逆作法施工时，地下结构楼板中需设置一定数量的取土口，取土口的布置应遵循以下原则：取土口设置的数量、间距应根据土方开挖量、挖土工期、运输方式及基坑平面形状确定；在软土地层的逆作法施工中取土口间的水平净距不宜超过 30m；地下各层楼板与顶板洞口位置宜上下相对应；取土口的位置宜设置在各挖土分区的中部位置，且不宜紧贴基坑的围护结构；取土口的布置应满足挖土分块流水的需要，每个流水分块应至少布置一个出土口，当底板土方采用抽条开挖时，应满足抽条开挖时的出土要求；取土口位置应考虑场地内部交通畅通并能与外部道路形成较好的连接；预留孔洞四周应设置必要的挡水槛，对长时间使用的洞口，宜采取有效避雨措施。

土方开挖应根据现场条件及土质情况采用盆式挖土、分区挖土、抽条挖土等不同方式进行。开挖时应合理划分各层开挖分块大小，开挖分块划分应综合考虑地下水平结构施工流水及设置结构施工缝的要求。逆作法土方开挖应充分利用机械化施工，应根据基坑土质条件、平面形状、开挖深度、挖土方法、施工进度、挖机作业空间的限制等因素，选择噪声小、效率高、废气排放少的挖土设备。

软土地层中大面积深基坑开挖宜采用盆式挖土（见图 2-77），盆边土的留设形式应满足围护设计工况要求；盆边土宜采用抽条式挖土，抽条宽度应符合设计要求。分区挖土时，应结合基坑形状、场地条件，按结构能形成有效支撑的原则安排分区挖土流水。

逆作法基坑土方开挖应根据边坡稳定性验算确定放坡开挖的坡度及坡高；挖土时应对竖向支

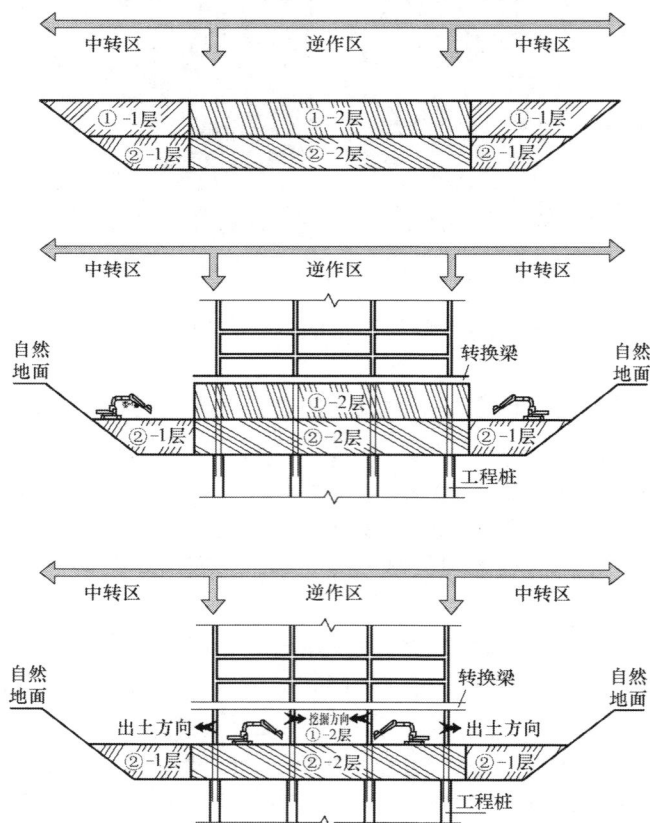

图 2-77 逆作法土方开挖示意图（一）

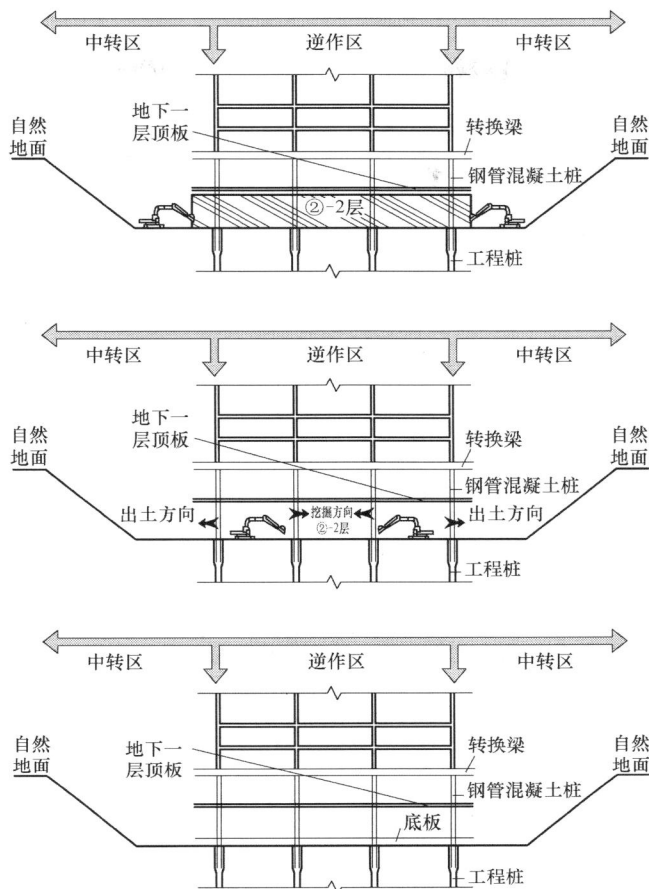

图 2-77 逆作法土方开挖示意图（续）

承柱采取保护措施，竖向支承柱两侧土方高差不应大于 1.5m；每层土开挖时土层面宜平整，高差宜控制在 10cm 以内；土方开挖应符合基坑设计开挖工况，严禁超挖；应及时拆除并清理结构楼板的模板及支承体系；应严格保护竖向支承柱、降水井、预留插筋及监测元件等。土方开挖到标高后，应及时浇捣混凝土垫层，土体暴露面积不宜大于 200m²，基底下土层不应超挖与扰动。逆作法挖土取土口位置宜设置集土坑，集土坑深度不宜超过 1.5m。

6. 上下同步逆作法的监测技术

（1）监测的内容

施工监测的内容主要包括逆作法基坑围护结构、主体结构及周边环境，超高层建筑上下同步逆作法应进行监测的项目包括支护体系观察、围护结构顶部竖向及水平位移、围护体系裂缝观察、围护结构侧向变形、支承柱竖向位移、支承柱内力、支承桩内力、逆作结构梁板柱的裂缝观察等，同时，基坑边缘以外 3 倍基坑开挖深度范围内需要保护的周边环境应作为监测对象，其他项目视监测工程具体情况和相关要求确定（见表 2-15）。

超高层建筑上下同步逆作法监测项目　　　　　　　　　　　　表 2-15

序号	监 测 项 目	监测项选择
1	支护体系观察	√
2	围护结构顶部竖向、水平位移	√

续表

序号	监 测 项 目	监测项选择
3	围护体系裂缝观察	√
4	围护结构侧向变形（测斜）	√
5	围护结构侧向土压力	○
6	围护结构内力	○
7	用于支承体系的梁、板内力	○
8	取土口附近的梁、板内力	○
9	支承柱竖向位移	√
10	支承柱内力	√
11	支承桩内力	√
12	坑底隆起（回弹）	○
13	基坑内、外地下水	√
14	土体分层竖向沉降	○
15	逆作结构梁板柱的裂缝观察	√
16	周围环境	√

注：√应测项目；○选测项目（视监测工程具体情况和相关单位要求确定）。

（2）监测的方法

这里主要介绍围护结构垂直、水平位移，深层水平位移，沉降，地连墙内力，支撑轴力，水位等监测实施的目的与方法。

1）围护结构垂直、水平位移监测

围护结构水平位移和垂直位移监测点布置不仅要符合规范的要求，还要满足设计和施工要求。围护结构垂直、水平位移监测主要使用全站仪及配套棱镜组等进行观测。垂直、水平位移的观测方法很多，可以根据现场情况和工程要求灵活应用。

垂直、水平位移监测控制网宜按两级布设，由控制点（基准点、工作基点）组成首级网，由观测点及所联测的控制点组成扩展网。对于单个目标的位移监测，可将控制点同观测点按一级布设。监测埋设的监测点稳定后，应在基坑开挖前进行初始值观测，初始值一般应独立观测 2 次，2 次观测时间间隔应尽可能的短，2 次观测值较差满足有关限差值要求后，取 2 次观测值的平均值作为初始值，垂直、水平位移监测则以初始值为观测值比较基准。垂直、水平位移变形监测应视基坑开挖情况即时开始实施。

2）测斜监测（深层水平位移）

桩体或土体的深层水平位移监测，一般通过活动式测斜仪进行，测斜仪宜采用能连续进行多

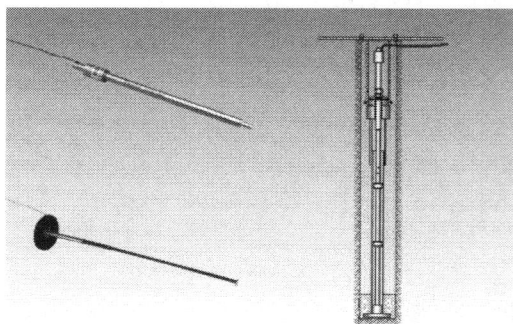

图 2-78　测斜仪

点测量的滑动式仪器（见图 2-78）。测斜管应布设在基坑每边中部及关键部位，并埋设在围护结构桩墙内或其外侧的土体内。当测斜管埋设在围护墙体内时，测斜管长度不应小于围护墙深度。当测斜管埋设在土体中的，测斜管长度不宜小于基坑深度的 1.5 倍，并大于围护墙深度。

观测时，可由管底开始向上提升测头至待测位置，或沿导槽全长每隔 1000mm 测量一次，将测头旋转 180°再测量。两次观测位置应一致，依此作为一回测。每周期可测两回测，每个测斜导

管的初测值应测四测回，观测成果取中数。

3）沉降监测

监测点布置与埋设包括地表沉降监测点、建（构）筑物沉降监测点和支承立柱沉降监测点布置与埋设三方面。

对于地表沉降监测点，作为地表观测的标志，可根据不同的地表结构类型和结构材料，采用钻孔式；建（构）筑物沉降监测点，可根据不同的建（构）筑结构类型和建筑材料，采用墙（柱）标志、基础标志和隐蔽式标志（用于高级建筑物）等形式，同时，应该注意标志的埋设应避开如雨水管、窗台线、电器开关等有碍埋设标与观测的障碍物，并应视立尺需要离开墙（柱）面和地面一定距离；支承立柱沉降监测点，采用冲击钻于立柱表面钻一定深度的空洞，埋设 $\phi12mm$ 的膨胀螺丝，露出立柱表面一定距离，打磨膨胀螺丝使其具有制高点，标注记号作为观测点。

4）地连墙内力监测

地连墙钢筋笼绑扎过程中，在相应测点位置的两侧各焊接、安装 2 只钢筋应力计，导线沿被测主筋引伸到顶部，顶部 2.0m 左右用钢套管保护，随钢筋笼一同植入到支护墙体中。支护结构（地下连续墙、地下结构板等）的应力使用频率读数仪测读，可根据测试频率值对照率定公式直接换算出主筋受力值。初始值采集一般在结构强度形成后开挖前进行。

5）支撑轴力监测

支护结构的支撑体系根据支撑构件材料的不同可分为钢筋混凝土支撑和钢支撑两大类。这两类支撑在进行支撑轴力监测时，应根据各自的受力特点和构件的构造情况，选取适当的测试变量，埋设与测试变量相应的钢弦式传感器进行变量测试。混凝土支撑构件一般选择钢筋应力计进行测试。

关于钢筋混凝土支撑轴力的测算，可通过埋设在支撑断面位置的钢筋应力计所测数据经率定系数计算，得出断面位置上的主筋受力 P_g，一般每个断面上、下两侧各应埋设不少于 2 只传感器，埋设于角点或中间位置的主筋上（见图 2-79）。假定同一断面处钢筋应变与混凝土应变相等，便可通过与主筋钢筋受力 P_g 之间的比例关系得到支撑混凝土的轴力 P_z。

6）水位监测

对地下水位变化的监测可以采用 SB1 电测水位仪量测。电测水位仪由探头、电缆盘和接收仪组成。仪器的探头沿水位管下放，当碰到水时，上部的接收仪会发出蜂响，通过信号线的尺寸刻度，可直接测得地下水位距管口的距离。管口高程用精密水准仪定期与基准水准点联测。电测水位仪读数精度为 $\pm1mm$，水位计原理见图 2-80。

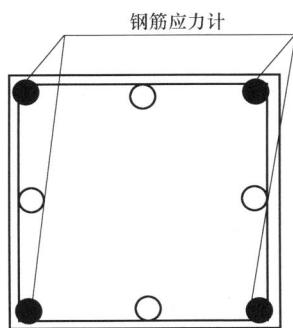

图 2-79　钢筋混凝土支撑监测点布置断面示意图

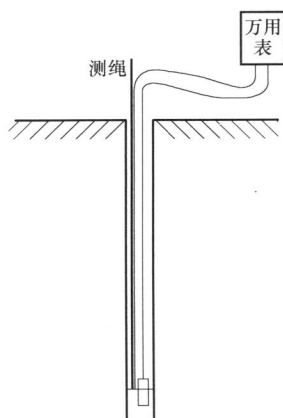

图 2-80　水位计监测水位示意图

（3）监测的实施

1）测试仪器设备的埋设

基坑围护结构施工前，在基坑周边地表、地下管线、建（构）筑物、围护结构的相应测点处埋设好沉降测量的标志点；同时，在场地外适当距离处设置 4 个水准基点，基准点是沉降观测的基本控制点，确保其坚固、稳定并利于长期保存。对于支护结构施工过程中桩身应力监测点的埋设，根据支护结构测点应力计算值，选择合适量程的钢筋应力计，在安装前对钢筋应力计进行拉、压两种受力状态的标定；钢筋应力计导线沿相应钢筋引向钢筋笼顶部，用导线保护管套穿保护，每隔一定距离用细铁丝或扎带绑扎固定（间隔不超过 2m），再随同钢筋笼一同植入。

基坑支护桩施工结束，土方开挖前 10d，埋设好测斜管。围护结构顶部施工完成后，在相应测点位置埋设圈梁顶部水平位移、沉降监测点。支承梁施工过程中监测点的埋设应根据钢筋混凝土测点应力计算值，选择合适量程的钢筋应力计，在安装前对钢筋应力计进行拉、压两种受力状态的标定；在绑扎、焊接钢筋混凝土支承梁、板钢筋时，将支承梁断面上下需监测的受力主筋与钢筋应力计焊接或绑扎在一起，钢筋应力计导线引出支承梁部位，用软管包裹。支承梁施工完毕后，在相应测点位置埋设好支承立柱水平位移和沉降观测点。

2）数据采集

根据基坑施工进程，对各测试项目进行 2 次初始数据的采集，保证初始数据准确、连续、可靠。从地下基坑开挖到±0.000 结构顶板施工结束，地下室侧壁土回填完成，预计监测周期为一年。

支护桩顶水平位移、支护桩深层位移、基坑外侧水位监测频率：①基坑开挖初期（挖深小于5.0m），每隔 1～2d 监测一次，如出现异常现象加密监测；②基坑挖深超过 5m 时，每隔 1d 监测一次，如出现异常现象每天监测一次；③基坑挖深超过 10m 至接近坑底及挖到底标高后一周内，每天监测一次，如出现异常加密监测，甚至 24h 连续监测；④基坑底板施工期间，每隔 1d 监测一次，如出现异常每天监测一次；⑤基坑底板浇筑完毕后，每隔 2～3d 监测一次；⑥ 当超过报警值时，应根据具体情况及时调整监测时间间隔，加密监测频率，甚至跟踪监测。

周边环境的沉降、周边管线的沉降/水平位移监测频率：①支护结构施工期间，每隔 2～3d 监测一次；②土方开挖到主体结构施工至地下室底板期间，建筑物倾斜与裂缝监测每周测 1～2 次，如出现异常加密监测。

2.4.2 大面积密集混凝土内支撑条件下超大超深基坑施工技术

超大超深基坑支护工程是一项复杂化、多元化、系统化的综合性工程，除了要满足传统的结构强度与稳定性要求外，也要考虑超大超深基坑对周围环境的影响。对于超大超深基坑的支护，常常采用围护结构加内支撑的形式，本小节将依托于天津 117 大厦项目对大型复杂混凝土内支撑的施工技术进行研究。

该工程基坑开挖面积达 13.8 万 m²，C＋D 区施工面积约 8.8 万 m²，占地面积超大；大面积挖深约 19.65m，117 塔楼下局部挖深达到 26.05m；土方开挖量达 210 万 m³，C＋D 区土方开挖量为 105 万 m³。基坑浅层 7.9m 采用放坡开挖，7.9m 以下采用地下连续墙和混凝土内支撑作为支撑体系，其中，C＋D 区采用混凝土圆环支撑，支撑内环直径达 188m。

1. 土方开挖施工关键技术

针对基坑土方开挖量超大、工期超紧、地下水位高等施工难点，采用"分区、盆式与岛式交替流水作业"的开挖方法。土方开挖施工分区与流程需根据基坑支护体系的结构特点及运土要求，同时确保防止基坑开挖底部隆起等要求来制定。

（1）土方开挖平面分区

根据大圆环支撑体系圆形的结构特点及基坑支护设计方案，中部圆环空间大，有利于大机械开挖与出土，从而确定将C＋D区土方开挖分为两个大区，即周边区和中心区，中心区以圆环中心为圆心，半径85m范围，详见图2-81。

（2）土方开挖竖向分层

由于圆环支撑体系结构与受力都呈南北不对称、东西基本对称的特点，在竖向分区中，按东西对称开挖形式进行开挖；同时在中心区域，采取先开挖周边，保留中心后挖的策略，在中部保留一部分土层以防止开挖底面隆起。基坑开挖竖向分层如图2-82所示。

（3）总体分区施工技术

根据基坑开挖及支护设计要求，C＋D区先行施工，C＋D区负三、二层结构施工完毕并达到换撑强度后，再开始A＋B区后续施工。其中，C＋D区基坑施工流程见图2-83。

土方开挖过程中，密切注意对周边环境的保护，切实减小地下连续墙、中间围护结构的变形及周边环境的不均匀沉降。土方开挖过程中，按规范及设计要求进行放坡，严禁超挖，加强对开挖标高的控制，严禁土方开挖机械对围护结构、中间立柱、降水井管、混凝土支撑的碰撞破坏，上述部位附近的土方开挖由人工进行，钢立柱两侧土体应尽量对称开挖，高差应控制在0.5m以内，以防止立柱受力不均匀。

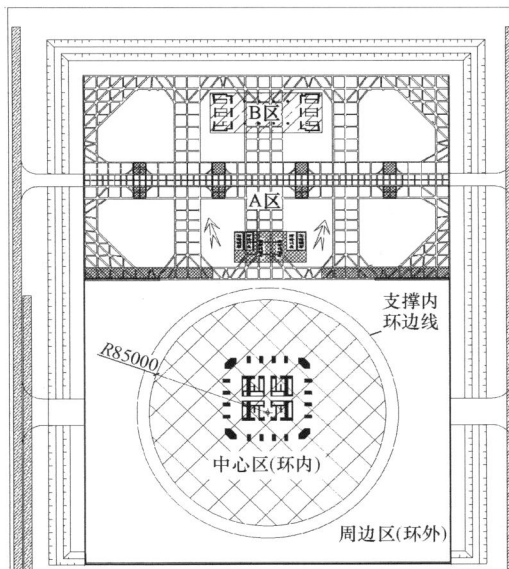

图2-81 C＋D区施工分区

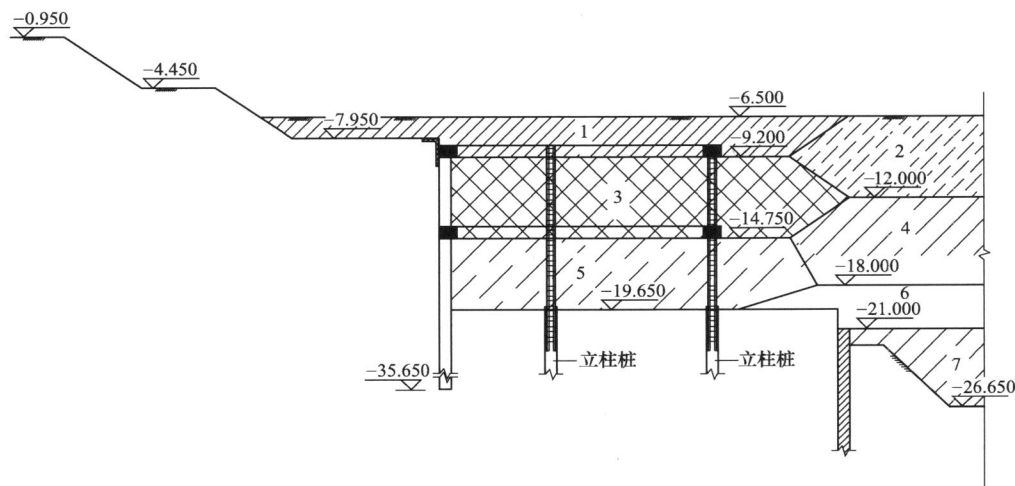

图2-82 C＋D区土方竖向分层

2. 内支撑施工关键技术

针对圆环支撑体系施工量巨大、受力复杂、工期紧迫等施工难点（见图2-84），该工程采用"先撑后挖、对称限时、跳仓浇筑"的施工方法，完成约2万m³内支撑混凝土浇筑及拆除施工。

（1）内支撑施工分区与流程

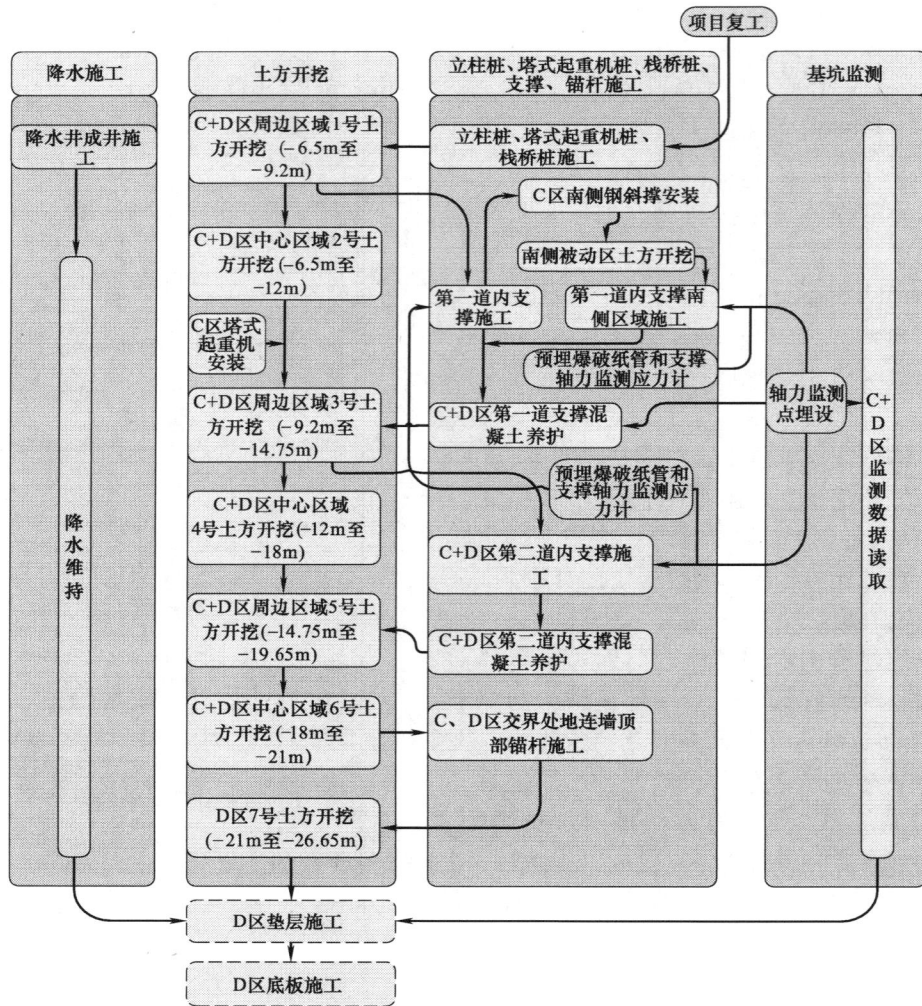

图 2-83 C＋D 区基坑施工流程图

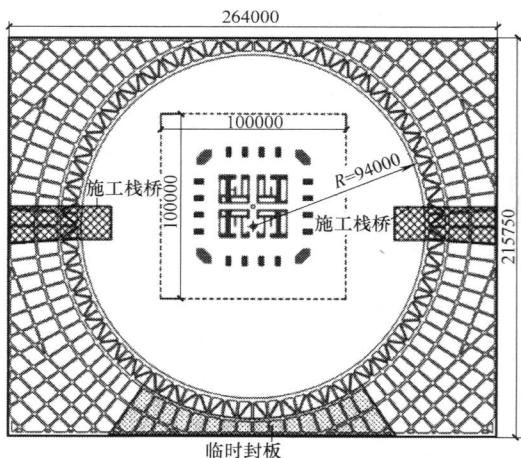

图 2-84 C＋D 区基坑支撑平面布置图

根据大圆环支撑体系结构与受力特点及现场施工总体部署，将 C 区第一、二道水平支撑均分为 4 个施工区段（见图 2-85）。C 区内支撑结构实施过程中必须本着"先撑后挖、对称开挖、跳仓浇筑"的原则进行施工。

将第二层土开挖至－9.000m，人工清理至－9.200m。挖土过程中合理安排土方开挖施工和支撑的设置，保证地下结构均匀、对称受力。同时必须坚持"先撑后挖"的原则进行开挖，在对称、间隔的前提下，待第一道支撑体系达到设计强度的 80％后，再开挖第三层土方，至－15.550m，人工清理至－15.750m，施工第二道支撑；待第二道支撑体系达到设计强度的 80％后，再开挖第四层土方，至－19.650m，然后进行垫层、防水及防水保护层和底板的施工；待底板达到设计强度的 80％后，进行第二道支撑系统的拆除；待负二层底板混凝土达到设计强度的80％后，进行第一道支撑系统的拆除，采用爆破拆除的形式。

施工时，土方开挖分块边线与钢筋混凝土支撑的施工缝留设位置相结合，土方开挖的顺序与局部支撑体系的形成相结合，做到随挖随撑，确保分块土方开挖的时间与支撑施工时间控制在设计允许范围内，以控制基坑及周边环境的变形。

（2）混凝土浇筑关键技术要求

C区第一道支撑混凝土强度等级为C30，第二道支撑混凝土强度等级为C40。针对不同部位不同强度等级要求的混凝土，提出的主要技术指标如下：1）坍落度。该工程内支撑结构所用混凝土均采用泵送方

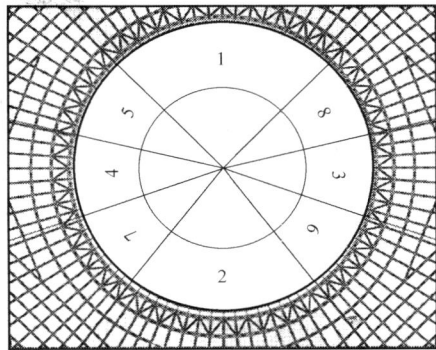

图2-85　C区第一、二道内支撑
结构施工分区图

式进行施工，混凝土坍落度需控制在（170±20）mm。2）和易性。为了保证混凝土在浇筑过程中不离析，在搅拌时，要求混凝土要有足够的黏聚性，要求在泵送过程中不泌水、不离析，保证混凝土的稳定性和可泵性。3）混凝土初、终凝时间。为了保证各个部位混凝土的连续浇筑，要求混凝土的初凝时间控制在7～8h；为了保证后道工序的及时插入，要求混凝土终凝时间控制在12h以内。4）为保证支撑梁结构整体的施工质量，浇筑过程中必须保证各区段混凝土连续浇筑，并按照施工部署顺序施工，不可因操作不当或混凝土供应不及时而导致混凝土结构出现冷缝。

（3）混凝土浇筑施工关键技术

这里主要介绍混凝土分区浇筑关键技术和施工缝浇筑关键技术两方面。

1）混凝土分区浇筑关键技术

支撑结构严格按照"对称、限时"的原则施工，先浇筑第一道环撑1～4区结构混凝土，后进行5～8区环撑结构混凝土施工，同时插入南侧钢管斜撑及压顶圈梁结构施工，第二道环撑施工顺序同上。

栈桥区域施工时，在混凝土中加入适量早强剂，以增加栈桥区域混凝土的早期强度。各区段混凝土浇筑时均采用两台地泵配合退步浇筑施工，确保已浇筑部分混凝土初凝前被新浇筑混凝土覆盖，避免出现冷缝。支撑结构混凝土浇筑过程中利用混凝土流动性斜面分层，尽量减少接管次数以提高施工效率。

混凝土振捣采用插入式振捣器，振捣混凝土时要求下插到下层混凝土50mm，保证混凝土分层处密实，振捣棒要求快插慢拔，保证振捣棒下插深度和混凝土有充分的时间振捣密实。振捣点的间距按照振捣棒作用半径的1.5倍一般以400～500mm进行控制。振捣时间控制具体以混凝土不再下沉并无气泡产生为准。振捣应随下料进度，均匀有序地进行，不可漏振，亦不可过振。

结构混凝土振捣完成后在表面做找平处理，在找平时随找平随用刮杠将表面刮平，同时用木抹子将表面进行原浆搓毛，不得在表面浇水或撒干灰。为避免混凝土硬化过程中因失水产生温度裂缝及收缩裂缝，混凝土浇筑及振捣完成后，立即在结构表面覆盖塑料薄膜并待混凝土强度达到1.2MPa后浇水养护。

2）施工缝浇筑关键技术

施工缝处必须待已浇筑混凝土的抗压强度不小于1.2MPa时，才允许继续浇筑，在继续浇筑混凝土前，施工缝混凝土表面要剔毛，剔除浮动石子，用水冲洗干净并充分润湿，然后刷素水泥浆一道，下料时要避免靠近缝边，机械振捣点距缝边30cm，缝边人工插捣，使新旧混凝土结合密实。

临时支撑结构与连续墙连接部位都要按照施工缝处理的要求进行清理：剔凿连接部位混凝土结构的表面，露出新鲜、坚实的混凝土；剥出、扳直和校正预埋的连接钢筋。需要埋设止水条的连接部位，还须在连接面表面干燥时，用钢钉固定遇水缓膨型止水条。压顶圈梁上部需通长埋设刚性止水片，在混凝土浇筑前应做好预埋工作，保证止水钢板埋设深度和位置的准确性。在浇筑混凝土前要冲洗混凝土结合面，使其保持清洁、润湿后方可进行混凝土浇筑。

3. "两桩合一"支承立柱施工关键技术

钢筋混凝土支撑体系是深基坑支护体系的重要形式之一，除水平支撑外还有支承立柱，支承立柱主要承载钢筋混凝土水平支撑自重荷载，地连墙（支护桩）外侧土压力全部由钢筋混凝土水平支撑承担，支承立柱主要由立柱桩和格构柱两部分组成。立柱桩一般为钻孔灌注桩，一般有效桩长为 15～21m，因重新增加立柱桩不仅增加工程建造成本而且还需避开工程桩的桩位，容易对工程桩的成桩质量造成不利影响，工程桩兼作立柱桩能较好地解决工程质量和造价问题。

"两桩合一"支承立柱适用于基坑开挖深度较深、支护形式为支护桩（地下连续墙）+水平支撑的基坑工程。

（1）施工测量

该工程平面控制的主要内容是：工程桩桩与桩之间的相对位置关系。根据平面控制网中的控制点，利用全站仪，采用极坐标法和直角坐标法，测定各工程桩桩位的平面位置。工程桩采用钻孔灌注桩，由于桩机行走，会对放出的点位造成一些影响，在放出桩位后，每根桩定位时还需要核准后才能开始成桩。

该工程高程控制的主要内容是：工程桩的桩顶标高。所有控制点的标高由现场建立的水准控制网引测，用全站仪、水准仪、塔尺传递高程。施工过程中，应定期对测量控制网的标高进行复测，确保测量基准点的准确。

（2）护筒埋设

护筒采用钢护筒，用 4～6mm 厚的钢板制成。护筒上部留有 350mm×350mm 左右的溢浆口，并焊有吊环。在埋设护筒前，先在桩孔周围设四个定位桩，以便校正桩位，埋设在钻孔中心位置，使护筒中心与钻孔中心重合，护筒中心和桩位中心的偏差不得大于 50mm，垂直度偏差不得大于 1%。定位桩用 12mm 粗的钢筋打入土中，施工过程中不得随意破坏。在埋设护筒时，采用挖埋法。护筒定位后，周围对称均匀分层回填黏土，每层黏土要夯实，分层回填厚度不得大于 30cm。

埋设护筒时应注意护筒位置与垂直度准确与否，护筒周围和护筒底脚是否紧密，是否不透水（护筒高度），护筒顶端应高出地面 10cm，沿着护筒溢浆口挖循环槽至泥浆池（见图 2-86）。

（3）格构柱制作

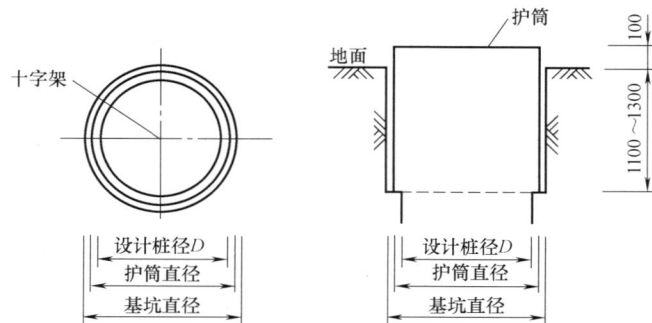

图 2-86　钢护筒定位及安装示意图

在加工平台上按 1∶1 的大样放出钢格构柱角钢外轮廓线，角钢利用固定尺寸的马凳进行定位、固定，马凳的宽度同格构柱宽。

先将单根角钢进行拼接，角钢之间需用同型号角钢拼接，拼接长度为 500mm，拼接角钢对接端部须磨平，端面应水平。单个角钢拼接完成后，再利用两支角钢组拼成一个拼装单元，将拼接到设计长度的角钢放置在拼装架上，用定位撑将两角钢进行固定，调整其尺寸及水平度（见图 2-87）。

在角钢上表面放线，定出钢板的组装位置，将钢板点焊固定在角钢上表面。为防止焊接变形，先进行钢板与角钢的点焊固定，待全部拼装后再进行加固焊接。点焊时，钢板和角钢相接的焊缝仅焊 3mm 左右长的段焊缝，焊缝高度约 6mm，段焊缝间距约 100mm（见图 2-88）。

将拼装成型的单元吊至钢格构柱组装架上，竖向放置，内外沿和内定位桩靠紧顶死（见图 2-89）。调整拼装单元的直度，用 U 字型钢将底部角钢定位（见图 2-90）。在组装单元角钢上表面划线，根据划线安装角钢间连接钢板，将连接钢板点焊固定。点焊位置及焊

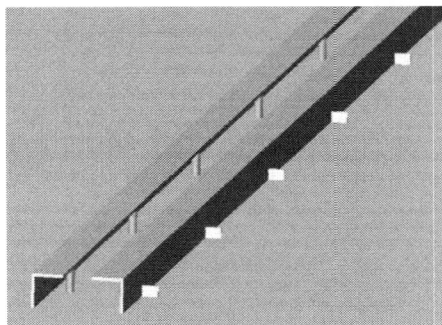

图 2-87　钢格构柱装配图（一）

缝长度、高度与前同（见图 2-91）。第三个面的钢板点焊固定后，将组装单元翻身（见图 2-92）。按照前面的方法对第四个面的连接钢板进行定位并点焊固定（见图 2-93）。钢格构柱组装完毕后，进行焊接作业，为减少焊接收缩引起的构件变形，采取对称焊及跳焊作业，即同时焊接钢格构柱的两个侧面同一标高位置的焊缝；在焊接钢板时，间隔两块焊接。钢立柱拼接部位周边需满焊，焊缝高度为 8mm。

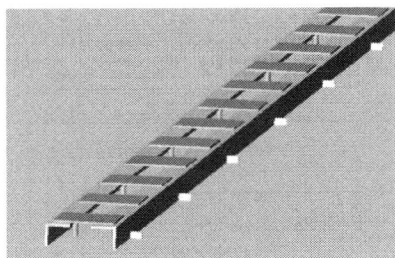

图 2-88　钢格构柱装配图（二）

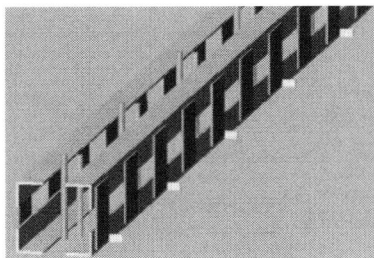

图 2-89　钢格构柱装配图（三）

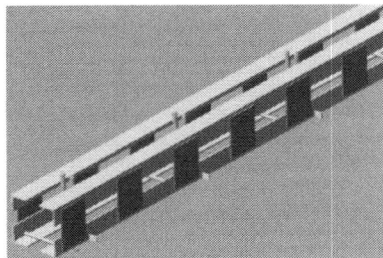

图 2-90　钢格构柱装配图（四）

图 2-91　钢格构柱装配图（五）

图 2-92　钢格构柱装配图（六）

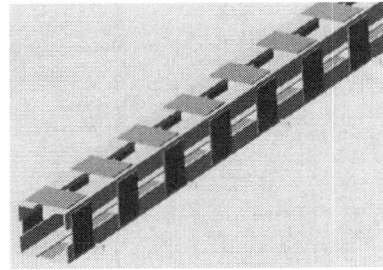

图 2-93　钢格构柱装配图（七）

（4）钢筋笼吊装

现场钢筋笼的吊装采用三个吊点，（通过现场试桩工程钢筋笼的吊装施工，采用三点起吊能

保证钢筋笼变形在可控范围之内）起吊点设置在加劲箍筋处（见图 2-94）。直径 600mm 工程桩钢筋笼长约 30m，采用 1 节吊装。现场采用 50t 的履带吊进行吊装。

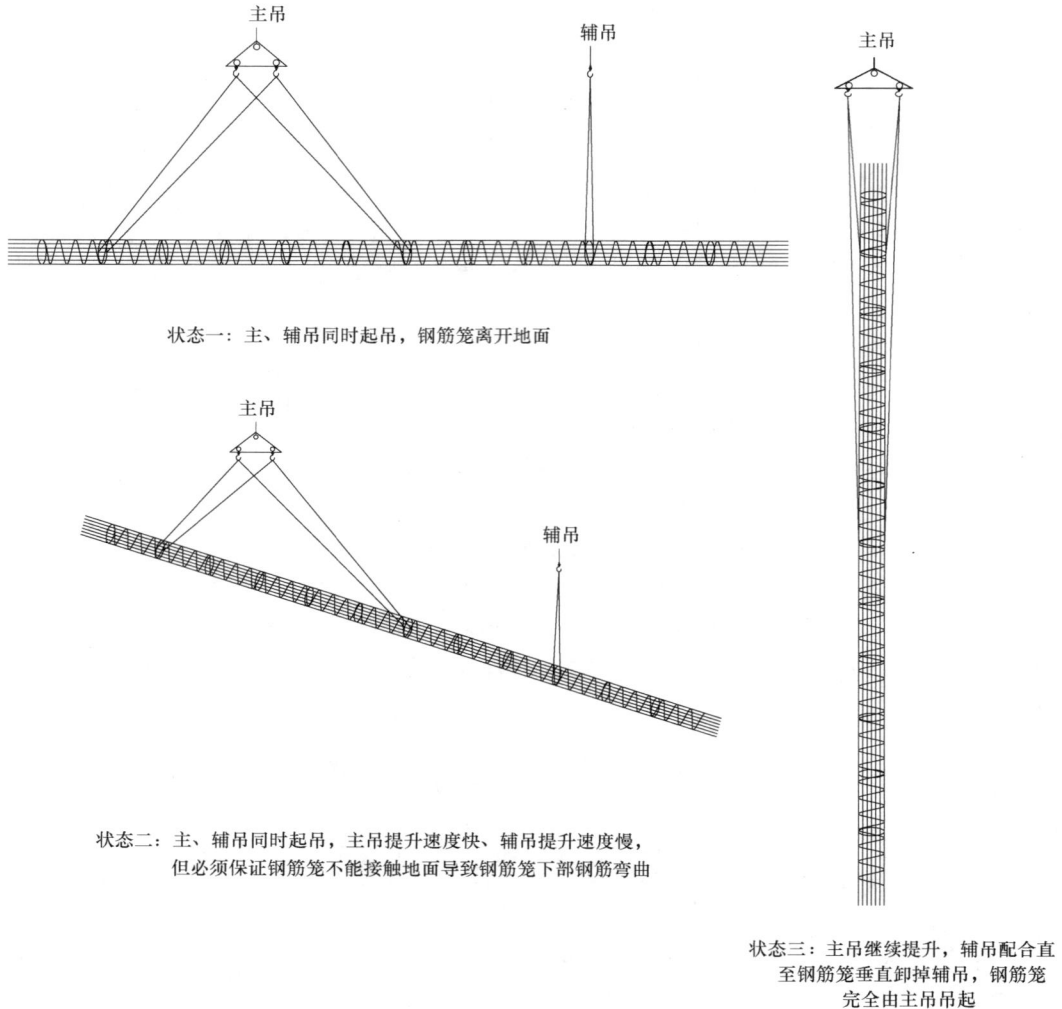

主吊　辅吊　主吊

状态一：主、辅吊同时起吊，钢筋笼离开地面

主吊

辅吊

状态二：主、辅吊同时起吊，主吊提升速度快、辅吊提升速度慢，
但必须保证钢筋笼不能接触地面导致钢筋笼下部钢筋弯曲

状态三：主吊继续提升，辅吊配合直
至钢筋笼垂直卸掉辅吊，钢筋笼
完全由主吊吊起

图 2-94　钢筋笼三点起吊示意图

吊放钢筋笼入孔时，应对准孔位徐徐下放至设计标高，避免钢筋笼碰撞孔壁，若遇阻碍应停止下放，查明原因进行处理，严禁高起猛落式的强行下放。四周间隔安装 50mm 厚的水泥保护垫块，保证结构保护层厚度满足设计及规范要求。

钢筋笼顶部应焊接吊筋，由于吊筋长达 12m，因此采用后焊接，即钢筋下放至笼顶，用"扁担"将钢筋笼搁在 -6.5m 标高，并将吊筋焊接在通长的主筋上，吊筋为 Φ12mm 钢筋，吊筋与主筋焊接长度为 10cm，双面焊，焊缝高度 5mm，见图 2-95。

（5）格构柱吊装

钢格构柱最大长度为 13.95m，截面尺寸为 460mm×460mm，现场拟采用一台 25t 汽车吊（或 50t 履带吊）进行钢格构柱的吊装施工。格构柱吊装设置三个吊点，主吊钩用滑轮连接两个吊点，副吊钩吊第三点。吊装时，主、副吊点将格构柱平行吊离地面，将钢格构柱吊到离地面高约 2m 的位置，辅吊减速落钩，主吊加速起钩，待钢格构柱底部将要和地面接触时，主吊起钩速度放慢，始终保持钢格构柱底部不和地面接触。当钢格构柱吊至垂直位置后，辅吊脱钩，由主吊将钢格构柱吊至安装孔上方并下降就位。钢格构柱下降到钢筋笼上口位置时停钩，由安装人员将钢格构柱导入钢筋笼中，慢慢落钩，边落钩边调整钢筋笼位置，使钢格构柱顺利插入钢筋笼中，当钢格构柱进入钢筋笼长度达到 3m 时停钩，将钢筋笼和钢格构柱连接在一起（见图 2-96）。

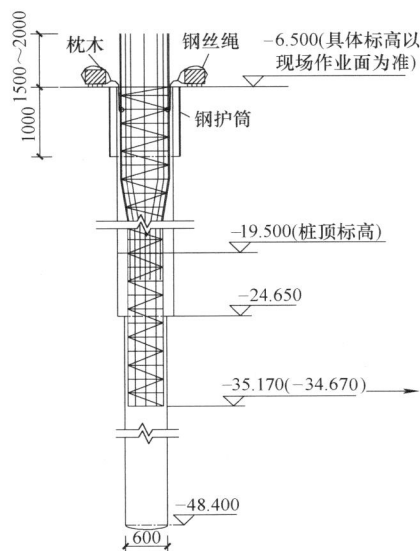

图 2-95　钢筋笼吊装就位后

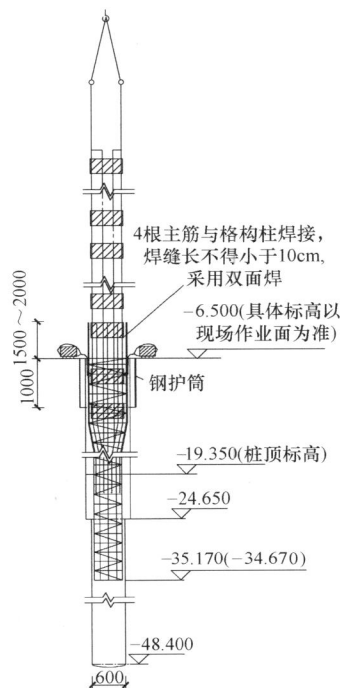

图 2-96　格构柱吊装示意图

格构柱与钢筋笼连接点主要设置在格构柱下 3m 范围内，在该部位上、下部设置两个连接点，连接处的 4 根钢筋笼主筋与钢格构柱进行焊接（见图 2-97），采用双面焊，焊缝长度不小于 10cm。钢筋笼与格构柱连接固定好后，钢格构柱和钢筋笼一起下降，到设计标高位置时，进行格构柱的定位箍安装施工。先调整格构柱的四个面的中心线和地面钢护筒轴线对齐，然后安装定位箍（见图 2-98），待定位箍安装完成后，再垂直下落格构柱，确保格构柱的位置与孔位的轴线重合。格构柱的吊筋采用 Φ16mm，两根吊筋的长度需一致，格构柱需焊接在格构柱缀板的中线处，确保吊筋的位置与轴线重合（见图 2-99）。

当格构柱安装完成、调整完毕经验收后，进行立柱桩的混凝土浇筑施工。混凝土浇筑时，应尽量避免导管碰撞格构柱。混凝土浇筑完成 24h 内，不得将吊筋的钢扁担拆除，确保钢格构柱的平面位置符合要求。

（6）混凝土浇筑

首批灌注混凝土的数量应满足导管初次埋置深度（0.8～1.3m）和填充导管底部间隙的需要。根据该工程工程桩直径计算，初

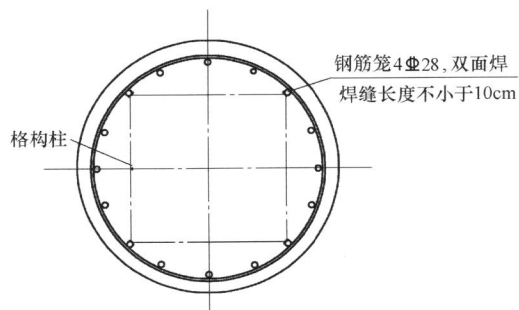

图 2-97　格构柱与钢筋笼连接示意图

灌量 1.5m³ 即可满足要求。

混凝土设计强度为 C30。施工时水下混凝土强度应比设计强度提高一个等级进行配制，混凝土试块强度提高一等级验收，即需浇筑 C35 混凝土。混凝土粗骨料的粒径不大于 40mm，坍落度控制在 160～200mm。

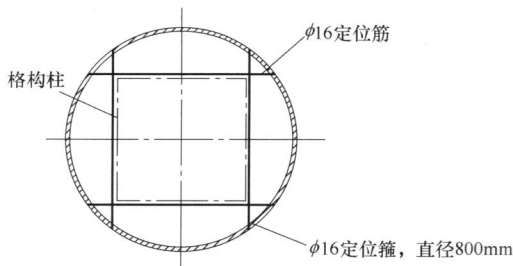

图 2-98　格构柱平面定位示意图

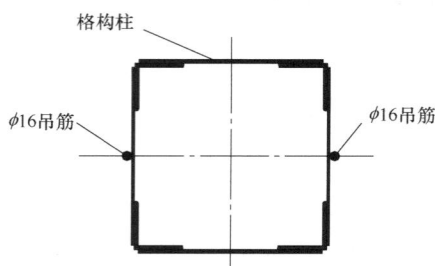

图 2-99　格构柱吊筋安装示意图

将混凝土倾倒在储料吊斗中，再用起重机将吊斗吊于漏斗和导管上方，卸料浇筑混凝土。首批混凝土灌注时，导管下口至孔底的距离一般宜为 300mm，导管埋入混凝土中的深度不得小于 0.8～1.3m。灌注开始后，应连续进行，相邻两吊混凝土的间隙时间最多不得超过 30min，要经常探测孔内混凝土面位置，及时调整导管埋深，导管埋深一般为 2～6m。孔内混凝土面位置的探测应较为准确，可采用锥形探测锤，锤重不宜小于 4kg。混凝土面标高应高出设计桩顶标高 1.2m。桩身混凝土必须留有试块，每根桩留置试块不少于 1 组（三块）。

4. 深基坑双层地下水控制关键技术

基坑降水要根据土层的地质条件、降水深度和工程特点等，合理选择降水方法，进行基坑降水设计与施工。

（1）降水维持阶段井管处理技术

地下室施工各阶段根据降水井类型、所在位置、水位控制要求对井管的留设措施进行细化，针对不同井管应采用相应的留设方式。

疏干井井管随土方开挖做到随挖随割，井管顶标高始终高出土方开挖面 0.5～1m，井管露出地面区段采用钢管搭设保护架体。混合井−20m 标高以上为钢制滤水管，在土方开挖过程中做到随挖随割，井管顶端始终高出作业面 0.5～1m，井管露出地面区段采用钢管搭设保护架体。现场减压井井管进行留设，防止封井阶段井内向外涌水，内支撑覆盖区域的减压井在内支撑上采用钢管搭设固定架（见图 2-100、图 2-101）。环撑区域内部的减压井搭设灯笼架进行固定，灯笼架下端插入土体不小于 300mm，并在底部搭设钢管斜撑，当灯笼架高度高于 5m 时，在顶端拉设缆风绳。

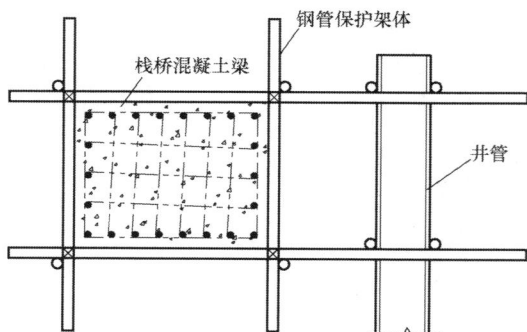

图 2-100　固定架侧视图

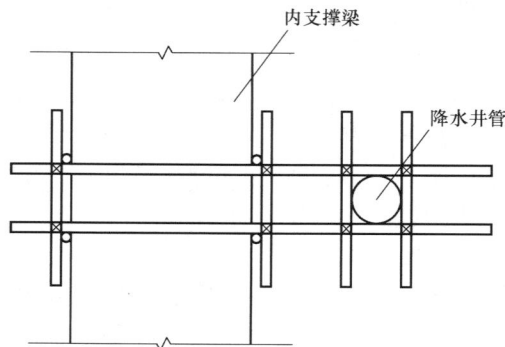

图 2-101　固定架俯视图

（2）基于"连通器效应"的混合井自动降水技术

基于"连通器效应"的混合井自动降水技术由"一井多能、同时起效"的混合井降水技术、基于"连通器效应"的混合井降水技术、基坑管井降水自动维持控制系统三个方面组成。

混合井一般是针对两个或两个以上含水层同时作用而设计的降水井（见图 2-102）。根据各个含水层的厚度，通过构造措施，从地面向下交替布设实管（隔水层）与滤管（含水层），将降水井设计成集"疏干、减压"功能为一体的混合井，同时具备疏干井和降压井的特点与功能，即开挖浅部土层时混合井起疏干作用，开挖中部及深部土层时混合井起减压作用。相对于常规降水井管，混合井具有一井多能、同时起效的特点。

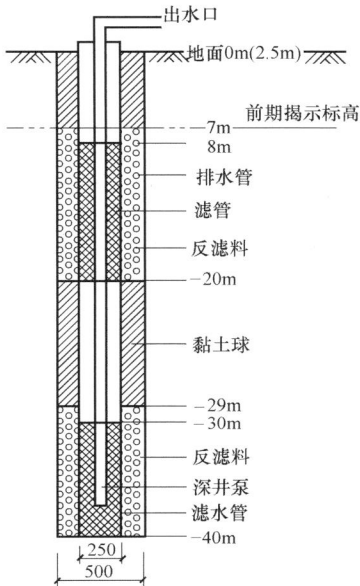

图 2-102　混合井结构示意图

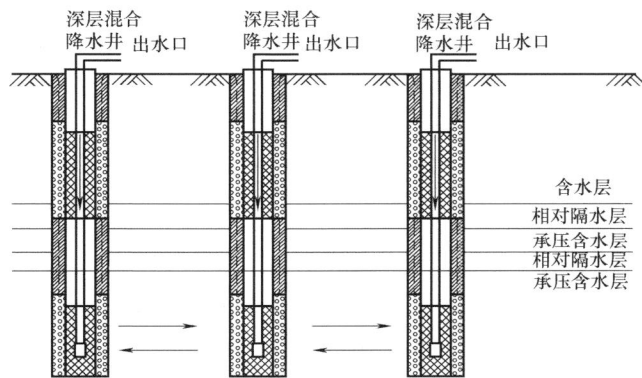

图 2-103　疏干井"连通器"原理图

由于混合井需钻孔至中部或深部含水层中，各混合井蓄积的土层渗流水最终与深部相对含水层中的水相连通，而该含水层中的地下水往往是具有流动性的，从而形成混合井与深部相对含水层的"连通器效应"（见图 2-103）。

混合井施钻过程中须打穿两层相对隔水层，承压水因水头差产生渗流对孔壁的稳定性有很大影响，易塌孔，因此，在清孔过程中应减少拍浆、控制钻具稳定性，以保持孔壁的稳定。此外，由于混合井连通了两个含水层，中间仅用黏土球阻隔下层承压水，投料时要保证黏土球厚度与均匀程度，并严格控制滤料及黏土球的填充位置，防止在挖第一含水层及以上部分时，在井不开启的情况下，下部承压水沿井壁渗出。

2.5　小结

软土地区采用超大长径比灌注桩承载超高层建筑的巨大荷载，通过地使用聚丙烯酰胺不分散低固相泥浆技术、超长超重钢筋笼的加工及吊装技术、超长灌注桩的垂直度控制技术、水下高强度混凝土施工技术及竖向高密度点位环形注浆设计与施工技术，取得了良好的工程应用效果。对于浅埋岩高承压水地区，采用超大直径扩底灌注桩，由于灌注桩直径较大，同时存在高承压水，导致施工非常困难，通过采用超大直径承压桩钢筋笼施工技术、水下自密实混凝土技术及多导管水下浇筑混凝土技术，很好地解决了一系列施工难题。

上下同步逆作法施工方法在超高层建筑中的应用，突破了传统施工方法的局限性，使超高层地下室部分的施工不再处于施工关键路线中，极大地缩短了建设工期，取得很好的经济效果。超大深基坑施工是一项复杂化、多元化、系统化的综合性工程，土方开挖、内支撑施工、"两桩合一"支承立柱及地下水控制等均是目前超大深基坑施工中的重难点，通过创新或创新地运用相关施工技术，取得良好的工程应用效果。

在目前的施工作业过程中，建设施工都会对周围环境造成一定影响，产生大量的建筑垃圾，不仅会造成材料上的浪费，也会进一步影响作业条件及周边环境，如桩基施工过程中产生大量的泥浆，基坑施工降水对周边建筑及市政工程安全的影响，基坑支撑结构拆除过程中，产生大量的建筑垃圾等。如何能够更加有效减小施工作业对周边环境的不利影响，较少建筑垃圾的产生，实现绿色低碳施工，将是未来值得深入研究的方向。

3 千米级摩天大楼钢结构施工关键技术研究

3.1 研究背景

科学技术的进步和飞跃为建筑的产生和发展提供了有力的科技支撑。从天然的原始洞穴到人为的大兴土木，从绵延久长的秦砖汉瓦到盛行当世的钢筋混凝土，随着科技的进步，建筑形式不断发展。19 世纪后半期，钢铁冶炼及轧制技术取得了突破，开始能够批量生产高质量的型钢和铸钢，催生了钢结构这一新兴建筑形式的蓬勃发展。由于钢材具有良好的延性、抗震性能、塑性和韧性，有利于结构体系的轻质高强，能减轻对地基处理压力，可以实现高层乃至超高层建筑，对于千米级摩天大楼，钢结构也将是主流可行的结构形式之一。因此，对现有超高层钢结构施工技术进行提炼、总结，解决钢结构施工过程中面临的主要问题，研究出适用于千米级摩天大楼的钢结构施工关键技术，是十分必要的。

1885 年，美国"芝加哥学派"代表人物——威廉·勒巴隆·詹尼（William LeBaron Jenney）发明了全新的建筑结构体系——钢框架（骨架）结构体系，设计了芝加哥家庭人寿保险大楼（Home Insurance Building），该建筑地上 10 层（后加到 12 层），高达 55m，这是全球第一幢以钢结构为主体的建筑，是公认的世界第一幢摩天大楼。从此，钢结构被逐渐使用到各类的超高层建筑之中，并引领了世界超高层建筑发展的潮流。其后，美国帝国大厦（Empire State Building）、美国纽约世界贸易中心、迪拜哈利法塔等划时代的第一高楼，均使用钢结构，将世界建筑高度提升至 800m 的水平。

我国自改革开放以后，科技水平得到大幅提升，钢材产量逐年提升，2012 年钢材产量超过 7 亿 t，占世界钢材产量的 46.3%，为世界钢材生产第一大国，且质量水平也有了较高的提升。基于此，国家政策由当初限制建筑钢结构发展改为鼓励其发展，1984 年，中国第一座超高层钢结构建筑——深圳发展中心大厦破土动工，标志着钢结构正式进入我国超高层建设中来。其后，深圳地王大厦、上海环球金融中心、广州西塔、深圳京基 100、天津高银 117 大厦、广州东塔、上海中心、深圳平安金融中心等超高层钢结构建筑相继涌现，不断刷新着中国的天际线，也昭示着中国国力的蓬勃发展。

研究超高层建筑的结构体系可以看到，现代超高层建筑的结构体系，绝大部分采用"外框内筒"的混合结构，且外框钢结构基本都是 4 柱或 8 柱的"巨型结构"。随着高度攀升，无论是承重钢结构，还是抗侧力钢结构，其单位面积的用钢量都在快速增长，钢结构在超高层中的比重将进一步突出。

超高层建筑中，常用的钢结构构件包括：钢柱、钢梁、钢板剪力墙、环带桁架、伸臂桁架等。钢柱根据截面形式不同，通常分为普通钢柱与异形钢柱。普通钢柱通常采用 H 形、十字形、圆管、箱形等截面形式。异形钢柱截面较为复杂，包括田字形、日字形等，甚至更为复杂的截面等。钢板剪力墙包括单层钢板剪力和双层钢板剪力墙。随着建筑高度的不断攀升，钢结构构件逐渐呈现巨型化和复杂化的趋势，钢结构的施工难度和面临的问题也在随之增加。

1. 多腔体巨型钢柱施工关键技术

超高层钢结构钢柱制作和安装成熟的截面形式包括圆管柱、箱形柱、巨型钢柱等，随着超高层钢结构高度增加，钢构件向巨型化发展，巨型钢柱一般采用多腔体的钢柱，其平面尺寸较大，腔体形式复杂，材质等级高，其钢结构的深化设计、制造及焊接技术是施工中的难点所在。

2. 超长、超厚单层钢板剪力墙制造和安装技术

核心筒剪力墙可以提高结构抗侧刚度，有利于超高层结构的位移控制，但传统的钢筋混凝土剪力墙设计厚度较大，不利于建筑的功能需求，单层钢板剪力墙具有延性高、自重轻、滞回曲线饱满等特性，应用较为广泛。然而，由于其制造、运输、安装条件的限制，其深化设计、制造、现场连接是施工中的难点所在。

3. 现场钢结构自动焊接机器人施工技术

目前超高层钢结构现场焊接主要采用二氧化碳半自动气体保护焊接技术，我国的工业机器人研究始于20世纪70年代，由于当时经济体制等因素的制约，发展比较缓慢，研究和应用水平也比较低。1985年，工业发达国家已开始大量应用和普及工业机器人，我国也开始引入工业机器人并主要应用于汽车行业。现有自动化焊接设备应用于钢结构现场焊接施工，存在无法往复行走、自动化程度低、设备体积大等问题。在此背景下，需对自动焊接技术开展攻关，以实现现场钢结构的自动化焊接。

4. 结构变形控制关键技术

钢框架—混凝土核心筒混合结构体系能充分发挥钢材与混凝土两种材料的特性，受力合理，抗震性能良好。但是，钢材和混凝土存在不同的力学特性，在施工阶段会呈现不同的变形特点。钢框架和混凝土核心筒存在变形差异，不利于建筑的施工质量，更会对结构体系本身的安全性带来风险。因此，需对超高层结构变形进行施工模拟分析，并针对性的提出变形控制技术，保障超高层建筑向千米级跨越的施工安全性和结构稳定性。

5. 远程无线实时监测技术

在超高层施工过程中，为确保施工安全性，考察施工过程中结构的变形和内力变化规律，需要对结构进行施工全过程现场实时监测，以便了解实际结构在施工过程中的变形状况和构件内部的受力情况，进而用监测结果对施工模拟进行修正，以实现现场监测与数值计算相互印证的目的。随着建筑高度的增加，传统的有线数据传输和监控技术，已难以满足超高层施工监测的需要，因此，需对远程无线实时监测技术开展研究，以适应千米级摩天大楼的施工过程实时监测。

3.2 多腔体巨型钢柱施工关键技术

图 3-1　广州东塔巨型钢柱

随着超高层高度不断的攀升，巨型钢结构逐渐得到应用。从平面整体看，巨型结构的材料使用满足了尽量开展的原则，可以充分发挥材料性能；从结构角度看，巨型结构是一种超常规的具有巨大抗侧刚度及整体工作性能的大型结构，是一种非常合理的超高层结构形式。

巨型钢柱作为超高层外框架主承力构件，为整栋大楼起到中流砥柱的作用。从广州东塔"田"字形巨型钢柱（见图3-1）到天津高银117大厦（见图3-2）、北京中国尊的异形多腔体巨型钢柱（图3-3），结构朝着尺寸更大，更为复杂的方向发展。传统超高层钢柱多为箱形或圆管形，截面尺寸小，仅需纵向分段即可，并且截面规整，对称性明显，焊接工艺相对简单。多腔体巨型钢柱的特点为截面尺寸大、腔体众多、钢板厚度大、焊缝纵横交错，传统工艺已不能满足其施工要求，为施工提出新的挑战。

图 3-2　天津高银 117 大厦巨型钢柱　　　　图 3-3　北京中国尊巨型钢柱

3.2.1　多腔体巨型钢柱深化设计与制造技术

1. 施工分段技术

（1）分段的主要限制因素

多腔体巨型钢柱截面尺寸巨大，一般情况下主要考虑巨型钢柱分段后施工的可行性及质量控制，具体表现为公路运输重量限制、公路运输尺寸限制、现场起重设备的起重性能限制以及钢板原材料的规格限制。综合这些因素后并根据巨型钢柱的特点进行构件分段。

1）公路运输限制

根据 2016 年 9 月 21 日交通运输部令第 62 号《超限运输车辆行驶公路管理规定》，下列情形之一（见表 3-1）的货物运输车辆属于超限运输车辆。

超限运输定义表　　　　　　　　　　　　　　　　　　　　　　　　　　表 3-1

序号	内　　容
1	车货总高度从地面算起超过 4m
2	车货总宽度超过 2.55m
3	车货总长度超过 18.1m
4	六轴及六轴以上汽车列车，其车货总质量超过 49000kg

多腔体巨型钢柱外形尺寸巨大，在超限运输规定范围内很难满足构件的分段需求，常在构件重量、宽度、高度方面出现不同程度的超限情况，需申请超限运输。

2）现场起重设备起重性能限制

在满足构件运输要求的同时，构件分段后的重量需满足现场起重设备的起重性能要求，通常在起重性能满足的情况下构件分段尺寸相对越大越好，这样可有效减少现场的吊装次数及焊接量，有利用缩短施工周期。但综合现场焊接操作架、临时连接板的加设以及吊装过程中摆动的额外负重，构件重量不宜超过起重设备吊重的 95%。

3）钢板原材尺寸限制

由于多腔体巨型钢柱拼接钢板众多，且板材较厚，因此分段时应考虑钢板原材料的尺寸规格，在尽可能最大化利用现场起重设备性能的同时，也要避免出现整板与短板拼接的情况，过多的钢板拼接将产生更多的残余应力和构件变形，影响焊接质量，同时也增加施工成本。目前钢板原材供货最大长度不大于 22m，最大宽度不大于 4.7m，因此构件分段时应着重注意钢板宽度的尺寸限制。

（2）分段形式的选择

多腔体巨型钢柱由于尺寸巨大，相对于普通钢柱而言不仅存在立面分段，同时存在平面分段。以天津高银 117 大厦巨型钢柱为例，地上巨型钢柱呈六面形（见图 3-4），最大截面 11×6m，由于平面尺寸大，不满足公路运输要求，因此需要平面分段，巨型钢柱两个角部为箱形结构，箱形结构形状规则，结构稳定，因此以箱形单元为基础进行平面拆分，便分为一个"工"形单元、一个"T"形单元和两个箱形单元（见图 3-5）。如此平面分段解决了公路运输宽度和高度的限制。

图 3-4　天津高银 117 大厦多腔体巨型钢柱截面　　图 3-5　天津高银 117 大厦多腔体巨型钢柱平面分段

立面分段存在两种方式选择。1）平面拆分的单元分段为同一高度，在地面组拼成整体后安装（见图 3-6）。2）平面拆分的单元根据自身特点可高度不等，在高空进行组拼安装（见图 3-7）。两者相比，地面整拼优势在于可在地面完成所有立焊缝焊接，高空仅焊接横焊缝，施工工期短，劣势在于整体拼装后受现场起重设备吊重影响，一般纵向分段较短，横焊缝数量多，不经济。高空散装优势在于可增长每个单元纵向分段长度，便于工厂制作，还可减少现场横焊缝，经济效益占优，劣势在于高空焊接量巨大，且立焊缝相对横焊缝焊接效率低，施工工期较长。由于目前超高层工期普遍紧张，因此基本采用地面拼装成整体后吊装的方法。

图 3-6　地面整拼分段方法　　　　　　　　图 3-7　高空散拼分段方法

（3）分段接头的处理方法

巨型钢柱在分段形式确定后需要考虑分段单元的接口处理，应尽量避免由于分段造成焊接不便，运输变形等问题。

1）焊缝"十"字形交汇处理

单元立面焊缝的"十"字形交汇处，是焊接应力最为集中，最为复杂的位置。由于处在上下左右四道焊缝的交汇处，焊接工艺非常繁琐，对同一位置需要反复清根。若在"十"字交汇位置设置工艺孔，则工艺孔尺寸过大，严重影响外观。所以有必要在分段时考虑将交汇处的上下立焊缝错开 300~400mm，将"十"字形接口转化为"⊥"和"⊤"接口（见图3-8），可以极大地减小构件的焊接难度。

2）"T"形接头的处理

由于巨型钢柱内部腔体众多，分段时单元间的立焊缝容易出现"T"形接头。"T"形接头在焊接的过程中，板材容易产生层状撕裂，对焊接的温度控制及工艺要求较高。为避免此种情况，可在立板相交的位置，将"T"形接头转化为对接接头（见图3-9），对现场的焊接更为有利。

3）现场校正预留焊缝

考虑板材下料误差与焊接变形等影响，巨型钢柱在制造过程中将不可避免出现一定形变，因

图3-8 拼接单元间"⊥"和"⊤"接口

此可在每节巨型钢柱立焊缝上下两端各预留 10cm 左右不焊（见图3-10），当巨型钢柱高空对接出现错口时，可通过千斤顶进行调校，校正完毕后再进行预留段的补焊。

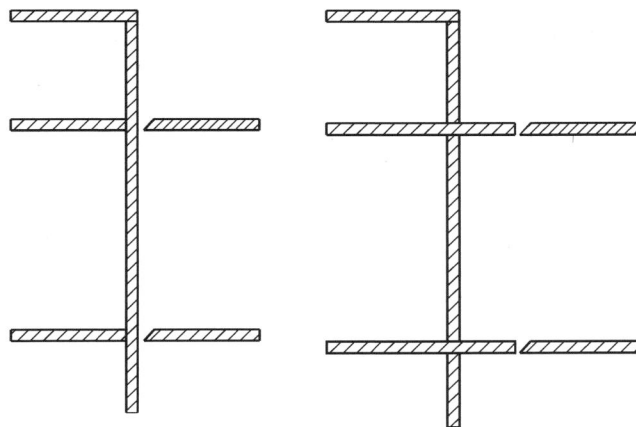

图3-9 "T"形接头转化为对接接头

2. 焊缝设计优化

（1）坡口形式选取

由于K形坡口两面受热相对均匀，钢板焊接变形较小，厚板焊接一般选用K形坡口。多腔体巨型钢柱受内部焊接空间的影响，部分区间人员无法施焊，K形坡口较难实现。在现场焊接时巨型钢柱单元已形成一定空间体系，V形坡口相比K形坡口焊接变形并不明显，因此对于多腔体巨型钢柱现场拼接焊缝V形坡口更加适用。以天津高银117大厦为例，巨型钢柱现场横焊缝采用单边V形坡口形式（见图3-11），立焊缝采用双边V形坡口形式（见图3-12）。一般来说，坡口角度越大、间隙越大，越能避免出现因未熔透导致的质量缺陷，但其焊缝填充量增大，容易

图 3-10 立焊缝预留处理

造成较大的焊接变形，且经济性较差。综合考虑焊缝质量和经济性等因素，并根据现场焊接工艺评定试验，最终将坡口角度选择为35°，相比于工程常用的45°坡口，可大幅减少焊接填充量，同时也能保证全熔透焊缝的焊接质量。

同时考虑多腔体巨型钢柱由于腔体较多且腔体空间狭小，深化设计时需要考虑施焊人员的焊接操作空间，合理规划坡口方向。对于外围焊缝坡口方向应开设在巨型钢柱外侧，对于内部焊缝则应将坡口开设在空间较大的腔体内（见图 3-13）。

（2）后焊隔板、预留孔设置

由于腔体密集，构件分段后常出现封闭空间需要焊接的情况，而封闭空间焊接直接的原因主要是横隔板封闭引起的，当出现此情况时可考虑部分横隔板后焊（见图 3-14）或开设预留孔（见图 3-15）

的方法处理。

图 3-11 横焊缝

图 3-12 立焊缝

当一节巨型钢柱存在一道横隔板时，下部底部横焊缝由于上部横隔板封闭即造成无法焊接的情况，此情况适合巨型钢柱侧面开设预留孔的方法解决，预留孔大小 0.5m×0.7m 即可，以人通过无阻为原则。当一节巨型钢柱内存在多道横隔板时，更适合采取横隔板后焊方式处理，若同一块钢板上开设多个预留孔将对钢板质量造成不利影响。

3. 工厂制造技术

（1）钢板下料余量控制

多腔体巨型钢柱结构分段单元较多，且形状各异、体积巨大，如按通常方法，在钢板下料阶段预先加设部分余量，待到整体焊

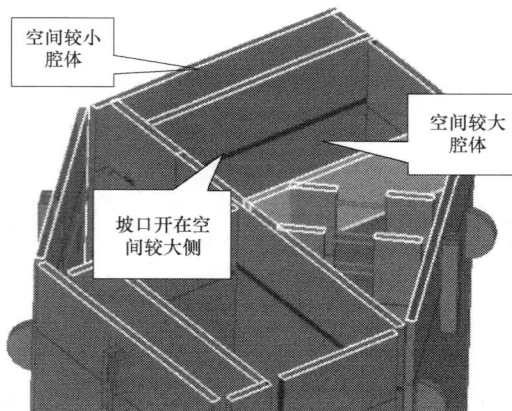

图 3-13 坡口方向选取

接、矫正完成后再进行现场坡口多余部分长度的切割，将会带来构件反复翻身等复杂性操作。考虑到巨柱单元结构复杂，整体焊接完后现场坡口二次加工困难，制定的工艺思路要求零部件在下料、焊接和矫正后的长度正好在图纸尺寸长度允许偏差范围内。

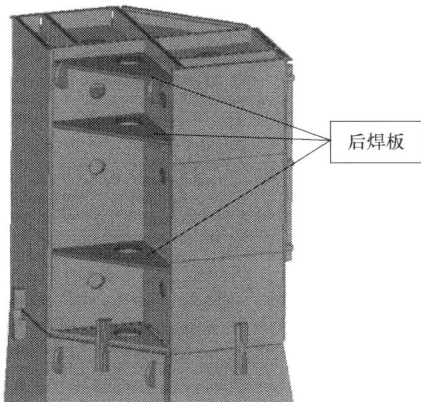

图 3-14 后焊板设置

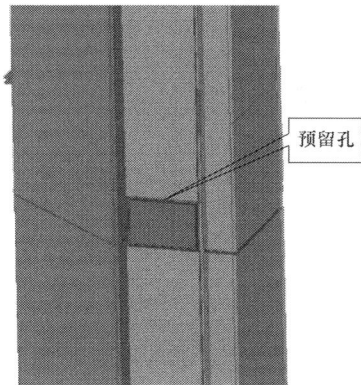

图 3-15 预留孔设置

（2）钢板组装

钢板的组装直接影响多腔体巨型钢柱的制造精度，组装前需要在主壁板上画出其他钢板的定位线，并将定位线延伸至板厚度方向，划线允许偏差不宜大于 0.5mm。然后依次组装巨型钢柱主、次壁板、内隔板，组装时须注意坡口朝向，定位时对齐安装位置线，同时控制其与底板间的垂直度±1mm，壁板垂直度可通过花篮螺杆进行调节（见图 3-16）。整体组装完成后，在巨型钢柱分段对接处设置钢支撑（见图 3-17），以控制现场焊接变形。

图 3-16 花篮螺栓调节

图 3-17 钢支撑固定

（3）钢板焊接

由于多腔体巨型钢柱钢板厚度较大，如采用常规单层焊接工艺，焊接质量不易控制，宜采用多层多道焊的焊接工艺，且由于厚板焊接时间较长，应加强焊接过程层间温度控制，防止出现焊缝层间裂纹。

多腔体巨型钢柱在工厂焊接多采用 K 形坡口，有助于控制焊接变形。对于 K 形坡口，背面清根质量尤为重要，尽量避免根部间隙过窄而产生裂纹，并在根部焊接前打磨清理坡口面的渗透层。焊接完成后控制焊缝金属的冷却速度，并做好焊后处理工作，以防止冷裂纹的发生。

多腔体巨型钢柱应采取分步组装焊接，结构各部分分别组装、焊接、矫正合格后再进行总装焊接。若将构件置于自由状态下焊接，由于焊缝收缩，构件尺寸精度难以保证，因此对异形厚板结构设置胎架夹具，对构件进行约束来控制变形，将构件置于固定状态下进行装配、定位、焊接，以保障构件制造精度。

3.2.2 多腔体巨型钢柱现场焊接技术

1. 现场焊接原则分析

（1）焊接顺序选择

多腔体巨型钢柱组拼单元数量多，大部分单元都存在三个方向的拼接焊缝，部分核心单元同时存在上、下、四周等多个方向的焊缝，焊缝纵横交错，焊接填充量巨大，若焊接顺序不当，焊缝收缩将会带来较大的焊接残余应力，对工程质量造成不利影响。

为减小焊接残余应力，多腔体巨型钢柱采用整体分步骤依次焊接的施焊原则，在焊接过程中，需最大限度的减小前一步骤对下一步骤的影响。以天津高银117大厦为例，每个多腔体巨型钢柱拼装单元都同时存在两种类型的焊缝：一是同一节单元间立焊缝；二是上下节间的横焊缝。

首先对立焊和横焊的先后顺序进行分析，图3-18是拼装单元的焊缝模型示例，现场同时存在单元2和单元3之间的立焊，以及它们和单元1之间的横焊。

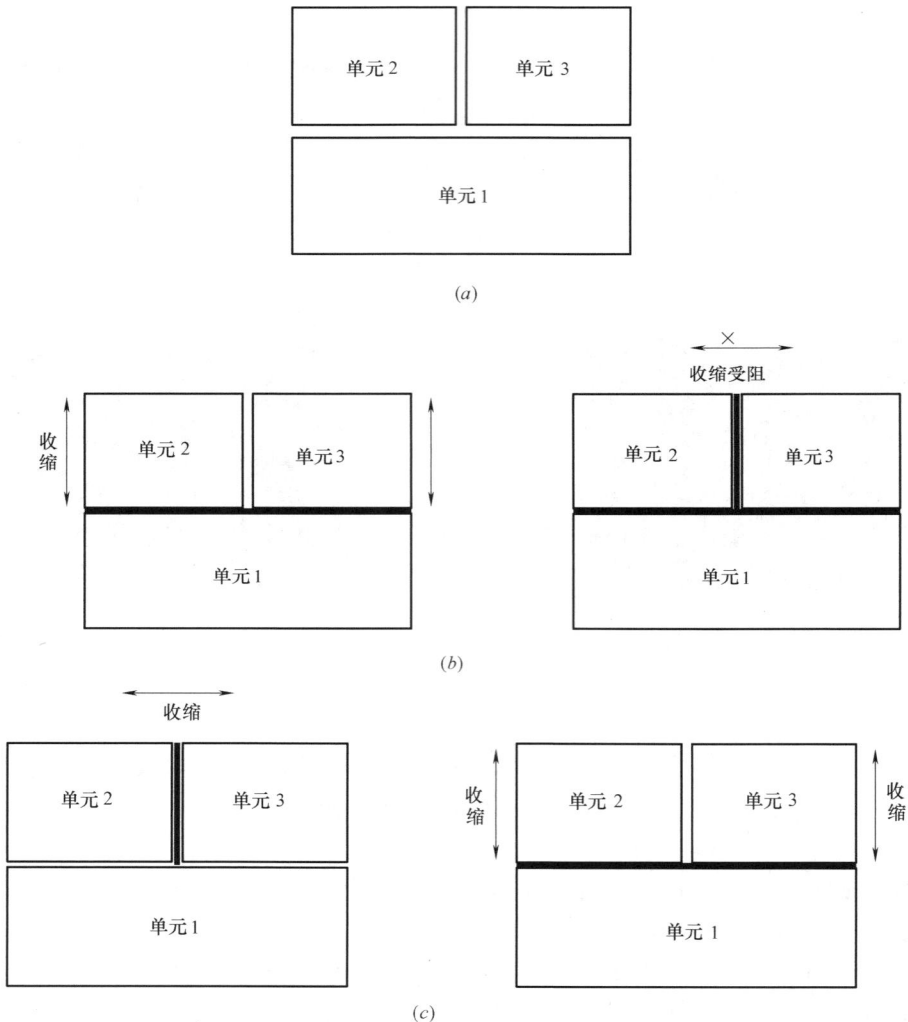

（a）

（b）

（c）

图3-18 焊接顺序比选

（a）拼装单元立面；（b）先横焊方案示意；（c）先立焊方案示意

若先进行横焊，横焊会给单元 2 和 3 带来较大的约束，再焊接立焊时不能自由收缩，从而造成较大的残余应力。若先进行立焊，单元 2 和 3 的水平收缩不受约束的同时，并没有给第二步的横焊带来约束。所以在横焊时，单元 2 和 3 作为整体仍然可以垂直自由收缩。由此可以得出，对于多腔体巨型钢柱的焊接，应先进行同一标高单元间的立焊缝焊接，将同一标高同一节的单元构件焊接成整体，再进行上下节单元的横焊缝焊接。

此外，同一截面的焊缝应尽量同步同时焊接，不同步的焊接会造成构件同截面内的热量不均而产生变形；同时焊缝位置与焊接方向尽量保证对称原则，对称焊接可以使构件在焊接过程中的升温与降温都是均匀对称的，构件的收缩也是均匀对称的，从而很好的控制构件的整体变形；分步骤焊接时，应先焊长度较长、填充量较大的焊缝，后焊长度较短、填充量较短的焊缝。

（2）焊接工艺控制

在厚板焊接过程中，坚持一个重要的工艺原则即多层多道焊，避免摆宽道。采用多层多道焊，前一道焊缝对后一道焊缝来说是一个"预热"的过程；后一道焊缝对前一道焊缝相当于一个"后热处理"的过程，可以有效改善焊接过程中应力分布状态，利于保证焊接质量。

由于巨型钢柱单条焊缝较长，为减小构件因不均匀受热而导致的残余应力与变形，可在多层多道焊基础上采用多人分段的焊接方法（见图 3-19）。由于立焊受火花飞溅影响，目前施工中多在横焊采用多人分段焊接方法。分段焊以每人间距 1.5m 为宜。

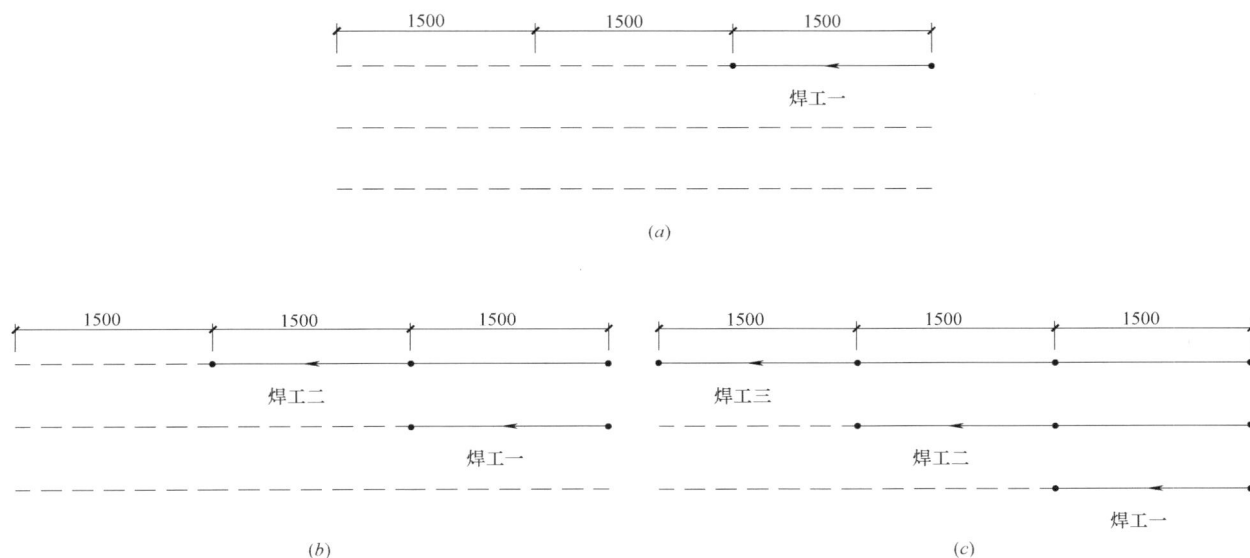

图 3-19 分段焊示意图
(a) 第一步；(b) 第二步；(c) 第三步

分段焊接头处的每道焊缝应错开至少 50mm 的间隙（见图 3-20），避免接头全部留在一个断面，对局部焊缝质量造成影响。

2. 典型截面焊接顺序

（1）"西"字形截面的焊接

首先将外围的焊缝沿顺时针方向对称焊接，再将内部焊缝同时焊接完成（见图 3-21）。因为腔体空间狭小，若内外同时焊接，则腔体内部的温度可达到 60°，人员无法操作。所以出于安全考虑，腔体内外的焊缝必须分开焊接。而腔体外围的焊缝的长度和填充量都较大，所以首先焊接外围焊缝。

（2）"日"字形截面的焊接

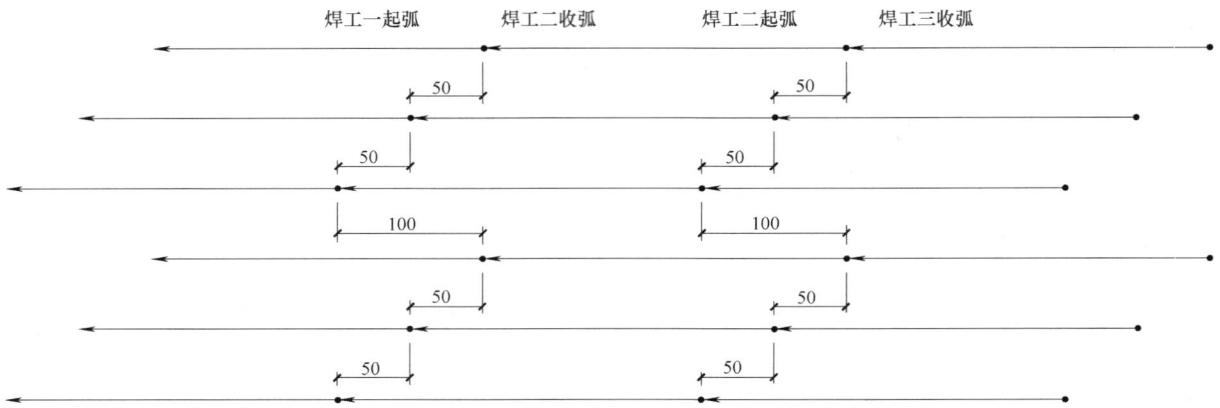

图 3-20 分段焊接头处理

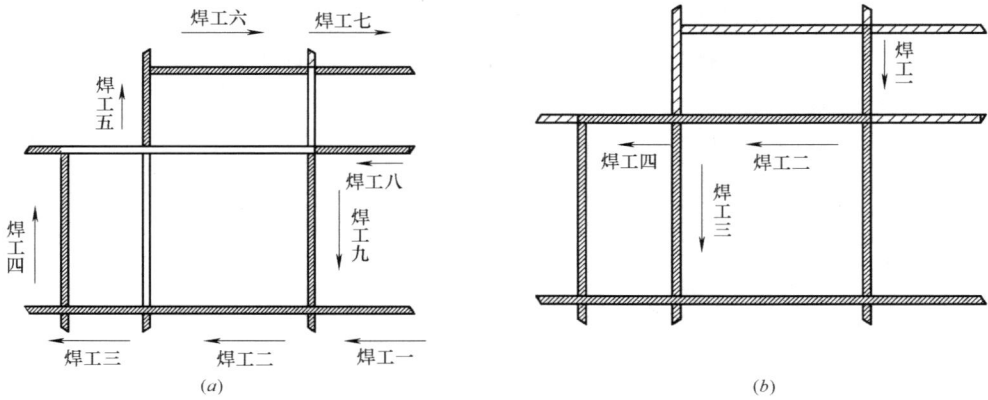

图 3-21 "西"字型截面焊接

（a）第一步；（b）第二步

首先同时对称焊接长度方向的三道长焊缝，再同时对称焊接宽度方向的四道短焊缝，如图 3-22 所示。

为防止由于焊接长度过长，造成焊缝收尾温度不均，焊接残余应力难以释放，长度超过 2m 的焊缝需要进行多人多段焊接。每名焊工的施焊长度不宜大于 1.5m。

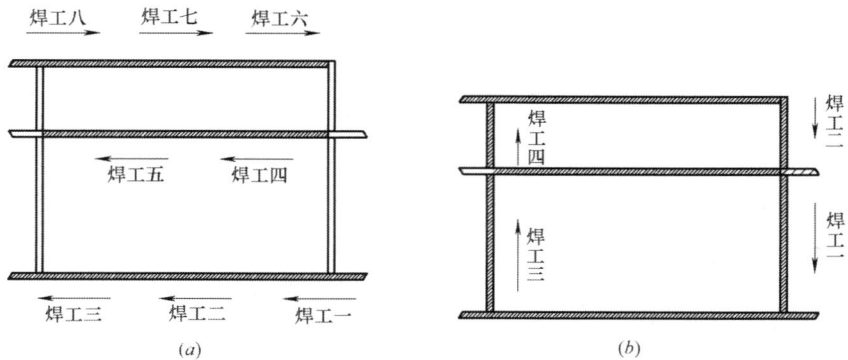

图 3-22 "日"字型截面焊接

（a）第一步；（b）第二步

（3）双三角截面的焊接

双三角截面分三步焊接：首先对称焊接外围的四道焊缝，再焊接腔体内部的三道焊缝，最后焊缝腔体两侧的短焊缝（见图3-23）。

腔体内部隔板横纵交错的情况下，人员在焊接过程中，四周的隔板尽量不要同时施焊，以免由于环境温度高造成操作人员的不适。

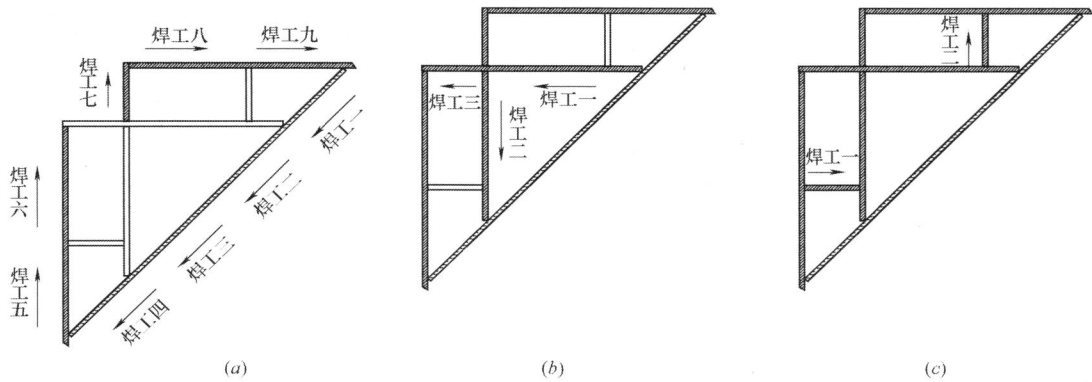

图 3-23 双三角截面焊接

（a）第一步；（b）第二步；（c）第三步

（4）六边形截面的焊接

首先每个面外侧进行 30cm 左右定位焊，再进行巨型钢柱内侧焊接，焊接顺序为 A、B 同时焊接，依次进行 C、D 的焊接，最后进行 E、F、G、H 的焊接。巨型钢柱内侧焊接完毕后开始外围焊缝焊接，焊接顺序为长边方向 A、B、C、D 同时焊接，再进行短边方向焊缝 E、F、G、H 的对称焊接（见图3-24）。

先焊接内部焊缝后焊外围焊缝有利用应力释放，但同时不利于变形控制，因此采用先定位焊的方式进行构件外形控制。

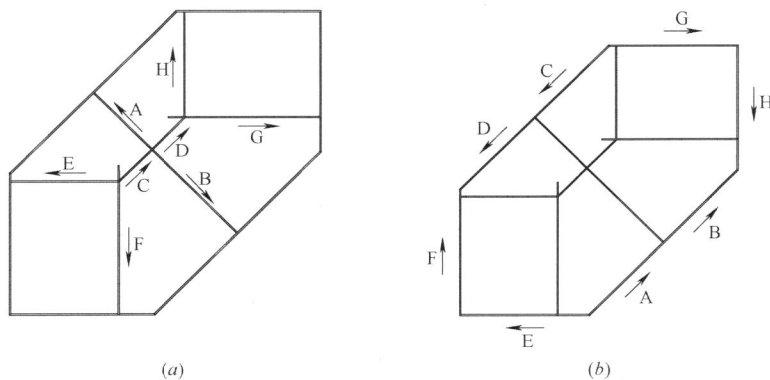

图 3-24 六边形截面焊接

（a）内部焊接顺序；（b）外部焊接顺序

3. 应力与变形控制

（1）焊接约束限制

巨型钢柱在焊接前，为减小焊接收缩变形，可设置临时钢支撑（见图3-25）和焊缝约束板（见图3-26）。钢支撑宜采用圆管截面，轴向受力效果较好，视情况灵活设置于腔体较大，隔板较少的空间内。焊缝约束板直接固定在钢板焊缝两侧，焊缝约束板根据现场焊接形式与临时连接位置灵活布置，以间距 1.5m 设置一道约束板为宜。

图 3-25 焊缝约束板

图 3-26 钢支撑

图 3-27 电加热措施

（2）焊接温度控制

焊前预热及焊接过程的层间温度控制采取电加热方式（见图 3-27），预热的加热区域应在焊接坡口两侧，宽度应各为焊件施焊处厚度的 1.5 倍以上，且不小于 100mm，预热温度宜在焊件反面测量，测温点应在离电弧经过前的焊接点各方向不小于 75mm。

焊接温度的控制分为焊前加热、焊接层间温度控制和焊后加热保温三个步骤，不同钢板对应的温度控制略有差异（见表 3-2）。

厦板温度控制参数　　　　　　　　　　　　　　　　　表 3-2

板厚(mm)	焊前预热(℃)	层间温度(℃)	焊后保温(℃)/时间(min)
100、80	140	160～190	200～250/120
60、50	100/80	120～150	200～250/70

4. 狭小空间焊接环境改善

多腔体巨型钢柱在焊接过程中，有较多的焊缝需要人员在腔体内部焊接完成。而腔体内部属于狭小空间，最小腔体间距仅为 800mm。腔体内部焊接所产生的烟尘、高温都会给操作人员带来伤害，影响操作人员身体健康的同时也无法保证施工质量。

为了保障施工人员的身体健康，创造适宜的操作环境，可采用吸尘与降温两种措施改善狭小腔体内部的工作环境。

（1）吸尘：在腔体顶部设置排气扇（见图 3-28a），在焊接的同时不断将焊接产生的烟尘抽出腔体。相邻腔体隔板上设置空气流通孔，焊接时控制相邻的腔体不同时进行焊接作业，这样焊接的腔体内部被抽出的空气可以从相邻腔体得到补充。

（2）降温：由于腔体内空气不流通，在腔体内焊接时环境温度最高可达 60℃。如无法及时降温，持续的高温将对焊工身体健康及生命安全造成严重威胁。针对这一情况，可采用工业冷风机设备（见图 3-28b）在操作空间相邻的腔体向操作腔体送冷气或在操作的腔体内部设置冰块降温（见图 3-28c）等方法降低温度。

通过这些措施可以较好的改善了多腔体巨型钢柱狭小腔体内焊接作业的环境，减少焊接工人的不适，大大提高了工作效率，有利于现场施工工作的开展。

图 3-28 狭小空间焊接环境改善措施
（*a*）排气扇；（*b*）冷风机；（*c*）冰块

3.2.3 工程应用

1. 项目概况

天津 117 大厦主塔楼建筑高度为 597m，结构高度为 596.2m，主塔楼四角为四根巨型钢柱，117 大厦塔楼的巨型钢柱是整个结构的中流砥柱。巨型钢柱制作和现场拼装单元众多，焊缝纵横交错，焊接量非常大。焊接工艺、焊接顺序及构件焊接应力变形的控制是巨型钢柱施工的核心技术。

2. 应用效果

在天津 117 大厦施工过程中，应用了多腔体巨型钢柱施工关键技术，对于多腔体、多单元的全焊接组拼的情况进行了详细的计算模拟和实践施工对比。通过理论计算结果与实际施工效果的双重印证，本技术所提出的先立焊后横焊，由中心单元向四周单元扩展的焊接方法完全可以保证多腔体多单元厚板巨型钢柱的组拼焊接施工。本技术所提及的各类复杂焊缝焊接方法和工艺应用推广到其他类似结构中，能够解决施工现场对于复杂焊缝焊接产生过大应力导致变形的问题，取得良好的效果。

3.3 超长、超厚单层钢板剪力墙制造与安装技术

超高层结构设计的重难点之一在于控制侧向位移，核心筒剪力墙可以显著提高结构抗侧刚度，因此应用广泛。由于千米级摩天大楼的抗侧要求更高，如采用传统的钢筋混凝土剪力墙，其设计厚度将十分大，进而减小建筑使用面积，无法满足大楼的功能需求，同时，超厚剪力墙将大大增加结构自身重量，地震等不利作用的效果将更为加强。为减小核心筒墙体厚度，降低其轴压比，超高层建筑目前普遍采用组合钢板剪力墙这种新型结构形式。所谓组合钢板剪力墙（以下简称"钢板剪力墙"），是指钢板与型钢组拼并绑扎钢筋、浇筑混凝土后形成的组合结构。钢板剪力墙可充分发挥钢与混凝土两种材料的优势，增加结构延性，减小结构自重，其滞回曲线饱满，具有良好的抗震性能和耗能性能。

钢板剪力墙按照钢板的层数，一般分为单层钢板剪力墙和双层钢板剪力墙，其中，单层钢板剪力墙运用较多，如天津高银 117 大厦、武汉绿地中心、北京中国尊、深圳平安金融中心等多个摩天大楼项目均采用这种形式，而双层钢板剪力墙使用较少，仅在广州周大福金融中心等少数项目中得到运用。

钢板剪力墙优势明显，但对其深化、制造、现场连接的研究仍不够深入，多个方面有待进一步探索研究：

（1）由于制造、运输、安装条件的限制，钢板剪力墙需由整体划分为多个独立单元，单元划分方式将对制造难度、运输难度、安装效率、施工组织等各方面造成不同的影响，因此，需对单元划分方式进行深入研究，以实现综合效益最大化。

（2）如何确保钢板剪力墙各独立单元本身的制造精度，如何确保独立单元精准重组为整体。

（3）在侧向力作用下，如何根据钢板剪力墙的张拉力场加密设置栓钉，以增加钢板剪力墙与混凝土的协同受力。

（4）如何设置吊耳以防止钢板剪力墙吊装过程中发生塑性变形；钢板剪力墙安装过程中受风荷载作用影响较大，如何设置临时固定措施以确保钢板剪力墙保持结构稳定；混凝土浇筑过程中，钢板剪力墙两侧混凝土高度不一，对钢板剪力墙产生的侧压力不同，如何消除侧压差以防止钢板剪力墙侧向变形；钢板剪力墙安装过程中，采用何种临时连接措施效率最高；

（5）钢板剪力墙现场连接方式主要分为焊接及栓接，焊接过程将产生较大的焊接残余变形，采用何种措施可以有效防控变形；钢板剪力墙栓点节点处螺栓孔密集，如何设置连接板能够使所有螺栓穿设顺利而不必现场扩孔。

3.3.1 钢板剪力墙深化设计技术

1. 钢板剪力墙划分

钢板剪力墙作为一个整体，由于各项条件限制，需划分为多个独立单元。小型构件制造容易、运输便捷、不易变形，从这些方面考虑，宜将钢板剪力墙划分为小块独立单元。但是，独立单元越小，意味着构件数量越多，安装量及现场连接工作量越大。同时，焊缝连接过于密集将导致较大的残余变形叠加现象，构件因变形过大，其承载能力将大打折扣。反之，如将钢板剪力墙划分为大块独立单元，安装效率将会提高，现场焊接变形将会容易控制，但是钢板剪力墙制造、运输、吊装变形控制等环节的难度有所增大。因此，划分钢板剪力墙单元需综合考虑各个环节，以寻求综合效益最大化，需要重点考虑的因素如下：

1）运输限制

见 3.2.2 章节。

2）横、立焊缝长度

考虑立焊时融化金属受重力作用容易下淌，焊缝不易形成，焊接难度较大，当竖向连接以焊接为主时，钢板剪力墙划分时应尽量减小立焊缝长度，即将钢板剪力墙划分为横向长方形单元更为合理。当竖向连接以栓接为主时，将钢板剪力墙划分为竖向长方形单元将更为合理。

3）安装效率

安装效率需综合考虑吊装次数、吊装变形控制、临时固定难易程度、测量校正难易程度以及安全稳定等各方面。根据不完全统计，钢板剪力墙划分为长方形单元的长度尺寸为 9～14m、宽度尺寸为 3～3.5m 时，效率较高。

4）刚度需求

钢板剪力墙划分单元时，考虑到运输变形控制、吊装变形控制及安全稳定等方面的因素，需要提高单元在纵、横两个维度上的刚度。

2. 钢板剪力墙吊点设置

对于横向切分的钢板剪力墙单元，其横边较长。如采用常规方法设置双吊点，钢板剪力墙自重荷载集中于两点，而其平面外刚度较小，极易导致吊点附近应力过大，钢板剪力墙单元发生面外弹性甚至塑性变形。针对此问题，工程实践中常通过扁担梁，将受力点均匀分布在钢板剪力墙单元横边，以控制吊装变形。图 3-29 为某工程钢板剪力墙单元（横向切分）的吊装简图。

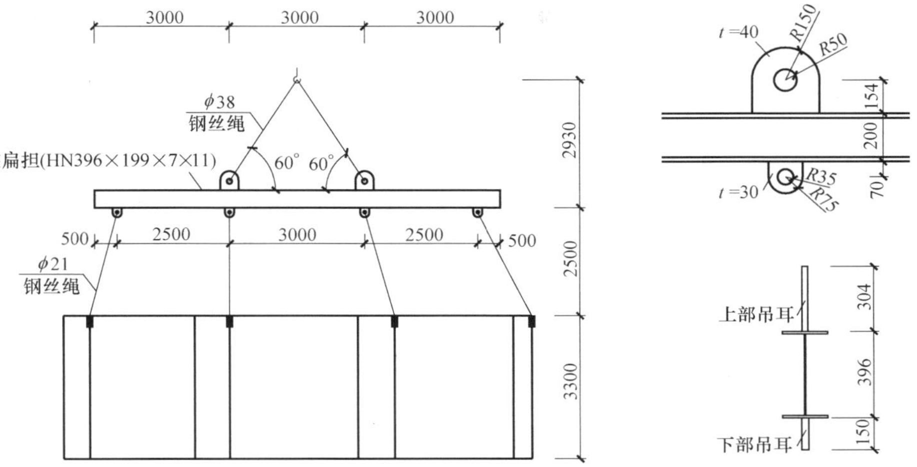

图 3-29　某工程钢板剪力墙吊装简图

对于纵向切分的钢板剪力墙单元，其竖边较长。如采用常规方法单机起吊，钢板剪力墙单元跨中正应力极可能超过钢材的屈服极限，进而向塑性变形发展，如图 3-30 所示。

图 3-30　钢板剪力墙单机起吊跨中变形过大

针对此问题，工程运用上常用双机抬吊的方式，通过改变钢板剪力墙单元直立过程中的受力点分布，最大限度减小钢板剪力墙单元变形。双机抬吊的要点是，主吊装设备吊点置于钢板剪力墙单元的顶端，辅吊装设备吊点置于钢板剪力墙中部，如图 3-31 所示。

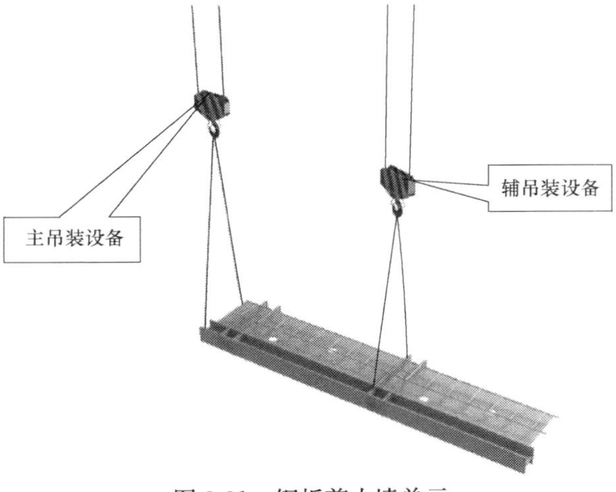

3. 安装过程稳定性控制

由于施工工序先后顺序的安排，钢板剪力墙施工工作面一般领先混凝土浇筑工作面 3～5 层，如图 3-32 所示。与框架结构不同，钢板剪力墙受风面大，同时其自

图 3-31　钢板剪力墙单元

图 3-32 钢板剪力墙施工领先混凝土浇筑面

身刚度不足，因此需设置临时固定措施以确保钢板剪力墙安装过程中的安全稳定。常见的加固方法有两种，第一种为拉设缆风绳，第二种为加设临时斜撑，两种方法均十分方便，便于操作，综合效益高，如图 3-33、图 3-34 所示。

4. 张拉力场与栓钉加密

钢板剪力墙抵抗楼层剪力主要依靠张拉力场，张拉力场呈斜十字交叉形，如图 3-35 所示，因此，为加强钢板剪力墙与混凝土的协同作用，提高组合钢板剪力墙受力性能，在钢板剪力墙张拉力场方向加密栓钉是一种可靠的方法，如图 3-36 所示。

3.3.2 钢板剪力墙制造技术

1. 工艺流程

钢板剪力墙制造的工艺流程包括：零件下料切割矫平→胎架设置→钢板剪力墙零件定位→组装焊接→端面加工→划线、栓钉焊接→高强度螺栓制孔→整体检测→冲砂除锈。

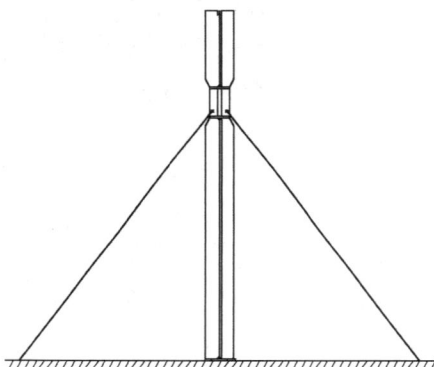

图 3-33 拉设缆风绳

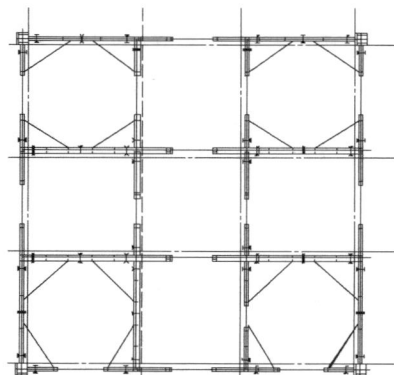

图 3-34 每层设置临时斜撑

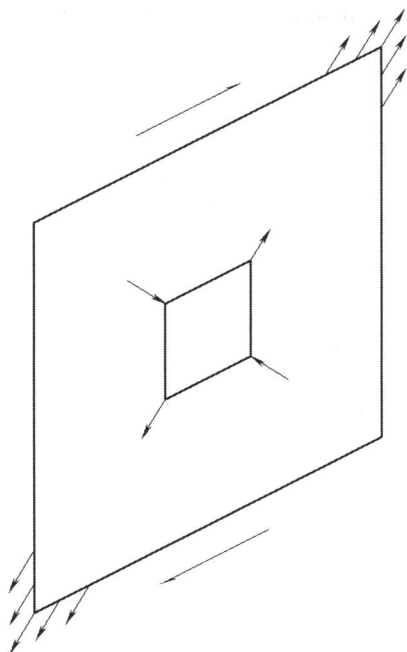

图 3-35 钢板剪力墙张拉力场（一）

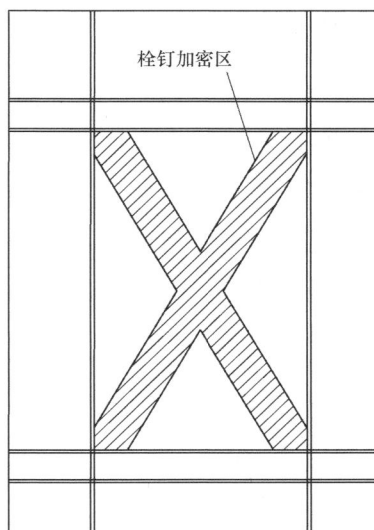

图 3-36 钢板剪力墙张拉力场（二）

2. 钢板矫平

目前，超高层钢板剪力墙板厚可达 70mm 以上，对于厚板，钢材表面一般呈现小波浪形式的弯曲，并不平整。如直接应用于构件的加工制造，则会发生尺寸误差大、构件不平直、焊缝不规则等缺陷，钢板拼焊完成后，矫正十分困难。

制造前，钢板需先切割下料，其在切割过程中受热量大、冷却速度快，切割边存在较大的收缩应力，导致部分钢板存在残余变形。

综上所述，钢板在使用前，应进行两次矫平处理。第一次矫平处理目的在于改善钢板平整度，第二次矫平处理目的在于消除钢板的残余变形。矫正的方法是采用钢板矫平机，对于部分宽度、厚度超出钢板矫平机矫正能力范围的，采用压力机矫正，如图 3-37 所示。

图 3-37 钢板矫正设备

3. 钢板切割

钢板剪力墙厚板切割具备以下特点：①切割速度慢，钢板受热不均匀，受热膨胀后板位发生移位，切割精度难以保证；②因板厚较大，沿厚度方向难以割穿，切割氧在钢板底部纯度较小，后拖量较大；③熔融的氧化铁较多，钢板损耗量大。

针对钢板剪力墙厚板切割的各项特点，构件切割放样常采用计算机放样技术，放样时将工艺需要的各种补偿余量加入整体尺寸中，为了保证切割质量，厚板切割前先进行表面渗碳硬度试验，切割时优先采用数控精密切割设备进行设割，选用高纯度（98.0％以上）的丙烯气加99.99％的液氧气体，以保证切割端面光滑、平直、无缺口、挂渣，切割设备如图3-38所示。

图3-38 数控切割过程

制造水平。

4. 胎架设置

钢板剪力墙面外刚度小，如何确保钢板剪力墙制造过程中保持外形与设计吻合、精度符合规范标准是工艺研究的重点。根据多个工程实例的实施效果，可以看出，通过设置胎架（图3-39），能够很好地满足上述要求。

胎架在造船行业中应用普遍，在船体制造时作为分段外模使用，它的表面线型与分段的外表面相吻合。同样，钢板剪力墙制造过程中，通过引入胎架，能够较好地控制钢板剪力墙单元的外形尺寸，以达到高精度的

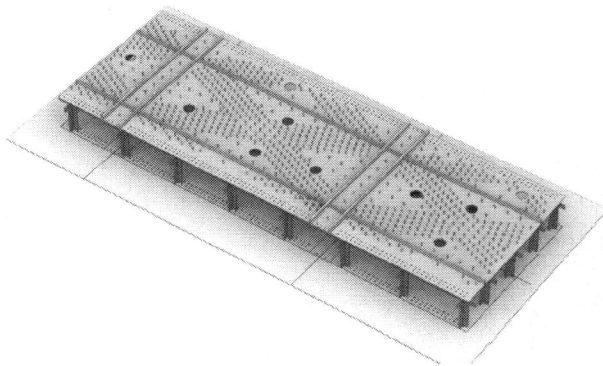

图3-39 钢板剪力墙胎架设置

5. 高精度制孔

钢板剪力墙采用螺栓连接时，需开设大量螺栓孔，螺栓孔的开设精度是确保钢板剪力墙单元在施工现场顺利拼装成整体的关键。螺栓连接节点形式如图3-40所示。

确保螺栓孔开设精度的方法很多，其中一种为"划线定位开设法"，即根据设计图纸中螺栓孔的位置，在钢板剪力墙单元上划上定位线，然后根据定位线交点确定螺栓孔位置。但是由于划线误差、开孔过程发生偏移等因素，这种方法仍可能出现螺栓孔开设偏差的现象。另一种确保开设精度的方法是"套模开设法"，即制造专用套模开孔（图3-41）。

套模是控制螺栓孔精度的关键，其加工精度要求极高，例如某项目套模采用原制造磁悬浮轨道梁的高精度数控机床进行加工，精度可以控制在0.1mm。套模能很好地控制各个螺栓孔的相对位置，不易发生开孔偏位等现象，可以满足高精度制孔的需求。

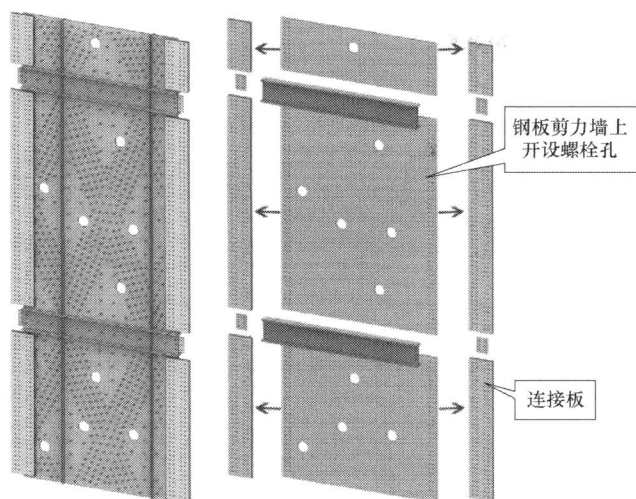

图 3-40　钢板剪力墙栓接形式

图 3-41　套模制孔

3.3.3　钢板剪力墙现场连接技术

1. 现场焊接连接及防控变形技术

1）坡口设计

坡口设计时，主要考虑母材厚度、焊接方法、焊接位置等因素，具体有以下几点：①尽量减少填充材料；②施焊位置可达，操作方便；③有利于控制焊接变形。例如：开设单面 V 型坡口，仅需在一面施焊，操作过程方便，但焊缝填充量大，坡口变形较大；开设双面 V 型坡口，节约填充材料，坡口角变形小，但需双面施焊，操作不便。因此坡口设计时，需综合考虑上述三个方面，以确定最佳的坡口形式。

以深圳平安金融中心钢板剪力墙为例，其坡口设计选择以 30mm 板厚作为分界点，30mm 厚度以内钢板开设单面 V 型坡口，30mm 厚度以上钢板开设不对称双面 V 型坡口，如表 3-3 所示。

钢板剪力墙坡口开设形式   表 3-3

$t_w>30$mm 时，采用双面 V 型坡口的形式	$t_w\leqslant30$mm 时，采用单面 V 型坡口的形式

2）变形防控

对于单面坡口焊缝，焊接过程中易发生横向收缩，如控制不当，将产生较大的角变形。可主要采取以下技术进行变形防控：①每间隔一段距离，设置一道临时连接板；②对于较长焊缝，焊缝坡口方向每间隔一段距离交替改变，如表 3-4 所示。

某项目单面坡口焊缝变形防控技术   表 3-4

每间隔1.2m设置一道临时连接板(需用焊缝固定)

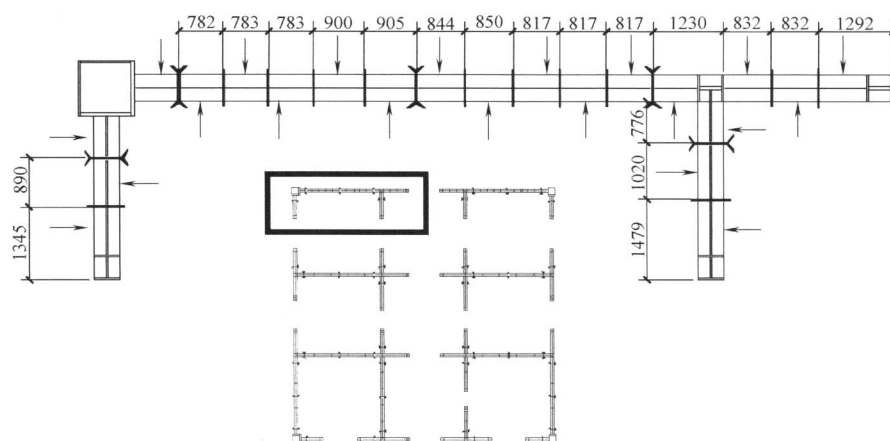

"〉━〈" 钢板剪力墙竖向焊缝拼接位置
"━━━▶" 钢板剪力墙横向焊缝坡口朝向

每750mm～1400mm交替改变坡口朝向

坡口朝向交替改变实例

对于双面坡口竖焊缝,其防控变形的关键技术有三条:①双面坡口焊接时,正面先焊接一半,然后反面清根并焊接反面,最后再焊接正面的另一半;②每间隔一段距离,设置一道临时连接板固定;③整体采用"先两边,后中间"的焊接顺序,每条焊缝采用多人、分段、退焊的方式焊接,见表3-5。

2. 现场螺栓连接技术

钢板剪力墙单元拼缝采用栓接形式时,主要面临两大问题:①连接板数量繁多,临时固定及调整不便,操作效率低;②螺栓孔数量多,相邻两块钢板剪力墙单元发生微小的相对偏移,连接板螺栓孔与毗邻的两块钢板剪力墙单元螺栓孔便无法完全对应,现场施工中常遇到需要扩孔的情况。

为了保证安装精度、方便施工操作,采用的关键技术有两条:①将连接板改为小块,这样每块连接板对应的螺栓孔数量减少,单块连接板覆盖范围也相应缩小,仅需微调便可实现连接板与钢板剪力墙单元螺栓完全对应;②将连接板设置成活页形式,工厂安装,现场操作效率极大提升,见表3-6。

某项目双面坡口竖焊缝变形防控关键技术　　　　　表 3-5

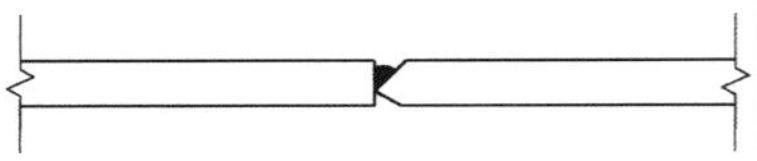 第一步:正面焊接一半	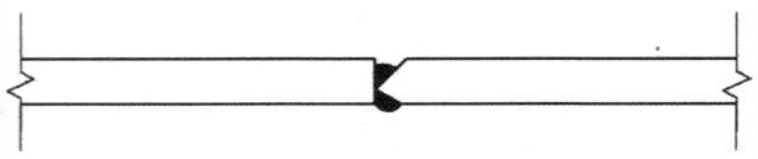 第二步:反面清根,反面焊接	 第三步:焊机正面余下的焊缝

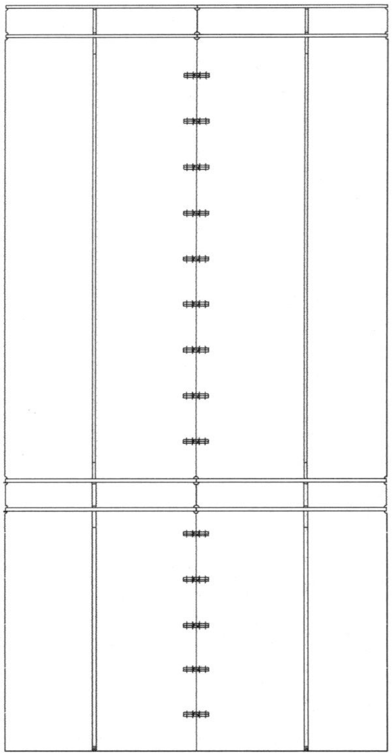

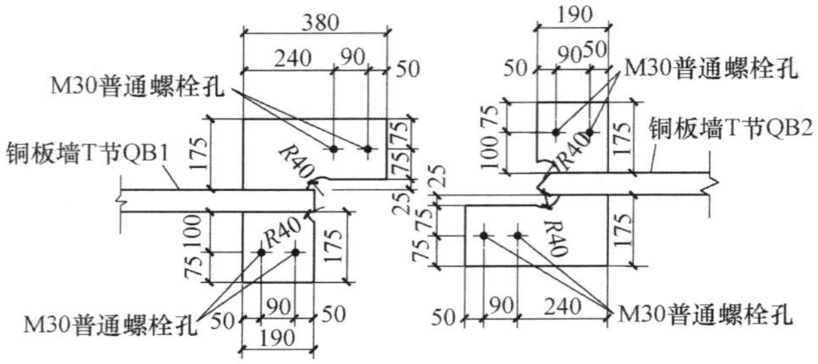

竖向临时连接板详图

竖向临时连接板(需用焊缝固定)

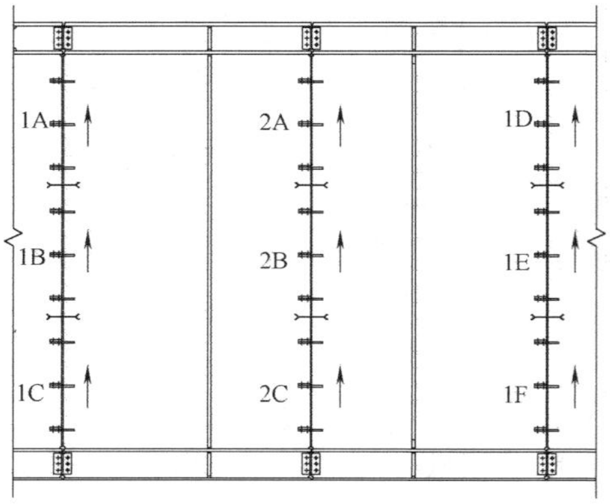

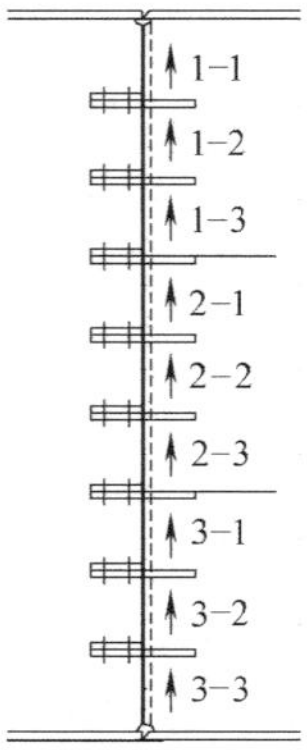

竖向临时连接板分布

　　每条竖向焊缝在每层内设置三名焊工,整体顺序为"先两边后中间"。如上图所示,先由 A、B、C、D、E、F 共 6 名焊工同时施焊两侧的 2 条竖向焊缝,焊接完成后,再由 A、B、C 共 3 名焊工同时施焊中间的竖向焊缝。每个焊接人员将自己的施焊段再划分为 3 个小段,按 X-1、X-2、X-3 的次序进行焊接

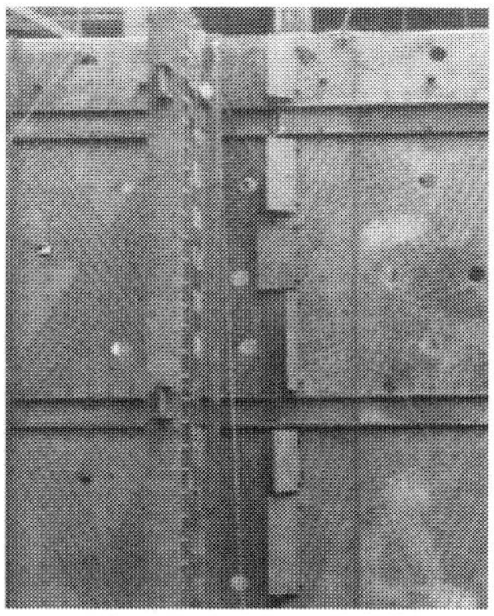

| 钢板剪力墙连接板设置成小块,并于工厂内采用活页形式固定在钢板剪力墙单元上,随构件一同安装就位 | 连接板改为小块后,螺栓穿设十分顺利 |

3.3.4　工程应用

1. 项目概况

深圳平安金融中心工程,位于深圳市福田中心区,是一幢以甲级写字体为主的综合型大型超高层建筑物。整体结构为地下室 5 层,地上为塔楼和裙楼。塔楼层数为 118 层,建筑高度 600m。

钢板墙分布在主楼地下室 B5 层至地上 12 层,板厚为 12~55mm,钢板墙内分布有暗柱、暗梁等。钢板墙竖向共分为 8 节,平面内分为 162 片,单片最大重量 44.8t,单片最大长度为14.9m,宽度为 4.8m。板厚度大于 30mm 的钢板,竖向缝采用焊接连接;厚度小于或等于30mm 的钢板,竖向缝采用高强度螺栓连接;钢板墙水平缝均采用焊接连接。

2. 应用效果

在深圳平安金融中心施工过程中,对于钢板剪力墙的深化设计、制造及现场连接技术应用了本项研究技术,钢板剪力墙的安装质量、进度、安全性及焊接质量等方面均很好的满足了工程要求,取得了良好的应用效果。

3.4　现场自动焊接机器人施工技术

钢结构连接方式有焊接、螺栓连接、铆接等。由于焊接具备构造简单、对结构形状要求低、节约材料、效率高等特点,焊接逐渐成为建筑钢结构最常用的现场连接方式。建筑钢材焊接从最初的焊条电弧焊技术,到后来的埋弧焊接技术,到目前大规模应用的实芯焊丝和药芯焊丝气体保护焊接技术,每次技术革新均带来焊接质量及效率的大幅度提升。

随着超高层建筑高度、体量增大,钢结构用量越来越大,现场施工焊接工作量也随之增大。目前现场施工传统焊接技术存在以下问题:

（1）专业技术要求高,合格焊工供不应求;

（2）焊工水平参差不齐,焊接质量不稳定;

（3）焊接作业环境差,工作强度大;

（4）人工作业有效工作时间比例低,效率低。

目前，世界上大部分工业发达国家的焊接技术已80％达到自动化程度，自动化焊接表现出了显著的优点，使其在生产效率及质量上呈现出很大的优势：

（1）降低对工人操作技能的要求；

（2）程序自动化操作，焊接质量稳定；

（3）避免人员在有害环境下工作；

（4）提高焊接作业有效工作时间，改善施工效率。

目前，按照手工操作与自动焊接所消耗的焊材来计算，自动化焊接在我国的比例仅占到不足30％，与发达国家平均水平存在很大的差距。自动化焊接技术已应用于钢结构制造业、石油化工行业、船舶制造业。其中钢结构制造厂多采用埋弧平焊、埋弧角焊设备，石油化工行业多在高炉炉壳等大型钢容器焊接中采用薄壁埋弧横焊设备，船舶制造厂多采用平焊小车设备（见图3-42）。

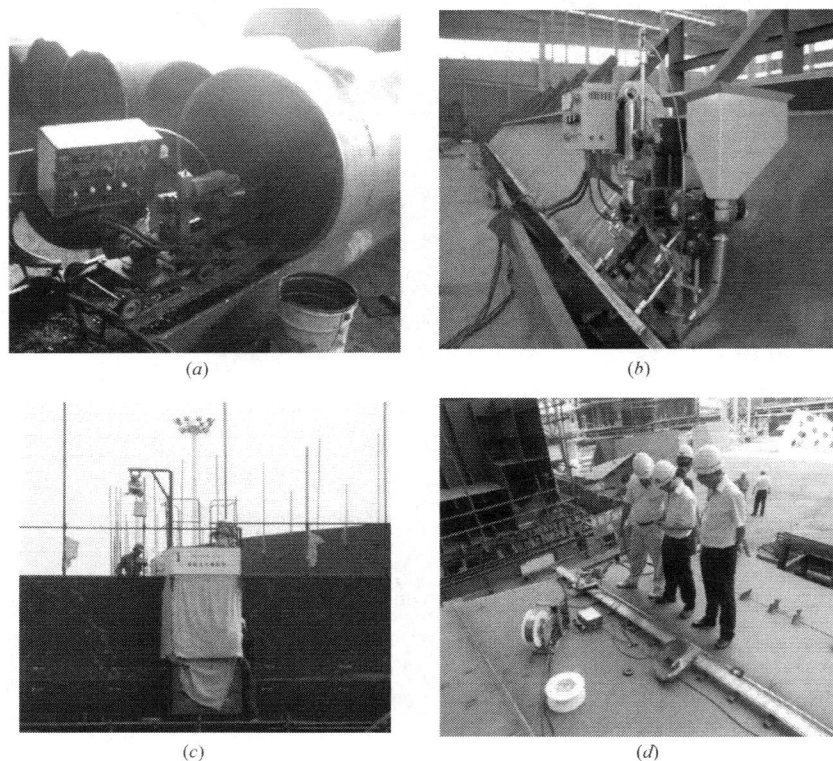

（a）　　　　　　　　　　　　　　（b）

（c）　　　　　　　　　　　　　　（d）

图 3-42　现有自动化焊接技术

（a）钢结构制作厂—埋弧平焊；（b）钢结构制作厂—埋弧角焊；

（c）石油化工—薄壁埋弧横焊；（d）船舶焊接—平焊

现有自动化焊接设备应用于钢结构现场施工，仍存在以下问题：

（1）只能单向行走，无法适应多层多道焊往复行走；

（2）自动化程度低，操作难度大；

（3）自动化设备未有适用于现场施工的焊接工艺参数；

（4）设备体积、重量大，对工作面要求高，转移效率低。

现场钢结构焊接施工存在作业条件复杂、作业空间小、垂直运输紧张等特点，加上钢结构焊接施工自动化的发展需求，发展适用性高、自动化、轻量化的现场自动焊接机器人技术为钢结构施工技术发展的趋势。

3.4.1　适用性设计关键技术

1. 焊接位置选型

焊缝焊接位置分为平焊、横焊、立焊、仰焊 4 种，难度依次增大。为确定自动化焊接机器人对焊接位置的适应范围，对典型超高层焊缝位置、长度、工作量进行统计（见表 3-7）。

广州东塔焊缝统计

表 3-7

焊接位置	存在位置	板厚情况	焊缝长度	填充量比例
横焊	所有钢柱、钢板剪力墙	主要为 40～50mm 局部 25～35mm、130mm	钢柱大部分 2～5.6m 钢板剪力墙 3～14m	约 683t 占 65%
平焊	钢梁翼缘板	主要为 15～45mm	200～800mm	约 158t 占 15%
立焊	钢梁腹板局部 钢板剪力墙	主要为 10～35mm 局部 130mm	钢梁 250～1200mm 钢板剪力墙局部 5m	约 158t 占 15%
仰焊	桁架弦杆、腹杆	主要 20～40mm 局部 50mm、60mm	400～500mm	约 53t 占 5%

现场施工工作量主要集中在钢柱对接焊缝，其次为钢梁、桁架或斜撑杆件的对接焊缝。根据统计数据，现场焊缝横焊所占比例最高，平焊及立焊所占比例次之，仰焊比例最小。因现场平焊焊缝难度低、效率高、所占比例不大，着重解决直段横焊缝自动化焊接是现场施工自动焊接机器人设计的首要突破口。

2. 钢板厚度选型

对于横焊缝自动焊接，目前于石油化工行业成熟应用的焊接方法为埋弧横焊。埋弧焊是一种电弧在焊剂层下燃烧进行焊接的方法，焊接质量稳定、焊接生产率高，具有焊丝导电长度短、电流和电流密度高、单道焊缝热输入大的特点。

受焊接方法的影响，现场自动焊接机器人对母材钢板的厚度有一定的要求。

钢板越薄，越容易在热输入大的情况下产生弯曲变形。根据埋弧横焊焊接工艺试验，焊接钢板最小厚度为 10mm。

钢板越厚，坡口外端尺寸越大，由于焊枪导电嘴角度调节方式为单轴旋转，焊枪摆动角度及焊丝倾角将越大，对焊缝成形质量产生影响。根据焊接工艺试验，焊接钢板理论最大厚度为 80mm。

3. 多道焊快速回位装置设计

为保证焊接质量，钢结构现场厚板焊接一般采用多层多道焊。现场自动焊接机器人通过导轨进行平移，在焊接完成单道焊缝后，焊机原路径返回焊缝起点位置处，再进行下一道焊缝的焊接。

通过试验发现，若采用与焊接行走速度进行自动焊接机器人的回位，回位时间与正常施焊时间相近，占用时间长（约为整个焊接施工过程时间的 21.5%），对焊接层间温度控制不利。

对于多道焊，通过加设回位轮与快速电机，单道焊缝焊接完成后，以这一回位轮顶起行进轮，并由快速电机驱动回位轮按原路径返回至焊缝起点处，大大减小了该处损失之时间。

3.4.2　自动化设计关键技术

1. 焊缝导航指示系统设计

埋弧坡口熔透横焊成型需要在较为精密的工装下才能保证高质量的效果，需要克服弥补焊接行走轨道的水平度、焊接工件立面平整度、焊机整体稳定性状况等对焊枪头轨迹的影响。由于焊枪头不具备焊缝坡口、间隙的自行识别能力，操作人员需通过导航指示系统判断在焊剂内部的焊枪轨迹。

焊枪端部设置焊缝导航装置（见图3-43），指导焊缝成型沿所需位置进行。

在焊接过程中，调节旋转套杆及激光发射器固定轴的角度来保证焊缝成型的方向与激光光束扫掠方向平行一致，并使用收口螺钉及激光发射器顶紧钉进行装置限位。当焊缝填充位置需要调整时，在激光光束的指示作用下，调节焊枪角度调节装置进行焊枪位置的变更处理。

2. 焊剂循环系统设计

埋弧横焊自动焊接时，焊剂须通过下料管道预先均匀的堆敷在电弧及熔池上，并在焊枪经过后对未融化的焊剂进行回收使用。

为实现焊剂自动循环，设置类似吸尘器原理的焊剂自动回收系统。该系统包含以下部件：①真空焊剂桶；②焊剂下料管道；③焊剂桶端回收管道；④鼓风机；⑤鼓风机端回收管道；⑥三叉头铜管；⑦左侧焊剂回收枪；⑧右侧焊剂回收枪。见图3-44。

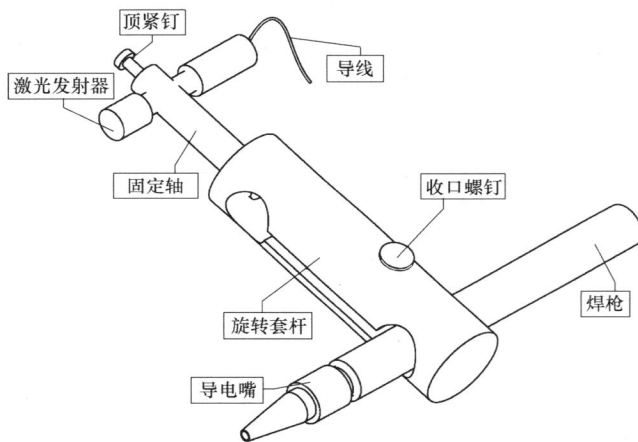

图3-43　焊缝导航装置效果图

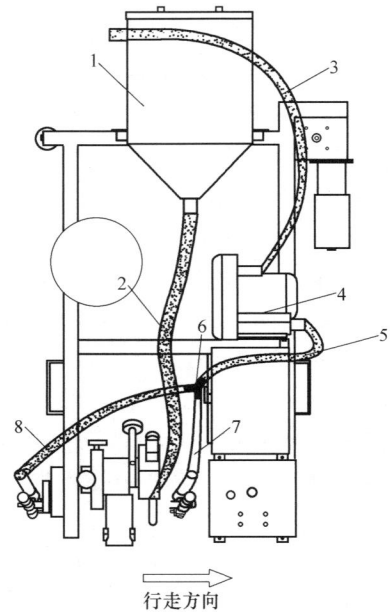

图3-44　焊剂回收系统

当焊机沿正方向焊接施工时，焊剂回收路径为1→2→8→6→5→4→3→1；

通过加设相反方向的焊剂回收枪（焊枪两侧各加设一个），实现焊接方向的可逆，从而保证双向焊接的焊剂回收。当焊机沿逆方向焊接施工时，焊剂回收路径为1→2→7→6→5→4→3→1。

3.4.3　焊接工艺参数关键技术

1. 焊接参数拟定

现场自动焊接机器人为新型焊接手段，研制初期拟定采用常规埋弧横焊焊接工艺参数作为参考值，通过试验逐步对焊接工艺参数进行修正与确定。

2. 小型焊接试验

（1）试验条件

通过选取具有现场施工代表性试板进行焊接参数试验，在小范围内对拟定的焊接工艺参数进行验证，见图 3-45。

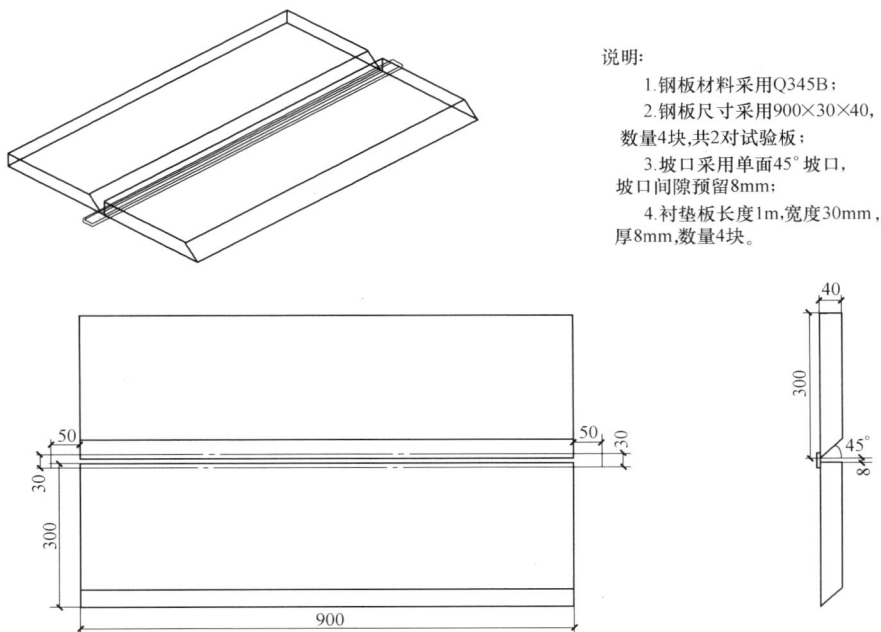

说明：
1. 钢板材料采用Q345B；
2. 钢板尺寸采用900×30×40，数量4块，共2对试验板；
3. 坡口采用单面45°坡口，坡口间隙预留8mm；
4. 衬垫板长度1m，宽度30mm，厚8mm，数量4块。

图 3-45　小型焊接试验试板及焊接条件

（2）试验工艺参数统计

试验时间：9：55AM～12：15PM，历时 2h20min；焊缝长度 800mm；焊丝直径 3.2 mm，工艺参数见表 3-8。

小型试验焊接工艺参数　　　　　　　　　　　　　　　　　　　　表 3-8

焊接道次	准备时间（s）	施焊时间（s）	清理时间（s）	电流（A）	电压（v）
已使用二氧化碳气体保护焊完成打底工作					
No. 1	120	150	600	446	34.1
No. 2	120	120	180	446	33.7
No. 3	90	110	180	445	34.2
No. 4	120	120	180	453	33.6
No. 5	240	115	300	464	34.6
No. 6	300	135	120	481	34.2
No. 7	180	125	120	478	34.5
No. 8	300	125	120	475	34.8
No. 9	480	140	180	475	32.8
No. 10	300	120	120	475	33.0
No. 11	180	115	60	475	33.0
No. 12	180	110	60	475	34.2
No. 13	180	120	60	465	34.2
No. 14	240	120	60	460	33.8
No. 15	300	115	60	445	33.1
No. 16	180	100	60	445	33.1
No. 17	180	90	60	454	33.1
No. 18	180	85	60	441	33.1

（3）试验结果与改进措施

1）焊缝外观出现轻微缺陷：焊接存在局部咬边、局部弧坑等缺陷，分析原因为焊接引弧、熄弧存在一定问题，与焊接工艺参数相关性小；

2）焊接的工效复核现场要求：本次焊接试验历时 140min，其中准备时间及机架回位 61.5min，占总共时间的 44%；实际施焊时间 33.5min，占总共时间的 24%；焊缝清理时间 45min，占总共时间的 32%；

3）现场焊缝根部小范围钢板错边、焊缝间隙大小不一致的情况不可避免，对于此类情况，焊缝需采用人工打底，保证焊缝根部质量，再由自动焊接机器人完成填充、盖面。

3. 大型（1∶1）焊接试验

（1）试验条件

通过选取具有现场施工代表性的大型试板进行焊接参数试验，在小型焊接试验基础上对焊接参数进行调整优化，模拟真实大型截面对拟定的焊接工艺参数进行验证，见图 3-46。

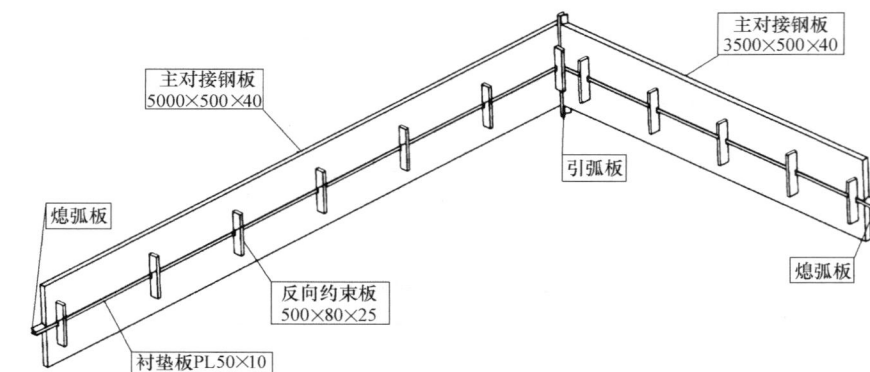

说明：
1. 钢板材料采用 Q345B；
2. 主对接钢板尺寸分别为 5000×500×40、3500×500×40，数量各 2 块，共计 4 块，共 2 对试验板；组成"L"形截面对接焊缝接口；
3. 坡口采用单面单边 35°坡口，坡口间隙为 8mm；
4. 衬垫板长度分别为 5.2m、3.7m、1.2m，宽度 50mm，厚 10mm，数量 3 块；
5. 焊板背侧每隔 800mm 加设一道反向约束立板，尺寸为 500mm×80mm×25mm。

图 3-46　大型焊接试验试板及焊接条件

（2）试验工艺参数统计

10 月 17 日（10∶00AM～11∶30AM，13∶30PM～17∶20PM）、10 月 18 日（08∶00AM～12∶40PM），历时 10h，工艺参数见表 3-9。

大型试验焊接工艺参数　　　　　　　　　　　　　　　表 3-9

焊接道次	施焊时间(min)	电流(A)	电压(v)	行走速度 mm/min
已使用二氧化碳气体保护焊完成打底工作				
No. 1	20	380	31.1	63
No. 2	20	430	32.0	71
No. 3	15	450	30.0	73
No. 4	17	453	29.0	68
No. 5	17	429	39.2	75
No. 6	16	440	27.6	72
No. 7	16	440	28.2	68

焊接道次	施焊时间(min)	电流(A)	电压(v)	行走速度 mm/min
已使用二氧化碳气体保护焊完成打底工作				
No. 8	16	446	27.0	82
No. 9	18	446	28.0	75
No. 10	17	436	28.0	91
No. 11	17	429	29.2	75
No. 12	16	440	27.6	72
No. 13	16	440	28.2	68
No. 14	16	446	27.0	82
No. 15	16	446	28.0	85
No. 16	17	436	28.0	91
No. 17	12	422	28.0	119
No. 18	14	443	28.0	102
No. 19	13	437	28.6	112
No. 20	12	431	28.5	115
No. 21	12	422	28.2	114

埋弧焊实际施焊时间为 333min，占试验时间的 55.5％（未考虑气保焊打底焊接时间）。

（3）试验结果与改进措施

1）大型长焊缝焊接，初次试验存在局部咬边、夹渣缺陷，改进后无明显缺陷，经调整优化后的焊接工艺参数可行；

2）改进后 5m 长度焊缝焊接历时 10h。埋弧焊实际施焊时间为 333min，占试验时间的 55.5％（未考虑气保焊打底焊接时间）；

3）改装后焊机的整体稳定性、协调性、精准性能总体良好，基本能够实现焊接工作。

4. 现场试验及工艺评定

（1）试验条件

于广州东塔项目现场外框箱形巨柱侧壁进行现场试验及工艺评定，采用厂内大型试验的工艺参数，验证在现场条件下的自动焊接机器人的焊接工艺适用情况，见图 3-47。

（2）试验结果与改进措施

1）焊接后 24h 进行超声波探伤检测，结果显示焊缝存在局部未熔合缺陷，其余部位探伤合格。

2）分析焊缝缺陷原因，为半自动切割机开设坡口时轨道不够长度，需要过渡搭接，存在不平稳跳动现象，导致坡口存在缺口，尾部呈现坡口较大，自动焊在此部位多焊接三道焊缝，从而造成自动焊机未能精确连续施焊而产生接头部位未熔合，与焊接工艺参数相关性小。

3）根据统计，埋弧焊实际施焊时间为 317min，占试验时间的 68.2％；轨道架设时间 50min，占试验时间的 10.8％；设备组装时间 25min，占试验时间的 5.4％；其他准备消耗时间 70min，占试验时间的 15.6％，对比厂内试验效率有所改进，于目前设备自动化程度尚算合理。

5. 焊接工艺参数确定

综合不同焊接参数条件下试板的焊接质量、焊接效率，分析制定自动焊接机器人焊接工艺参数见表 3-10。

图 3-47　现场焊接试验条件

自动焊接机器人焊接工艺参数　　　　　　　　　　　　　　表 3-10

板材厚度(mm)	电压(V)	电流(A)	行走速度(mm/min)	焊枪角度	焊道
10～14	26～27	320～350	380～420	15°～20°	第一层
	27～29	450～480	480～520		第二层
16～22	26～27	380～420	380～450	15°～20°	第一层
	27～29	450～480	480～520		第二层
	28～31	450～520	500～650		第三层
24～30	26～27	380～420	380～450	15°～20°	第一层
	27～29	450～480	480～520		第二层
	28～31	450～520	500～650		第三层
	28～31	470～520	550～650		第四层
	28～31	480～520	560～650		第五层
32～50	26～27	380～420	380～450	15°～20°	第一层
	27～29	450～480	480～520		第二层
	28～31	450～520	500～650		第三层
	28～31	470～520	550～650		第四层
	28～31	470～520	550～650		第五层
	28～31	480～520	580～650		第六～七层
55～80	26～27	380～420	380～450	15°～20°	第一层
	27～29	450～480	480～520		第二层
	28～31	450～520	500～650		第三～十层
	28～31	470～520	550～650		第十一～十四层
	28～31	480～520	580～650		第十五层

3.4.4 轻量化设计关键技术

1. 轨道设计

为实现现场自动焊接机器人沿焊缝方向运动，须设计相应的行走轨道，通过轨道对设备进行承托与固定。采用轨道上置、整机"挂壁式"的构造，可使轨道只承受自动焊接机器人的竖向荷载，不需提供侧向固定的分力，从而对轨道重量、截面进行优化。如图 3-48 所示。

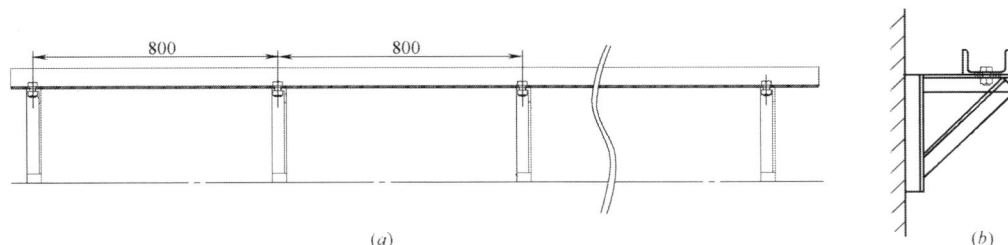

图 3-48　行走轨道示意图
(a) 主视图；(b) 侧视图

自动焊接机器人通过将滚轮卡在导轨外翼缘上进行导向行走，轨道需具备足够的承载力及刚度，保证装置平稳运行。

2. 架体设计与研究

钢结构现场施工操作平台净宽度不大于 700mm，人工搬运及装配最大可操作高度约 2.2～2.3m。现场自动焊接机器人架体设计首先应满足各部件正常工作空间，其次须满足现场空间尺寸要求，以及结构承载力和刚度要求。通过架体优化，应将多余的装饰、防护部位去除，只保留受力框架；规划各部件空间位置，提高集成度，使占用空间减至最少。

广州东塔现场自动焊接机器人采用框架式架体，保证焊接设备本体（包括焊机行走机构、送丝机构、焊枪（钳）、导航指示器、焊剂回收系统、焊丝焊剂）和控制系统控制面板统一至一个模块体系，如图 3-49 所示。

架体优化设计后，包括焊机主体（送丝机、焊丝盘及主轴、焊枪及角度微调仪、焊丝自动矫直装置）、操作箱及控制盘、焊接行走机架、焊剂自动循环回收系统在内机构总重约 60kg，无需使用塔式起重机来进行设备的工况准备。另外焊接控制电缆及焊接电源总重 250kg 等。

3.4.5 工程应用

1. 项目简介

广州周大福金融中心（又名"广州东塔"），项目塔楼地下 5 层，地上 112 层，建筑高度 530m，钢结构总量 9.7 万 t。塔楼结构由 8 根外框巨柱及 6 道空间环桁架与核心筒钢板墙＋劲性钢柱的框架结构体系组成；其中 8 根外框 TKZ 巨柱及 TMZ 门柱分布于 B5 层～L112 层；环桁架为空间环桁钢结构，分布于 L23、L40、L56、L67L、L79 与 L92 层；核心筒外墙设置双层、单层钢板，钢板剪力墙分别布置于 B4 层～L32 层及 L107 层～L111 层；核心筒内墙劲钢柱分布于 B4 层～L12 层。

外框 8 根巨柱分布于塔楼四个角部区域，由地下五层至顶层共 74 节，其截面由下至顶逐步内缩，最大截面尺寸为 5600mm×3500mm×50mm×50mm；核心筒钢板剪力墙设置有单双层之

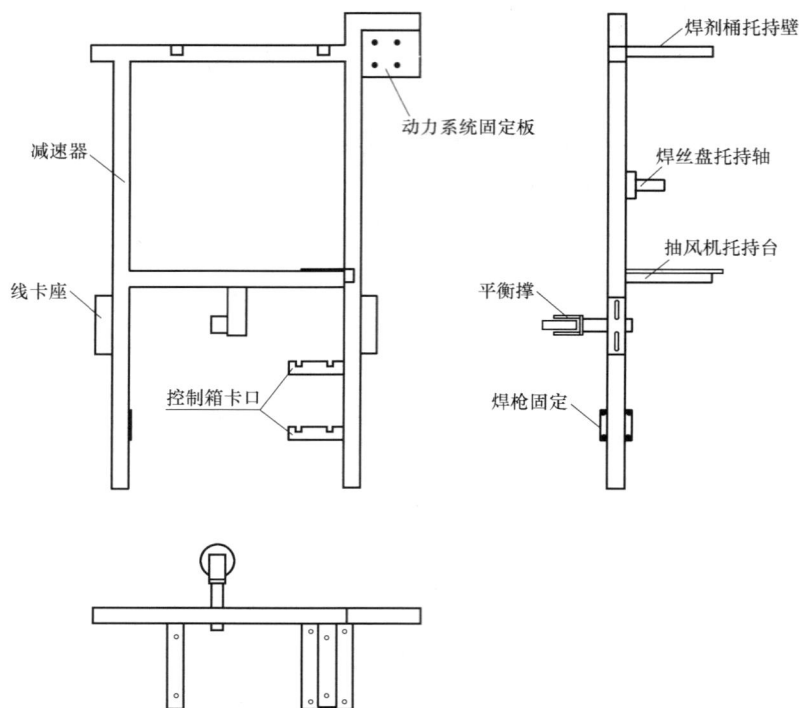

图 3-49　框架式焊机架体设计图

分，最长分段达到 14m、最大钢板厚度达到 130mm，现场焊接量较大。

2. 施工原理

现场自动焊接机器人可实现现场直段埋弧横焊的施工。其采用直流驱动器和直流蜗轮蜗杆电机提供动力，使横焊机平稳移动，配备自动焊接系统，同时采用焊剂托持机构和焊剂投放回收桶以实现焊机的回收，焊接时，采用激光光斑进行跟踪导航，以确保焊缝直线成型。

3. 系统组成与设计

自动焊接机器人由焊接电源系统、焊接控制系统、焊接设备本体及焊接工装组成，见图3-50。

各系统设计如下：

（1）焊接电源系统

包括焊接电源、控制系统电源等，主要负责焊接时的电流值、电压值、送丝速度以及焊接行走速度等。

（2）焊接控制系统

包括控制柜硬件和控制柜软件两部分。机器控制柜硬件包括模式化动作程序的储存；根据从控制面板输入的数据控制机器的动作。机器控制柜软件包括工件坡口尺寸、焊接工艺等参数的输入；动作类型的管理；动作结果信息的管理。

（3）焊接设备本体

包括框体机架、焊机行走机构、送丝机构、焊枪（钳）、导航指示器、焊剂回收系统、焊机托持装置、焊接导轨和移动装置等。

（4）焊接工装

主要满足工件的定位、装夹，确保工件准确定位、减小焊接变形。

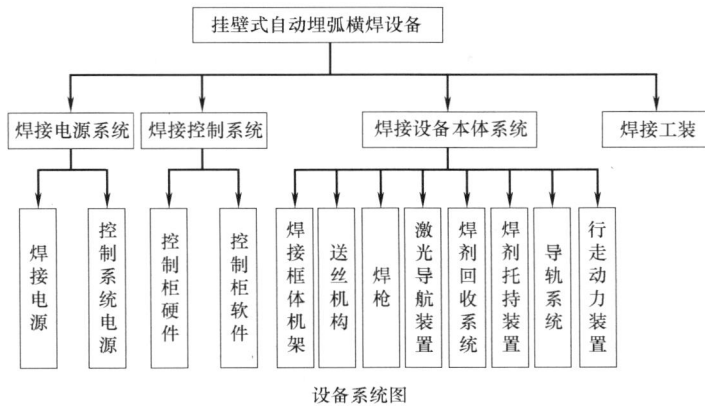

设备系统图

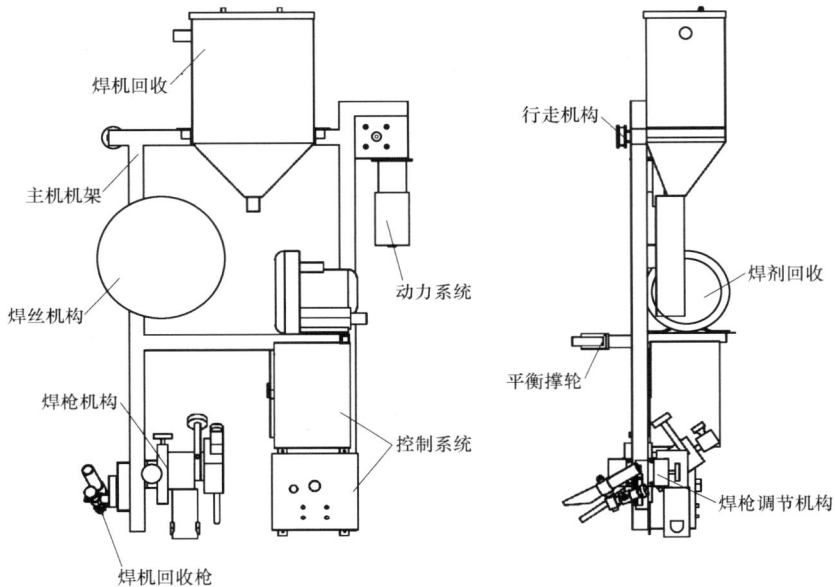

图 3-50 设计总装示意图

4. 应用效果

焊接质量方面，通过对构件坡口质量的控制，以及对工艺方案的完善，现场自动焊接机器人焊接成果均可达到工厂焊接的水准。对自动焊接机器人焊接质量的影响因素主要为：

（1）焊接引弧、熄弧板设置的规范性；

（2）焊缝人工打底，设备填充、盖面，最后一道焊缝使用人工气保焊可减少咬边等质量缺陷，保证焊缝外观质量；

（3）现场焊剂的保管及质量控制；

（4）按焊接规范进行焊前预热、焊中层间温度、焊后热保温等操作情况；

（5）坡口平整度、坡口缺陷情况。

施工效率方面，目前现场自动焊接机器人的自动化程度尚具备改进空间，但与传统焊接方式相比效率优势明显。单个自动焊接机器人班组配置一套设备，两名工人。其中 1 名焊工，1 名普工，焊工进行焊缝打底填充，起弧收弧处理，焊接工艺参数调整，行走速度调整。普工进行焊缝表面清理，焊剂与药皮渣清理，配合焊工进行机体装配等准备工作，同时焊接完成后没有飞溅的情况，免去打磨的程序。相较于气保焊，自动焊机完成一道焊缝仅需 4 h，而相同焊缝人工焊接需要 13h。

3.5　结构变形控制关键技术

随着高层建筑的发展，钢框架-混凝土核心筒混合结构体系的应用日益增多。混合结构体系能充分发挥钢材与混凝土两种材料的特性，受力合理，抗震性能良好。但是，随着建筑高度的不断增高，施工期间结构体系的变形问题也逐渐突显出来。这一问题不仅影响施工方案制定和施工质量控制，还关系到结构体系本身的安全。因此，对结构变形问题进行研究，并针对性地提出变形控制技术，能够提高高层建筑结构的设计与施工水平，为建筑高度向千米级跨越奠定了技术基础。

在钢框架-钢筋混凝土核心筒混合结构体系中，与混凝土核心筒相比较，外框架柱截面面积要小得非常多。然而在自重方面，外框架柱也是明显小于混凝土核心筒。就承担的外部荷载而言，框架柱只要承担外圈楼面荷载以及填充墙的重量；而核心筒主要承担内圈楼面荷载。尽管钢材在弹性模量方面具有很大的优势（钢材弹性模量约为混凝土弹性模量的 10 余倍），而且外框架柱所承担的外部竖向荷载也与混凝土核心筒相近，甚至要比核心筒大。但是，外框架柱由于较小截面面积，造成柱的名义轴压比（$N/(EA)$）小于混凝土核心筒的名义轴压比。因此，核心筒的弹性压缩量往往要大于外钢框架柱的弹性缩短量。而且随着结构层数的增多，这种弹性竖向变形的差异也随之加大。

此外，还需考虑混凝土材料的时变性。施工期间的混凝土正处于早期阶段，混凝土的收缩、徐变、弹性模量、抗压强度都处于发展阶段，也正处于变异最大的阶段。混凝土核心筒的竖向变形受这些因素的影响也很大。其中，徐变受加载龄期、持荷时间以及环境相对湿度的影响；收缩也受到时间和环境湿度的影响。并且，由于施工工艺问题，我们通常将混凝土核心筒的施工超前外框架，即混凝土核心筒的竖向变形将先于外钢框架。考虑以上诸因素，将更符合实际情况，同时也使计算更为复杂。

1974 年，R. K. Agarwal 和 N. J. Gardner 对两栋板柱结构施工过程中支撑内力进行现场测试，对简化方法进行了修正，除遵循简化方法基本假定外，还假定：二次支撑安装前，支撑拆除后混凝土板能自由变形，故安装二次支撑时，二次支撑不受力，其计算结果与实验结果基本符合。20 世纪 80 年代以来，世界各国经济持续发展，多高层现浇混凝土结构飞速发展，但伴随而来的施工事故也不断发生。多高层建筑混凝土结构施工过程中模板支撑和支撑楼板相互作用性能的研究，再次成为土木工程领域内的研究热点之一。

傅学怡采用线性徐变假定和能量原理，研究分析了此类高层建筑结构整体的徐变效应影响机理，推导出了结构赘余力和侧移的计算方程；针对实际工程卡塔尔某复杂超高层建筑，进行了混凝土徐变效应的深入分析和预测，表明原结构设计方案可能将产生较大的侧移倾斜，影响建筑功能并造成安全隐患；结合实际工程需要，综合运用了各种设计调整方法，有效地减小了该结构整体的侧移倾斜，其成果直接应用于指导该工程设计施工。

施工过程对结构计算影响不可忽略，基于施工进程，将结构施工期间的竖向变形分为"已发生值"和"将发生值"，通常施工中的找平会把前者补偿掉，而变形只剩下后者。通过对超高层建筑结构施工期间的计算模拟，对于结构变形情况做出分析，并提出针对性的变形控制措施，控制外框与核心筒间变形差异带来的结构内应力，保障超高层建筑结构的安全性和稳定性。

3.5.1 施工模拟技术

1. 施工模拟原理

施工阶段采用叠加法对结构进行分析,其原理为:取每个施工阶段为一个计算组,每一个施工阶段完毕后形成一次刚度矩阵,如果对某一建筑分为 m 个施工阶段来考虑,就需要形成 m 次刚度矩阵,一般来讲,对一幢 n 层建筑要考虑每施工一层后施工找平这一因素,则需要形成 n 次刚度矩阵,每一次形成刚度矩阵时,刚度矩阵维数需要增加,刚度矩阵元素需要重组,而且结点位移向量与右端结点荷载分量个数也需要增多。从公式 $[K]_i[\Delta]_i=[F]_i$ 分析,$[K]_{i+1}$ 维数大于 $[K]_i$ 维数,$[\Delta]_{i+1}$ 向量中的结点位移分量大于 $[\Delta]_i$ 中结点位移向量的个数,$[F]_{i+1}$ 向量中的结点位移分量大于 $[F]_i$ 中结点位移向量的个数,相应具体维数与向量增加的个数与每次增加的单元及其自由度个数有关。每一施工阶段计算得到的结点位移向量 $[\Delta]_i$ 要与下一施工阶段 $[\Delta]_{i+1}$ 相加,相加必须具有同样的位移分量个数,所以相加之前 $[\Delta]_i$ 必须扩大到与 $[\Delta]_{i+1}$ 位移向量个数相同的向量 $[\Delta]_i$,最后得到整体结构结点位移 $[\Delta]$。从而根据单元结点局部坐标编号与其整体坐标编号的一一对应关系,确定最终(整个结构施工完毕)单元结点位移向量 $[\Delta]^e$,进而根据 $[K]^e[\Delta]^e+[F]^e=[f]$ 计算得到 $[f]$。

其中:

$[K]_i$——施工到 i 层完毕结构总体刚度矩阵;

$[\Delta]_i$——施工到 i 层完毕结构整体结点位移;

$[F]_i$——施工到 i 层时结构结点荷载向量;

$[K]^e$——单元刚度矩阵;

$[\Delta]'_i$—— $[\Delta]_i$ 扩大到与 $[\Delta]_{i+1}$ 分量个数相同后线性相加后得到的结点位移;

$[\Delta]^e$——单元结点位移向量;

$[f]$ ——单元杆端内力;

$[F]^e$——等效结点荷载或固端力引起的杆端力。

施工阶段叠加法的优点:以每一层为一施工阶段反映了建筑整个施工过程,并且考虑了每施工层施工完毕后的施工找平工作,与建筑实际形成过程比较相符。

施工阶段叠加法的缺点:每施工一层,计算需要重新形成一次刚度矩阵,刚度矩阵维数与矩阵元素、结点位移向量个数与结点荷载向量都需要进行调整,采用这种方法进行施工模拟分析花费时间较长,计算效率低。

采用施工阶段叠加法对结构进行分析,结构变形示意图如图 3-51 所示。

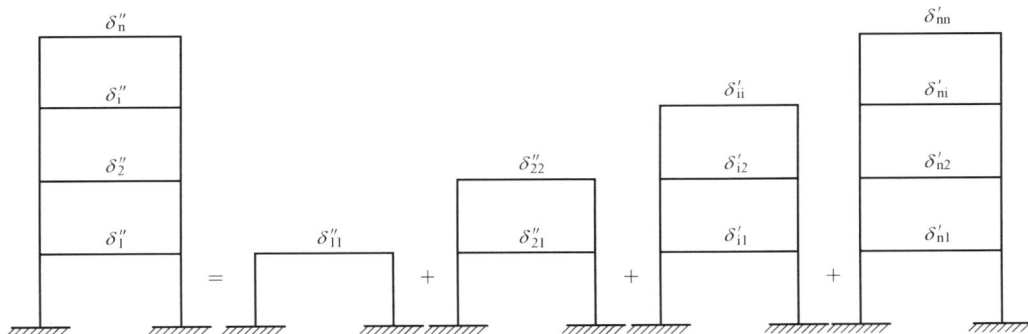

图 3-51 施工阶段叠加法的结构变形示意图

注: $i=1, 2, 3, \cdots\cdots, n$。

2. 施工模拟分析

（1）施工模拟分析步骤

施工模拟分析采用 MIDASGEN 软件进行，计算内容为虚拟设计的千米级建筑，将采取的数值分析步骤如下：

1）基于设计资料，一次性建立整体结构有限元模型。

2）依据塔楼整体施工计划选择相应的构件作为每一施工阶段，以每一施工阶段为一组，依次序按照从下到上使结构处于施工前的初始零状态。

3）根据实际工程进度，依次激活相应阶段单元，定义相关材料参数、荷载及边界条件，从而得到阶段施工模型并进行求解，实现了施工全过程跟踪模拟。

在线性理论的基础上，考虑施工因素对超高层建筑竖向变形差异影响的全过程跟踪分析，可以按照图 3-52 的流程进行。

（2）施工模拟分析计算模型

千米级摩天大楼的三维有限元模型采用梁单元模拟钢结构梁和柱，采用板单元模拟楼板，采用墙单元模拟剪力墙，模型见图 3-53。计算模型中包含了核心筒和巨型柱的全部钢骨系统，如核心筒加强层的钢桁架系统、连接核心筒和巨型结构的伸臂桁架系统和外部巨型结构的带状桁架和巨型斜撑系统，计算分析假定钢骨与其外包的混凝土紧密连接没有相对位移，在模型中表现为核心筒模型和巨型柱模型中的梁单元分别与壳体单元的单元节点位移耦合产生位移协调。

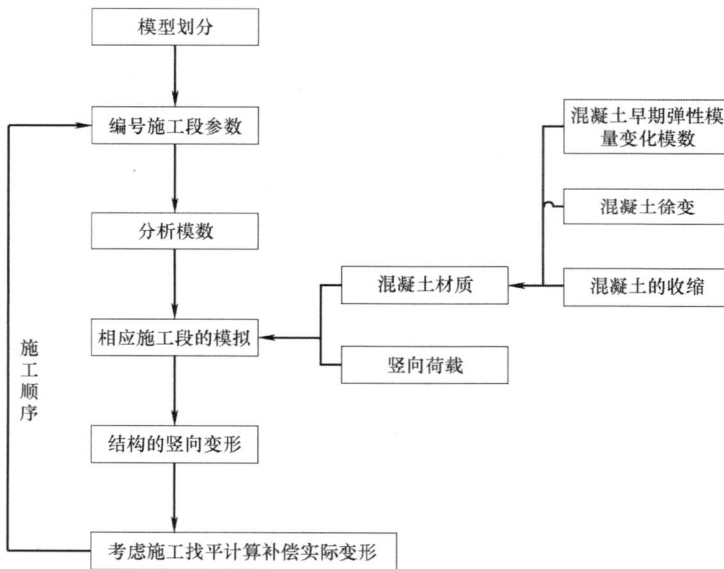

图 3-52 施工过程竖向变形数值模拟分析流程图

图 3-53 施工阶段分析模型

（3）施工模拟分析计算假定

结合实际情况，施工全过程分析中做如下假定：

1）钢管混凝土柱符合平截面假定，组合构件定义采样管面积等效和抗弯刚度等效双重等效原则。

2）徐变与应力满足线性关系，服从叠加定理。

3）施工活荷载为 $2.5kN/m^2$，幕墙荷载为 $1.0kN/m^2$。

4）核心筒和外框架施工速度为 7d/层。

5）混凝土结构的受荷龄期为该层使用结束到下一楼层施工开始的中间时刻。

6）收缩徐变：收缩徐变参数采用我国现行公路铁路桥涵设计规范中的公式计算，其中温度取 25℃，湿度取 63％，并假定混凝土龄期为 3d，C35、C60 混凝土收缩徐变参数如图 3-54、图 3-55 所示。

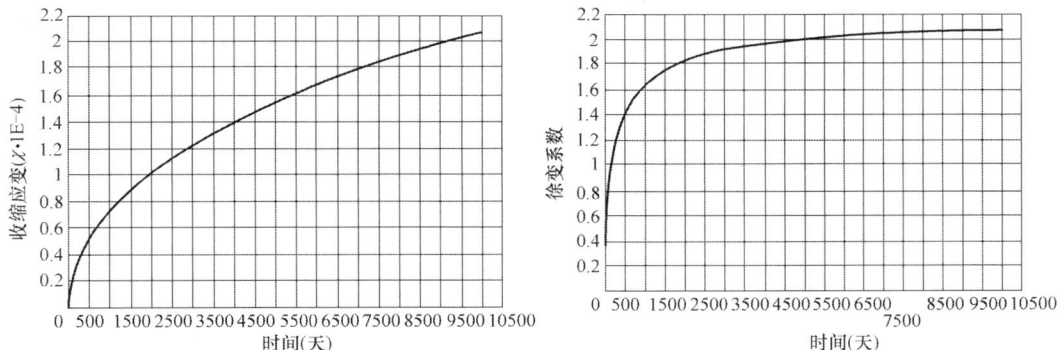

图 3-54 C35 徐变系数

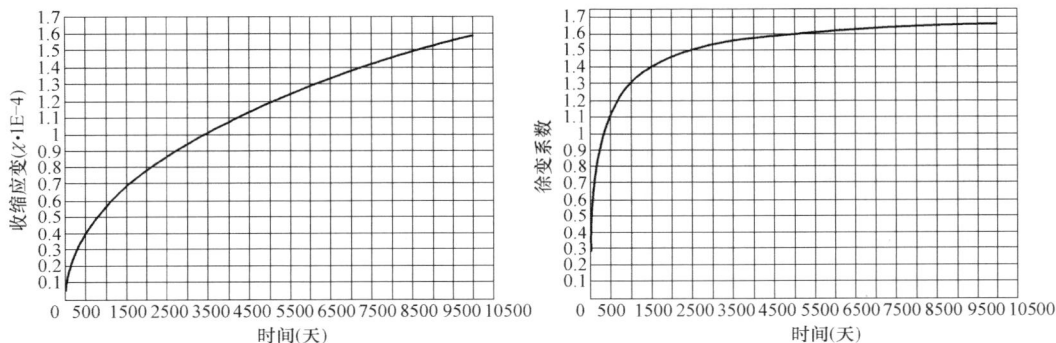

图 3-55 C60 徐变系数

（4）施工模拟分析工况

为了研究各种因素对施工过程中结构竖向变形及构件内力的影响，建立了多个结构模型配合不同的分析工况：仅考虑重力荷载下的弹性变形，不考虑收缩徐变；考虑重力荷载和收缩徐变，但不考虑标高补偿；考虑重力荷载和收缩徐变，并按施工段实施标高补偿；伸臂桁架先临时固定，待施工到下三个加强层再终固。

变形和应力是考察结构响应的主要指标，尤其是竖向变形，由于超高层建筑结构的特点，施工过程中竖向变形累计问题不容忽视，且随着结构高度的增加，这种变形累积显得更加突出。因此超高层建筑施工时变形特性的研究主要是对结构竖向变形和应力响应规律的研究，主要内容为：各计算方案下的结构竖向变形、框筒内外相对竖向变形、层间压缩量和极值应力响应分析。各分析内容具体物理意义如下：

竖向变形：为结构施工过程中各层实际标高与设计标高的差值。

框筒内外相对竖向变形（以下简称框筒相对变形）：为外框架的竖向变形与核心筒的竖向变形的差值，正值表示核心筒的竖向变形大于外框架的竖向变形，负值表示外框架的竖向变形大于核心筒的竖向变形。

层间压缩量：为各层实际层高与设计层高的差值，可通过结构各层上部竖向变形与下部竖向变形的差值求得。

极值应力：包括外框架和核心筒各自在施工各阶段的最大、最小应力。

千米级摩天大楼施工流程模拟见图 3-56。

3. 施工模拟分析结果

（1）竖向变形

图3-57为结构一次性加载计算和施工模拟结束阶段各层竖向变形结果比较。从图中可以看出，一次性加载计算结构各层竖向变形基本随着楼层的增加而增大，最大竖向变形为448mm，发生在结构顶层；而考虑各种因素的施工全过程模拟结束阶段的结构最大竖向变形为254mm，发生在楼层中部，整体呈现上下小中间大的分布规律。二者分布规律相差较大，造成这种差别主要原因是由于一次性加载计算无法考虑结构施工过程中的找平效应，实际超高层建筑施工过程中，现场施工人员会采用加大浇筑量、加厚焊缝等方式根据设计标高对混凝土和钢结构施工进行找平，找平是传统超高层建筑施工过程中为缓解竖向变形发展而经常采用的工程措施。以下通过对考虑找平与未考虑找平的施工竖向变形和框筒相对变形进行分析，来考察找平效应对超高层建筑施工过程中

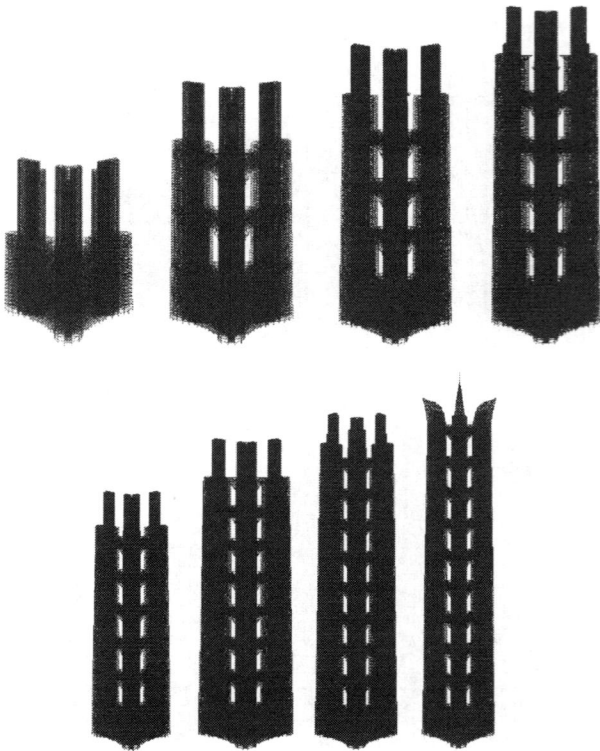

图3-56 施工流程模拟示意图

的竖向变形累积效应的影响。

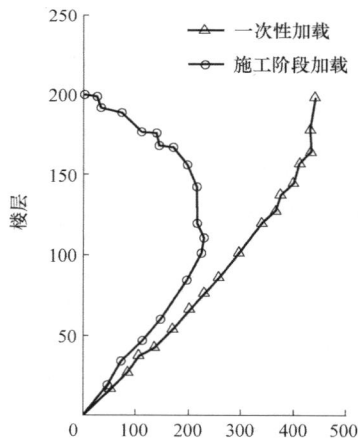

图3-57 结构竖向变形比较

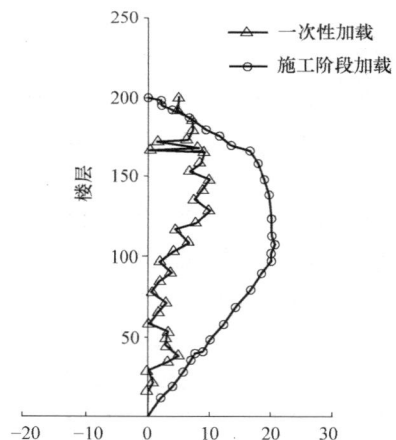

图3-58 结构框筒内外相对变形比较

（2）框筒内外相对竖向变形

图3-58为一次性加载计算和施工模拟结束阶段各层框筒内外相对竖向变形结果比较。从图中可以看出，一次性加载计算框筒最大相对变形仅为9.72mm，而考虑各种因素的施工全过程模拟结束阶段框筒最大相对变形为20.57mm。外框架和核心筒的竖向变形基本都属于弹性变形，内外变形发展相对同步，因此其相对变形值较小。

（3）层间压缩量

图3-59为结构一次性加载计算和施工模拟结束阶段各层层间压缩量比较。从图中可以看出，

一次性加载计算结构各层层间压缩量基本随着楼层的增加而减小，底层层间压缩量最大，为3.81mm，各层层间压缩量在自重及竖向荷载作用下，结果均为正值；而考虑各种因素的施工结束阶段各层层间压缩量随着楼层的增高也是逐渐减小，底层压缩量最大，为7.53mm，所不同的是到了100多层以后层间压缩量变为负值，这是由于施工找平量大于本层压缩量所致。

总体而言传统结构施工过程中结构的最大竖向变形都出现在结构中部，竖向变形量约为226.58mm，框筒相对变形量约为20.57mm，最大层间压缩量约为7.53mm。

（4）内力响应规律分析

施工过程中，由于各阶段结构的受力状态发生变化，每一阶段结构的力学响应也不尽相同。图3-60～图3-64分别为结构施工全过程中各阶段对应的外框架梁、外框架柱

图 3-59　结构各层层间压缩量比较

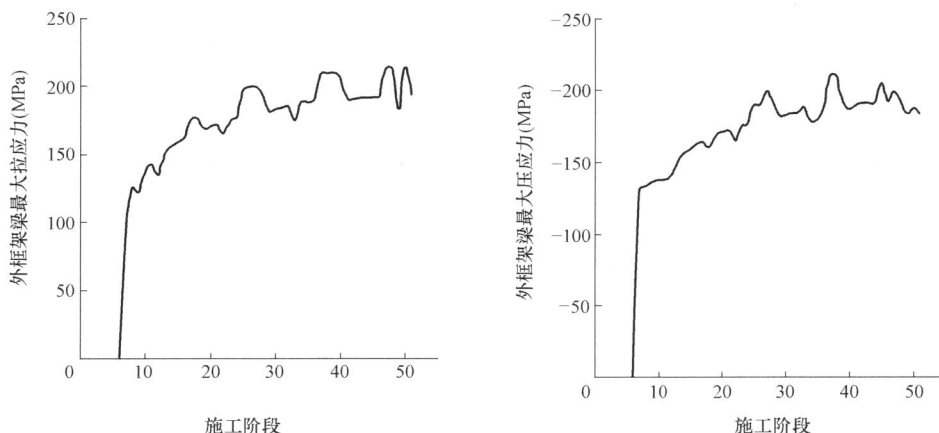

和核心筒的极值应力。从图中可以看出，核心筒的最大等效应力为20.42MPa，外框架柱的最大应力为71.7MPa，均发生在施工结束阶段；而外框架梁的最大拉应力和最大压应力分别为213.73MPa和209.79MPa，发生在施工的过程阶段（图3-60的横坐标48和38位置），而非施工结束阶段。这是由于在施工过程中结构未形成一个完整体系，不断有新的构件变化和变形发生，对于核心筒和主要受力柱而言，主要承受竖向荷载，随着施工的进展竖向荷载在稳定增加，整体上应力发展趋势稳定，极值应力主要发生在施工结束阶段，而横向连系构件则容易受到附加变形及内力重分配等因素的影响，发生应力波动，极值应力往往出现在施工过程中，而非施工结束时刻。伸臂桁架在一次性加载和施工阶段加载后的极值拉/压应力也不尽相同。因此，传统以施工成形后结构为分析对象，一次性加载的设计方式无法考虑施工过程的影响，进而错过结构部分构件的极值应力状态，结构设计中尤其是横向连系构件的设计应考虑施工过程附加内力的影响。

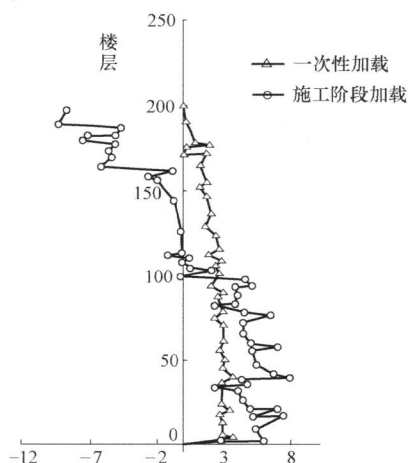

图 3-60　框架梁施工各阶段极值应力

（5）混凝土收缩徐变效应影响分析

图3-65为不考虑找平和考虑找平时施工结束阶段各层竖向变形曲线。从图中可以看出，不考虑找平时结构最大竖向变形为447.80mm，而考虑收缩徐变时最大竖向变形为1115.22mm，

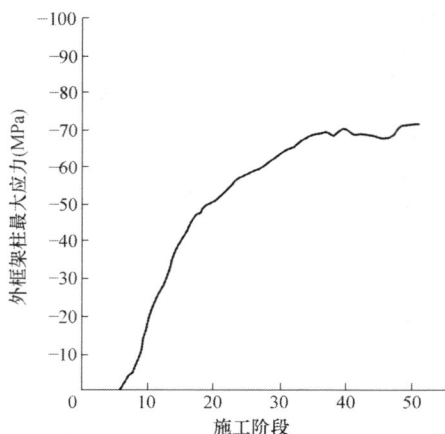

图 3-61　外框钢柱施工各阶段极值压应力

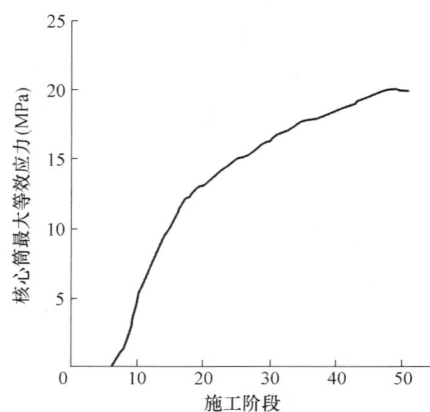

图 3-62　核心筒施工各阶段极值等效应力

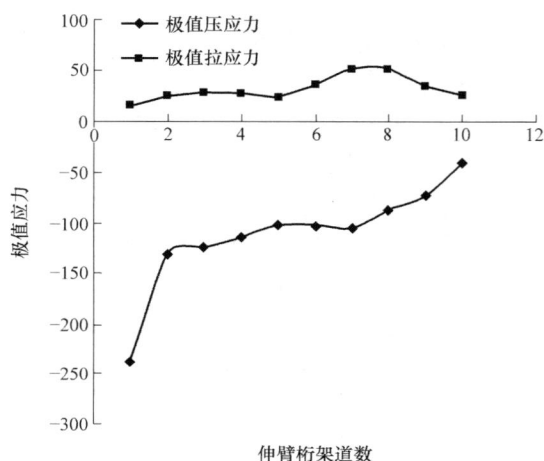

图 3-63　伸臂桁架施工各阶段极值拉/压应力

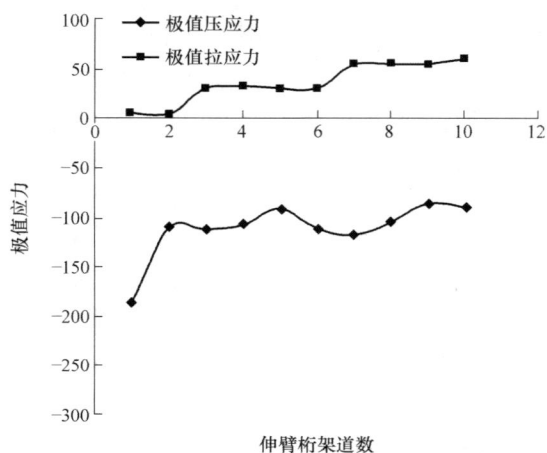

图 3-64　伸臂桁架一次性加载极值拉/压应力

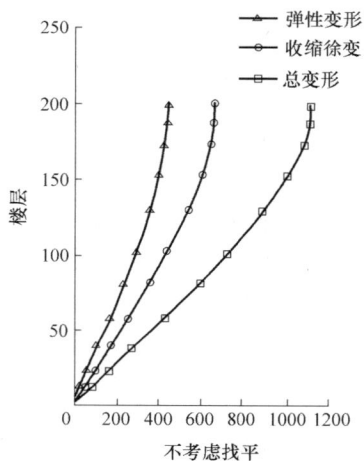

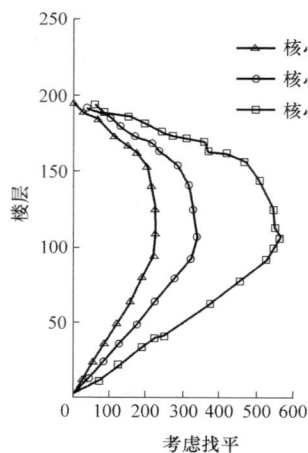

图 3-65　结构竖向变形比较

因此施工结束时由收缩徐变所引起的竖向变形可达 667.42mm，达总变形的 60%；同样，考虑找平时结构最大竖向变形为 226.57mm，而考虑收缩徐变时最大竖向变形为 555.12mm，因此施工结束时由收缩徐变所引起的竖向变形可达 328.55mm，达总变形的 60%。因此，无论是否进行施工找平，施工结束阶段由收缩徐变所引起的竖向变形可达总变形的 60%，是引起结构竖向变形累积的主要因素，且收缩徐变变形在施工结束后将随着时间继续发展，分析设计中必须予以重视。

（6）超高层建筑结构变形预调控制

图 3-66 为核心筒竖向变形预调分析结果，为框筒内外相对竖向变形预调分析结果。从图中可以看出，通过阶段变形补偿法，基本在 1～2 次迭代之后，施工结束阶段核心筒竖向变形即可满足设计标高要求，一次迭代框筒相对变形即可满足要求，变形预调计算效率较高。通过上述分析可知，基于阶段变形补偿法所建立的超高层建筑结构变形预调分析方法能够高效地解决该类结构中的竖向变形累积问题，可以得到结构施工过程中的各层标高预调值，为结构施工变形控制提供了理论支持。

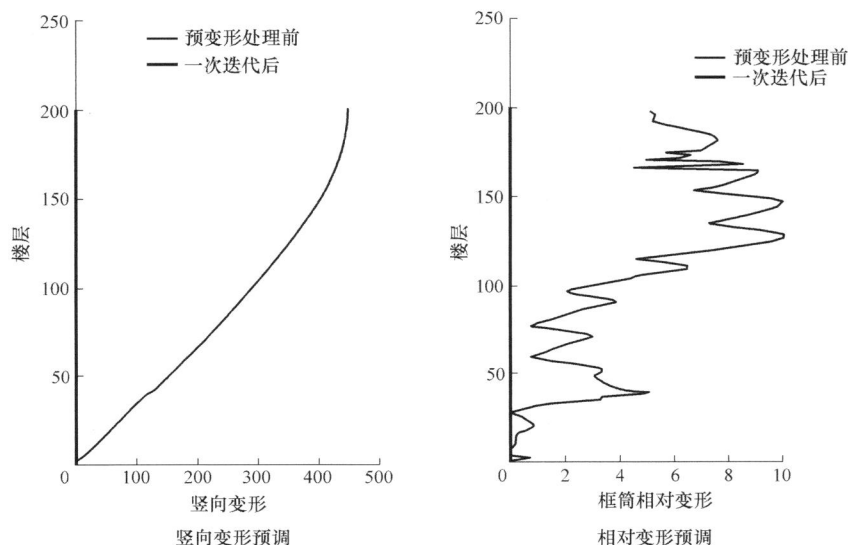

图 3-66 变形预调分析结果

3.5.2 施工控制技术

1. 竖向变形控制技术

超高层建筑工程施工中为保证结构各层的标高满足设计要求采用施工找平法控制钢筋混凝土核心筒和钢框架外框筒的标高，采用钢筋混凝土核心筒施工超前钢框架外框筒施工、伸臂桁架采用分次合龙技术和钢筋混凝土核心筒与钢框架外框筒之间的钢梁采用一边铰接一边刚接的方式消除结构各层框筒内外相对变形。

2. 结构标高控制施工措施

超高层建筑在钢筋混凝土核心筒施工过程中，在建造新的楼层时其混凝土浇筑高度是按照设计标高来控制的，也就是用多浇筑混凝土的方法来补偿下部已建楼层所产生的弹性、徐变和收缩变形，即采用施工找平法对施工过程中发生的竖向变形进行了部分调整。

超高层建筑在钢框架外框筒施工过程中，为保证整个建筑物的设计标高不受影响，每次标高引测均从 ±0.000 开始，始终按设计标高控制每次吊装的柱顶标高。层高偏差控制目标：5mm。当层间高度偏差超限时，可通过液压千斤顶调节上一节钢柱标高的方法，来达到对钢柱标高进行控制的目的，见图 3-67。

3. 结构竖向变形差控制施工措施

（1）施工速度

在钢框架-混凝土核心筒混合结构体系中，外钢框架柱承担大部分竖向荷载，其累积弹性竖向变形要大于核心筒，但混凝土的徐变、收缩减少了竖向变形差异水平。因此，在高层混合结构体系施工时，让核心筒先行施工若干楼层以使混凝土的徐变收缩尽早开始发展，能有效减小受力体系间竖向变形差异。根据施工经验和现场钢筋混凝土核心筒和钢框架外框筒的施工进度，钢筋混凝土核心筒施工领先钢框架外框筒6～10层，见图3-68。

图 3-67　巨型柱现场对接实况图

图 3-68　核心筒领先外框施工

（2）伸臂桁架

在施工过程中钢框架与混凝土核心筒的沉降压缩变形是不一致的，因此存在连接外框内筒的伸臂桁架大斜臂吊装就位后，不能立即合龙，而是要采取分次合龙技术的情况。以京基100项目为例，大斜臂吊装就位后，先合龙与外筒柱连接一侧并焊接，与钢筋混凝土核心筒连接一侧采用高强度螺栓连接，在伸臂桁架安装到第二道时焊接第一道伸臂桁架，伸臂桁架安装到第三道时焊接第二道伸臂伸臂桁架，主体结构封顶后焊接第三道伸臂桁架。伸臂桁架焊接的工艺采用先将临时连接的高强度螺栓拧松取下来，释放伸臂桁架大斜臂的初始应力，最后进行焊接，见图3-69。

（3）框筒内外连接钢梁

随施工过程发展的竖向变形差，会引起框筒内外连接钢梁产生附加内力，在某些支座处，这些附加内力与正常使用期间荷载产生的内力反号，因而会给梁的结构安全带来隐患。为减小这一影响，在施工中将连接钢梁与外框筒连接端刚接，与钢筋混凝土核心筒连接端用椭圆长圆孔铰接，见图3-70。

图 3-69　伸臂桁架一端刚接一端铰接图

图 3-70　连接钢梁一端刚接一端铰接图

3.6   远程无线实时监测技术

为了确保工程在整个施工过程中的安全性以及考察施工过程中结构的变形和内力变化规律，需要对结构进行施工全过程现场实时监测，以便了解实际结构随着施工荷载和结构楼层的增加，结构的变形状况和构件内部的受力情况，进而用监测结果对施工模拟进行修正，以实现现场监测与数值计算相互印证的目的。

超高层项目施工中施工监测主要有以下三项内容：（1）温度荷载：由于超高层结构的自身遮挡，使结构向阳面和背阴面日照不同，造成平面内温度作用分布不均，且沿高度方向变化较大，是影响超高层结构的重要环境荷载，施工过程中应予以监测；（2）竖向位移：超高层结构变形累积情况严重，为保证结构的精确施工，必须对其竖向位移进行监测；（3）构件应力：超高层结构施工过程复杂，关键部位杆件内力受施工过程影响较大，为保证施工过程的安全进行，有必要对其关键部位和构件的内力进行监测。

施工监测技术研究主要为实现以下目标：（1）验证和修正施工全过程模拟结果，完善施工全过程模拟技术；（2）评估结构在施工过程中的安全性，为施工关键环节的进行提供监测保障；（3）通过监测结果调整施工偏差，保证施工的精确进行。

3.6.1   监测技术原理

结构无线实时监测系统由传感器系统、数据采集与传输系统、数据处理与控制系统、结构健康状况评价系统组成，其总体系统组成如图 3-71 所示。

图 3-71   结构健康监测系统的组成

（1）传感器系统
由固定式传感器和便携式传感器组成，用于监测结构的环境、荷载和响应。

（2）数据采集与传输系统

由数据采集单元、数据传输网络和相应的软件系统组成，用于采集传感器信号并传输给数据处理与控制系统。

（3）数据处理与控制系统

由数据处理与控制服务器和相应的软件系统组成，用于控制数据采集与传输系统，如远程设置采样参数等；数据初步分析；数据存档、入数据库和备份；用户界面。

（4）结构健康状况评价系统

由结构健康状况评价服务器和相应的软件系统组成，用于施工力学分析；BIM 可视化平台；数据的深度分析；构件的状态评估；系统预警；分析结果的存档和入库。

1. 传感器系统

传感器系统包括温度传感器和应变传感器。施工监测传感器布置要遵循以下原则：

（1）特殊、敏感部位监测：对特殊、重要部位（如应力最大）进行重点监测，以便分析、计算、评估重要构件的工作状态及预测其他构件的内力分布与变化；

（2）荷载监测：荷载监测必须有利于掌握环境和荷载的强度及极限状态，能够建立荷载源与结构内力、应力的对应关系，以进行结构的可靠度分析及结构设计校核；

（3）考虑结构评估的要求：能够利用尽可能少的传感器获取全面、精确的结构参数信息。

总体而言，应变传感器的数量比较多，应该布置在应力最不利的位置。因此必须先进行结构的有限元分析。根据计算结果，选取了一些关键截面布设应变传感器和温度传感器。为了数据采集和传输方便，在这些关键层设置数据采集子站。

2. 数据采集与传输系统

（1）概述

在超高层结构施工阶段，需随工程施工进度对各控制截面的监测参数进行及时测量与回馈，给施工方提供即时的参数，并进行施工调整与改进。在施工阶段，总控制基站无法及时建立，因此，施工阶段的临时总控制基站设置在工地现场的监测办公室内。随着各监测楼层传感器的安装，依次建立数据采集子站，传感器与子站之间有线连接。各建立好的子站之间以有线的方式通过管道井上下连接，在适当楼层架设无线发射站，将采集到的数据以无线方式发送至临时总控制基站进行管理和分析。这种有线与无线结合的方式既保证了数据传输的安全性，又减少了施工过程中的干扰。

（2）采集系统硬件设置

1）每个监测楼层：传感器；数据线；数据线汇集电箱。

2）每个数据采集子站：①静态采集仪 1 台（见图 3-72a），通道数按照该子站构件应变和温度等的传感器数量而定，进行构件应变和温度等数据的采集；②动态采集仪 1 台（见图 3-72b），通道数按照该子站加速度、地震仪、结构风速风向、GPS、倾斜仪等传感器数量而定，进行结构动力加速度、地震波、风速、风向、结构位移、结构倾斜度等数据的实时动态采集；③UPS 不断电电源系统，在市电 220V 电源存在时将电能供应给所有仪器（传感器、数据撷取器及无线通信模块）并对蓄电池充电以储存电能，以供应断电时系统所需电源。

3）监测控制总站：服务器和 PC 机；电控箱；网络适配系统。

（3）数据采集传输方式

为保障监测数据的可靠性，各监测项目的传感器与对应采集子站之间均采用有线传输的方式。采集子站至总控制基站之间数据传输方式在施工阶段和运营阶段则有所区别。其中，施工阶段采用无线传输的方式将传感器数据传输至临时控制基站，而运营阶段采用有线（宽带，专用接口和通道等方式）传输的形式将数据传输至结构内的永久监测总站。

(a)

(b)

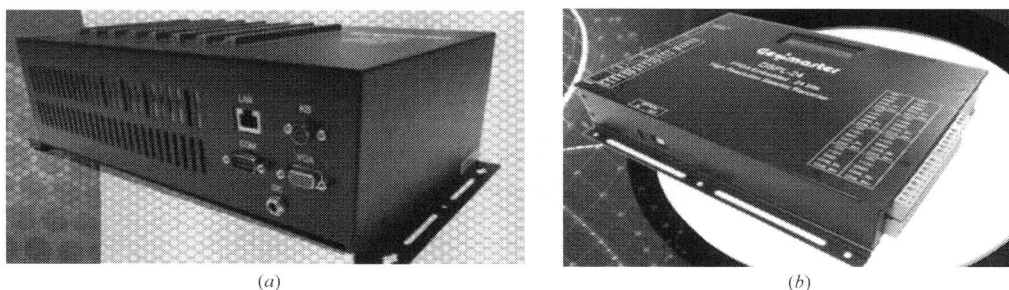

图 3-72 数据采集子站设备图
(a) 静态采集仪；(b) 动态采集仪

随着结构施工，在监测楼层安装各监测项目的传感器，同时在楼面板内铺设数据线并进行可靠保护。数据线汇总铺设至该层对应的采集子站。采集子站对各传感器采集数据并在子站内保存数日。各子站之间以有线的方式通过管道井上下连接，在适当楼层架设无线发射站，将采集到的数据以无线方式发送至临时总控制基站进行管理和分析。

3. 数据处理与控制系统

（1）系统组成

数据处理与控制系统由 1 台服务器和软件系统组成；结构施工期间，数据处理与控制系统服务器安装在临时的控制中心（与业主及施工单位商定）。数据处理和控制服务器应装备足够的缓冲内存、网卡、适当的备份设备、网络接口和执行数据处理分析的操作模块。

（2）数据处理过程与方法

监测数据的处理过程包括三个部分：

1）数据的预处理：这一过程在数据采集单元内完成，主要进行简单的统计运算，比如设定时段内的最大最小值、均值、方差、标准差等，计算结果作为初级预警的输入。

2）数据的二次预处理：这一过程在数据处理和控制系统服务器上进行。

3）数据的后处理：这一过程在结构健康评估服务器内完成，主要进行监测数据的高级分析和复杂分析。

由于这些分析常需占用一定的计算时间，这一过程往往离线进行，分析数据来自动态数据库和已备份的原始数据库，分析结果存入数据管理系统信息数据库。各种类型的传感器信号分析方法及处理流程如图 3-73～图 3-75 所示。

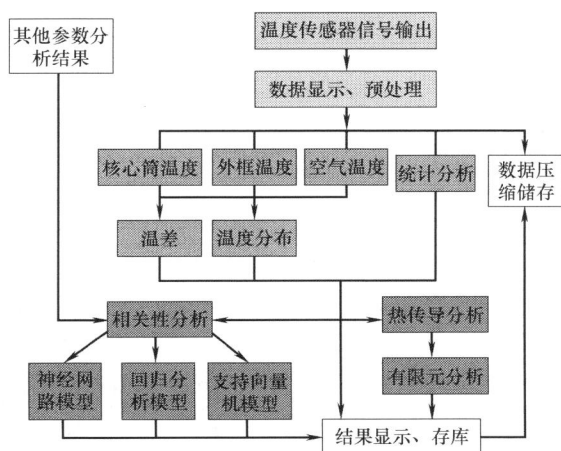

图 3-73　温度信号分析处理流程

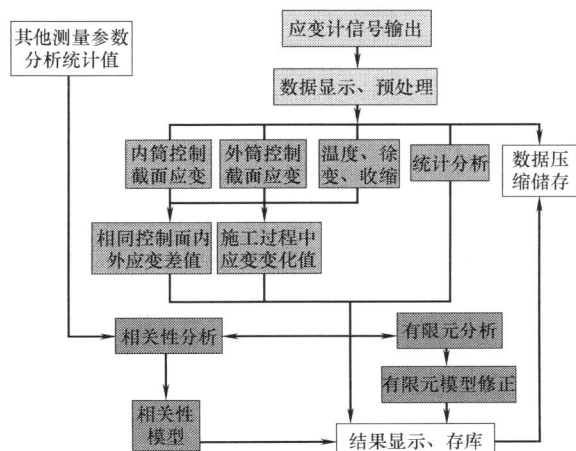

图 3-74　应变信号分析处理流程

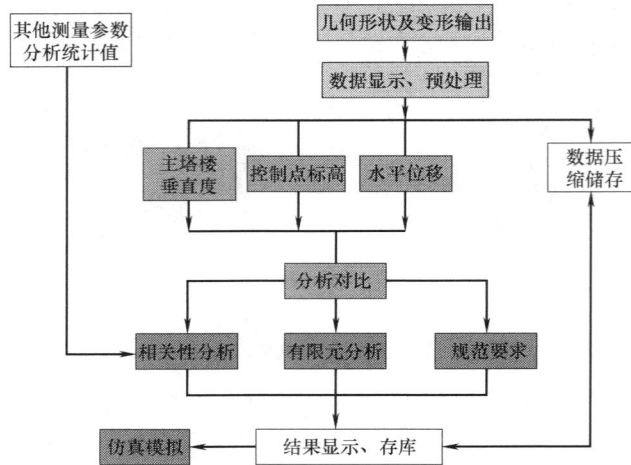

图 3-75　几何信息及变形分析处理流程

数据的预处理及二次预处理基于 LabVIEW 软件平台，采用常用的数学统计与信号处理方法。数据的后处理综合运用 ANSYS、MATLAB、SAP2000 等软件，主要对监测数据进行离线高级分析，并结合其他数据库和专家意见。

（3）可视化图形界面

数据采集与处理系统软件需要具有强大的功能和灵活的可视化图形界面，图 3-76 是一个界面的示例。

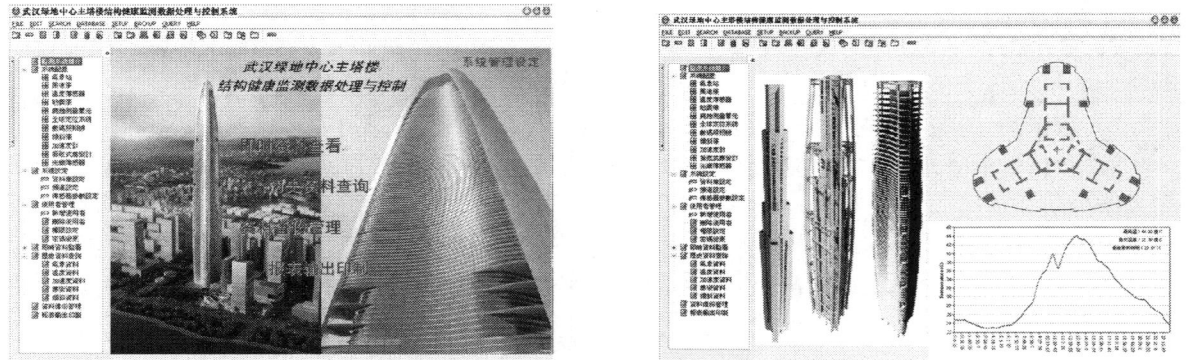

图 3-76　可视化接口管理系统

4. 结构健康状态评价系统

施工监测过程的健康评估主要包括三个部分的内容：

（1）施工过程力学分析，其目的是为了更好地实现最优施工，控制结构各构件的稳定性和变形，需要了解每一施工阶段结构的受力与变形；除了实际测量的数据外，需要建立三维有限元模型分析进行预测，计算出每一阶段需要的预留位置，避免纯粹的经验估计。在施工过程中，随时将测量的结构位移和受力状态与模型计算结果比较，依据两者的误差进行参数调整，使模型的输出结果与实际测量的结果相一致。利用修正的计算模型参数，重新对各施工阶段进行仿真优化。

（2）施工过程的可视化模拟，其目的是对施工过程的安全性能进行连续动态地分析和可视化模拟。基于 BIM 平台的可视化系统，可以通过对工序进行跟踪，采集现场进度数据，提供三维可视化的施工进度信息，从而进行施工过程的模拟，实现设计和施工阶段的信息交换和共享，具有准确、快捷和及时性。

（3）施工过程各阶段结构的状态评估及性能分析，其目的是监测施工过程中结构的安全性。

3.6.2　工程应用

1. 项目简介

"武汉绿地中心"是武汉绿地国际金融城的一部分，位于湖北省武汉市临江大道原武昌车辆厂旧址，与汉口百年外滩隔江相望，设计高度为636m。本工程采用"核心筒＋外伸臂＋巨型框架"体系。主要抗侧力体系：核心筒＋巨柱＋外伸臂体系，包含，核心筒、巨柱、外伸臂桁架。次要抗测力体系：巨型框架体系，包含：巨柱、环带桁架、偏心支撑。核心筒作为最重要的抗震防线承担绝大部分的水平剪力及部分倾覆弯矩，巨柱承担绝大部分的倾覆弯矩，外伸臂桁架连接核心筒与巨柱，通过延性耗能从而保护最重要的竖向构件——核心筒和巨柱。武汉绿地中心建成后，作为华中地区第一高楼，将刷新武汉乃至华中地区的天际线，具有较强的行业影响力。在本工程应用无线实时监测技术，对标高、水平位移、结构垂直度、应力应变、风荷载实施无线监测，具有重要的意义。

2. 标高监测

（1）简述

对于超高层建筑，由于竖向荷载巨大，压缩变形相对较大，通常可以达到数十毫米。另外，由于结构受力复杂，内外筒施工时间也有先后差别，会导致内外筒沉降不均匀。此外施工过程中受到桩基不均匀沉降、温度荷载以及混凝土收缩、徐变等影响，结构也将产生复杂且不可忽略的变形。因此，施工中必须测量结构竖向变形和内外筒变形差，控制结构标高。

在结构施工过程中，每一楼层的施工标高并不是楼层设计标高，而是楼层设计标高与标高补偿值之和。该标高补偿值是采用预补偿法计算得来的，即计算结构封顶后各层的竖向位移，确定各层标高差异和相应的补偿值。因此，在施工过程中监测关键楼层标高，可验证标高补偿值是否准确，并作为进一步调整施工标高的依据。

（2）监测方法

在测量时，选取底层一个标识位置作为上部结构高程传递的基点。在标高由下往上传递过程中，采用悬挂钢卷尺配合精密水准仪传递高程（见图3-77），计算标高时需对钢尺的温度、尺带本身的重力和尺带的张力进行修正。

当监测楼层所在的核心筒内外楼板施工完毕时，开始对各监测楼层观测点进行标高观测，计算竖向位移随时间的变化量（即沉降量）；标高测量分析中需考虑环境温度变化、混凝土的收缩徐变以及测量误差等因素影响，并通过卡尔曼滤波准确计算结构当前施工阶段的位置并预测下一步结构的标高变化情况（见图3-78）。

3. 水平位移监测

（1）概述

水平位移监测是观测主塔楼上部结构相对于下部结构的水平位移。水平位移监测的目的在于掌握主塔楼结构的几何变化，研究结构的水平位移与荷载（如温度和风）之间的关系。主塔楼结构水平位移与结构整体刚度直接相关，顶部的水平位移对结构的稳定性起着至关重要的作用，影响结构的安全。如果结构水平位移过大，将会产生附加应力和倾覆弯矩，导致结构开裂、倾斜或损伤。当动位移（或结构加速度）过大时会引起楼内人员不适。所以施工过程中水平位移观测是一个重要环节，应确保结构的水平位移在规范要求的范围内。水平位移监测系统示意图如图3-79所示。

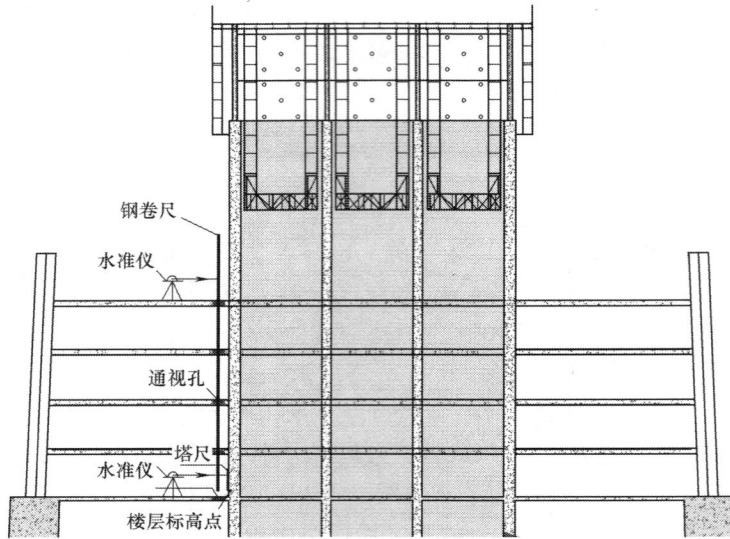

图 3-77 标高传递示意图

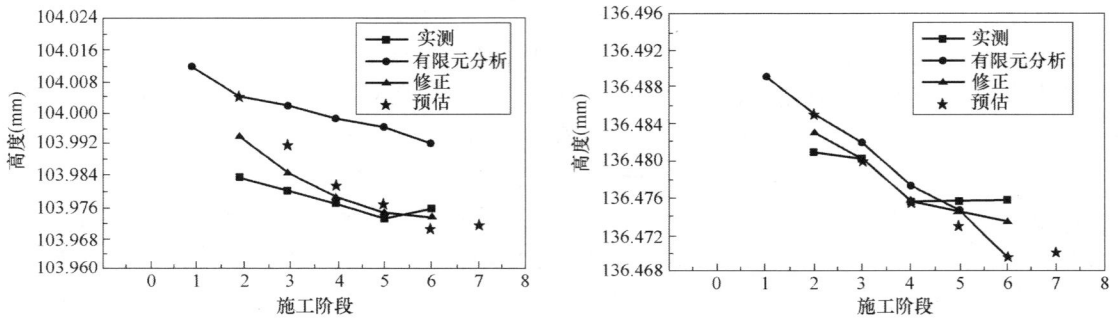

图 3-78 运用卡尔曼滤波方法预测下一施工阶段结构标高变化（分析示意图）

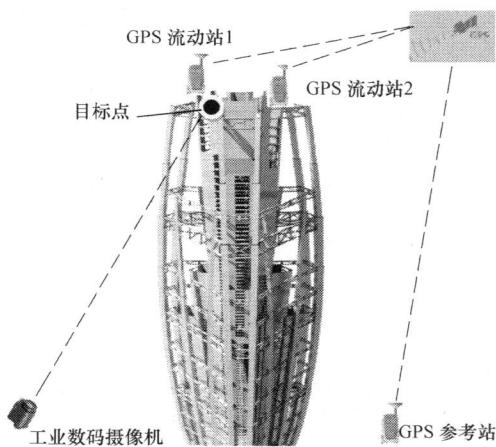

图 3-79 水平位移监测系统示意图

（2）监测方法

对于主塔楼在动荷载作用下产生的动态变形，需测定其在一定时间段内的瞬时变形量，分析变形规律。根据结构变形速率、变形周期特征和测量精度要求，动态变形测量所选择的方法有：采用工业数码摄像机跟踪测量和采用 GPS-RTK 动态实时差分测量。

对于变形速率小、变形周期长、精度要求高的静态变形测量（如日照变形观测），可采用工业数码摄像机跟踪测量方法。对于变形速率大、变形周期短的动态变形测量（如强风作用下的变形观测），可采用 GPS-RTK 动态实时差分测量和工业数码摄像机跟踪测量相互配合、相互验证的方法。对于近距离动态测量，摄像机的精度（600m 范围内为 mm级）高于 GPS（cm 级）。

在使用 GPS 测量时，可将一台 GPS 安放在主塔楼周围的已知工作基点上作为参考站，另在结构施工顶部平台布置其他 GPS 接收机天线作为流动站。参考站上部应无高度角超过 10°的障碍物，且周围无 GPS 信号反射物和建筑物遮挡，还应减少无线电发射源、热源、微波通道等干扰源的影响。流动站的周围也尽量要求无遮挡物，观测过程中数据将实时记录在主机内。

在使用工业数码摄像机进行测量时，首先，通过已固定好位置的数码摄像机动态位移监测系统，截取事先安装于高层建筑上的目标点图像（模板），并设定好初始参考点；其次，通过模板在系统每次拍摄到的图像中做配对，在图像中找到模板的具体位置；最后，每一次的配对结果都与初始参考点做比较，结合标定信息，便可以间接的监测到高层建筑的动态位移特性。工业数码摄像机动态位移监测系统如图 3-80 所示。该系统的模板匹配软件，包括伪随机序列采样与稳定性分析等图像处理算法，可以对监测过程中工业摄像机采集到的每张图像进行快速的配对，并得到准确的计算结果，界面如图 3-81 所示。

图 3-80　工业数码摄像机动态位移监测系统

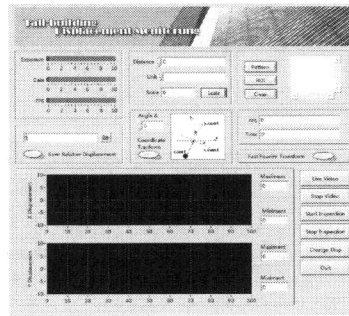

图 3-81　工业数码摄像机的模板匹配软件界面

由于结构的运动除了两个水平方向的平动外还可能有绕中心的扭转，因此，常布置额外的 GPS 流动站监测结构的运动并由此计算出结构中心点的平动及扭转。另外，结构中心的平动结果可与工业数码摄像机测量结果作对比。

4. 垂直度监测

一般情况下，超高层建筑结构整体水平变形情况按照结构形式的不同可以分为剪切型、弯曲型、弯剪型；复杂超高层建筑结构往往需要设置加强层，这时结构整体水平变形通常不是简单的上述三种类型，而是它们之间的组合。为得到结构的整体水平位移性能，可倾斜仪布置在核心筒中央呈相互正交的剪力墙上，通过观测剪力墙中心线与垂直基准线之间的夹角变化得到超高层建筑结构整体水平位移情况。

为确保主塔楼结构在竖平面内沿两个正交方向的垂直度，该项目采用精密激光垂准仪（天顶仪）。激光垂准仪的内部有激光器，发射一条指向天顶的垂直度很高的激光束，将控制点垂直投测标定到所需高度的楼面。垂直度控制点需要上下方向通视，为此在每个楼层板上预留 20cm×20cm 的孔洞，并在四周砌上阻水圈。

在进行垂准测量时，测量环境的选择很重要。为了避免日照产生结构的日照变形的影响，一般选择午夜至凌晨这一段时间进行垂准测量，同时应选择在 3～4 级以下风速的条件下进行。

5. 应力应变监测

为保证施工质量和结构安全，选取多种构件进行各个阶段的应力应变监测。主要包括：

（1）外伸臂桁架构件的应力应变监测，包括外伸臂桁架的上弦、下弦和斜腹杆。

（2）环带桁架构件的应力应变监测，包括环带桁架的上弦、下弦和斜腹杆。

（3）巨柱构件的应力应变监测，包括巨柱的钢骨及混凝土。

（4）核心筒墙体构件的应力应变监测，包括核心筒暗柱的钢骨及混凝土。

振弦式应变计用于安装在钢结构及其他建筑物表面，测量结构的应变。仪器与待测钢结构的温度膨胀系数相同，与混凝土的温度膨胀系数也非常接近。所以很少需要温度修正。需要时，内置的温度传感器可同时监测安装位置的温度。采用不锈钢制造的振弦式应变计，具有很高的精度和灵敏度、卓越的防水性能、耐腐蚀性和长期稳定性。由专用的四芯屏蔽电缆传输频率和温度电阻信号，频率信号不受电缆长度的影响。适合在恶劣的环境下长期监测建筑物的应变变化。

6. 风荷载监测

由于风速是一个复杂的随机过程，对于风速的观测一般需要了解三个方向的风速，因此针对风速的监测范围应包括最大风速、方向、发生时刻及持续时间。风向风速仪安装在风荷载较大位置。施工风荷载监测中将风向风速仪安装在施工塔式起重机处，并随塔式起重机一起升高。施工期间的风速监测系统布置如图 3-82 所示。

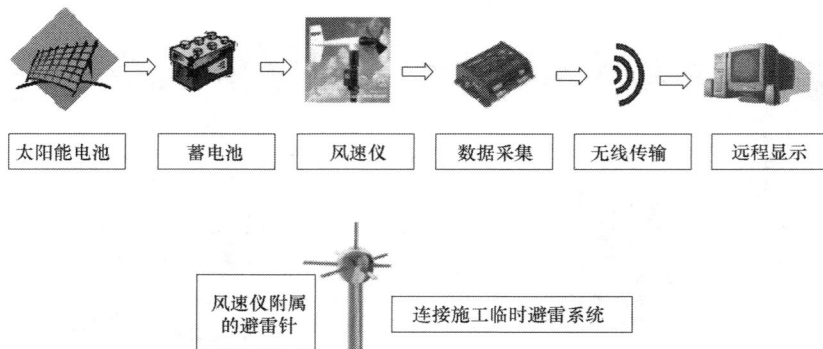

太阳能电池 ⇒ 蓄电池 ⇒ 风速仪 ⇒ 数据采集 ⇒ 无线传输 ⇒ 远程显示

风速仪附属的避雷针　　连接施工临时避雷系统

图 3-82　施工期间的风速监测系统布置示意图

该项目风速仪采用临时太阳能电池或蓄电池供电，采用 Geomaster 数据采集设备进行数据的动态采集，并通过无线手机通信系统进行数据传输，在远程可以进行数据的采集。在结构全部施工完毕之后，风速仪将移到新的位置作为运营健康监测的风场监测设备。

3.7　小结

钢结构由于其良好的力学性能和施工便利性，推动了人类建筑高度的不断攀升，也将是千米级摩天大楼的主流结构形式之一。随着建筑的高度不断攀升，单位面积的用钢量都在快速增长，并且钢构件形式逐渐呈现巨型化和复杂化的趋势，这对于钢结构的现场施工提出了挑战。对目前超高层钢结构建筑的施工要点进行提炼和总结，对于千米级摩天大楼可能面临的施工问题进行合理外延，为未来千米级摩天大楼的钢结构施工提供前瞻性技术支撑。

超高层钢结构钢柱呈现巨型化特点，并且具有多腔体的复杂截面形式，相较普通圆管或箱形钢柱，其深化设计、制造及焊接施工均有较大难度。在深化设计中，应充分考虑公路运输、现场吊重等因素，确定合理的构件分段方法及接口处理方式；在制造中，应严控下料余量，选择合适的钢板组装顺序和焊接参数，以保证构件的制造精度；在焊接中，应确定复杂腔体不同截面的焊接顺序，并针对不同截面的形式特点，选择合适的焊接工艺，保障巨型多腔体钢柱的焊接精度和构件质量。

超高层建筑一般采用单层钢板剪力墙形式，具有增加结构延性、减小结构自重等特点，能够提高结构抗侧刚度，有利于超高层的位移控制。单层钢板剪力墙一般具有超长、超厚等特点，其制造、运输、安装相较于常规构件，具有较大的难度。对此，开展钢板剪力墙深化设计、制造及现场连接技术攻关，确保超长、超厚钢板剪力墙的工厂制造和现场安装质量。

随着建筑高度的不断攀升，人工成本的日益增加，超高层钢结构的焊接将向自动化、智能化发展，现场钢结构自动焊接机器人将是未来的发展趋势。针对现场钢结构的对接形式和施工特点，开展自动焊接机器人适用性、自动化和轻量化设计研究，通过试验确定合适的现场钢结构自动焊接工艺参数，并在超高层项目上加以应用，提高超高层现场钢结构焊接施工自动化水平。

现有超高层建筑多采用钢框架-混凝土核心筒混合结构体系，由于钢材与混凝土力学特性的差异，在施工阶段会存在不同的变形特点。施工过程中的变形差异，将带来外框与核心筒之间的竖向偏差，不利于建筑的施工质量和结构安全性。对施工期间的超高层结构变形情况进行施工模拟，得出钢框架与混凝土核心筒在施工过程中的变形规律和特点，并结合实际工程项目施工情况，提出结构标高控制施工措施与结构竖向变形差控制措施，以最大限度地控制钢框架与混凝土核心筒的不均匀变形，确保超高层建筑安装精度，保障建筑的施工安全性和结构稳定性。

超高层建筑施工过程中，需对结构进行施工全过程现场实时监测，确保结构施工精度和安全性。随着建筑高度的增加，采用远程无线实时监测技术，以更及时、便捷的对超高层建筑进行施工过程实时监测。通过传感器系统、数据采集与传输系统、数据处理与控制系统、结构健康状态评价系统等信息化系统的组合，完成结构无线实时监测系统的搭建。在武汉绿地中心项目进行无线监测试点应用，分别完成了建筑标高、水平位移、结构垂直度、应力应变和风荷载的监测。

目前，主流超高层钢结构的建筑高度一般为 $400\sim600m$，对于未来的千米级摩天大楼，需对现有技术进行升级优化和合理外推，保障千米级摩天大楼主体结构的施工。在现有多腔体巨型钢柱的基础上，需对更复杂的截面形式、更巨型化的结构构件的深化、制造和焊接技术进行前瞻性研究，以适应更高建筑的施工需要。对于更长、更厚的钢板剪力墙，需对现有的施工技术进行升级优化，确保在千米级建筑中仍能够安全、便捷的完成施工。考虑到千米级摩天大楼的焊接环境，现有的自动化焊接机器人的设备和工艺参数也需开展针对性的优化，以实现千米级建筑的现场钢结构自动化焊接。对于结构变形与监测技术，需在现有的结构变形模拟的基础上，通过无线监测手段得出监测数据，并于施工模拟结果进行比对和修正，得出更具指导意义的施工模拟技术，在此基础上，对千米级摩天大楼进行结构变形施工模拟，对千米级摩天大楼的结构变形特点提出合理预期和前瞻性预案。现有的各项技术，对于千米级摩天大楼的适用性还处于预研和推演阶段，还需对各项技术进行完善和优化，对于千米级建筑的施工环境和特点进行模拟分析，才能保证千米级建筑钢结构的施工安全和施工质量，实现千米级摩天大楼的成功建造。

4 千米级摩天大楼混凝土施工关键技术研究

4.1 研究背景

目前的超高层建筑结构仍主要采用钢-混结构,混凝土材料依旧是超高层建筑的主要应用建筑材料。随着超高层建筑高度的不断增加,建筑结构日趋复杂、工程规模日益扩大,施工方式的改变等对浇筑的混凝土性能提出更高的要求,超高层建筑用高性能混凝土技术由重视混凝土自身性能逐渐转为兼固材料性能和施工性能改善,从材料性能考虑,超高层建筑重点开展轻集料混凝土和超高强混凝土技术研究,通过提高混凝土强度和韧性减小结构构件的尺寸,减轻结构的自重,改善结构抗震性能。

(1)轻集料混凝土。轻集料混凝土表观密度较普通混凝土低30%~50%,不仅可以大幅度降低结构自重,同时兼有隔热保温、耐火抗震的作用,在高层建筑中具有巨大的应用前景。目前轻集料混凝土强度普遍偏低,且振捣易分层、泌水,多孔的特性也容易在泵送过程中吸入水分导致泵送性能降低,尤其是在超高层建筑施工中,轻集料混凝土泵送极易堵泵,从而限制了轻集料混凝土的推广应用。

(2)超高强混凝土。混凝土强度越高,比强度越大,采用C100替代C50混凝土可增加一倍的承载力,因此,超高层建筑中利用高强乃至超高强混凝土是降低结构自重、提高使用空间的重要手段。不同材料的比强度见表4-1。由表可知,轻集料混凝土和超高强混凝土比强度远远高于普通混凝土,超高强混凝土比强度甚至高于低碳钢,由此可见其在超高层建筑中应用的意义。高强混凝土主要需要解决的问题是降低黏度,提高可泵性能;提高抗裂性能和耐火性能。

不同材料的比强度 表 4-1

材 料	表观密度/(kg/m³)	抗压强度(MPa)	质量比强度/[MPa/(cm³/kg)]
低碳钢	7860	420	0.053
普通混凝土	2400	30	0.012
超高强混凝土	2600	150	0.058
轻集料混凝土	1200~1900	15~60	0.012~0.032

超高层建筑在施工方面需要重点开展的研究包括混凝土超高泵送技术、大体积混凝土裂缝防治技术、混凝土自密实填充技术等。

(1)混凝土超高泵送技术。目前在建的超高层建筑已经超过了千米大关,如此高的建筑高度对混凝土泵送施工是一个很大的考验,就200m以上的超高层泵送装置而言,由于有着较高的泵送压力,低标号混凝土在泵送过程中极易离析泌水,导致堵泵,而高标号混凝土黏度大、泵送困难。在超高层建筑施工中,超高泵送混凝土技术已经成为一项重要的技术措施,得到很多国家的重视,国内超高泵送混凝土典型工程见表4-2。目前超高层泵送面临的难题主要是:1)混凝土和易性和高压下黏聚性之间的协调;2)扩展度与坍落度泵送损失的掌控;3)黏度与扩展度的损失问题;4)高抗压强度和高流动性并存。

国内超高泵送混凝土典型工程　　　　　　　　　　　表 4-2

项目名称	施工年份	强度等级	应用效果
广州国际金融中心	2008—2009	C100	411m 垂直泵送
京基 100 大厦	2011	C120	417m 垂直泵送
上海中心大厦	2014	C120	500m 垂直泵送
武汉中心	2013	C150	229m 垂直泵送
	2015	LC40	402m 垂直泵送
天津 117 大厦	2015	C60	621m 垂直泵送

（2）大体积混凝土裂缝防治技术。超高层建筑的自重同其建筑高度成正比，自重带来的最大问题是对底部结构的承压过大，导致承重部位结构也向着大体积方向发展，例如大体积底板、巨型柱、巨型框架-核心筒等。大体积混凝土结构中由于温度的变化产生很大的拉应力，容易导致其内部产生裂缝，严重影响结构的使用性以及耐久性。鉴于开裂仍然是大体积混凝土结构普遍存在的现象，适用于超高层建筑的大体积混凝土性能还有待做更深入的研究，重点方向为温度应力的监测与控制和防止结构开裂的措施。

（3）混凝土自密实填充技术。超高层建筑的平面、立面设计越来越复杂多样，构成核心筒和巨型结构柱之间相互作用的伸臂钢桁架等越来越多地被采用。例如上海环球金融中心、深圳平安金融中心等。该类结构作为重要的承重结构，形式复杂，不易振捣，要求施工混凝土具备良好的自密实填充性能；剪力墙结构中的钢钉、预埋钢筋、暗梁和暗柱对所用混凝土约束作用极强，混凝土极易开裂，一旦开裂，裂缝会在地震力、风荷载等往复荷载作用下慢慢加宽并贯通至整个结构，从而严重影响剪力墙结构的稳定与安全。因此，加强混凝土自密实填充性能和抗裂性能的研究是应用于该类结构的基础。

4.2　千米级建筑高性能混凝土配制技术

4.2.1　低水化热低收缩大体积混凝土配制技术

由于结构设计主要以承受荷载为基础，往往忽略了温度应力变化，超高层建筑的大体积混凝土结构已将大体积混凝土与高强度混凝土二者紧密结合起来，使得混凝土温度应力更大且难以控制，如天津 117 大厦主楼 C50P8 超大体积底板工程、广州珠江新城西塔工程 C80 大体积剪力墙结构等。如何在保证混凝土强度的前提下，降低混凝土水化热和收缩率，控制大体积混凝土的开裂问题、提高混凝土的配制技术是十分重要的。

1. 大体积混凝土性能影响因素

大体积混凝土温度应力除了与材料自身水化热大小有关外，更重要的是与结构的断面尺寸有关。超高层建筑中大体积混凝土主要用于底板、剪力墙和巨型柱结构，其特点为：①体量大，面积广，厚度大。武汉绿地中心主塔楼大体积底板工程混凝土一次性浇筑总量约 3 万 m^3，底板建筑面积达 6300 多 m^2，平均厚度 4.5m，最厚处约为 13m。如此庞大的体积使得混凝土中心温度很难散发出来，由此产生的温度应力极大。②混凝土强度高。超高层建筑要求底板具有更高的承压能力，天津 117 大厦和武汉绿地中心底板强度等级均为 C50，剪力墙混凝土强度等级为 C60～C70。高强混凝土胶材总量大，水泥用量多，水化热大，更容易产生裂缝。③混凝土流动性要求高。超高层建筑底板一般会按照受力情况进行布筋，增大了施工难度，要求混凝土具有高流动性。④养护困难。底板混凝土埋于土中，养护不便，只能通过覆盖洒水养护。

影响大体积混凝土性能的因素主要包括：

（1）胶凝体系水化热

大体积混凝土水泥水化产生的热量在混凝土浇筑后的 2～3d 达到最大值，由此引起混凝土内部温度不断上升，表面和内部温差可达 30～40℃。超高层大体积混凝土强度普遍较高，胶材用量较多，水泥水化放热量大，当受到钢筋或钢板等较强的外部约束时，就会导致混凝土开裂。

（2）浇筑温度与外界气温

我国冬夏季温差大，在冬季浇筑混凝土，由于环境温度较低，内部与表面温度差很大，特别是当大体积混凝土基础结构平面尺寸很大时，浇筑温度对混凝土内部裂缝的开展影响明显，容易产生表面裂缝或贯穿性裂缝。夏季日间气温达 40℃，水泥入罐温度超过 65℃，集料在高温下暴晒后温度也可达到 40～50℃，一系列因素导致混凝土出机温度可超过 40℃，从而对混凝土施工和质量产生不良影响，主要表现在混凝土容易产生假凝、和易性降低、混凝土内部水化热难以散发、水分蒸发过快易引起温度裂缝。因此浇筑温度是不可忽视的因素之一。

（3）养护条件

在大体积混凝土中，仅有 20％左右的水分是水泥水化所必须的，尚有 80％的游离水分需要蒸发，多余水分蒸发所引起的混凝土体积收缩称为收缩变形，在其内部就会产生拉应力，从而引起混凝土的开裂。大体积混凝土的养护一方面在于补充水分，提高湿度，防止因混凝土表面水分散失过快引起混凝土干缩开裂；另一方面降低混凝土内外温差，防止因温差过大引起温度裂缝。

2. 低水化热低收缩大体积混凝土配制方法

（1）大流态工作性能设计

1）掺入超细掺合料，优化胶凝体系。

Mehta 等认为：掺矿渣、粉煤灰、偏高岭土、石灰石粉和硅灰、稻壳灰的三元复合水泥胶凝材料除使高性能混凝土的制备更为经济外，还能发挥它们之间的协同效应，改善新拌混凝土的性质，获得更好的工作性能。浆体的工作性能和掺合料细度有关。掺合料需水比在相同水灰比和外加剂掺量情况下，水泥-掺合料体系级配越合理，堆积密实度越高，新拌浆体的流动性能越好。王冲在超细矿物掺合料减水率试验中发现（见表 4-3），硅灰、粉煤灰、超细矿粉等超细粉体都具备一定的减水效果，双掺硅灰和粉煤灰减水率比单掺硅灰和粉煤灰均高，表明双掺效果优于单掺效果。

掺合料减水率试验　　　　　　　　　　　　　　表 4-3

编号	水泥（%）	矿物掺合料			减水剂（%）	流动度（mm）	需水量	减水率（%）
		硅灰	粉煤灰	矿粉				
1	100	0	0	0	0	145	112	0
2	100	0	0	0	1.5	150	76	32.1
3	90	10	0	0	1.5	145	64	42.9
4	90	0	10	0	1.5	146	72	35.7
5	90	0	0	10	1.5	145	76	32.1
6	80	10	10	0	1.5	145	59	47.3
7	80	10	0	10	1.5	145	62	44.6
8	80	0	10	10	1.5	145	70	37.5

2）优选级配良好的细集料和粗骨料，降低混凝土孔隙率。

在混凝土配合比设计过程中选用粒径较大、级配良好的粗骨料和吸水率低、细度适中的洁净天然河砂可减少胶材用量和用水量，降低混凝土黏度，改善混凝土和易性。

3）选用高性能减水剂，提高浆体的流动性。

高性能减水剂主要通过不饱和单体在引发剂的作用下共聚，将带活性基团的侧链接枝到聚合物的主链上，使其具有高效减水、控制坍落度损失的作用，同时不影响水泥的凝结。采用高性能减水剂可以在较低的水胶比下改善混凝土孔隙结构和密实程度，从而降低混凝土黏度，提高填充能力。图 4-1 表明水泥浆体掺入高性能减水剂可在较低的掺量下获得更大的流动度。

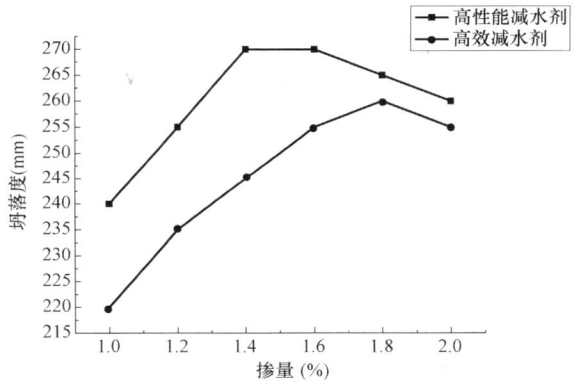

图 4-1 不同减水剂对混凝土流动度的影响

（2）低水化热性能设计

1）减少水泥用量

水泥宜选用中低热水泥、矿渣硅酸盐水泥、粉煤灰水泥或火山灰水泥，尽可能选择低强度等级水泥；不宜使用早强型水泥，以降低水化热集中释放。

在保证结构强度安全的条件下，尽可能降低水泥用量，可采用较长的设计龄期，掺入活性掺合料，利用混凝土后期性能发展减少水化热产生的体积变化。

2）采用低水化热矿物掺合料

大体积混凝土应掺入大量低水化热矿物掺合料，如选用微珠、粉煤灰、矿粉、火山灰等高性能矿物掺合料，可降低混凝土的单位用水量和水泥用量，不宜采用硅灰等高水化热矿物掺合料。掺入低放热组分胶凝材料替代高放热组分胶凝材料基本原理如图 4-2 所示。

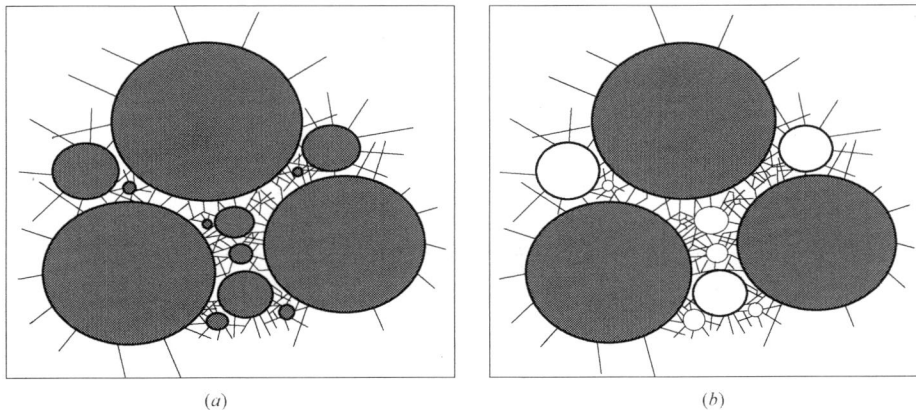

图 4-2 水化放热粉体颗粒结构分布模型
（a）多放热组分模型；（b）少放热组分模型

3）控制材料入机温度

防止水泥水化热峰值提前上升，可采用冷水拌制混凝土，一般采用 4～13℃冷水拌制混凝土。当外界气温在 0℃以下，可采用 30～40℃热水进行拌制。砂石骨料在冬季和夏季应分别进行保温和遮阴处理，预拌混凝土搅拌站水泥进场温度较高，提前备料，降低原材料温度可有效降低水化温峰。

（3）低开裂性能设计

大体积混凝土抗裂措施主要有：

1）采用膨胀水泥替代普通水泥

利用水泥自身产生一定的膨胀，形成预压应力，抵消混凝土降温收缩所产生的拉应力，从而达到补偿收缩、防止开裂的目的。

2）优化颗粒级配，减少胶材用量和用水量

粗骨料优选粒径较大、连续级配的碎石，细集料优选天然洁净、质地坚硬的中粗砂，可降低体系孔隙率，减少胶材用量和用水量，降低水化温升，减少干缩。

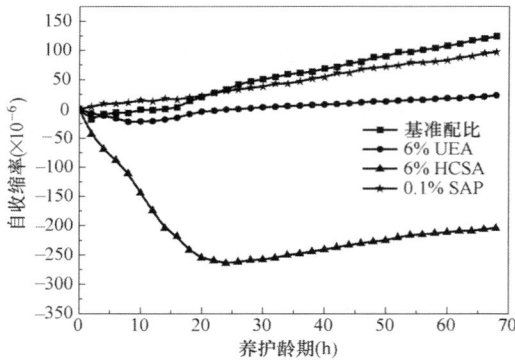

图 4-3　不同减缩组分对大体积
混凝土自收缩性能的影响

3）添加减缩组分

添加膨胀剂、减缩剂、抗裂纤维或自养护材料降低混凝土内部毛细孔溶液的表面张力，改善混凝土的孔结构，降低自干燥应力，从而降低收缩应力。由不同减缩组分对混凝土收缩补偿作用（见图 4-3）可知，采用 HCSA 膨胀剂具有明显补偿收缩作用。

4）加强混凝土养护

大体积混凝土浇筑后应在表面及时覆盖一层塑料薄膜及棉毡，达到保温保湿、缓解降温、降低温度应力的目的。应随混凝土内部温度的升高，逐渐提高养护温度，在整个养护过程中要密切关注混凝土温度变化，随时调节养护温度，严格控制降温速率在 0.9～1.5℃/d。合理延长拆模时间，避免在夜间和气温骤降前拆模，延缓降温时间和速度，充分发挥混凝土的应力松弛效应。

3. 低水化热低收缩大体积混凝土应用效果

近几年，我国最具代表性的超高层建筑大体积混凝土应用工程的混凝土配合比，见表 4-4。

典型超高层建筑的大体积混凝土工程配合比（kg/m³）　　　表 4-4

工程名称	标号	水泥	粉煤灰	矿粉	硅灰	砂	石	水	外加剂
天津 117	C50	250	100	117	0	697	1090	158	4.7
	C70	340	110	120	0	760	945	145	11.4
广州西塔	C45	287	110	83	0	715	980	170	6.8
武汉中心	C60	290	210	70	30	710	1020	134	9.6
武汉绿地	C50	230	138	92	0	789	1042	160	4.3

武汉中心项目剪力墙结构采用 C60 低水化热低收缩大体积混凝土浇筑，在保证材料品质的基础上，主要通过降低水泥用量、大量掺入低水化热掺合料（如矿粉和粉煤灰）等方式降低水化热，其施工效果如图 4-4 所示。

浇筑时混凝土出泵达到自密实状态，28d 强度为 70.7MPa。生产取样强度统计结果如表 4-5 所示。采用测温传感器监测混凝土内部温度变化，测得低水化热 C60 混凝土温峰约为 65.5℃，较普通 C60 混凝土低 7℃，拆模后结构无可见裂缝。

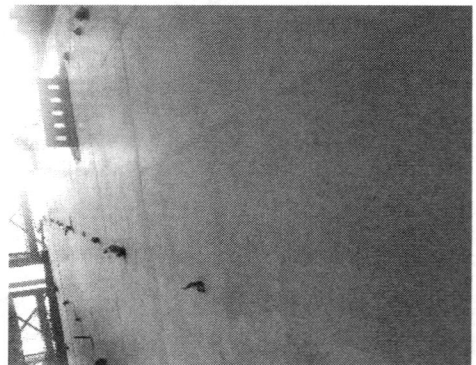

图 4-4　大体积混凝土剪力墙施工效果

生产取样强度统计结果 表 4-5

工作性能		混凝土尺寸(mm)	3d 抗压强度(MPa)	7d 抗压强度(MPa)	28d 抗压强度(MPa)
坍落度	270mm	150×150	40.5~48.6 平均 45.0	54.5~65.8 平均 57.1	67.5~74.0 平均 70.7

4.2.2 超高强高性能混凝土配制技术

超高层建筑推动了超高强高性能混凝土技术发展，同时也对高强、超高强混凝土提出了全新要求。超高强混凝土普遍存在早期水化反应剧烈、凝结速度快、黏度大等特性，泵送压力极大。不仅如此，超高强混凝土收缩率高、体积稳定性差、脆性大，如何妥善解决这些问题是超高强混凝土应用的关键。

1. 超高强高性能混凝土性能影响因素

超高强高性能混凝土在设计和应用时，既要保证混凝土强度达到设计要求，又要尽可能获得优异的工作性能，影响超高强混凝土工程应用的因素主要有：

（1）混凝土的黏度

超高强混凝土用水量一般在 $150kg/m^3$ 以下，过低的水胶比会导致新拌混凝土的黏性增大，造成泵送阻力超过现有设备的承受能力，从而造成泵送事故，如堵管、爆管等。

（2）胶凝体系的水化热

超高强混凝土除水泥用量较高外，还会添加高活性增强材料，如硅灰、超细矿粉等，因而温降收缩和体积收缩均较普通混凝土大，早期开裂风险大。研究表明，超高强混凝土 90d 干缩值超过 $1000×10^{-6}$，化学收缩（自缩）在干缩中所占的份额为 $50\%~60\%$，而普通混凝土的干缩值为 $200×10^{-6}~500×10^{-6}$。

（3）延性

相对于普通混凝土，超高强混凝土结构致密、孔隙率低、微裂缝少，在荷载作用下局部应力集中现象更明显，表现为突然爆炸性破坏。研究表明，在应力-应变曲线上，当普通混凝土的应变达到 3‰时，其承载能力仍能保持一半以上，但若同样的应变值施加于超高强混凝土时，则其实际承载能力已近于零。

2. 超高强高性能混凝土配制方法

根据以上影响因素，在配制超高强高性能混凝土时，应参考以下的配制原则：

（1）高强高流动性能设计

1）控制适宜的水胶比和单位用水量

超高强混凝土单位用水量对其强度和泵送性能的影响不言而喻（见图 4-5）。一方面，降低用水量可大大降低混凝土内部毛细孔径，提高混凝土的强度；另一方面，低用水量导致混凝土黏度显著增加，可泵性降低，用 V 漏斗试验检测混凝土黏度时发现，扩展度同样达到（600±20）mm 时，即使掺入大量泵送剂，采用低用水量配制的浆体通过 V 漏斗的时间仍会大大增加，因此，对于超高强泵送混凝土，须考虑用水量对强度、黏度等因素的综合影响，在保证强度的前提下确定的前提下最大用水量后再通过调整外加剂组成、掺量等，配制出满足泵送性能要求的混凝土。

2）配制专用的外加剂

外加剂是超高强混凝土和泵送混凝土不可或缺的组分，高效减水剂可保证混凝土在极低的水胶比下获得较好的流动性能，消泡剂可消除超高强混凝土搅拌过程中产生的大量气泡，优化孔结构；外加剂中的保坍组分和缓凝组分可确保混凝土在泵送过程中的工作性能，泵送剂更是让用水

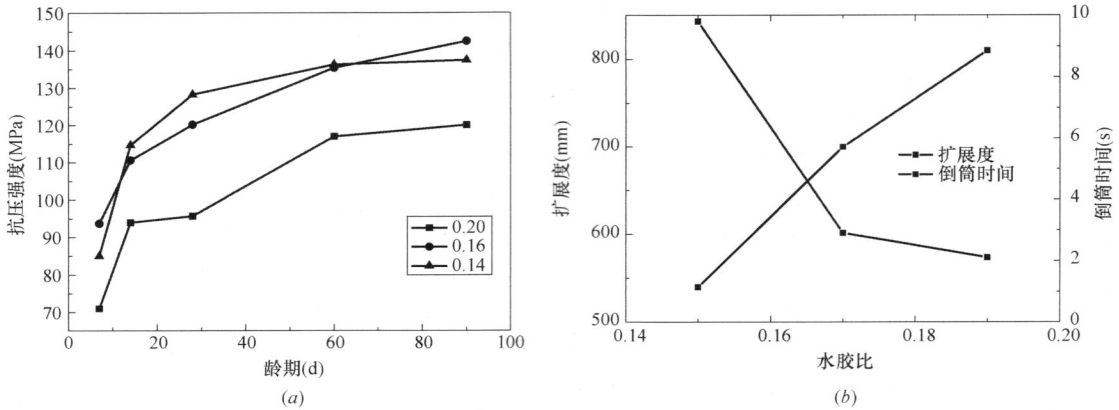

图 4-5　水胶比对超高强混凝土性能的影响

（a）抗压强度；（b）黏度

量为 130kg/m³ 的混凝土超高泵送成为现实。

　　3）掺入超细掺合料和高活性掺合料

　　掺合料对超高强泵送混凝土的配制意义十分重大，根据经验，采用相同高标号水泥和水胶比，不添加掺合料配制的混凝土 28d 强度仅为 100MPa，且坍落度为 0mm。对于强度而言，选用高活性超细掺合料能显著提高混凝土的密实度、优化孔结构、降低水胶比，达到增强的目的；对于泵送性能，超细掺合料可大大减少用水量、降低黏度、改善新拌混凝土的和易性和抗离析性（见图 4-6）。超高强混凝土常用超细活性掺合料主要有微珠、超细粉煤灰、超细矿粉和硅灰等。

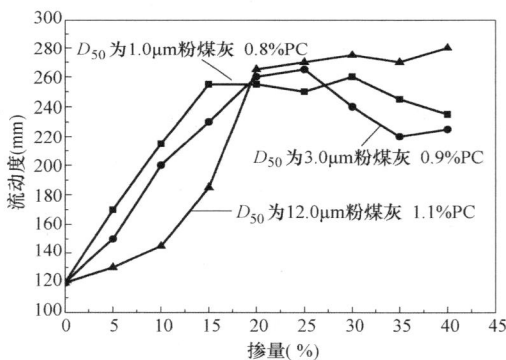

图 4-6　不同细度粉煤灰对混凝土流动性的影响

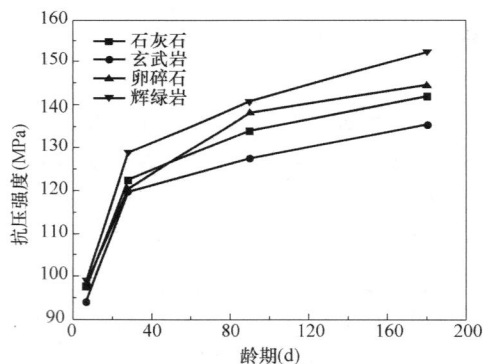

图 4-7　骨料对超高强混凝土抗压强度的影响

　　4）优选集料

　　超高强混凝土基体强度已经超过部分岩石的强度，而且由于混凝土结构的不均匀性，集料所受最大应力可能达到混凝土平均应力的 1.7 倍，粗骨料的强度成为决定超高强混凝土最终强度的决定因素。因此，超高强混凝土粗骨料宜选用辉绿岩、玄武岩、花岗岩等高强碎石，粒型接近于球形，压碎值不宜高于 6%。由表 4-6 和图 4-7 可知，采用低压碎值和针片状的卵碎石配制的超高强混凝土抗压强度高于采用其他碎石配制的超高强混凝土。细集料应选择连续级配的中粗砂，由于细集料中含泥和云母贝壳等杂物会降低集料的界面强度，因此细集料要求含泥量尽可能低，洁净度高。

　　（2）低水化热性能设计

　　1）控制水泥用量

不同粗骨料性能指标   表 4-6

碎石品种	石灰石	玄武岩	辉绿岩	卵碎石
压碎值(%)	6.8	5.6	3.8	3.0
针片状含量(%)	4.7	6.9	5.8	0

超高强混凝土的配制一般选用高标号水泥，且胶材总量可高达 1200kg/m³；由于高标号水泥细度小，水化放热量大，如此高胶材总量下混凝土内部温度可超过 90℃。因此，实际配制过程中应在保证混凝土强度下尽量减少水泥用量。蒲心诚研究发现，由于水胶比太低，超高强混凝土配制过程中部分水泥并未水化，仅起填充作用，因此实际配制超高强混凝土时可大幅度降低水泥用量，添加掺合料，如此不仅可增加胶凝体系密实度，还能削弱水化温峰。

2）选择低热掺合料

通过掺入低活性掺合料替代水泥可增加浆体体积，改善新拌混凝土的和易性和抗离析性，更重要的是延缓水泥水化放热，减少混凝土坍落度损失。常用的超高强混凝土低热掺合料有微珠、粉煤灰、矿粉、石灰石粉、沸石粉稻壳灰等。微珠、粉煤灰和矿粉可降低浆体的水化温峰，在不同胶材体系下净浆水化热研究中发现（见图 4-8），当水胶比为 0.18 时，采用 30% 微珠替代水泥，水化温峰降低了 9.8%，且出现温峰的时间也延长了 4.5h；继续采用 20% 矿粉替代水泥可进一步降低温峰至 77.6℃；而采用 5% 硅灰替代微珠，水化温峰提高 5.9℃，出现温峰的时间也略有提前，故在超高强泵送混凝土配制中应采用微珠、矿粉和粉煤灰替代水泥而严格控制硅灰掺量。

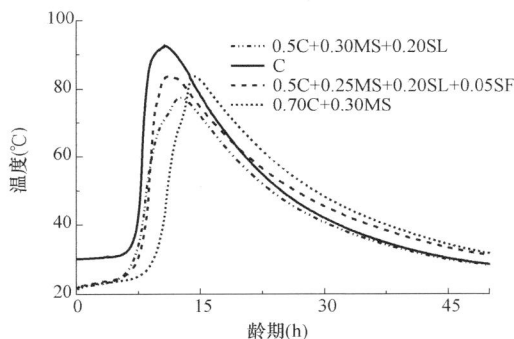

图 4-8　掺合料对净浆水化放热过程的影响

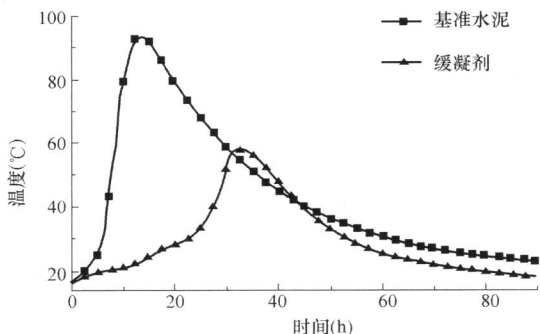

图 4-9　缓凝剂降低水化热示意图

3）采用混凝剂延缓水泥水化温峰出现时间

采用掺有缓凝组分的聚羧酸高性能减水剂，在保证混凝土具有很好的工作性能的基础上，调控水化放热速率，实现削峰降温，其缓凝原理及削峰效果如图 4-9 所示。采用缓凝剂可降低超高强混凝土水化温峰 30℃，延迟温峰出现时间 17h。

3. 超高强高性能混凝土应用效果

随着超高强混凝土制备技术的成熟，C100 强度及以上等级超高强混凝土在超高层建筑中逐渐得到应用，2013 年武汉中心项目实现了 C150 超高强泵送混凝土泵送施工，泵送高度 229m，打破了超高强泵送混凝土泵送世界纪录。该成果应用了全紧密堆积技术，制备出出机坍落度/扩展度为 260mm/690mm 的 C150 泵送混凝土，泵送 229m 后不分层、不离析，出泵后满足自密实性能，取得了较好的施工效果。生产取样混凝土工作性能和力学性能测试结果见表 4-7 和表 4-8，施工效果见图 4-10。混凝土中心温度监测结果（见图 4-11）显示出现温峰的时间是浇筑后 36h，温峰为 83.0℃，相对于普通 C60 混凝土温峰高 10℃。

			C150 混凝土工作性能			表 4-7
扩展度 (mm)	倒筒 (s)	入泵前含气量 (%)	4h 扩展度(mm)	4h 出泵倒筒 (s)	出泵后含气量 (%)	状态描述
690	2.0	1.2	720	1.6	2.1	黏聚性较好

			C150 混凝土力学性能						表 4-8
抗压强度(MPa)					抗折强度(MPa)		劈裂强度(MPa)		弹性模量(GPa)
3d	7d	28d	90d	360d	7d	28d	7d	28d	7d
103.4	116.0	139.4	167.7	188.7	15.0	16.6	6.2	9.7	58.3

弹性模量(GPa) 28d 列：59.3

图 4-10　超高强混凝土施工效果

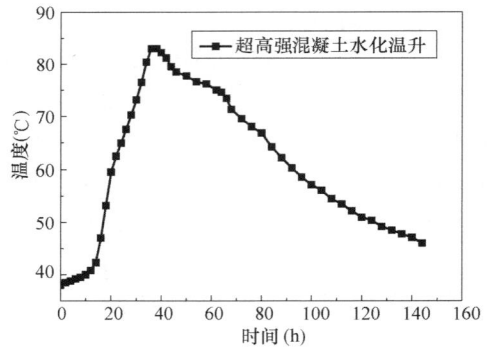

图 4-11　C150 混凝土中心温度监测结果

4.2.3　高强轻集料混凝土配制技术

轻集料混凝土与普通水泥混凝土相比，具有轻质、保温隔热、隔声抗震及耐久性优良等优点，在保证结构强度的基础上，能使混凝土的自重降低 20% 以上，对于结构恒载占有较大比例且对材料性能具有较高要求的高层建筑、大跨度桥梁等现代大型工程而言，轻集料混凝土具有很强的市场竞争力，更符合现代建筑的发展趋势。

1. 高强轻集料混凝土性能影响因素

轻集料混凝土易离析分层，匀质性难以保证，泵送过程中由于轻集料的吸水特性损失较大，极易堵泵。在大跨度、高层和超高层建筑施工中混凝土的泵送距离长、泵送高度大，泵送经时长，泵送压力也将不断提高，因此轻集料混凝土的应用首先需要解决超高泵送性能。影响轻集料混凝土性能的因素主要有：

（1）匀质性能

轻集料混凝土拌合物由水泥、胶材、水、砂和轻集料组成，其流动性能越好则各组分相对移动更易发生，组分间密度差距导致取向性运动趋势加剧。在泵送输送中产生运动及振动过程中，如轻集料与浆体间能够保持原有的相对位置，则混凝土就处于良好的匀质性状态，泵送过程便较为顺利；如轻集料与浆体间不能克服取向运动，必然会造成分层和离析现象的出现，给泵送施工带来隐患。

（2）可泵性能

轻集料的多孔结构特性，使得新拌轻集料混凝土在不同湿环境及压力环境下都具有吸水、放水及体积不稳定的特点，造成混凝土工作性能的降低，增加拌合物的流动阻力，使得集料更易在弯管等处堆积。当泵送压力降低或消逝时，压缩空气将轻集料中的水分挤出，将会造成严重的堵管倾向。并且，如当轻集料混凝土到达浇筑面时，压力消除后在短时间内会迅速地再进行较大量的"二次放水"。轻集料周围的水膜将影响集料与水泥石的界面，影响混凝土的性能，甚至引起混凝土的强度损失和耐久性变差等问题。

2. 高强轻集料混凝土配制方法

（1）高匀质性能设计

由于浆骨密度差异大，轻集料混凝土配制过程中，极易出现骨料上浮现象，在泵送施工和振捣下，这种问题更加突出，给泵送施工带来安全隐患。轻集料混凝土拌合物具有较高的黏聚性，不分层离析是泵送施工应用的前提。

根据流体力学原理，轻集料在混凝土中的运动方程为：

$$v = \frac{2r^2 g(\rho - \rho_c)}{9\eta} \tag{4-1}$$

式中　ρ——轻集料的颗粒密度（g/cm³）；

　　　ρ_c——水泥浆体的密度（g/cm³）；

　　　r——颗粒半径（cm）；

　　　η——混凝土的黏性系数（泊，达因秒/cm²）；

　　　v——颗粒的运动速度（cm/s）。

轻集料的运动速度 v 与轻集料的半径 r 的平方成正比，与轻集料和水泥浆体之间的密度差（$\rho - \rho_c$）成正比，与混凝土的黏度 η 成反比。由此可见，轻集料的半径是最重要的影响因素，其次分别为水泥浆体的黏度和轻集料与水泥浆体之间的密度差。提高轻集料混凝土匀质性的技术方法有：

1）严格控制轻集料的最大粒径。根据数学模型可知，在其他条件不变的情况下，当轻集料的最大粒径由 16mm 增加到 31.5mm 时，轻集料的上浮速度将增加近 4 倍。轻集料粒径对轻集料上浮分层性能的影响见表 4-9。表 4-9 中上、中、下三层中不同粒径轻集料的百分含量结果表示无论碎石型高性能轻骨料 CL500、CL800，还是球形粉煤灰轻骨料 SL800，都呈现相同的趋势，即随着集料粒径的增加，集料上浮现象明显，上部集料含量迅速增长，下部集料显著降低。因此在使混凝土的密度、强度等综合性能得到保证的条件下，应尽量减小轻集料的最大粒径。球形集料受到水泥浆体的黏滞力比较小，相比碎石形集料更加容易上浮，所以配制高流动性混凝土应使用碎石形陶粒。

集料粒径对轻集料混凝土上浮性能的影响　　　　表 4-9

编号	集料类型	分层度								
		粒径范围 5～10mm			粒径范围 10～15mm			粒径范围 15～20mm		
		上	中	下	上	中	下	上	中	下
1	CL500	36.3	37.0	26.0	44.8	35.7	19.6	56.8	33.2	9.9
2	CL800	35.5	31.9	32.6	46.3	32.6	21.1	45.2	37.9	17.0
3	SL800	35.7	36.5	27.8	43.8	34.4	21.8	55.2	33.8	11.0

掺不同增稠剂 LC30 轻集料混凝土试验结果　　　　表 4-10

序号	增稠剂种类	坍落度（mm）	扩展度（mm）	倒桶时间（s）	密度（kg/m³）	状态描述
1	XWSM	250	620	2.3	1927	黏聚性较好
2	NZ	280	750	2.1	1955	黏聚性良好
3	CT77	270	720	2.0	1960	离析分层

图 4-12　不同增稠剂对轻集料混凝土匀质性的影响
(a) XWSM (有机)；(b) NZ (无机)；(c) CT77 (有机)

2) 增加水泥浆体的黏度。在混凝土中加入增黏组分外加剂可提高水泥浆体的黏度，有机增稠剂主要为水溶性高分子聚合物，无机增稠剂则为多孔无机矿物粉料。通过不同种类增稠剂对 LC30 轻集料混凝土工作性能影响研究 (见表 4-10 和图 4-12) 发现有机增稠剂 XWSM 和无机增稠剂 NZ 均能在保证混凝土流动性的条件下明显提高其黏聚性。根据普通混凝土配制的特性，水灰比越小，混凝土的黏度越高，因此，在不对混凝土流动性能产生负面影响的前提下降低水灰比，提高混凝土黏度，也是增加轻集料混凝土拌合物稳定性和流动性的有效手段。

3) 添加矿物掺合料。采用粉煤灰、矿渣和硅灰等掺合料替代部分水泥，可以减小水泥石的密度，进而减小水泥石与轻集料的密度差，同时可提高浆体的流动性，改善混凝土黏度。李卫对比了不同矿物掺合料对轻集料混凝土工作性能的影响 (见表 4-11)，结果发现，掺入粉煤灰后混凝土的坍落度有所增加，既能改善混凝土的流动性，又能有效地减小混凝土的分层离析，是比较适合泵送混凝土的矿物掺合料。

矿物掺合料对轻集料混凝土工作性能的影响　　　　　　　　　　　表 4-11

编号	减水剂(%)	矿物掺合料			坍落度 (mm)	扩展度 (mm)	工作性能
		FA	SL	SF			
1	0.8	0	0	0	180	530	较差
2	1.0	10	0	0	220	560	好
3	1.2	20	0	0	240	550	好
4	1.2	0	20	0	180	330	黏稠
5	1.2	10	10	0	180	380	一般
6	1.4	0	10	10	150	270	黏稠
7	1.4	10	0	10	150	280	黏稠
8	1.4	10	0	5	180	380	好
9	1.4	0	10	5	190	360	黏稠
10	1.4	10	20		180	320	黏稠

(2) 高工作度保持性能设计

轻集料多孔结构从周围浆体中持续吸水是引起轻集料混凝土坍落度损失的主要原因，轻集料混凝土的坍落度泵送损失则是由于泵送过程中混凝土受到泵压，浆体中的水被压入轻集料中而引起的，因此解决轻集料损失的问题，主要是解决轻集料混凝土吸水问题。

1) 选择低孔隙率，低吸水率的轻集料。试验证明，低吸水率的轻集料在高压下吸水和释压后释水的程度都较高吸水性轻集料程度小，对混凝土工作性能影响较小。采用高性能轻集料 (24h 吸水率＜2%) 配制轻集料混凝土无需饱和预湿也具备较好的施工性能和抗冻耐久性，其自收缩也较普通碎石混凝土小。

2）提前对轻集料进行预湿。对于高吸水性轻集料，生产前需要提前预湿，目前常用的预湿方式有两种。①在硬化地面现场喷淋，使集料达到饱和吸水状态，要求轻集料堆砌高度不超过1m，沥干1~2h方可进行生产；②在集料仓内预湿，多余水分由筛网排出，沥干1h后进行生产。需要注意的是，当室外气温低于5℃时，或对抗冻要求高的混凝土，轻集料不宜进行预湿处理。

3. 高强轻集料混凝土应用效果

目前轻集料混凝土在超高层建筑中的应用广泛，珠海国际会议中心10~21层梁、楼板和部分框架柱采用LC35强度等级轻集料混凝土，使用方量1115m³；南京太阳宫广场四支大跨拱梁采用LC50高强轻集料混凝土，方量1140m³；武汉中心项目88层楼板采用LC50高强轻集料混凝土。该成果利用活性矿物掺合料强化集料-水泥石界面，保证轻集料混凝土强度；通过开发增黏剂提高混凝土匀质性，使用大掺量轻质矿物掺合料降低轻集料混凝土整体密度，提高工作性能，并利用高性能外加剂降低水胶比，提高黏度。该配比轻集料混凝土成功泵送至401m高度，打破了轻集料混凝土泵送世界纪录，混凝土配合比见表4-12。C50轻集料混凝土施工效果见图4-13。

武汉中心LC50高强轻集料混凝土配合比（kg/m³）　　表4-12

应用项目	干密度	强度等级	水泥	粉煤灰	硅灰	页岩陶粒	河砂	水	减水剂
武汉中心	1895	LC50	380	120	40	565	575	157	5.5

(a)　　　　　　　　　　　　　　　　(b)

图4-13　LC50轻集料混凝土施工效果
(a) 轻集料混凝土的浇筑；(b) 轻集料混凝土浇筑面效果

生产混凝土出机坍落度/扩展度为250mm/650mm，倒筒时间3.7s，湿密度为1920kg/m³。4h后坍落度/扩展度为240mm/540mm。3d强度为33.4MPa，28d强度达到60.7MPa。干密度为1895kg/m³。入泵混凝土匀质性优良，泵送至401m后轻集料未明显上浮，泵送及浇筑过程顺利，出泵后混凝土浇筑性能良好，混凝土硬化后无裂纹或者表面缺陷，成型面平整，降低混凝土结构自重20%以上，应用效果良好。

4.3　巨型钢管混凝土柱施工关键技术

随着众多高层、超高层地标性建筑和大跨桥梁的日益增多，工程规模日趋扩大，结构形式也日趋复杂，巨型钢管混凝土柱的应用日益广泛。如中国台北101大厦、深圳京基金融中心、天津高银117大厦和广州东塔等超高层建筑，均采用了巨型方钢管或多边形钢管混凝土柱。

巨型钢管混凝土柱除了具有普通钢管混凝柱抗震性能好、施工速度快等优点外，还具有以下特点：①在巨型柱内设置钢筋混凝土芯柱，沿周边设置纵向钢筋，可以改善对混凝土的约束性能，从而利于提高巨型柱的竖向抗压承载力。②大直径钢管混凝土柱钢与混凝土之间的黏结力较小，尺寸效应突出，通过在钢管内壁设置圆头焊钉等措施，增强混凝土与钢管之间的摩擦力，保证钢管与混凝土共同作用。③施工时应避免一次浇筑混凝土高度过大，造成钢板应力过高与明显的面外变形。

然而，对于超高层建筑中的巨型钢管混凝土柱的研究仍缺乏系统性和深入性，仍存在诸如：巨型钢管混凝土柱尺寸效应显著；混凝土收缩徐变较大；钢管与混凝土脱空、脱粘的问题；体量大、泵送和浇筑施工困难；温度应力和开裂风险增大，养护和施工控制要求高等问题。因而，针对超高层建筑巨型钢管混凝土柱生产和施工，开展系统研究具有重要意义。

4.3.1 巨型钢管混凝土性能影响因素

为了满足超高层建筑的建设需求，越来越多的工程将巨型钢管混凝土与高强混凝土结合起来。巨型钢管混凝土作为重要的承重结构，其性能设计、施工质量控制成为重要的研究内容。除应考虑钢管混凝土的脱空、脱粘问题外，还应当考虑大体积高强混凝土带来的收缩开裂问题。

1. 脱空、脱粘问题

钢管混凝土结构工作的实质和关键在于钢管及其核心混凝土间的相互作用和协同互补，由于这种相互作用，使钢管混凝土具有一系列优越的力学性能。而据调查表明，国内绝大多数钢管混凝土结构均存在不同程度的脱空。由于施工工艺和混凝土收缩等引起的管内混凝土脱空问题，是关系到管内混凝土能否与钢管共同作用的关键问题，是钢管混凝土结构应用亟待解决的重要问题之一。影响钢管混凝土结构脱空、脱粘的主要因素包括：

（1）混凝土配合比不当，导致工作性不良

混凝土配合比设计不当，导致混凝土收缩严重或者灌注过程中混凝土和易性不良、不密实、不均匀或内部存在空洞。不仅混凝土的强度得不到保障，而且混凝土对钢管的支撑作用也将受到影响，存在一定的安全隐患。

（2）施工工艺不当，或难以振捣密实

管内混凝土灌注施工工艺不当，如混凝土下落高度过大，未合理设置串筒或溜槽，导致混凝土离析；钢管内钢筋过密，影响混凝土骨料的通过；夏季施工和冬季施工未采取相应的保护措施等，都是影响钢管混凝土浇筑质量的重要因素。

（3）混凝土养护问题

由于钢管的套箍作用，核心混凝土难以养护到位，这不仅使核心混凝土的力学性能下降，同时导致混凝土和钢管之间的黏结作用降低；此外，自应力钢管混凝土采用的膨胀剂多为氧化钙类、硫铝酸钙类和硫铝酸钙-氧化钙类，需水量大，而处于钢管封闭状态下，膨胀剂水化所需水分难以得到充分的供给，导致膨胀性能难以满足工程需求，脱空问题仍然存在。

（4）膨胀性能无法满足结构要求

难以实现膨胀剂引发的膨胀与核心混凝土强度增长的协调发展。若膨胀剂水化较快，大部分在混凝土塑性阶段已经发生反应，产生较多的无效膨胀，则不能产生有效的膨胀应力，无法增强与管壁的相互作用；此外，部分膨胀剂在水化后期由于水化产物的晶型转化或干缩，长期膨胀性能不稳定，产生倒缩，适当的延迟性膨胀是补偿长龄期收缩、减小干燥收缩的重要手段。因而，膨胀剂的类型及作用原理是选用膨胀剂的基本原则，也是保证钢管混凝土膨胀性能满足施工需求，减小脱空的重要措施。

（5）环境温差引起的脱粘问题

钢管和混凝土对温度的敏感性也存在一定的差别。在外界温度变化的情况下，两者可能因膨胀量的不同而产生分离趋势。这样外部钢管就不能有效约束核心混凝土的变形，从而影响了钢管混凝土结构的承载能力和变形能力。

2. 收缩开裂问题

巨型钢管混凝土，通常采用强度等级不低于 C50 的高强混凝土，因而在配合比设计时体现了大体积混凝土和高强混凝土的矛盾统一性。

（1）胶材用量的矛盾：大体积混凝土需要降低胶材用量，减小水化温升，控制温度裂缝和收缩裂缝；而高强混凝土需要提高胶材用量，在保证足够强度的条件下，降低水化热和体积收缩。

（2）收缩性能的矛盾：高强混凝土的水胶比接近理论水胶比，水化反应造成混凝土内部失水严重，混凝土的自收缩明显；大体积混凝土因结构厚重且其体积较大，应尽量避免收缩裂缝和温度应力裂缝，防止对工程结构的危害。

4.3.2 自应力自养护自密实钢管混凝土配制技术

巨型钢管混凝土兼有大体积混凝土、高强混凝土和钢管混凝土的三重属性，在配合比设计时是近似矛盾的统一体。首先，要综合考虑由于混凝土的收缩、工作性不良及难养护等原因而导致混凝土与钢管的脱空、脱粘问题，同时要考虑胶材用量高、水化温升大、温度裂缝和收缩开裂的可能。因而，对于巨型钢管混凝土的设计应当遵循相应原则。

1. 钢管混凝土的配制原则

巨型钢管混凝土的设计应当致力于解决混凝土自身水化温升大、自收缩和温度应力引起的收缩开裂问题，同时解决钢管与混凝土协同作用的矛盾。因而，巨型钢管混凝土的设计应当遵循：膨胀性能设计、低热胶凝体系设计、自养护性能设计、工作性能优化的原则和途径。

（1）膨胀性能设计

钢管混凝土的核心是混凝土与钢管有效复合，自应力钢管混凝土通过管内混凝土的膨胀设计，补偿混凝土的体积收缩并产生膨胀自应力，实现"套箍"的复合效应，在加强结合的同时改善构件整体的承载力。但同时，从结构安全上考虑，膨胀应力需要控制在一定的范围内。因此，进行混凝土膨胀性能的设计与控制非常关键。

混凝土膨胀与强度的协调发展是保证钢管混凝土具有优良结构性能和使用性能的关键。凡是影响水泥水化反应速率与膨胀剂水化反应速率协调进行的因素，如混凝土膨胀剂种类与掺量、掺合料品种与掺量、胶凝材料用量、水胶比、化学外加剂、混凝土配合比，都关系到钢管混凝土膨胀与强度性能是否协调发展。

（2）低热胶凝体系设计

对于巨型钢管混凝土，由于构件尺寸大，混凝土浇筑量多，具有大体积混凝土的施工特点。核心混凝土水化温升大、散热困难，表层混凝土散热快，形成较大的温度应力，引起较大的结构裂缝和表面裂纹。因而，对巨型钢管混凝土设计可采用低热胶凝体系的设计原则，以降低收缩和开裂风险。

混凝土低热胶凝体系的设计方法主要包括：优选活性矿物掺合料、大掺量取代水泥用量，降低水化温升；采用高活性、超细矿物掺合料，通过粉料体系的紧密堆积，降低水泥石硬化孔隙率，提高强度；掺入有机合成纤维或钢纤维，使其均匀、大量、乱向地分散在混凝土中，改善混凝土的塑性干缩开裂；加强保温、保湿养护，控制内外温差和降温速率，加强结构温度监控等。

（3）自养护性能设计

钢管混凝土由于封闭的结构设计，导致内部混凝土的养护困难，容易造成水化不充分、收缩现象明显、膨胀性能难以实现等问题。常规的养护工艺往往难以起到很好的改善效果，因而，从材料内部着手，通过引入自养护材料，为从根本上解决这一问题提供了很好的思路。

对于自应力高强混凝土而言，自收缩问题引起收缩开裂现象也更加突显，而降低自收缩的关键在于设法减小混凝土内部湿度的下降梯度。由于高强混凝土结构非常致密，外部水分一般较难进入混凝土内部，通过在内部引入自养护材料，在混凝土内部湿度下降过程中，自养护材料释放出预先储存的水分，进而调控混凝土内部相对湿度，降低混凝土的自收缩。同时由于自养护材料后期的缓释作用，为水泥的持续水化及膨胀剂的持续膨胀提供水分，保证后期的强度增长和收缩补偿。

（4）工作性能优化

由于钢管混凝土的结构形式决定了核心混凝土在施工过程中振捣困难，甚至无法振捣的问题。这样，不仅混凝土的强度得不到保障，而且混凝土对钢管的支撑作用也将受到影响，存在一定的安全隐患。因而，在钢管混凝土施工中采用自密实混凝土技术，通过调控水胶比、胶集比、砂率、集料和粉料的级配、引入高性能超细矿物掺合料和高效减水剂等手段使拌合物达到免振捣的施工性能要求。

自密实混凝土具有较高的流动性和匀质性，能够自动、均匀充满钢管内部，无需振捣。因而，在钢管混凝土施工中采用自密实混凝土技术，可以最大限度地减少或者避免核心混凝土的质量问题。

2. 原材料要求

针对自应力自养护自密实钢管混凝土的设计，原材料的选择应遵循下列要求：

（1）水泥

水泥的类型和矿物组成是影响钢管混凝土自收缩和化学收缩的重要因素。水泥中的熟料组成与钢管混凝土的化学收缩、自收缩有密切联系。在水泥熟料的 4 种主要矿物相 C_3S、C_2S、C_3A、C_4AF 中，C_3A 的化学收缩值最大，C_4AF 其次。因而，在配制高强自应力钢管混凝土时，应当选择 C_3S、C_2S 含量较高，而 C_3A、C_4AF 含量相对较低的普通硅酸盐水泥或硅酸盐水泥，不宜采用矿渣水泥、复合水泥或火山灰水泥。

（2）矿物掺合料

掺合料对混凝土膨胀与强度协调性的影响与掺合料的种类有一定的关系。不同种类的矿物掺合料对水泥石自收缩的影响不尽相同，如高炉矿渣掺量的增加会增加自收缩值，而粉煤灰部分取代水泥则可以显著降低自收缩，掺加部分经过处理的憎水粉末如憎水石英粉也可以明显降低自收缩。

掺合料对混凝土膨胀与强度协调性的影响与混凝土的强度等级有一定的关系。在中等强度等级的膨胀混凝土中掺入矿物掺合料，一般在降低早期强度的同时也降低了混凝土的膨胀性能；对于高强度等级的膨胀混凝土，加入一定量的矿物掺合料，尽管混凝土早期强度有所降低，但混凝土的膨胀性能有所提高。分析认为，混凝土的早期强度宜适中，若早期强度过低，则会引起过多的膨胀发生在塑性阶段而成为无效膨胀；而过高的早期强度则又限制了混凝土膨胀的发展。一般对于高强度钢管混凝土而言，掺合料的掺量可适当提高，以降低其早期强度增长的速率，尤其是52.5水泥。

（3）膨胀剂

针对目前钢管内混凝土膨胀普遍不足的问题，单一型的膨胀剂难以实现膨胀性能与强度的协调发展。如轻烧氧化物的膨胀反应主要发生在早期，钙矾石的膨胀反应主要发生在中、后期，氧化物固熔相的膨胀反应主要发生在后期。因而，为获得良好的膨胀性能需要将多种膨胀组分复合，发挥不同膨胀组分在不同水化时期的膨胀效应。

如图 4-14 所示，分别为不同种类膨胀剂的限制膨胀率值，包括分别以 MgO 和 AFt 为主要膨胀元的单组分膨胀剂，以及双组分或多组分复合的膨胀剂。复合膨胀剂膨胀效能最高，且达到膨胀稳定的时间短，膨胀稳定期长，利于补偿混凝土后期的收缩。

（4）用水量

水胶比对于混凝土强度的影响非常明显，即水胶比增加，混凝土强度降低，但其对混凝土膨胀性能以及混凝土膨胀与强度协调发展的影响则不然。如水胶比增加时，一方面，由于水分充足，膨胀剂的水化反应可能会加快，AFt 的生成量可能会增加，膨胀速度增大而使膨胀性能提高；另一方面，水胶比的增大也可能增加混凝土的空隙率，从而需要更多的膨胀产物填充，甚至消耗膨胀能。因而，水胶比的选择主要还是以强度和耐久性决定。

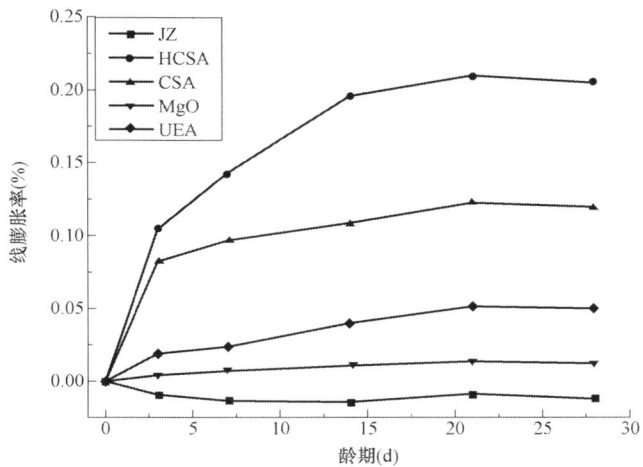

图 4-14 不同膨胀剂的限制膨胀率（7d 水养＋21d 标养）

（5）自养护剂

自养护材料的吸水与释水性能直接决定了其微养护作用的效果。超吸水树脂（简称 SAP）是一种含有羧基、羟基等强吸水性基团，结构上轻度交联的三维网状功能高分子材料，是一种很强的吸水剂和保湿剂。轻质高强多孔自养护组分是既具有足够强度，又能在水泥石与自养护材料之间建立自养护机制的颗粒材料。自养护的设计可根据需要进行单组分、双组分复合自养护材料的制备。如图 4-15、图 4-16 所示。

(a)

(b)

图 4-15 用作湿度补偿介质的轻集料

（a）黏土陶粒；（b）页岩陶粒

（6）外加剂

在相同水胶比的条件下，外加剂的种类和掺量对自收缩的降低影响较小，可选用缓凝型高效减水剂，提高混凝土和易性，减少离析和泌水问题，改善混凝土匀质性。

图 4-16　用作湿度补偿介质的超吸水性树脂

(a) 吸水前；(b) 吸水后

3. 配合比设计

（1）混凝土膨胀性能设计

对于钢管混凝土膨胀性能设计，首先要了解和掌握混凝土的膨胀特性和规律，选用膨胀能较大、膨胀稳定期较长的高效膨胀材料，在核心混凝土中建立合适的早期和后期膨胀，有效解决核心混凝土与钢管壁的脱空问题；并在核心混凝土中形成自应力，提高承载力。

根据赵顺增等人的研究，膨胀剂的水化反应应避免在塑性阶段产生较多的无效膨胀；而在硬化和强度发展早期是产生有效膨胀的主要阶段，有效膨胀窗口对应 5～20MPa 的强度发展阶段；混凝土强度发展后期，膨胀剂的膨胀反应受到强度的约束，并易产生倒缩的现象。由于高强混凝土早期水化程度较高，胶材水化而引起的自生收缩（自收缩）现象明显，试件早期收缩大，强度增长快。因而，要求膨胀剂在混凝土硬化及强度发展早期即形成有效的膨胀效能，并具有适当延迟膨胀的效应，保证后期膨胀性能的稳定。膨胀剂的发展阶段如图 4-17 所示。

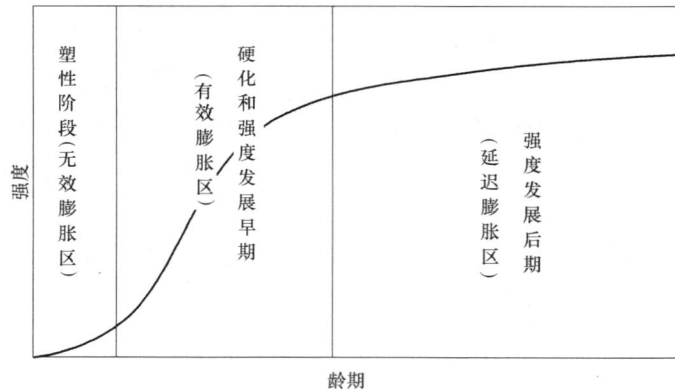

图 4-17　膨胀剂的发展阶段

膨胀性能的设计是为了满足钢管混凝土自应力的需求，通过核心混凝土的膨胀效应及钢管的套箍作用，实现钢管与混凝土的相互作用力，进而增强界面粘结应力，并提高构件整体的承载力。

钢管混凝土的自应力值 σ_c 与混凝土膨胀率的关系如下式所示：

$$\sigma_c = E_c(\varepsilon_0 - \varepsilon_R - \varepsilon_A)$$

(4-2)

式中 E_c——混凝土弹性模量；

    ε_0——混凝土自由膨胀率；

    ε_R——混凝土在钢管约束条件下的膨胀率；

    ε_A——混凝土膨胀率修正值，$\varepsilon_A = 1 - \sqrt{1-q}$，q与混凝土的含气率及混凝土泵送压力有关，取为 1×10^{-4}。

钢管混凝土的限制膨胀率 ε_R 与自由膨胀率 ε_0 的关系如下式：

$$\varepsilon_R = \frac{KE_c}{KE_c + E_s}(\varepsilon_0 - \varepsilon_A), K = \frac{R}{t} \tag{4-3}$$

式中 R——钢管半径；

    t——钢管壁厚；

    E_s——钢管弹性模量。

经推算可得：

$$\sigma_c = E_c\left(1 - \frac{KE_c}{KE_c + E_s}\right)(\varepsilon_0 - \varepsilon_A) \tag{4-4}$$

上式给出了钢管自应力设计值与混凝土自由膨胀率的关系，测定混凝土的弹性模量和含气率，选定混凝土的施工泵压后，便可获得 ε_A 值，混凝土的 ε_0 就可以确定。

试验钢管弹性模量，$E_s = 2.06 \times 10^5 \, N/mm^2$；

自应力混凝土弹性模量 $E_c = 2.06 \times 10^4 \, N/mm^2$；

根据结构设计要求设定混凝土的膨胀应力范围，一般取值 1.0～3.0MPa，进而可通过公式计算出核心混凝土所需理论自由膨胀率值，指导混凝土的膨胀设计。

C60 膨胀混凝土的配制（kg/m³）　　　　　　　　表 4-13

试验编号	胶材	水泥	I 级 FA	微珠	S95	HCSA	河砂	碎石	水	水灰比	Pc(%)
HCS60-0	560	330	90	56	84	—	745	949	151	0.27	2.2
HCS60-3	560	285	90	56	84	45	745	949	151	0.27	2.3
HCS60-4	560	274	90	56	84	56	745	949	151	0.27	2.4
HCS60-5	560	263	90	56	84	67	745	949	151	0.27	2.6

如表 4-13 所示，试验进行了不同自由膨胀率范围的膨胀混凝土的配制，研究掺量变化对混凝土自由膨胀率的影响。如图 4-18、图 4-19 所示。

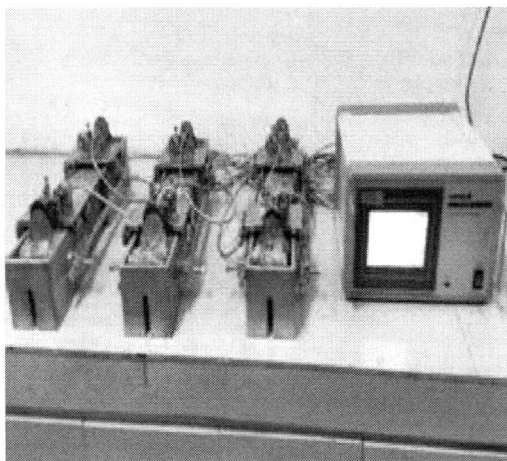

图 4-18 非接触定位测试

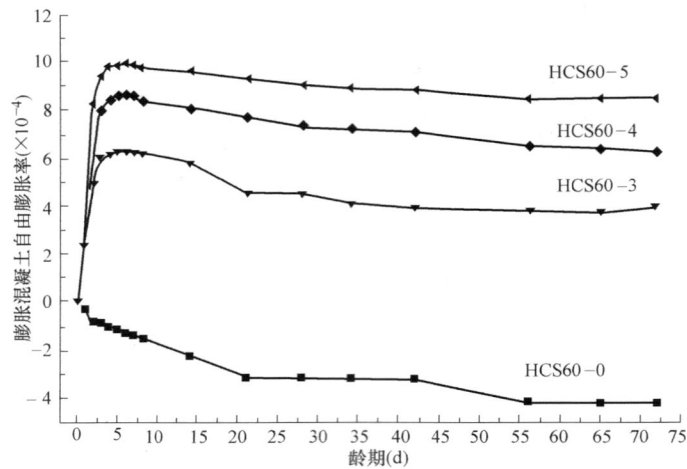

图 4-19　膨胀剂掺量对自由膨胀率的影响

采用应力-应变仪测量钢管外壁环向应变和轴向应变，通过粘贴在钢管外壁的应变片传递钢管在自应力混凝土作用下的微变形作用，并通过钢管应变计算得到混凝土的自应力值，具体的试验和计算过程如下，在混凝土产生一定膨胀变形的基础上，钢管混凝土中钢管和混凝土的受力分析如图 4-20 所示。

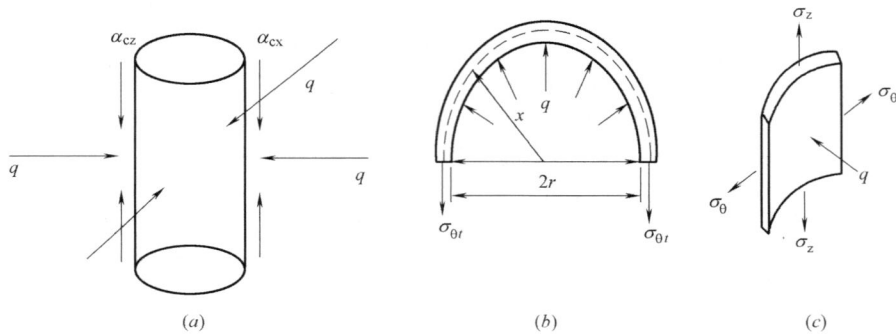

图 4-20　混凝土和钢管受力图
（a）混凝土受力图；（b）钢管受力图；（c）钢管单元受力图

$$\sigma_\theta = \frac{E_S}{1-\mu_S^2}(\varepsilon_\theta + \mu\varepsilon_Z) \tag{4-5}$$

$$\sigma_Z = \frac{E_S}{1-\mu_S^2}(\varepsilon_Z + \mu\varepsilon_\theta) \tag{4-6}$$

式中　σ_θ、σ_Z——钢管环向和轴向应力；

　　　ε_θ、ε_Z——实测环向和轴向应变；

　　　E_S、μ_S——钢管的弹性模量和泊松比。

根据图 4-20 所示，有：$2\sigma_\theta t = 2rq$，解得核心混凝土径向压应力 q 为：

$$q = \frac{t}{r}\sigma_\theta \tag{4-7}$$

式中　r——钢管内径；

　　　t——钢管壁厚。

根据轴向平衡条件 $A_S\sigma_z = A_c\sigma_{cz}$，解得核心混凝土轴向压应力 σ_{cz} 为：

$$\sigma_{cz} = \frac{2t}{r}\sigma_z \tag{4-8}$$

根据以上分析,本试验在钢管外壁同一垂直高度上焊贴轴向和环向应变片。具体测点布置如图 4-21 所示。

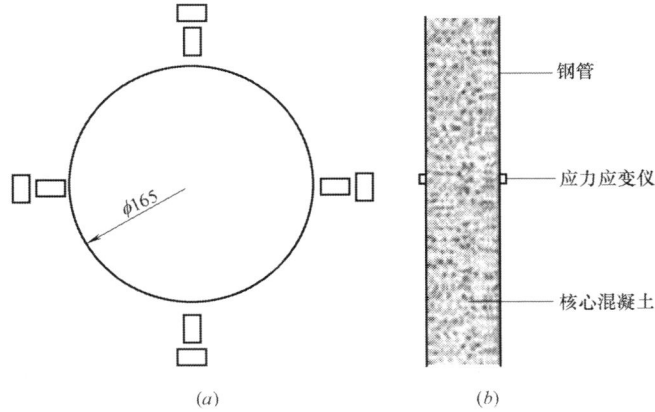

图 4-21 测点布置图
(a) 应变片测点布置平面图;(b) 应变片测点布置立面图

采用自动采集的模式进行 28d 内的应变变化情况监控,采集间隔为 1h。通过上述自应力钢管混凝土的受力模型,计算得出核心混凝土应力变化情况,如图 4-22 所示。

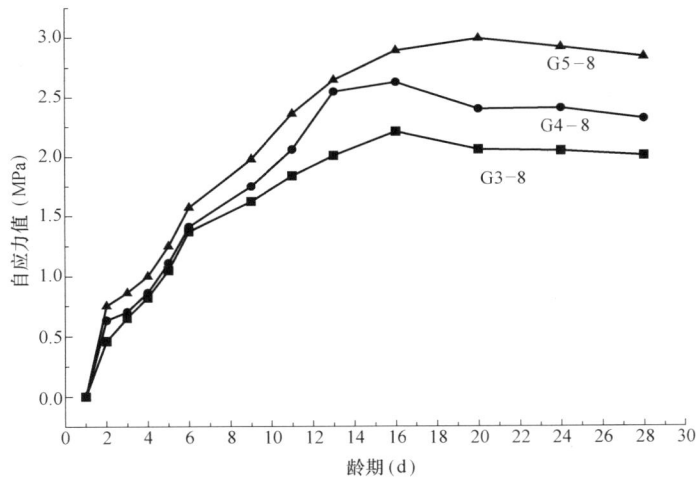

图 4-22 不同含钢率条件下混凝土自应力值随龄期变化情况

(2)低热胶凝体系设计

低热胶凝体系设计的目的是为了在尽可能降低胶凝材料水化热的基础上,保证胶凝体系的强度不降低甚至有所提高。降低水化热的直接有效措施为掺入低放热组分胶凝材料替代高放热组分胶凝材料。

高放热组分胶凝材料的减少势必对胶结强度有不利影响,因此,需要通过其他技术途径解决胶结强度的问题。直接有效的技术方法为增加胶结体的密实度,一方面可以通过胶凝体系各颗粒的粒径实现粉体的紧密堆积;另一方面可以通过降低水胶比的方法,减少胶结体的孔隙率,实现胶结体的密实度。

结合上述理论，开展了 C60 低热混凝土中试研究，进行了 1m×1m×1m 的立方体混凝土模型的浇筑，并进行了水化温升和收缩性能的测试，混凝土配合比如表 4-14 所示。中试模型及浇筑见图 4-23；温度监测结果见图 4-24。

中试试验混凝土配合比（kg/m³） 表 4-14

编号	水泥	矿粉	粉煤灰	硅灰	膨胀剂	河砂	碎石	水	外加剂
1	340	110	100	—	—	670	1040	140	8.6
2	190	100	250	40		710	1030	125	10.5

图 4-23　中试模型及浇筑

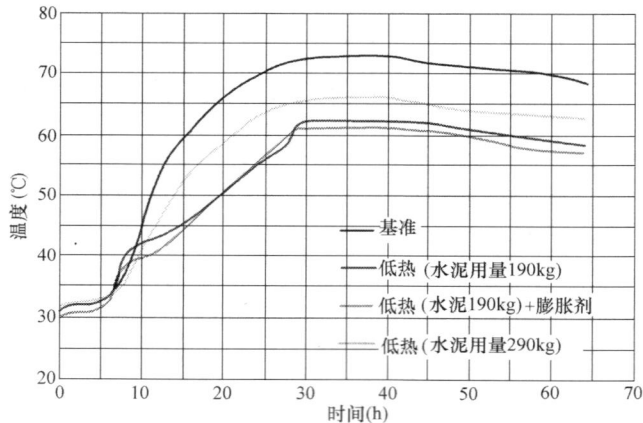

图 4-24　温度监测结果

C60 低热混凝土与 C60 普通混凝土温峰相差约 12℃；20h 左右 C60 普通混凝土温度与 C60 低热混凝土温度相差 15.8℃，为监测期最大温度差，说明大量掺加矿物掺合料，可显著降低混凝土早期温度发展速率，延缓温度上升。

低热胶凝体系设计通过降低水泥用量、引入低热掺合料降低胶材水化热；通过密实度模型提高胶材体系强度；并在此基础上降低高强混凝土自收缩和温度收缩，有效地改善了高强大体积混凝土的抗裂性能。如图 4-25 所示。

（3）自养护性能设计

研究表明，高强混凝土内部相对湿度与自收缩符合对数关系，即相对湿度减小梯度越大，混凝土的自收缩增加越迅速。在早期，如果混凝土自收缩应变及其产生的弹性拉应力迅速增加，而此阶段水泥石的抗拉强度较低，那么当自收缩拉应力大于同龄期水泥石的抗拉强度时，水泥石就会开裂。因此，要有效解决混凝土因早期自收缩应力造成的开裂问题，一方面可通过掺加纤维等增强水泥石的抗拉强度，另一方面需要设法减小混凝土的内部湿度下降梯度。由于高强混凝土结构非常致密，外部水分一般较难进入混凝土内部，因而采用外部养护的方法效果不明显。

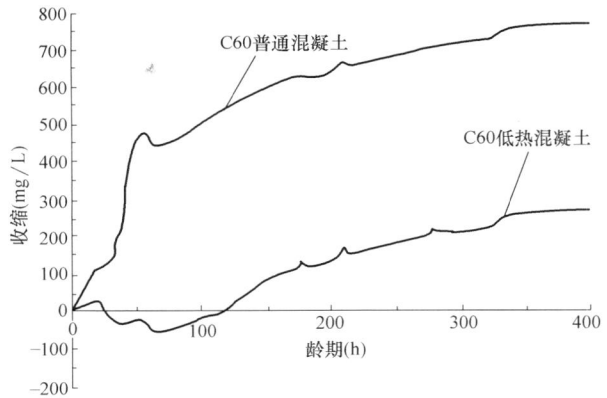

图 4-25　低热混凝土的收缩性能对比

基于以上问题，提出了高强混凝土内部湿度调控方法，其设计思想如图 4-26 所示。

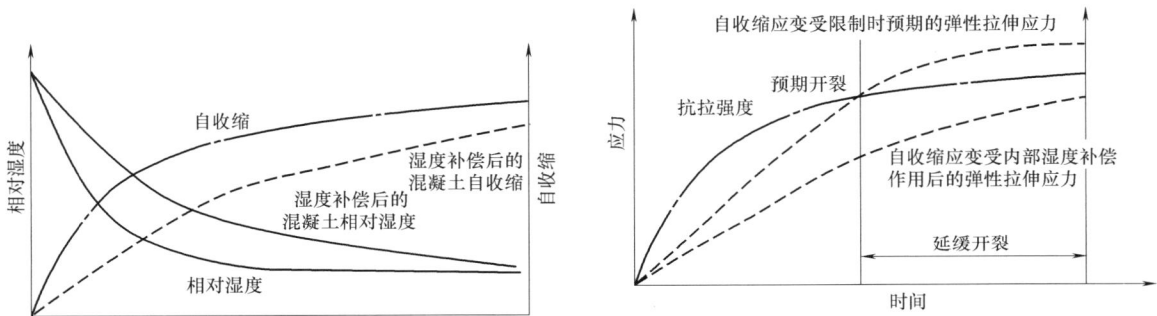

图 4-26　混凝土内部湿度调控方法的设计思想

该方法旨在通过在混凝土内部引入自养护材料，在混凝土内部湿度下降过程中，自养护材料释放出预先储存的水分，进而调控混凝土内部相对湿度，降低混凝土的自收缩。而且由于自养护材料后期的缓释作用，为水泥的持续水化及膨胀剂的持续膨胀提供水分。以减小因自收缩应力增加过快而导致的混凝土开裂问题。

对于自养护材料的内养护能力和降低混凝土收缩开裂风险的能力，研究采用单轴约束试验方法进行全面评价，以优化混凝土配合比从而达到高的抗裂性。约束可调式单轴温度-应力试验机如图 4-27 所示。

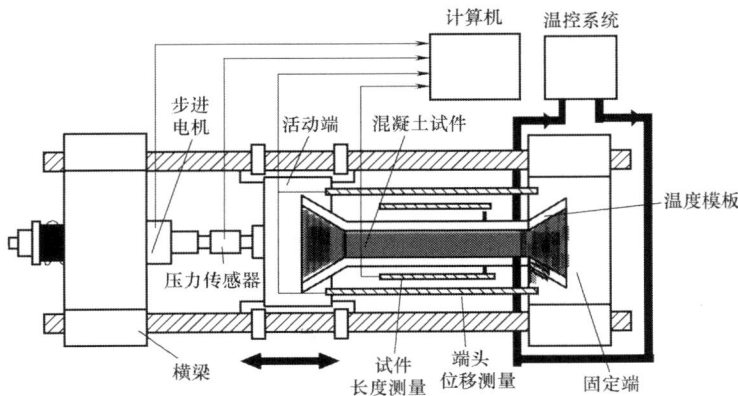

图 4-27　约束可调式单轴温度—应力试验机构造示意图

1）自养护材料对混凝土温度应力的影响

图 4-28 是自养护材料对混凝土温度应力的影响。混凝土在浇筑成型后均表现为压应力，掺自养护材料的混凝土压应力值始终略低于基准混凝土。之后压应力下降为零，开始表现为拉应力，试验终止时，基准混凝土拉应力达到 0.63MPa，掺自养护材料的混凝土拉应力为 0.38MPa，拉应力减小了 40%。

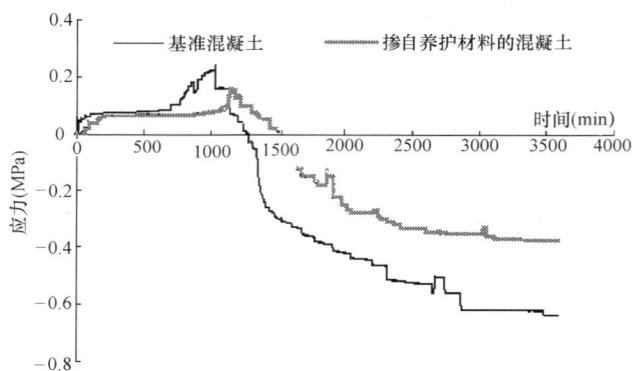

图 4-28　自养护材料对混凝土温度应力的影响

2）自养护材料对混凝土体积变形的影响

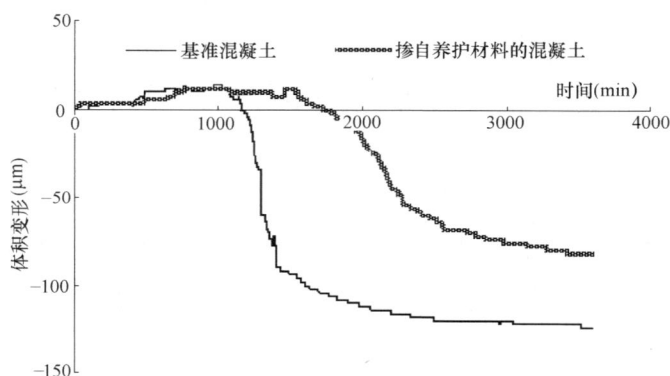

图 4-29　自养护材料对混凝土体积变形的影响

图 4-29 是自养护材料对混凝土体积变形的影响。基准混凝土的最终收缩量为 124μm，掺自养护材料的混凝土的最终收缩量为 82μm。掺自养护材料的混凝土在浇筑后表现出的体积变化量远低于基准混凝土，同时其体积变化速率也较平缓。

通过抗裂性能的综合评价，掺自养护材料的混凝土在试验终止时的收缩、拉应力都有明显减小，弹性模量略有减小。对于高强混凝土，这些指标的减小有利于改善其抗裂性能。

（4）工作性能优化设计

巨型钢管混凝土在满足上述膨胀性能控制要求、低热低缩性能要求和自养护设计要求的基础上，应当结合施工特点，进行工作性能优化，以满足自密实浇筑的要求。

混凝土的工作性能设计采用了《自密实混凝土应用技术规程》JGJ/T 283—2012 中自密实混凝土配合比设计思路：以水泥浆的黏稠性来保证混凝土的稳定性，以水泥浆的体积含量来保证混凝土的流动性。其次，应当考虑掺合料、膨胀剂、最优水胶比、高效减水剂对新拌浆体流动性、匀质性和保水性的影响。

1）掺合料。对于高强混凝土而言，矿物质超细粉的掺入成为有效解决高强混凝土低用水量与和易性之间矛盾的有效方法。矿物质超细粉的掺入，一是起到了填充效果，通过改善胶凝材料的颗粒级配，提高颗粒体系的堆积密实度，降低孔隙率，并且细化了孔径；二是由于形态效应在水泥颗粒之间起到了"滚珠"的作用，使浆体流动性变好，和易性改善；三是提高了复合胶凝材料的诱增活性，使后期强度增长，同时降低了水化热。

2）膨胀剂。随着膨胀剂掺量的增加，混凝土的工作性能整体降低，当膨胀剂掺量大于10％时，对混凝土的流动性影响较大，坍落度/扩展度明显下降，且外加剂的用量也明显增加，这与膨胀剂组成中的硫铝酸盐相与外加剂的适应性有一定关系；随膨胀剂掺量增大混凝土浆体的黏聚性增加，测得的坍落度筒倒塌时间逐渐增加，并影响混凝土的填充性能及通过障碍的能力。因而，从混凝土工作性能考虑，膨胀剂掺量不宜过高，且应考察与外加剂的适应性。

3）最优水胶比。加入拌合物中的用水主要可划分为3部分：水化用水、集料颗粒开始具有流动条件的用水量、过剩水。第二种也称为基本含水量，与之相对应的水泥用量之比就形成了最优水胶比，是一种既控制了水泥浆稠度又控制了水泥浆水量的参数。在水胶比一定的情况下，需要配合用水量和最佳骨料级配才能获得最好的密实度和最好的混凝土工作性能。

4）高效减水剂。巨型钢管混凝土的浇筑需要长距离的泵送，因而要求混凝土具有良好的可泵送性、匀质性和可施工时间。应当采用具有缓凝效果、坍落度损失小、减水率高、与胶凝体系适应的高效聚羧酸减水剂，以满足浇筑需求。

对混凝土工作性能的检测和评价采用多种测试手段综合评价的方法。首先采用简易黏度计法（用倒置的坍落度筒测定混凝土的排空时间）检测混凝土的黏聚性；其次采用坍落度/扩展度检测混凝土的和易性；同时按照《自密实混凝土应用技术规程》JGJ/T 283—2012 中的 U 型箱来评定自密实混凝土拌合物的填充性。如图 4-30 所示。

(a)　　　　　　　　　　　(b)

图 4-30　工作性能测试

(a) U 型箱试验；(b) 坍落度/扩展度

4.3.3　钢管混凝土施工技术

钢管混凝土的施工质量与施工工艺密切相关，施工质量的好坏影响其结构承载力。钢管混凝土的施工应遵循《钢管混凝土结构技术规程》CECS 28—2012、《混凝土泵送施工技术规程》JGJ/T 10—2011 进行。施工质量要求和验收标准应按现行国家标准《钢结构工程施工质量验收规范》GB 50205—2001、《混凝土结构工程施工质量验收规范》GB 50204—2015 和《钢管混凝土工程施工质量验收规范》GB 50628—2010 中的相关规定执行。

1. 浇筑与养护

对于高层钢管混凝土结构而言，其有显著区别于桥梁钢管混凝土结构的特点，一是高度高，二是节点多、结构复杂，三是截面尺寸大。因此高层钢管混凝土结构的施工对设备和技术的依赖程度更高。目前，管内混凝土浇筑可采用常规人工浇捣法、高位抛落无振捣法及泵送顶升法。当采用高位抛落无振捣法或泵送顶升法且缺乏可靠经验时，应做混凝土配合比试验，确保混凝土浇筑质量。

（1）巨型柱混凝土浇筑及控制要点

巨型柱混凝土施工中存在着各种重难点，必须制定相应的对策，否则会影响工程的质量。

1）巨型柱腔体里有大量的钢筋、隔板等，浇筑、振捣困难。采用大流态自密实混凝土；采取高抛浇筑为主，节点区域辅以高频振捣棒振捣；对混凝土配合比进行优化，控制粗细骨料的级配、粒径、粒形、强度、含泥量、杂质等指标，使拌合物具有良好的自密实性能；严格按照配合比进行生产，生产前对搅拌站的计量设备进行校核，确保原材料的计量准确；强化现场验收检验，做到每车必检。

2）巨型柱各腔体采用隔板分开，浇筑时要注意控制腔体混凝土高差。浇筑前在巨型柱内做好每次的浇筑标高，根据浇筑标高控制各腔体混凝土高差；对管理人员和工长进行交底，使参与混凝土施工的所有人清楚浇筑方法和注意事项。

3）底层砂浆浇筑。在浇筑混凝土前先浇筑一层 100～200mm 厚与混凝土强度、配合比相同的水泥砂浆，防止自由下落的混凝土粗骨料产生弹跳，影响混凝土强度，砂浆由自密实混凝土供应搅拌站提供，严禁现场搅拌。

4）密实度控制。浇筑过程中，钢柱密实度采用方量控制与敲击控制两种控制方式，方量控制主要以实际浇筑量与理论浇筑量进行对比，在每浇筑 1 车后进行实测，测量工具选用测锤，同时配合手电筒进行照射并进行目测。

5）浇筑过程中混凝土质量控制。所有进场混凝土以控制扩展度为主，结合目测黏聚性和流动性，进场混凝土扩展度不小于 650mm，3h 后不小于 600mm，对扩展度小于 500mm 的混凝土，禁止使用。

6）其他浇筑注意事项。巨型柱钢管混凝土浇筑之前，应将管内异物、积水清除干净，管内混凝土浇筑应在钢构件安装完毕并验收合格后进行；混凝土浇筑时，巨型柱内各钢板分仓对称下料，分层浇筑，节点处加强人工振捣。巨型柱每段浇筑至指定标高；下料时应轮流向各个腔内下料，每次下料高度控制在 2m，间隙 10～15min 后再继续下料，以此类推；抛落高度不应小于4m，对于抛落高度小于 4m 的部分，需应用内部振捣器振实；出料口需伸入钢柱，利用混凝土下落产生的动能达到混凝土自密实的效果；浇筑过程中，由专人负责汽车泵调控工作；每浇筑2m 高，间隙 10min，特别是浇筑结构隔板处混凝土时，应间隙 15min，以便有足够的时间排出腔内空气。

（2）钢管混凝土养护控制

在混凝土裂缝产生的原因中，相当部分是由于施工养护过程中没采取有效的控制措施而引起的。

根据施工进度，混凝土浇筑完成后主要采取如下养护覆盖措施：

1）混凝土浇筑前，在巨型柱表面粘贴一层 40mm 厚泡沫塑料保温板作为保温材料，利用工业胶将保温板紧密粘贴在巨型柱上，待混凝土养护达到要求后将每块保温板从巨型柱表面铲下回收，作为下一次巨型柱混凝土养护的材料反复利用。

2）对于混凝土露天的表面，在浇筑后 12h 内先在表面铺一层塑料薄膜，再铺一层纤维薄膜，再用一层 40mm 厚泡沫塑料保温板穿过钢筋对混凝土面层压实进行保温，边角部位、钢筋穿孔部位及缺陷部位需用纤维棉进行封堵保温。

3）应在浇筑 12h 之内对混凝土加以保湿养护，保湿养护时间不少于 14d。

4）保温层的拆除要逐步进行，当混凝土表面的温度与环境最大温差小于 20℃时，可全部拆除。

对于冬季施工的混凝土，或内外温差较大的大体积混凝土，应当在混凝土外表采取保温措施防止温度梯度过大，必要时其至设置围护装置后通入蒸汽养护或用碘钨灯进行照射升温。而对于严寒季节施工的混凝土，则应保温防冻，避免混凝土的冻胀变形。

若处于夏季高温季节，除了对原材料的温度采取一定措施进行控制外，在输送过程中及浇筑施工时也应当避免阳光直射而使拌合物温度升高。同时应根据需要对大体积混凝土进行分块施工，避免热量在混凝土内部集聚。为防止混凝土内部温度过高或温度梯度过大，通常采取在大体积混凝土中埋设冷却水管，通冷却水降温的办法。

2. 钢管混凝土的监控

巨型柱钢管混凝土体量大，水泥水化时放热量大，产生的绝热温升高，里表温差大容易造成混凝土内部产生温度应力，当温度应力大于混凝土的抗拉强度时，混凝土就会产生开裂，影响混凝土体积稳定性。因此有必要进行巨型柱大体积混凝土的热工监测，以确保工程质量优良。

天津 117 大厦巨型柱 C70 自密实混凝土单次最大浇筑方量达 3400m³，是典型的大体积混凝土。项目采用 HNTT 大体积混凝土测温仪（智能无线式）测温系统，对 117 主塔楼巨型柱与环带桁架、巨型支撑交接处的加强层节点等结构复杂部位进行温度监控模拟试验。如图 4-31～图 4-33 所示。

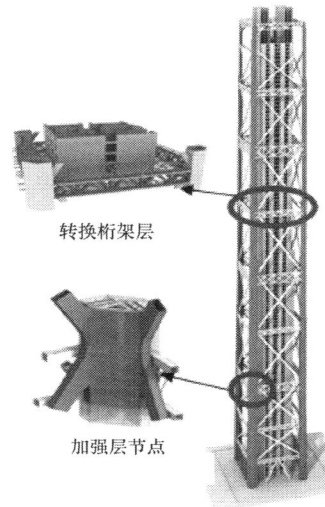

图 4-31 巨型柱与环带桁架、巨型支撑交接处的加强层结构示意图

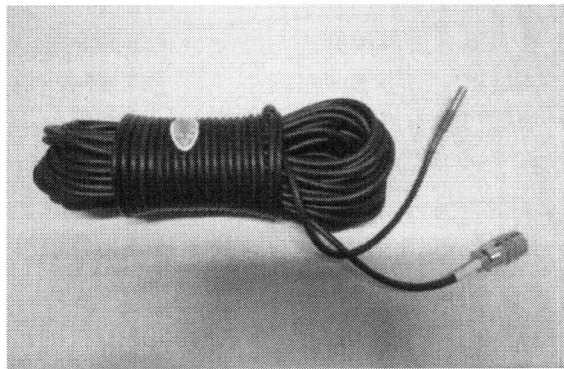

图 4-32 HNTT-D 大体积温度测试仪及测温导线

通过监控，C70 大体积自密实混凝土中心温度计算值较高，最高温度达到 73.4℃，需要采取必要的保温措施以防止混凝土里表温差过大导致混凝土开裂。

在巨型柱测试期间，昼夜温差较大，在同一腔体内，越接近表面环境位置温度梯度越大，降温越快，受环境温度影响越大，越往中心位置降温越慢。因此需要注意采取混凝土保温措施，防止混凝土里表温差过大。浇筑 14d 后腔体中央核心位置随温度趋于稳定，水泥水化放热基本完成，因此保温保湿养护时间不得少于 14d。

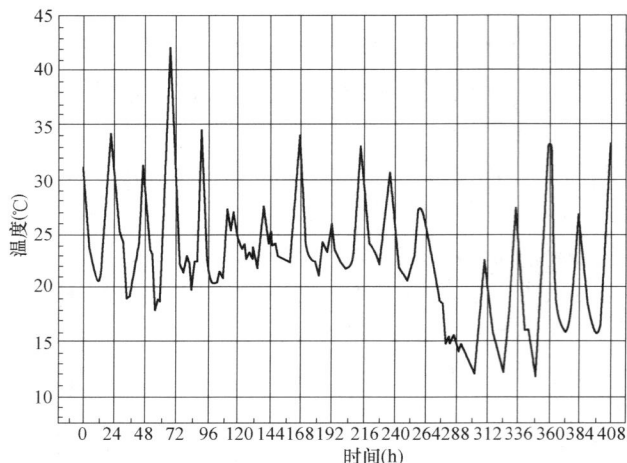

图 4-33　环境温度监测

4.3.4　钢管混凝土脱空检测技术

钢管混凝土中核心混凝土与钢管界面脱空会严重影响结构的整体受力性能和承载能力，对钢管混凝土组合结构的使用性能和耐久性产生不利影响。因此，有必要通过一定的技术手段对钢管混凝土内部质量进行检测，若发现存在缺陷，应采取相应措施进行修补。常用的有损检测方法是直接钻芯取样法；常用的无损检测手段有人工敲击法、超声波检测法、应力－应变监测法、光纤传感法、射线法、表面波法、光纤监测系统等。

无损检测具有对混凝土结构不造成破坏、测试仪器简单、操作方便、费用较低并可进行重复测试等特点，所以它既适用于工程施工过程中对混凝土质量的监测，又适用于工程竣工验收和建筑物使用期间对混凝土质量的检定，使得混凝土无损检测技术得到了较快的发展和广泛的应用。

1. 超声波检测法

随着巨型钢管混凝土结构在工程中的应用日益增多，由于其截面尺寸大、内部构造复杂、施工困难等特点，钢管内混凝土的质量问题已逐渐成为施工质量的关键指标。近些年来，超声波检测是一项发展迅速的实用技术，其通过发射周期性超声脉冲波，经过结构内部传播与接收，对其声学参数的检测与分析来判断结构内部密实性、均匀性、钢管壁与核心混凝土之间的胶结脱离等情况。

超声波的检测原理是：超声波发射换能器在巨型钢管柱外壁的一侧发出周期性脉冲波，经过钢管壁、混凝土等传播后，由另一端的接收换能器接收，最后由仪器显示声波信号。超声波在传播过程中遇到由各种介质缺陷形成的界面时会改变传播方向和路径，其能量会在缺陷处引发衰减，造成声时、振幅、频率变化。超声波法是根据超声波的这些特性，对这些变化进行分析，实现对钢管混凝土质量的检测及判断其内部间隙的位置和大小。

在实际工程中，根据钢管混凝土柱的尺寸大小、结构构造、环境状况、检测表面以及可能出现缺陷等情况选用不同的检测方法。参考已有研究成果和工程实践，目前国内常采用平面检测法、预埋声测管检测法和混合检测法三种方法检测钢管混凝土的缺陷，依据不同的方法选用不同的超声波测试仪器。

巨型钢管混凝土柱具有截面尺寸大、管壁厚、内部构造复杂、施工困难等特点，仅采用单一检测方法难以确定巨型钢管混凝土柱中缺陷的具体位置。因此，通常的做法是将平面检测法、预埋声测管检测法和混合检测法相结合，综合应用于实际工程中。采用预埋声测管检测法来检测钢管内部混凝土存在的问题；然后把测点布置于钢管壁上，结合混合检测法检测钢管壁之间混凝土的质量问题。

超声横波成像检测是一种新型的混凝土浇筑质量探测技术，采用横波检测方法，干耦合点接触式的阵列换能器，检测结果可采用合成孔径聚焦技术（SAFT）数据处理方法形成混凝土 3D 断层成像，可直观显示内部结构和缺陷，更容易理解和分析。检测最高精度达 2cm，最深为 2m。如图 4-34、图 4-35 所示。

超声横波成像能准确地确定异常位置及面积，是一种强有力的检测方法，但通常适用于单面

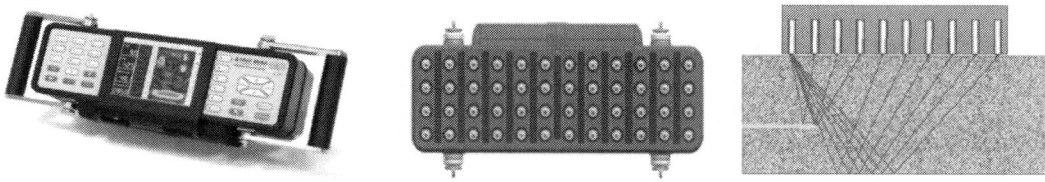

图 4-34　MIRA 超声混凝土断层成像系统

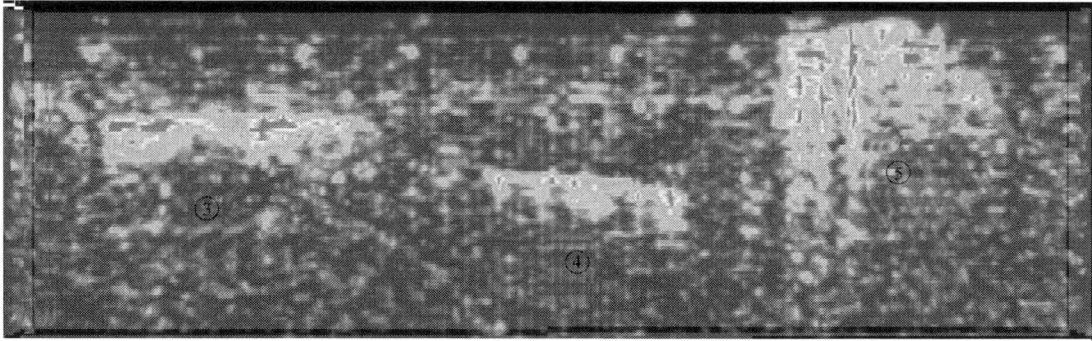

图 4-35　钢管超声横波成像剖面成果图

混凝土的缺陷检测，用于巨型钢管混凝土的检测时，应当结合结构特点开展可行性分析。

2. 压电波动法主动监测系统

天津 117 大厦塔楼的巨型柱采用的混凝土强度较高，自密实性能要求高，它的配制及施工均需要单独进行控制。根据设计和施工要求，在正式浇筑 C70 大体积自密实混凝土之前，建造了一根试验用钢柱，代表实际巨型柱尺寸，进行模拟浇筑试验，并全面检测混凝土模拟试验柱的施工质量。

巨型试验柱横截面和柱内部构造见图 4-36；各腔体分布见图 4-37 所示。从 M、N、K 腔的混凝土内部缺陷和界面剥离损伤两个方面对混凝土的浇筑质量进行分析。

图 4-36　巨型试验柱构造图

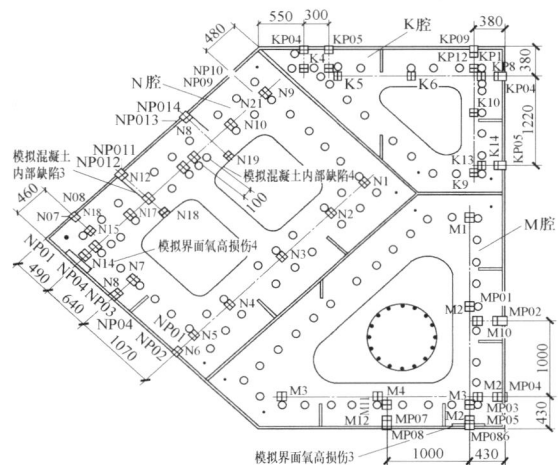

图 4-37　各腔体分布

图 4-38 为用于本次监测的高频应力波主动监测系统实物图。监测过程中使用任意函数发生器发射激励信号，激励信号采用频率为 20kHz 的正弦信号和频率范围为 1～20kHz 的扫频信号。利用功率放大器将激励信号进行放大，采用 24 通道比利时进口 LMS－SCM05 振动测试分析集

成系统采集信号，数据采样频率取为102400Hz，利用电脑终端自动记录数据并进行事后分析。

图4-38　高频应力波监测系统

数据分析原理和方法：压电驱动器在激励信号的作用下产生高频应力波，应力波会沿着钢管壁以及内部混凝土传播，钢管内部混凝土的缺陷或者钢管内壁与核心混凝土的界面黏结缺陷都会引起应力波的衰减，所以可以通过分析另一端压电传感器所接收到的信号的特性来评估钢管内部混凝土的质量以及钢管内壁与核心混凝土的界面黏结性能。

模拟混凝土缺陷监测结果与分析：

在M腔的水平横隔板下表面处未设置人工模拟界面剥离损伤。对各个压电功能块的测量结果的幅值进行分析，对各测量位置的测量结果用最大幅值进行归一化，结果见图4-39。

在M腔的水平横隔板下一定距离设置了用于模拟混凝土缺陷的木质盒子，通过对处于同一水平位置但分设于模拟混凝土缺陷损伤上下的两个压电功能块分别作为激励器和传感器进行对测，运用测量信号对人工模拟的混凝土缺陷损伤进行识别监测，如图4-40所示。

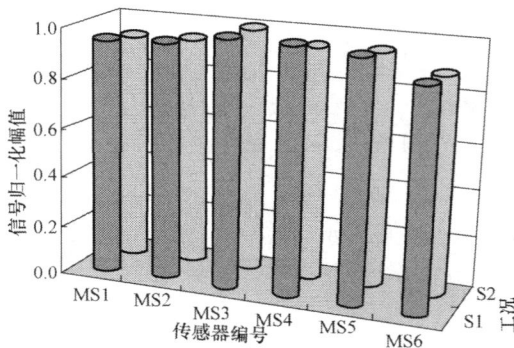

图4-39　正弦激励下信号归一化幅值

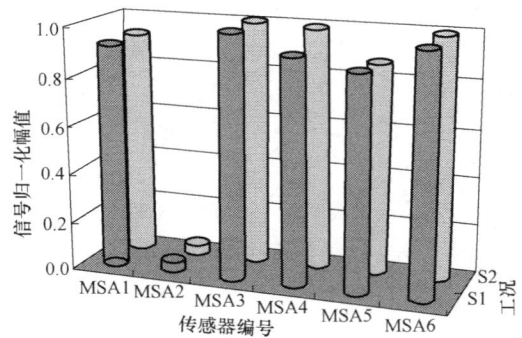

图4-40　扫频激励下信号归一化幅值

由图4-39可知，各测点接收的信号相差不大，较为接近，说明各测点部位界面黏结性能较好。这与M腔的横隔板下表面未设置人工模拟界面剥离的实际情况相符，测试结果能够较好地反映横隔板的界面黏结性能。

由图4-40可知，MSA2接收的信号较其他部位测点明显偏小，其他部位测点接收的信号相差不大，说明MS2-MSA2间存在混凝土内部缺陷，其他收发信号测点间混凝土浇筑质量较好。而事实上MS2-MSA2间设置了50mm×100mm×200mm的模拟混凝土内部缺陷。缺陷正确识别。

3. 平膜式压力变送器侧压力实时监测系统

图4-41为平膜式压力变送器应力实时监测系统实物图。平膜式压力变送器的主要测量元件是溅射薄膜，浇筑时流动的混凝土对它产生的压力直接作用在测量膜片的表面，使膜片产生微小的形变，电阻值也跟着发生变化，根据惠斯特电桥产生差分电压变化，然后采用专用芯片将这个电压信号转换为工业标准的4～20mA电流信号输出。测量时将压力变送器连接到无纸记录仪上，直接得出钢管壁的侧向压应力。

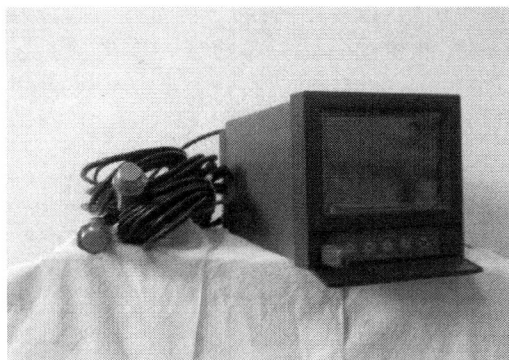

图 4-41 平膜式压力变送器应力实时监测系统

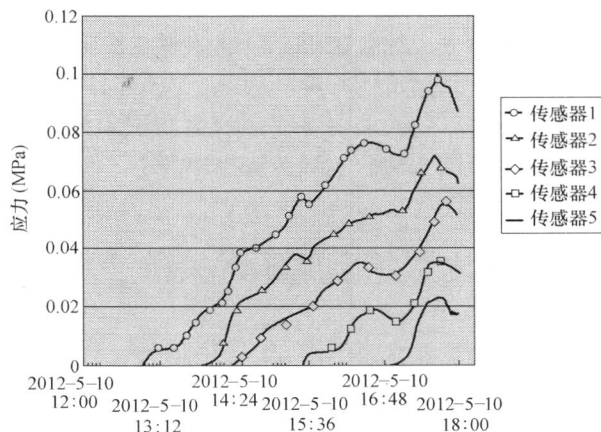

图 4-42 压力变送器实时检测数据

在试验柱混凝土的浇筑过程中，通过运用预先布置在钢管壁内部的五个压力变送器对浇筑全程混凝土对钢管侧壁的压应力进行了监测。将埋入的五个压力变送器依次连接到无纸记录仪上，在混凝土开始浇筑时打开仪器进行记录，测试得到的应力实时检测数据如图 4-42 所示。

由图 4-42 可知，最下面的 1 号传感器的值最大，为 0.103MPa。其他各个位置的最大应力值从 2 号、3 号、4 号、5 号依次为 0.071MPa、0.057MPa、0.037MPa、0.023MPa，近似跟它们的埋深成正比。同时，随着混凝土浇筑的进行，可以明显看到压力变送器读数呈增加的趋势。所采用的压力变送器可以较好地反映混凝土浇筑过程中混凝土对钢管壁侧压力的变化过程，以及不同高度处混凝土侧压力的变化，侧面反映了混凝土填充性能好，与钢管壁接触良好，混凝土自密实性能良好。

针对异形多腔巨型柱结构特点，多腔混凝土钢管柱的角部及横隔板下重点关注，对模拟试验柱进行剖切试验，验证 C70 大体积自密实混凝土的自密实性能，试验结果见图 4-43。通过异形多腔混凝土模拟试验钢管柱剖切试验，可以清楚看到，横隔板以下、竖向钢管壁及角部混凝土界面黏结牢固，硬化混凝土无缺陷，混凝土自密实性能良好。

图 4-43 剖切试验实景图

钢管混凝土中核心混凝土与钢管壁的脱空机理研究对工程结构具有十分重要的意义，核心混凝土与钢管壁的黏结质量直接影响着结构的安全性和设备运行的稳定性。钢管混凝土的界面脱空问题检测技术手段有多种。最直观的检测方法是钻芯取样法，但损伤结构，不宜大批量检测。人工敲击法仅凭经验判别声音确定脱空，误差大、准确率低。光纤传感监测方法需要在施工过程中预埋光纤传感器，布设监测系统。不但成本高，且容易被破坏。超声波方法为局部方法，需先预知大致的缺陷部位，且较难定量分析脱空量。冲击回波法同样存在检测误差较大的问题，仅以实验室检测为主。综合来讲，目前的脱空检测方法均有一定的局限性，单一的检测方法还不足以使检测结果达到满意的程度。因此，应依据具体的钢管混凝土结构特点，有针对性地选择一种或几种检测方法，建立能将各方法的损伤识别结果融合起来的检测模块，然后集成于一套监测系统中。这是检测方法向实际工程推广的一条重要途径。

4.4 千米级超高层泵送关键技术

对于超高层建筑，因建筑高度的增加，混凝土自身的重力和混凝土在泵管中的沿程压力损失不断增加，混凝土泵送施工时混凝土输送泵的输出压力要远高于普通结构，一般都在 16MPa 以上，垂直泵送高度超过 400m 以上时，泵压将超过 20MPa，属于超高压泵送。在超高压泵送过程中，混凝土受高压的影响，容易产生泌水、分层，从而导致混凝土离析、堵管等诸多问题，造成施工损失，这一直是混凝土超高泵送施工的一大难题。随着泵送混凝土的大量应用以及泵送高度和泵送距离的大幅度增加，对泵送混凝土工作性能的研究越来越受到各国研究人员的关注。

4.4.1 混凝土泵送性能评价体系

1. 混凝土流变性能及泵送过程分析

高层及超高层泵送用混凝土都具有良好的流动性，其在泵送管道输送过程中可视为类似水、油、泥浆等流体的流动及变形过程。同时混凝土作为一种同时具有弹、黏、塑性的复合材料，随着水泥水化的进行，混凝土的黏、塑、弹性不断地在演变，它从以黏塑性为主的状态逐渐进入以黏弹性为主的状态，前者我们称为新拌混凝土阶段，后者则称为硬化混凝土阶段。

流变学作为研究材料流动与变形的科学，能够描述材料内部结构和宏观力学特性之间的关系。因此，不论混凝土在新拌阶段或者硬化阶段都可以从各种"流变参数"来反映由于结构变化造成的物理力学性能的变化。通过研究其黏、塑、弹性演变的动力学和影响流变规律的各种因素，可用于反映混凝土泵送的过程及性能变化规律。

（1）混凝土流变模型

弹性、塑性、黏性和强度是四个基本流变性质，根据这些基本性质可以导出其他性质。实际材料的流变性质可用具有不同弹性模量 G、黏度 η 和表示塑性的 τ_y 屈服应力的流变基元以不同的形式组合成的流变模型来研究。由此，针对混凝土的流变特性，目前各国学者建立的模型主要有以下几种：

1）简化的 Bingham 模型：

$$\tau = \tau_0 + \eta_p \gamma \tag{4-9}$$

2）改进的 Bingham 模型：

$$\tau = \tau_0 + \eta_p \gamma + c \gamma^2 \tag{4-10}$$

3）Herchel-Bulkley 模型：

$$\tau = \tau_0 + K \gamma^2 \tag{4-11}$$

4）Casson 模型：

$$\sqrt{\tau} = \sqrt{\tau_0} + \sqrt{\eta_p} \sqrt{\gamma} \tag{4-12}$$

5）Sisko 模型：

$$\mu = \mu_\infty + K \gamma^{n-1} \tag{4-13}$$

6）Williamson 模型：

$$\mu = \frac{\mu_0}{1+(K\gamma)^n} \tag{4-14}$$

式中　τ ——剪切应力（Pa）；

　　　τ_0 ——屈服应力（Pa）；

　　　η_p ——塑性黏度（Pa·s）；

　　　γ ——剪切速率（s^{-1}）；

　　　c ——常数；

　　　μ_∞ ——Sisko 黏度；

　　　μ_0 ——Williamson 黏度；

　　　μ ——表观黏度；

　　　K ——极限剪切速率对应的黏度；

　　　n ——0 剪切速率对应的黏度。

大量研究表明：流变参数的多少并不能决定流变模型的好坏，判定流变模型好坏最重要的标准是观测理论流变曲线与实际流变曲线的吻合程度。同时，流变参数越多的流变模型的误差可能越小，但是参数的物理意义却不会太明显，整个模型的建立和计算也会变得复杂。Bingham 流变模型用两个参数（屈服应力和塑性黏度）的线性方程表征了水泥浆、砂浆和混凝土的流变性能，显得更加简单，两个参数表征的物理量更加明确，同时与实际流变曲线的吻合程度好，因此得到了大多数学者的认可和较为广泛的应用。

依照 Bingham 模型，塑性黏度 η_p 和屈服应力 τ_0 是决定浆体流变特征的重要参数，屈服应力是浆体克服流动的最小剪切应力，只有当外力产生的剪切应力大于屈服应力时，浆体才会流动，塑性黏度则是水泥净浆内部结构阻碍流动的一种性能，是防止离析的一个重要参数。

（2）混凝土泵送流动状态及性能分析

一般来说，屈服应力小表示浆体克服内摩擦力产生塑性流动的阻力较小，即浆体具有较好的流动性；塑性黏度大则表示浆体的内聚力较大，浆体不易离析。针对混凝土超高层泵送施工，混凝土应具有较低的屈服应力和适中的塑性黏度，既拥有良好的泵送性能，又使浇筑后不易产生分层、离析。图 4-44 描述了混凝土在泵送管道内出现的塑性流体的流变曲线和所代表的流态，可分为以下几个阶段：

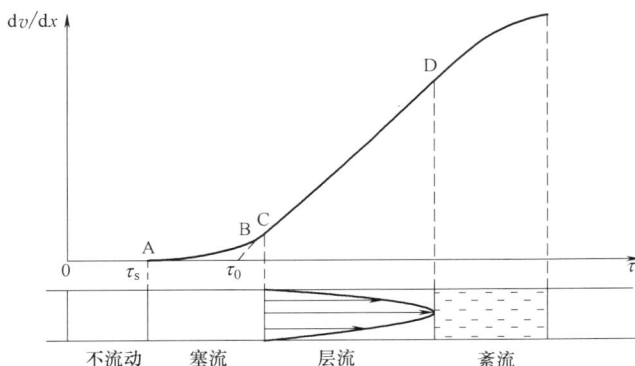

图 4-44　塑性流体的流变曲线和所代表的流态

1）不流动段：当外切力小于 τ_s 时水泥浆是不流动的，当外切力大于 τ_s 时，浆液才开始流动，τ_s 称为"静切力"或"凝胶强度"。

2）塞流段（ACB）：表示黏度随外切力的增加而降低，浆液以"活塞式"滑动方式流动。

3）层流段（*BD*）：表示黏度不随外切力的增加而变化，此时黏度称为"塑性黏度"，水泥浆呈层流态。τ_0为*BD*线的延长线与横坐标轴的交点，称为"屈服力"。由*BD*段可得简化的Bingham公式。

4）紊流段（*D*点后）：流变曲线又变成曲线状，水泥浆呈紊流态。

混凝土在泵送过程中这几种流态均有可能出现，尤其在超高层泵送的高压环境中，混凝土内部相对运动难易、相对运动方式也同摩擦力及泵送压力息息相关，这也决定了混凝土的泵送性能因素更复杂。由此，冯乃谦、马保国等专家通过研究指出，良好的混凝土泵送性能应包括：①新拌混凝土在泵管内易于流动，以充满泵管内所有空间；②有良好的黏聚性、保水性，在泵送过程中不易分层、不易离析、不易泌水；③混凝土拌合物与泵管管壁之间以及混凝土之间的内摩擦阻力较小。

2. 混凝土泵送性能评价方法

针对超高垂直泵送施工的混凝土性能，国内外尚未完全建立统一的测试及综合评价方法，目前在学术界和工程界主要依据以下几种方法来评价混凝土的泵送性能：

（1）基础性检测方法

基础性检测方法指标包括：坍落度、扩展度、倒坍落度筒流空时间（倒筒时间）等。

坍落度检测简便易行，需目测混凝土的黏聚性及匀质性，主观影响较大。虽一定程度上能准确评价中、低强度等级混凝土的泵送性能，但对于黏度较大的高强高性能混凝土，坍落度便无法全面反映高流动性混凝土的工作特性。扩展度及倒筒时间可综合反映泵送混凝土的匀质性、黏聚性和间隙通过能力，但存在操作技术水平影响大、测试结果主观性较强等缺陷，如综合三个测试参数，仍可以从整体上反映混凝土泵送性能趋势。

其中，逄鲁峰等结合坍落度、扩展度及倒筒时间通过实例建立了拌合物的可泵区间，可泵区间扩展度为500mm以上，流下时间为3～23s，良好可泵区间扩展度为540mm以上，流下时间为3～17s。

（2）针对性检测方法

1）压力泌水检测

压力泌水检测的是混凝土受压稳定性能，通过测量一定压力下拌合物的140s泌水量V_{140}、相对泌水率B_p [$B_p = (V_{10}/V_{140}) \times 100\%$]来辅助反映泵送混凝土的黏聚性。

Browne等认为，V_{10}排出的是拌合物易泌出的水，V_{140}后，拌合物中的水存在于颗粒空隙中，处于较稳定状态；且（$V_{140} - V_{10}$）较大，则表明混凝土具有更好的可泵性。随着减水剂的高效化及混凝土配制技术的发展，何永佳等也指出现在的混凝土拌合物的黏性大，其压力泌水值小，而且压力差异很小。实验表明，当混凝土压力泌水值相同时，其泵送难易也有较大的差异。因此，压力泌水检测方法仅可作为混凝土泵送性能的辅助性指标。

2）Orimet流速仪试验

Orimet流速仪能较好地模拟混凝土拌合物在泵管里的运动情况。混凝土拌合物受自重作用从竖管中全部流出，测定的流出速度$V_o = V_m/t$，其主要反映的是混凝土塑性黏度。

同时，马保国等也指出此实验存在一些局限：因其竖管直径取决于测定拌合物中集料的最大粒径，而且与其下端连接的插口还呈缩径（以便对拌合物产生剪切力）。因此对集料的超径现象比较敏感，当拌合物中有超径集料存在时，容易堵管并造成较大测试误差。

3）L型、U型仪流动试验

L型流动试验是利用混凝土拌合物在自重的作用下，自动下沉并通过钢筋向水平方向流动移动，通过检测下沉量、移动距离、流动时间、成分均匀性等综合反映混凝土拌合物的泵送性能。赵卓等提出当拌合物的坍落度均大于20cm时，它可以较顺畅地从开口处流出，并逐渐流平，但当拌合物的坍落度小于 20cm 时，拌合物由于重力作用，只能缓缓流动大小不一的距离，这说明 L 型流动测定仪适用于大流动度的拌合料。

U 型仪流动试验由日本 Taisei 集团最早提出，它可以同时评价新拌混凝土的屈服应力、塑性黏度、填充能力和间隙通过能力。但该方法不能有效地试验新拌混凝土的稳定性，而且适用范围相当窄。

4）匀质性检测试验

匀质性检测试验是用于检测混凝土拌合物中各组分在重力、振动、压力等作用下的相对运动，反映输送过程中混凝土发生内部组分分层现象的趋势。

王发洲、丁建彤、李进辉等利用各自的设备将分层离析后的拌合物中的集料分级筛出、清洗、烘干，然后根据给定公式得出结果皆能对混凝土的匀质性进行评定，该检测虽不能全面地反映混凝土的泵送性能，但可有效地对混凝土的泵送稳定性给出参考。

5）混凝土流变仪试验

国内外学者都认为，可用 Bingham 模型的流变参数来描述混凝土的工作性。混凝土流变仪通过测试混凝土的屈服应力（τ_0）和塑性黏度（η_p）能定量描述混凝土的工作性能，且物理意义明确。

目前，现有的混凝土流变仪可分为 3 类：同轴旋转式流变仪、平行平板式流变仪、叶轮式流变仪。例如：法国路桥实验中心研制出 BTRHEOM 式叶片式流变仪，冰岛国家建筑研究所（IBRI）研制并生产了同轴式双筒黏度仪，陈健中教授曾研制过一台旋转叶片式混凝土流变仪，天津大学的充景付设计了一种能用于测定高性能混凝土和泵送混凝土流变性能的流变仪，哈尔滨工业大学的潘雨自行研制了 BMH 混凝土流变仪。以上的流变仪都开展了对混凝土流变特性的研究，并得到比较理想的规律。

Ferraris 等对不同流变仪进行了对比试验，结果显示不同流变仪测试混凝土的流变性能的"绝对值"差异很大。不同的流变仪，虽都能比较敏感地反映不同混凝土拌合物流变性能的差异，即能"相对"准确地测试和评价混凝土泵送性能，但只有相同流变仪的测试结果具有可比性。

混凝土流变学把混凝土流变性能作为能够以基本单位度量的物理量表示出来，流变参数是基于物理基础的科学分析、预测，可取代笼统的经验规律。这种方法可从本质上表征混凝土的泵送性能，具有精确性、可靠性、复演性强的特点，是混凝土泵送性能评价的发展方向。

3. 混凝土泵送性能评价体系的建立

结合上文阐述的混凝土流变性能、泵送过程及现有混凝土性能评价方法的分析发现，Bingham 模型虽能对混凝土的性能变化做理论分析，但目前还没有一个单独的试验方法能够满意地评价混凝土的泵送性能。上文的方法虽然都能反映混凝土泵送性能趋势，但大多都缺乏针对性的量化性指标。混凝土流变测试方法引入的屈服应力及塑性黏度参数，能量化测试混凝土性能，使准确评价混凝土泵送性能成为可能，但是，τ_0、η_p 还不能全面反映混凝土的泵送性能，仅能反映混凝土拌合物的流动性、可塑性，而稳定性则与混凝土的内聚性有关。

在大多数情况下，混凝土存在最小的屈服应力 τ_0，当需求较高泵送性能时，混凝土应有较低的屈服应力 τ_0 及塑性黏度 η_p，以保证在一定的剪应力下，混凝土拌合物具有较大的应变值。当需求较高稳定性时，较低的屈服应力 τ_0 不足以阻止集料的下沉或上浮。因此，混凝土需要较小的内摩擦保证易密性，较大的内聚性保证稳定性，内摩擦的大小一般以塑性黏度来反映，而内聚性一般以匀质性来反映。以 C 表示匀质性，良好的泵送性能对混凝土性能参数的要求是：τ_0、η_p 较小，C 较大，然而这些参数之间是互相联系、互相制约的。例如 C 与 τ_0 相互促进，要求 C 值大时，τ_0 很难降低。同样低 τ_0 值很难使 C 值较大，这些问题增加了控制和易性的难度。以上几种方法在相关国家、行业标准中，往往只规定一种或若干组。

同时需指出，混凝土具有良好的流动性（能流动才能称之为流体）和良好的匀质性是利用流变参数评价混凝土泵送性能的前提。根据混凝土泵送性能的含义，利用流变学理论加以分析，可以看出 τ_0、η_p、C 三者已能全面、准确地反映混凝土的工作性能和泵送性能。因此，超高层泵送性能评价可采用"混凝土流动性-混凝土匀质性-混凝土流变性"三元体系来衡量。

（1）混凝土流动性指标

在流体学中，用流体在自重作用下在水平面上的延展程度来表征流体的流动性，混凝土坍落扩展度与之比较契合，而且操作简单、测试结果直观，可用以表征混凝土的流动性。满足泵送施工要求的混凝土坍落扩展度不宜太大也不宜太小，应根据相关标准或大量试验规定超高层泵送混凝土坍落扩展度的最大值 D_{max} 和最小值 D_{min}，在制备和生产超高层泵送混凝土时应将混凝土坍落扩展度控制在 D_{max} 和 D_{min} 之间。在制备和生产泵送 400m 以上混凝土时，D_{max} 不宜大于 740mm，D_{min} 不宜小于 600mm。

（2）混凝土流变性指标

对于泵送混凝土而言，应具有尽可能小的屈服应力和适中的塑性黏度，当混凝土塑性黏度过大时，混凝土内部各组分之间、混凝土与泵管管壁之间摩擦力大，当混凝土塑性黏度过小时容易分层离析，因此应通过试验和实际工程情况确定超高层泵送混凝土屈服应力的最大值 τ_{0-max}，塑性黏度的最大值 η_{p-max} 和最小值 η_{p-min}。在制备和生产超高层泵送混凝土时，应将混凝土屈服应力控制在 τ_{0-max} 内，将混凝土塑性黏度控制在 η_{p-min} 和 η_{p-max} 之间。因不同流变仪测试混凝土流变性能的"绝对值"差异很大，在制备和生产超高层泵送混凝土时，流变性能参考范围应通过试验确定。

（3）混凝土匀质性指标

混凝土是由多种材料组成的不均匀流体，在重力或振动作用下，密度较大的砂石更易下沉，密度较小的自由水和水泥浆体更易上浮，这种不同的运动趋势会导致混凝土内部组分出现分层现象。因此，我们利用混凝土匀质性系数进行表征，为方便起见这里以 C_v 表示匀质性系数，规定 C_v 值接近 1.0 匀质性系数最优，C_v 值过大或过小混凝土各组分分层越明显，混凝土匀质性越差。根据试验规定超高层泵送混凝土匀质性系数的最大值 C_{v-max}。在制备和生产超高层泵送混凝土时应将混凝土匀质性系数 C_v 控制在最优值附近的极小范围内。

根据上述四个技术指标可确定超高层泵送混凝土可泵区间，如图 4-45 所示。

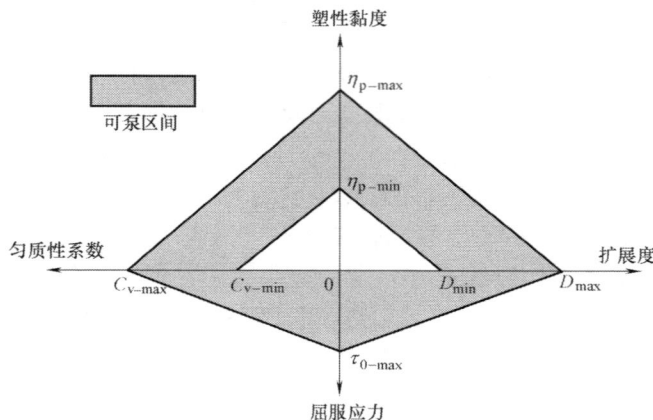

图 4-45 超高层泵送混凝土可泵区间

以运用该评价方法指导混凝土生产的武汉中心（建筑高度 438m）泵送混凝土为例，根据相关标准、日常生产经验，参考其他超高层建筑中使用的混凝土配合比，并采用中建商品混凝土公司研发的流变仪及混凝土匀质性测试装置测试可泵区间指标，得到了标号 C40、C50 及 C60 混凝土泵送性能控制区间如图 4-46 所示。

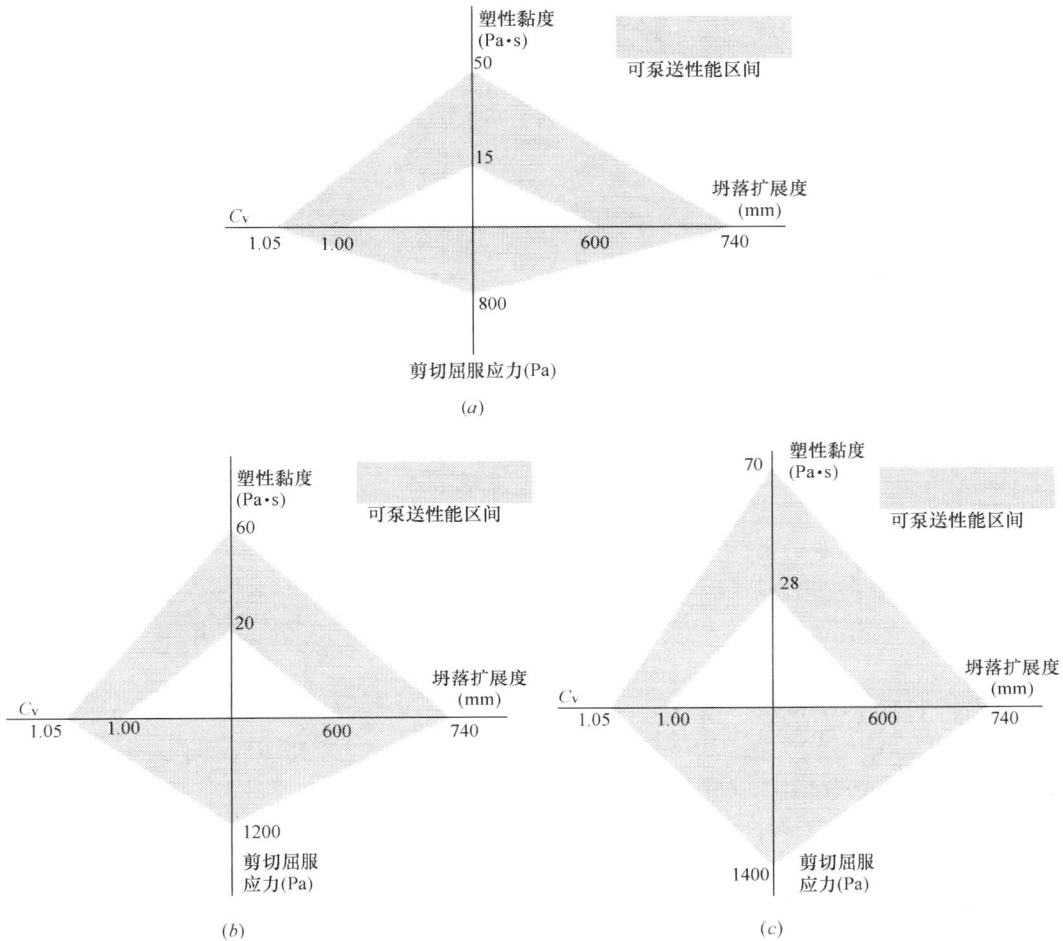

图 4-46 武汉中心泵送高度 400m 以上的混凝土泵送性能区间
(a) C40 混凝土；(b) C50 混凝土；(c) C60 混凝土

在已经成功完成的泵送过程中，针对供应的混凝土抽样检测，项目涵盖混凝土工作性能、强度、现场坍落度、扩展度合格率达到 100%，同时各标号混凝土泵送性能控制范围也在设计要求内，见表 4-15 和图 4-47。

武汉中心泵送混凝土工作性能统计 表 4-15

设计强度	坍落度/扩展度(mm)	倒筒时(s)	含气量(%)	匀质性	高压泌水(g)	塑性黏度(Pa·s)	屈服应力(Pa)
C60	270/710	3.8	2.2	1.0	0	55	1250
C50	275/700	2.1	2	1.0	2	47	1030
C40	260/680	3.1	2.1	1.0	4	34	670

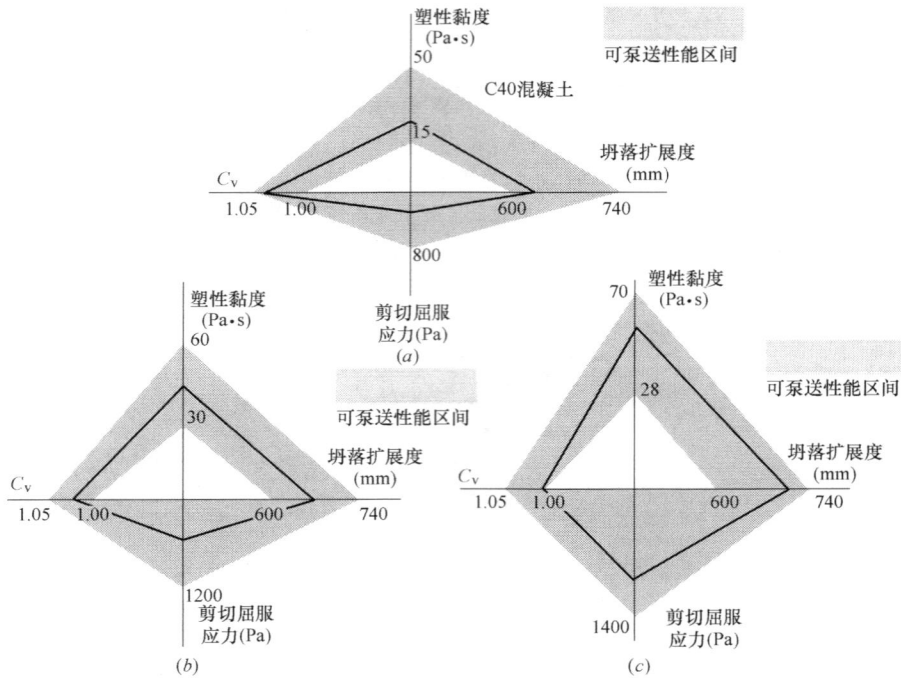

图 4-47 混凝土泵送性能检测结果
(a) C40 混凝土；(b) C50 混凝土；(c) C60 混凝土

4.4.2 混凝土水平泵送模拟验证

1. 泵送模拟方法及原理

泵送混凝土技术发展至今，在配制泵送性能优异的混凝土方面，技术的发展相对滞后，一直缺乏科学准确、简单易行的实验室方法评价混凝土拌合物是否适合及容易泵送。所以针对重大的超高层建筑，常会在实际的或水平模拟的泵送管线上，通过"实际泵送"的方式检验混凝土拌合物的泵送性能，并根据给定公式计算出实际输送管线时的泵送压力预测范围。这种大型模拟试验能较为直观地验证拌合物的泵送性能，但因成本高、占地多、难度大无法作为常规性试验广泛应用。

目前，国内外常用的混凝土泵送模拟计算方法并不少，但罕与实际泵送建立较为准确的相关联系。

（1）国内规范方法

国内现行规范《混凝土泵送施工技术规程》JGJ/T 10—2011 是依据 S·Morinaga 公式来计算总压力损失的。规范中首先限定了泵送高度对应的混凝土工作性能指标（见表 4-16），再将垂直管道、弯管及其他异型管道换算成水平管道长度，计算混凝土在泵管内流动时受到的黏性阻力及同管道的摩擦阻力。其输送压力计算公式见式（4-15）。

混凝土入泵坍落度与泵送高度关系   表 4-16

最大泵送高度（m）	入泵坍落度（mm）	入泵扩展度（mm）
50	100~140	—
100	150~180	—
200	190~220	—
400	230~260	450~590
400 以上	—	600~740

$$P = \Delta P_H \cdot l = \frac{2}{r} \left[K_1 + K_2 \left(1 + \frac{t_2}{t_1} \right) V_2 \right] \alpha_2 \cdot l \qquad (4\text{-}15)$$

$$K_1 = 300 - S_1, K_2 = 400 - S_1$$

式中　ΔP_H——混凝土在水平输送管内流动每米产生的压力损失（Pa/m）；

　　　r——混凝土输送管半径（m）；

　　　K_1——黏着系数（Pa）；

　　　K_2——速度系数（Pa·s/m）；

　　　S_1——混凝土坍落度（mm）；

　　　l——水平管道、垂直管道、弯管及连接件换算成水平管的总长度（m）。

S·Morinaga 公式中的黏着系数及速度系数是依托混凝土坍落度参数进行计算的，随着混凝土高强高性能化，国内规范的计算方法并不能完全适用于目前的施工工况。吴斌兴等研发了泵送阻力系数测试仪，测试了黏着系数及速度系数，指出计算泵送压力损失时，不仅要充分考虑混凝土在管道中的流速，还要考虑混凝土水胶比等配合比参数的影响。

（2）学术常用计算法

文献中对混凝土泵送过程的压力损失按三个部分计算，P_1 指的是混凝土在管道内流动的沿程压力损失，P_2 指的是混凝土经过弯管及锥管的局部压力损失，P_3 是混凝土在垂直高度方向因重力产生的压力。混凝土泵送的总压力损失计算公式见式（4-16）。

$$P = P_1 + P_2 + P_3 \qquad (4\text{-}16)$$

$$P_1 = \frac{2}{r} \left[K_1 + K_2 \left(1 + \frac{t_2}{t_1} \right) V_2 \right] \alpha_2 \cdot l$$

学术常用计算法是对国内现行规范计算方法的细化，混凝土在管道内流动的沿程压力损失（P_1）仍然使用 S·Morinaga 公式进行计算，不太适用于高强混凝土的泵送施工。郑捷以此公式模拟计算普通混凝土泵送 300m 的泵压损失为 21.3MPa，但对高强混凝土泵压损失计算，该公式并不适用。

（3）经验计算法

在长期的实际高层建筑泵送施工中，泵送设备厂家积累了很多压力数据，由此也形成了较为可靠的经验计算法。

国内厂家 A 经验计算法：依据《混凝土泵送施工技术规程》JGJ/T 10—2011 进行压力损失计算，但水平管压力损失按经验取 0.017～0.021MPa/m；国内厂家 B 经验计算法：根据以往工程实际泵送施工数据来推算沿程压力损失，见公式（4-17）、公式（4-18）。

　　　　　　每米水平管的压力损失为：$\Delta P_l = 0.02\text{MPa/m}$ 　　　　　（4-17）

　　　　　　每米垂直管的压力损失为：$\Delta P_l = 0.045\text{MPa/m}$ 　　　　　（4-18）

若采用直径 150mm 的管道压力减小 20%。

各设备厂家的经验计算法都具有一定的适用性，但对泵送管线布置及泵送设备的特指性较强，使得其局限性明显，不能广泛应用。

（4）国外规范方法

日本建筑学会《混凝土泵送工法施工指南》中，专就高强混凝土泵送施工，推荐的泵送压力的计算方法见公式（4-19）。

$$P = P_V \times H + P_h \times (L + 3B + 2T + 2F) \qquad (4\text{-}19)$$

式中　P_V——垂直输送管压力损失（MPa）；

　　　P_h——水平输送管压力损失（MPa）；

　　　H——泵送高度（m）；

L——水平管长度（m）；

B——弯管长度（m）；

T——锥形管长度（m）；

F——软管长度（m）。

$P_V=0.015+0.057\eta$；$P_h=0.0057+0.032\eta$，其中 η 为塑性黏度。

针对高强混凝土，郑捷采用此方法计算 C80 混凝土泵送 300m 的压力为 31.4MPa，远超 C40 混凝土的 21.3MPa，印证了混凝土高强化后，黏度的增加将产生较大的泵送阻力，泵送时需要更大输送压力的规律。

（5）流变性能计算法

K·Kasten 开发的 Sliding Pipe 滑管仪，通过检测混凝土流变极限和黏度参数，预测混凝土在管道内的属性，计算公式见式（4-20）。

$$P=a\cdot\frac{4\cdot L}{D}+b\cdot\frac{16\cdot Q\cdot L}{\pi\cdot D^3}+\rho\cdot g\cdot H \tag{4-20}$$

式中　a——流变极限系数；

　　　b——黏度系数；

　　　D——管道直径；

　　　L——管道长度；

　　　Q——排量；

　　　ρ——高密度材料的密度；

　　　g——重力加速度；

　　　H——输送高度。

Mechtcherine 等利用滑管仪试验对比了水泥种类、骨料、水灰比、矿物掺合料等对混凝土泵送性能的影响，得到了较为量化的泵送压力参数，但设备依托性过强，同时设备性能因素影响较大。

综上所述，上述模拟计算方法都存在一些不足，但国内的相关水平泵送试验仍多是采用基于 S·Morinaga 公式的学术常用计算法进行压损计算，虽预测压损值较实际泵送压力高，但可验证混凝土的可泵性，同时为管道布置与设备选型工作提供了一定经验及依据。

2. 天津 117 项目模拟泵送试验

天津 117 大厦主楼建筑高度 597m，主体结构由钢筋混凝土核心筒、巨型柱框架支撑组成，巨型柱截面大、腔体多，剪力墙内钢板厚而多。混凝土工程方量大、泵送最大高度达 596.2m，泵送管道总长约 750m，混凝土的泵送有许多不同于常规混凝土施工的特点。为了确保实际施工顺利，避免堵管，充分了解施工条件下混凝土工作性能要求，中建西部建设北方有限公司特建立"千米级"水平模拟泵送试验基地，用于混凝土超高泵送性能评估模拟试验。

"千米级"水平模拟泵送试验基地占地约为 38m×54m，总长 800m；泵管全部采用直径 150mm 泵管，泵管连接方式为法兰连接。泵管连接好后通过泵水进行密封性检查，泵管末端采用垂直扬高 5m 结束，以便于混凝土的回收利用。水平模拟泵送试验管道如图 4-48 所示。

（1）泵送试验概况

1）泵管布置

泵管布置根据场地限制，布置了 15 条平行水平直管，每条采用 17 根 3m 长的管连接而成，弯管处用 2 根半径 1m 的弯管连接两条直管；水平泵送试验基地的钢平台采用框架结构，并在平台上布置钢梁用于加固框架，防止变形。同时也用于安装或焊接管道支撑，亦可将管道直接安装固定在钢平台钢梁上。每根泵管用两个钢梁固定，如图 4-49 所示。

图 4-48 水平模拟泵送试验管道

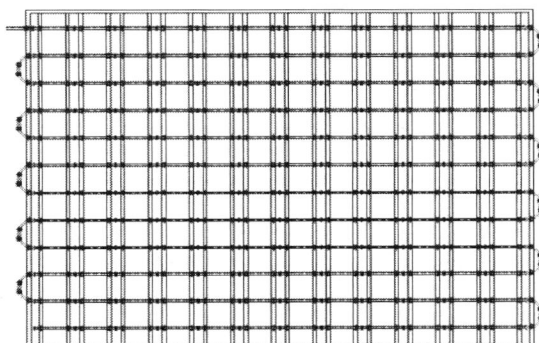

图 4-49 钢平台整体固定示意图

2）设备选型

为切合实际泵送设备环境及要求，试验所用泵送设备为 117 大厦项目施工用的 HBT90CH-2150D 超高压拖泵（见图 4-50），该泵的最大出口压力为 48MPa，主要技术参数如表 4-17 所示。

HBT90CH-2150D 超高压拖泵主要技术参数   表 4-17

技术参数	单位	范围	
整机质量	kg	13500	
外形尺寸	mm	7930×2490×2950	
理论混凝土输送量	m³/h	90（低压）/50（高压）	
理论混凝土输送压力	MPa	24（低压）/48（高压）	
输送缸直径×行程	mm	180×2100	
柴油机功率	kW	2×273	
上料高度	mm	1420	
料斗容积	m³	0.7	
混凝土坍落度	mm	80～230	
理论最大输送距离（150mm 管）	m	水平 4000	垂直 1000

试验所用泵送管道采用壁厚 12mm 的 150A 超高压耐磨管，采用法兰盘螺栓连接方式，连接牢固；O 型密封圈密封，密封可靠，防止泵送时漏浆，承载压力在 50MPa 以上，如图 4-51 所示。

图 4-50　HBT90CH－2150D 超高压拖泵

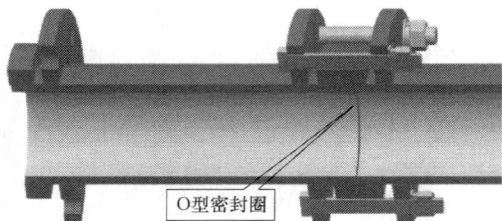

图 4-51　超高压管道连接

（2）试验过程及分析

此水平模拟泵送试验的目的是验证 117 大厦项目剪力墙 C60 混凝土及组合楼板 C30 混凝土的泵送性能，预测实际施工的泵送压力范围。泵送过程共分为六部分，具体流程如图 4-52 所示。

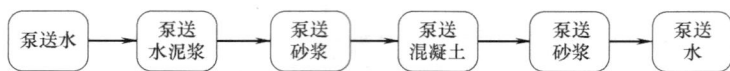

图 4-52　泵送试验流程图

首先进行泵水润管（约 20m³）并筛查管道密封及连接隐患；当泵水至全部管道贯通后，泵送净浆（约 2m³），随后泵送 C60 同配比砂浆（约 4m³）；砂浆泵送完成后进行标号 C30、C60 混凝土的泵送性能验证并采集压力数据；试验后泵送洗管砂浆（约 10m³）推送试验混凝土，完毕后泵水（约 20 m³）后采用空气洗管方法进行混凝土管道清洗。

1）混凝土性能分析

从收集的混凝土性能数据可见（见图 4-53、表 4-18）。此次水平模拟泵送试验泵送过程并未对 C30、C60 混凝土性能造成较大影响，混凝土拌合物的工作性能及硬化后力学性能波动均控制在 10％以内。

混凝土数据检测情况　　　　　　　　　　　　　　　　表 4-18

混凝土性能指标	扩展度(mm)	倒筒时间(s)	含气量(%)	7d 强度(MPa)	28d 强度(MPa)
C60 入泵前	710	2.4	2.0	57.4	74.2
C60 出泵后	700	2.2	2.5	54.8	71.9
C30 入泵前	680	2.3	3.2	28.4	35.0
C30 出泵后	680	1.9	2.9	27.2	34.6

2）泵送设备压力分析

水平模拟泵送试验泵送设备数据情况见表 4-19，整个泵送过程主系统压力变化趋势与人们对混凝土性能的常规认知相同，泵送难易为混凝土＞砂浆＞净浆＞水。

泵送设备数据　　　　　　　　　　　　　　　　表 4-19

泵送材料	主系统压力 （MPa）	换向压力 （MPa）	搅拌压力 （MPa）	泵送方量 （m³）	排量 （%）	备注
水	2	19	4	20	35	双机低压
净浆	2	19	4	2	35	双机低压
砂浆（润管）	4	19	4	4	35	双机低压
混凝土	12	19	4	30	80	双机低压
	6	19	4		50	双机高压
砂浆（洗管）	4	19	4	12	65	双机低压
水	2	19	4	20	50	双机低压

图 4-53 C60 混凝土入泵出泵性能

（a）入泵扩展度 710mm；（b）出泵扩展度 700mm；（c）混凝土入泵时状态；（d）混凝土出泵口处状态

同时，试验发现主系统压力范围与设备输送模式的选择关联性较大，泵送管内压力也不可单一地参考主系统压力取值。

3）泵送管内压力分析

水平模拟泵送试验同时开展了压力监控试验，试验采用中建商品混凝土有限公司研发的无线压力实体监控系统，在整个试验泵管内共布置 4 个管内压力监控点，用于监控整体及局部压力的变化规律，具体布置位置见图 4-54。

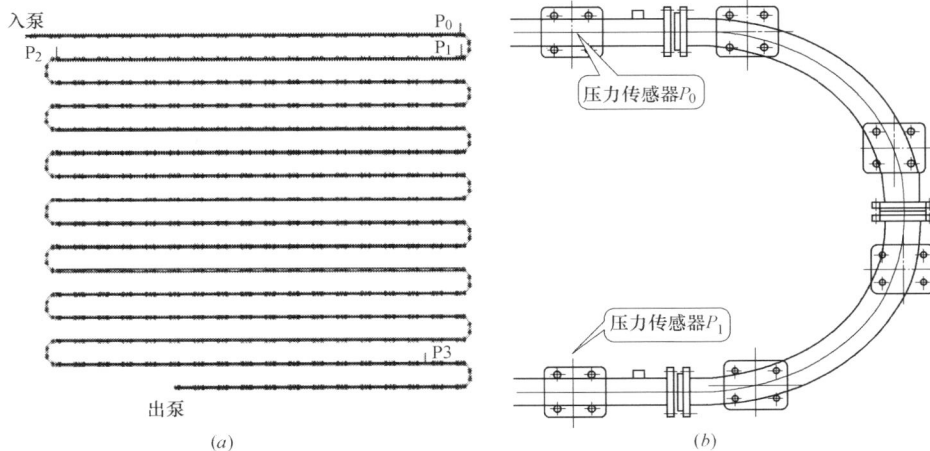

图 4-54 压力监控布置图（一）

（a）压力传送器布置点；（b）局部压力传送器布置点

151

(c)   (d)

图 4-54　压力监控布置图（续）

(c) 无线接收传送系统；(d) 压力传送器连接方式

由图 4-55 可知，水平模拟泵送试验过程按照净浆、砂浆及混凝土的泵送顺序，泵送管内压力逐步增大，当全部管道充满混凝土时，泵送过程压力稳定在 5～8MPa 之间。压力曲线上升较为平缓，其印证了混凝土拌合物的工作性能稳定性较高。

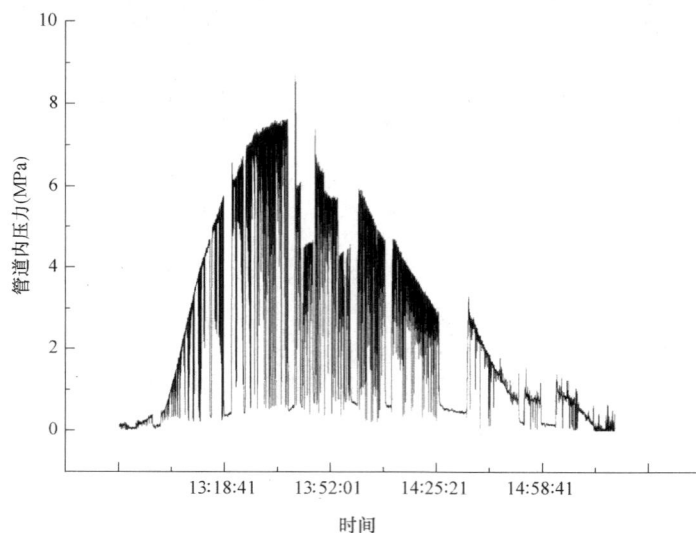

图 4-55　水平模拟泵送管内压力数据

由图 4-56 可知，水平模拟泵送试验中 P_0 与 P_1 的压力差对应为 2 倍弯管压力损失，P_1 与 P_2 的压力差对应的是 52m 直管的压力损失，其三者之间具有较强的线性关系，在试验特定的混凝土工作性能的前提下，泵机采用双机高压模式，泵送压力稳定地介于 5.56～7.44MPa 时，折算后每米直管压力损失平均值为 0.0126MPa，每个弯管压损为 0.0203MPa，为 117 大厦垂直泵送高度 621m 提供了基础数据。

4）试验预测与验证

根据上文对泵送过程及数据的分析，并按照 4.4.2 节中的学术常用计算法，结合 117 大厦项目的实际泵送管道布置（水平管 110m、90°弯头 7 个，截止阀 2 个），经计算，当 C60 混凝土泵送垂直高度为 620m 时，沿程压力 $P_1 = 0.0126 \times 730 = 9.198$MPa，弯管压力 $P_2 = 7 \times 0.0203 + 2 \times 0.05 = 0.242$MPa，混凝土自重压力 $P_3 = 14.7$MPa，泵送所需总压力为 $P = P_1 + P_2 + P_3 =$

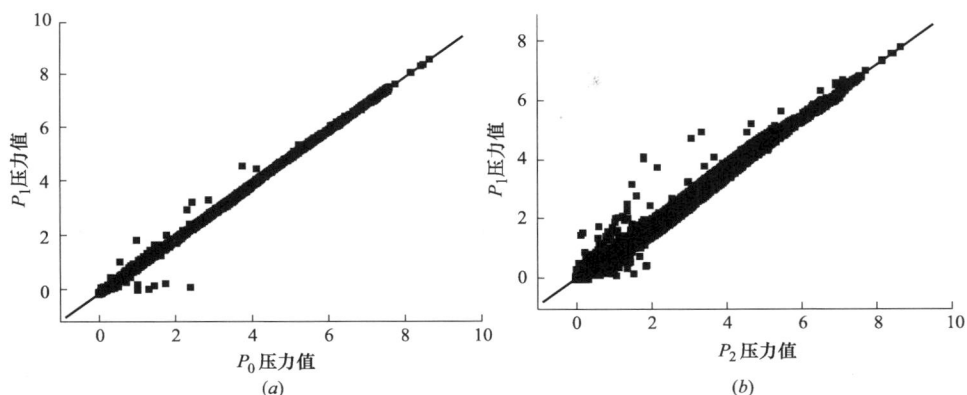

图 4-56 压力损失拟合曲线
(a) 弯管压力损失拟合曲线；(b) 直管压力损失拟合曲线

$9.198+0.242+14.7=24.14$MPa。而 117 大厦项目实际施工采用同配比 C60 混凝土泵送至 620m 时，HBT90CH-2150D 泵送设备在 50% 排量双机高压模式下的混凝土出口泵压为 21.76MPa，与水平模拟试验预测结果较为契合，如图 4-57 所示。

图 4-57 117 大厦混凝土泵送高度吉尼斯世界纪录认证

3. 深圳平安金融中心项目模拟泵送试验

平安金融中心项目主塔楼共 118 层，结构高度为 558m，含塔尖总高度为 660m，总建筑面积约 46 万 m^2。主塔楼结构体系为"巨型框架—核心筒—外伸臂"抗侧力体系，塔楼中心为"钢骨—劲性混凝土"核心筒，外框由 8 根巨型钢骨混凝土柱、7 道巨型斜撑和 7 道环带桁架构成，内外筒之间通过 4 道伸臂桁架相连。

在建设过程中，中建一局通过将水平长度与竖向高度转换，在平安金融中心第 83、99 层外框楼板与核心筒剪力墙设置水平泵管，开展 C100 混凝土绝对高度 555m，管道总长 2300m 的泵送试验，以实现模拟垂直高度达到千米高程泵送性能评估及预测，见图 4-58。

（1）泵送试验概况

1）管道布置

模拟泵送试验采用平安金融中心泵送施工用 2 号泵管进行该项试验，现场 2 号水平管道位置保持不变，在第 83、99 层两个楼层铺设 1472m 长水平管道，其中 83 层铺设 723m 长水平管道，

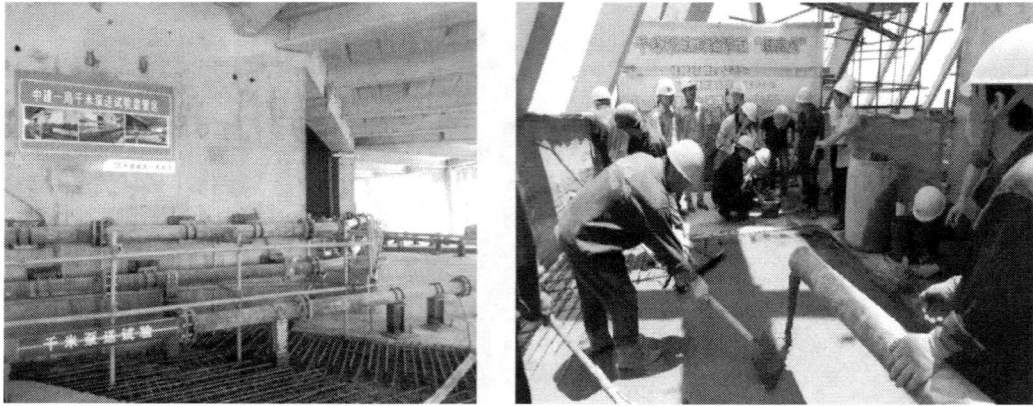

图 4-58　水平模拟泵送试验管道

99 层铺设 749m 长水平管道。

以其中一层水平管道布置为例，管道在楼层内采用顺时针方向盘管方式布置，铺设 2 圈泵管，并最大限度减少弯管使用数量，水平管道转垂直管道处和部分水平管道交叉。

2）设备选型

模拟泵送试验采用项目泵送施工用 2 号泵机，泵机型号为 HBT90CH－2150D，该泵的最大出口压力为 48MPa，具体技术指标同表 4-17。

模拟泵送试验的泵送管道选择壁厚 12mm 的 ϕ150mm 超高压耐磨输送管，采用高强、高耐磨、低摩阻力合金材料铸造，并进行内壁镀铬处理，采用法兰盘螺栓连接方式，连接牢固，可承载压力在 70MPa 以上，如图 4-59 所示。

图 4-59　超高压耐磨输送管

（2）试验过程及验证

为实现千米泵送，通过增加水平管道来代替垂直管道的方法，模拟 C100 混凝土垂直泵送 1000m 高度时的泵送可行性。模拟泵送试验分为两个阶段开展，以降低试验风险，如图 4-60 所示。

第一阶段检测性试验：将铺设好的第 83 层水平管道与垂直管道连接，完成第一阶段模拟泵送试验，筛查管道连接，监测泵机压力范围及混凝土性能状态。

第二阶段完整泵送试验：根据第一阶段检测性试验，调整试验方案并连接第 99 层楼面水平管道，开展模拟泵送试验。

2015 年 7 月 7 日，平安金融中心项目成功进行了"C100 混凝土泵送千米高度试验"，在实

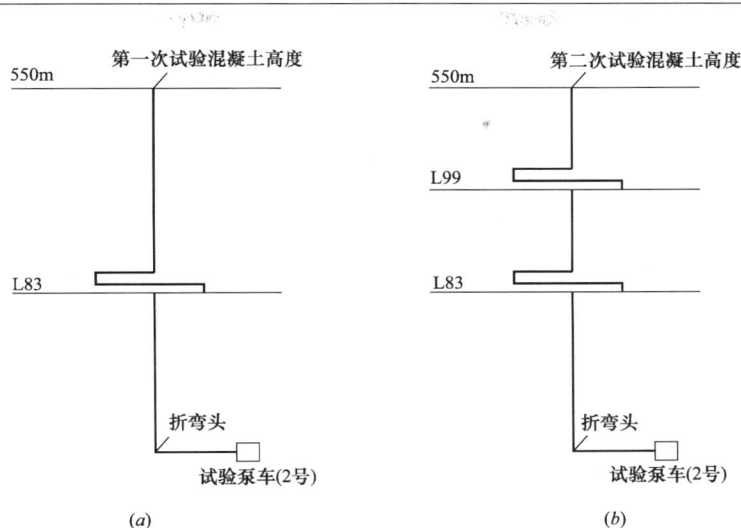

图 4-60 第一、二阶段试验管道布置示意图
(*a*) 第一阶段试验管道布置；(*b*) 第二阶段试验管道布置

际试验中论证了 C100 泵送混凝土研究成果的可行性、千米泵送设备研究成果的可行性、千米高度泵送管道布置工艺等相关施工技术的可行性。

综上，相较于实验室对混凝土泵送性能的理论性评价及预测，混凝土模拟泵送试验过程更具有实际工程意义，同时也最具有说服力。为实际超高层建筑泵送可行性进行了较为直观的探索，为超高层泵送混凝土的配制技术及评价方法的修缮提供了重要的数据。

4.4.3 千米级混凝土泵送技术

超高层建筑的混凝土施工，随着泵送高度的增加，输送压力不断提高。对于垂直高度大于 400m 的超高层建筑，混凝土泵的出口压力需要在 20MPa 以上，泵送非常困难，给泵送施工带来一系列的技术难题。这种超高压泵送因输送压力过高，容易产生泄漏导致混凝土离析、堵管等诸多问题，一直是混凝土施工的一个关键问题，要解决这个难题，必须大大提高设备的可靠性和泵送能力，解决超高压混凝土的密封、超高压管道、超高压混凝土泵送施工工艺及管道内剩余混凝土的清洗等方面的技术问题。

1. 泵送设备及管道

（1）泵送设备的选择

混凝土泵送设备的选型必须根据管路系统布置特点、要求的最大出口压力、浇筑进度以及混凝土工作性能来确定。针对超高层建筑的混凝土泵送施工特点，泵送设备必须确保最大水平输出距离及最大出口压力符合工程的施工要求。

1）混凝土泵实际平均输出量

参考《混凝土泵送施工技术规程》JGJ/T 10—2011，混凝土泵实际平均输出量、配管及作业效率按公式（4-21）计算：

$$Q_1 = \eta \alpha_1 Q_{max} \tag{4-21}$$

式中　Q_1——每台混凝土泵的实际平均输出量（m³/h）；

　　　Q_{max}——每台混凝土泵的最大输出量（m³/h）；

　　　α_1——配管条件系数，可取 0.8～0.9；

　　　η——作业效率，可取 0.5～0.7。

2）混凝土泵的工作压力

参考《混凝土泵送施工技术规程》JGJ/T 10—2011，混凝土泵的工作压力应大于按公式（4-22）计算的混凝土最大泵送阻力：

$$P_{max} = \frac{\Delta P_H L}{10^6} + P_f \tag{4-22}$$

式中 P_{max}——混凝土最大泵送阻力（MPa）；

     L——累计水平换算距离，按表 4.4-累计计算；

     ΔP_H——混凝土水平输送每米压力损失（Pa/m）；

     P_f——混凝土泵送系统内部压力损失。

3）混凝土泵台数

配备的混凝土泵台数需要按公式（4-23）计算：

$$N_2 = \frac{Q}{TQ_1} \tag{4-23}$$

式中 N_2——混凝土泵台数；

     Q——混凝土浇筑量（m³）；

     Q_1——混凝土泵实际平均输出量（m³/h）；

     T——混凝土泵施工作业时间（h）。

针对超高层建筑，还应考虑到混凝土泵送影响因素更多，要求泵送设备的可靠性更高，设备选型时各项参数除按前述的公式计算确定外，宜储备超过 20％的性能参数以应付泵送过程中的突发状况，保证泵送工程的顺利进行。

（2）泵送管道的配置

混凝土泵送管道应根据工程特点、施工条件、泵送设备及混凝土特性合理选型，并应减少管道弯头用量。

1）输送管直径选择

输送管直径的选择应根据以下几方面综合考虑：①粗集料的最大粒径，见表 4-20；②混凝土要求输送量和输送距离；③混凝土泵的型号。

输送管最小内径要求   表 4-20

粗集料最大粒径（mm）	输送管最小内径（mm）
25	125
40	150

常用的直管管径有 80mm、100mm、125mm、150mm、200m 等，长度也从 0.5～4m 不等，高层泵送时宜选用直径 125mm 及 150mm 的输送管。

2）输送管及配件选择

输送管选择应满足以下要求：

① 高层泵送输送管需用耐磨的合金钢制成，对于高层泵送，整条管道宜采用等寿命设计，并对管道易损部位进行加厚。

② 输送管应保证坚固可靠，高层泵送输送管壁厚宜大于 10mm，当管道有损伤裂纹或壁厚低于 8.5mm 时不得使用。

③ 高层泵送直管宜选择 3m 管为主管，其他长度的管为添补、辅助管，弯管宜选用 90°弯管，曲率半径宜大于 1m，软管宜采用柔软、质轻和耐久性好的材料，并采用回转式接头，便于混凝土的摊铺工作。

④ 各节输送管之间连接段应可以安置橡胶密封圈，并采用能快速拆装的固定机构，能稳定

连接并密封，高层泵送宜选用外箍式连接，如图 4-61 所示。

⑤ 高层泵送应选择高压截止阀，避免混凝土倒流及应对突发情况。

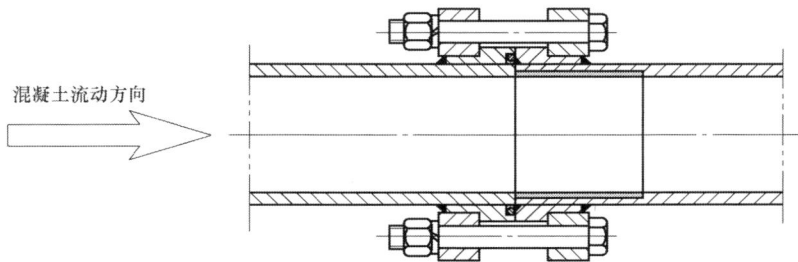

图 4-61 输送管连接示意图

2. 泵送管道布置工艺

混凝土输送管布置方案很大程度上决定了泵送施工效果，高层泵送管道布置的原则如下：

（1）在保证顺利泵送和正常输送的前提下，管道布置遵循减少弯管、缩短管线距离的原则。

（2）地面水平管的长度宜大于垂直高度的 1/4，当泵送高度超过 200m 时，应考虑在高空布置一定长度的水平管道。

（3）每条管路上最少采用 1 个液压截止阀，安装在靠近泵机水平管路处。

（4）输送管绝不允许承受任何外界拉力、压力，并保证管路连接牢固、稳定，各管路必须保证连接牢固，弯管处加设牢固的固定装置，水平管路铺设不应悬空，必须有牢固支撑固定。

（5）各管卡必须保证密封严密，且无渗水现象，各管卡不应与地面或支撑物相接触，应留有一定的间隙，便于拆装。

（6）输送管路应布置在人员易接近处，以便清理和更换输送管路。

（7）泵机附近和人员要进入的危险地段的输送管路应加装必要的屏蔽防护物，以防因管路破裂或因管卡松脱造成人员伤亡。

（8）严寒冬季宜用保温材料包扎输送管以防混凝土受冻，夏季要用湿草袋等盖上输送管以防高温对混凝土工作性能的影响。

3. 混凝土泵送施工工艺

（1）施工准备

为保证把运至施工现场（亦可现场机械制备）的混凝土拌合物顺利地用混凝土泵经输送管送至浇筑地点，泵送前应事先做好下述准备工作：

1）核对施工浇筑部位及混凝土标号，检查模板和支撑强度及稳定性；

2）全面检测泵送设备技术状况，确保泵送设备安置平稳、牢固；

3）排查输送管路连接隐患，确保管路连接牢固、稳定，避免泵送时管路产生摇晃、松脱；

4）统一现场指挥和调度方法，检查水电供应保障情况，保证人员齐全并做好技术交底。

（2）混凝土的拌合、运输

1）混凝土的拌合

泵送混凝土所用各种原材料的质量应符合配合比要求，并根据原材料情况的变化及时调整配合比。搅拌站与混凝土泵的生产效率要匹配。混凝土的计量精度和拌合时间要符合有关规定。

2）混凝土的运输

泵送混凝土宜用混凝土搅拌运输车运输，运输能力要大于混凝土泵的泵送能力，以便保证混凝土供应不中断，满足施工要求。

混凝土搅拌运输车行进途中，搅拌筒应保持慢速转动，在卸料前应先高速运转 20～30s，然后再反转卸料。运输及卸料过程中，严禁往搅拌筒内随意加水。

（3）混凝土的泵送

混凝土泵送工序对于整个泵送施工过程十分关键及重要，高层泵送混凝土施工宜采用图 4-62 所示步骤。

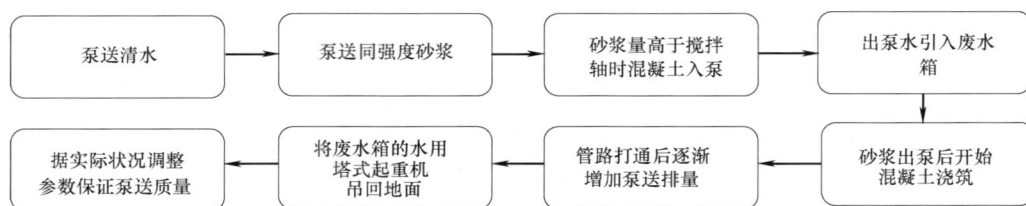

图 4-62　高层泵送混凝土施工流程图

混凝土泵送过程应尽量不停顿地连续进行，并注意观察泵的压力和各部分工作的情况。遇到运转不佳的情况时，可放慢泵送速度，并排查原因，待各方面情况都正常后再恢复正常泵送。

在泵送施工过程中，如因施工计划安排中断混凝土泵送，时间不宜超过 45min。

在泵送过程中，应保证料斗内的混凝土量高于搅拌轴，保证吸入效率，减少吸入空气形成阻塞。同时在泵送设备入料口安置网筛并设专人卸料。避免粒径过大的骨料或异物进入混凝土泵造成堵塞。如出现泵压突发升高、输送管明显振动等现象，宜采用重复换向泵送至设备指标正常后恢复泵送，降低堵塞几率。

停泵时间较短，应低速启动，压力正常后再逐渐过渡到正常泵送。停泵时间较长，应间断性搅拌料斗内的混凝土，同时短时间内交替正泵反泵，防止混凝土性能降低，避免管线堵塞，并严禁向料斗内加水。停泵时间不宜超过 1h，如发现混凝土工作性能明显降低，应及时清除泵和输送管中的混凝土。

泵送后清洗泵及管道时，管路中残余的混凝土应及时收集并合理处置。

4. 泵送管道清洗工艺

泵送结束时，应及时清洗混凝土泵和输送管，清洗输送管的方法有水洗、气洗及其衍生方法。

（1）水洗工艺

水洗是在浇筑面混凝土接近泵送完毕后再泵送同标号砂浆，在砂浆泵送完毕后塞入 2～3 个有较强抗压缩性的海绵球（可由其他有较强抗压缩性且透水性小可以隔断前后介质的物品替代），使海绵球与混凝土拌合物间不留空隙。然后混凝土泵以最大行程，低转速运转，由下至上泵水并将混凝土推出。水洗工艺在清洗过程中会产生较大的噪声，洗管污水的排放易污染环境，而且在泵机出现故障或密封失效时，存在堵管的风险。

（2）气洗工艺

气洗是在浇筑面混凝土接近泵送完毕后再泵送同标号砂浆，在砂浆泵送完毕后用空压机将高压气体推送海绵球或其他抗压密封介质，由上向下排除管道内的混凝土，空气压力约 1MPa，若一次冲洗不太干净，可二次冲洗。与水洗相比气洗危险性更大，因此操作时应严格按照操作手册的规定进行，并在输送管出口设防止喷跳工具，施工人员也需远离出口方向，防止物料及海绵球伤人。

（3）超高压水洗工艺

针对 200m 以上高度垂直管道，可采取一套超高压水洗方法（见图 4-63）：管道中不加海绵球，而是加入 $1\sim2m^3$ 的砂浆进行泵送，然后再加入水进行泵送。由于在混凝土与水之间有一段较长的砂浆过渡段，不会出现混凝土中砂浆与粗骨料分离的状况，保证了水洗的顺利进行。而且水洗可将残留在输送管内的混凝土全部输送至浇筑点，几乎没有混凝土浪费。该方法在武汉中心泵送管道清洗工作中成功应用。

(4) 水气联洗工艺

在布料杆臂架末端（输送管末端）安装特制接头（见图 4-64），接头内部装入两个或多个海绵球，海绵球中间夹一段水柱，利用空压机向接头内部充高压气体，高压气体推动海绵球和水柱，进而推动混凝土向下流动，直到将管道内的混凝土全部推送至地面回收处。混凝土全部推送出管道后，重复上述过程，利用海绵球和水柱将管道清洗干净。该方法成功在高 600m 的深圳平安金融中心完成了管道清洗工作。

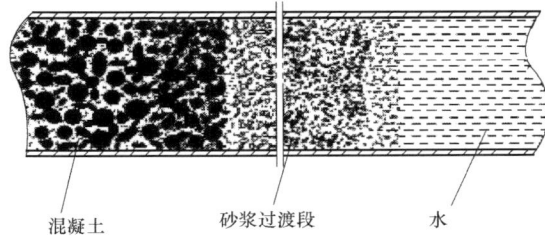

图 4-63 超高压水洗方法

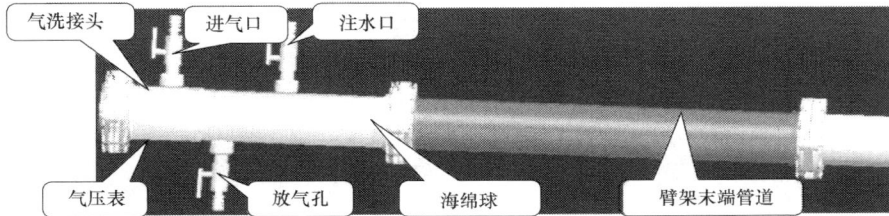

图 4-64 水气联洗特制接头布置

水气联洗步骤如下：

1）泵送结束后，关闭截止阀，拆掉泵的出料口弯管，连接至回收架管道，并做好防护。

2）将多个泡过水的海绵球塞到气洗接头内，拆掉布料杆末端胶管，接上气洗接头，连接好气管。

3）打开空压机充气，打开截止阀，管道内混凝土从上往下落回搅拌车。

4）观察回收架出料口处混凝土流动情况，海绵球被冲出时，底层工人通知顶层负责人关闭空压机。

采用水气联洗工艺需注意安装水气联洗接头时，必须确保紧固、密封效果，避免洗管时漏气，影响作业效率。并在地面回收架出料口处安装防护帆布，防止混凝土向四周喷射。如果在洗管过程中，出现气压不足、水平管道内的混凝土无法全部推出的情况，可从顶层向管道注水，依靠水压将其推出，完成管道清洗。

5. 管路减阻技术

(1) 分段润滑减阻原理

混凝土输送管路润滑装置（以下简称润滑装置），在混凝土泵送过程中，它可以在混凝土输送泵管内壁与混凝土间加入适量的润滑助剂，从而大大减少泵管内壁与混凝土之间的摩擦阻力，提高泵送高度和效率，适用于混凝土长距离输送和超高泵送施工。

润滑装置工作原理如图 4-65 所示。根据混凝土泵送系统的压力以及管路长度，在混凝土输送管路不同位置设置多部润滑装置，保证润滑效果。

(2) 润滑装置结构设计

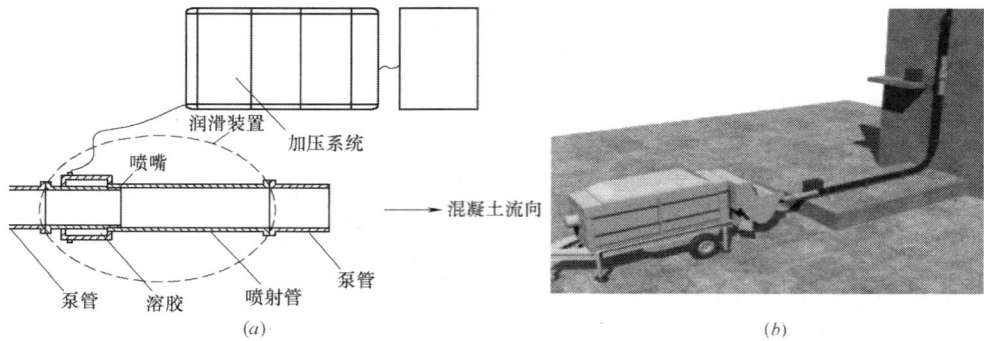

图 4-65　润滑减阻原理及装置
（a）润滑减阻原理；（b）润滑装置所在位置

润滑装置包括喷射管、喷嘴、加压系统和润滑助剂容器，喷射管安装在混凝土输送管路中的相邻两个泵管之间，喷射管在远离混凝土输送泵的一端开设有若干个润滑孔，润滑孔的内端开口上安装喷嘴，喷嘴的朝向与混凝土输送方向一致，润滑孔的外端开口与加压系统连接，加压系统通过液压管与润滑助剂容器连接。润滑助剂容器内装有润滑助剂，加压系统用于从润滑助剂容器内吸入润滑助剂，并将润滑助剂加压至大于混凝土的压力 1～5MPa，如图 4-66 所示。

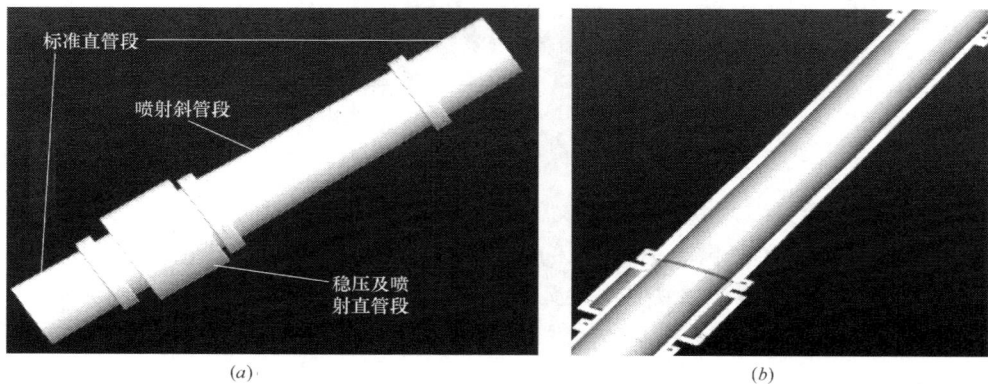

图 4-66　润滑装置总体结构及剖面图
（a）润滑装置总体结构；（b）润滑装置剖面图

润滑装置还包括安装在喷射管上的中空套管，中空套管的内壁与喷射管的外壁之间形成一个密闭的润滑助剂容腔，润滑助剂容腔与润滑孔的外端开口连通，中空套管上开设有与加压系统连接的注入孔；加压后的润滑助剂输送至润滑助剂容腔内，以稳定润滑助剂压力。

（3）润滑装置实际效果

润滑装置加工及调试如图 4-67 所示，经混凝土试验发现，润滑助剂掺量对混凝土工作性能影响较显著，掺量达到用水量 5％以上时，混凝土工作性能显著变差。润滑助剂对混凝土强度无影响。而在模拟混凝土泵送条件下，分别在润滑助剂注射前后进行取样，测试润滑助剂对混凝土强度的影响，结果表明润滑助剂对混凝土各龄期强度无影响。

（4）润滑助剂成膜效果

在武汉绿地中心进行了模拟泵送条件下，润滑装置对混凝土泵送的试验研究。在润滑助剂中掺入颜料，并在泵送管路中间隔 2m 设置一段透明的亚克力管，可通过亚克力管观察带颜色的润滑助剂在泵管中的成膜效果及移动距离。

图 4-67　润滑装置喷射试验

在混凝土泵送过程中，加压系统继续工作，保证润滑助剂的压力始终大于混凝土的压力，这样可以避免混凝土回流到加压系统内，影响润滑效果。

如图 4-68 所示，试验通过透明亚克力管观察发现，润滑助剂可以顺利注射到泵管内壁，形成一层润滑膜，并且随混凝土移动而向前移动。根据试验现象，调整润滑助剂的注射量，使其与实际混凝土流速相匹配，随着距离的延长，可观察到的润滑助剂逐渐减少，此技术还需要进一步的试验验证。

图 4-68　成膜效果试验

4.5　钢板剪力墙混凝土裂缝控制关键技术

钢板—混凝土组合剪力墙，又称钢板剪力墙，是自 20 世纪 70 年代发展起来的一种结构形式，常用于超高层建筑抗侧，近年来在天津 117、广州东塔等超高层建筑中得到应用。剪力墙由内嵌钢板、竖向边缘构件（柱）和水平边缘构件（梁）等构成，有混凝土墙体和钢板厚度大等特点。在钢板剪力墙的施工中发现，墙体的外表面容易出现裂缝，为了解决钢板剪力墙混凝土开裂这一工程界的难题，有必要、也必须要采取一系列的技术方案和手段最大限度地减少其有害裂缝的产生。

4.5.1　钢板剪力墙混凝土开裂机理分析

1. 基本原理分析

通过对简化的钢板剪力墙模型进行理论分析，探索钢板剪力墙相比于普通剪力墙混凝土开裂更为明显的原因，阐述预热和预冷钢板对裂缝控制的原理。

（1）钢板剪力墙混凝土开裂的原因分析

比较典型的钢板剪力墙的模型如图 4-69 所示，顶部直接与空气接触，墙体左右两侧装有模板。栓钉直径较小且离墙体外表面较远，对外表面应力的影响较小，因此在理论分析中暂不考虑；墙体顶部与空气直接对流，但其仅影响墙体顶部较小的区域，且该区域主应力较小，在理论分析中不予考虑。因此钢板剪力墙可以简化为如图 4-70 所示的模型，模型不考虑栓钉的影响，顶部绝热。剪力墙热分析是沿墙体厚度方向单向热传递，墙体中心温度高，两侧温度低，温度梯度均匀；结构分析则为沿墙体高度方向单向的拉压。

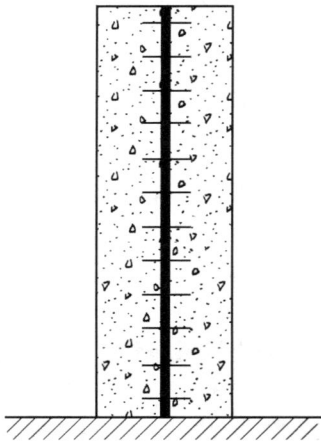

图 4-69　钢板剪力墙模型图

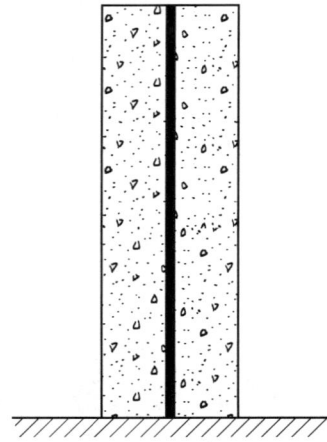

图 4-70　钢板剪力墙简化模型图

如图 4-71 所示，混凝土所受应力由温度梯度导致的应力 σ_i 以及钢板和混凝土变形差引起的应力 σ'_i 两部分组成。混凝土厚度的 1/4 和 3/4 处相对变形为 0，温度梯度不产生应力，以这两个位置为参照点。由于混凝土的弹性模量随时间增长，因此墙体某个时刻的应力是该时刻之前所有时刻内应力增量的叠加，见公式（4-24）。

$$\sigma = \sum_i^N \sigma_i + \sum_i^N \sigma'_i \tag{4-24}$$

假设钢板剪力墙厚度为 H_1，钢板厚度为 H_2，钢板和混凝土在单位时间内温度增长 ΔT_{1i}，混凝土外表面在单位时间内温度变化 ΔT_{2i}，混凝土在单位时间内的收缩为 ΔS_i（最终收缩量约为 3.24×10^{-4}）。混凝土和钢板的弹性模量分别为 E_{1i}、E_2（考虑混凝土弹性模量随时间的增长，E_{1i} 为与时间相关的变量），膨胀系数分别为 α_1、α_2（$\alpha_1 < \alpha_2$，α_1 近似取为 1.0×10^{-5}，α_2 近似取为 1.2×10^{-5}）。墙体外表面由于变形差导致的应力增加为：

$$\Delta \sigma_i = \frac{\Delta l_i E_{1i} E_2 H_2}{E_{1i} H_1 + E_2 H_2} \tag{4-25}$$

其中 Δl_i 为钢板和参照点变形的差值，Δl_i 为：

$$\Delta l_i = \Delta T_{1i} \alpha_2 + \Delta S_i - (\Delta T_{1i} + \Delta T_{2i}) \alpha_1 / 2 \tag{4-26}$$

墙体外表面的温度梯度应力为：

$$\Delta \sigma'_i = \frac{\Delta T_{1i} - \Delta T_{2i}}{2} \alpha_1 E_{1i} \tag{4-27}$$

$\Delta \sigma_i$ 与 $\Delta \sigma'_i$ 均为拉应力，由于钢板对混凝土水化热的影响较小，温度梯度产生的应力 $\Delta \sigma_i$ 基本不受影响，$\Delta \sigma'_i$ 则完全是由于钢板存在导致混凝土应力增加的部分。经过简单的试算，$\Delta \sigma'_i$ 约为

$\Delta\sigma_i$ 的 20%~60%，并且龄期越短，比例越高。

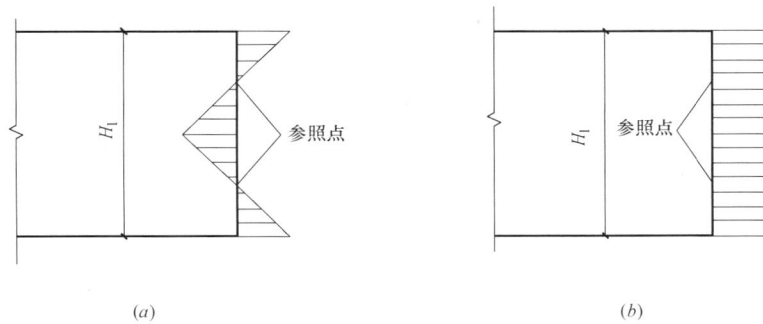

图 4-71 混凝土应力示意图
(a) 温度梯度应力；(b) 变形差异应力

由于 ΔT_{1i}、ΔT_{2i} 以及 ΔS_i 在不同的阶段表现出不同的增长规律，根据 Δl_i 的正负，可将整个过程分为三个阶段，下面将钢板剪力墙对混凝土应力的影响分三个阶段进行讨论（前两个阶段由于收缩引起的变形与温度引起的变形较小，不作讨论）：

1）混凝土早期，中心混凝土温度接近绝热温升，而两侧混凝土由于模板的散热的影响温度上升较慢，根据公式（4-26）Δl_i 为正值，钢板增大墙体外表面的拉应力，随着中心混凝土温度上升的减慢，ΔT_{1i} 与 ΔT_{2i} 之间的差值逐渐减少，钢板的约束应力逐渐减小。值得注意的是，拆模前后混凝土的散热变化较大，墙体外表面降温较快，而中心混凝土还处于升温或者缓慢降温状态，ΔT_{1i} 与 ΔT_{2i} 之间的差值会加大，并且混凝土此时弹性模量相对较小，开裂风险较大。

2）混凝土中期，外表面混凝土温度降至环境温度，中心混凝土温度缓慢下降，因此 ΔT_{1i} 为负值，而 ΔT_{2i} 约为零，因此 Δl_i 为负值，混凝土相对于钢板膨胀，钢板减小了混凝土外表面的拉应力，降低了其开裂风险。

3）混凝土后期，中心混凝土温度趋于稳定，ΔT_{1i} 与 ΔT_{2i} 趋于零，因此混凝土的收缩处于主导地位，Δl_i 为正值，混凝土相对于钢板收缩，钢板约束导致混凝土外表面拉应力增大。

比较完成混凝土浇筑后的三个时期，中期拉应力减少，后期拉应力虽然增大，但是此时混凝土强度已经较强，开裂风险较小，因此开裂风险主要集中在混凝土浇筑完成后的早期，在此阶段，混凝土应力处于较高的水平，强度偏低。

（2）预热法控制钢板剪力墙裂缝

预热法是指通过加热钢板的形式控制钢板剪力墙的裂缝。不考虑钢板和混凝土之间热传递的影响，钢板预热对钢板剪力墙裂缝控制的作用大致可划分为两个阶段：在早期，混凝土由于自身水化放热膨胀，钢板不发生变形，钢板给混凝土施加一个压应力，使混凝土外表面的拉应力减小；在中期，中心混凝土温度下降要快于参照点混凝土温度，钢板相对于混凝土收缩，使混凝土外表面受压，减少其所受拉应力，预热后的钢板温度较高，由于温度降低导致的收缩相比于普通的钢板剪力墙更大，更利于裂缝控制。

钢板加热的温度和停止加热的时间对混凝土开裂风险的控制起着极为重要的作用。钢板的预热温度过高，温度会传递给周围的混凝土，使周围混凝土温度升高，加大温度梯度；同时，钢板周围混凝土温度较大，会促进混凝土的水化，进一步加大温度梯度，从而导致温度梯度应力加大。如果钢板预热温度过低，当周围混凝土温度高于钢板温度时，钢板吸收周围混凝土的热量导致钢板膨胀，可能会增加周围墙体外表面的拉应力。因此，建议钢板预热温度应略高于混凝土水化所能达到的最高温度，当中心混凝土温度达到最大时，钢板停止加热。

（3）预冷法控制钢板剪力墙裂缝

预冷法是指通过冷却钢板的形式降低混凝土开裂风险。不考虑热传递的影响，冷却钢板对裂缝的控制机理与预热钢板类似，混凝土由于自身水化放热膨胀，钢板温度保持不变，不产生变形，从而对膨胀的混凝土产生预压力，使混凝土拉应力减小。同时，冷却水管会降低中心混凝土的温度，减少温度梯度，从而降低温度梯度应力，进一步减少钢板剪力墙开裂的风险。停止冷却后，墙体中心的温度上升比外表面小，钢板相对混凝土膨胀，同时混凝土的收缩会进一步加大两者之间的变形差，使混凝土外表面的应力加大，但是此时混凝土已有一定的强度，开裂风险较小。

2. 有限元模型分析计算

通过对简化模型的分析，可知钢板预热法和预冷法对钢板剪力墙裂缝的控制都有很积极的意义，但是实际上，热分析和应力分析都远比简化的模型复杂，通过有限元模型对预热法和预冷法对裂缝控制的效果进行验证。

（1）有限元模型建立

钢板剪力墙几何模型是从超高层建筑上截取的一段，墙体高 6.8m、宽 6m、厚 1.4m，钢板厚 7cm，有限元模型如图 4-72 所示。墙体下端 2m 是前期施工，7d 后施工剩余的 4.8m，主要以后期施工的部分为研究对象，前期施工的部分主要提供约束作用。模板采用木模板，2d 后拆模。混凝土入模温度比环境温度高 5℃。

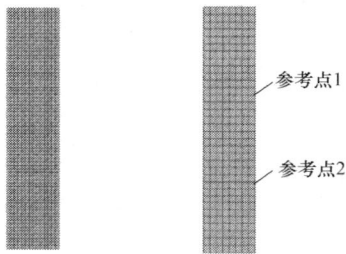

图 4-72　有限元模型及
参考点示意图

如图 4-72 所示，以后期施工的墙体部分中心截面的外表面的中下两个点作为参照点。混凝土强度等级为 C60，弹性模量为 3.6×10^{10}，最终收缩量为 3.24×10^{-4}，绝热温升最高温度为 48℃，弹性模量和收缩以及绝热温升与龄期的关系参照《大体积混凝土施工规范》GB 50496—2009，公式为 $K \cdot (1 - \exp(-m \cdot \tau))$，其对应 m 取值分别为 0.09、0.01 以及 0.5。钢板采用 Q345GJC 型号钢材。

（2）钢板和栓钉的作用

通过比较有无钢板和栓钉存在的条件下参考点的第一主应力，讨论钢板和栓钉对墙体开裂的影响。如图 4-73、图 4-74 所示。

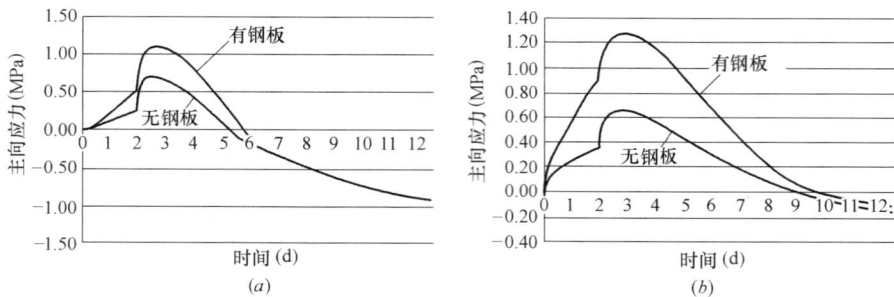

图 4-73　钢板对第一主应力的影响
（a）参考点 1；（b）参考点 2

通过对比可知，钢板的存在增大了墙体外表面的拉应力，相同时间点，有钢板的拉应力最大可达到无钢板时的两倍，并且当墙体受到约束时，两者的差距表现的更为明显。

参考点 1 和参考点 2 在栓钉存在与否的条件下曲线几乎是一致的，因此栓钉本身对墙体裂缝出现影响不大，符合理论分析时的假设。但由于栓钉的存在使钢板对混凝土约束更加明显，导致

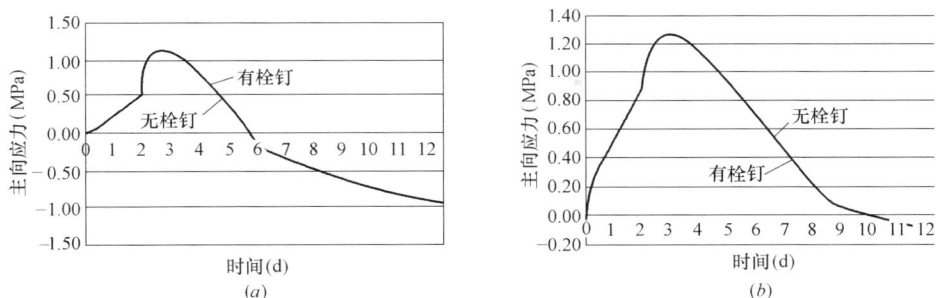

图 4-74　栓钉对第一主应力的影响

（a）参考点 1；（b）参考点 2

墙体开裂风险加大。

（3）预热钢板控制裂缝

通过比较预热钢板与否参考点的第一主应力，验证预热钢板控制裂缝的效果，同时讨论钢板预热合适的温度和时间。

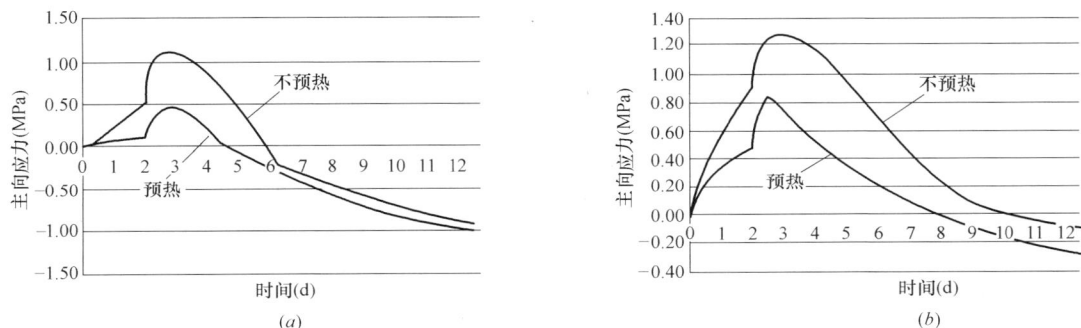

图 4-75　预热对第一主应力的影响

（a）参考点 1；（b）参考点 2

图 4-75 中预热的温度和截止时间采用不预热时中心温度最高时对应的时刻和温度，在此算例中，加热温度比环境温度高 32℃，60h 后停止加热。由图 4-75 可知，预热钢板能大幅度减小墙体外表面的应力，最大处预热钢板墙体应力约为预热前的一半。

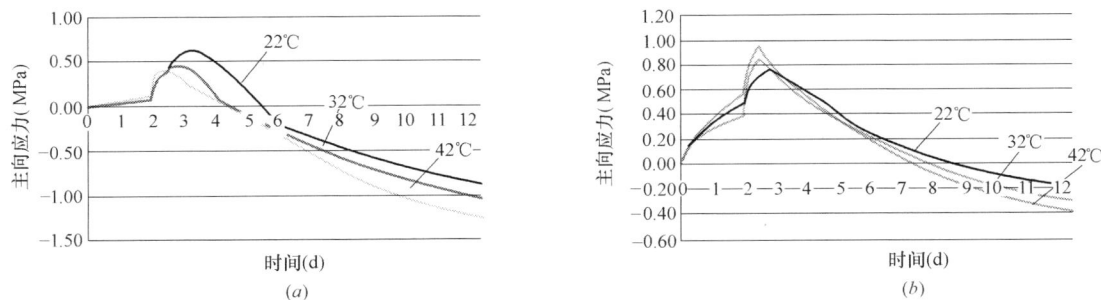

图 4-76　温度对第一主应力的影响

（a）参考点 1；（b）参考点 2

图 4-76 中是不同预热温度下参考点第一主应力，不同温度对不同位置的参考点表现并不一致，温度高在约束少的地方表现良好，但是在约束大的地方表现一般。综合起来，取 32℃ 是一

个比较折中的选择。

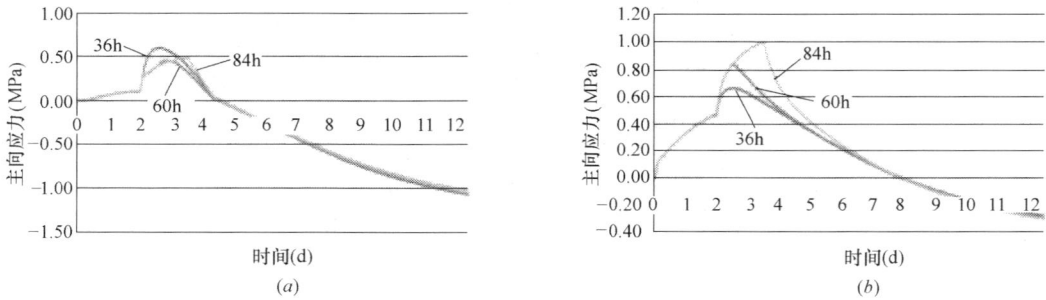

图 4-77 加热时间对第一主应力的影响
（a）参考点 1；（b）参考点 2

图 4-77 中是预热温度比环境温度高 32℃，加热时间不同情况下参考点第一主应力的对比，参考点 1 中加热时间为 60h 的主向应力最小，说明前文中的理论推断基本正确，参考点 2 由于受到约束的作用，加热时间为 36h 的主向应力最小，但是在参考点 1 处最大。综合起来，在中心温度达到最大时停止加热比较恰当。

通过上述分析可知：

1) 钢板剪力墙开裂风险比较大的原因是钢板和混凝土的变形存在差异，栓钉本身对墙体裂缝出现影响不大，但由于栓钉的存在使钢板对混凝土约束更加明显，导致墙体开裂风险加大；

2) 预热钢板能有效地降低钢板剪力墙混凝土开裂的风险，钢板加热的温度和终止时间以钢板剪力墙在未加热钢板情况下混凝土中心达到的最大温度和时间为宜。

4.5.2 预热钢板试验与结果分析

1. 预热方式及钢板温度梯度

（1）水管加热混凝土温度分布及速率

在使用陶瓷电加热板对已成型的混凝土进行加热的同时，使用水管通热水对未硬化的混凝土进行加热（单掺粉煤灰混凝土），观察温度传递速率和分布梯度变化。水管加热试验分两次进行，第二次分加热和降温两段进行，具体的数据分布详见图 4-78 和图 4-79。

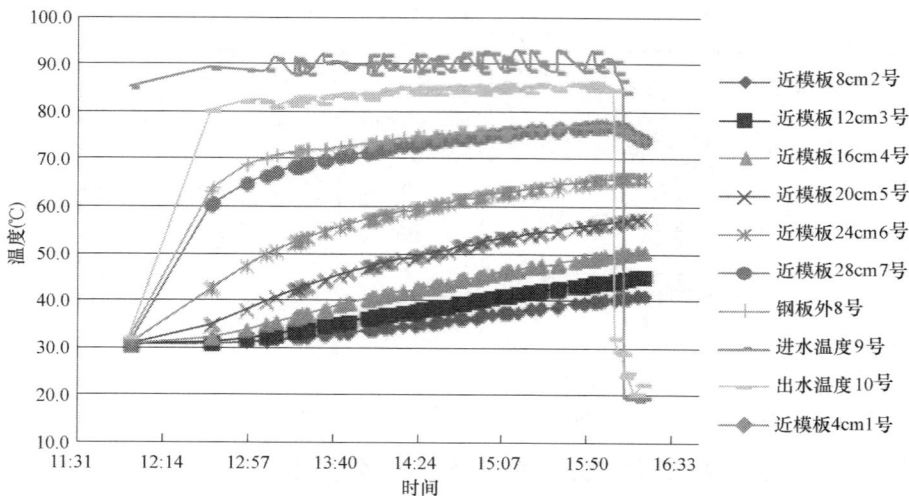

图 4-78 水管加热测点温度采集（间隔时间为 1min）

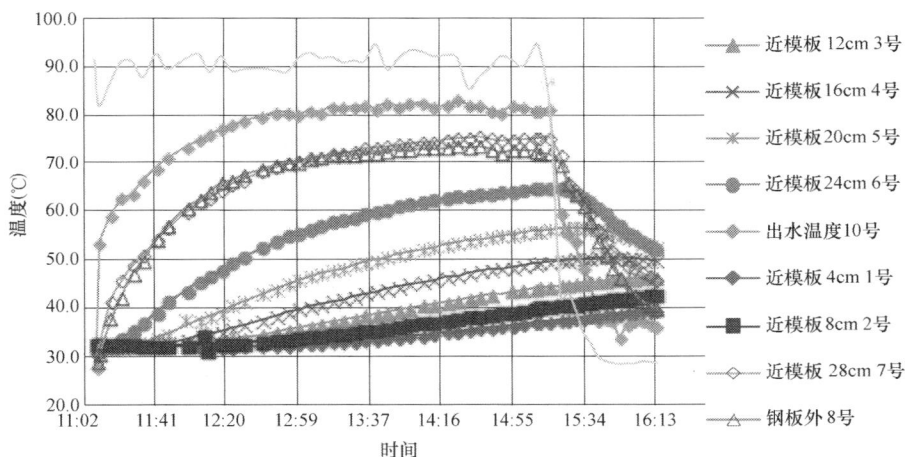

图 4-79 水管加热测点温度采集（间隔时间为 6min，含水管加常温水降温段）

从图 4-78 和图 4-79 可以看出，水管进水温度最大值达到 95℃，热水管进水速率约为 75～125mL/s，水管加热速率较快，2h 钢板温升已达 40℃（钢板温度达 71℃），热量在钢板与混凝土间及混凝土内部传递相对较慢，两个测温点间最大温差达 17.5℃；图 4-79 中降温的进水速率约为 48mL/s，1h 内钢板由 73℃降至 40℃左右，降温速率较快。

具体试验中，适当控制热水进水速率，控制钢板的最高温度及相邻混凝土间的温差，可减少混凝土内部缺陷。

（2）混凝土加热过程温度分布梯度

钢板温度由粘贴在钢板上的温度传感器采集，混凝土内温度为距离钢板 3～4cm 处，混凝土外温度为距离模板 3～4cm 处，温度分布图及应变情况如图 4-80 所示。

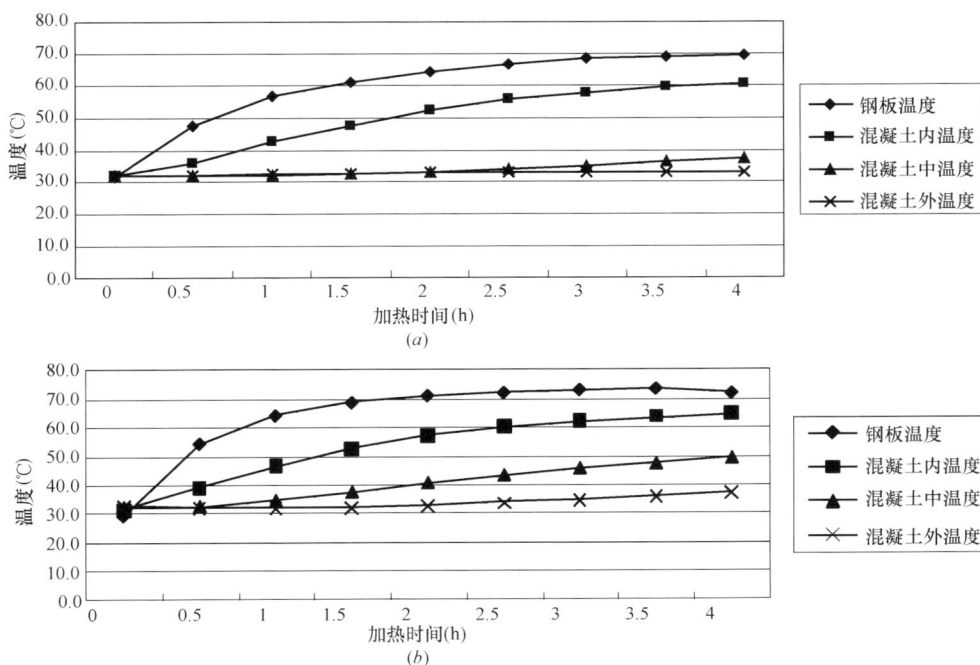

图 4-80 钢板加热过程中混凝土温度分布梯度
(a) 硬化混凝土；(b) 未硬化混凝土

167

从图 4-80 可以看出，水管加热效率较高，2h 钢板温升已达 40℃（钢板温度达 70℃），热量在钢板与混凝土间及混凝土内部传递速度相对较慢，两个测温点间最大温差达 17.5℃，钢板升温的影响区域在距钢板 16cm 处较明显。

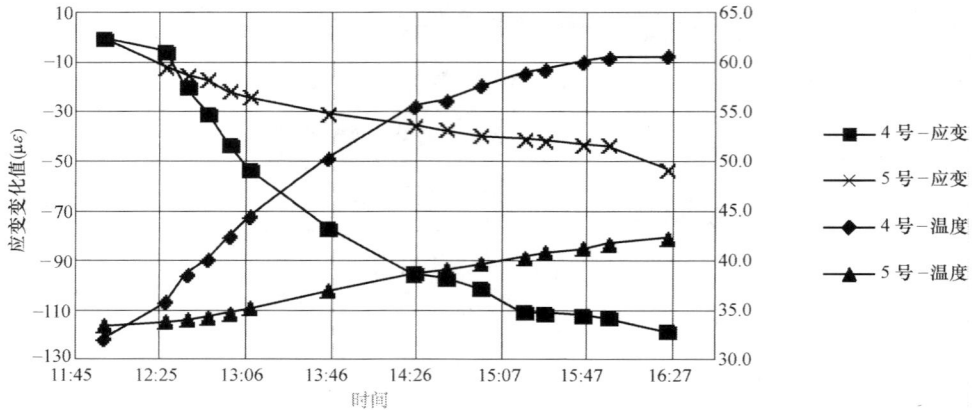

图 4-81　钢板加热过程中硬化混凝土应变变化值

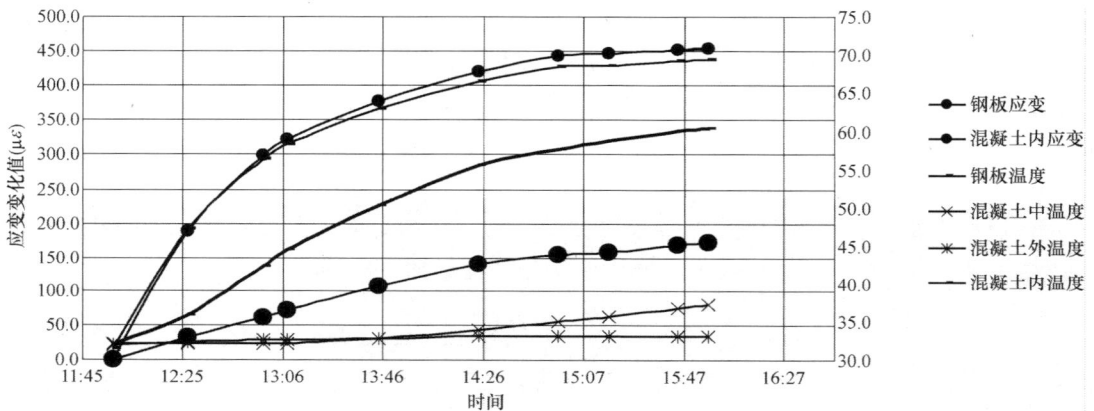

图 4-82　钢板加热过程中硬化混凝土绝对应变值

图 4-81 和图 4-82 中，钢板的应变值通过温度变化进行计算得出，混凝土应变值由应变计实际采集得到，在加热过程中钢板应变与混凝土应变的趋势较为一致，但钢板与混凝土应变的差值较大，可见在钢板加热过程中边缘混凝土对中心混凝土有较大约束。

（3）加热方式选择

分别试验了几种加热方式，其优缺点见表 4-21。4 种加热方式均可对钢板进行预热，以核心筒剪力墙钢结构重 500t 进行测算，将这部分钢结构加热 25℃仅需耗能 1597kW·h，即消耗电能 1600 度或 0.2t 标准煤燃烧产生的热量。

加热方式选择　　　　　　　　　　　　　　　　　　　表 4-21

序号	加热方式	优　点	缺　点
1	陶瓷电加热板	加热效率较高，操作方便	受结构形式限制较大
2	水循环+导热盘管	加热效率高，加热方式灵活	配合盘管使用，操作相对繁琐
3	蒸汽循环+导热盘管	加热效率高，加热方式灵活	加热均匀性差，气密性要求高
4	碳纤维丝（布）	加热效率差，结构适应性强	绝缘保护困难，成本相对较高

2. 预热钢板对钢板-混凝土组合结构的变形分析

（1）试验目标与方法

本试验主要参照《钢板-混凝土组合剪力墙预热钢板消除混凝土收缩裂缝装置》专利技术进行，重点测试混凝土性能、钢板预热方式、温升曲线等，通过预先在钢板及混凝土内埋设的温度及应变传感器，实时监测其温度及应变变化情况，以及混凝土内部温度梯度分布情况，根据钢板及混凝土应变实测数据，获得最佳的预热时间、预热温度、降温曲线等重要参数。主要试验内容如下：

1）三种典型结构形式混凝土应力应变测试

采用相同的混凝土材料、浇筑时间、养护措施分别浇筑素混凝土、钢筋混凝土及钢板-混凝土组合结构，测试三种不同结构形式下混凝土的收缩应变，分析钢板及配筋对混凝土收缩变形的影响。

2）预热钢板对钢板-混凝土组合结构变形的影响测试

在钢板-混凝土组合剪力墙施工过程中，混凝土初凝前对钢板进行预热，混凝土接近初凝至终凝阶段始终保持钢板温度不变，混凝土终凝后停止对钢板加热，使其温度缓慢下降，测试钢板及混凝土的温度及应变值。

试验过程中主要原材料及仪器设备参数如下：

1）高强混凝土：通过原材料优选、试配验证、性能检测等环节，确定使用 C80 混凝土。混凝土拌合物施工性能良好，采取非接触式混凝土收缩变形测定仪测试该高强混凝土 7d 自生收缩值为 $220\mu\varepsilon$。

2）钢板：钢板材质为 Q345B 碳素结构钢，试件尺寸为 1200mm×1200mm×40mm，栓钉间距为 300mm×300mm。

3）传感器类型：应变测试采用振弦式应变计和电阻应变片进行，温度测试主要采用 RT-WL1A 智能温度检测仪，配合 DS18B20 型温度探头进行。

（2）试验结果与分析

1）典型结构形式混凝土应变测试

在相同条件下，分别对素混凝土、钢筋混凝土和钢板-混凝土组合结构三种典型结构形式的混凝土应变进行测试，测试结果见图 4-83。

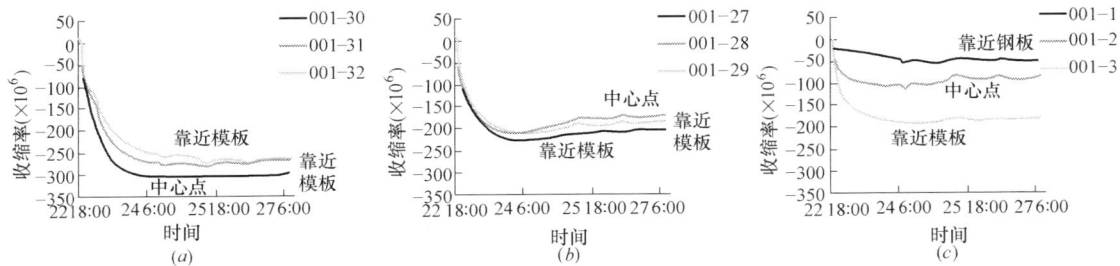

图 4-83　不同混凝土结构应变曲线
（a）素混凝土应变曲线；（b）钢筋混凝土应变曲线；（c）钢板-混凝土组合结构混凝土应变曲线

图 4-83（a）与图 4-83（b）分别为素混凝土及钢筋混凝土结构形式混凝土收缩应变值，其中素混凝土中心点最大应变 $-301\mu\varepsilon$，两侧最大应变 $-280\mu\varepsilon$，钢筋混凝土中心点最大应变 $-208\mu\varepsilon$，两侧最大应变 $-225\mu\varepsilon$。素混凝土及钢筋混凝土内外应变值基本一致，在钢筋的约束作用下，钢筋混凝土应变值略小于素混凝土应变值。

图 4-83（c）为钢板-混凝土组合剪力墙结构混凝土的应变测试值，其中靠近钢板一侧的混凝

土最大应变－53$\mu\varepsilon$，明显小于素混凝土及钢筋混凝土结构中混凝土的应变，远离钢板一侧的混凝土最大应变－192$\mu\varepsilon$，略小于素混凝土及钢筋混凝土结构中混凝土的应变。

对比同一混凝土在不同结构形式下的收缩应变值，素混凝土中，混凝土未受到钢筋及钢板的约束而自由收缩，收缩值最大；钢筋混凝土中，混凝土收缩受到钢筋的约束，收缩值减少；钢板-混凝土组合结构中，混凝土收缩受到了钢板、栓钉及钢筋的强力约束，导致靠近钢板的混凝土收缩应变值明显减小。以上表明钢板-混凝土组合剪力墙结构中钢板及栓钉对混凝土的约束，是导致钢板-混凝土组合剪力墙结构混凝土开裂的主要因素之一。

2）钢板-混凝土组合结构在温度作用下的变形分析

采用振弦式应变计测试钢板和混凝土的应变时，均未考虑应变计自身在温度变化影响下的变形，在结构体系温度发生较大变化的情况下，钢板和混凝土的实际变形均应为应变测试值及应变计自身在温度变化下的变形之和。图 4-84 和图 4-85 为在混凝土水化热影响下，钢板及混凝土经过修正后的实际变形值。

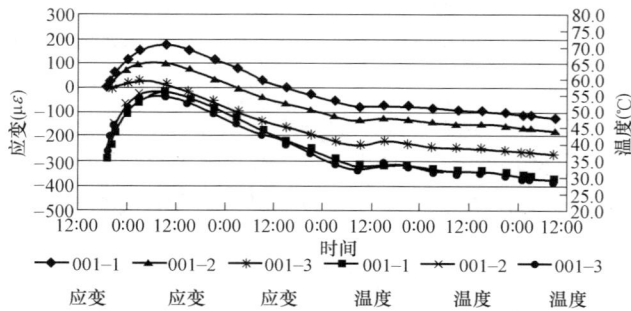

图 4-84　混凝土温度变化与变形值

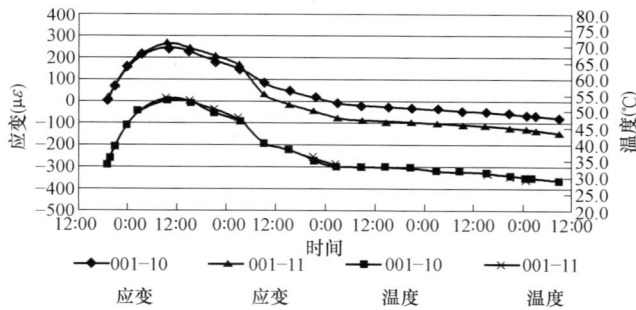

图 4-85　钢板温度变化与变形值

混凝土在上午 10：00 开始浇筑，混凝土初凝后开始测试温度和应变值。从图 4-84 和图 4-85 可以看出，在混凝土浇筑后 20～22h，水化热温升达到峰值，钢板及混凝土温度上升 20℃以上，在混凝土体积收缩、升温膨胀及钢板的约束作用下，靠近钢板一侧混凝土的实际变形值为＋180$\mu\varepsilon$，外侧混凝土的实际变形值为＋10$\mu\varepsilon$，而此刻钢板的变形值为＋260$\mu\varepsilon$，钢板与外侧混凝土变形差值达 250$\mu\varepsilon$，已超出混凝土抗拉极限；混凝土浇筑后 72h，即系统温度基本降至环境温度时，靠近钢板一侧混凝土的实际变形值为－80$\mu\varepsilon$，外侧混凝土的实际变形值为－230$\mu\varepsilon$，而此刻钢板的变形值为－20$\mu\varepsilon$，钢板与外侧混凝土变形差值达 210$\mu\varepsilon$，内外侧混凝土实际变形差值也达 140$\mu\varepsilon$。

数据表明，在混凝土水化热升温阶段，钢板与外侧混凝土实际变形差值已超出混凝土抗拉极限，混凝土裂缝在升温阶段已产生。

3）预热钢板对钢板-混凝土组合结构变形的影响分析

按照设定的试验方案，在混凝土初凝前对钢板进行预热，混凝土接近初凝至终凝阶段始终保持钢板温度不变，混凝土终凝后停止对钢板加热，使其温度缓慢下降，测试结构的温度及应变值，经温度修正后钢板及混凝土实际变形值如图 4-86、图 4-87 所示。

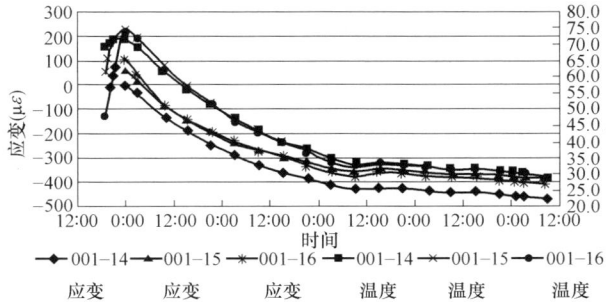

图 4-86　混凝土温度变化与应变值

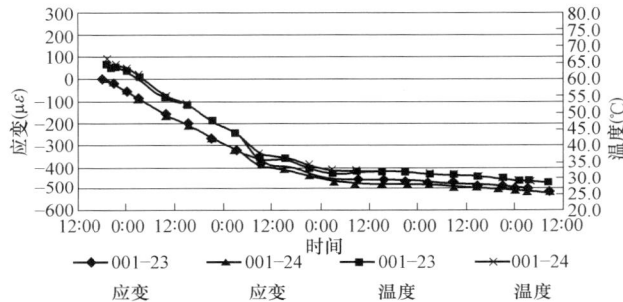

图 4-87　钢板温度变化与应变值

混凝土终凝后停止对钢板加热，钢板温度开始缓慢下降，混凝土在水泥水化放热的作用下，温度有小幅度上升，其中外侧混凝土升温幅度远高于内侧混凝土。内外侧混凝土最高温升出现在浇筑后 14～16h，较未采取加热措施明显提前，在混凝土体积收缩及水化热温升共同作用下，靠近钢板一侧混凝土的实际变形值为 $+110\mu\varepsilon$，外侧混凝土的实际变形值为 $+10\mu\varepsilon$，而此刻由于钢板温度下降，其实际变形值为 $-20\mu\varepsilon$，钢板与外侧混凝土的实际变形差值为 $-30\mu\varepsilon$；系统温度降至环境温度时，靠近钢板一侧混凝土的实际变形值为 $-420\mu\varepsilon$，外侧混凝土的实际变形值为 $-380\mu\varepsilon$，而此刻钢板的实际变形值为 $-450\mu\varepsilon$，钢板与外侧混凝土实际变形差值为 $-70\mu\varepsilon$。

数据表明，在混凝土初凝前对钢板进行预热，终凝后钢板温度缓慢下降，可以降低钢板与混凝土的实际变形差值，减少钢板对混凝土收缩的约束，有效控制混凝土结构裂缝。

4.5.3　预热钢板减少裂缝产生的作用效果

为进一步验证采用预热钢板的方法控制钢板-混凝土组合剪力墙混凝土开裂的效果，同时充分考虑实际工程的结构形式与现场条件的限制，在上述试验的基础上进行足尺模型试验验证。

1. 足尺模型试验

足尺模型采用双层钢板与混凝土组合结构，形式为"L 形"，钢结构长边为 10.9m，短边为 3.9m，钢板厚 30mm，为加强结构刚度，双层钢板之间设置有多层加劲肋及横隔板，钢板外侧焊接盘管用于加热。足尺模型配筋参照实际工程，采用木模板封模，双层钢板结构各腔室内及外层均浇筑 C80 高强混凝土。足尺模型结构形式及主要测点布置如图 4-88 所示。

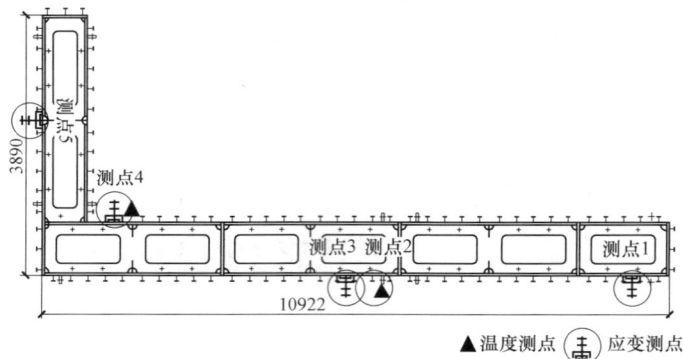

图 4-88　足尺模型结构形式及主要测点布置

钢板-混凝土组合剪力墙内外混凝土分两次进行浇筑，先浇筑双层钢板腔室内部混凝土，2d 之后浇筑外层混凝土。浇筑外层混凝土之前通过热水循环对钢板进行预热处理，持续至混凝土终凝停止加热，带模养护 2d 后拆除模板改为毛毡覆盖保温养护，期间持续监测钢板及外层混凝土的温度及应变。混凝土拆模后表观效果良好，墙体未发现可见裂缝，证明采用该方法控制钢板-混凝土组合剪力墙结构裂缝切实可行。足尺模型试验过程及拆模效果见图 4-89。

图 4-89　足尺模型试验过程及拆模效果

2. 工程试应用

（1）工程概况

试验项目为天津 117 大厦，其塔楼核心筒为劲性混凝土结构，平面上呈几何形状规则的矩形，中央混凝土核心筒平面尺寸约为 34m×32m。

试验墙选取在 4 层结构中的一段（VII 段—对应钢板第十五、十六节），长度约 13m，高度 4.25m，具体位置如图 4-90 所示。

加热方式为紫铜加热带，每段紫铜加热带长度约为 18～24m，在混凝土终凝前开始通电加热，保证平均 3h 内使对应钢板温升达 30℃；达到温度后，保持钢板温度恒定至混凝土水化热温度与钢板温度相近时，停止加热，直至在自然条件下自然冷却。

（2）应用效果

通过前期试验分析，基本验证了预热钢板是控制钢板-混凝土组合剪力墙裂缝产生的有效手段，但是如何才能很简便地对钢板进行有效预热，能否在不影响工期的前提下及时足量将紫铜加热带粘贴保护好，则是本技术能否在工程上大面积推广的关键。通过本次在 117 项目

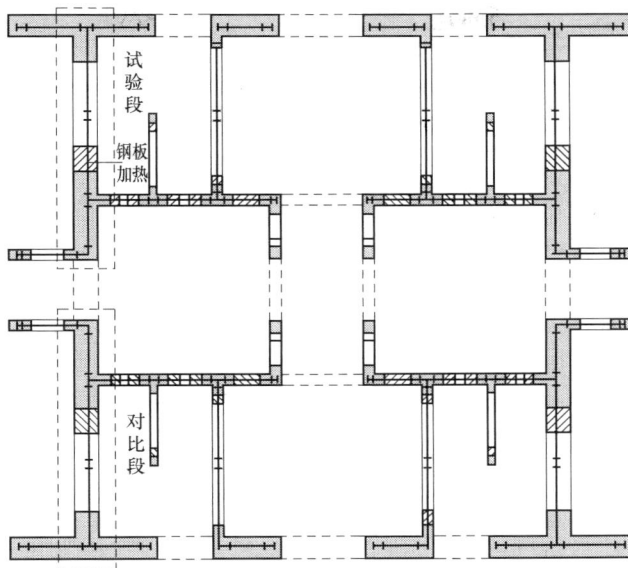

图 4-90　试验墙平面位置示意图

的实施，基本验证了紫铜加热带粘贴保护的易操作性，同时结合现场的实施条件，总结出了关键控制点。

4.6　小结

千米级摩天大楼的建造技术关键之一在于新型结构材料的开发与应用，高强轻集料混凝土和超高强混凝土在降低结构自重和提高承载能力方面突出，是推动摩天大楼发展的动力。但目前我国对强度等级高于 C80 的混凝土在建筑结构设计规范中并未涉及，且超高强混凝土质量控制措施要求极为严格，未来超高强混凝土研究重点在于质量控制研究和结构性能研究。高强轻集料混凝土可泵性能与泵送距离和泵送高度成反比，泵送距离越长、轻集料经时损失越大，越容易堵泵，因此轻集料混凝土的研究方向主要为可泵性能研究和泵送性状保持性能研究。

大体积混凝土和巨型钢管柱混凝土是超高层建筑中的重要承重结构，兼具低热、低收缩、高强、自密实等多重属性。在设计中，应当综合考虑由于混凝土的体积收缩、工作性能不良及养护困难等原因而导致混凝土钢管脱空、脱粘问题，同时考虑胶材用量高、水化温升大、温度应力大造成的收缩开裂问题，并遵循膨胀性能设计、低热胶凝体系设计、自养护性能设计、工作性能优化的原则和方法。在施工中，高度高、节点多、结构复杂、浇筑困难是巨型钢管混凝土柱的施工特点，因而成熟的施工技术、先进的施工管理、完备的温度监控和质量检测技术是保证大体积混凝土、巨型钢管混凝土施工质量及实现设计要求的重要方面。

混凝土泵送施工是一个系统工程，随着建筑向高度更高、结构形式更复杂、施工进度要求更快等方向的发展，混凝土泵送压力的攀升，混凝土高强化转变，使得超高层泵送施工中无论任意一个环节出现偏差，都可能造成泵送失败，不仅影响施工进度，而且影响工程质量。因此，未来的超高层泵送应从材料和施工等方面综合考虑：以严密的施工组织体系作为技术保证，全方位严格控制，严格执行规范、规程和各项特定的技术要求外，还需更为科学有效的超高泵送混凝土的性能设计、泵送评价和施工要点，以满足目前建筑发展的需要为目的，解决混凝土超高泵送施工技术难题为手段，推动混凝土的超高泵送施工发展，提高施工效率，降低施工成本。

钢板-混凝土组合结构中钢板及栓钉对混凝土产生明显约束，是导致钢板-混凝土组合剪力墙混凝土开裂的主要原因之一。在钢板-混凝土剪力墙实施过程中，通过对钢板进行预加热处理，主动干预钢板的收缩与膨胀；在混凝土凝结硬化前，对钢板进行加热，使其产生一定的预膨胀；在混凝土收缩过程中，逐步调整钢板温度，使其温度缓慢下降产生对应收缩，使钢板与混凝土收缩值基本一致，最大限度地减少了钢板-混凝土组合剪力墙混凝土有害裂缝的产生。在现场实施过程中，应进一步优化热源，提高安装效率，保证设备运行的可靠性。

超高强混凝土的相关结构设计规范尚处于研究状态，大体积混凝土、超高层泵送混凝土也缺乏相应的生产、施工标准，超高层泵送技术在目前还没有完全成熟，高压力泵机和混凝土质量的控制等技术难题亟待解决。在完善各项技术应用研究的基础上，还需提高设计、技术、施工交流与配合，减少特种混凝土技术的推广阻力，保证预期施工效果，千米级建筑混凝土技术才能跟上建筑高度刷新的步伐，实现大规模应用。

5 千米级摩天大楼模架与施工平台关键技术研究

5.1 研究背景

超高层建筑不仅要承受较大的垂直荷载，还要承受较大的水平荷载，目前多采用框架-剪力墙结构和筒体结构，其中又以钢框架核心筒剪力墙结构应用最多。以中建三局建造的工程为例，300m 以上的在施或竣工的建筑约有 50 个，其中采用钢框架核心筒剪力墙结构的占绝大多数。相对内部核心筒剪力墙而言，在主体结构施工中，外围钢框架施工速度更快。虽然钢框架往往落后核心筒数层才开始施工，但钢结构施工进度仍受到混凝土进度的制约。因此，高层、超高层建筑竖向混凝土结构施工技术的一个重要课题就是在保证结构质量与施工安全的情况下提高施工速度。从传统的搭设脚手架施工到滑模施工，再到爬模、提模施工，竖向混凝土结构施工机械化、标准化程度不断提高，施工速度不断加快，施工的安全性也越发有保证。

滑模施工于 19 世纪 80 年代在美国兴起，20 世纪 40 年代初期我国从苏联引进该技术。液压滑动模板施工是在构筑物或建筑物底部，沿其墙、柱、梁等构件的周边组装高 1.2m 左右的滑升模板，随着向模板内不断分层浇筑混凝土，用液压提升设备使模板不断地沿埋在混凝土中的支承杆向上滑升，直到需要浇筑的高度为止（见图 5-1）。滑模施工主要用于现场浇筑高耸的构筑物和建筑物，如烟囱、筒仓、竖井、沉井等。随着滑模技术的发展，其应用范围由构筑物逐渐扩展到高层、超高层建筑；由传统的竖直滑升转变为变截面滑升。滑模施工大幅度提升了核心筒施工的机械化程度，施工连续，构造简单，速度快，工期短。但滑模滑升的时间不容易控制，且混凝土外观较差，所以没能在超高层建筑施工中被沿用及发展。

20 世纪 80 年代后期我国开始在高层建筑中使用爬模技术，并在近些年有了长足的进步与发展。爬模适用于高层建筑剪力墙结构、框架结构核心筒、大型柱、桥墩、桥塔、高耸构筑物等现浇钢筋混凝土结构工程液压爬升模板施工（见图 5-2）。爬模装置通过承载体附着或支撑在混凝土结构上，当新浇筑的混凝土脱模后，以液压油缸或液压升降千斤顶为动力，以导轨或支承杆为爬升轨道，将爬模装置向上爬升一层，反复循环作业。根据爬升的动力装置不同，爬模分为液压油缸爬模与穿心千斤顶爬模，其中液压油缸爬模应用更为广泛。在上海环球金融中心、迪拜哈利法塔、深圳平安中心等世界知名的超高层建筑的施工中均采用了

图 5-1 滑模施工装置

爬模技术。爬模布置灵活、机械化程度高，对于复杂多变的超高层核心筒设计体现出较好的适应性，目前应用较为广泛。

提模技术是受升板法施工的启发，将竖向结构的模板悬挂在楼板或平台以下，通过安置在混凝土柱或劲性钢骨上的升板机等设备在提升楼板或平台的同时提升竖向结构模板完成模板施工（见图5-3）。典型的平台提升模架是上海建工集团的自升式整体提升平台系统。悬挂脚手架与平台固定连接。利用安装于核心筒剪力墙内的格构柱作为支承和爬升导轨，以升板机作为动力，通过提升与平台相连接的丝杆来提升整个平台系统，进而提升模板与脚手架完成混凝土浇筑施工。提模装置封闭性好，安全性高，模架整体承载力与刚度较大，可以为核心筒施工提供整体的作业平台。但是由于模架受核心筒内的劲性构件限制较大，很大程度上限制了模架的推广与应用。

图 5-2　爬模施工装置

图 5-3　提模施工装置

这些技术较传统的混凝土施工已经取得了长足的进步：施工速度更快，质量、安全更有保障，现场文明程度更高，综合效益更好。不过，随着建筑市场竞争的加剧，建筑企业总是不断地寻求更加高效的施工技术，进而缩短工期，降低施工成本。因此，专注于超高层核心筒结构施工的，具有施工速度快、承载力大、安全性好、集成度高等诸多优点的"低位顶模"和"集成平台"也就应运而生了。

5.2　低位少支点整体顶升平台模架体系

在广州西塔工程中，为了满足投资方、建设单位的工期要求，施工技术团队开创性地提出了低位顶升模架技术（见图5-4），自主研发了新的低位顶模用于核心筒施工，该技术使核心筒施工的最大速度达到惊人的两天一个结构层高度，整栋塔楼工期缩短了280d。

广州西塔的低位顶模（第一代模架）得到了顺利实施，但在工程实践过程中还存在一些亟待改进的问题，如无法周转、适应性较差、安全冗余度不足等。

2009年底中建三局技术中心成立了以模块化低位顶模为研究内容的课题小组，首先依托福州世茂国际中心工程，首次完成模块化低位顶模的设计和实施。并在首个工程应用成功后，从2010年至今先后推广应用至宇洋中央金座工程、无锡国金工程、镇江苏宁工程、天津现代城工程、重庆国金工程、天津117工程等近20个地标性建筑，在工程应用中不断地总结优化，模块化低位顶模（第二代模架）技术逐步趋于成熟。

模块化低位顶模重点在"周转性"、"适应性"、"安全性"三个方面实现突破,从而大幅度降低模架的成本,提高模架的工业化程度与功效,使其具备更强的市场竞争力,为低位顶模技术的产业化发展奠定基础。

5.2.1 低位顶模施工原理

低位顶模(第一代模架)和模块化低位顶模(第二代模架),虽说在周转性、安全性、适应性上有所差别,但基本原理相同,下面将两者结合讲述其施工原理和设计关键技术。

低位顶升模架由平台系统、支承系统、动力系统、模板系统及挂架系统五大系统组成(见图5-5),立面图见图5-6。

图 5-4　低位顶模施工装置

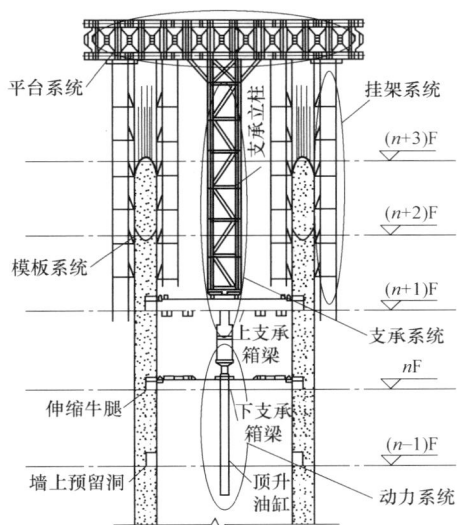

图 5-5　低位顶模系统组成

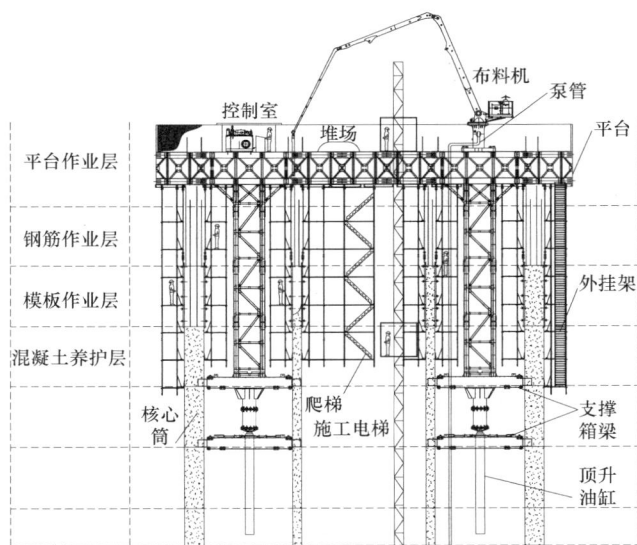

图 5-6　低位顶模立面图

低位顶升模架(以下简称"低位顶模")通过支承箱梁、顶升油缸及支撑立柱支撑在待浇筑混凝土楼层以下的结构上,用于混凝土墙体施工的挂架与模板悬挂在平台以下,当新浇筑混凝土脱模后,通过大行程高能力顶升油缸将模架整体顶升一个层高,进入上部楼层施工,反复循环作业。标准层施工流程见表5-1。

标准层施工流程　　　　　　　　　　　　　　　　　　　表 5-1

序号	状态	描　　　述
1	原始状态	下层混凝土浇筑完毕,上下支承箱梁距离一个层高,平台下部留空1.5个标准层高左右(钢筋绑扎作业面)
2	钢筋绑扎	开始上层钢筋绑扎,同时等候下层混凝土达到强度后拆除模板
3	顶升状态	下支承箱梁固定不动,油缸预顶升50mm后收回上支承箱梁牛腿,然后继续顶升至所需要的高度后上支承箱梁钢梁端部牛腿伸出,油缸回收50mm使上支承箱梁固定在上层墙体预留洞处; 顶升过程中模板随平台同步升高一层,避免材料人工周转

序号	状态	描 述
4	提升状态	上支承箱梁固定不动,油缸回收50mm,下支承箱梁钢梁端部牛腿回收,油缸继续回收到所需要的高度后下支承箱梁钢梁两端牛腿伸出,油缸顶出50mm使下支承箱梁固定至上一层墙体预留洞部位
5	模板支设	模板利用设置在平台下的导轨滑动至墙面,进行模板支设作业
6	浇筑混凝土	浇筑混凝土后回到原始状态,完成一个标准流程,持续向上……

（1）总体设计思路

低位顶模主要用于核心筒结构施工,因此在低位顶模设计时主要考虑核心筒面积、层高及墙体厚度变化、核心筒平面形状变化、钢结构件（钢板墙、劲性柱、伸臂桁架）、大型设备等因素。特提出如下技术要求：

1）使用低位顶模的工程,应针对其设计、制作、安装、验收、运行、维护、改造及拆除编制低位顶模安全专项施工方案,使用单位应组织专家对低位顶模安全专项施工方案进行论证；

2）低位顶模应根据工程结构特点,设计满足工程施工要求的支承系统、平台系统、动力系统、挂架系统和模板系统；

3）低位顶模设计应综合考虑核心筒结构布置及变化,施工电梯、布料机、起重机械的布置与爬升,钢结构吊装三类问题；

4）低位顶模平面布置应为钢构件吊装、施工电梯、布料机和起重机械运行及其构件吊装预留空间,平台上堆场及设备设施分布应均匀对称；

5）低位顶模立面布置应为钢结构吊装、钢筋绑扎、混凝土浇筑、混凝土养护提供作业空间；

6）低位顶模平、立面设计过程中应编制顶升规划；

7）低位顶模设计应满足施工人员作业及通行的要求,作业和通行范围内设置安全防护设施；

8）低位顶模设计应将平台系统、支承系统及顶升油缸活塞杆作为整体进行计算,模板系统、挂架系统、动力系统单独进行计算；

9）低位顶模支撑在核心筒结构上,必须对结构墙体稳定性、局压、抗弯、抗冲切和结构梁局压、抗弯、抗剪、抗扭等进行验算,当结构墙体或结构梁不能满足要求时,使用单位应与工程设计单位共同确定合理的结构加固措施,确保结构安全。

（2）各系统设计

1）支承系统设计

支承系统包括支承立柱、上支承箱梁、下支承箱梁、伸缩牛腿,位于平台系统以下,将平台系统承受的荷载传递给动力系统及核心筒结构。支承立柱底部与上支承箱梁连接,顶升油缸缸体与下支承箱梁连接,顶升油缸活塞杆法兰则与上支承箱梁连接,支点设在核心筒剪力墙或核心筒剪力墙连梁上。支承系统设计原则如下：

① 支承立柱应布置在核心筒角部,支承立柱间距应大于同方向平台长度的2/5,避免引起过大的悬挑端挠度以及过小的抗侧刚度,影响安全与使用；

② 支承立柱建议采用格构柱,以增大其刚度和承载能力,减小模架整体水平位移；

③ 支承立柱布置宜靠近支承箱梁中点,立柱形心距离箱梁中点的偏心幅度不应大于箱梁长度的1/5,否则应设计相应的顶升油缸抗弯装置及防坠装置；

④ 支承立柱与上支承箱梁及平台之间、顶升油缸缸体与下支承箱梁之间、活塞杆与上支承箱梁之间应采用刚性连接,这是为了增强低位顶模装置的抗侧刚度,也是为了加强顶升油缸活塞杆约束条件,确保顶升状态下模架安全；

⑤ 上、下支承箱梁为简支梁时宜采用鱼腹式箱型截面,在保证支承箱梁承载力不变的同时,

减小支承箱梁自重；

⑥上、下支承箱梁端部与墙体间应保持50～100mm的间隙，以防止墙体的倾斜导致箱梁无法顺利顶升、提升，但间距不能太大，否则会影响伸缩牛腿受力。

[**例5-1**]　以某项目低位顶模为例讲述支承系统设计：

某工程塔楼地下室共4层，地上64层，总高为319.5m。结构类型为型钢混凝土柱-核心筒结构体系，核心筒平面形状为四边形（角部有小部分收缩），结构单层面积为2946m²，建筑平面尺寸为54600mm×54600mm，建筑立面为直线（见图5-7）。内核心筒为钢筋混凝土剪力墙（有劲性柱）结构，核心筒面积为876～713m²（在35层位置核心筒面积收缩），核心筒平面尺寸为31300mm×27800mm/26900mm×26900mm，标准层高为4.35m。结构外侧为24根型钢混凝土柱，型钢混凝土柱与核心筒通过钢梁连接，核心筒内部楼板为钢筋混凝土楼板，楼板厚度为150mm，核心筒外侧为150mm厚压型钢板组合楼板。核心筒内部包含4根通高劲性柱，无钢板墙，28、29层与54、55层

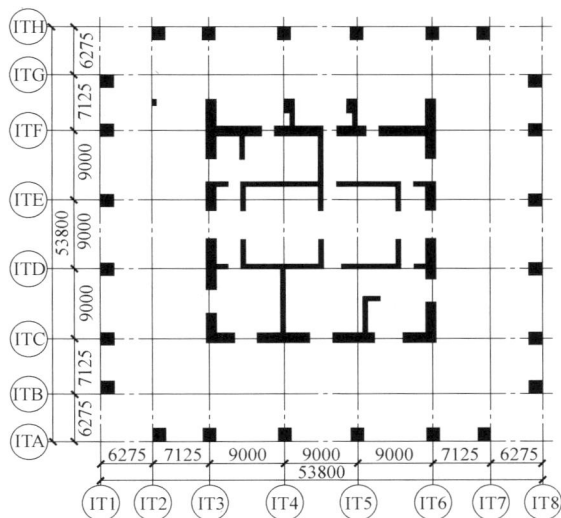

图5-7　标准层平面图

为两层伸臂桁架加强层，伸臂桁架层层高为12350mm和12500mm。

根据上述核心筒结构特点，该项目低位顶模共设置4个支承箱梁，位置如图5-8所示，支承箱梁效果如图5-9所示。

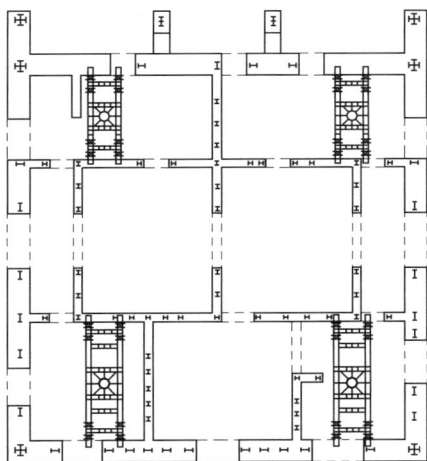

图5-8　支点布置图

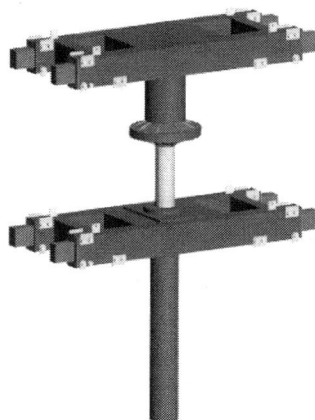

图5-9　支承箱梁

支承箱梁由主受力梁、横梁、销轴、加劲耳板、伸缩牛腿、钢板、加劲肋板等组成（见图5-10）。

支承立柱设计为格构柱的形式，高14m，覆盖3.5个结构层左右，如若遇到有钢板墙的项目，则需将立柱高度增加一个标准层高，上部与平台系统相连，底部与上支承箱梁相连，如图5-11所示。

2）平台系统设计

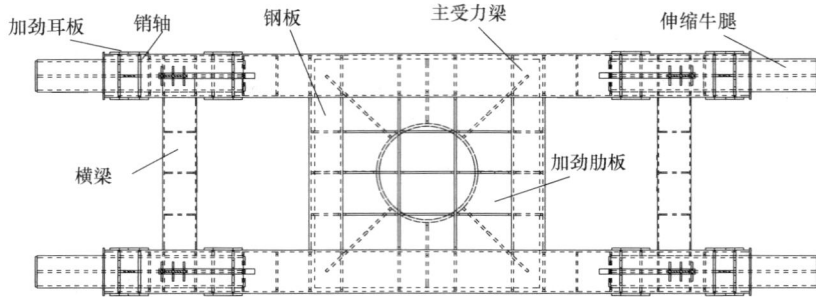

图 5-10 支承箱梁详图

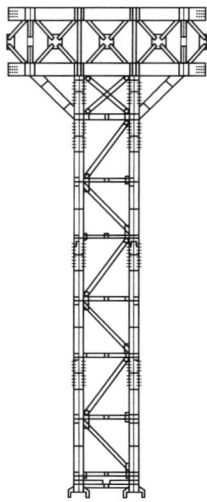

图 5-11 支承立柱详图

平台系统包括平台、临边防护、材料堆场、设备和设施堆场，位于待施工墙体以上，主要用于悬挂挂架系统和模板系统，同时为材料、设备、设施提供堆场及安装位置。设计原则如下：

① 平台结构宜设计为多级空间桁架结构，平台采用多级空间桁架结构时一级桁架、二级桁架和三级桁架的上表面应尽量齐平，以便于钢面板的铺设。在桁架下弦搭设走道板，在平台桁架内形成安全通道，焊机房、操作机房、工人休息房、水箱、电箱、电缆线宜布置在平台桁架内，以增大平台顶部的可利用空间。

② 平台顶部应进行平面功能分区设计，确定材料堆场、设备和设施安装位置，堆场及重型设备设施必须布置在支承立柱之间，平台与塔式起重机标准节净距应大于 500mm。

③ 平台临边应设置护栏和踢脚板，护栏高度、踢脚板高度、安全通道等应符合《建筑施工安全检查标准》JGJ 59—2011 的要求。

④ 平台布置应为钢板墙、劲性柱、钢牛腿等钢构件预留吊装空间。

[例 5-2] 项目详情参考例 5-1，平台系统设计如图 5-12 所示。

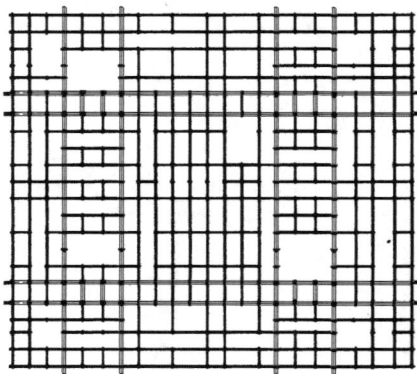

图 5-12 平台系统

3）动力系统设计

动力系统包含执行组件（顶升油缸和牛腿油缸，见图 5-13）、控制组件与动力源（泵站），该系统顶升低位顶模整体上升，并对顶升及提升过程中的误差、异常进行监测和调控。设计原则如下：

① 动力系统正常工作状态设计压力不应大于 25MPa，工作压力过高对液压管路的要求较高，

容易发生漏油损坏等现象；

② 动力系统应设计安全自锁及报警装置，在设备故障、偏载过大、同步误差过大、油管破裂等异常情况下自动报警并锁定；

③ 动力系统应设置滤油装置和降温装置；

④ 动力系统宜使用常温抗磨液压油 L-HM46，液压油循环净化需达到 NAS 8 级，动力系统中的各种阀件都是比较精密的部件，对液压油的清洁度要求较高，因此需保证油品清洁度；

⑤ 动力系统多油缸同步动作时，行程差异宜小于 5mm，超过 8mm 时应自动停机，单油缸动作时，任意两缸间行程差异应小于 15mm，超过 15mm 时应自动停机，低位顶模是整体顶升，顶升油缸的同步性要求较高，不平衡顶升会造成极大的结构内力；

⑥ 液压油路宜采用软管与硬管结合的布置方式，油箱、顶升油缸、牛腿油缸等易活动部位宜采用软管连接，其余部位宜采用硬管连接，并充分设置管夹。

[例 5-3] 项目详情参考例 5-1，动力系统设计见表 5-2、表 5-3。

顶升油缸参数　　　　表 5-2

	型号	400t 顶升油缸
顶升油缸	数量	4
	油缸缸径/杆径(mm)	460/340
	油缸最大行程(mm)	6000
	活塞杆速度(m/min)	0.1
	推力(kN)	4000
	拉力(kN)	500
	有腔工作压力(MPa)	6.6
	无腔工作压力(MPa)	24

牛腿油缸参数　　　　表 5-3

	型号	5t 牛腿油缸
牛腿油缸	数量	32
	油缸缸径/杆径(mm)	80/45
	油缸最大行程(mm)	500
	推力(kN)	50
	拉力(kN)	50
	有腔工作压力(MPa)	14.6
	无腔工作压力(MPa)	6.0

控制组件主要包括液控系统和电控系统两个分系统，实现对 4 个主缸和 32 个小缸的联动控制。

其中液控系统主要包括各种闸阀和整套液压管路，通过控制各个闸阀的动作控制整个系统的动作和紧急状态下自锁，动作要求如下：

① 顶升油缸伸出 50mm（顶升上支承箱梁腾空）；

② 上支承箱梁牛腿油缸收回（带动上支承箱梁牛腿收回）；

③ 顶升油缸继续伸出至支点标高以上 50mm（主要考虑上、下支承箱梁挠度的变化）；

④ 上支承箱梁牛腿油缸伸出（推动上支承箱梁牛腿伸出）；

⑤ 顶升油缸收回（使上支承箱梁牛腿落实，下支承箱梁腾空）；

⑥ 下支承箱梁牛腿油缸收回（带动下支承箱梁牛腿收回）；

⑦ 顶升油缸继续全部收回（带动下支承箱梁上升一个层高）；

⑧ 下支承箱梁牛腿油缸伸出（推动下支承箱梁牛腿伸出）；

⑨ 顶升油缸伸出至顶升油缸无杆腔内压力达到顶升时压力的 1/2 左右（目的是使上、下支承箱梁同时受力）。

4）挂架系统设计

挂架系统包括滑梁、滑轮、吊杆、吊耳、立面防护网、翻板、楼梯通道、层间水平走道板、兜底防护，位于施工结构墙体的两侧，与墙体并行布置，提供竖向混凝土结构施工的作业面。设计原则如下：

① 挂架系统严禁作为材料及构件堆场。

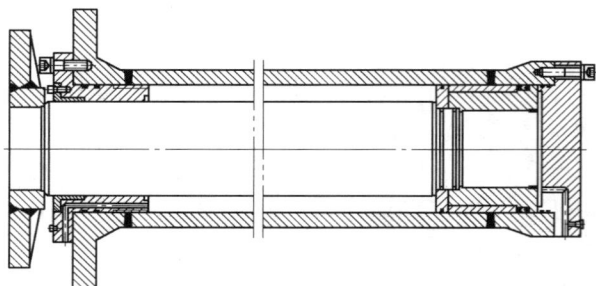

图 5-13　顶升油缸

② 挂架应布置在墙体两侧，与塔式起重机标准节的净距应大于塔式起重机运行时的摆动距离，在塔式起重机支承结构吊装部位，其净距应满足吊装要求。

③ 挂架单层高度宜在 2～2.2m 之间，挂架通道宽度宜在 0.8～1.0m 之间，翻板宽度不宜大于 0.6m。

④ 挂架与墙体之间应设置可转动的翻板，翻板翻起时，挂架与墙体之间的距离应不小于 0.5m。

⑤ 挂架系统最底层应设计可靠的兜底防护，除模架顶升外，兜底防护均应处于封闭状态，在核心筒墙体截面发生变化后，兜底防护应能保证防护严密。

⑥ 挂架系统设计应设置滑梁、滑轮及角部机构使其可沿垂直于墙体方向移动。

⑦ 挂架系统在不同井筒之间应设置可拆卸的水平安全通道。

⑧ 挂架系统立面安全防护网应考虑不少于 50% 的透风系数，严禁采用全封闭的防护网。

[例 5-4]　项目详情参考例 5-1，挂架系统设计如下：

由于该项目标准层高为 4.35m。在进行挂架立面高度布置时，为满足模块化低位顶升低位顶模中三个操作层的需求，挂架总高度为 14m，根据操作层的需要，挂架每层层高按 2m 布置。上部第一层主要为人员安全通道及电线电缆布置路线；第二、三层为钢筋绑扎、模板清理工作的操作架；第四、五层为模板拆除、模板清理工作的操作架；第六、七层为预埋件清理、已浇混凝土养护、兜底防护等工作的操作架。挂架各层之间设置爬梯通行，详见图 5-14。

由于挂架主要服务于剪力墙结构的施工，为剪力墙施工提供工作面，故挂架水平布置时，主要沿剪力墙两侧布置，为保证模板退模的空间，挂架边缘与剪力墙的距离为 500mm；挂架主要为人行通道，不堆载材料，故挂架宽度为 900～1000mm。

由于挂架边缘与剪力墙之间 500mm 的距离必须封闭，并能提供施工人员的操作平台，但又不能影响模板退模时的距离要求，因此该处可采用水平翻板，当需要退模时，翻板翻起，为脱模提供空间，当模板封闭后，翻板放平，可为施工人员提供操作面。挂架体系底部封闭，挂架翻板紧贴已浇筑混凝土面形成密闭空间，防止上部杂物掉落。

5）模板系统设计

模板系统包括模板、对拉螺栓、吊索，位于施工结构墙体的两侧，用于竖向混凝土结构浇筑。模板系统设计原则如下：

① 模板宜设计为定型模板，模板设计应综合考虑所有楼层结构墙体布置情况，统一配模。模板高度应根据标准层高确定，应与已浇筑完的混凝土墙体有不少于 100mm 的搭接，既能方便

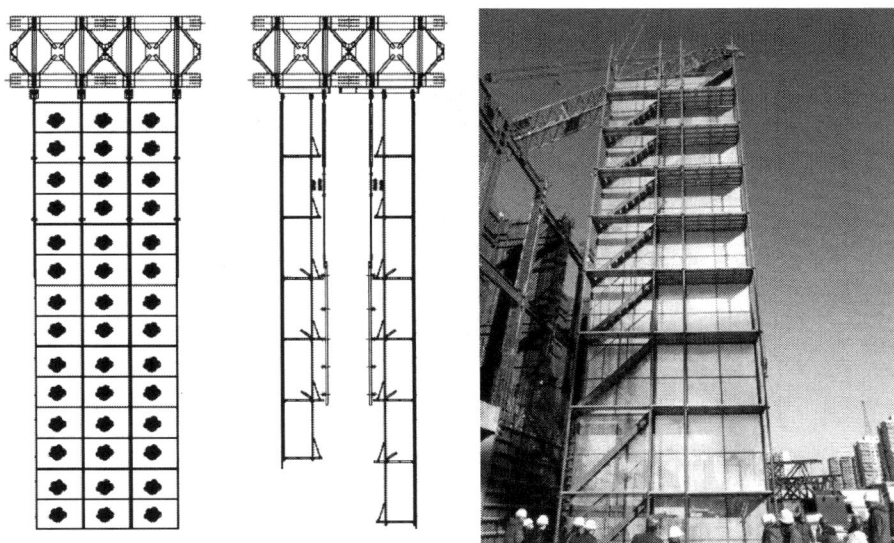

图 5-14 挂架

模板加固,防止漏浆,又能很好地保证墙体的垂直度。模板上口应高于楼层面一定高度,以免浇筑混凝土时石子、砂子等飞溅出来,污染挂架。

② 模板设计应考虑墙体厚度变化、预留外伸牛腿、斜墙段等特殊位置的需求。

③ 阳角、阴角、洞口等位置模板的设计应满足强度、刚度要求,确保合模、退模作业方便、高效。

④ 模板的对拉设计应与墙体内的劲性构件相协调。

⑤ 阴角模板边长宜控制在 250～350mm 范围内。

[**例 5-5**] 项目详情参考例 5-1,模板系统设计如下:

工程模板配置主要包括标准模板、非标准模板(根据配模尺寸补偿标准模板区域以外的尺寸)、可调节角模(墙体变截面部位调节因墙体厚度变化引起的配模尺寸的变化)、活动铰接角模,本工程模板高为 4.7m,上倒 250mm,下包 100mm,高强对拉螺杆直径为 20mm,通扣,模板制孔直径为 27mm。模板材料配置参数见表 5-4。

模板材料配置参数　　　　　　　　　　　　　　　　　表 5-4

序号	部　件	做　法	材　质
1	模板面板	5mm 厚钢板	
2	上下边框	8mm 厚钢板	
3	左右边框	[8 号槽钢	Q235
4	纵肋	80mm×40mm×3mm 方钢管,间距 300mm	
5	大背楞	[8 号双槽钢,间距≤900mm	

在模板与角模连接处采用翻转模板,即连接角模处的模板端部为 200mm 的翻转模板,拆模时 200mm 的翻转模板可翻转 180°至背楞后(见图 5-15)。

5.2.2　周转性设计与施工技术

(1)平台系统模块化设计

图 5-15 大模板

平台下方悬挂着模板与挂架，同时其顶部也是建筑材料、施工设备设施的堆场。因此平台必须具备足够的承载能力与刚度，确保平台在使用过程中不发生破坏或出现不适宜组装、施工的变形。

平台的模块化、标准化设计研究路线包括：平台组件应以标准组件为主，对于不同工程，采用标准组件和少部分非标准组件便可形成不同形状的平台满足施工需要；同时，在平台使用过程中，可以添加或拆除部分组件；整个平台系统可方便地组装与拆卸。

1）桁架平台的布置

桁架平台主桁架交点应位于平台支点正上方，同时，桁架应尽量位于墙体两侧，进而为墙体施工预留充足的空间。为了使桁架平台满足不同工程核心筒剪力墙的施工要求，并尽量使空间桁架主要由标准单元拼装而成，桁架平台模块化设计应遵循以下布置流程：

① 首先建立 1.5m 的标准网格。

② 将核心筒放入标准网格内，尽量使更多的墙体位于两条网格线的中间，当网格线离剪力墙过远或过近时，可以减小网格尺寸，但网格尺寸必须是 0.5m 的倍数。最终形成由标准网格（1.5m）和非标准网格（非 1.5m）组成的平面网格。

③ 根据空间桁架支撑点位置确定主桁架。

④ 根据核心筒剪力墙位置确定次桁架，并将没用的网格线删除。

⑤ 在主桁架间、主次桁架间以及次桁架间加入面外撑杆，形成空间桁架平台，将平面网格线转化为空间桁架网格。

2）主桁架模块化设计

主桁架是主要的承力骨架，包括井字节点标准节、标准节及非标准节，标准节主要模数包括 3m、4.5m、6m（见图 5-16）。

图 5-16 主桁架标准节

3）次桁架模块化设计

次桁架在分担平台荷载的同时，主要承受模板和挂架的荷载（见图 5-17）。

4）桁架平台各构件连接设计

在主桁架平面内，受拉弦杆采用翼缘与腹板的全螺栓连接，受压弦杆端部设端封板，该弦杆

图 5-17　次桁架标准节

除了翼缘采用全螺栓连接外，在端封板处亦采用螺栓连接。主桁架斜腹杆在连接位置分别设置单、双耳板，单双耳板间采用两个销轴连接。在主桁架平面外，标准节点处设有用于连接次桁架或面外撑杆阴头或阳头的销轴节点，该节点可连接次桁架或面外撑杆。次桁架平面内的阴阳接头，主要用于次桁架的拼接，同时也用来与主桁架连接。次桁架平面外标准节点处设销轴节点接头连接面外撑杆（见图 5-18）。福州世茂低位顶模平台整体安装见图 5-19。

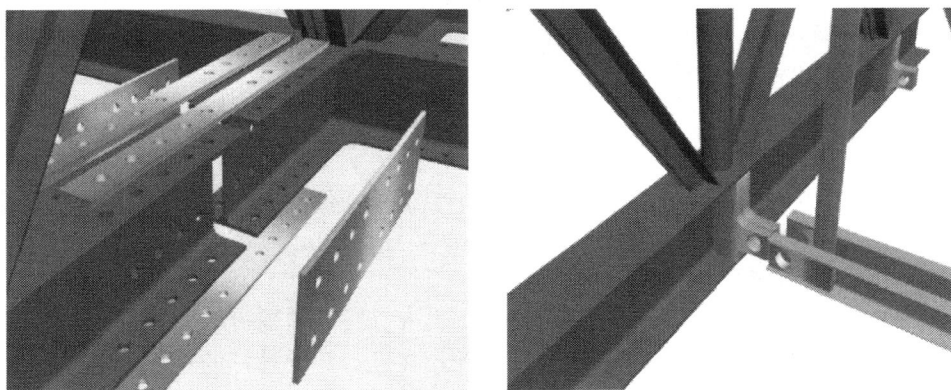

图 5-18　主次桁架连接

图 5-19　福州世茂低位顶模平台整体安装

（2）支承系统模块化设计

支承系统主要指支承立柱和支承箱梁，针对支承立柱模块设计时，首先应分析支承立柱的高

185

度需求和尺寸需求，以便能较好地适应不同建筑物的层高。

支承立柱高度取决于建筑标准层高及低位顶模结构安全性。为满足施工空间需求，施工作业跨越 3～4 个结构层。由于一般项目标准层高为 3.5～4m 左右，从上支承箱梁至平台底部空间大于该尺寸，考虑 16m 的设计空间。设计为组拼标准节形式：

1）立柱总宽度宜与平台十字节点模数一致。

2）由角部四个 H 型钢立柱通过角钢与固定在 H 型钢上的连接板连接成整体。

3）立柱由多个 3m 或 4m 的标准节组成。

详见图 5-20。

图 5-20　支承立柱肢件组装

（3）挂架系统模块化设计

挂架的模块化、标准化设计研究路线包括：挂架系统组件应以标准组件为主，尽量减少构件种类，提高挂架安装效率。通过标准组件和非标组件的连接满足不同墙体的结构布置和尺寸。

1）挂架平面布置的模块化研究

通过分析不同建筑的核心筒平面布置图可知，大部分核心筒通过横向和竖向的剪力墙将核心筒分割为九宫格的形式，结构形式比较单一。因此，在进行挂架吊杆的平面布置时，考虑操作平台的便利，宽度按 1m 或 0.9m 的标准模数，吊杆纵向间距为 1.5m 的标准模数，通过确定的吊杆间距进行吊杆水平结构件的受力分析和杆件截面选型（见图 5-21）。

2）挂架竖向结构件的模块化研究

由于一般商办楼标准层高主要集中在 3.5～5m 之间。在进行挂架立面高度布置时，为满足四个楼层施工的需求，挂架总高度为 14m 左右（有钢板墙的项目挂架增高一个结构层，根据具体的标准层高确定）。根据操作层的需要，挂架每层高度可按 2.2～2.5m 来考虑，挂架按照 6～7 层（有钢板墙的项目为 8～9 层）进行布置，挂架各层之间设置爬梯通行。

竖向吊杆模块化设计时以 6m 为基本模数，进行连接，根据确定的挂架层高，在吊杆上焊接连接板和预留螺栓孔，方便与跳板和安全防护网进行连接。

进行立面安全防护与楼梯模块化设计时，根

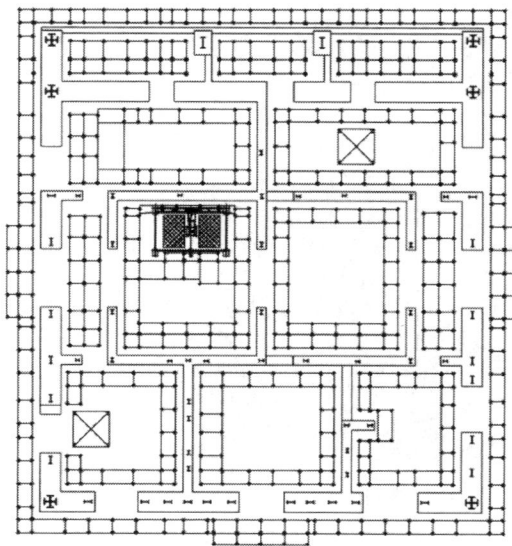

图 5-21　挂架平面布置图

据挂架层高、吊杆间距和宽度确定标准组件（见图5-22）。

图5-22　立面安全防护与楼梯标准组件

3）挂架水平结构件的模块化研究

挂架主要服务于竖向结构的施工，为剪力墙施工提供工作面，故挂架水平布置时，主要沿剪力墙两侧布置，为保证模板退模的空间，挂架边缘距剪力墙的距离为500～800mm。

4）挂架系统各杆件连接节点研究

挂架连接构件包括滑轮、滑梁、连接板，滑梁用于连接滑轮和平台桁架，滑轮通过在滑梁上的移动，可带动挂架或模板移动，从而满足施工的需求。滑梁设计时，一般采用H型钢，通过标准连接板件与平台下弦连接。滑梁上设置限位销，防止滑轮随意滑动。滑轮作用连接滑梁与吊杆的主受力构件，由连接板、加劲板、轴承组成，用于受力转换和调节挂架与混凝土结构之间的距离（见图5-23）。

挂架系统各杆件连接节点以受拉为主，竖向结构的连接螺栓采用高强螺栓，每个节点采用两个螺栓，满足一备一用的需求，即一个螺栓即能满足受力需求，另一个螺栓为备用。水平结构的螺栓主要起限位作用，采用普通螺栓即可满足受力需求。

竖向杆件通过连接板进行连接，水平杆件通过在吊杆上焊接的垫板与跳板连接，跳板直接搁置在垫板上即可。

滑轮安装在滑梁下弦，可在滑梁上滑动，滑梁与吊杆采用螺栓连接。

图5-23　滑轮与滑梁设计大样图

跳板与吊杆连接时，通过模块化构件可在地面拼装成整体进行吊装（见图5-24）。

图5-24　跳板与吊杆拼装

立面安全防护网与吊杆之间采用螺栓连接，楼梯搁置在跳板边框上，通过螺栓固定。吊杆之间通过连接板进行连接，连接板为 20mm×50mm×300mm 的钢板。

（4）低位顶模安装方法研究

模块化低位顶模由平台系统、支承系统、动力系统、模板系统、挂架系统五大部分组成，每个系统相对独立，并由各自的标准化构件组成，合理的安装流程、各系统构件模块的组拼方法及质量控制方法是低位顶模安装的主要研究内容。

模块化低位顶模安装基本原则为地面组拼、高处对接，现场焊接量少，精度控制要求高。基本流程见图 5-25。

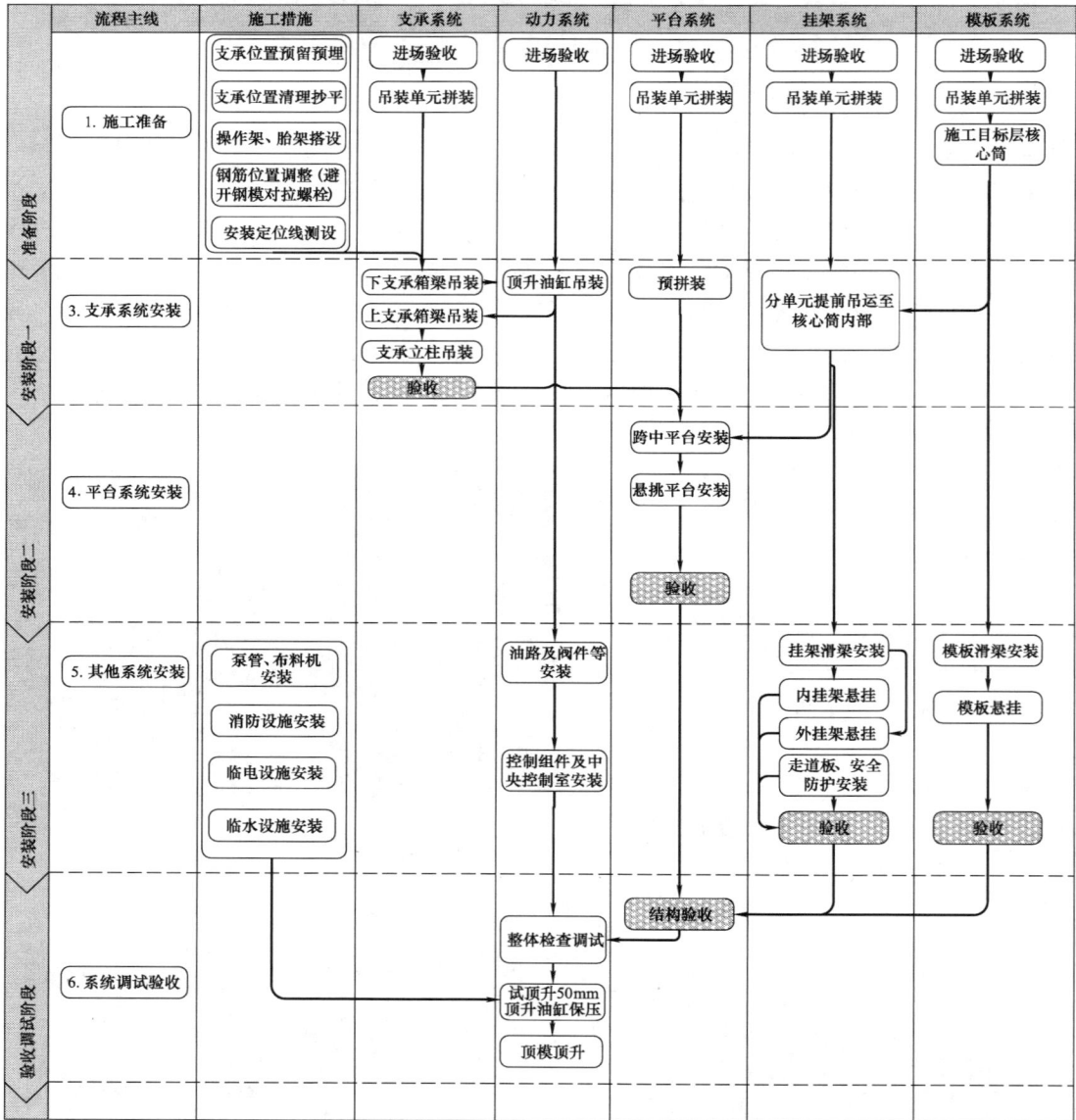

图 5-25 低位顶模安装流程图

（5）低位顶模拆除方法研究

为保证本套低位顶模系统周转使用，拆除时不得随意破坏构件。平台主次桁架构件不得损伤，以割除构件间连接板方式拆除，连接螺栓在运至地面后拆散。挂架体系除角部节点外各构件不得损伤。拆除前编号，拆除后各构件按型号归类堆码。

模块化低位顶模拆除基本原则为"先装的后拆，后装的先拆"，对称拆除，保持拆除过程中体系稳定。基本流程见图5-26。

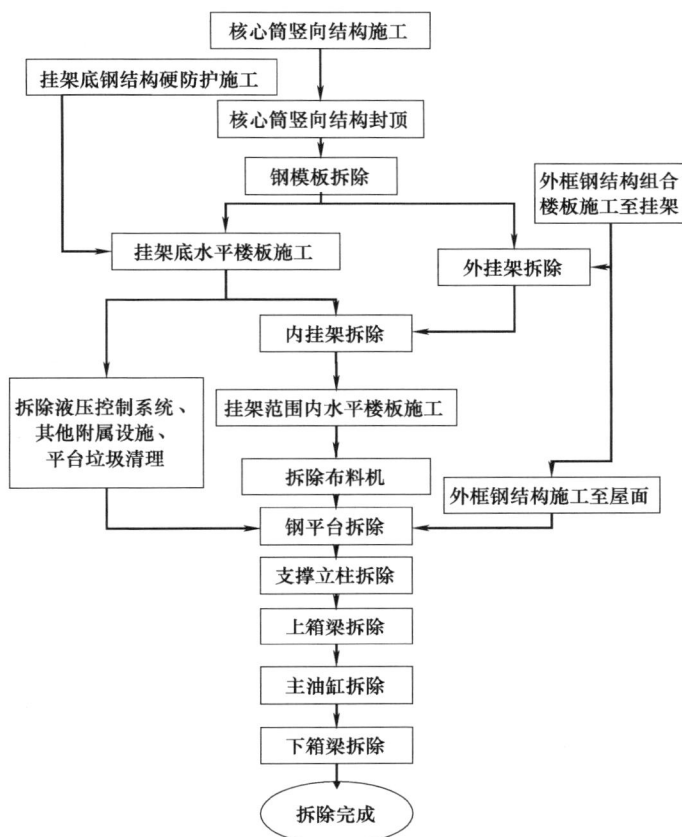

图 5-26　低位顶模拆除流程图

（6）低位顶模周转使用措施

低位顶模构件拆除完成后，立刻运至专用场地进行分类，对钢结构构件进行质量评定，包含焊缝检查、变形情况复查、除锈防锈；对动力系统进行初步评定后可进行返厂维护保养。并对构件评定结果做好记录，为低位顶模的周转使用做好准备。

1）焊缝检查

对主次桁架、立柱、箱梁等构件焊缝情况进行全数检查，特别对设计计算中受力较大部位的构件节点焊缝进行复查，包含箱梁焊缝、井字节点支座位置焊缝、主桁架支座端部构件、挂架模板悬挂节点等。必要时进行焊缝探伤检测。发现异常情况，如焊缝开裂等需进行补强。

2）变形情况复查

低位顶模构件承载力设计均在弹性范围内，但由于疲劳荷载、非正常受力等因素，可能会导致构件变形。构件拆除后，对箱梁挠度、跨中桁架挠度、滑梁、挂架杆件、大钢模板等应进行全数尺寸复核。构件发生较小变形时应进行校正，并检测校正后构件的受力性能。构件在使用或拆除中有较大变形的，应及时更换。

对受力节点部位螺栓孔、销轴孔进行复核，发生较大变形的孔眼应按规范要求进行修正。

3）除锈防锈

构件在工程的实施过程中，由于应用工期长、环境复杂，原防腐处理可能遭到破坏，因此低位顶模构件拆除后，应全数进行检查，清理锈蚀面，重新涂装保养。

4）液压保养

动力系统在低位顶模拆除后，对其管路、阀件进行清洗密封保存。由于工程环境复杂，主油缸宜返厂检修。必要时更换易损件，保证液压油缸应用安全。

5.2.3 适应性设计与施工技术

（1）基于低位顶模环境下垂直运输设备的应用研究

垂直运输设备主要包括塔式起重机、施工电梯、混凝土泵管、布料机等，目前部分超高层建筑核心筒结构采用低位顶模施工，该施工装备与垂直运输设备一样，伴随核心筒结构施工的全过程，为协调服务于核心筒施工的各类大型设备，保证其使用过程中的安全，最大限度地发挥各类设备的功能，需对垂直运输设备在低位顶模使用情况下的应用进行研究。

1）施工电梯与低位顶模的应用关系研究

施工电梯附着在混凝土结构上，由于受自身自由高度的限制，施工电梯只能上升至已浇混凝土结构以上3～4m，而低位顶模立柱高度为十几米，且存在电梯轿厢与挂架的交叉和电梯在低位顶模范围内的附着问题。通过对施工电梯平面布置的分析和对低位顶模结构的优化，在施工电梯与低位顶模之间设置转换楼梯进行衔接，或在低位顶模高度范围内为施工电梯提供附着结构，使施工电梯直接运行至钢平台顶部。

① 施工电梯与低位顶模下挂楼梯衔接研究

施工电梯布置在核心筒结构外部及核心筒内电梯井部位，但与挂架交叉，可采用施工电梯与低位顶模下挂楼梯衔接（见图5-27）。主要解决施工电梯的附着、施工电梯加节、低位顶模下挂楼梯的布置、顶升后电梯与低位顶模的关系等问题。

图5-27 低位顶模与施工电梯衔接

低位顶模顶升时及顶升后能否与施工电梯有效衔接直接关系到人员的上下安全。考虑到施工电梯的自由高度有限，低位顶模下挂楼梯的层高适当加高，低位顶模顶升前施工电梯能直接上到第7层挂架，低位顶模顶升时和顶升后施工电梯能上到第9层挂架，待施工电梯的附着与标准节安装完成后，又能到达第7层挂架。

② 施工电梯升至钢平台顶部的研究

为提高工人有效工作时间，施工电梯可直接运行至钢平台顶部，亦可运行至各层挂架处，通过分散在平台上的各个楼梯通道，工人到达各工作点的时间最短。此种工况需要解决施工电梯的附着和附着点受力、低位顶模顶升过程中与施工电梯协调的问题。

低位顶模立柱高度范围内为挂架系统，由于挂架设计为受拉杆件，未考虑较大的水平荷载，故施工电梯无法附着在挂架系统上。为在低位顶模内提供一个刚度较大，且能满足施工电梯附着和受力的构件，可设计一个吊笼，吊笼由四片单独的桁架连接而成，形成一个封闭的空间。施工电梯在该封闭空间内运行，可不受外部施工的干扰，保证其安全。

低位顶模顶升时，吊笼随着低位顶模同时上升，而施工电梯标准节固定不动，因此附着在低位顶模吊笼上的附着连接架能满足吊笼运动而标准节固定不动的需求，为此设计一套活动附墙连接架（见图5-28、图5-29）。

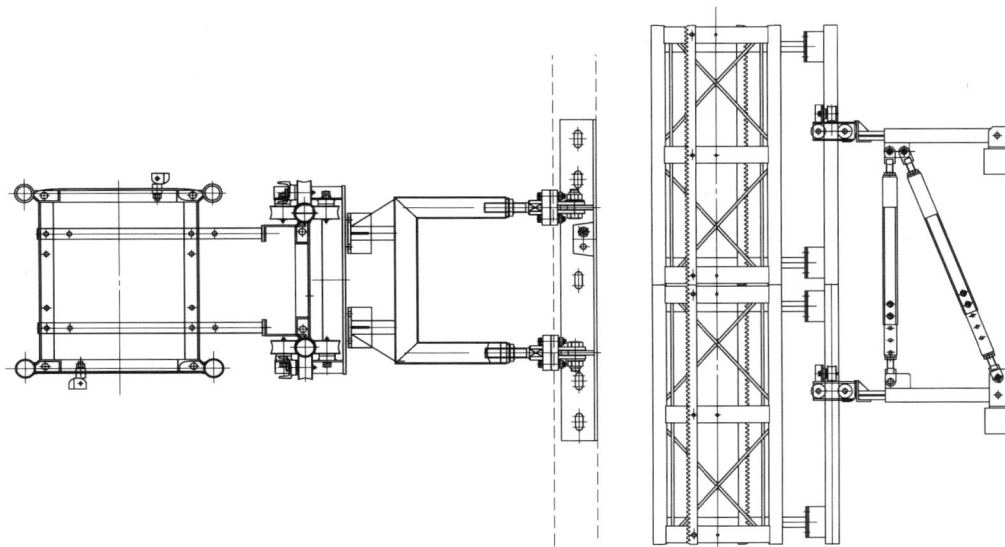

图 5-28　活动附墙连接架与辅助单片导轨连接

图 5-29　施工电梯运行至低位顶模平面

2）塔式起重机与低位顶模的应用关系研究

塔式起重机与低位顶模均为核心筒施工的重型设备，研究低位顶模与塔式起重机同步施工的各种工况，协调塔式起重机与低位顶模之间的关系，各司其职，互不干涉，使塔式起重机与低位顶模的使用效率达到最高。

① 塔式起重机与低位顶模平面布置关系的研究

塔式起重机的定位应能服务于塔楼施工的总体布局，根据塔式起重机布置在核心筒内外的区别，分为核心筒内爬塔式起重机和外挂塔式起重机。

内爬塔式起重机由于安装条件有限，塔式起重机平面定位在满足吊重和安装范围后，还应重点考虑低位顶模支撑点位置,与主次桁架预留空间关系,避免冲突。内爬塔式起重机支撑点布置在核心筒内,塔式起重机标准节穿过低位顶模,需在塔式起重机与低位顶模钢平台、挂架间预留足够的空间,作为塔式起重机晃动影响的安全距离。核心筒外挂塔式起重机与低位顶模间预留足够的空间后,对低位顶模平面影响较小。内爬、外挂塔式起重机与低位顶模平面布置见图 5-30。

图 5-30　内爬、外挂塔式起重机与低位顶模平面布置图

② 塔式起重机爬升规划与低位顶模顶升规划关系

由于塔式起重机爬升是根据其自身性能需求,每次爬升高度限制在一定的范围内,低位顶模顶升总体原则为满足结构楼层施工和支点受力的需求,因此协调塔式起重机爬升与低位顶模顶升的关系时,以塔式起重机爬升的步距为主导,调整低位顶模每次顶升的高度,提前做好低位顶模与塔式起重机整体爬升规划,满足低位顶模与塔式起重机安全作业(见图 5-31)。

3)混凝土泵管与低位顶模的应用关系研究

图 5-31　整体规划低位顶模与塔式起重机空间示意图

混凝土浇筑方式决定浇筑难度与最终质量,大流态混凝土施工性能优良、流动性好,配合布料机施工,可大幅度提高浇筑速度。因此研究低位顶模与布料机的连接,协调泵管的固定与顶升过程中泵管的处理,使布料机布置合理,使用效率达到最优(见图 5-32)。

布料机的布置受布料机臂长、塔式起重机布置、混凝土结构尺寸的影响,通过对布料机平面布置、与低位顶模的连接、顶升过程中泵管的处理、水平泵管衔接等问题的分析,满足在核心筒结构采用低位顶模施工的条件下,顺畅混凝土浇筑,并能满足混凝土质量达到最优的条件。

(2)基于低位顶模环境下适应核心筒结构变化的改造技术研究

超高层建筑结构中,考虑适应超高层建筑造型需求及抗震、结构合理性设计需求等,核心筒形状往往在立面及平面上有较大变化。主要体现在伸臂桁架层施工、墙体内收、外扩和倾斜等。可能会造成核心筒较大劲性构件吊装困难,或对低位顶模安装和运行造成障碍等，影响内容包含了低位顶模支点位置设置、平台桁架构件分布、特殊位置挂架和模板施工方法等。

1）伸臂桁架层施工方法

① 低位顶模处理措施

伸臂桁架层一般层高较大，核心筒内劲性桁架构件大，并有外伸钢结构与核心筒外部桁架相连。在进行低位顶模平面设计时应综合考虑伸臂桁架安装工艺、深化设计要求，在钢平台墙体上部伸臂桁架位置预留吊装洞口（见图 5-33）。另外，在进行伸臂桁架深化设计时也需要考虑钢平台设计特点，对构件进行合理分节。

图 5-32 布料机与低位顶模的连接

图 5-33 伸臂桁架外伸牛腿改造节点

② 模板施工措施

在核心筒伸臂桁架位置设置可翻转模板，在标准层施工中，该部分模板闭合；伸臂桁架层模板加固时打开该部位上部模板，采用木模板对牛腿与钢模板间空间进行填充加固；爬模提升过程中，该部位模板全部打开，避开外伸牛腿。

③ 挂架施工措施

当桁架外伸牛腿长度过长并与挂架有冲突时，可拆除挂架该位置内侧水平杆和走道板。由于挂架杆件与节点位置采用螺栓连接，拆除十分便利。挂架走道板在该位置设计为翻板形式，待伸臂桁架施工完成后恢复该位置挂架结构。

2）墙体内收时低位顶模的施工方法

① 模板施工方法

a. 墙体变截面时，应在下层墙体施工时提前浇筑 100mm 高变小截面的墙体，以方便下层截面收缩时墙体模板的根部固定。如图 5-34 所示。

b. 设置补偿模板适应墙体内收变化。阳角模将起到两个作用，确保转角部位的结构外观质量、保证阳角的方正，根据墙厚的变化阳角模尺寸相应收减，即由墙厚变化造成模板宽度的变化完全通过角模尺寸来调整，大面积模板无需变动。

② 挂架改造方法

墙体截面减小一般每次减小 100～150mm 左右，累计内收尺寸较大时（达到 500mm 以上时），挂架翻板防护范围不足，需将外挂架沿设计滑梁向墙体整体内收。

挂架吊点在设计中设计为滑梁与滚轮连接方式，通过增加临时钢管架等固定措施，利用电动

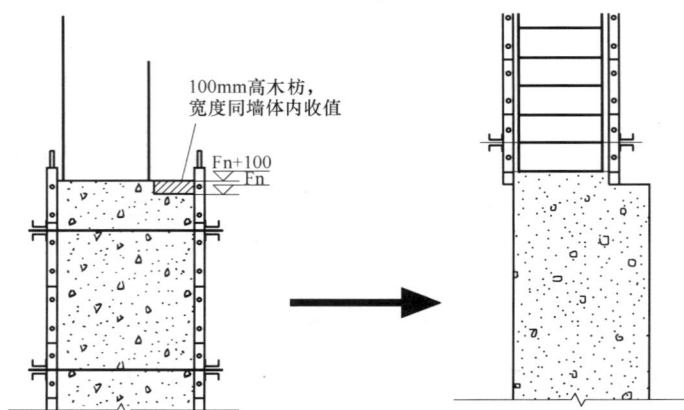

图 5-34 墙体变截面部位模板处理示意图

葫芦多点牵引至预定位置，可以使挂架沿滑梁向墙体侧内收运动（见图 5-35）。内收前角部挂架断开连接，单面墙体挂架整体内移（见图 5-36）。

图 5-35 挂架顶部整体加固

图 5-36 单侧挂架内收后

5.2.4 安全性设计与施工技术

低位顶模越来越广泛地运用于超高层建筑核心筒施工，其安全顺利运行需要多个系统紧密配合协调运作来保障，另外，各超高层建筑项目所处地域不同，核心筒布置各异，对低位顶模的功能需求也有差别，故在大力研究提高低位顶模适应性、周转性的同时，研究提高其安全性也显得尤为重要。因此对低位顶模的监测（包括主要受力杆件的应力应变、整体变形、水平度和垂直度等）、油缸抗弯装置、立柱抗侧装置及支承箱梁防坠装置进行了研究，并在低位顶模使用中实践和改进。

（1）低位顶模的监测

1）低位顶模的监测目的

① 监测低位顶模运行过程中各系统的运行情况，如支承系统、钢平台系统重要杆件的应力状况，动力系统的油缸压力、速度、行程状况等，这对低位顶模作业人员的操作有十分重要的参考、指导作用；

② 在出现异常情况时，监测系统能及时反映低位顶模结构状态，如杆件应力超出、油缸压力超出等情况，以便及时处理，排除隐患，保障低位顶模的安全运行；

③ 记录低位顶模运行情况，验证安全装置的作用效果，为低位顶模优化改进提供参考依据。

2）低位顶模的监测内容

监测内容主要依据理论计算的结果来选取，一般为重要受力杆件，如支承箱梁、支承立柱、主桁架、顶升油缸等，动力系统的运行状况也是监测重点，如顶升速度、顶升行程、顶升压力等。低位顶模监测内容见表 5-5。

低位顶模监测内容　　　　表 5-5

序号	系统名称	系统组件	监测内容
1	支承系统	支承立柱	立柱柱顶、柱中、柱底杆件应力
			立柱垂直度
		支承箱梁	箱梁跨中应力
			箱梁挠度变形
2	钢平台系统	主桁架	跨中、悬挑起始端杆件应力
			跨中、悬挑端挠度
		次桁架	跨中、悬挑起始端杆件应力
			跨中、悬挑端挠度
		—	钢平台顶部水平度
3	动力系统	顶升油缸	油缸行程
			油缸油压值
		阀组	阀组表观
		支腿伸缩油缸	伸缩油缸表观、牛腿伸缩情况
		油路、电路	油路、电路表观（接头）
		油箱、油泵	油箱、油泵温度
4	—	—	环境温度、风速

3）低位顶模的应力监测

根据监测内容，在低位顶模开始安装时就进行测点布置，测点布置主要依据有限元模型的模拟分析结果，并根据项目自身需要进行布置。一般布置在箱梁跨中、立柱底、立柱顶、桁架悬挑端、桁架跨中等。测点布置如图 5-37 所示。

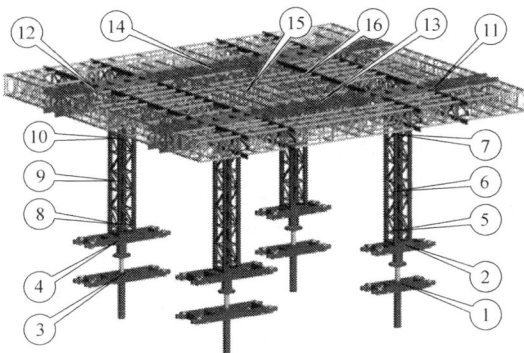

图 5-37　低位顶模应力监测点布置示意图

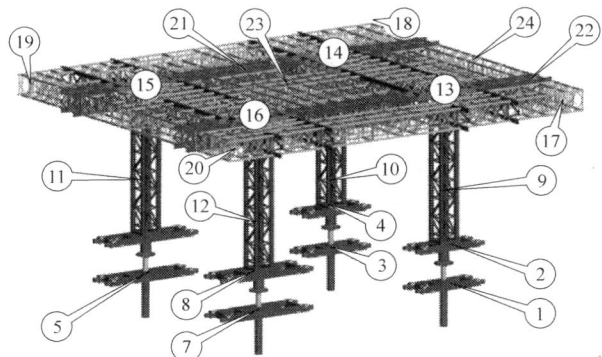

图 5-38　低位顶模变形监测点布置示意图

4）低位顶模的变形监测

根据监测内容，在低位顶模开始安装时就进行测点布置，测点布置主要依据有限元模型的模拟分析结果，并根据项目自身需要进行布置。一般布置在箱梁跨中、立柱底、桁架悬挑端、桁架跨中等位置。测点布置如图 5-38 所示。

（2）低位顶模的油缸抗弯装置研究

在超高层建筑核心筒结构设计中，筒内墙体布置变化较大，塔式起重机、施工电梯等垂直运输设施一般会布置在核心筒内，另受钢平台布置的限制，低位顶模支承系统的支承箱梁时常会过长，且顶升油缸不能居于箱梁中部，导致低位顶模的液压油缸在实现顶升和回收功能时会受到大的由箱梁自重引起的弯曲作用，而油缸通常为轴向受力构件，不利于承受大的弯矩，进而研究设计出了低位顶模的油缸抗弯装置来抵抗油缸所受弯曲作用，以保护油缸。箱梁及油缸运动趋势见图 5-39。

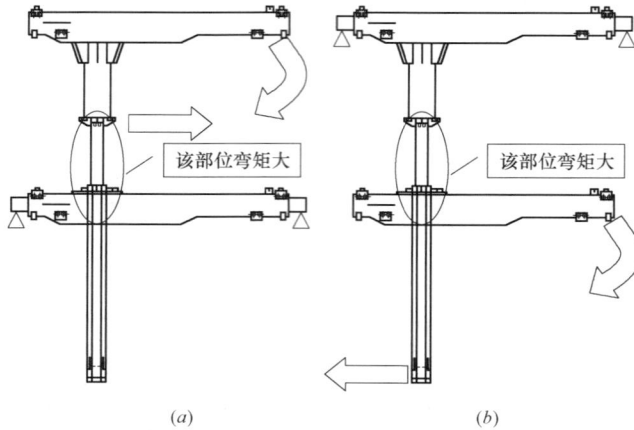

图 5-39 箱梁及油缸运动趋势示意图
（a）顶升状态；（b）回收状态

油缸抗弯装置即为顶升油缸提供一个抗弯刚度较大的套筒，油缸在套筒内伸缩运行，但无法在套筒内水平移动，当油缸活塞杆有弯曲趋势时，套筒会阻止其弯曲变形，从而达到抗弯效果。

油缸抗弯装置由滑槽与活动柱组成，滑槽固定在下支承箱梁上侧，活动柱固定在上支承箱梁下侧，两者共同形成油缸刚性套筒。在滑槽顶、底端设置水平向滚轮，活动柱在滑槽内竖向自由活动，通过滚轮与滑槽接触，活动柱与滑槽间不能水平移动（见图 5-40）。

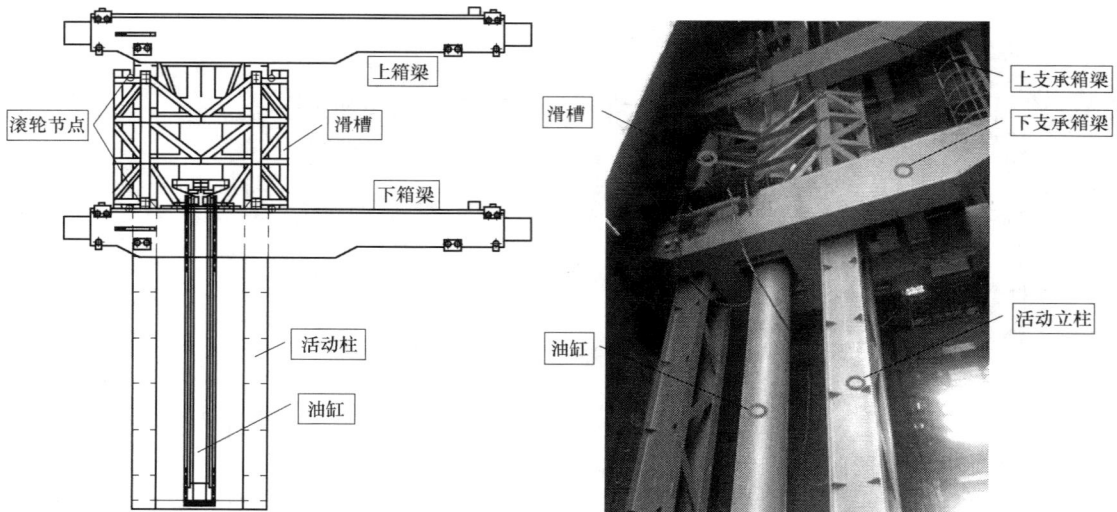

图 5-40 油缸抗弯装置

（3）低位顶模的立柱抗侧装置研究

随着施工工期及进度要求越来越高，低位顶模架体越做越高，整个模架完全由支承立柱及上、下支承箱梁来支撑。支承立柱受风荷载等因素的影响可能使得整个低位顶模瞬间有很大角度倾斜，引起低位顶模架体的晃动，对低位顶模架体正常运行不利，针对此工况，研究出能够很好限制支承立柱在水平方向设计范围之内的抗侧装置，保障低位顶模的顺利运行。

抗侧装置分为埋件组件和圆管组件两大部分。由底座、定位组件等组成埋件组件，由精密无缝圆钢管、型钢等组成圆管组件（见图5-41、图5-42）。其中埋件组件埋设在低位顶模每次爬升的相应浇筑段，在一定的油缸行程范围内，通过对圆管组件水平各方向的限位作用，产生一定的抗力，再由和低位顶模四个立柱焊接牢固的圆管组件传递到模架上面，从而形成对低位顶模的水平约束，进而将大行程液压油缸活塞杆底部的弯矩作用力减小，保证顶升过程中及使用过程中低位顶模的安全性及稳定性。

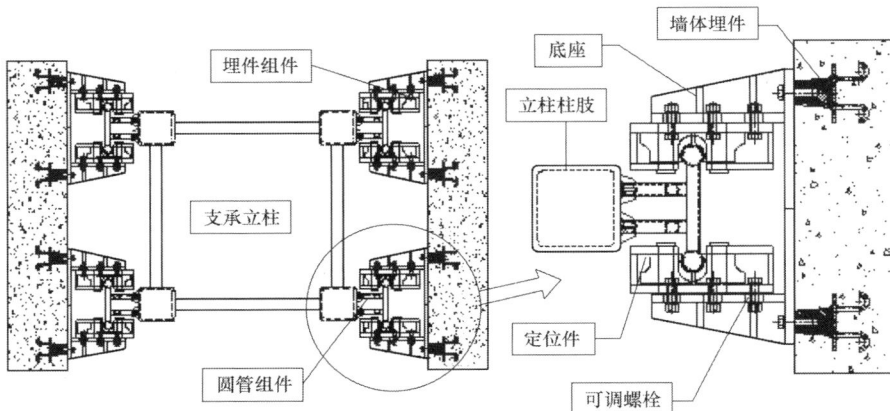

图 5-41 抗侧装置平面布置示意图

图 5-42 立柱抗侧装置现场图

（4）低位顶模的支承箱梁防坠装置研究

低位顶模在提升下支承箱梁作业时，上、下支承箱梁间仅通过油缸进行连接，若出现人为操作失误、墙面凸起物阻挡下支承箱梁运行线路等异常情况，可能导致油缸超载或失效，需研究设计低位顶模的下支承箱梁防坠装置，作为下支承箱梁提升时的安全保障（见图5-43）。

防坠装置利用承载力足够大的单向自锁卡绳器可实现下支承箱梁防坠功能。下支承箱梁提升过程中，防坠装置的钢丝绳会随着下支承箱梁的缓缓提升，在配重的作用下慢慢向上收紧，不会影响下支承箱梁向上的提升动作；若提升作业过程中，下支承箱梁有下落的动作，则单向自锁卡

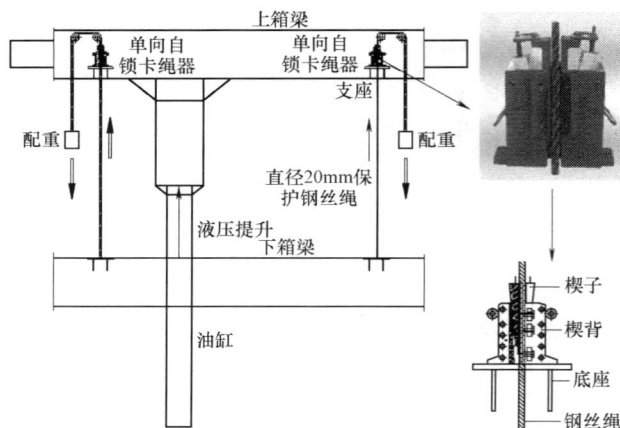

图5-43　下支承箱梁防坠装置示意图

绳器会紧紧锁住钢丝绳，阻止下支承箱梁的下落。当进行低位顶模顶升作业时，须将卡具松开，以免防坠措施影响顶升。

（5）基于低位顶模环境下的安全施工措施

低位顶模作为超高层建筑施工的新型核心技术，在核心筒施工过程中，有特定的施工流程，低位顶模的运行、施工人员的作业都随着施工流程的变化而变化。另外，低位顶模系统组成多、功能分区多且作业人员多，施工安全保障难度大，因此提高低位顶模环境下施工安全性应重点注意以下事项：

1）使用低位顶模的工程必须建立具有针对性的安全管理体系，并配置低位顶模使用专职土建安全员和机械安全员。

2）低位顶模的安装、操作、拆除应由通过低位顶模使用安全技术培训的专业操作人员进行。

3）应在平台上显著位置标明荷载允许值，不得超载。

4）低位顶模顶升时，非操作人员应撤离低位顶模。

5）低位顶模施工临时用电的线路架设及架体接地、避雷措施应符合国家现行标准《施工现场临时用电安全技术规范》JGJ 46—2005 的有关规定。

6）平台上应按消防要求设置灭火器，施工消防供水系统应随低位顶模同步设置。在平台上进行电、气焊作业时应有防火措施和专人看护。

7）低位顶模施工现场应有明显的安全标志，低位顶模安装、拆除时地面应设围栏和警戒标志，并派专人看守，严禁非操作人员入内。

8）应在低位顶模顶部无遮挡位置设置风速仪，并每天自动记录风速。

9）低位顶模与地面之间应按施工现场应急疏散要求设置应急疏散通道。

10）低位顶模安装、运行过程中应按要求进行监测、检查及验收。

5.3　超高层施工装备集成平台

伴随着超高层建筑的大规模兴建，其高度不断攀升，结构日趋复杂，建造难度与安全风险不断增大。同时，建筑市场竞争不断加剧，劳动力成本大幅度上升，节能减排要求不断提高。这些问题促使传统的建造技术不断改进升级。

超高层建筑施工主要依赖模板、脚手架、塔式起重机、施工电梯、混凝土布料机等设备设施。近三十年来研发人员将模板与脚手架进行整合，先后形成了滑模、爬模、提模、低位顶模等多种模架装置。同时，以模架为核心配合相关设备、设施形成了不同的超高层建筑综合施工技术，使施工的速度、安全性、适应性、机械化程度大幅度提升。然而随着施工实践的不断积累，上述综合技术仍存在很多亟待解决的问题：首先，垂直运输的问题仍然是困扰超高层建筑施工的主要问题，材料、设备、人员的运力不足依然是施工降效的主因；其次，各类设备设施在选型、布置、协同施工方面仍存在较多冲突，既降低了设备能力的发挥，也给施工带来很多安全隐患；再次，目前的装备尚不足以提供充足的作业面与交通，这限制了超高层建筑多工序同步流水施工，施工功效大幅度降低；然后，超高层建筑需要在数百米的高空作业，强风作用下，设备的承载力及抗侧刚度面临极大的挑战；最后，随着超高层建筑结构日趋复杂，变化不断增多，各类设备、设施在应对结构变化时仍存在较大不足，有时甚至危及结构安全。

如果我们将超高层建筑施工看作建筑产品的工厂化生产，那么上述需要解决的问题大致可归结为：

（1）优化生产流水线，选择最优的工艺流程；

（2）优化配置生产资料与生产设施充分发挥设备功效；

（3）设计合理的工作机位与交通路线提高作业人员工效。

为了解决上述三个问题首先需要搭建一个承载着人员、材料、设备设施的可沿建筑物自爬升的平台——"房屋工厂"，在这个"工厂"为流水线、工艺、生产资料、生产设施等一系列问题找到答案。因为平台承载众多，同时还要确保高空强风作用下施工安全，平台必须具备极大的承载能力及抗侧刚度。与此同时，因为平台随着建筑物不断攀升，为了满足超高层建筑复杂结构的施工要求，平台的适应性也是研究的主要内容。

对于一个位于数百米高空、集成了各类设备设施、有数百人同时作业的载体，必须研发专门的全方位智能监控系统，实时监控平台运行状态，确保运行安全。

综上所述，中建三局提出了"智能化超高层建筑结构施工装备集成平台"技术。该技术将各类设备设施集成在平台上，将其发展为各类工艺的载体，实现工厂式的集中施工，形成了类似海洋平台的超高层建筑施工的集成式平台（见图5-44）。

为了满足平台集成及复杂结构高空作业的要求，研发了新型的支点与平台受力结构，其承载力大幅度提升，并可有效应用于复杂结构施工。研发了超高层建筑领域首个全方位智能监控系统用于集成平台，确保平台安全，并在"装备集成"、"承载力"、"适应性"、"智能监控"四个方面取得了显著的创新。

图 5-44　集成了各类设备、工序的海洋平台

5.3.1　集成平台施工原理

集成平台由支承系统、钢框架系统、动力系统、挂架系统及监控系统组成（见图5-45）。钢框架系统包括框架梁、框架柱及角部的开合机构等，框架柱位于核心筒外围墙体，其结构类似巨型"钢罩"扣在核心筒上部，其顶部平台设操作机房、混凝土布料机、材料堆场、施工机具堆场等；支承系统包含若干个位于框架柱下部的支撑点，每个支撑点包括微凸支点、上下支承架及转接立柱，钢框架系统通过支承系统将平台的荷载传递至待浇筑混凝土楼层以下的结构上。动力系统包括动力源、顶升油缸及液控电控组件，通过动力系统提供平台上升的动力，配合支承系统将平台整体向上顶升。用于核心筒施工的模板及挂架系统悬挂在钢框架顶平台下部。核心筒施工时，先绑扎上层钢筋，待钢筋绑扎完成及下层混凝土达到强度后，拆开模板开始顶升。模板、挂架随钢框架一起上升一个结构层。平台就位后，调整模板，封模固定后，浇筑混凝土，进入下一个施工循环。

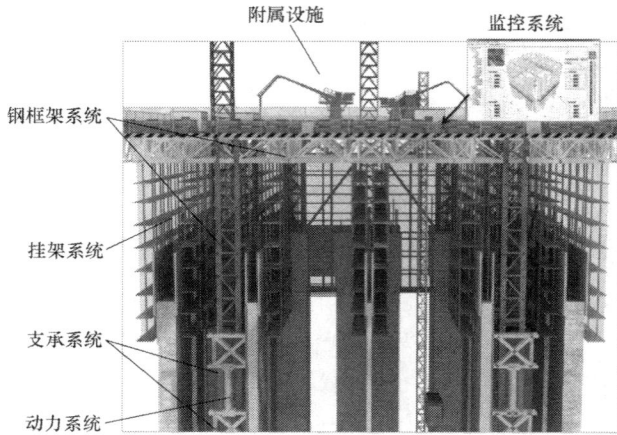

图 5-45　集成平台示意图

集成平台承载力高、适应性强，可满足复杂超高层建筑高空施工要求并为装备集成提供保障，通过高度的装备集成，实现工厂式的集中建造，显著提升超高层建筑施工水平。智能监控系统实时监控平台运行，确保施工安全。

5.3.2　高承载力设计与施工技术

（1）高承载力及抗侧刚度的支承系统研究

本章将从支承系统及钢框架系统两个方面研究及阐述集成平台的高承载力及抗侧刚度，旨在大幅度提升集成平台在高空施工的安全性，同时使该平台集成大型的设备设施成为可能，为传统模架向集成的综合性平台发展奠定基础。

1）支承系统的组成及原理

① 支承系统的组成

支承系统包含多个支撑点，每个支撑点包括微凸支点、上支承架、下支承架、转接立柱等。支撑点位于集成平台下部，承担集成平台的荷载，并将荷载传递给动力系统及核心筒结构（见图 5-46、图 5-47）。

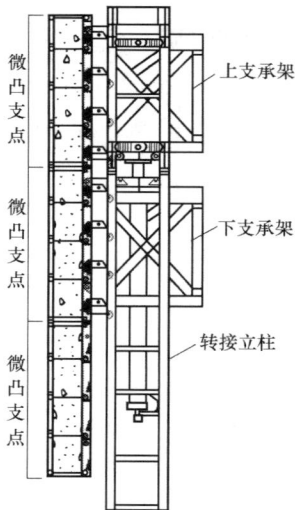

图 5-46　支承系统立面示意图

图 5-47　支承系统实景图

② 支承系统的工作原理

支承系统根据集成平台的工作状态分为静置、顶升和提升三个状态，每个状态的工作原理及传力路径如图 5-48 所示。

静置状态：上、下支承架均挂在承力件侧边，平台荷载传递至转接立柱，再由转接立柱传递至上支承架和顶升油缸，一部分荷载由上支承架直接传递至微凸支点，另一部分荷载由顶升油缸传递至下支承架，再传递至下支承架所在的微凸支点。

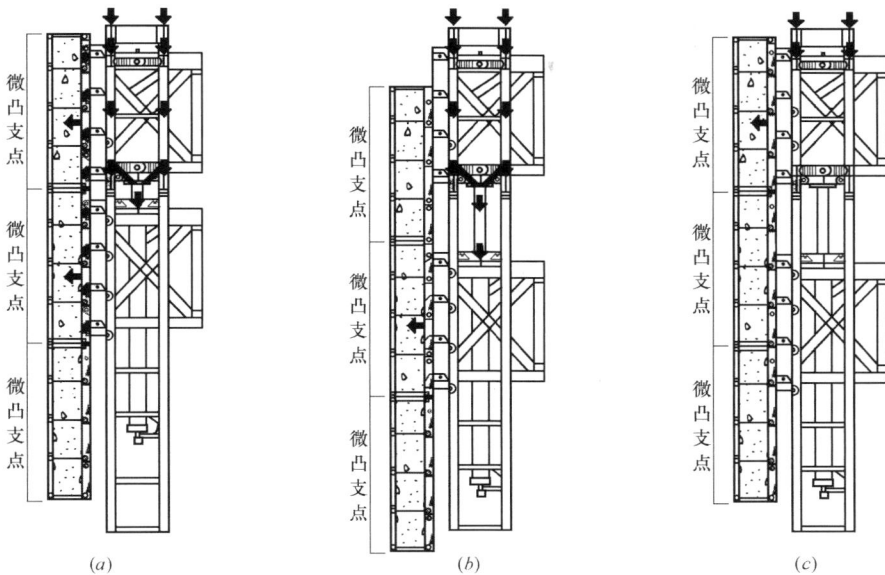

图 5-48 支承系统传力路径图
(*a*) 静置状态；(*b*) 顶升状态；(*c*) 提升状态

顶升状态：仅下支承架挂在承力件侧边，平台荷载传递至转接立柱，再由转接立柱传递至顶升油缸，由顶升油缸传递至下支承架，再传递至下支承架所在的微凸支点。上支承架直接挂在转接立柱的分担梁底部。通过顶升油缸顶升，带动平台整体顶升。

提升状态：仅上支承架挂在承力件侧边，平台荷载传递至转接立柱，再由转接立柱传递至上支承架，由上支承架直接传递至微凸支点。下支承架通过顶升油缸连接，挂在转接立柱的中下部。通过顶升油缸收回，带动下支承架收回。

为增加集成平台整体抗侧刚度，将集成平台支承系统布置在核心筒外墙外侧，集成平台钢框立柱在核心筒外墙外侧连接成片状框架，可进一步增加集成平台整体抗侧刚度。

③支承系统的布置

以武汉中心项目集成平台支承系统布置为例，在其核心筒每道外墙外侧距外墙角 7.5m 的位置对称布置 2 个支点，每道外墙的 2 个支点支承的钢框架立柱连接成片状框架，在核心筒中部设置一个支点，以减小钢框架顶部平台挠度变形。支点布置时须考虑墙体变化情况，以东侧外墙为例，综合考虑所有楼层墙体变化情况，选择下部墙体为支承系统承载点，集成平台支承系统布置如图 5-49 所示。

2) 微凸支点的组成及受力原理

支承系统之所以具有高承载力，微凸支点是关键。微凸支点占据一个标准层高度，主要由混凝土微凸、承力件、对拉杆以及固定件组成（见图 5-50）。承力件由带凹槽的承力钢板、纵横肋板及挂靴组成。承力钢板处的凹槽在混凝土浇筑完毕后会被混凝土填充密实，形成混凝土微凸，承力钢板通过混凝土微凸将承力件承受的竖向荷载传递给墙体。挂靴的主要作用是为外围机构的传力机构部分提供一种连接形式，外围机构需要设计与挂靴相配合的挂爪，使挂靴与挂爪充分咬合，达到传力的目的。纵横肋板的主要作用是将挂靴传递的荷载均匀传递给承力钢板。固定件通过对拉杆与承力件相连接，其主要作用是配合承力件安装并在受力过程中将荷载均匀传递给墙体，二者在传力的同时，兼作混凝土模板使用。对拉杆类似模板加固对拉螺杆作用，在安装时对承力件及固定件起到固定作用，同时对拉杆通过水平拉力抵抗承力件承受的弯矩。

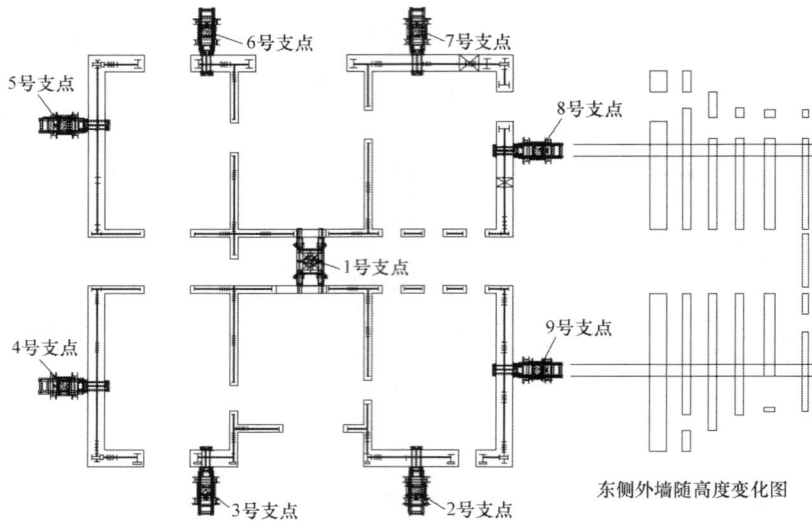

图 5-49　集成平台支承系统平面布置图

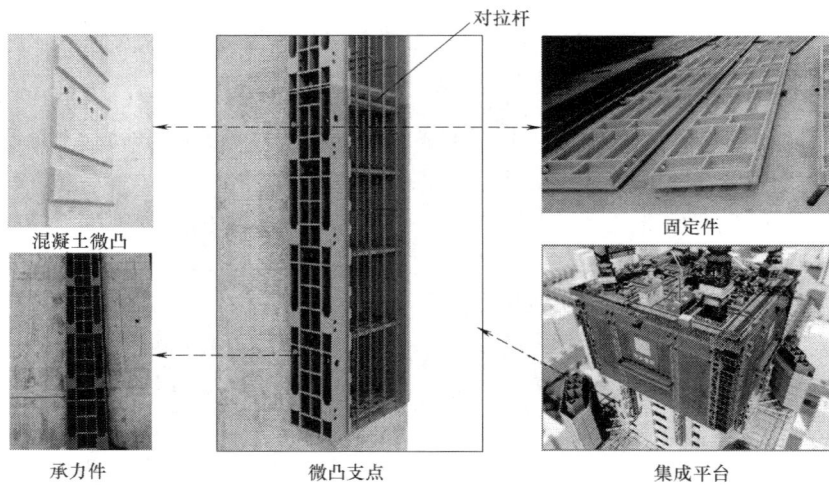

图 5-50　微凸支点构造图

当外接机构通过爪靴将竖向荷载及弯矩传递给承力件时，承力件凹槽内的混凝土微凸受剪抵抗竖向荷载，承力件上部的对拉杆受拉而下部的混凝土受压形成相反方向的水平反力抵抗弯矩，微凸支点传力示意图如图 5-51 所示。

通过大量的试验，得出微凸支点承载力大小与微凸厚度、倒角和对拉螺杆个数密切相关（见图 5-52），各试件特征及承载能力见表 5-6。

试件特征及承载能力　　　　　　　　　　表 5-6

试件号	试验分组	槽深(mm)	倒角(°)	上部锚杆数(根)	开裂荷载(kN)	极限荷载(kN)
1	Q3	40	34	3	1000	2300
2	Q1	30	34	3	650	1650
3	Q5	30	34	4	600	1730
4	Q4	40	10	3	620	>1350
5	Q2	30	10	3	575	1980

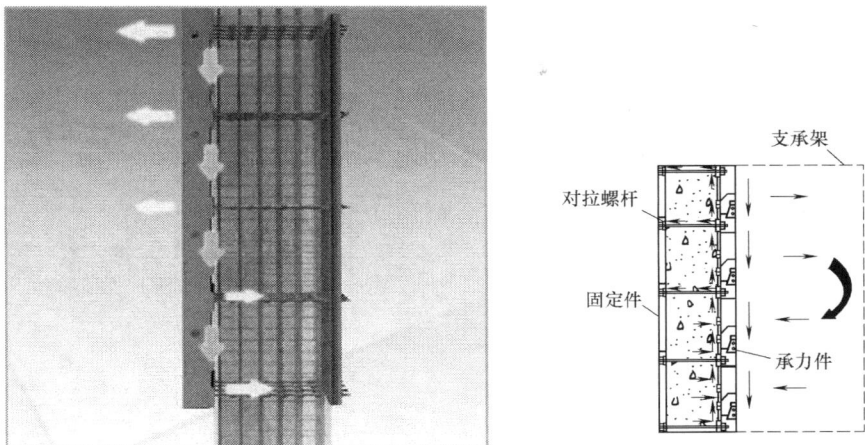

图 5-51 微凸支点传力示意图

3）上、下支承架设计

由于支承架需传递及承载巨大的竖向力及弯矩，因此支承架必须有足够的刚度。故将支承架设计为框撑结构（钢支架），并在钢支架端部设计挂爪，以满足支承架与承力件传力及工作需求（见图 5-53）。支承架分为上、下支承架，为框撑结构，端部设爪箱，爪箱内部的挂爪可与承力件爪靴咬合传力，并可在集成平台顶升时自动翻转，脱离爪靴。上、下支承架可有效传递平台荷载，具备高承载力。

上支承架勾在上层微凸支点的承力件侧边，直接支承着转接立柱分担梁，转接立柱骑在上支承架上；下支承架勾在下层微凸支点的承力件侧边，通过油缸托盘支承着顶升油缸。位置关系见图 5-54、图 5-55。

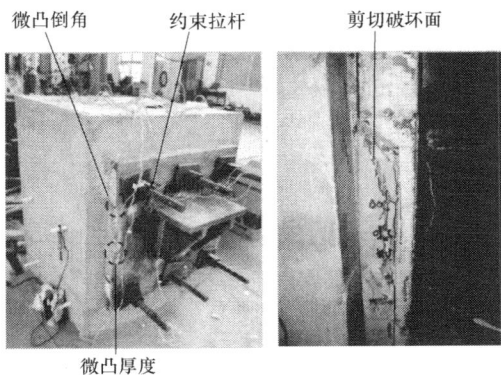

图 5-52 试件及其破坏模式

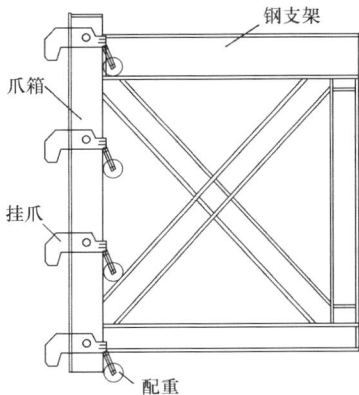

图 5-53 支承架

4）转接立柱设计

转接立柱包括分担梁及立柱，分担梁上部与框架柱连接，下部压在上支承架顶部，两侧固接

203

图 5-54　上支承架与转接立柱的位置关系

图 5-55　下支承架与顶升油缸的位置关系

四根下挂的立柱，下挂的立柱通过顶升油缸与下支承架连接。转接立柱整体成"Π"形骑在支承架上。转接立柱与支承架间设置抗侧机构，以提高支承系统抗侧能力，提高集成平台整体安全性（见图 5-56）。

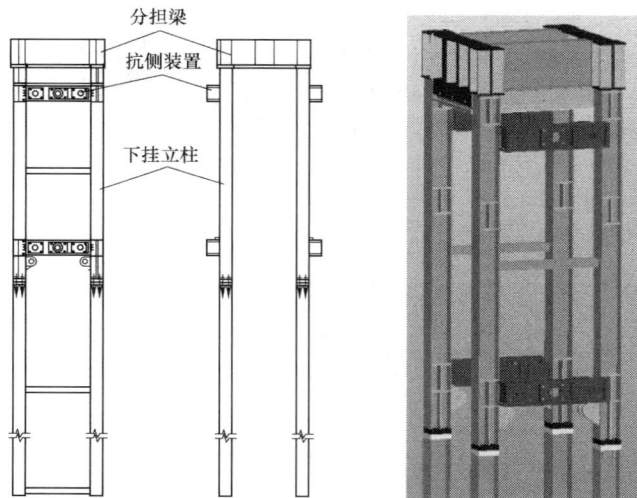

图 5-56　转接立柱示意图

5）支承系统的试验

支承系统投入使用前，需做必要的试验来验证其受力性能及机构能动性，主要验证微凸支点、支承架的承载能力及咬合动作（见图 5-57）。将试验结果与理论设计结果比对，以便发现问题并优化设计。

6）支承系统安装流程

具体安装流程为：第一节承力件所在楼层墙体钢筋绑扎→第一节承力件与固定件安装→第一节承力件所在楼层墙体模板封闭、混凝土浇筑→第二节承力件所在楼层墙体钢筋绑扎→第二节承力件与固定件安装→第二节承力件所在楼层墙体模板封闭、混凝土浇筑→承力件对拉螺杆二次拧紧→下支承架安装→动力系统顶升油缸及连接件安装→上支承架安装。安装流程见图 5-58。

图 5-57　支承系统试验

(a)

(b)

(c)

(d)

(e)

(f)

图 5-58　支承系统安装流程图

(a) 承力件所在楼层墙体钢筋绑扎；(b) 承力件与固定件安装；(c) 模板封闭、混凝土浇筑；

(d) 下支承架安装；(e) 动力系统顶升油缸及连接件安装；(f) 上支承架安装

（2）高承载力及抗侧刚度的钢框架系统

1）钢框架系统的组成及受力原理

钢框架系统为空间框架结构，通过框架梁与框架柱共同作用抵抗集成平台承受的水平荷载及竖向荷载。框架梁采用大截面梁或桁架梁，框架柱为格构柱，且均布置在核心筒外围墙体上。框架梁和框架柱之间采用刚性连接。通过以上设计形成一个强度、刚度大，跨越整个核心筒结构的巨型钢罩，有效提升了平台的承载能力及抗侧刚度。

以同样高度及覆盖范围的集成平台与低位顶模比较，集成平台抗侧刚度提高约7倍，竖向承载力提高约3倍（见图5-59）。

图 5-59　集成平台与低位顶模刚度对比图

集成平台在运行过程中，平台自重及平台顶部竖向荷载、水平风载由顶部传递至框架柱上，框架柱将竖向荷载及水平荷载传递给具有高承载力及抗水平力的支承系统上；集成平台顶部设备产生的倾覆力矩及由水平荷载产生的倾覆力矩由支承立柱各柱肢的竖向力形成的力矩来抵抗。

2）钢框架系统设计

钢框架系统布置完成后，需进行整体计算确定各构件的截面尺寸，计算完成后进行深化设计。

构件分段分节：在进行钢框架的深化设计时，钢框架各构件的分段分节综合构件的受力情况、现场吊装设备限载、构件运输及标准化等方面进行。

节点连接：为保证钢框架结构的整体刚度，钢框架结构主受力结构均采用刚性连接，在进行节点设计时，考虑能周转使用的构件采用螺栓连接，不能周转使用的构件采用焊接连接。

钢框架主梁各节段采用全焊接对接节点（刚接）；外框架梁分节处采用全高强螺栓栓接对接节点（刚接）；内框架梁和主梁分段节点采用全焊接节点（刚接）；钢框柱分节处均采用全高强螺栓栓接对接节点（刚接）；水平梁与立柱分节处低端钢框架和低端水平梁采用高强螺栓栓接对接节点（刚接）来增强钢框架的整体刚度，中部拉结水平梁可采用高强螺栓栓接节点（铰接）。连接节点示意图见图5-60。

3）钢框架系统安装

平台安装时，合理部署安装顺序，先安装筒内中心框架柱、外围中间框架柱及之间的框架梁，尽早形成一个稳定体系，确保结构受力安全，作为后续构件安装施工的作业面。同时按照体系传力特点，采取合理卸载措施，确保施工安全。

根据钢框架系统的组成，其安装流程如图5-61所示。

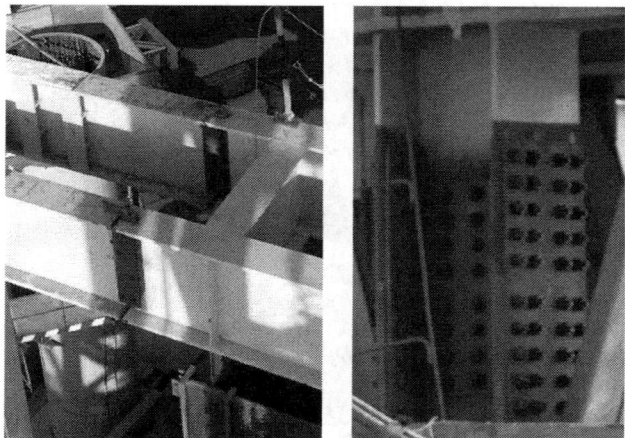

图 5-60　连接节点示意图

(a)

(b)

(c)

(d)

(e)

(f)

(g)

图 5-61　钢框架系统安装流程图

(a) 中心框架柱与外围中间框架柱安装；(b) 中心框架柱与外围中间框架柱主梁安装；(c) 支承架处的
框架柱安装；(d) 外围框架柱连系梁安装；(e) 顶部主框架梁及次框架梁安装；
(f) 内框架以及外框架剩余次梁安装；(g) 外围角部开合机构安装

5.3.3 高适应性设计与施工技术

（1）支承架适应性技术

考虑集成平台的使用主要受核心筒结构变化的影响，爬模通过墙体预埋件支承，当墙体内收、外扩、倾斜变化时，爬模调整工作量大，对墙体变化适应性低；而低位顶模使用受核心筒墙体内收、外扩、倾斜等变化影响较大；且低位顶模对支撑箱梁支撑点的水平度要求很高，无法很好地适应施工误差。设计研究的新型集成平台支承系统对核心筒墙体具有良好的适应性。

1）自动咬合机构设计

设计研究自动咬合机构，即通过支承架挂爪箱的可翻转挂爪及承力件楔形爪靴的共同作用，支承架可自动咬合、脱离承力件，提高支承系统运行的自动化水平。支承系统运行过程中，支承架挂爪与承力件爪靴自动咬合动作详解如图 5-62 所示（以一处挂爪与爪靴咬合动作为例）。

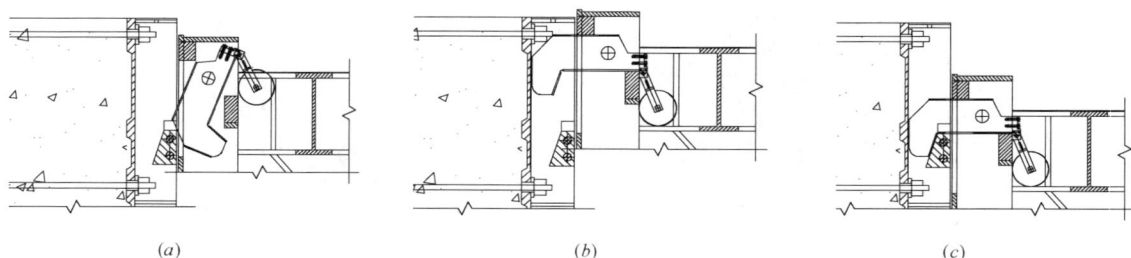

图 5-62　自动咬合流程示意图

（a）挂爪向上运动越过障碍物，在配重作用下，挂爪从爪箱内顺时针旋转出来；（b）挂爪完全越过爪靴，在配重作用下顺时针旋转至水平位置；（c）支承架逐渐回落，挂爪自动就位至预定位置，与爪靴紧密咬合

另外，通过承力件爪靴两个方向斜面的设计，挂爪在往下咬合就位过程中，在竖向力的作用下，会沿着爪靴的斜面滑移，带动支承架就位至设计位置。斜面设计如图 5-63 所示。

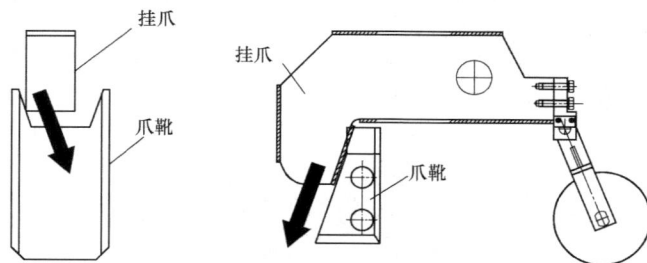

图 5-63　自动咬合机构设计示意图

2）斜爬机构设计及试验

设计研究支承架斜爬机构，将支承架挂爪箱设计为可翻转结构，使支承架能改变挂爪箱角度，解决墙体倾斜的问题。支承架底部与爪箱连接位置设置旋转销轴，支承架顶部设置定位销轴。以旋转销轴为圆心，通过调整定位销轴位置完成爪箱倾斜。结构设计如图 5-64 所示，加工实物图见图 5-65。

支承架投入使用前，需做必要的试验来验证其受力性能及机构能动性，并将试验结果与理论设计结果对比，以便发现问题并优化设计。试验通过 1∶1 模型来模拟真实情况下斜爬机构运行情况及支承架受力情况，如图 5-66 所示。

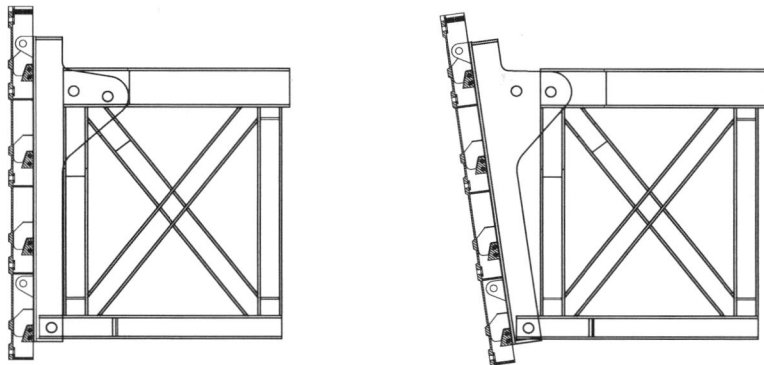

图 5-64 可变角度支承架结构形式及角度调整示意图

图 5-65 可变角度支承架

图 5-66 斜爬支承架试验模型

试验主要内容为：斜爬机构的可行性、承力件及支承架应力情况、支承架位移情况。平台支承系统在施工中受立柱传来的荷载作用，在模拟加载时，忽略荷载的作用方式，通过液压加载设备对试验模型进行加载。通过试验，验证了支承架斜爬机构的可行性及受力性能，端部爪箱以支承架底部销轴为轴可做旋转运动实现倾斜和垂直角度变化。

3) 滑移机构设计

设计研究滑移机构，使支承架能相对墙体水平移动，转接立柱也能相对支承架水平移动，解决墙体内收、外扩的问题。滑移机构如图 5-67 所示。

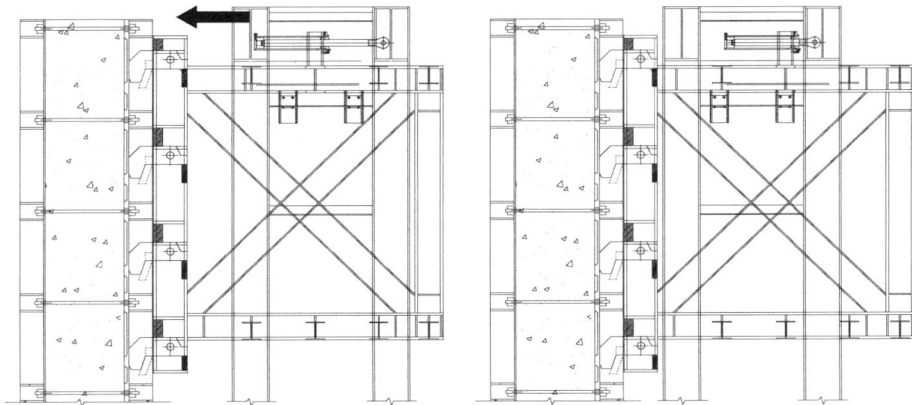

图 5-67 滑移机构示意图

4）调平装置设计

设计研究调平装置，在转接立柱与支承架之间设置调平装置，通过调平装置的压缩变形，减小承力件安装误差对集成平台的影响，均衡平台整体受力，提高集成平台安全度。调平装置如图 5-68、图 5-69 所示。

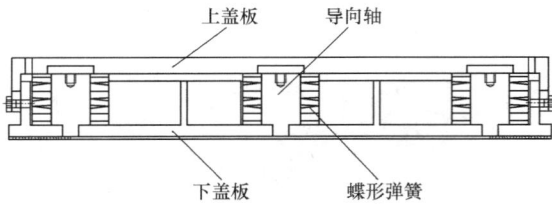

图 5-68　调平装置组成

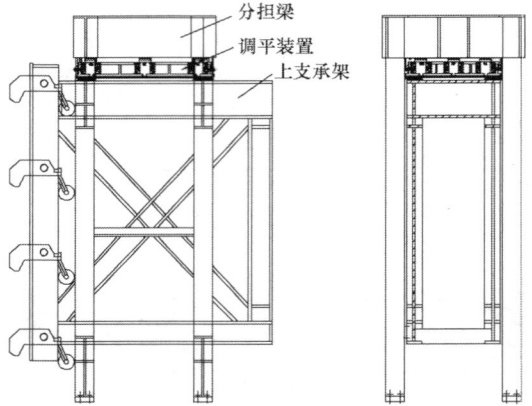

图 5-69　调平装置立面布置图

（2）高适应性钢框架

由于超高层建筑核心筒结构存在墙体收缩及伸臂桁架牛腿等问题，导致传统模架的外挂架封闭及现场施工受到影响，因此在集成平台的设计中需提高其适应性的需求。针对钢框架系统，主要就核心筒外墙体内缩后钢框架外框向筒内部滑移、伸臂桁架施工段钢框架系统角部开合机构进行了介绍。

1）开合机构研究及应用

设计研究一种钢框架系统开合机构适应核心筒伸臂桁架牛腿吊装，钢框架系统开合机构根据伸臂桁架的位置进行平面布置，通常设置在外框架梁角部，开合结构的伸缩长度 L 应根据核心筒角部劲性柱的位置以及伸臂桁架外伸牛腿尺寸进行设计，以保障开合机构在底部滑轮上滑动打开时不影响伸臂桁架牛腿的吊装。

立面布置时，开合机构根据外挂架分层设计，各层开合机构可分层或整体开合，伸臂桁架外伸牛腿吊装时，开合机构上部打开，钢牛腿可直接吊装就位。开合机构下部闭合作为工作面进行施工作业。开合机构实景图见图 5-70。

图 5-70　开合机构实景图

集成平台在钢框架角部设计开合机构，使得集成平台 1～6 层均可整体开启或局部开启，方便、快捷，有效解决了伸臂桁架外伸牛腿施工。以武汉中心项目为例，在进行伸臂桁架牛腿施工时，开合机构与外伸牛腿协同施工如下：

步骤一：伸臂桁架牛腿吊装前，人工开启牛腿就位位置上方的全部开合机构，将开合机构全部拉回至框架柱内，然后从上往下垂直吊装牛腿。

步骤二：伸臂桁架牛腿吊装，从上往下垂直吊装。

步骤三：伸臂桁架牛腿焊接及结构施工完成后，人工开启牛腿位置下方的开合机构，将开合机构全部拉回至框架柱内，进行集成平台顶升。

步骤四：顶升完成后，人工闭合牛腿上方不受影响的开合机构，将开合机构向外推出，作为施工作业面及通道，进行上部结构施工作业。

步骤五：重复步骤三、步骤四，直至伸臂桁架外伸牛腿跨过全部开合机构，并将全部开合机构推出闭合。

2) 伸缩机构研究及应用

设计研究一种钢框架系统伸缩机构适应核心筒外墙收缩减薄情况，以保证钢框架外架与核心筒墙体的安全距离（见图 5-71、图 5-72）。钢框架系统伸缩机构根据钢框架主梁与钢框架的平面位置进行布置，在外框架与主梁的交界处设置滑移机构，这样能实现钢框架外架作为一个整体，在动力系统的作用下，沿钢框架主梁向核心筒内侧滑移。

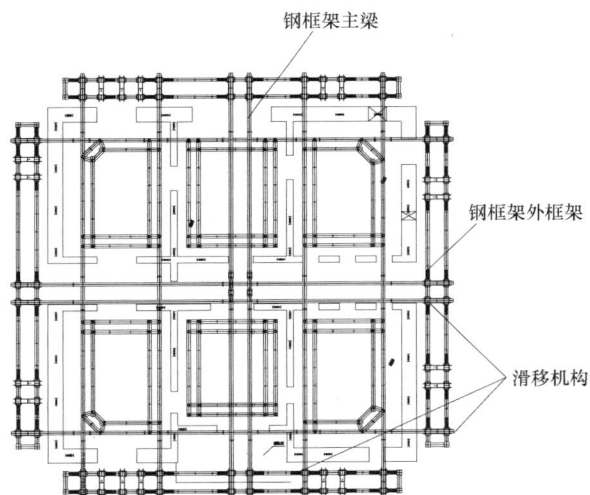

图 5-71 伸缩机构平面示意图

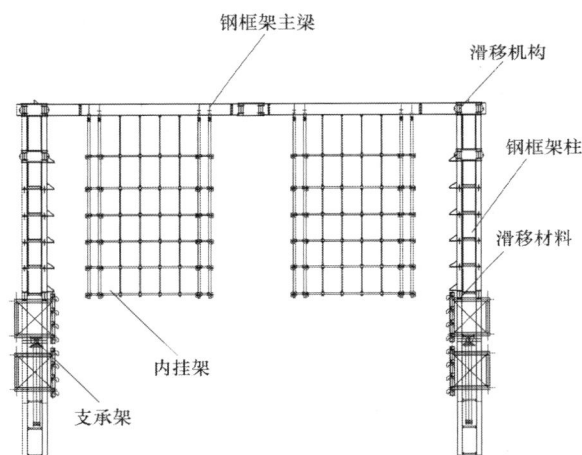

图 5-72 伸缩机构立面示意图

为实现外框架的滑动功能，在外框架与主梁相交节点上设置钢框架套梁，主梁穿过套梁，套梁与主梁的接触面上设计聚四氟乙烯板和镜面不锈钢板减阻耐磨板以减小滑动摩擦，同时在主梁与外框架间设计千斤顶装置及限位销轴来滑动、固定外框架。当核心筒墙体内缩时，通过千斤顶顶升，以实现整片外框架向核心筒墙体滑动（见图 5-73）。

5.3.4 装备集成设计与施工技术

（1）设备设施集成技术

构建覆盖整个核心筒、跨越 5 个楼层、提供 5 个作业层、具有千吨级承载能力的封闭作业空间。将塔式起重机、布料机、堆场、焊机房、消防水箱、电柜、控制室等设备设施集成在平台上，为模板工程、钢筋工程、钢结构安装、施工测量、消防、照明等提供全方位服务，实现超高

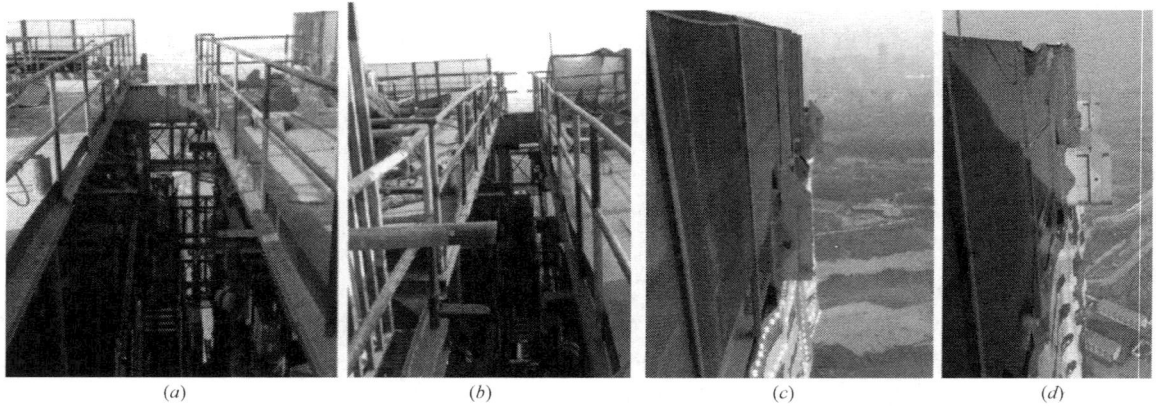

图 5-73 内缩示意图

(a) 内收作业前；(b) 内收作业后；(c) 内收前；(d) 内收后

层建筑"工厂化"建造（见图 5-74）。

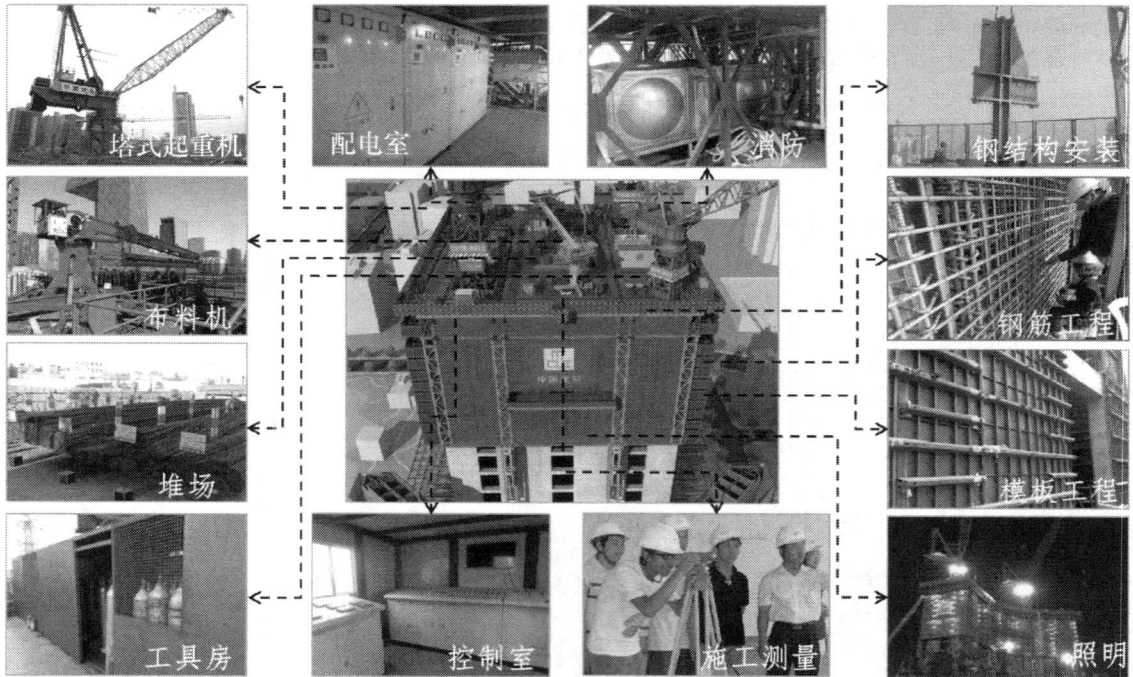

图 5-74 平台集成各类设备设施

创建高效的立体交通系统，施工电梯可由地面直达平台任意作业层，材料和人员可快速到达平台任意位置（见图 5-75）。

利用作业面优势实现更多工序空间流水施工，提升工效 20% 以上，节约工期 2～3d/层。

施工电梯、布料机、泵管、堆场等已在本书第 5.2 节讲述，这里不再赘述，下面仅针对转料平台的集成进行详述。

超高层建筑核心筒施工过程中物料周转是一个关键工作，低位顶模具有较大的承载能力，可以保证物料的堆放，但一般只能将物料堆场设置在平台顶层，而竖向结构施工楼层一般在平台中上层，靠人工将钢筋、木枋等施工用料向下进行周转，特殊情况下如钢板剪力墙施工过程中会出

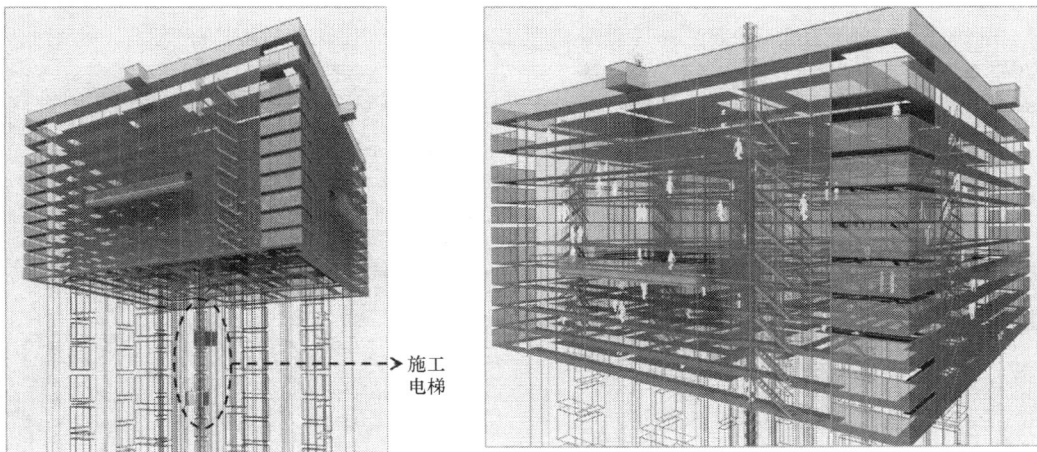

图 5-75 集成平台与施工电梯的关系

现施工楼层在平台下层的情况，这样就造成大量人工投入进行物料周转，周转过程繁琐、耗时、效率低。

为提高施工物料周转效率，利用集成平台钢框架承载力高的特点，采用新的物料周转技术，在外围框架柱上靠近钢筋绑扎层安装固定式悬挑转料平台，钢筋、零星钢管、模板木枋等物料可直接转运至该处，从而方便地到达作业位置，解决了钢筋由平台顶部向下传递困难的问题（见图 5-76）。同时在平台外框架四个侧面各设置一套物料周转平台，保证了每个面核心筒结构的施工效率，缩短了施工用料周转路线，提高了结构施工速度。

图 5-76 外围转料平台

（2）塔式起重机与平台一体化技术

研发成套智能化附着装置实现系列塔式起重机与平台集成。该技术化解了塔式起重机自爬升的复杂工序及安全风险，提升塔式起重机垂直运力 20％以上，节省措施费用 300 万～600 万元/台。

1）塔式起重机平台一体化设计

在全球范围内，首次实现了 M1280D、ZSL2700、M900D、ZSL380 动臂塔式起重机随平台一起顶升，是集成平台发展的一大飞跃，节省了塔式起重机埋件预埋、牛腿焊接、支承梁转运、焊接等工作量，节约了塔式起重机爬升工期，进而节约了施工成本，规避了塔式起重机，尤其是外挂塔式起重机爬升时的安全风险，同时大幅度提高了超高层建筑施工的机械化水平。

关于塔式起重机平台一体化，研究人员又提出了两种不同的结合方式：

① 倾覆力矩较小的塔式起重机采用自立方式通过连接节点直接安装在平台顶部，塔式起重机竖向力、水平力和弯矩直接通过钢框架传递至支承系统，如武汉绿地中心工程（见图5-77）。

图 5-77 武汉绿地中心项目实景图

图 5-78 北京中国尊项目实景图

② 大型塔式起重机共有三道附着，底部附着为固定在塔身上的钢框架，其端部设置自锁千斤顶和侧向滑轮可与墙体顶紧传递水平力。中部附着为支承在平台支承系统上钢框架传递竖向力，其端部同样设置有自锁千斤顶和侧向滑轮传递水平力。顶部附着固定在钢框架顶部，通过丝杆千斤顶传递限制塔身产生水平位移，传递水平力，如北京中国尊项目（见图5-78）。

根据施工和顶升两种状态，塔式起重机平台一体化的工作原理（见图5-79）可分为如下两种：

a. 施工状态：施工时第一、二道附着起作用，并通过自锁千斤顶在8个方向与结构墙体抵紧，第三道附着脱开，塔式起重机的竖向力通过支承梁全部传递给上支承架，水平力通过自锁千斤顶传递给结构墙体。施工状态下塔式起重机受力对比如图5-80所示。

b. 顶升状态：顶升时第一、二道附着的自锁千斤顶（侧向油缸）收回与墙体脱离，此时侧向轮前部的滚轮可沿墙体向上滚动，但考虑到墙体倾斜或表面不平，保证滚轮和墙体之间有一定的间隙（1cm左右），正常情况下侧向轮不起作用，仅特殊情况下起到保护作用，第三道附着连接。塔式起重机顶升时处于配平状态，但也会产生一定的水平力，水平力全部由第二、三道附着承担，竖向力全部由第二道附着承担。顶升状态下塔式起重机受力对比如图5-81所示。

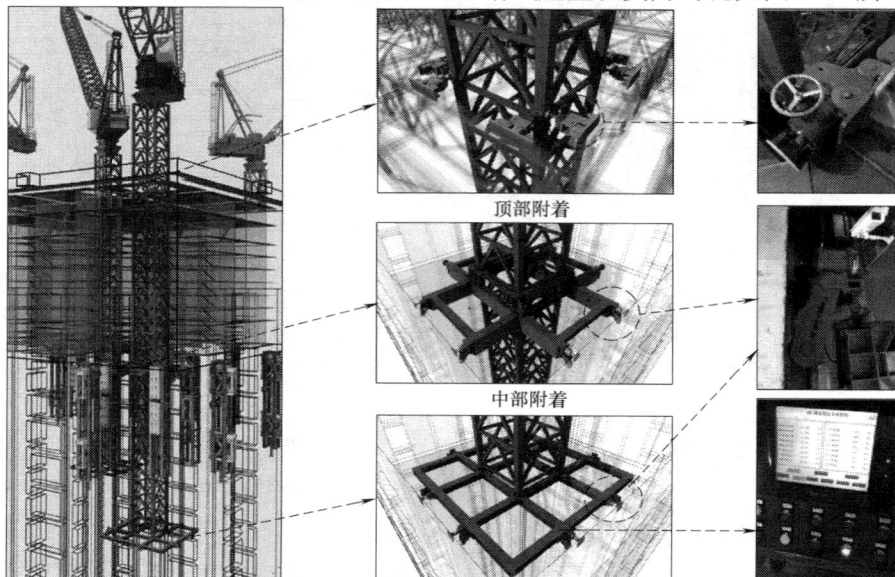

顶部附着

中部附着

图 5-79 工作原理图

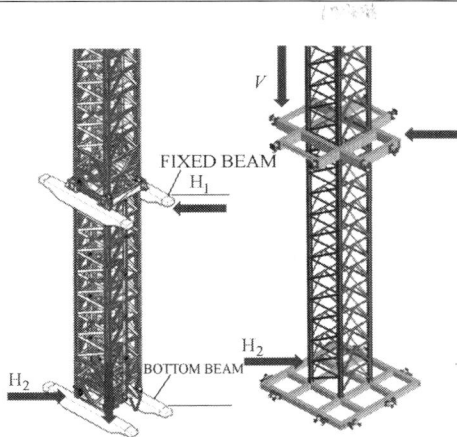

常规塔式起重机传力路径 本项目塔式起重机传力路径

图 5-80 施工状态下塔式起重机受力对比图

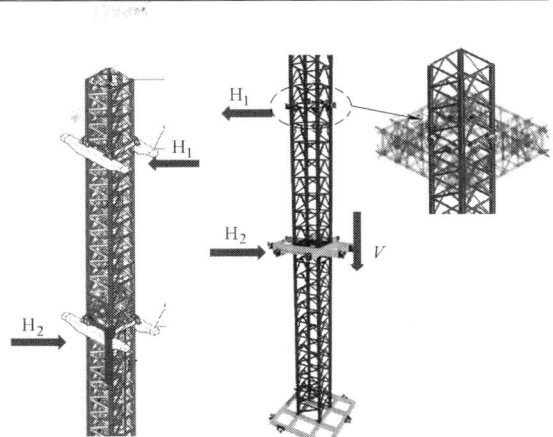

常规塔式起重机传力路径 本项目塔式起重机传力路径

图 5-81 顶升状态下塔式起重机受力对比图

2) 塔式起重机平台一体化安装

塔式起重机平台一体化的安装仅以中国尊为例进行详述，主要安装流程见图 5-82～图 5-87。

① 安装第一道支承梁。

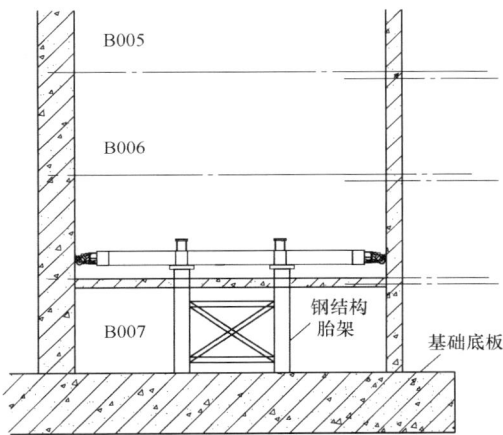

图 5-82 第一道支承梁安装

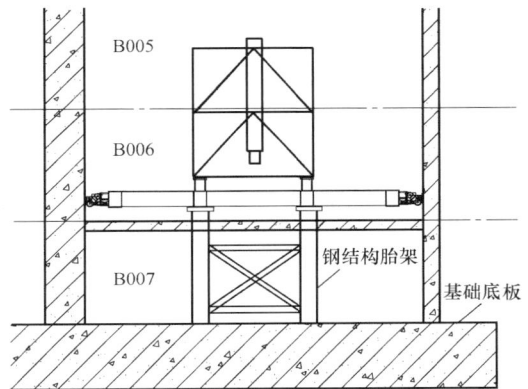

图 5-83 爬升节安装

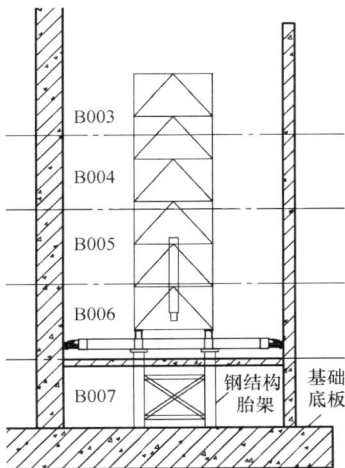

图 5-84 加强标准节安装

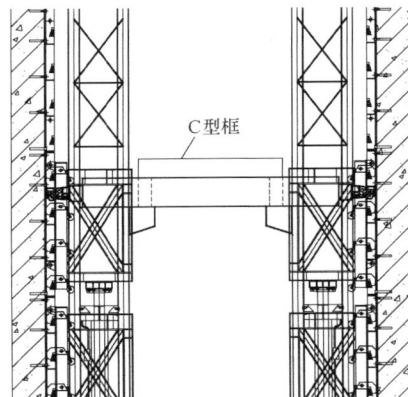

图 5-85 第二道支承架安装

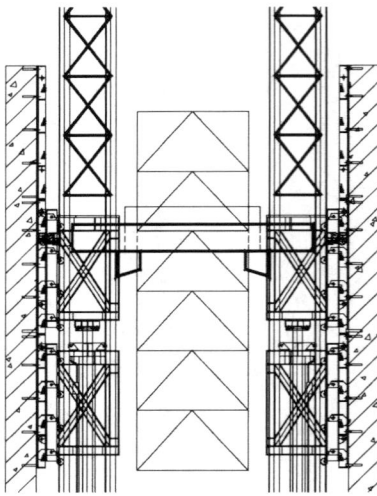

图 5-86　特殊节和补强节安装

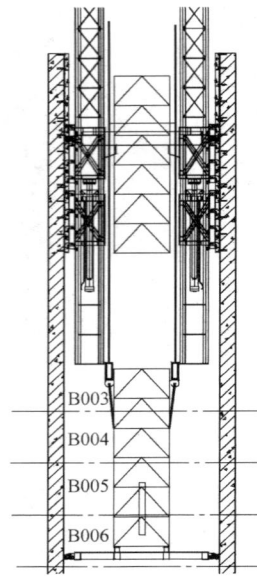

图 5-87　第三、四节塔节连接

② 安装爬升节。

③ 安装 2 节加强标准节。

④ 安装第二道支承架。

⑤ 安装特殊节和 2 节补强节。

⑥ 连接第三、四节塔节。

⑦ 上部剩余标准节及下回转支承。此阶段塔式起重机下面两道支承的抵墙小油缸需全部顶住混凝土剪力墙。

⑧ 依次安装剩余组件。

3）塔式起重机平台一体化施工

对于塔式起重机直接坐落在平台上的塔式起重机平台一体化施工，要求在施工、顶升、提升等各阶段实时监测塔式起重机垂直度变化及与塔式起重机柱脚连接处的桁架的应力与应变，要求在平台顶升时将塔式起重机配平。下面重点讲述塔式起重机平台一体化结合方式的具体施工要求。

① 顶升前准备阶段

a. 按塔式起重机设计单位给定的平衡吊重及吊重半径将塔式起重机（中国尊选用的是两台 M900D 塔式起重机）进行理论调平，塔式起重机停止使用；

b. 第三道支撑（顶部支撑）的丝杆千斤顶顶盘面向塔节柱肢，伸出距塔节柱肢净距 10mm，目的是保证塔式起重机能够在一个很小的范围内自由晃动，使得其在顶升时是"靠着"平台的某一侧或某两侧向上；

c. 第二道支撑（中部支撑）8 个侧向滚轮伸出至滚轮与墙面净距 10mm，目的是保证平台不平衡顶升，或塔式起重机倾斜角度过大时侧向轮能沿着墙体向上，起到导向作用，同时也是为了避免墙体不平或有微小杂物凸起时能顺利顶升；

d. 第二道支撑（中部支撑）8 个自锁油缸的自锁螺母松开 50～100mm，自锁油缸按对称顺序缓慢缩回。

e. 第三道支撑（底部支撑）8 个侧向滚轮伸出至滚轮与墙面净距 10～20mm，具体作用与第二道支撑相同；

f. 第三道支撑（底部支撑）8个自锁油缸的自锁螺母松开50～100mm，自锁油缸按对称顺序缓慢缩回。

② 顶升过程中应重点监控如下内容：

a. 自锁油缸、侧向滚轮与墙面净距，正常顶升情况下防止剐蹭，上行路线有无阻碍；

b. 顶部支承丝杆千斤顶与塔节的净距、塔式起重机垂直度，防止塔式起重机垂直度超出正常要求；

③ 顶升完毕后的主要工作

上支承架落实稳定后，进行自锁油缸的支设工作，动作如下：

利用塔式起重机爬带矫正塔式起重机垂直度，垂直度符合要求后，中部、底部支承梁的自锁油缸均伸出贴近墙面净距2～5mm，自锁油缸同步伸出，对墙面同步施压至自锁油缸轴向压力为5～10t，自锁油缸的自锁螺母锁紧，复核塔式起重机垂直度，满足要求后，顶部支承丝杆千斤顶收回，逆时针旋转固定，预留40～50cm塔节摆幅空间，塔式起重机投入使用。

5.3.5 智能综合监控设计与施工技术

（1）智能综合监控系统研发

1）系统组成及主要功能

根据工程需要，中建三局自主研发了国内首例集成平台智能综合监控系统，运行界面如图5-88所示。系统通过各种类型的传感器对平台的运行状态数据进行采集，根据监测数据判断集成平台的运行是否安全，系统具有采样频率高、抗干扰能力强、运行平稳等特点。系统由硬件部分和软件部分组成，两者协同工作，共同实现系统的各项功能。

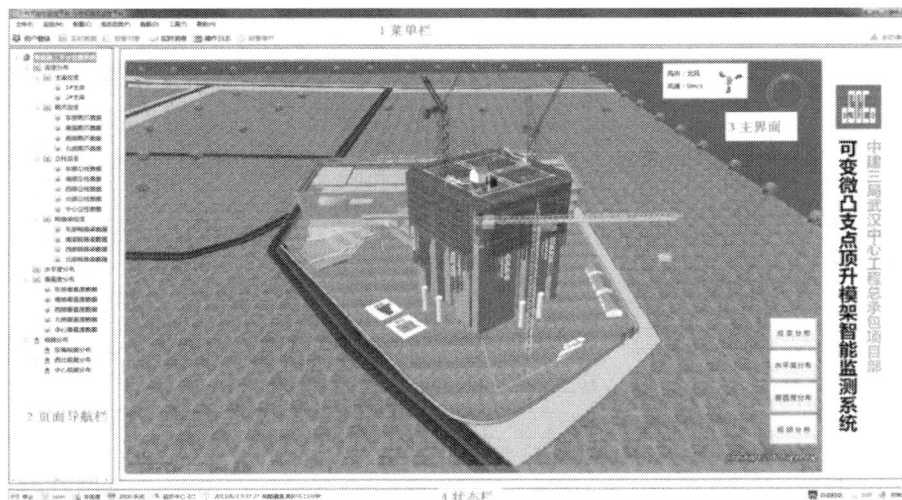

图5-88 智能综合监控系统运行界面

硬件部分主要由传感器、数据解调设备、数据处理终端组成，根据前期的计算结果以及工程经验，主要监控内容包括表观监控、应变监控、水平度监控、垂直度监控、气象（风速）监控以及风压监控。其中：表观监控，通过摄像机监测箱梁牛腿和爬爪是否到位；应变监控，通过应力计监控集成平台重要部位的受力情况，主要包含主梁、立柱、转换梁、挂爪四部分；水平度监控，通过静力水准仪监控施工平台的水平度；垂直度监控，通过倾角仪监控立柱的垂直度；气象监控，通过气象单元监控平台位置处的风速风向；风压监控，通过风压传感器监控平台表面的风压。

智能综合监控系统还包括电源（UPS）、数据线、电源线、网络设备等一些附属设备。系统还可根据需要配备远程综合管理终端，远程终端可通过网络登录到智能综合监控系统软件，查阅相关数据，并发出管理指令。集成平台智能综合监控系统如图 5-89 所示。

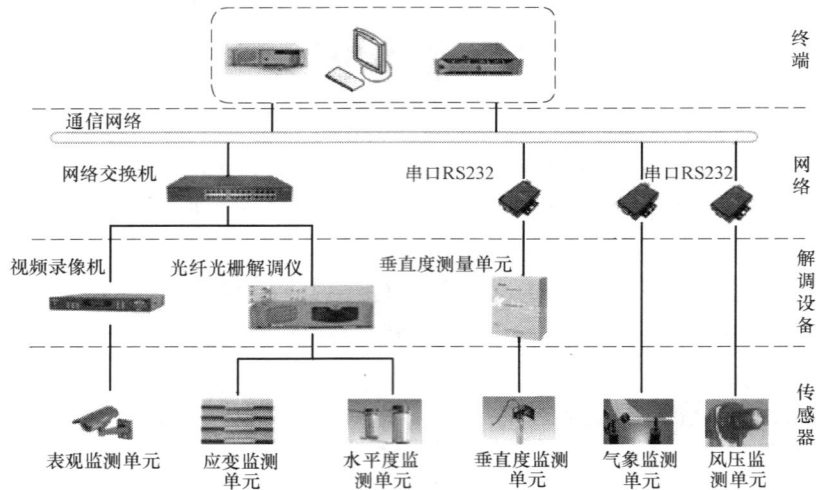

图 5-89　集成平台智能综合监控系统示意图

2）硬件的选择及安装

① 表观监控单元选择及安装

表观监控是指通过在爬爪和牛腿附近设置摄像机，观察爬爪、伸缩牛腿在顶升过程中是否到位，为了方便地看到爬爪和牛腿的情况，每个爬爪和每个牛腿都必须要配备专门的摄像机，测点的数量根据集成平台爬爪和支承箱梁的数量确定，其测点分布及安装如图 5-90 所示。

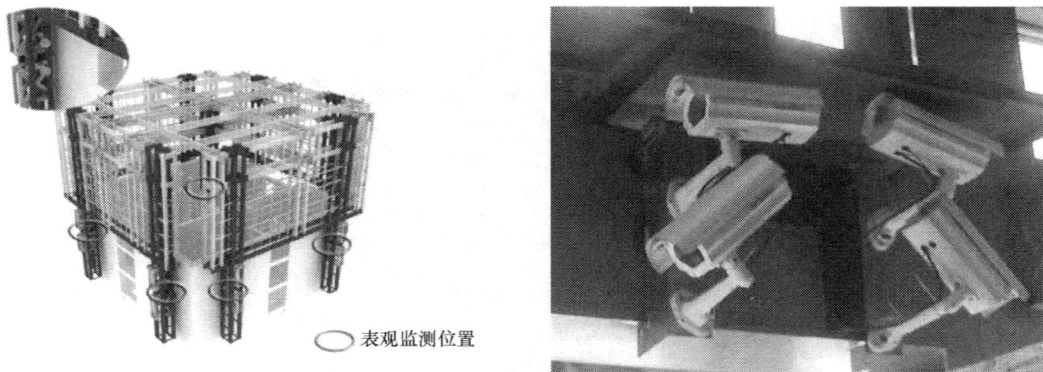

图 5-90　表观测点分布及安装

视频信号采集后，通过 DVR 视频后台服务器及液晶显示器，将画面集中显示，可按需选择画面。

② 应变监控单元设计与实施

经有限元分析计算，施工平台顶部主梁在内部支点位置应力及挠度均较大，应力水平较其余部分明显，在关键部位的上、下翼缘布置传感器。其测点分布及安装如图 5-91 所示。

支承立柱根部弯矩较大，应力水平较其余部分明显，因此在立柱的腹板处布置传感器，其测点分布及安装如图 5-92 所示。

○ 主梁监测位置

图 5-91 主梁应力测点分布及安装

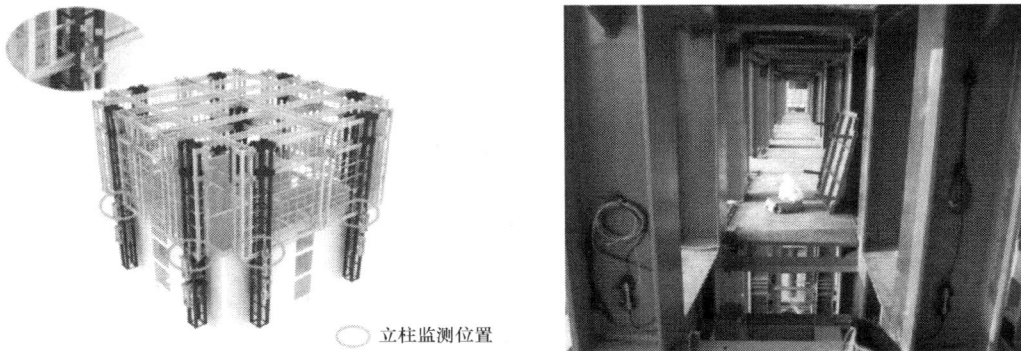

○ 立柱监测位置

图 5-92 立柱应力测点分布及安装

承力转换梁在中部的受力比较大，因此转换梁的应力监测点布置在转换梁的中部，对称布置在上、下翼缘处，其测点分布及安装如图 5-93 所示。

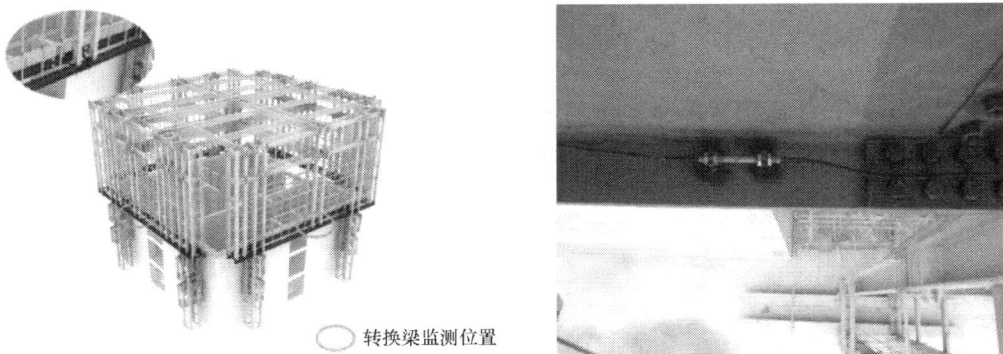

○ 转换梁监测位置

图 5-93 转换梁应力测点分布及安装

承力件挂爪处应力难以测量，因此通过在各支撑点上、下支承架的挂爪箱体内下上对角挂爪的挡块处布置传感器，间接测量混凝土承力件挂爪处应力，其测点分布及安装如图 5-94 所示。施工现场底层传感器在施工过程中容易损坏，应加以防护，尤其是挂爪箱内的传感器更应加强防护。

③ 水平度、垂直度监控单元设计与实施

a. 水平度监测

钢框架顶部作为施工堆载、施工人员活动区域，可能因堆载不均衡、顶升不同步、意外撞击

图 5-94　挂爪箱应力测点分布及安装

等原因产生标高上较大差异，结构将产生较大内力，给集成平台安全带来不利的影响，因此需对平台的水平度进行监控。水平度的测点布置在平台第五层的顶部，第五层的中央布置一个，其余测点布置在平台的外围，数量根据需要选择。水平度测点分布及安装如图 5-95 所示。

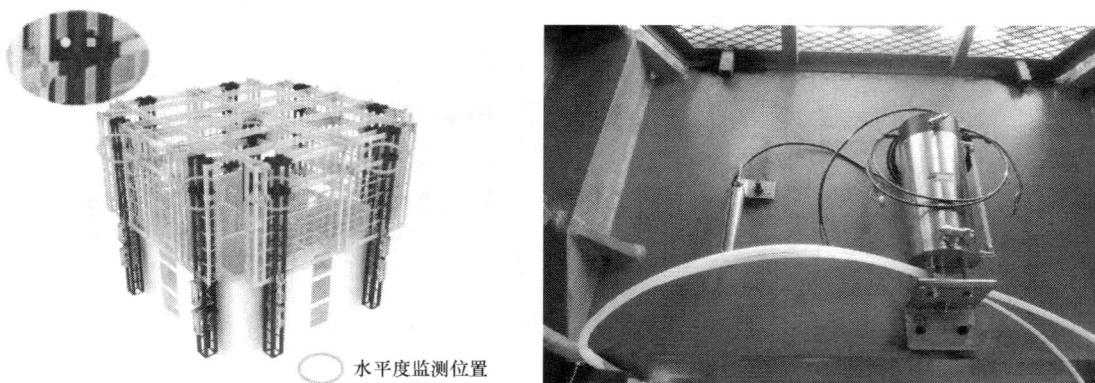

图 5-95　水平度测点分布及安装

b. 垂直度监测

集成平台支承立柱高度较高，当有水平位移发生时，附加弯矩较大，可能影响立柱的正常使用，甚至发生危险，为此，需对传递竖向荷载的立柱进行垂直度监控。

④ 气象监控单元设计与实施

集成平台体系在设计时，对风载的考虑为十年一遇。对应八级大风，风速为 17.2m/s，因此应对风速进行监控，当风速大于设计值时，停止施工。风速风向测定使用风速风向仪，布设在平台控制室房顶。安装时以指南针指示方向为基准，将风向传感器的指北针与正北方向一致，锁紧风向传感器的固定螺母。

⑤ 风压监控单元设计与实施

风压是平台设计时重要的荷载因素，测出平台的实际风压对于平台的优化设计有着重要的作用，因此设计出风压监控单元作为气象监控单元的补充。为了准确测出风压，平台的每个垂直面均安装两个传感器，考虑到安装方便，传感器安装在堆料平台的两侧，测点分布及安装如图 5-96 所示。

3）综合监控软件开发

软件部分由数据库管理模块、分布式组件库、通信协议模块、报警数据管理模块四大部分组成。整个软件平台基于 C/S 架构（Client/Server 即客户机/服务器），它是软件系统体系结构，

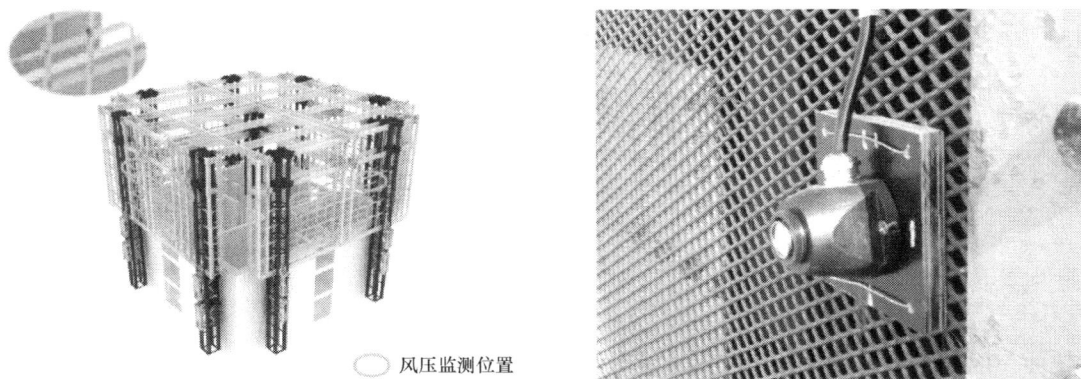

○ 风压监测位置

图 5-96 风压传感器测点分布及安装

通过它可以充分利用两端硬件环境的优势，将任务合理分配到 Client 端和 Server 端来实现，降低系统的通信开销。C/S 结构的基本原则是将计算机应用任务分解成多个子任务，由多台计算机分工完成，即采用"功能分布"原则。

软件平台系统的框架及监控系统软件核心框架如图 5-97 所示。

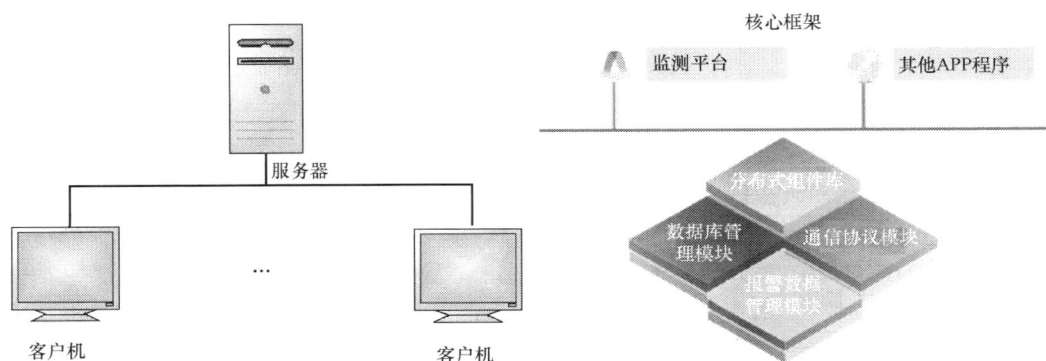

图 5-97 C/S 架构示意图与监控系统软件核心框架

通过通信协议模块及报警数据管理模块，实现外围应用程序与监控平台间的数据交互，实现对现场实时状态的监测，模块之间关系如图 5-98 所示。基于同一套通信规约、报警逻辑以及组件及数据库，系统可有效地扩展多种外围应用程序。

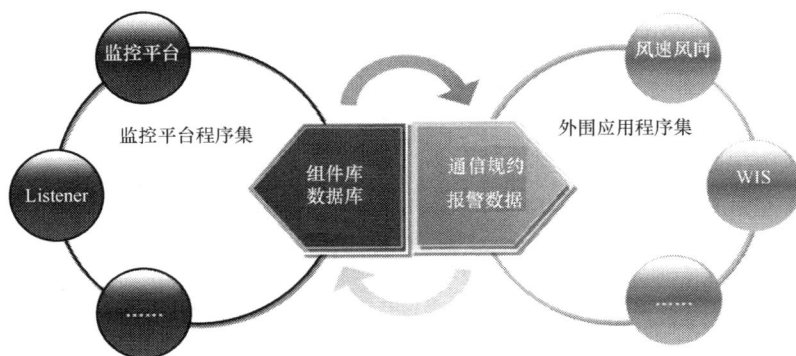

图 5-98 模块之间关系

外围应用程序集由应变分析及处理子系统（WIS）、风速风向处理子系统、垂直度分析处理子系统、风压处理子系统、视频监测子系统组成。

（2）智能综合监控系统应用

在智能综合监控系统的实际应用中，系统通过数据采集及处理、分析对比及计算优化、综合监控预警及处理、综合监控系统与动力系统联动四大功能来实现整个监控系统的作用，从而确保架体的安全性。

1）数据采集及处理

数据采集、处理和展示的实现由于软件的结构不同而略有差别，按照软件的载体划分，可分为数据解调设备端软件、服务器端软件和客服端软件。数据解调设备端软件负责发送数据，服务器端软件完成数据的采集和初步处理，客户端软件则完成数据的进一步加工和最终的展示。数据采集、处理和展示的流程如图 5-99 所示。

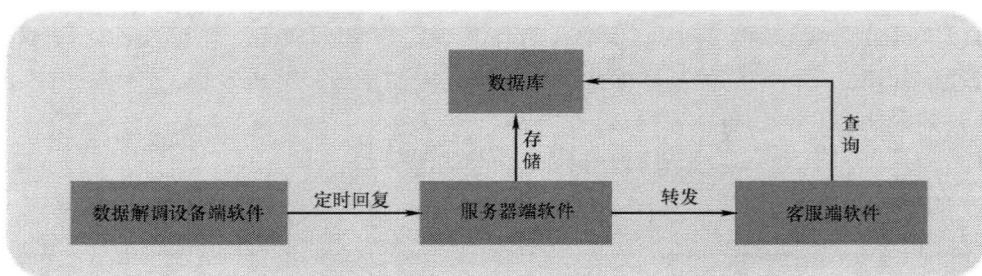

图 5-99　数据采集、处理和展示流程图

监控系统主界面为平台的三维模型，平台正常运行时，主界面无数据，但是当传感器的数值出现异常时，主界面会弹出数据异常传感器的编号，点击编号就可快速查询传感器的详细信息，为了展现更多的信息量，当主界面处于静止状态时，模型会不停地旋转，全面展示平台的工作状态，如图 5-100 所示。传感器类别界面主要展示一类传感器的信息，如所有转换梁上所有传感器，如图 5-101（a）所示，由于画面的限制，该界面只显示传感器的实时值，实时值的数值以颜色区分，不同颜色代表不同的状态；传感器位置类别界面主要展示一类传感器某些位置的信息，如东部转换梁传感器，如图 5-101（b）所示，界面数字加颜色的形式展现传感器的实时值，以曲线的形式表示该传感器一段时间内的变化。

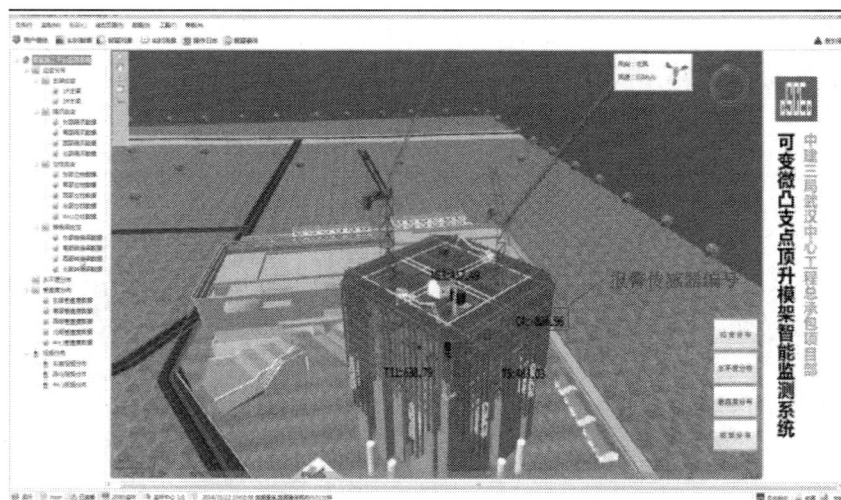

图 5-100　展示软件主界面

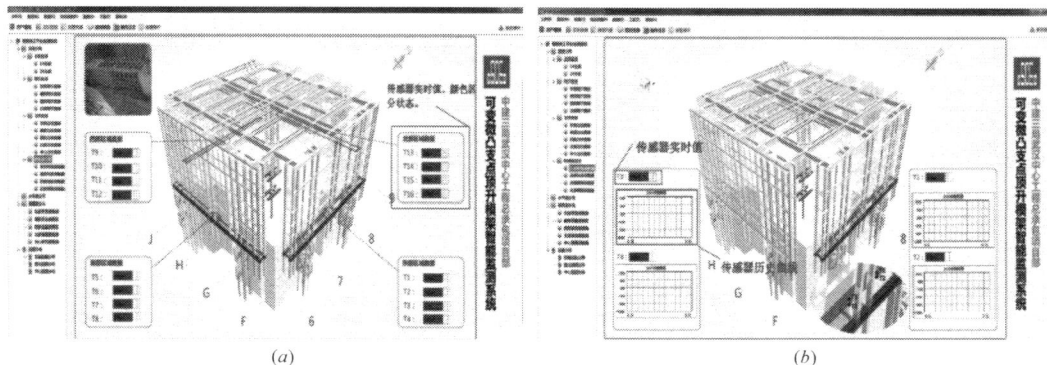

图 5-101 转换梁应力界面

（a）转换梁上所有传感器；（b）东部转换梁传感器

2）分析对比及计算优化

通过对智能综合监控系统监测数据的分析、处理，形成了一定的分析结果。将监测结果与有限元分析结果比较，修正分析模型参数，确保集成平台的运行安全；结合风速、风压、油缸压力数据，修正分析模型相关参数，改进平台计算方法。系统主要运用于应力应变、风速、风压及平整度、垂直度等监测。

3）综合监控预警及处理

智能综合监控系统最重要的一个作用是保证平台运行的安全，因此实现预警功能是监控系统最核心的功能。软件综合监控预警功能主要是通过报警数据管理模块实现的，报警数据管理模块主要运行在服务器端，报警数据管理模块将实时值与报警值相对比，判断出报警的级别，然后将报警数据保存在数据库，并将报警数据转发给客服端软件，客服端软件根据报警数据做出响应。

客服端软件响应的方式主要有以下四种：①软件主界面会弹出数据异常传感器的编号，点击该编号，就可以快速获取传感器的实时数值、位置以及其历史曲线等信息；②软件还会根据传感器报警的级别，给传感器的实时值涂上不同的颜色，绿色为安全，蓝色为提示，黄色为预警，红色为报警；③客服端软件会根据报警的级别，发出不同的声音；④客服端软件还会向指定的电话号码发送报警的短信。

监控预警功能是保证集成平台运行安全的关键，具体实施时将集成平台使用工况分为静态服役、上支承架动态顶升、下支承架动态顶升、框架动态伸缩四种状态，每种状态下的危险工况、监测诉求和问题处理手段不尽相同。静态服役和上支承架动态顶升状态关键数据监控如图 5-102、图 5-103 所示。

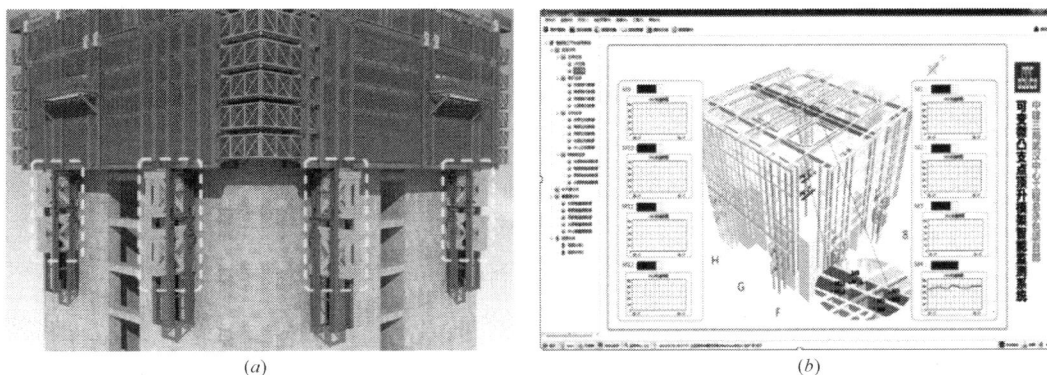

图 5-102 静态服役状态关键数据监控

（a）静态服役状态；（b）应变数据监测

223

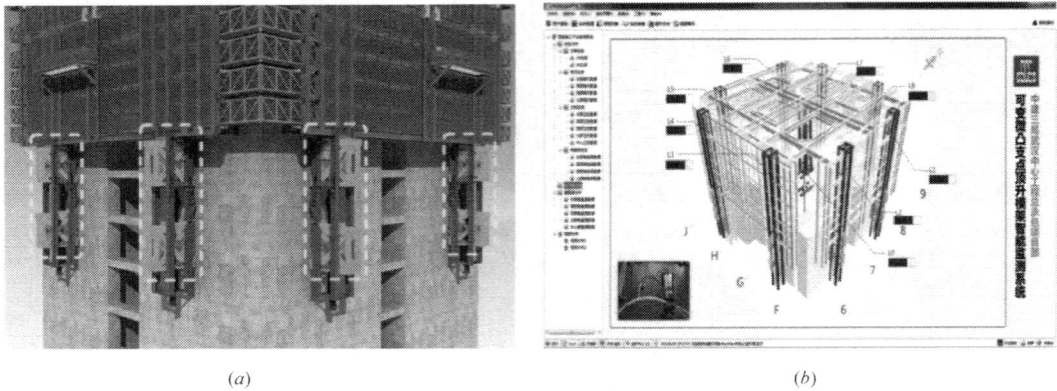

(a)　　　　　　　　　　　　　(b)

图 5-103　上支承架动态顶升状态关键数据监控
(a) 上支承架动态顶升状态；(b) 水平度数据监测

5.4　液压自爬升模板体系

5.4.1　智能型多点液压自爬升模板系统

智能型多点液压自爬升模板系统通过承载体附着或支撑在混凝土结构上，当新浇筑的混凝土脱模后，以液压油缸或液压升降千斤顶为动力，以导轨或支承杆为爬升轨道，将爬模装置向上爬升一层，反复循环作业的施工工艺，简称"液压爬模"。

1. 液压爬模施工原理

液压爬模系统集机械、液压、自动控制等技术于一体，主要由模板系统、架体系统、埋件系统、液压爬升系统四大部分组成（见图 5-104）。通过液压爬升系统循环往复的小步距爬升实现整个系统的大步距爬升。棘爪、千斤顶组件为连件，与导轨和架体组成具有导向功能的互爬机构：将埋件系统安装在结构上，导轨安装在埋件挂座上，通过液压油缸对导轨和模板架交替顶升，从而实现模板与抬梁架体的升降运动。当模板提升到位后，直接卸荷到埋件挂座上，再通过液压系统来提升导轨，待导轨提升到位后，卸荷到埋件挂座上，即可实现模板架体与导轨的交替提升。

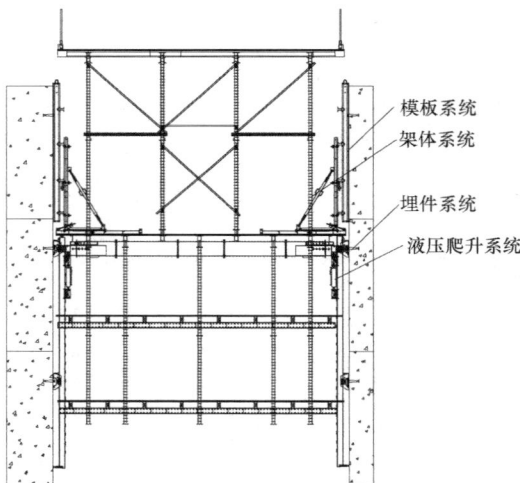

模板系统
架体系统
埋件系统
液压爬升系统

图 5-104　液压爬模总装图

（1）爬升流程

爬升流程为：预埋件安装→混凝土浇筑→拆模后移→安装附墙装置→提升导轨→爬升架体→绑扎钢筋→模板清理、刷脱模剂→预埋件固定在模板上→合模→浇筑混凝土。具体流程见图 5-105。

第一步:预埋件安装	将爬锥用安装螺栓固定在模板上,爬锥孔内抹黄油后拧紧高强螺杆,保证混凝土不能流进爬锥螺纹内。埋伴板拧在高强螺杆的另一端,锥面向模板,与爬锥呈反方向; 埋件如与钢筋有冲突,应将钢筋适当移位处理后再进行合模
第二步:提升导轨和爬升架体	提升导轨时,上下换向盒内的换向装置应调整为同时向上,换向装置上端顶住导轨; 爬升架体时,上下换向盒内的换向装置应调整为同时向下,换向装置下端靠导轨; 提升导轨和爬升架体时,液压控制台应由专人操作,每榀架子设专人看管是否同步,发现不同步,可调液压阀门进行控制; 导轨提升到位后可拆除下层的附墙装置及爬锥,周转使用
第三步:爬升流程	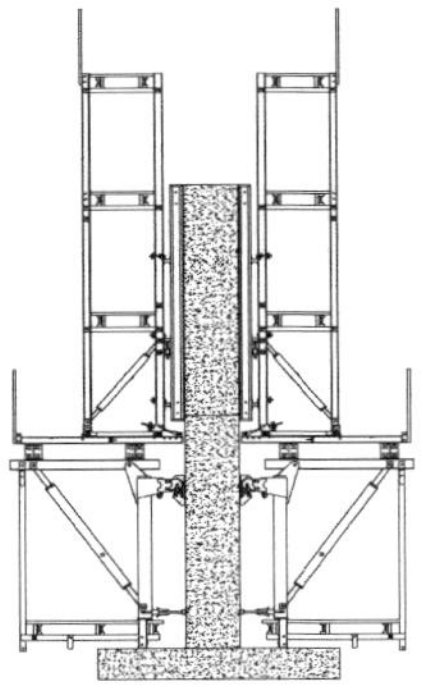 第一步 (1) 安装模板完毕 (2) 浇筑混凝土 (3) 绑扎钢筋 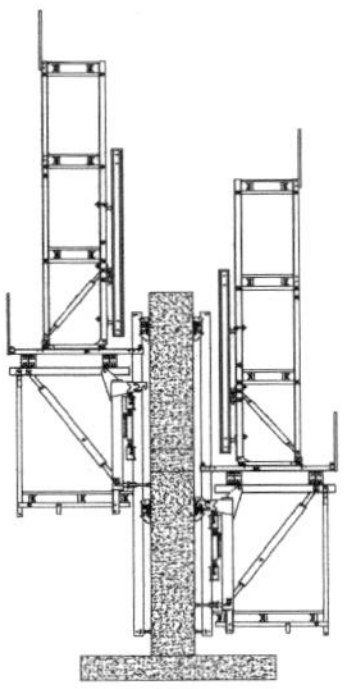　　第二步 (1) 拆模、后移模 (2) 装入导轨 (3) 爬升 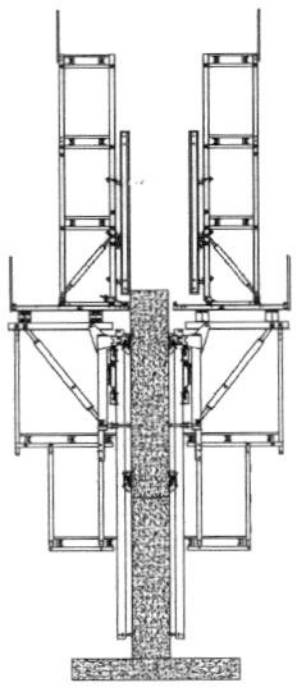　　第三步 (1) 爬升到位 (2) 安装吊平台 (3) 合模 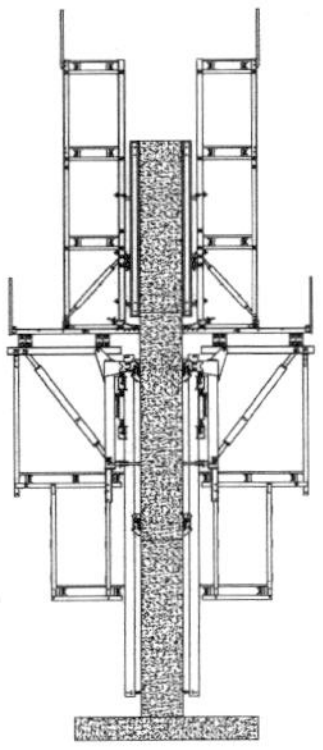 第四步 (1) 合模完毕 (2) 浇筑混凝土 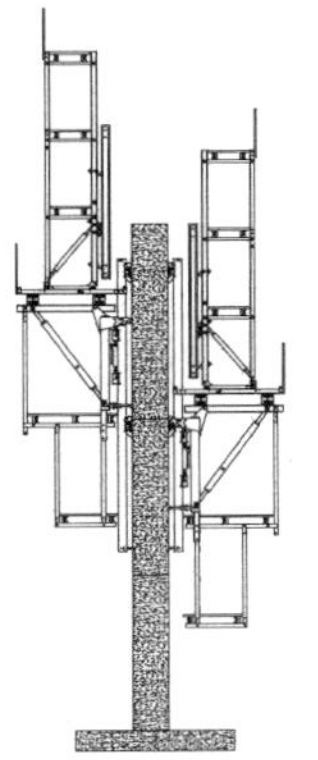　　第五步 (1) 拆模,模板后移,提升导轨 (2) 爬升架体到预定位置 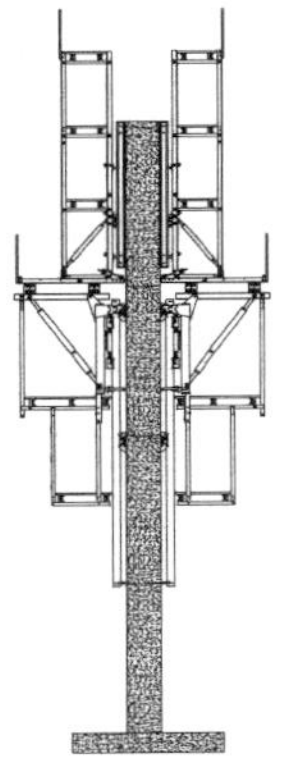　　第六步 (1) 合模,浇筑混凝土 (2) 进入标准爬升状态

图 5-105　爬升流程图

(2) 液压爬模各系统设计

1) 模板系统设计

平安金融中心项目爬模设计高度 4.7m,面板采用 21mm 厚进口木胶合板模板,次肋为木工字梁,间距小于 300mm,主背楞采用双 12 号槽钢,间距 300mm/1100mm/1200mm/1200mm/900mm,对拉螺栓采用 45 号钢,直径 15mm,对拉螺杆最大间距 1200mm。模板体系如图 5-106 所示。木工字梁经脱水固化处理,使用寿命长,且耐高温、防腐蚀,其断面抗弯能力及抗剪承载能力强;21mm 厚 WISA 面板光滑、平整、坚硬、质量轻,单面可重复周转次数达 50 次,相对于普通模板，具有超高的经济效益与技术效益，可大幅度降低模板更换频率，增快施工进度，能够满足超高层建筑结构施工需要。

图 5-106　面板＋木工字梁＋双槽钢背楞

模板后移装置主要是方便模板装拆，降低工人劳动强度，减少塔式起重机配合工作量。在主平台上设置移动导轨，利用专门工具移动模板，大大提高了机械化程度（见图 5-107）。这是一项非常实用的功能，后移装置不但可以在水平方向移动模板，完成合模与拆模作业，更具有一定的倾斜角度调整范围，如果架体因为结构而发生了倾斜，后移装置可以通过调整斜撑角度，将模板保持在竖直状态。

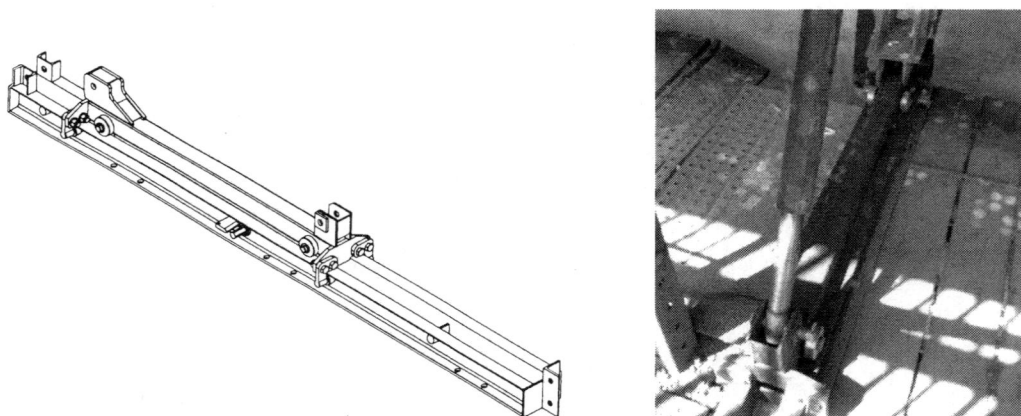

图 5-107　模板后移装置

2）架体系统设计

① 平台设计

核心筒外侧面采用单面爬升式液压自爬模，内侧采用抬梁式爬升液压自爬模。爬模设置 5 层平台，从上往下分别为上平台、模板操作平台、主平台、液压控制平台和吊平台，各层平台板均为 50mm 厚脚手板，考虑到深圳地区气候炎热、多雨的特殊气候条件，上平台脚手板上铺设镀锌花纹钢板防水，兼顾防火、防滑、耐腐蚀的作用。核心筒爬模如图 5-108 所示。

由于核心筒结构钢筋用量大，同时主平台上安装了 2 台布料机随爬模爬升，这对爬模承载力提出了更高的要求，为保证施工状态爬模的安全性，在机位布置时内筒爬模主平台采用台梁式机位布置，外架爬模则采用多点三脚架机位布置。

② 通道设计

除吊平台外，各层平台均设上下人孔，人孔周围设护栏，层与层之间设置木制梯子，梯子分

226

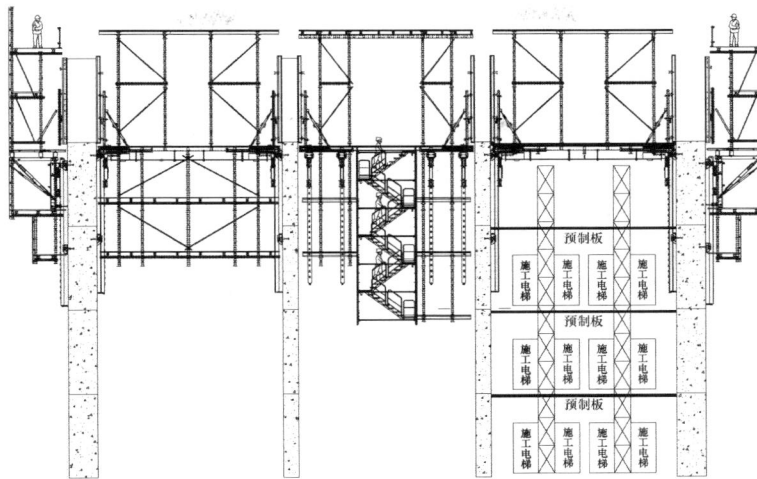

图 5-108　核心筒爬模示意图

爬梯和楼梯两种，楼梯设置 900mm 高扶手。爬模内外筒平台通道如图 5-109 所示。

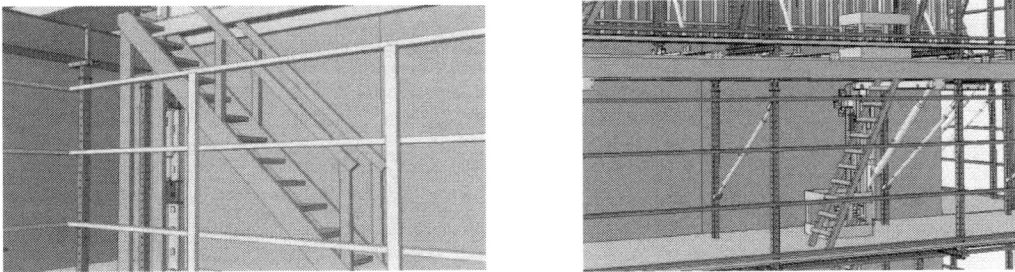

图 5-109　爬模内外筒平台通道

③ 上平台脚手架设计

为保证核心筒施工质量和施工进度，在爬模上平台搭设脚手架操作平台提前绑扎钢筋，实现钢筋工程和模板工程作业同步进行，核心筒爬模上平台脚手架采用双排脚手架，脚手架支设在 C 型钢上，C 型钢与平台板固定，脚手架立杆横距内架为 0.7m，外架为 0.9m，立杆纵距为 1.5m，横杆步距为 1.8m，每四跨布置一道剪刀撑，在第二、三步小横杆上满铺 50mm×250mm×4000mm 木跳板作为操作平台和人行通道，第二、三层外排立杆张拉 40mm×40mm×3.5mm 镀锌铁丝网，保证人员安全。爬模内筒上平台脚手架如图 5-110 所示。

3）埋件系统设计

埋件系统的主要功能是将爬模荷载传递给结构，使爬模在施工状态下始终附着在结构上，实现持久安全，埋件系统主要由埋件板、高强螺杆、受力螺栓、垫圈和爬锥组成，其中受力螺栓、垫圈和爬锥周转使用。

4）液压爬升系统设计

液压爬升系统是整个液压自动爬升模板系统的核心子系统之一，主要由液压泵站控制台、液压油缸、同步阀、胶管、液压阀和配电装置组成。

① 液压系统基本参数（见表 5-7）

② 液压系统结构

液压系统主要功能是实现电能→液压能→机械能转换，驱动爬模向上爬升。液压系统采用模块式配置，通过液压千斤顶、电动泵站及相关配件有机联系形成一个液压动力模块，为一个模块

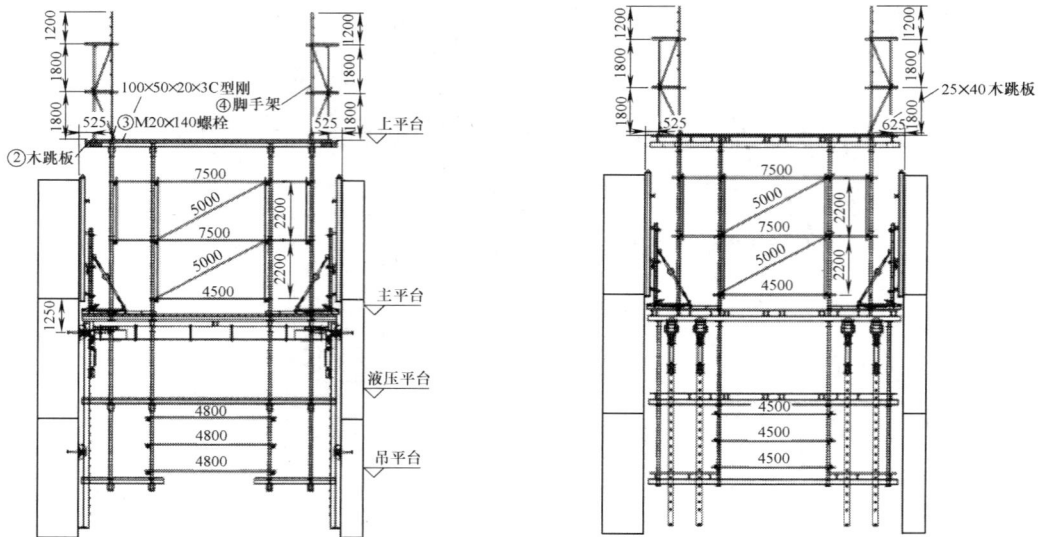

图 5-110 爬模内筒上平台脚手架剖面图

单元的爬模提供动力，液压系统模块之间通过自动控制系统联系，形成协同作业的整体。液压系统结构如图 5-111 所示。

液压系统基本参数   表 5-7

名　　称	参　　数
系统压力	15MPa、20MPa 两档
系统流量	以根据电机功率和电机输出路数匹配
油箱容积	185L
电机型号	Y-160L-4
电机功率	15kW
电机电压	AC380V
风冷器电压	DC24V
液压泵型号	25SCY14-1B
工作油温范围	−10～60℃
系统清洁度要求	NAS163 9～10 级

同时在自动控制系统中采用同步电机均衡调节各个独立油缸的油压，将液压爬模整体爬升的同步误差控制在 20mm 以内。自动控制系统主要功能如下：

控制液压千斤顶进行同步爬升作业；

控制爬升过程各爬升点与基准点的高度偏差不超过设定值；

供操作人员对爬升作业进行监视；

供操作人员设定或调整控制参数。

2. 液压爬模设计与施工研究

多点小吨位液压爬升模架体系在设计中充分考虑了结构特征，除此之外仍然要结合工程施工部署要求配套相应的技术方案，如施工电梯衔接、布料机安装、混凝土泵送、连续变截面爬升、安全防护等各种技术要素，这些要素均是保障施工顺利进行的关键。

（1）爬模连续变截面爬升施工技术

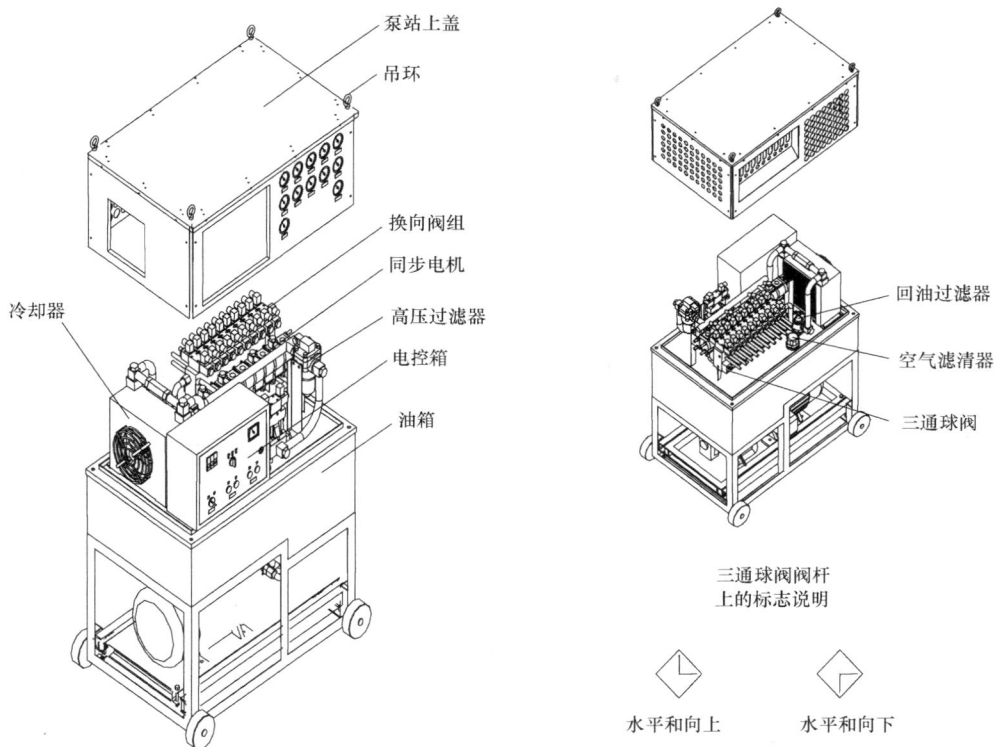

图 5-111 双压爬模液压系统正面及背面

在施工过程中墙体厚度变化以及核心筒尺寸变化不可避免，在爬模设计过程中就要求爬模能够实现一定倾斜角度的爬升，以及抬梁能满足在一定尺寸范围的长短收缩处理，这是变截面爬升的前提条件。

平安金融中心项目爬模设计性能能够满足当墙厚变化小于 150mm 时，不需要特殊处理爬模就可以通过导轨与架体倾斜一定角度来实现斜爬。

当截面变化范围超过 150mm 时，处理的基本原理是通过提前连续使用垫块（见图 5-112），将一次大幅度截面变化转变为多次小幅度截面变化，将变化幅度控制在爬升参数之内，从而实现变截面的爬升。

图 5-112 加垫块斜爬

（2）爬模与施工电梯衔接技术

在内筒外框结构超高层建筑施工过程中，通常采用"核心筒墙先行、筒内梁板随后、外框及组合楼板最后"的施工顺序。核心筒墙体模板施工作业面将作为土建第一工作面，工程量大，专业衔接工序多，高效而可靠的人员垂直运输途径极为重要。

工程施工电梯设置在核心筒内，施工电梯不能直接穿越爬模结构体系与爬模系统连接成整体。另一方面伴随液压爬模爬升，施工电梯导轨标准节需进行加节作业，因此施工电梯的安装、附着、加节均需要与爬模施工协调统一，才能保证爬模施工人员垂直运输。

平安金融中心项目在处理施工电梯与爬模衔接这个难题上，通过使用恰当的施工工法实现了以下目标：

1）核心筒先行施工而无筒内结构楼板情况下，施工直达爬模作业面；

2）施工电梯不穿越爬模作业平台，不占用爬模上平台宝贵的材料堆放空间；

3）施工电梯加节期间，爬模作业面垂直运输不中断，实现无缝衔接；

4）可利用正式电梯井道安装施工电梯，无需预留楼板，无结构甩项施工。

在常规核心筒液压爬模体系基础上，将爬模主平台梁下挂方钢管立柱，利用方钢管安装下挂的第一吊平台、第二吊平台，方钢管之间通过高强螺栓连接；整个吊平台体系通过斜撑、钢丝绳等措施保证体系稳定（见图5-113）。第一吊平台的高度要适应施工电梯标准节以及施工电梯出口的安装高度，达到施工人员通行的目的。爬模爬升后，施工电梯仍可从第二吊平台直接进入该平台。施工电梯标准节加高施工后续可以采取两台施工电梯交替加节，或者在施工人员非工作时间进行。

图5-113　施工电梯与爬模无缝衔接

（3）安全防护技术

1）自爬式硬防护施工技术

① 自爬式硬防护概况

在平安金融中心项目中，工程施工部署上采取了核心筒先行、楼板跟进的施工模式，在施工的整体空间出现了上下楼层交叉施工的情况，因此避免上部楼层在施工过程中出现坠物，保障下部施工人员在核心筒内安全施工是爬模施工过程中的一个重要关键点。平安金融中心项目通过详细研究及对比分析，最终设计出自爬式硬防护用来保障下部楼层施工的安全（见图5-114）。

硬防护采用28a工字钢（主梁）+18号工字钢（次梁）做成一个整体的框架。利用爬模施工时预留的爬锥孔，固定一个钢牛腿。施工时钢牛腿与硬防护框架通过钢丝绳固定。在每个防护筒中设置一个三级电箱，采用电动葫芦提升硬防护至上一层钢牛腿上。钢牛腿的倒运安装通过在硬防护上搭设脚手架平台实现。

硬防护自重较大，采用电动葫芦整体提升，其中电动葫芦为额定载荷 5t 的 DHS 型电动环链提升机，有 2 行 6m 的链条，整机质量 70kg，提升速度为 1m/min。

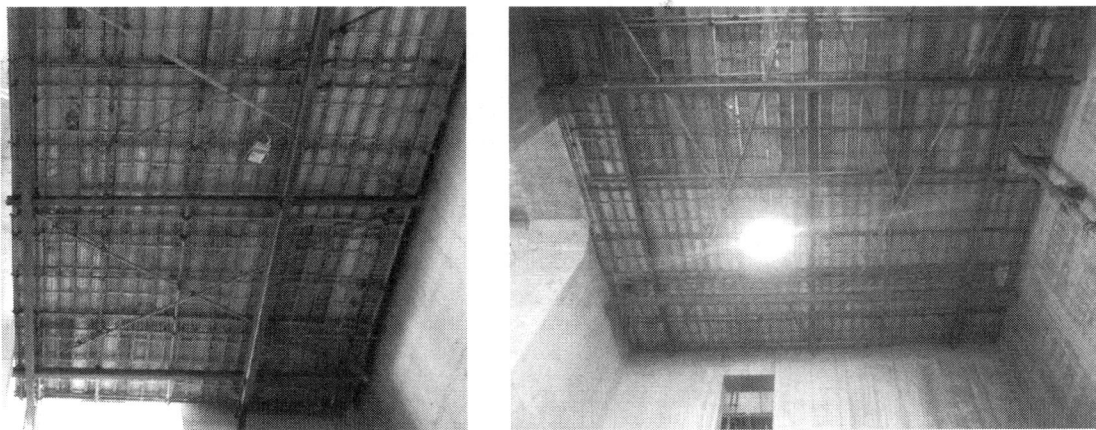

图 5-114　核心筒硬防护实例

② 硬防护钢框架施工

硬防护钢框架主梁为 28a 工字钢，次梁为 18 号工字钢。主梁在下，次梁在上。施工时将框架主次梁按照尺寸切割好后通过卸料平台倒入到核心筒内，在筒内按具体位置定位焊接施工。

③ 钢管平台施工

钢框架施工完成后，可在钢框架次梁上铺设 ϕ48mm 钢管，ϕ48mm 钢管按垂直于次梁方向布置，间距 1000mm。在上部操作架区域钢管设置为双钢管，所使用钢管均刷漆。

因核心筒井筒四周均需剔凿混凝土，故次梁平行方向为双排架，靠墙外立杆立在次梁工字钢上，内立杆下部再增加一道双钢管。钢管平台布置完后，在上部搭设 50mm 厚钢跳板，钢跳板上再满铺废旧模板。每个筒钢跳板铺设方向平行次梁方向，采用 2.5m+2.5m+2m+2m 跳板铺设。钢框架上钢管平台钢管布置如图 5-115 所示。

④ 硬防护上操作架施工

为了保证电动葫芦挂点处的牛腿倒运有操作平台及核心筒内梁板钢筋剔凿防护，在硬防护平台上搭设钢管脚手架。核心筒内梁板钢筋剔凿防护脚手架上方满铺废旧模板并固定。为方便从硬防护上到牛腿倒运脚手架，在硬防护和钢筋剔凿防护

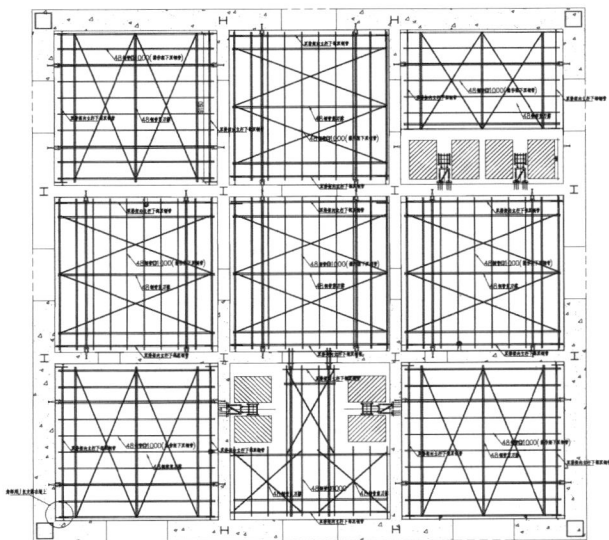

图 5-115　钢框架上钢管平台钢管布置

脚手架顶部间搭设上下通道。为了防止施工人员剔凿施工时硬防护架体晃动，硬防护每个角上采用 2 个 U 托支撑在墙体上。硬防护上操作架平面布置如图 5-116 所示。

⑤ 硬防护施工使用及提升

硬防护施工使用时需要保证主梁通过钢丝绳固定在墙体牛腿上。同时为了很好地防护下部人员施工，硬防护与架体之间空隙应采用翻板封堵。

待硬防护上人员剔凿完该层混凝土后，硬防护即可提升。提前在上一层爬锥孔处固定好牛腿。用电动葫芦提升至接近挂点1m处，采用直径16mm的钢丝绳将硬防护固定在牛腿上，此时倒运电动葫芦至上一层挂点处，用电动葫芦接着提升硬防护至牛腿处用钢丝绳固定。

钢丝绳端部用绳卡固定连接，绳卡压板应在钢丝绳主要受力的一边，绳卡间距应不小于钢丝绳直径的6倍，16mm钢丝绳绳卡的数量应不少于4个。钢丝绳固定如图5-117所示。

⑥ 硬防护与墙体间隙防护

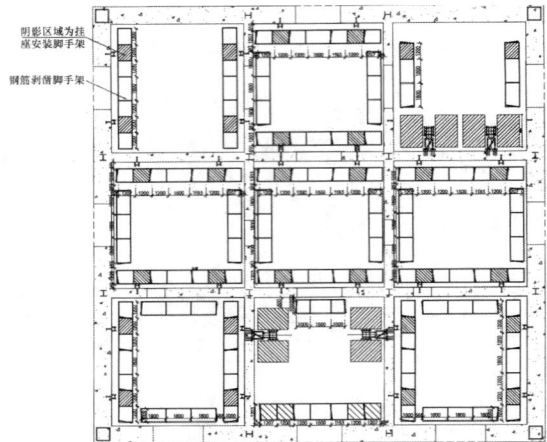

图5-116　硬防护上操作架平面布置图

为了防止硬防护与墙体之间间隙坠物，特在硬防护与墙体周圈用18mm废旧模板进行防护，废旧模板开孔每隔1m穿铁丝用来固定在操作架上（见图5-118）。

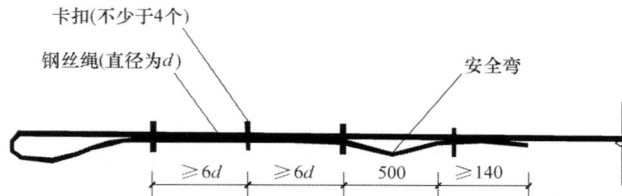

图5-117　钢丝绳固定示意图

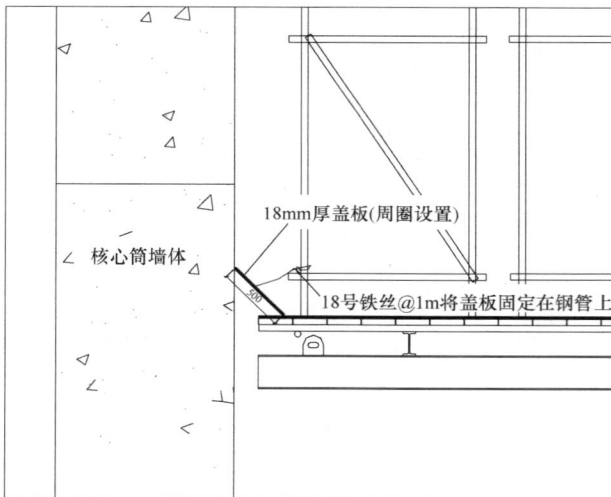

图5-118　硬防护与墙体间间隙防护

2）爬模外围安全挑网设置技术

① 设置概况

核心筒墙体结构先行，与外框工作面以及核心筒楼板工作面存在交叉施工，在施工过程中通过在下部楼层分阶段设置安全挑网，在立面上形成整体的多重防护。在平安金融中心项目施工过程中采用了此方式保证下部交叉作业工作面安全，预防物体高空坠落取得了极佳效果。

安全挑网由连接预埋件与预制挑网组成，并使用钢丝绳将挑网与上部埋件拉结，形成斜三角形式（见图5-119、图5-120）。安全挑网设置范围为核心筒内外部墙体四周形成一个封闭整体，竖向为每间隔25层设置一道。

② 施工方法

a. 材料预制

根据现场设置楼层墙体的整体长度与门洞口位置状况，以及核心筒设备设置位置等整体现场情况，确定挑网的悬挑长度。考虑到效果性与安全性及经济性的需求，将标准悬挑长度设置为2000mm，其他位置如空间不足时挑网长度根据需求进行调整。

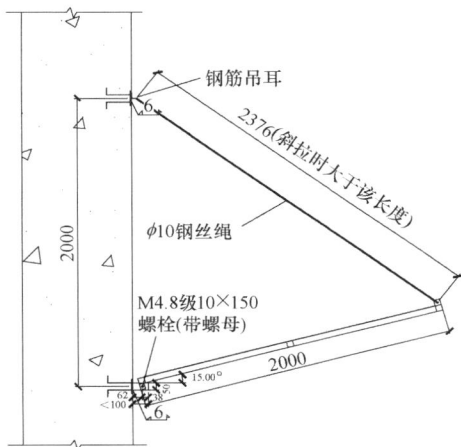

图 5-119 内筒挑网剖面图

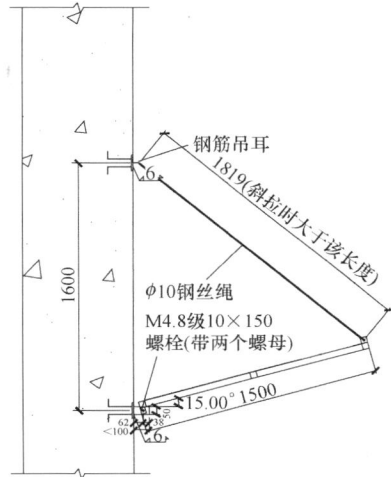

图 5-120 外架挑网剖面图

在预制挑网时，需要将吊耳位置确定好，如果现场有调整的需要，需要在标准挑网上进行调整。

b. 空间定位

在确定预埋件的埋置标高及挑网设置的竖向位置时，需要结合工程的实际状况以及爬模与楼层的位置来确定，其基本原则有以下几点：

同一层挑网尽量在同一标高，减少同层挑网竖向错位；

最大程度地避开洞口及各类设备，减少与洞口及各类设备的碰撞；

应保证施工的方便，以及爬模爬升后能方便地将挑网设置到位。

c. 完成安装

埋件完成后，将进行挑网的现场安装，在爬模平台上按照挑网设置方式进行组装。组装完成后将挑网竖立，待爬模完成爬升后，将挑网下放至正常工作状态。深圳平安金融中心项目挑网布置如图 5-121 所示。

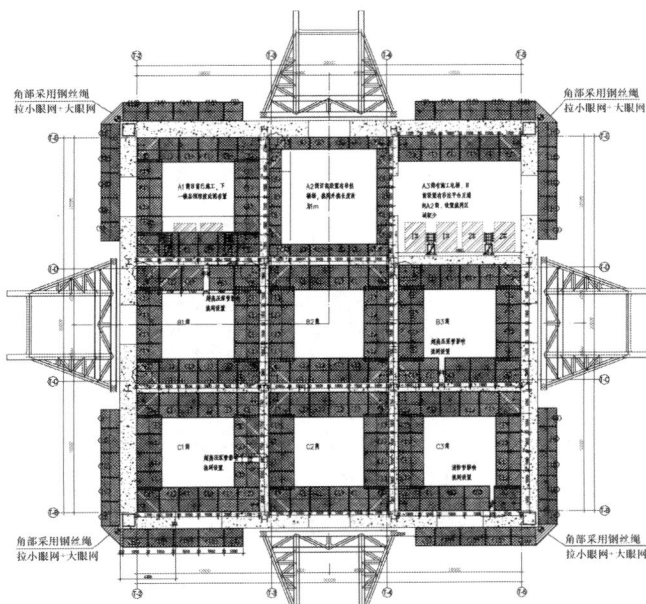

图 5-121 平安金融中心项目挑网布置图及实例

3. 液压爬模监测技术研究

超高层建筑爬模施工过程中随着工程进度的前行，爬模架体结构自身的物理性能是不断变化的。工程施工的安全监测特别是在超高层建筑施工过程中的安全监测是极为关键的技术，而爬模是进行超高层建筑施工的基础工序，科学、严谨地判断爬模结构的安全状态及变化趋势是制定安全策略的依据，是保障整个工程项目施工安全必不可少的条件。

本节主要阐述了深圳平安金融中心项目爬模安全监测技术，包括建立各种工况下的爬模架体系统有限元分析模型，进行架体系统各部位受力分析；并且在现场使用应力监测记录设备，监测关键受力部件的受力状态，进行全施工阶段的监测与记录；通过模型模拟数据与实际数据对比，预测爬模的安全性能变化趋势。

（1）监测目的

本工程核心筒爬模系统在外侧面采用单面爬升式液压自爬模，内侧面采用抬梁式爬升液压自爬模。爬模是一项技术含量较高的先进施工工艺，关系到工程项目的施工安全和工程质量。爬模架体的安全性和整体稳定性关乎整个工程的质量、进度、安全，在整个施工过程中起到了至关重要的作用，确保其在工程施工期间的安全性、稳定性也就显得尤为重要。

如希望对两种形式的液压爬模体系在不同工况下的受力状态都有充分的了解，要分别对筒外和筒内爬模系统重点关注的不利构件进行监测。为了更好地了解爬模系统在施工阶段的整体工作状态，在内侧爬架和外侧爬架初步计算分析的基础上，针对爬模架体的重要杆件进行了现场监测，监测的主要目标是：根据对整个系统有限元模型的模拟分析，给出爬模系统变形和应力的分布与变化情况，并结合对重点关注的不利构件应力的实时监测结果分析，提供爬模结构在结构施工过程中的安全评定，为安全施工提供有效评价数据。

（2）系统有限元分析

1）模型的建立

在爬模正常工作状态下，系统所受的竖向作用力主要由承重横梁钩头承受，传递给埋件系统；水平风荷载由承重挂钩和下部附墙撑共同承受。在爬升工况下，液压爬模承重挂钩和下部撑腿通过限位装置沿着导轨爬升，共同承受水平荷载；竖向荷载由导轨传递到埋件系统。外架计算以单个分区（S2 区）架体建立模型；采用 Midas gen 建立的有限元模型如图 5-122 所示。整体结构共计 293 个节点，397 个单元，16 种截面类型，结构构件等选用一般梁单元模拟。

图 5-122　核心筒爬模外架模型

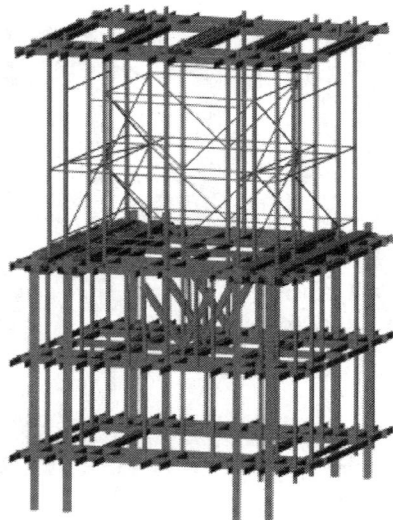

图 5-123　核心筒爬模内架模型

内侧爬模架体分区大小为 9.48m×9.2m，计算时以单个分区（C2 区）架体建立模型；采用 Midas gen 建立的有限元模型如图 5-123 所示。整体结构共计 854 个节点，1192 个单元，10 种截面类型，结构构件等选用一般梁单元模拟。

2）边界约束条件

根据边界约束条件，在爬升工况下，导轨顶部是与挂钩连接座连接并与墙体固定的，导轨下部设导轨调节支腿顶住墙体，导轨成为单跨梁。爬升装置自重、施工活载及风荷载交替作用在防坠爬升器上。这意味着导轨只承受着一个集中力，这个集中力是由防坠爬升器产生的。当集中力作用在导轨跨中时，导轨的变形为最大。将导轨和上部挂座处的连接简化为固定支座，下部挂座和支腿处的连接简化为活动铰支座。在施工工况和停工工况，将上部挂座处的连接简化为固定支座，下部挂座和附墙撑处的连接简化为活动铰支座。

3）分析工况和荷载效应组合

考虑到爬模系统在正常施工阶段、爬升阶段和停工阶段，其所承受的荷载不同，按照三种不同的工况进行有限元分析计算。

施工工况：此工况包括绑扎钢筋阶段和浇筑混凝土阶段，爬模装置在正常施工状态和遇有 7 级风施工时均应能够满足设计要求；荷载组合内容包括 7 级风荷载、自重荷载与施工活荷载。

爬升工况：此工况包括导轨爬升、模板及架体爬升，爬模装置在 7 级风荷载下进行爬升应能满足设计要求；荷载组合内容包括 7 级风荷载、自重荷载与施工活荷载。

停工工况：在此工况下既不施工也不爬升，模板之间用对拉螺栓紧固连接（模板没有爬升时可以通过对拉螺栓与已浇筑的混凝土墙体进行可靠拉结；模板已爬升后可以采取内外模板通过对拉螺栓与已绑完的钢筋拉结），爬模装置在 9 级风荷载下应能满足设计要求；荷载组合内容包括 9 级风荷载与自重荷载。

（3）施工现场监测方案

1）监测设备

① 传感器的选取

结合项目的特点，选择经济合理、适合现场外露条件（高温日晒）及数月监测数据要求的传感器。对比常用的三种应变计，选择振弦应变计进行爬模提升系统的应力测量，振弦应变计内置温度补偿，且耐久性和稳定性较好。

为了适应现场外露条件，特配备振弦应变计专用保护盒，待传感器安装完成后将保护盒盖上并采用焊接的方式进行固定。保护盒采用 2.5mm 厚钢板制作，能最大限度地保护传感器免受外界影响。保护盒如图 5-124 所示。

图 5-124　保护盒安装实例

② 数据采集设备

本次监测的数据采集系统包括振弦式传感器读数仪和计算机（用于安装 BGK-MICRO 安全监测系统软件）、BGK-MICRO-MCU 分布式网络测量单元（内置 BGK-MICRO 系列测量模块）、智能式仪器（可独立作为网络节点的仪器）等。振弦式传感器读数仪如图 5-125 所示。

测量单元是测量系统的重要组成部分，测量单元采用不锈钢外壳，箱体内部由电源管理模块（简称电源充电器）、蓄电池、VR 测量模块、通道扩展模块组成。

爬模系统的传感器安装完成后，采用振弦式传感器专用四芯屏蔽线缆将所有传感器汇总到爬模系统监控点，在爬模系统监控点布置一台自动化数据采集单元（测量单元）进行数据采集，爬模系统监控点设置在液压平台处。自动化数据采集仪如图 5-126 所示。

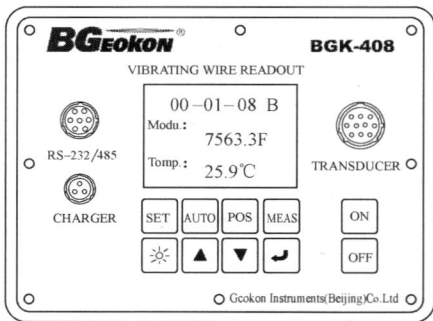

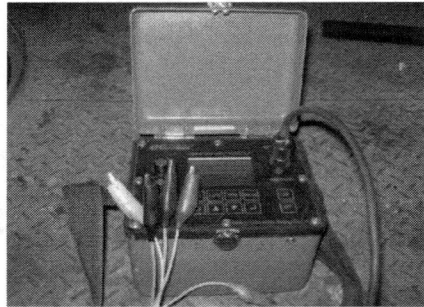

图 5-125　BGK-408 读数仪

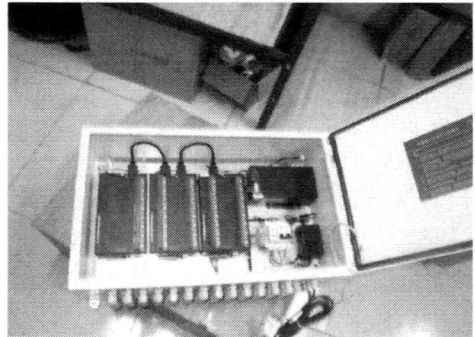

图 5-126　测量单元实物图

2）测点布置

监测分别对筒外和筒内爬模系统重点关注的不利构件进行，其中筒外爬模监测 3 根构件，筒内监测 4 根构件，共计 7 根构件。为了对构件的工作状况有更好的了解，因而在每根构件的上下或左右两侧分别布置一个传感器，传感器的布置如图 5-127 所示，共计 14 个传感器。

① 核心筒外爬模监测点

筒外爬模架体监测构件左立面图如图 5-128 所示，在整个监测过程中主要关注 S2 区的①、②、③号构件。传感器在各构件上的布设位置如图 5-129、图 5-130 所示，在每个构件的东、西两侧各布置 1 个传感器，共计 6 个。

② 核心筒内爬模监测点

施工过程中主要监测筒体角部爬模平台的应力状态。根据初步计算分析结果，监测部位确定为 B1 区：东侧抬梁；C2 区：上架体①号立柱和②号抬梁以及下架体③号立柱，传感器的布置位置平面图如图 5-131、图 5-132 所示。每根杆件各布置 2 个传感器，共计 8 个。其中，B1 区传感器布设在抬梁上下两侧；C2 区传感器布设位置立面图如图 5-133 所示，①、③号立柱在南北两侧各布置 1 个传感器，②号抬梁的传感器则布置在上下两侧。

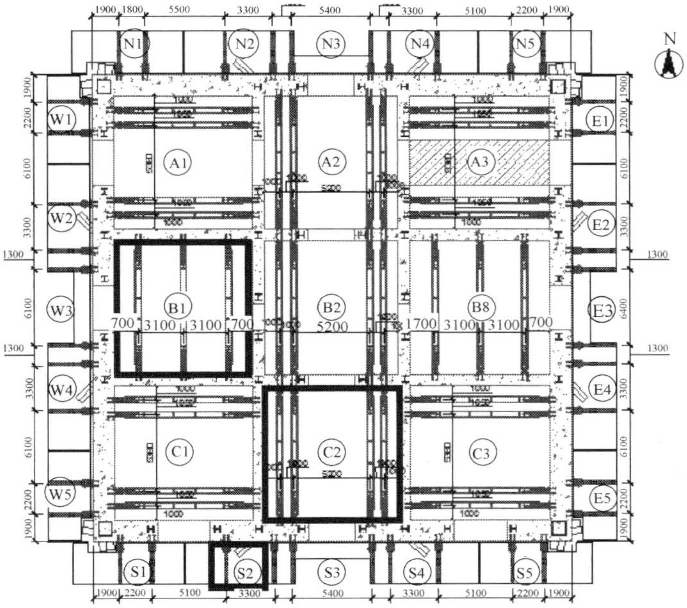

图 5-127　爬模架体分区及测点布置区域 S2、B1、C2 平面图

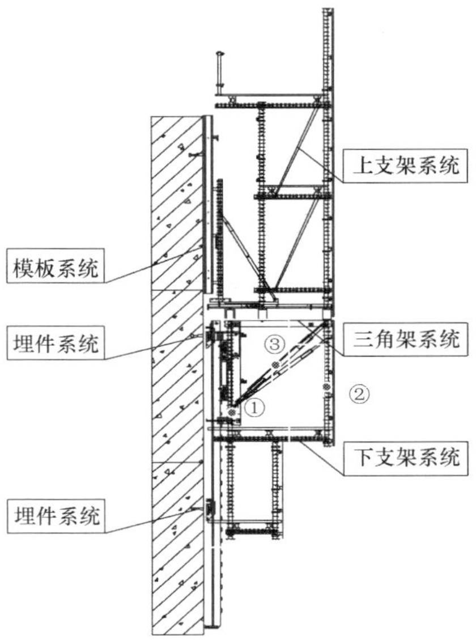

图 5-128　筒外爬模架体监测构件左立面图

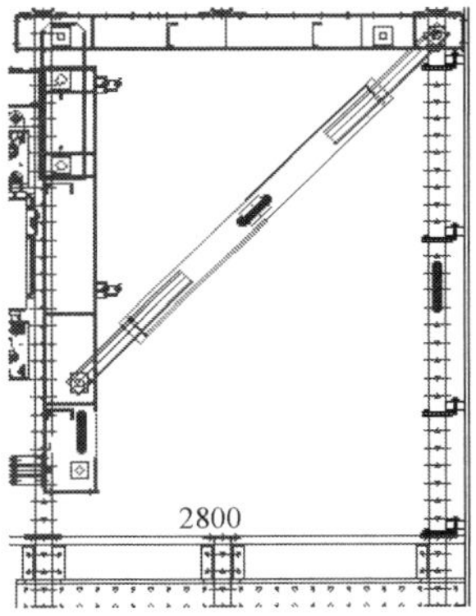

图 5-129　S2 区构件传感器布设左立面图

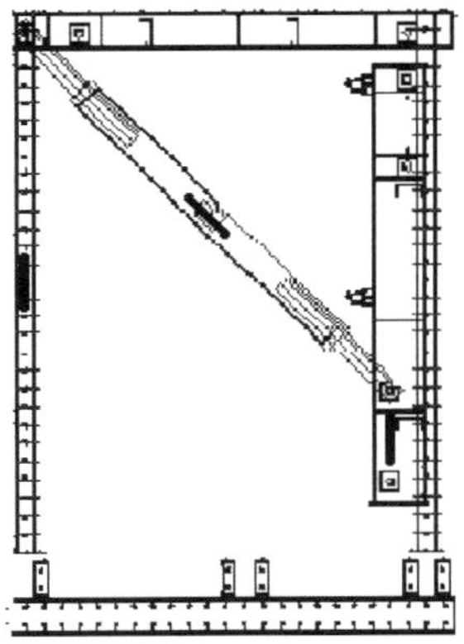

图 5-130　S2 区构件传感器布设右立面图

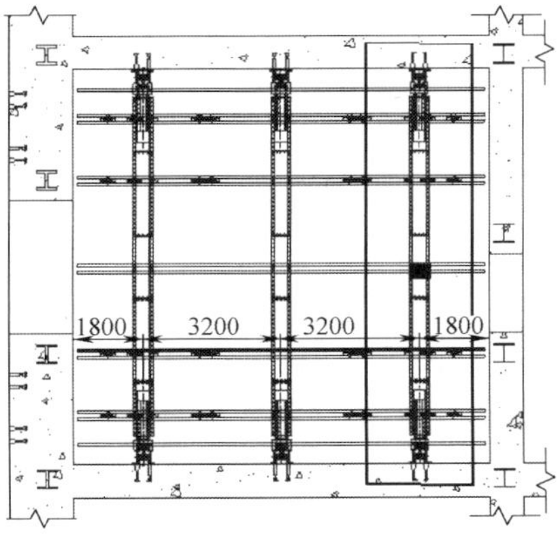

图 5-131　B1 区传感器布置位置平面图

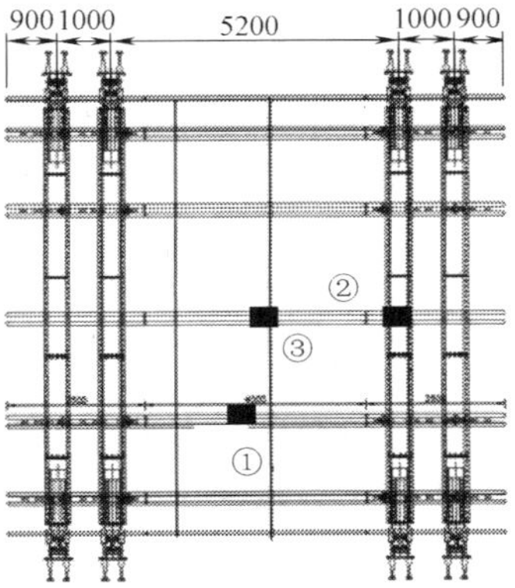

图 5-132　C2 区传感器布置位置平面图

3）监测流程

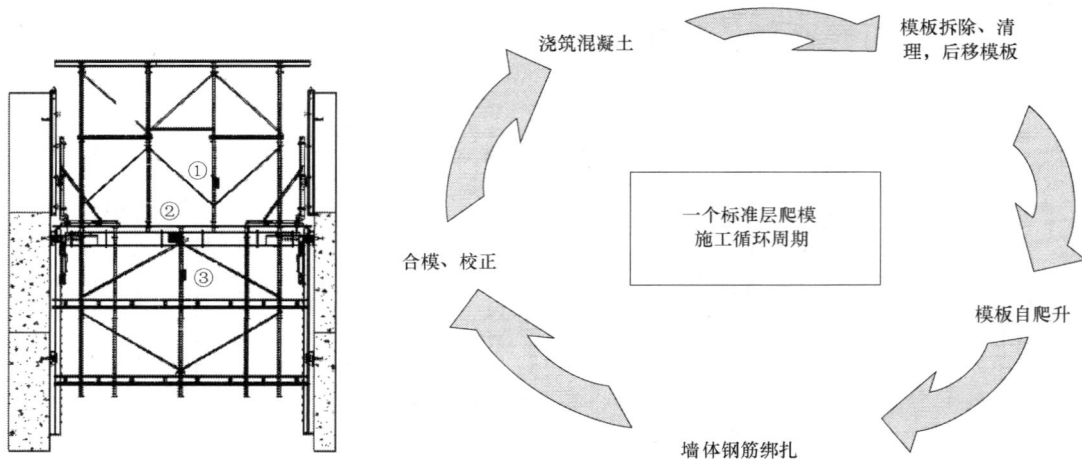

图 5-133 C2 区传感器布置位置立面图

图 5-134 核心筒爬模施工流程图

根据核心筒爬模施工流程（见图 5-134），特制定如下监测方案：

① 在整个监测系统安装调试完成、可以正常工作后，将测量单元的数据采集频率设置为每 6min 采集一次。

② 以第一次对架体监测时爬升过程及相对稳定后的一定时间段内传感器的读数为依据，选取计算应力过程中所用到的初始值。

③ 监测以每一个完整的爬模过程为周期进行，主要监测分析爬升架体、绑扎钢筋和浇筑混凝土三个主要阶段各构件的应力变化情况。在对每一个爬模过程监测结束后，根据监测数据进行分析，评定整个爬升流程，找出荷载变化明显阶段以及监测周期中各个构件的应力变化规律。

4）现场监测总结

各监测构件的应力变化最大值已汇总列于表 5-8，据此及以上对各个构件在此监测周期内的监测结果的讨论与分析，不难得到此次监测的相关结论，现总结如下：

① B1 区抬梁、C2 区抬梁（②号构件）为主要受弯构件，上部承受压应力作用，下部则承受拉应力作用，轴向力作用较小。爬升阶段的应力变化是比较明显的，但两抬梁在爬升过程中的应力表现并不一致：B1 区抬梁所承受的弯矩作用是先减小，之后又逐渐增大；C2 区抬梁所承受的弯矩作用则是先增大，之后又有所减小；在绑扎钢筋阶段内，抬梁所受轴向应力与爬升阶段相比变化不大，但弯矩作用变大；而在浇筑混凝土过程中，轴向应力仍变化不大，弯矩作用则较钢筋绑扎阶段又略有增大。总的来说，在这个监测周期内，爬模系统抬梁应力变化较大，变化最明显的阶段发生在爬升阶段，尤以 B1 区抬梁最为明显。不过，这种变化以应力的减小为主。

② C2 区①、③号构件，S2 区②号构件均为主要的轴向力构件，弯矩作用较小。总的来说，对于这些轴向力构件来说，在此监测周期内，轴向应力变化不大，变化最明显的阶段发生在爬升阶段，这与前期的监测结果一致。值得一提的是，在架体爬升过程中，这些轴向力构件也会表现出一定的弯矩作用。

③ S2 区①号构件在上部荷载的作用下，要承受轴向拉力和弯矩的共同作用，受力情况较为复杂。但在绑扎钢筋期间与浇筑混凝土作业期间构件应力变化并不大，只是在爬升阶段曲线波动较明显，且构件主要承受弯矩作用。从总体来看，对于①号构件来说，在这个监测周期内，应力变化最大值为 11.49MPa，较上述两类构件要偏于不安全。

④ S2 区③号构件除要承受轴向压力作用外还要承受弯矩作用，受力情况也较复杂，这与计

算书中认定其为轴压斜杆有所不同。爬升阶段构件所受弯矩作用较为明显，轴向压力变化也较明显；绑扎钢筋阶段和浇筑混凝土作业期间应力变化不大，但弯矩作用不可忽略。从总体来看，在各个阶段内应力变化也较明显，其中，爬升阶段应力变化最大。在这个监测周期内，应力变化最大值达到48.21MPa。在所有的监测构件中，此斜杆的应力在此监测周期内的变化是最大的，与前期的监测结果一致。

各监测构件应力变化最大值　　　　　　　　　　　　　表 5-8

监测区域	监测构件	应力变化值
B1	抬梁	46.19
C2	①号构件	5.22
	②号构件（抬梁）	16.53
	③号构件	3.38
S2	①号构件	11.49
	②号构件	6.86
	③号构件	48.21

5.4.2　外框巨型钢柱液压自爬升操作平台

1. 自爬升操作平台施工原理

自爬升操作平台由爬升系统、平台系统和同步电控系统组成。爬升系统作为平台系统的支撑，由双向动力油缸推动，通过机械装置实现系统自爬升；平台系统为伸缩式设置，在局部位置可避让楼层钢梁，实现跨障碍；同步电控系统由微电脑与传感器对液压系统进行同步遥控。自爬升操作平台整体装置见图5-135。

图 5-135　自爬升操作平台整体装置

爬升系统分为附着部分、导轨、机架部分、液压站。附着部分包括：附着件、同心挂座；机架部分包括：操作架、爬升防坠器总成、油缸、撑轮总成、自动回位爪总成；液压站包括：油箱、电动机、齿轮泵、比例阀、油压表、调压阀、连接件。如图5-136所示。

平台系统为4个面各自独立的条状单元，通过底部耳板以简支形式固定于爬升系统顶部。平台包括固定平台、母平台、子平台、护栏、翻板、翻门、爬梯盖板。平台整体结构如图5-137所示。

同步电控系统包括：控制台、主电缆、分机电缆、中继盒、开度仪、接近开关。平台整体爬

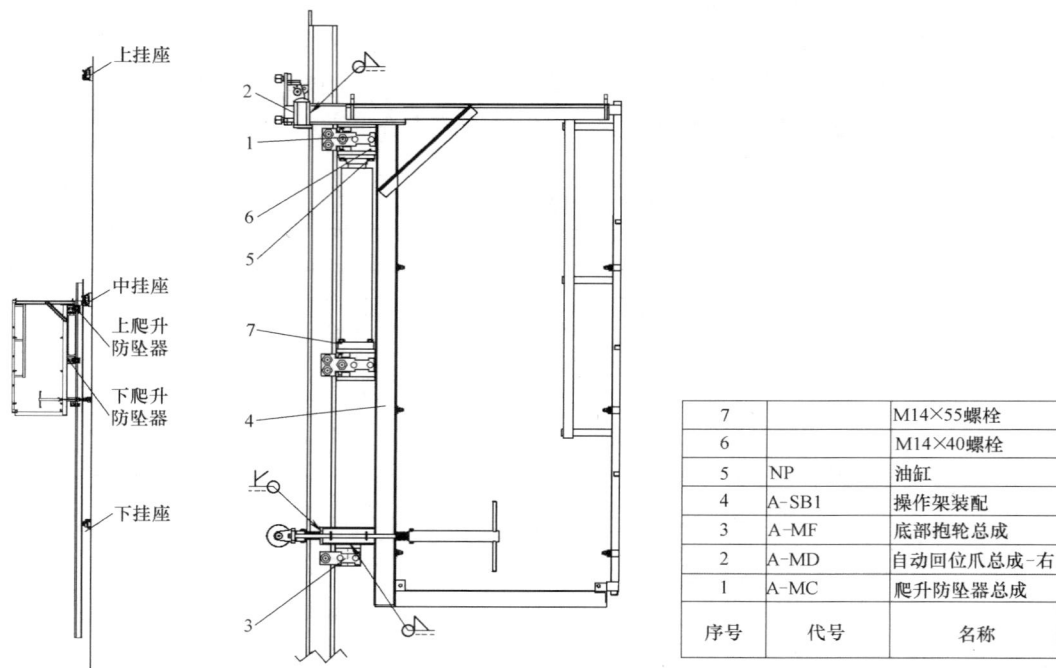

7		M14×55螺栓
6		M14×40螺栓
5	NP	油缸
4	A-SB1	操作架装配
3	A-MF	底部抱轮总成
2	A-MD	自动回位爪总成-右
1	A-MC	爬升防坠器总成
序号	代号	名称

图 5-136　大梯度爬升机构零件、构件名称索引图

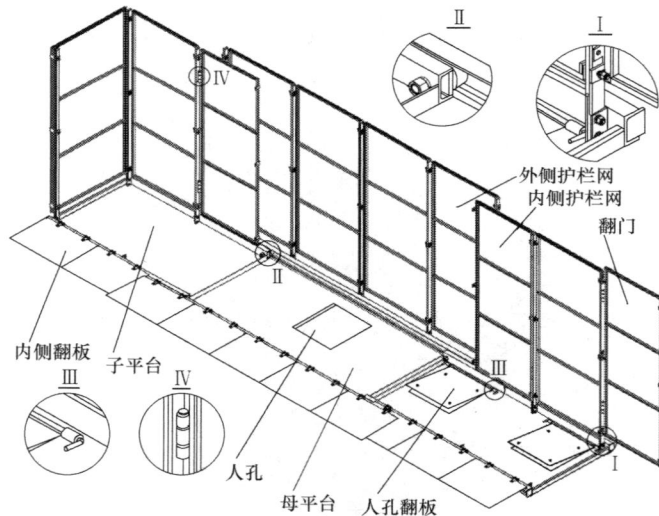

图 5-137　平台整体结构示意图

升流程如图 5-138 技术。

2. 自爬升操作平台设计与施工技术

以广州东塔外框第 63 节巨柱（矩形钢管柱）为例说明爬升流程。构件尺寸 9m×3.4m×3m，构件其中一个面为 400mm 梯度变截面。

（1）系统整体安装

系统整体安装分为附着件安装、模块化机构安装、液压站及其他附件安装。附着件安装、液压站及其他附件安装可不占主体结构安装主线；模块化机构安装占用 13 个地面吊次，共需半天

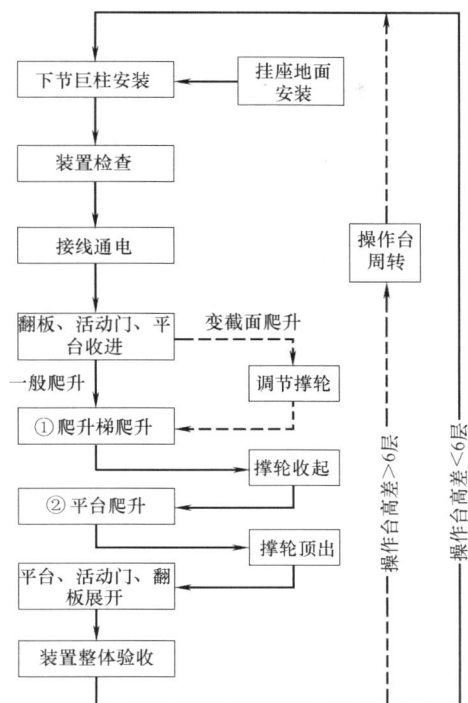

图 5-138 平台整体爬升流程图

吊装完成（见图 5-139）。

图 5-139 模块化机构安装

（2）上人手动爬升

上人手动爬升对巨柱 4 个面的整体操作平台进行，实现人工、双组操作平台的导轨爬升、平台爬升，无需人工对附着机构进行手动调节（见图 5-140）。单组操作平台操作人员 2 人，双组爬升一个标准层（4.5m）全部施工时间为 1.5h，巨柱 4 个面整体爬升完成全部施工时间为 3h。

（3）无人整体同步爬升

通过加装同步电控系统，将平台爬升阶段与就位阶段的手动单组爬升操作，改进为爬升阶段的无人整体同步爬升（见图 5-141）。爬升阶段由 1 人采用控制台操作，由 2 人对平台状态进行监控，4 个面 4 组整体爬升；就位阶段每组由 2 人进行手动操作。

图 5-140　上人手动爬升

由于爬升阶段时间由原来的 2h 缩减为 1h，整体同步爬升时间由原来的 3h 缩减至 2h。

图 5-141　无人整体同步爬升

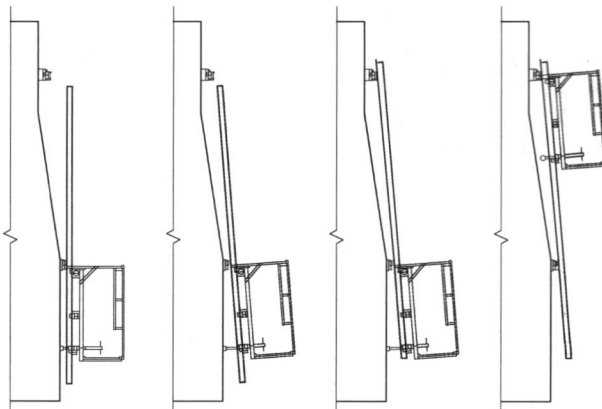

图 5-142　大梯度变截面自爬升

3. 自爬升操作平台创新技术

本工作平台的最大技术创新为大梯度变截面自爬升。挂座、导轨、机架通过创新的机械配合形式，使导轨与机架可自由地绕挂座进行大角度转动，实现至少 500mm 的大梯度变截面爬升。大梯度变截面自爬升如图 5-142 所示。

在施工用爬模设备领域，往往通过设置在结构立面上的挂座来悬挂、固定爬模导轨与架体，挂座与导轨、架体相互接触配合的关系决定了三者的相对运动形式。目前普遍应用的是导槽式挂座。导槽式挂座具备只能导轨上下运动的导槽，因架体与导轨只可作上下方向的相对运动，当架体在挂座上通过销轴固定时，架体、导轨即不具备转动的自由度。上述导槽式挂座限制了爬模只能在竖直方向运动，或通过导槽与导轨的间隙转动一个微小的角度，进行小角度斜向运动。当爬模需要跨越结构变截面时，只能通过多次增加过渡垫块或使用吊装设备进行平移的方式，不仅占用劳动力和塔式起重机工作时间，操作繁琐且施工效率低，更存在安全风险。

大梯度变截面自爬升的技术核心为同心挂座（见图5-143）。该设计科学地建立了爬升架体、爬升导轨、挂座三者之间的新型关系。同心挂座由于改变了现行液压爬模体系中挂座与导轨的贴合、支承方式，以及爬架在挂座上的悬挂形态和部位，不仅根除了现行液压爬模架体在进行梯度爬升的过程中，需要导轨随爬升架体一起绕偏置悬挂轴转动时，存在的挂座阻碍导轨随动的结构性缺陷，还杜绝了现行爬模体系中，在进行梯度爬升时，必然发生的爬升导轨与挂座贴合面企图相互脱开的安全隐患，可靠地实现了在任何工况下，导轨与挂座都能全过程紧密贴合。因此，同心挂座的成功开发，有效地保证了本工作平台能在不采取任何附加措施的前提下，轻松、安全地实现单次最大爬升梯度可大于传统液压爬模架体单次最大适应梯度150mm数倍的大梯度变化立面的爬升（注：传统液压爬模架体爬升，当梯度超过150mm时，需增加过渡垫块）。实现了不用采取任何附加措施，就能顺畅地进行单次最大梯度爬升的大突破。

伸缩式工作平台机构，具备适应钢结构立面障碍工况的功能，确保其在施工实践时，可以方便地避开钢柱上已焊装的牛腿或钢梁，从而为实现跨障碍自爬升奠定了坚实的基础，使平台能顺利地实现跨障碍自爬升的大突破。

在进行竖向结构或横向结构底部的施工时，一般需要设置可周转的临时上人工作平台，因使用位置及工况的变化，工作平台的尺寸必须随工况及结构作调整。目前可调整尺寸的工作平台一般采用固定可拆卸式工作平台和翻板式工作平台。固定

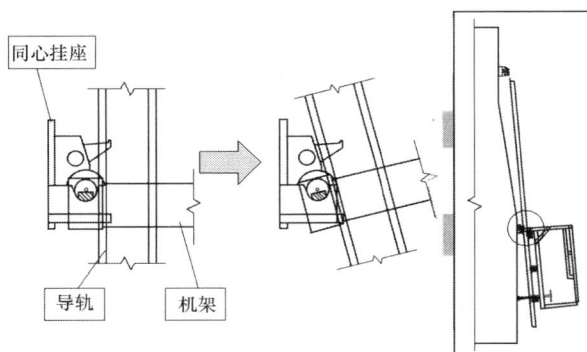

图5-143 同心挂座及配合机构

可拆卸式工作平台由平台主体和标准尺寸的扩展单元组成，在平台尺寸需要调整时，可以主体为基础，通过安装和拆除扩展单元达到调整尺寸的目的，其护栏等围护结构随之进行拆装。类似地，翻板式工作平台由平台主体和翻板组成，翻板通过铰链与主体铰接，通过翻板的开合调整工作平台的尺寸，其围护结构可通过可拆卸形式或翻门形式设置。上述两种工作平台均需预先制作一组固定尺寸的扩展单元与翻板，根据不同尺寸需要更换扩展单元或将翻板互相重叠，围护结构在平台尺寸发生较大变化时均需拆除或安装，操作缺乏简便性，人工劳动需求量大。

伸缩式工作平台具备以下特点：（1）可任意无级调整尺寸，能适应任何工况下对平台尺寸的要求，不需依赖其他工具或紧固件即可方便地完成尺寸调整；（2）因此平台缩回时与母平台重叠，平台附件不占用平台工作空间；（3）安全围护结构同样具备重叠性，在调整平台尺寸的同时保持围护结构的完整性。以上效果均可为施工带来方便操作、降低劳动强度、提高施工效率的好处。伸缩式工作平台结构及调节示意图见图5-144、图5-145。

为实现平台不上人操作与整体同步爬升，利用"电控-液压比例阀"系统进行多油缸自动同步控制（见图5-146）。通过开度仪检测油缸行程，通过接近开关检测防坠爬升器卡舌状态，并将爬升系统状态输入控制台的控制系统。由PLC预置程序进行同步控制、安全监控，根据开度仪读数，自动对油缸发出速度调整指令，利用液压站的比例阀进行油缸速度调控。

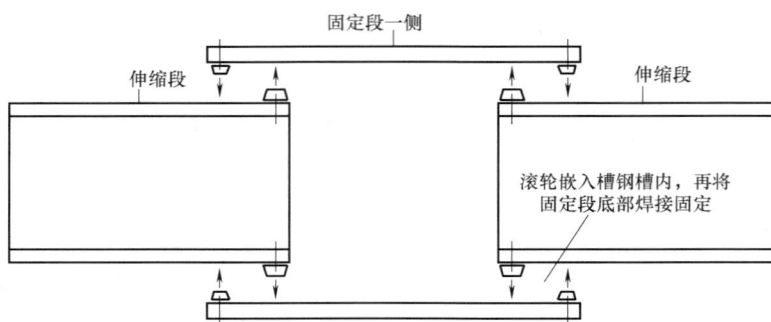

图 5-144 子母伸缩平台结构

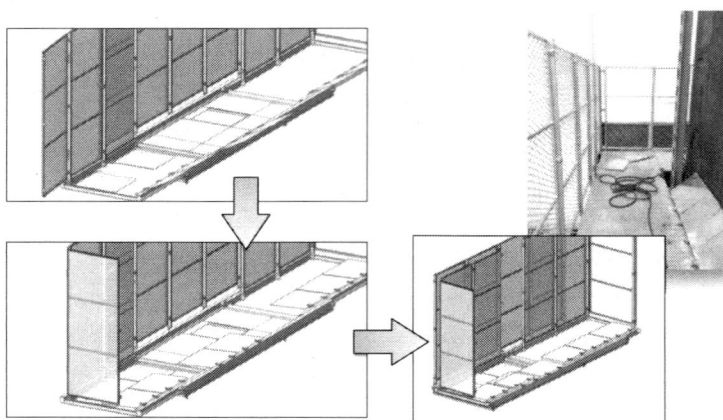

图 5-145 平台系统调节示意图

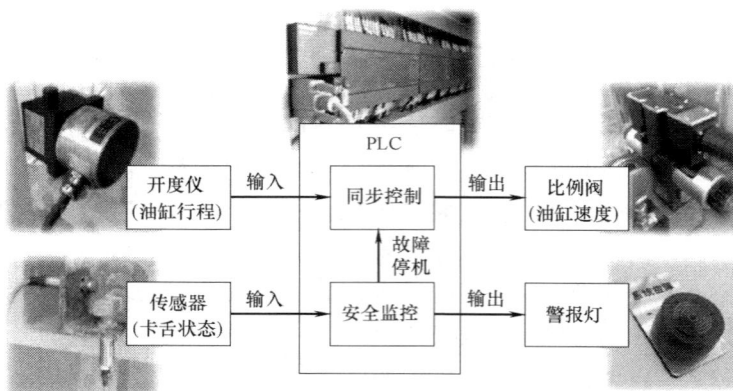

图 5-146 电控系统功能设计

5.5 小结

低位顶升模架技术创新性地采用低位支承的设计，刷新了超高层建筑核心筒结构的施工速度（平均 3d 一个结构层，最快 2.5d 一个结构层）。通过对周转性、安全性和适应性的研究极大地推动了低位顶模技术的推广，进一步提高了低位顶模技术的功效，为模架的设计、加工、优化进而实现该技术的产业化发展奠定了基础，是该技术逐步走向成熟的重要标志。自 2009 年以来先后成功应用于广州西塔、福州世茂、无锡国金、天津 117 等近 20 座地标性超高层建筑项目，受到主管单位、业主、监理及社会各界人士的一致好评。

集成平台技术是继低位顶模和模块化低位顶模之后中建三局自主研发的第三代模架技术，在全球范围内，首次实现了 M1280D 和 ZSL2700 动臂塔式起重机随平台一起顶升，是集成平台发展的一大飞跃。显著提升了工业化施工与绿色建造水平，是我国超高层建筑装备的重大创新与进步，将超高层建筑特别是 400m 以上超高层建筑的建造水平推向了一个新的高度，引领了建筑行业的发展，为我国由建筑大国向建筑强国迈进不断努力。自 2012 年开始集成平台已先后应用于武汉中心、华润深圳湾国际商业中心、武汉绿地中心、北京中国尊、沈阳宝能等 400m 以上的超高层建筑。由于其技术的开创性及先进性，同行多次组织学习该技术，并进行现场观摩。国内多家媒体均对集成平台技术进行了报道，广受好评。

液压自爬升模板体系具有布置灵活、机械化程度高、对于复杂多变的超高层核心筒设计表现出较好的适应性等特点，随着建筑总高度增加、截面增大、变截面次数增多，对施工安全措施的要求越来越高。通过集中力量研究探索，研发出伸缩式跨障碍自爬升平台技术，节省了大量塔式起重机有效工作时间，避免了大量高空安拆作业，实现了大梯度变截面爬升，大大提高了巨型钢柱的施工速率，为建筑施工自动化、机械化发展提供了宝贵经验。

6 千米级摩天大楼施工垂直运输关键技术研究

6.1 研究背景

超高层建筑施工垂直运输设备是一套相互补充的担负建筑材料设备、建筑垃圾和施工人员运输的施工机械设备。超高层建筑施工垂直运输体系任务重、投入大、效益高，因而在施工中占有极为重要的地位。随着近年来我国超高层建筑的飞速发展，对垂直运输设备的要求也越来越高。根据施工垂直运输对象的不同，超高层建筑施工垂直运输设备一般由塔式起重机、施工电梯、相应的辅助设备设施等构成，其中塔式起重机、施工电梯应用极为广泛，但是随着超高层建筑高度的不断增加、建筑结构的日趋复杂以及业主对建造工期的严苛要求，传统的垂直运输设备的运力及配置不足也逐渐显示。

中国自 20 世纪 60 年代引入"建筑师Ⅰ"型塔式起重机，这种塔式起重机除了在国内使用之外，北京建筑工程研究所还在此基础上组织开发了 16t·m"红旗Ⅰ、Ⅱ"型塔式起重机，这一型号塔式起重机的生产使用过程大约持续了 20 多年。在 20 世纪 80 年代中期，国内厂家与国外厂家的合作消化吸收，塔式起重机开始真正发展，结构趋于合理，性能趋于稳定，技术趋于成熟，批量投入生产。此时，塔式起重机的主要特点是外附式（固定式）、小吨位、电力驱动、普通平臂、平衡臂长。21 世纪初期，除极少量的大、特型塔式起重机之外，基本挡住了国外塔式起重机的进口。但随着设计、材料、技术的不断更新，超高层建筑朝着高度更高、结构形式更复杂、钢-混凝土组合结构的方向发展，对塔式起重机提出了更高的要求。

目前国内塔式起重机生产制造，虽然在技术水平、产品质量、安全性能等方面基本能满足使用要求，但在结构和机构方面技术创新仍然不够，产品的技术水平多年来没有大的提高，增加了塔式起重机后期的使用成本。因此需通过合理的配置，发挥不同型号塔式起重机的吊运能力，充分利用各个塔式起重机的工作性能，进而减少塔式起重机费用的投入。

施工电梯也是超高层建筑施工垂直运输体系的重要组成部分，在施工人员上下、中小型建筑材料、机电安装材料和施工机具的运输中发挥了重要作用，特别是在塔式起重机拆除以后作用更加突出，大量的机电安装材料、装修材料和施工人员都要依靠施工电梯进行运输。历经 50 多年发展，世界上施工电梯技术越来越成熟，产业集中度越来越高，国外施工电梯的著名生产厂家主要有瑞典 ALIMAK、芬兰 SCANCLIMBER、德国 STEINWEG 和捷克 PEGA，其中瑞典 ALI-MAK 为老牌龙头，中国台北 101、吉隆坡石油双塔等项目建设时采用了瑞典 ALIMAK 施工电梯，其行业地位可见一斑。捷克 PEGA 则是行业新军，成立时间不长即参与了世界第一高楼阿联酋迪拜塔的建设。我国自 1973 年开始生产施工电梯，经过 40 多年的发展，基本赶上了国际先进水平，产品性能与国外先进水平基本相当。现阶段国内外的施工电梯均朝着高速度、大载重、自身结构轻量化及电气控制自动化、智能化等方向发展。如在国内外的超高层建筑施工中，已经运用到最大载质量为 3t，单梯笼体积 10～22.5m³，最高速度约为 96m/min 的变频高速施工电梯，甚至近来已有厂家研发成功了最高速度为 120m/min 的变频高速施工电梯。

超高层建筑施工电梯的运行速度、承载能力、临时附着及与正式电梯的转换等对于装修阶段物料和人员输送至关重要，是超高层建筑施工垂直运输中需要解决的一大关键技术。随着超高层建筑高度的不断增加，现有施工电梯存在占用装修作业面大、布置数量过多、载质量和运行速度遭遇瓶颈等诸多问题。因此，需要对现有施工电梯进行部分改进。目前的研究一是增加梯笼数量，如双立柱三梯笼、单塔多笼等；二是增大梯笼的载质量，如增大梯笼空间的同时改善梯笼的材质、增大立柱的尺寸等；三是提升运行高度。

6.2 回转式多吊机集成运行平台

在建筑施工中，塔式起重机承担着不可替代的垂直运输作用，其选型、布置是工程项目顺利实施的关键。而对于超高层建筑，其垂直运输高度高、构件吊装数量多、钢结构巨型构件质量大、结构施工大量交叉运行，塔式起重机的配备直接关系到整个工程的安全、进度、经济等，是整个工程的生命线。

超高层建筑施工通常选用大型动臂式塔式起重机，其具有起重量大、起吊速度快、自爬升等特点。在塔式起重机配备上通常依据项目工期要求，结合施工总平面布置，再根据最大起重量、最大作业半径、吊装次数、建筑结构形式等选择合适的塔式起重机型号及数量。这种传统的塔式起重机配备方式，伴随着建筑高度不断提升、建筑结构日趋复杂以及业主对建造工期的严苛要求，其不足也逐渐显示。

当今超高层建筑多设计为外框钢结构＋核心筒＋伸臂桁架的结构形式，为提高施工效率，巨型钢柱、巨型斜撑、环带桁架、伸臂桁架等钢结构构件分段后的质量通常达到 70 余 t。为吊装这些巨型构件，需配备 M1280D、ZSL2700 等最大吊装能力达 100t 的大型动臂式塔式起重机（见图 6-1、图 6-2）。由于这些重型构件环绕于超高层核心筒周边，通常需配备 2～4 台大型动臂式塔式起重机。然而，这些重型构件的数量占总体吊装次数的 5% 左右，大量的轻型构件仍采用大型塔式起重机吊装，塔式起重机功效未充分发挥，且费用支出大。

图 6-1　天津 117 大厦两台 ZSL2700、
两台 ZSL1250 塔式起重机

图 6-2　深圳平安金融中心两台 M1280D、
两台 ZSL2700 塔式起重机

为了追求强烈的建筑效果，当前超高层建筑造型更加新颖奇特，其核心筒外墙通常随层高的增加发生内缩、倾斜等变化。在建筑施工中担负垂直运（输）送材料设备和人员上下的垂直运输设备如施工模架、大型塔式起重机、施工电梯、布料机等设备伴随核心筒结构施工的全过程。由于动臂式塔式起重机通常采用内爬式、外挂式的支撑方式支撑于核心筒墙体上（见图6-3、图6-4），用于结构施工的施工电梯、爬升模架等通常与塔式起重机的平面布置相冲突，多台塔式起重机的支撑点位难以选择。

图6-3　内爬式塔式起重机

图6-4　外挂式塔式起重机

其次，塔式起重机爬升过程中，塔式起重机爬升、支承梁的转运以及耳板等支撑构件的焊接需花费2～3d的时间，且通常需要一台塔式起重机的辅助，多台塔式起重机的爬升占用大量的工期。

再次，进行钢结构吊装时除起升、落钩占用时间外，对钢板墙、巨型柱等构件安装难度大的构件，其就位固定也占据了大量的工期。

因此，有必要设计一种用于超高层建筑施工的回转式多吊机集成的运行平台，平台上固定的吊机通过回转可绕平台中心实现360°全方位覆盖，因此仅需配置一台大型动臂式塔式起重机就能满足超高层重型构件的吊装需求；其余塔式起重机可根据需吊装构件的数量、质量统计，选择相应不同型号的塔式起重机。通过合理的配置，发挥不同型号塔式起重机的吊运能力，充分利用各个塔式起重机的工作性能，进而减少塔式起重机费用的投入；塔式起重机使用期间，各塔式起重机根据其吊装性能，各司其职，充分利用各个塔式起重机的工作性能。通过设计的支承顶升系统一次顶升，可实现各塔式起重机的整体提升，节省了塔式起重机爬升工期；同时在平台上设计多个塔式起重机点位，针对不同的项目、不同的施工阶段，平台顶部可根据项目实际，经济合理地布置不同的吊机。平台上设有转运堆场、转接吊机，可实现钢构件的高效吊装，形成吊装作业的"微社区"。

6.2.1　集成平台整体运行设计

为实现回转式多吊机集成运行平台的上述功能，需针对超高层建筑的结构形式，对廻转平台的整体结构进行相关研究，包括平台系统的结构形式、吊机配备组合及布置点位、回转驱动系统等，以满足项目吊运需求；而且需对运行平台的支承顶升系统进行设计等，以实现方便快捷地爬升。

1. 整体设计原则

回转式多吊机集成运行平台的整体设计首先需要遵循以下四个方面的原则：

（1）塔式起重机自身的碰撞及干涉

塔式起重机布置最基本的空间位置原则是避免塔式起重机工作时平衡臂的碰撞及干涉，从工程经验来看，每两台塔式起重机平衡臂所扫过圆间距最少要保持 2m，以保证其工作状态下不会发生相互干涉。

（2）与劲性结构的关系

塔式起重机的平面布置及廻转平台的结构形式还需要考虑到钢板墙、劲性柱的吊装，应该在尽量少的回转次数下保证能吊装所有的劲性结构。

（3）平面吊装

廻转平台的设计还需要与堆场、吊装构件的位置结合起来综合考虑，要保证回转式多吊机集成运行平台上吊机能够在尽量少的回转次数下得以充分利用，发挥最大的效率。

（4）塔式起重机自重的配平

由于要保证吊装堆场的覆盖和避免塔式起重机相互之间的干涉，因此廻转平台结构尺寸一般比较大，通常达到 30~40m，每台塔式起重机到回转支承中心的距离可达到 15~20m，而塔式起重机诸如法福克 M1280D、M900D 自重可达 200~300t，因此由每台塔式起重机自身质量产生的倾覆力矩将达到数千吨米，必须考虑合理的布置使得由各塔式起重机自重产生的倾覆力矩能够尽量平衡，尽量消除初始倾覆力矩及平台位移，从而降低由于施工状态下吊重带来的附加倾覆力矩而导致的回转支撑的倾覆及变形过大的隐患。

2. 廻转平台运行原理

整体自动顶升回转式多吊机集成运行平台系统（以下简称廻转平台）包括支承顶升系统、回转驱动系统、吊机基座平台系统、吊机，如图 6-5～图 6-7 所示。

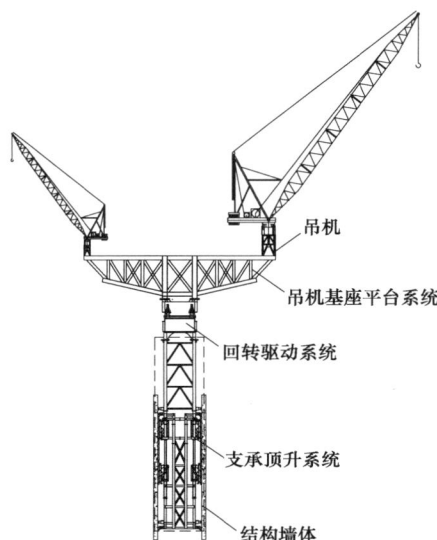

图 6-5　廻转平台立面示意图

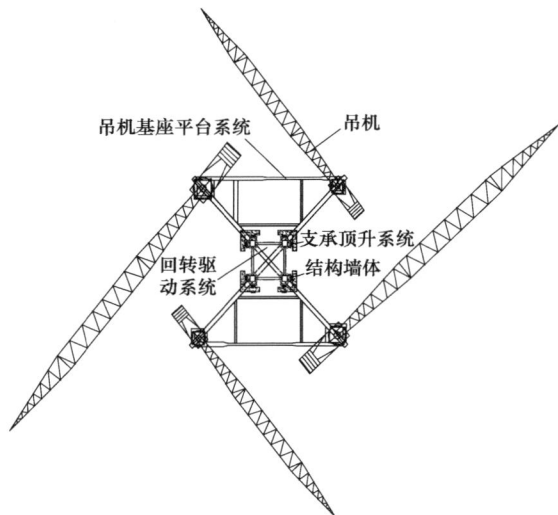

图 6-6　廻转平台平面示意图

图 6-7　廻转平台整体结构效果图

支承顶升系统固定安装于待浇筑混凝土楼层以下的核心筒墙体上，该系统主要包括附墙支点、顶升液压驱动总成、支承立柱等。当新浇筑混凝土施工完成后，通过顶升油缸的伸缩，实现廻转平台随着结构的施工整体向上顶升。

回转驱动系统位于吊机基座平台系统与支承顶升系统之间，吊机基座平台系统的主要功能是作为吊机的支承结构，将吊机荷载传递至廻转平台支承系统上，吊机包括1台大型吊机和至少2台中小型吊机，分别固定于吊机基座平台系统顶端的角部。在动力系统的驱动下，吊机基座平台连同顶部吊机相对于支承顶升系统在平面上回转。从而实现了多吊机平面上的移位，扩大了吊运半径，优化了超高层建筑施工中的吊机配置。

6.2.2 吊机基座平台系统设计

吊机基座平台作为吊机的承力结构首先是多吊机的支承固定结构，同时将顶部的吊机荷载传递给廻转平台支承顶升体系，吊机基座平台设计包括基座平台设计及塔式起重机支承基座设计两部分。如图6-8、图6-9所示。

（1）基座平台设计

基座平台为空间桁架结构，由中心桁架、片状桁架及塔式起重机支承基座组成，中心桁架安装固定于回转支承连接支座上，塔式起重机支承基座位于片状桁架端部。

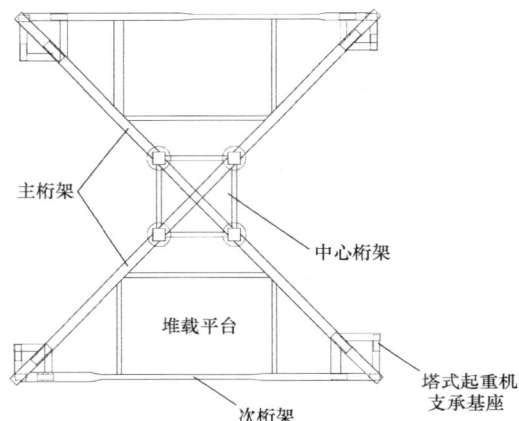

图6-8 吊机基座平台俯视图

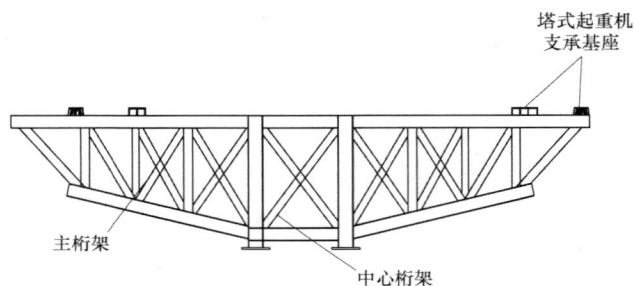

图6-9 吊机基座平台侧视图

在进行基座平台设计时，考虑平台的平面布置，为尽可能留出吊装空间，片状桁架主要结构为两榀十字交叉主桁架，且与中心桁架对穿形成整体，作为主要承载受力骨架，结构简洁且传力明确。此外，考虑极端工况下塔式起重机垂直于主桁架吊重时的扭转作用，用两榀次桁架将主桁架端部相连，抵抗极端工况下塔式起重机对主桁架的扭转力矩，并在主次桁架间利用小截面杆件进行连接，既能增强基座平台整体性，提高主次桁架的稳定性，同时在需要时，可在次桁架及两榀主桁架之间布置简易平台，作为堆场使用。这样基座平台平面呈两个三角形相对组成x型结构，平台静止时留出一半的平面空间，平台回转一次可留出整个平面供平台吊机吊装。

通过对以往及在建超高层建筑的统计，目前超高层建筑核心筒平面尺寸通常设计为近30m的四边形，而动臂式塔式起重机平衡臂平台长约8～12m，综合考虑上述因素，平台尺寸设计为长约28.5m，宽约28.3m，高度为7m。桁架四个端部设置塔式起重机支承基座。

（2）塔式起重机支承基座设计

塔式起重机支承基座原则上应利用主桁架及次桁架夹角的稳定性，布置于片状桁架端部，这样能够最大程度地利用塔式起重机的吊装半径；也可根据所选塔式起重机型号，在吊装范围满足要求的前提下，调整塔式起重机支承基座在主桁架上的位置，使得布置在同一榀主桁架对角位置的两台塔式起重机能够在自重下尽量达到平衡，以减少吊机基座平台的初始倾覆力矩，如图6-10所示。

钢平台设计可布设四台塔式起重机，分别设置于平台的四个角部，考虑达到平台配平一

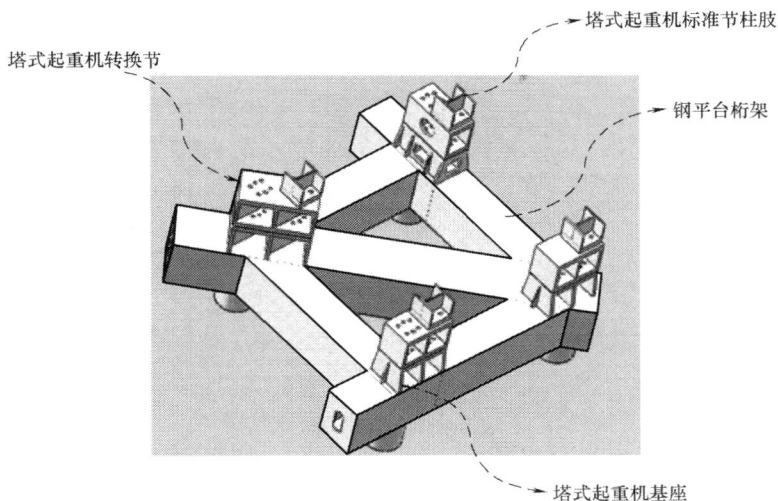

图 6-10 塔式起重机支承基座示意图

侧对角安装大型、中型塔式起重机，一侧对角安装小型、中小型塔式起重机。根据各项目对最大塔式起重机型号需求的不同，塔式起重机连接点需具有适应性。如大塔配置为 M1280D、ZSL2700 级别塔式起重机时，中塔节点需具备安装 M900D、ZSL1250 级别塔式起重机；如大塔配置为 M900D、ZSL1250 级别塔式起重机时，中塔节点需具备安装 M600D、ZSL750 级别塔式起重机。

基于上述分析，在平台角部桁架设置四个塔式起重机基座与平台桁架采用全熔透焊接，上设螺栓孔可与塔式起重机柱肢直接栓接，同时设计塔式起重机转换节连接，上下面设置螺栓孔一面与塔式起重机基座连接，一面与塔式起重机柱肢连接，当塔式起重机型号根据项目需求调整时，可对塔式起重机转换节螺栓孔位重新设置即可与塔式起重机连接固定。

6.2.3 回转驱动系统设计

平台的回转运行采用了回转支承传动技术及液压驱动手自动一体控制技术，实现了整个廻转平台任意角度回转。

1. 回转驱动系统的整体设计

回转驱动系统主要包括回转支承上节点、回转支承、液压动力系统以及回转支承下节点等。回转支承上、下节点主要作为回转运行的连接件，通过回转支承连接为一个整体，其上部主要承担顶部平台及吊机荷载，其下部主要将荷载传递至支承顶升系统。如图 6-11、图 6-12 所示。

回转支承分为上下两个相对运动部件，下部带内齿圈，与回转支承下节点连接，不转动；上部与回转支承上节点连接，可 360°正反向回转。

平台回转采用 2 组液压电机减速机作为动力系统，目的在于：两台液压电机减速机均分负载，降低回转支承和小齿轮的齿面接触压力，提高回转支承使用寿命，构成动力冗余，在一个液压电机故障时，剩余正常的液压电机能提供廻转平台运行的所有动力，保证系统不间断运行。液压电机垂直安装固定于回转支承上节点上，使回转小齿轮和回转支承内齿啮合，通过驱动小齿轮，以固定不转的回转支承内齿圈为反力点相互作用，提供上平台回转所需力矩。

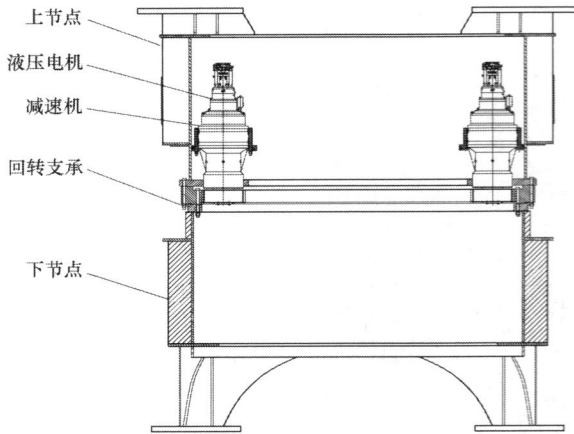

图 6-11　回转驱动系统立面布置图

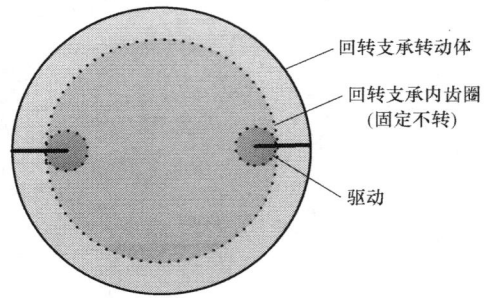

图 6-12　回转驱动系统平面布置图

2. 回转机构设计选择

回转支承作为"机械的关节"，是两物体之间需要作相对回转运动，又需要承受轴向力、径向力、倾覆力矩的机械必须的重要传动部件。考虑到平台荷载，采用三排滚柱式回转支承，这种系列的回转支承有三个座圈，上下及径向滚道各自分开，使得每一排滚柱的负载都能确切地加以确定。能够同时承受各种载荷，是承载能力最大的一种，轴、径向尺寸都较大，结构牢固，特别适用于要求较大直径的重型机械使用，如图 6-13 所示。

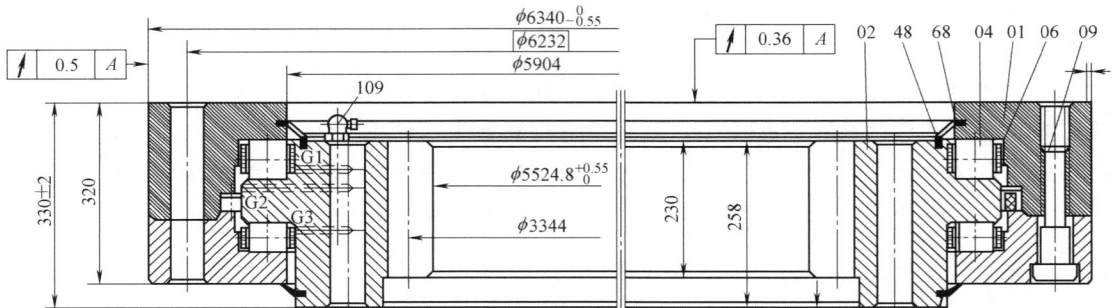

图 6-13　三排滚柱式回转支承

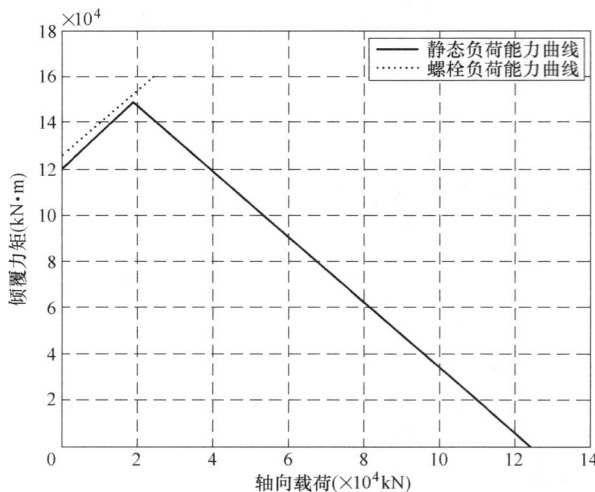

图 6-14　133.60.6000.03 型回转支承静态负荷能力曲线

根据整体廻转平台各工况受力分析，平台回转机构需具备轴向力 2000t，水平力 50t，倾覆力矩 9000t·m 的力学性能要求。选择直径为 6340mm，高度为 330mm，由洛阳 LYC 轴承有限公司生产的 133.60.6000.03 型回转支承。其静态负荷能力曲线如图 6-14 所示。

3. 回转驱动系统研究

（1）回转动力系统构成

回转动力系统分为动力输出和运动控制两个子系统，提供多吊机集成运行平台整体回转所需的动力，并且能够精确控制平台回转速度和角位移。回转动力系统构成如图 6-15 所示，回转动力系统设计如图 6-16 所示。

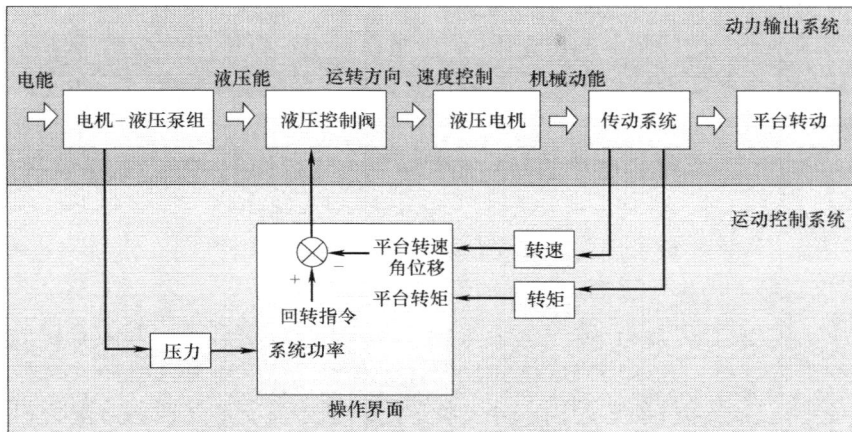

图 6-15 回转动力系统构成

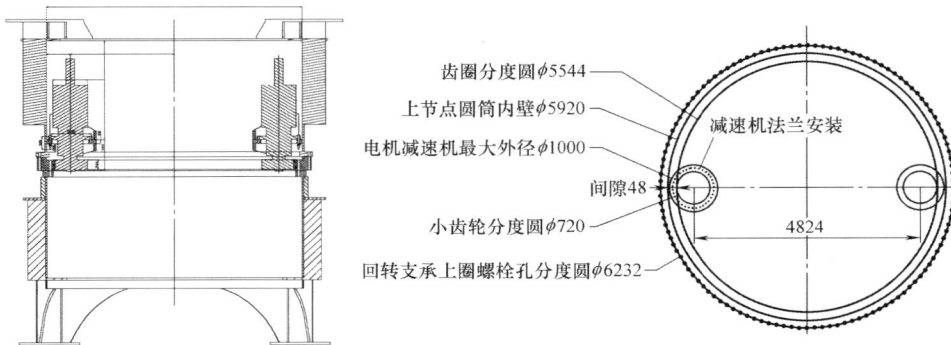

图 6-16 回转动力系统设计图

动力输出系统主要由原动机、传动系统以及执行驱动系统构成。根据能量的转化和传递方式，可采用机械、电气和液压动力传动系统作为动力系统，对应内燃机、电动机以及液压泵作为原动机提供动力。根据廻转平台驱动转速低、转矩大的特点，宜采用液压动力系统。液压动力系统功率高，相较机械和电气传动在同等输出功率下，整机质量轻，可降低对廻转平台的额外负载影响。并且作为执行驱动部件的液压电机在低转速下仍然具有较好的力矩输出性能和负载刚度。驱动力矩作为平台运行的主要动力参数应在主控系统中进行实时监测和显示。

运动控制系统对廻转平台的运行速度和角位移进行监测和控制，可采用编码器或转矩转速仪对回转支承或液压电机主轴的转速进行监测并且换算获取平台的回转速度和角位移。运动控制系统具有手动和自动模式，分别为开环和闭环控制，完成平台回转角位移的人工和自动控制。

（2）回转驱动液压系统

回转式多吊机集成运行平台控制液压系统主要由液压传动装置、液压泵站、电气柜、PLC 控制台组成。

液压泵站设有两台主油泵电机组和一台辅助油泵电机组（见图 6-17）。两台主油泵电

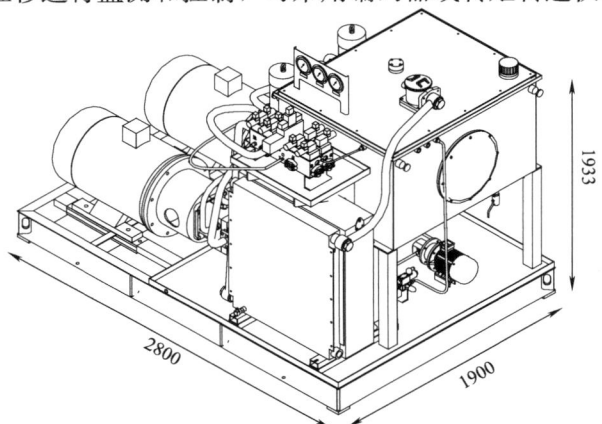

图 6-17 泵站示意图

机组为一用一备，并通过控制阀组控制两台液压传动装置同时工作或一台工作一台随动。辅助油泵电机组用于液压传动装置内置式常开制动器的制动。液压系统的压力、液压传动装置的输出扭矩及转速通过液压系统上的传感器输出至 PLC 控制台，主油泵采用负载敏感柱塞泵，通过控制阀组上的电液比例换向阀实现液压传动装置的转速与液压泵输出流量的自动匹配，从而提高液压系统效率，减少发热。

液压系统采用 PLC（可编程序控制器）控制，系统运行操作指令及报警监视信号进入 PLC 输入端，由 PLC 对指令进行处理，并根据事先编入 PLC 内存的用户程序产生相应输出来控制液压系统中的电磁阀动作，实现了回转式多吊机集成运行平台运行方向、角度、速度的自动控制。也可通过 PLC 控制台上的操作手柄进行手动操作。

为保证液压系统运行的可靠，液压系统设有主油泵出口高精度高压滤油器和主回油高精度回油过滤器、风冷式冷却器，并采用集成块优化设计，有效地减少了连接管路，有利于液压装置的布置。系统的各部件或外购件均选用国内外名牌厂家，其中意宁液压股份有限公司的液压传动装置稳定性好、效率高、使用寿命长，其电机上面的螺纹插装阀为美国 SUN 公司产品；液压件大多采用插装式液压组件，通流能力大损失小，性能优良可靠，便于安装和维护；液压辅件如过滤器等采用温州黎明液压机电厂产品；PLC 采用可靠性高、抗干扰能力强的德国 SIMENS 公司产品；继电器采用 OMRON 公司产品。控制台仪表齐全，面板上配有文字说明，各部分操作均设有指示装置，可向操作人员提供各类工况，操作起来安全、简易，并设有报警系统，确保了工作安全。泵站性能参数见表 6-1。

泵站性能参数		表 6-1
系统额定流量（L/min）	272.4	136.2
系统额定压力（MPa）	15	27
主电动机型号	Y280S-4-B3575kW(2 台)	
主液压油泵型号	A11VO190DRS/11R-NPD12N00(2 台)	

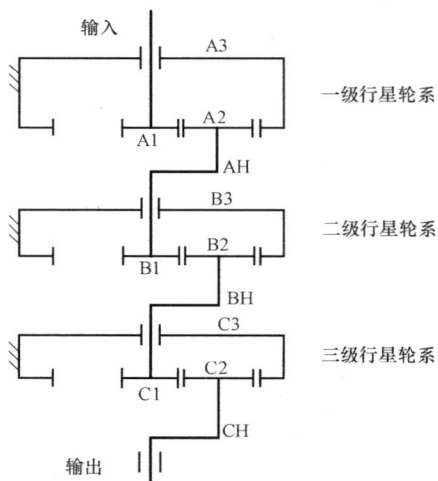

图 6-18　三级行星减速机原理图

（3）液压电机及减速机

尽管液压电机能够在低转速下（小于 20r/min）维持较好的力矩输出性能，但是常用液压电机在廻转平台额定驱动小齿轮转速（小于 1r/min）下，其输出转矩通常无法满足动力要求。因此需要适当提高液压电机转速，从而降低对其输出转矩的要求。

通过多级行星减速装置降低传动转速，提高转矩，使得末级输出转速和转矩满足廻转平台动力要求（见图 6-18）。根据转矩的逐级放大原理，齿轮及轴系强度应逐级增大。液压电机及减速机见图 6-19。液压电机减速机参数见表 6-2。

（4）运动控制系统

对于廻转平台的运动控制分为自动控制和手动控制 2 种模式。

自动控制时，在操作界面输入平台角位移指令，控制系统以额定转速运行到指令角位移后就位停止。自动运行过程中监测液压系统压力、平台转矩、转速等参数，如发现参数异常，自动报警，如监测到危险信号，自动停机（见图 6-20）。手动控制时，切换到手动模式后，平台的转动可由人工控制，通常用于系统调试或故障排除。

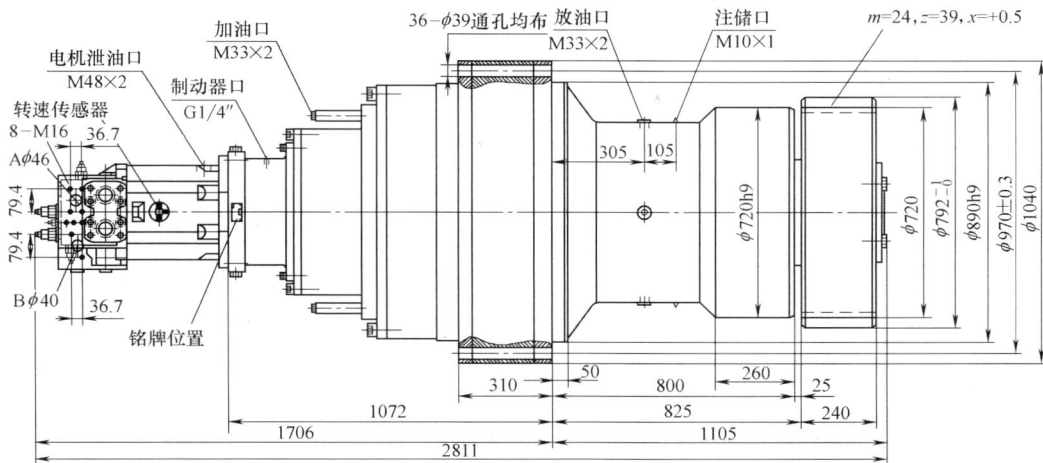

图 6-19　液压电机及减速机外形图

液压电机减速机参数　　　　　　　　　　　　　　　　　　表 6-2

额定输出扭矩（N·m）	365000	730000
系统额定压力（MPa）	15	27
电机工作压差（MPa）	14	26
输出转速（r/min）	0.52±0.1	0.52±0.1
总排量（mL/rev）	235714	
液压传动装置型号	IGH730T4-B471.4-A4FM500（2 台）	
所配液压电机型号	A4FM500	
所配齿轮箱传动比	471.43	

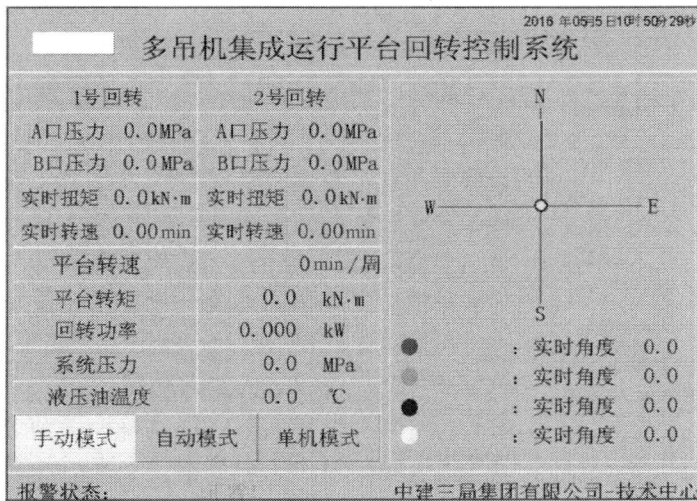

图 6-20　自动模式下目标角位移设置界面

回转控制操作人机界面可以实时显示每台回转的进口压力、扭矩、转速以及平台总的转速、扭矩、功率等参数，同时，界面右上部分以图形的形式实时显示四台吊机的角度，界面右下部分可以对四台吊机的名字进行设定，如图 6-21 所示。

4. 回转支承上、下节点设计

回转支承上、下节点是回转机构与平台上下结构

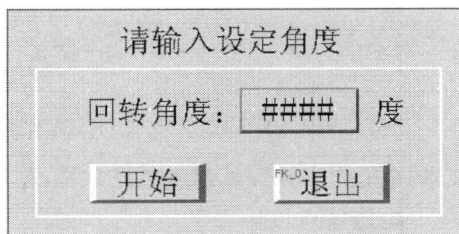

图 6-21　工控触屏软件界面

的连接结构，回转支承上节点下端连接回转支承，上端连接吊机基座平台中心桁架，因此下端设计为圆形法兰盘面与回转支承采用高强螺栓连接，上端逐渐外扩成方形并设计成带有法兰盘面的柱脚与廻转平台栓接（见图 6-22）。经过机械设计，并通过计算、优化回转支承上节点平面尺寸为 7100mm×7400mm，高约 3300mm。

图 6-22　回转支承上节点

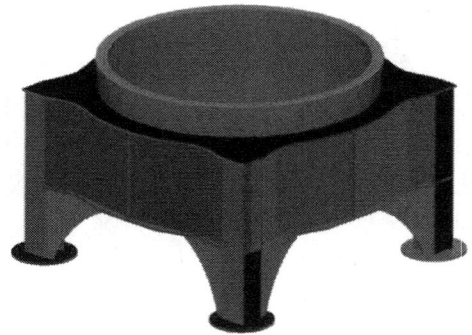

图 6-23　回转支承下节点

回转支承下节点下端连接支承系统，上端连接吊回转支承，因此上端设计为圆形法兰盘面与回转支承采用高强螺栓连接，下端逐渐外扩成四方形并设计成带有法兰盘面的柱脚与支承立柱栓接（见图 6-23）。经过机械设计，并通过计算，回转支承下节点平面尺寸为 7100mm×7400mm，高约 4200mm。

6.2.4　支承顶升系统设计

1. 支承顶升设计

支承顶升系统将平台整个系统的荷载传递到核心筒墙体上，主要由多组附墙支点、液压顶升总成、支承立柱及液压抗侧总成组成（见图 6-24）。为了保证支承顶升系统与墙体连接的可靠性和安全性，节约人工，同时适应核心筒墙体的变化，整个支承顶升系统需要具有伸缩功能和自动咬合功能。支承顶升系统的伸缩功能主要通过在支承立柱与支承架的连接处设置滑动支座来实现，自动咬合功能则采用挂爪和爪靴的连接方式来实现。

平台及其顶部吊机竖向荷载通过支承立柱传递到附墙支点上，附墙支点将荷载传递到核心筒剪力墙上；平台水平荷载及吊机倾覆力矩主要靠上、下支承架及安装于立柱四周的抗侧装置传递到核心筒墙体上。支承架如图 6-25、图 6-26 所示。

当平台需要爬升时，在顶升油缸的作用下上支承架脱离附墙支点带动支承立柱及顶部平台结构整体向上爬升，此时平台整体荷载由下支承架及抗侧装置承担。顶升就位后通过顶升油缸回缩提升下支承架就位固定于附墙支点上，由上、下支承架及抗侧装置承担整体结构荷载。

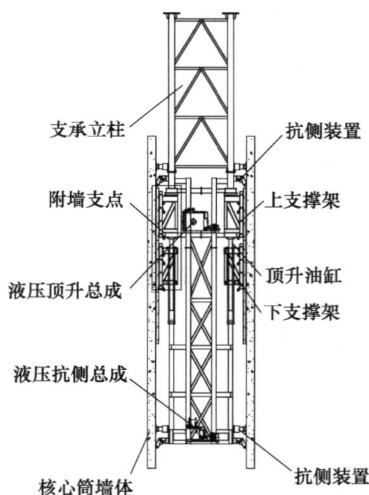

图 6-24　支承顶升系统示意图

2. 附墙支点设计

附墙支点由微凸支点及上、下支承架组成。混凝土微凸固定于核心筒墙体上，上、下支承架

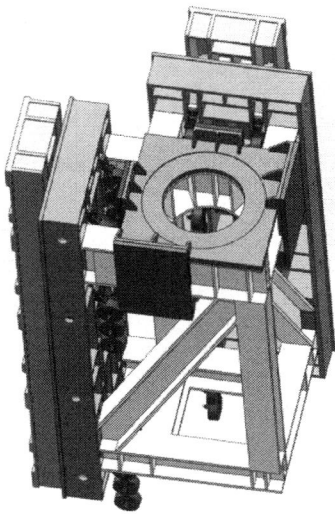

图 6-25 支承架

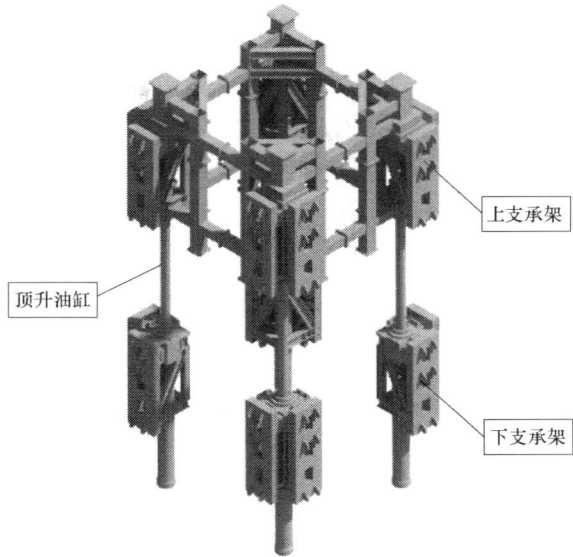

图 6-26 支承体系效果图

咬合在上、下结构层核心筒角部的 2 个微凸支点的承力件上。

上、下支承架呈 L 形布置，由钢支架及两个爪箱等部件共同构成，两个爪箱内部的挂爪可与核心筒角部的两个微凸支点的承力件爪靴咬合传力。廻转平台正常施工中，上、下支承架均支承在承力件上，顶部荷载传递到上支承架上，上支承架通过挂爪咬合承力件爪靴将一部分荷载传递给墙体，另一部分荷载通过顶升油缸传递到下支承架，下支承架通过挂爪咬合承力件爪靴将荷载传递给墙体，如图 6-27 所示。

平台顶升期间，支承架连同挂爪向上运动越过障碍物，在配重作用下，挂爪从爪箱内顺时针旋转出来，在配重作用下顺时针旋转至水平位置；顶升到位后，支承架逐渐回落，挂爪自动就位至预定位置，与爪靴紧密咬合。

3. 支承立柱设计

支承立柱分为上部立柱、转接立柱及下部立柱（见图 6-28），上部立柱主要支承回转驱动系统及吊机基座平台；转接立柱一方面起结构转换作用，连接上、下立柱，另一方面将上部立柱传递的部分荷载分担上支承架上，同时与顶升油缸相接将部分荷载传递于下支承架上；下部立柱主要作为底部抗侧装置的承力结构。

图 6-27 支承架咬合示意图

上部立柱平面尺寸根据附墙支承系统间距确定，竖向尺寸主要由核心筒施工模架高度等决定。转接立柱设计时主要考虑支承架尺寸及平面内上支承架间距确定；下支承架设计主要由廻转平台抗倾覆的要求来确定。

6.2.5 廻转平台加工与试验

1. 回转塔式起重机设计及加工

吊机基座平台深化与加工：

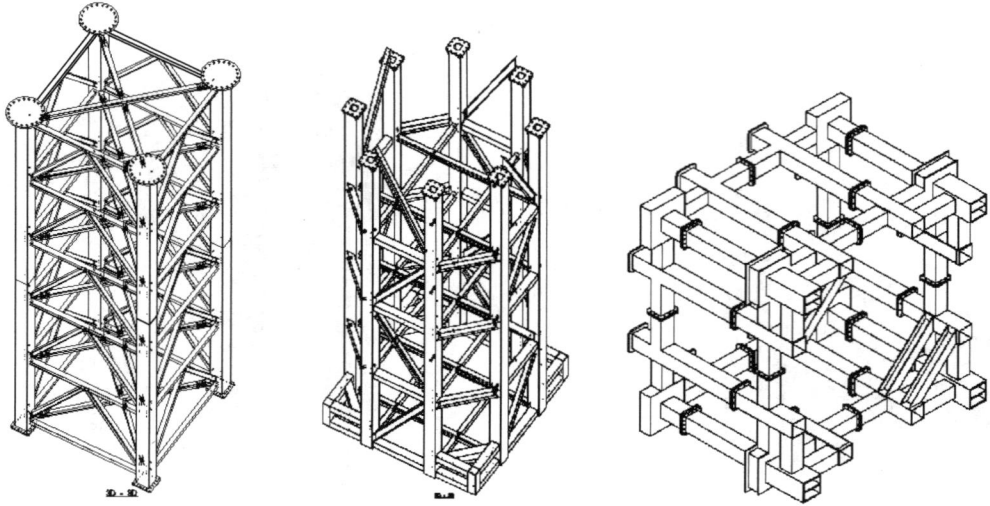

图 6-28　上、下支承立柱及转接立柱

吊机基座平台结构外形尺寸约为 30m×30m×7m，桁架结构尺寸大，考虑桁架运输、加工及现场吊运能力等因素，桁架必须采用分段分节设计。由于平台主要承受顶部吊机荷载，在千吨级竖向力及千吨米级倾覆力矩作用下，采用法兰盘螺栓的连接形式对于结构整体受力及变形要求最为安全可靠，然而，对于空间桁架结构，百余对方向各异的法兰盘无缝对接装配也对平台加工精度提出极高的要求。

1）平台深化设计

平台深化设计时，首先考虑平台的拼接，为追求平台安装的便捷，将平台结构划分为 13 个部件，其中 1 个部件为中心桁架，其余 12 个部件为片状桁架，这样安装时可先安装中心桁架，同时可进行片状桁架的拼接，待中心桁架拼接完成后进行片状桁架的拼接。各部件分节时，在考虑吊重、运输、加工等因素下，尽量减少片状桁架的分节。平台结构分段见图 6-29。

分段后各构件受力较大杆件端头设置法兰盘采用高强螺栓连接，受力较小杆件采用连接板栓接。

2）平台机加工

为了更好地控制桁架焊接变形，桁架平台的制作采用各级桁架单独加工制作，具体如下：

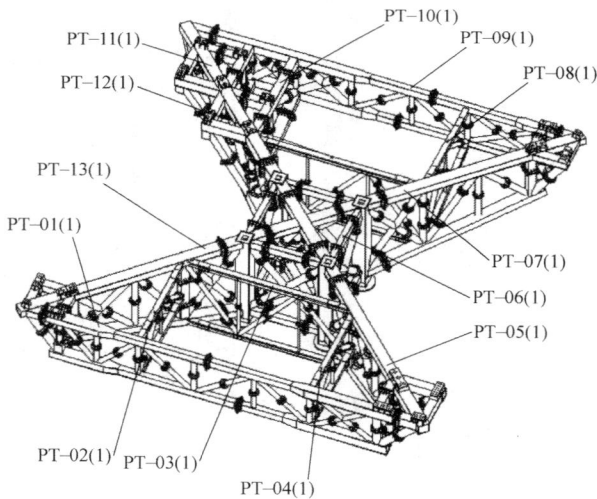

图 6-29　平台结构分段示意图

中心桁架加工：4 根立柱（不包括立柱上焊接的对接接头）、立柱内部对接接头、立柱外部对接接头、中心斜撑桁架和拉接桁架预留加工余量单独焊接完后，进退火炉消除残余应力，再对各桁架进行机加工。然后组装中心斜撑桁架、拉接桁架，与 4 根立柱相对位置控制好，立柱上对接接头分别与中心斜撑桁架、拉接桁架法兰盘对中连接，螺栓紧固好，再焊接立柱上对接接头与立柱；各片状桁架加工完后，立柱外部对接接头与相应片状桁架法兰盘对接好螺栓紧固后，焊接立柱外部对接接头与对应立柱，待焊接完后松开立柱与各片状桁架法兰盘连接，进行中心桁架整体退火。中心桁架加工现场见图6-30。

图6-30 中心桁架加工现场

片状桁架加工：各级片状桁架单独加工；各桁架分段结构单独焊接退火后机加工，然后与另一端桁架分段法兰盘螺栓对接紧固后进行下一片桁架接头焊接再退火，如此循环。片状桁架加工现场见图6-31。

图6-31 片状桁架加工现场

3）回转支承上、下节点制作

回转支承上、下节点制作工艺相同，对称分段进行加工（见图6-32），分段结构焊接时控制圆环板与圆筒板之间的焊接间距，预留回转支承装配面和对接的法兰盘面的加工余量；结构焊接完，对接法兰盘进行初步机加工。

分段结构进行预拼装，一段固定，另一段对接上进行微调整和机加，持续反复，直至两分段结构同圆心，完成整体的拼装、退火和精加工（见图6-33）。

两分段结构对接法兰盘上设置限制三向定位销，保证整体拼装结构重复拼装的安装精度，为现场高空提供拼装便捷性。

2. 迴转平台系统安装

试验安装模拟在工程实际应用过程中的安装工况下进行，此时回转塔式起重机下部钢结构立柱随模架安装同步进行，模架钢平台安装基本完成后，开始插入吊机基座平台安装。安装过程的吊装设备由塔楼北侧 ZSL1250 塔式起重机提供。

（1）回转驱动系统安装

图 6-32　上节点分段加工图

图 6-33　上节点整体加工图

根据回转驱动系统组成，安装流程如图 6-34 所示。

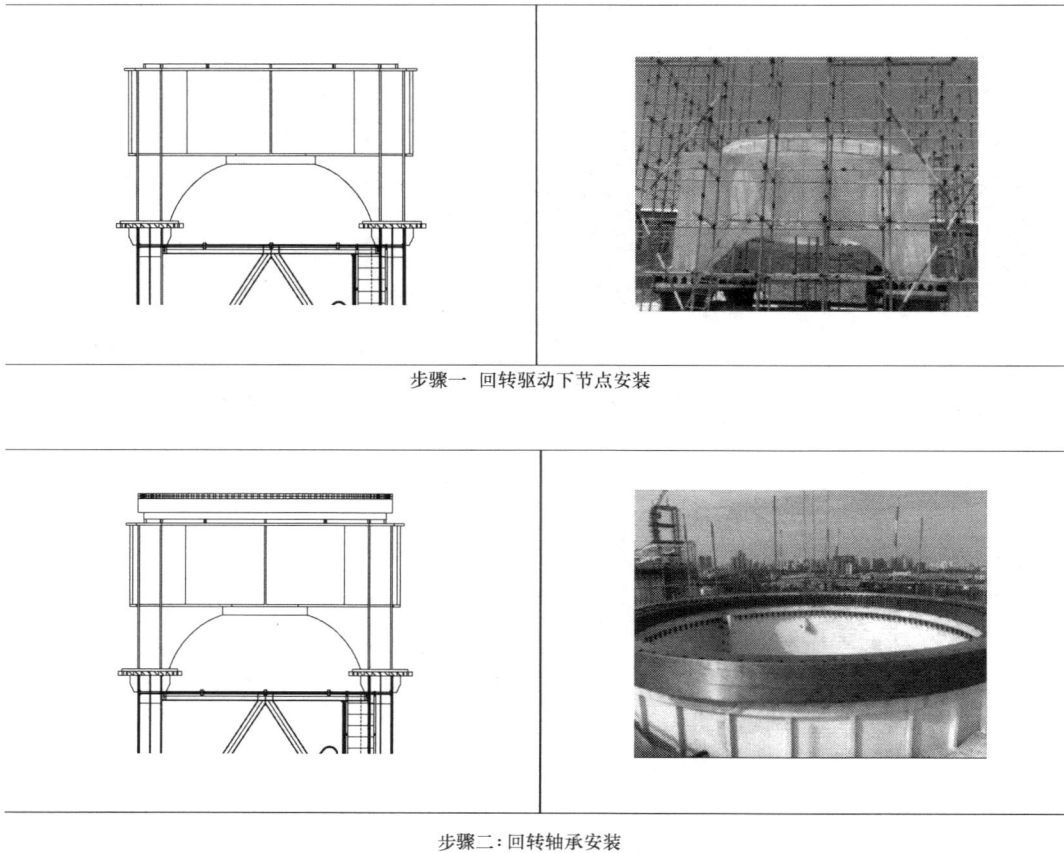

步骤一　回转驱动下节点安装

步骤二：回转轴承安装

图 6-34　回转驱动系统安装流程图（一）

步骤三：回转驱动上节点安装

步骤四：液压电机安装

步骤五：回转泵站及液压系统安装

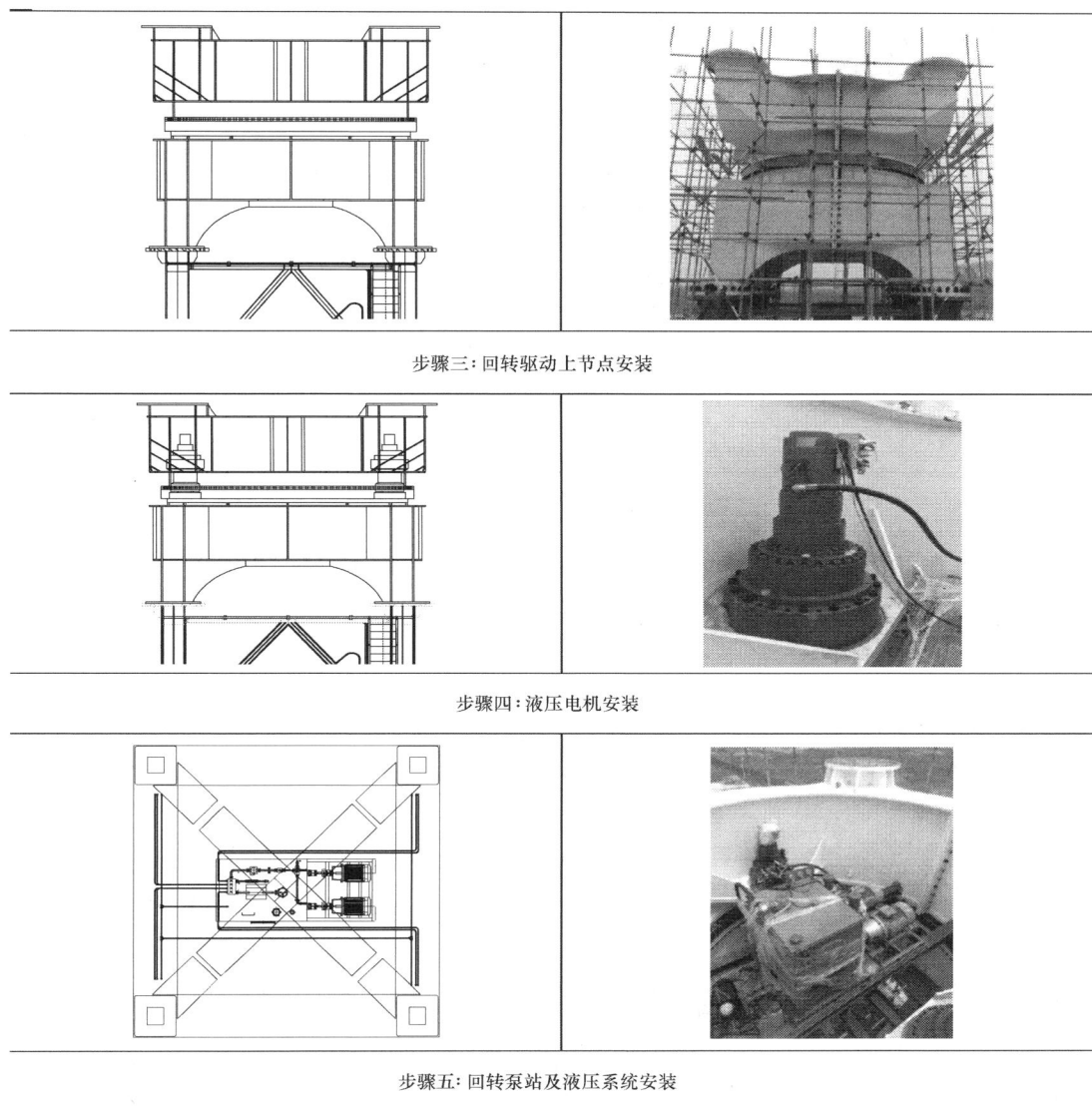

图 6-34 回转驱动系统安装流程图（续）

（2）吊机基座平台安装

根据吊机基座平台深化设计，吊机基座平台安装时先进行中心桁架的安装，同时在地面进行片状桁架的拼装（见图 6-35），待中心桁架安装完成后进行片状桁架的吊装。

片状桁架采用无胎架安装，根据回转基座钢平台 4 个悬挑桁架和 2 个边桁架的构件组成，分析吊装质量如图 6-36 所示。

根据吊装质量分析，各片状桁架除一级桁架（1）需要分段吊装外，其余片状桁架均可整体吊装，一级桁架（1）安装时，首先连接固定下桁架于中心桁架一侧下弦杆与十字

图 6-35 片状桁架拼装实景图

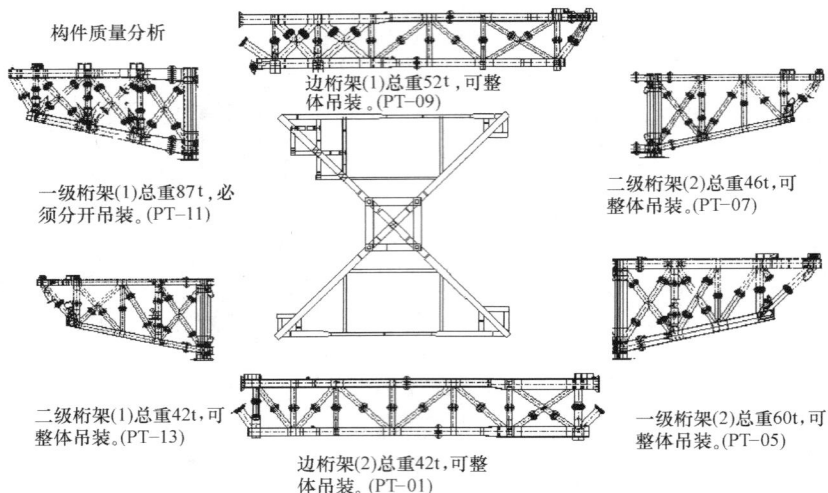

构件质量分析

边桁架(1)总重52t,可整体吊装。(PT-09)

一级桁架(1)总重87t,必须分开吊装。(PT-11)

二级桁架(2)总重46t,可整体吊装。(PT-07)

二级桁架(1)总重42t,可整体吊装。(PT-13)

一级桁架(2)总重60t,可整体吊装。(PT-05)

边桁架(2)总重42t,可整体吊装。(PT-01)

图 6-36　吊装质量分析

撑上,然后起吊上桁架,安装上桁架时吊机不松钩,由中心桁架一侧逐步向端部连接上、下桁架。上、下桁架相对法兰盘上对应的螺栓孔位通过定位销调整,调整对齐后穿螺栓,并紧固。

　　吊机基座平台吊装过程遵循"先中间后悬挑、先主构件后次构件"的原则,具体安装流程如图 6-37 所示。

第一步:安装平台中间立柱及斜撑

第二步:安装一级桁架(2)

第三步:安装二级桁架(2)

第四步:安装二级桁架(1)

第五步:安装一级桁架(1)下弦和腹杆

第六步:安装一级桁架(1)弦杆

第七步:整体安装边桁架

第八步:安装次桁架

第九步:整体安装完成

图 6-37　吊机基座平台安装流程图

3. 廻转平台系统试验

（1）吊机基座平台试验

根据试验的需要，试验采用振弦式传感器和应变片两种类型的传感器（见图6-38、图6-39），其中振弦式传感器用于采集廻转平台在安装过程中主要受力构件的应力应变变化，应变片用于测试加载试验过程中结构重要部位的应力应变。

图 6-38 振弦式传感器安装

图 6-39 应变片安装

振弦式传感器测点选择在平台受力较大和重要部位，下支座立柱能直接反映结构的受力分布，因此在每个立柱上布置一个竖向的传感器，编号为 *-4；一级桁架悬挑长度长，受到荷载大，因此在每榀一级桁架与桁架立柱相接的牛腿处布置传感器，每榀一级桁架上部牛腿的上部、下部牛腿的上部以及下部牛腿的下部分别布置一个与杆件轴线一致的传感器，编号分别为 *-1、*-2、*-3。传感器布置如图 6-40 所示。1-*、2-*、3-*、4-* 分别代表 ZSL1150 塔式起重机、空载、M600D 塔式起重机、配重一侧的测点。

图 6-40 振弦式传感器布置图

应变片安装在平台受力较大和重要部位，应变片有应变花和普通应变片两种，受力方向不明确的采用应变花，受力方向明确的则可采用应变片。桁架立柱与上支座连接处加劲板、下支座立柱内部加劲板与下支座内壁交接处以及下支座立柱加劲板受力较大，并且受力方向不明确，采用应变花，编号分别为 A∗-1、A∗-2、A∗-3；一级桁架下部牛腿处上部受力较大，并且受力方向明确，同时为了验证螺栓连接传力的可靠性，因此在一级桁架下部牛腿螺栓连接前后分别布置一个应变片，方向与杆件轴线一致，编号分别为 B∗-1、B∗-2；下支座立柱是结构重要受力构件，受力较明确，因此布置一个竖向应变片，编号为 B∗-3。应变片分布如图 6-41 所示。1-∗、2-∗、3-∗、4-∗ 分别代表 ZSL1150 塔式起重机、空载点位、M600D 塔式起重机、配重一侧的测点。

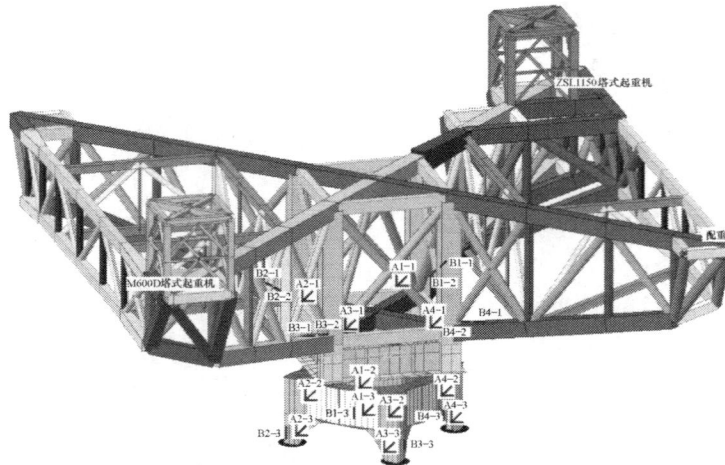

图 6-41　应变片布置图

平台安装完毕后，进行了简单的吊装试验，在 ZSL1150 吊重 18.2t 吊距分别为 45.7m 和22.8m 的情况下，测试了该侧牛腿的应力变化。测试结果如表 6-3 所示。

ZSL1150 吊重过程中应力变化　　　　　　　　　　　　　　　　　表 6-3

桁架	测点编号	测点位置	工况一（18.2t/45.7m）（MPa）	工况二（18.2t/22.8m）（MPa）
ZSL1150	1-1	上部牛腿上部	—	—
	1-2	下部牛腿上部	22.85	26.22
	1-3	下部牛腿下部	−137.47	−130.79

M600D 同样进行了简单的吊装试验，在 M600D 吊重 16.2t 吊距分别为 32.5m 和 16m 的情况下，测试了该侧牛腿的应力变化。测试结果如表 6-4 所示。

M600D 吊重过程中应力变化　　　　　　　　　　　　　　　　　表 6-4

桁架	测点编号	测点位置	工况一（16.2t/32.5m）（MPa）	工况二（16.2t/16m）（MPa）
M600D	3-1	上部牛腿上部	17.27	19.08
	3-2	下部牛腿上部	—	—
	3-3	下部牛腿下部	−83.37	−74.74

检测结果与计算结果趋势基本一致，其中在结构自重的作用下，ZSL1150 塔式起重机下部牛腿下部受到的力最大，达到 124MPa；而在吊重的情况下，同样是 ZSL1150 塔式起重机下部牛腿下部受到的力最大，达到 −137MPa。根据检测结果可知，结构受力主要受到结构自重影响，

吊重对结构受力影响不大，结构在自重和吊重作用下，处于安全状态下。

（2）回转驱动系统试验

在进行回转驱动系统试验前，首先进行回转动力系统的分步调试。具体调试方法及内容见表6-5。

回转动力系统调试方法及内容　　　　　　　　　表6-5

调试步骤	测试准备	测试方法 +nr:连续正转 n 周 −nr:连续反转 n 周	测试内容				
			平台转矩	回转速度	系统功率	双电动转速	双电动转矩
回转测试1号	1. 完成下节点、上节点及回转驱动装置安装 2. 泵站、操作台、电控系统临时置于地面 3. 组成液压及电气临时回路	手动模式下驱动回转支承转子及上节点转动，步骤如下： +1r→−1r→+1r→−1r	●	●	●	●	●
回转测试2号	1. 完成 M600D 及 ZSL1150 塔式起重机安装 2. 在未安装塔式起重机位置安装配重替代 3. 准备吊重	驱动平台及附带塔式起重机转动，塔式起重机吊重运行。 1. 空载双电机手动模式 +1r→−1r→+1r→−1r 2. 空载双电机自动模式 +1r→−1r→+1r→−1r 3. 空载单电机手动模式 +1r→−1r→+1r→−1r 4. 负载双电机手动模式 +1r→−1r→+1r→−1r	●	●	●	●	●

回转动力系统调整完成后，根据试验内容及步骤，进行回转性能试验，试验结果见表6-6。

回转性能试验结果　　　　　　　　　表6-6

序号	工况	基座转速（min/r）	最大转矩（kN·m）	系统压力（MPa）	功率（kW）	1号扭矩（kN·m）	2号扭矩（kN·m）	小齿轮转速（r/min）
1	双电机/手动/空载	16	1299	9.9	9.2	84	84	0.52
2	1号电机/手动/空载	34	1387	10.3	6.5	189	0	0.34
3	2号电机/手动/空载	24	1682	10.6	5.5	0	224	0.27
4	双电机/自动/空载	13	1309	8.1	10.6	82	90	0.60
5	双电机/手动/63t	14	1329	8.8	10.0	82	90	0.54
额定值参考		15	5621	双 16.0 单 25.0	39.0	双 365 单 730	双 365 单 730	0.51

通过以上试验结果得出如下结论：

1）手动模式和自动模式下，转速均可达到15min/r左右，与设计指标一致。

2）增加63t负载后，平台转矩和功率增大不明显，原因是空载状态下，基座及塔式起重机质量约1000t，增加的63t负载对平台总竖向力影响甚微。

3）基座转矩、系统压力以及液压电机转矩在额定转速下均为额定值的23%左右，原因是，试验工况的负载远小于设计工况,例如:设计工况竖向力 2000t,实际仅 1000t,成都绿地中心项目的塔式起重机负载也远小于设计工况,回转基座动力系统具有充足余量。

4)双电机驱动模式下,两台液压电机减速机的负载均衡性较好,负载差值在 10% 以内。

6.2.6 工程应用

成都绿地中心项目地处成都市东部新城文化创意产业综合功能区内,T1 塔楼地下 5 层,地上 101 层,建筑总高度 468m,为西南地区第一高楼。塔楼结构体系为劲性混凝土柱+伸臂桁架+劲性钢筋混凝土结构,其核心筒平面形状为八边形九宫格,1~16 层为钢板混凝土剪力墙,17~101 层为型钢柱混凝土剪力墙,外框设置 16 根巨型劲性混凝土柱。塔楼结构如图6-42所示。

1. 吊机基座平台布置

吊机系统根据施工部署共布置 3 台大(ZSL1250)、中(M600D)、小(ZSL380)型动臂塔式起重机,塔式起重机固定于钢平台系统之上,在回转系统的作用下吊机可绕平台中心实现 360°全方位覆盖。吊机基座平台系统由主桁架、次桁架、立柱、腹杆组成,平面上呈边长约 28.5m 的规则正方形。平台布置效果如图 6-43~图 6-45 所示。

图 6-42 成都绿地塔楼结构示意图

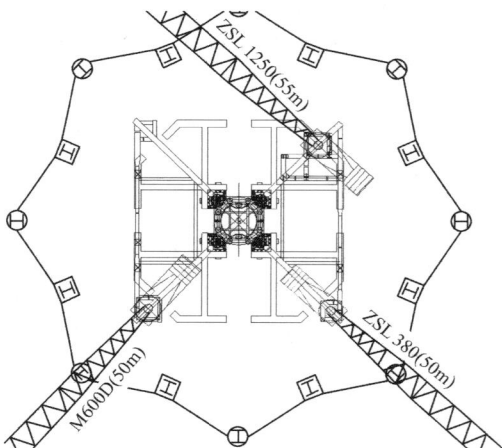

图 6-43 整体自动顶升回转式多吊机平面示意图

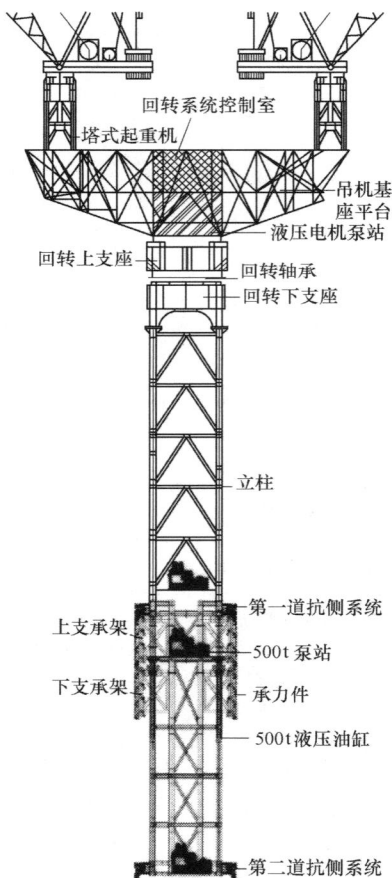

图 6-44 廻转平台立面示意图

2. 廻转平台支承顶升系统布置

成都绿地项目核心筒为八边形,剪力墙为九宫格形式。廻转平台支点设置为核心筒中筒的四

图 6-45 廻转平台三维模型图

个角部（见图 6-46）。整个廻转平台支承系统共设置为四个支撑点位，平面中心距离 5.8m×5.8m，高约 45m。包括附墙支点、下支承架、上支承架、顶升油缸、支承立柱、抗侧装置等。根据平台顶部荷载分析，配备四个 500t 的顶升油缸作为廻转平台整体顶升的动力系统。支承系统立面如图 6-47 所示。

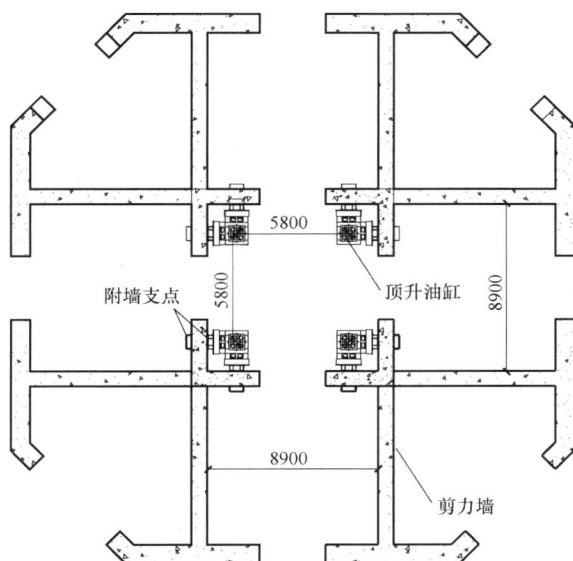

图 6-46 平台支点平面示意图

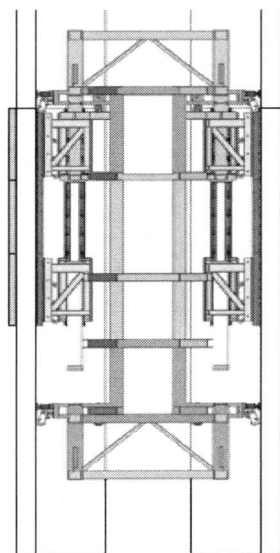

图 6-47 支承系统立面示意图

附墙支点固定于核心筒墙体角部两侧的墙体上，外形尺寸为 4.4m×0.84m×0.3m，主要由带凹槽的钢板（凹槽在混凝土浇筑时形成凸键）、纵向和横向加劲肋以及挂靴构成。角部承力结构安装时，设置工装连接以保证安装精度，如图 6-48 所示。

上支承架结构外边沿投影尺寸约为 1.8m×1.8m×3.5m（见图 6-49），主要包括钢支架、爪箱、挂爪等几部分，每个支承架两侧各配置一个爪箱，支承架通过爪箱上的挂爪固定于承力结构的挂靴上。下支承架与上支承架结构类似，较上支承架增加了顶升油缸支座。

267

图 6-48 承力结构及安装示意图

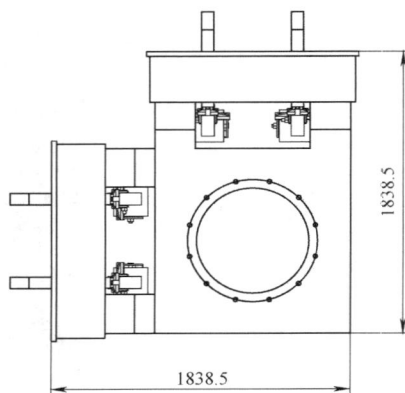

图 6-49 支承架平面示意图

支承立柱为格构柱形式，其顶部与回转支承下连接支座底部固定连接，穿过上支承架并固定于其上。支承立柱下部设置两排共 16 组抗侧装置环绕于立柱四周，通过油缸支撑于核心筒四周墙体上以抵抗来自平台顶部的倾覆力矩。

廻转平台在试验场地安装完成后进行了试运行（图 6-50），前期的运行结果显示回转系统每回转一次平均需要 15min，整体运行平稳，并通过了专家论证，目前已在成都绿地中心投入使用（见图 6-51）。

图 6-50 试验平台安装

图 6-51 廻转平台在成都绿地中心应用

6.3 单塔多笼循环运行施工电梯

垂直运输设备是指在建筑施工中担负垂直运输材料、设备和人员上下的机械设备，它是施工设备中不可缺少的重要组成部分。随着近年来我国超高层建筑的飞速发展，对垂直运输设备的要求也越来越高。施工电梯作为建筑（特别是超高层建筑）施工过程中最重要的垂直运输设备之一，直接影响到超高层建筑施工的工期、成本和效益。

施工电梯，又叫施工升降机，是建筑施工中不可缺少的垂直运输机械，其主要用于高层和超高层建筑中，这主要是因为这样的建筑高度使用井字架、龙门架来完成作业是十分困难的。

近年来，随着世界超高层建筑的飞速发展，国外施工电梯也取得了长足进步。针对超高层建筑施工对施工电梯提出的要求，现阶段国外的施工电梯均朝着高速度、大载重、自身结构轻量化及电气控制自动化、智能化等方向发展。但依旧存在如下问题：

（1）单纯提升速度，空间不大，同时带来制造困难，机械磨损增大，寿命大幅度降低，人员乘坐舒适度变差；

（2）同样，载重的提升也遇到"瓶颈"；

（3）随着建筑物高度增加，导轨架利用率愈发低下。

目前建筑施工所使用的施工电梯，一般最多只能运行两部梯笼。对于超高层建筑施工，为满足施工人员及材料运输的需要，常需要配置多部施工电梯，并随着建筑物高度和体量的增加，施工电梯的配置数量越来越多。这样一来，配置的多部施工电梯不仅占用了较大的施工平面位置，同时相应部位的外墙及相关工序的施工需待电梯拆除后进行，使施工现场工序管理复杂并延长了施工工期。同时，适用于超高层建筑施工的施工电梯的导轨架往往有几百米甚至更高，由于只能运行两部梯笼，利用率很低。

因此，研究一种能循环运行多部梯笼的新型施工电梯成为建筑施工（特别是超高层建筑）中的一个新课题。

6.3.1 单塔多笼循环运行施工电梯整体设计

1. 整体原理设计

整体原理为：施工电梯梯笼在单根垂直导轨架的一侧轨道上只向上运行，在另一侧轨道上只向下运行，通过设置在导轨架顶部、底部及其他需要的部位的旋转节，旋转180°变换导轨（从上行轨道变换到下行轨道或从下行轨道变换到上行轨道），实现循环运行，进而实现在单根垂直导轨架循环运行多部施工电梯梯笼。目前在武汉中心安装了50m样梯，样梯包括两部梯笼、两部旋转换轨机构，并完成了相关循环运行试验。整体原理如图6-52所示。

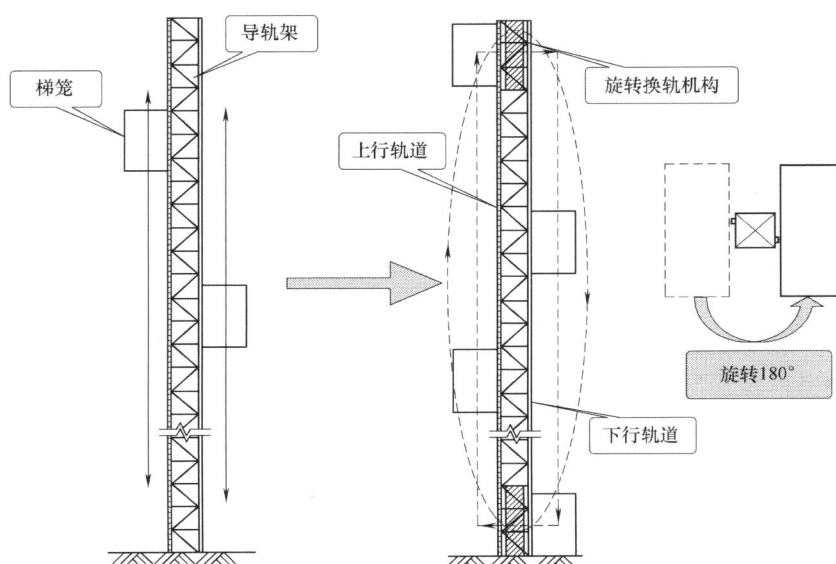

图 6-52　整体原理示意图

2. 针对超高层建筑施工的使用设计

根据上述基本原理，结合现有超高层建筑的施工特点，因地制宜地提出：在建筑物外围布置一台新型电梯，负责人员及货物的运输；电梯根据工程垂直运输的需要，合理布置梯笼的数量；在建筑物施工进度的不同阶段以及每天施工的不同时段，按需投入梯笼运行的数量；地下室空间作为储存"车站"以及检修"车间"，一方面用于梯笼的存放及修理保养，另一方面可以与地上正常运行区间隔开，互不干扰。

考虑到施工到一定高度后，在精装、幕墙、电梯等单位插入后，中部楼层的垂直运输需求较大，故在中部每隔 150m 安装一节旋转节，梯笼能在此换轨，提高效能。

此外，每隔 50m 安装一道竖向传力附着，且保证除顶部旋转节外的每节旋转节上端 10m 内均设置有竖向传力附着，既分段分摊竖向力又确保了旋转节承受较小的竖向力，考虑到日照下导轨架与附着点温度的不同，造成的竖向变形差很大，因此采用弹性竖向传力附着。

3. 竖向传力附着的设计研究

竖向传力附着包括附着撑杆、平杆和拉杆，各杆件均锚固在建筑物上，能承受各向载荷（竖向力为主），同时通过承载弹性体托举承载导轨架。承载导轨架为承载冗余设计，上拉杆和水平主梁组成的上三角结构，下撑杆和水平主梁组成的下三角结构，均能承受巨大竖向载荷，且互为冗余。如图 6-53、图 6-54 所示。

图 6-53　模型图

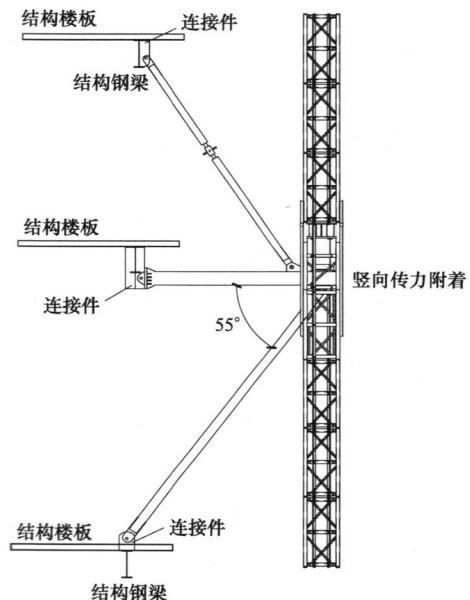

图 6-54　竖向传力附着与塔楼结构连接示意图

在此结构中特别增加承载弹性体装置，能在一定范围内调整补偿环境温度变异或其他原因导致的载荷变化。在弹性体内部还装有传感器，能实时监测该处受力状况。

在整个导轨架体系，每 50m 安装一道竖向传力附着，且保证除顶部旋转节外的每节旋转节上端 10m 内均设置有竖向传力附着，其将分别承担此道附着到下一道附着之间的导轨架段以及此段运行吊笼的载荷，而不会像传统升降机将全部纵向载荷逐步增加、全部传递到地面（或设备基础承台），导轨架受力情况呈现出以 50m 为周期的近似循环应力状况。理论上，升降机的高度可无限加高，大大增加了整机附着稳定性，极大地改善了导轨架整体受力状况，且整个导轨架冗余设计：即使上一个竖向传力附着完全失效，下面的竖向传力附着也能承受两段的荷载。

6.3.2　旋转换轨机构的设计

旋转换轨机构具有空间狭小、集成度高的设计特点。主要包括机械结构、驱动装置、精确定位装置以及电控系统四大块。

使用专业机械设计软件 Pro/E 完成了旋转换轨机构的机械设计（见图 6-55），同时使用大型非线性有限元分析软件对旋转机构机械设计的零件及结构进行了计算分析，根据分析结果进行了优化设计，并完成了深化设计；在旋转换轨机构的设计过程中采用了回转驱动等新技术、新产品；针对旋转换轨机构对定位精度和可靠性的超高要求，采用了最新的伺服驱动技术，能够适应复杂苛刻施工环境的 PLC 技术，具备长时间可靠无故障运行的工业无线移动通信技术，以及超高角度传感器旋转定位检测技术；基于安全性的考虑，还设计了具有多重软件和硬件保护功能的手自动一体化控制系统。

1. 机械部分的设计与研究

（1）结构组成

旋转换轨机构分为中心固定支撑部分和旋转导轨部分，中心固定支撑部分主要起结构支撑（竖向力的传递）以及为旋转导轨定位的作用。在承受各向荷载的同时，旋转导轨可以沿着中心轴旋转，当旋转 180° 后，一侧的导轨、齿条以及滑触线等就可以转到另一侧，从而能够改变吊笼的方向，实现吊笼的换轨。

旋转导轨部分不承受上部传递的竖向力，具备多道防线的冗余度设计。具体如图 6-56 所示。

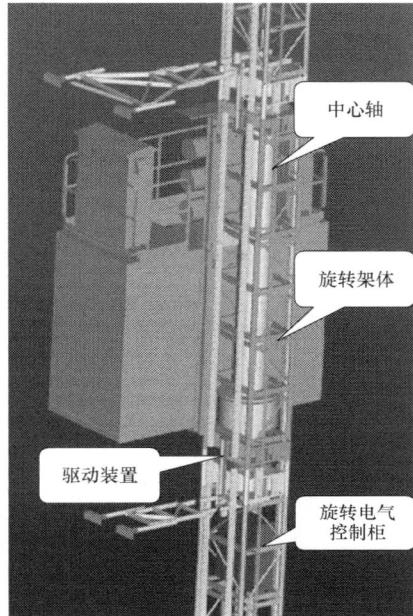

图 6-55　旋转换轨机构整体示意图

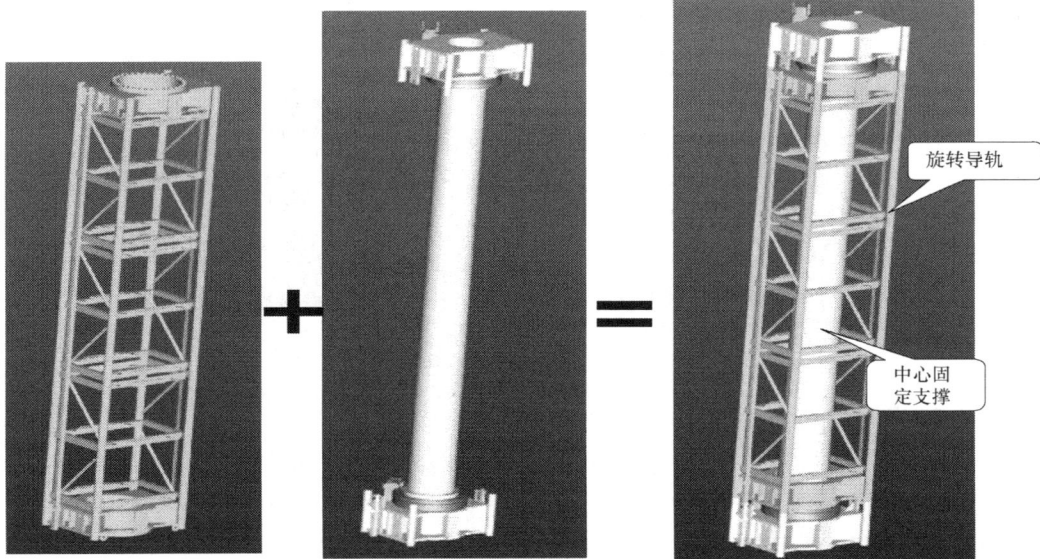

图 6-56　旋转节机械结构部分组成

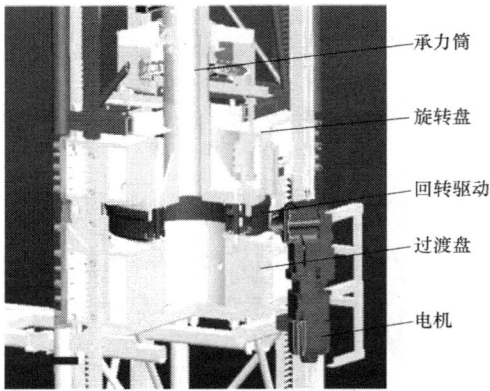

图6-57 过渡盘及旋转盘的设计示意图

中心固定支撑部分和旋转导轨部分是相对旋转的，中心固定支撑部分与旋转导轨部分的连接必须考虑减小摩擦，因此，选用回转驱动作为两者的连接部分，回转驱动不仅可以作为旋转的驱动动力源，而且可以依靠回转驱动机构中的回转支承部分起到轴承的作用。

（2）选用分析

中心固定支撑部分和旋转导轨部分都需要与标准节以及回转驱动连接，因此设计了过渡盘和旋转盘作为连接结构，如图6-57所示。

旋转盘和过渡盘上的导轨和齿条分别与标准节上的导轨和齿条精密配合，导轨和齿条的长度也须与旋转盘和过渡盘的高度对应，如图6-58所示。

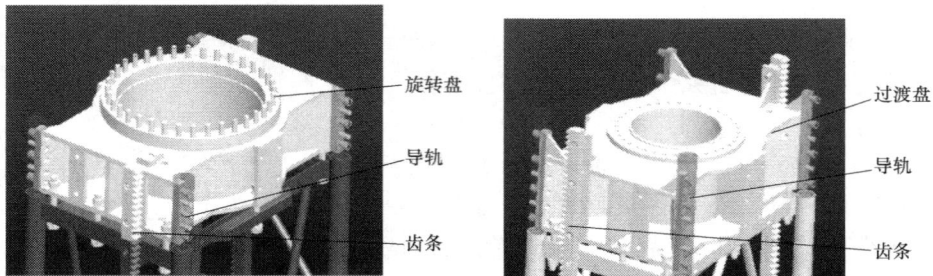

图6-58 导轨和齿条配合示意图

上下过渡盘和中心固定支撑部分连接在一起，承受上下负载以及和回转驱动固定，为旋转导轨提供旋转中心，如图6-59所示。

2. 驱动装置部分的设计与研究

驱动装置主要由回转驱动、减速机及伺服电机组成（见图6-60）。要求驱动力大，平稳，结构紧凑，节约空间。回转驱动为轴承及减速机一体化，减速比大，相应的电机和一级减速机就精简。

为了避免上下回转驱动驱动不同步的问题，因此采取下回转驱动驱动，而上回转驱动不驱动（没有安装蜗杆），只是起回转支承的作用（见图6-61）。

3. 旋转电控系统的设计与研究

（1）控制原理及组成

旋转控制系统接受来自人工操作的按键信号或接

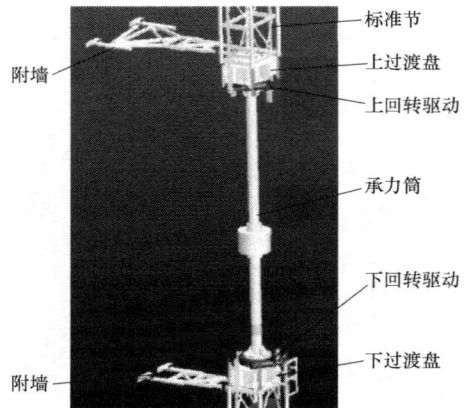

图6-59 上下过渡盘和中心固
定支撑连接示意图

受来自综合控制室的远程指令信号，结合各个传感器的输入信号，通过一定的逻辑计算，执行特定的旋转动作，完成旋转节的旋转换轨功能。主要包括以下几个部分：PLC控制器，伺服电机及电机驱动器，齿轮齿圈装置，旋转角度检测传感器，旋转节特定位置检测传感器，梯笼左右方位检测传感器，旋转节旋转时梯笼不间断供电装置，旋转节旋转锁定装置。PLC控制器是整个系统的计算处理中心。伺服电机和电机驱动器为旋转节转动提供旋转动力。齿轮齿圈装置是将外

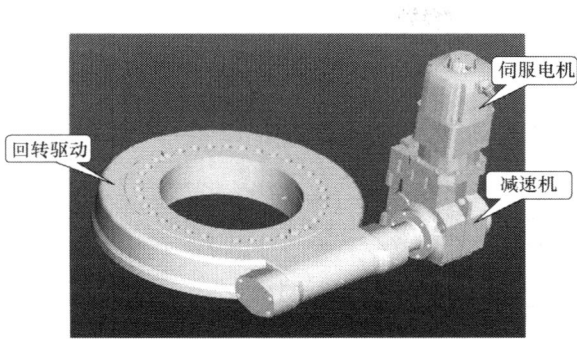

图 6-60　驱动装置组成示意图

图 6-61　回转驱动原理示意图

框标准节的绕中心轴旋转换成齿轮的自我旋转，方便安装角度检测传感器。角度检测传感器实时记录旋转节转过的角度，是旋转定位的直接检测元件。旋转节特定位置检测传感器包括旋转方位区分开关和旋转节对齐开关，前者用于区分旋转节的两个旋转半周，后者用于校验检测旋转节是否对齐到位。梯笼左右方位检测传感器是为了检测附着在旋转节上的梯笼是处在左侧轨道还是右侧轨道。旋转节旋转时梯笼不间断供电装置是为了保证梯笼经过旋转节时，梯笼供电不间断。旋转节旋转锁定装置是旋转节对齐到位后的机电连锁装置，防止旋转对齐到位后因不可预测的误操作导致旋转节意外旋转。

（2）旋转换轨过程

当某一梯笼需要通过旋转节旋转换轨时，司机首先将梯笼准确地停靠在旋转节位置，并将梯笼防坠装置上锁，然后启动旋转换轨操作；旋转控制系统接收到司机的旋转换轨指令之后，根据旋转节当前的位置状态及附着于旋转节上的梯笼的左右位置状态，按照设定的程序，驱动伺服电机带动旋转节上的梯笼绕旋转中轴旋转换轨，旋转换轨动作执行完毕之后，电梯司机解除防坠装置，即可重新开动电梯运行。

旋转电控系统主要由高精度角度传感器、旋转控制柜及梯笼操作箱等硬件和相对应的软件组成，具备适应复杂苛刻施工环境、可靠性高、自动检错纠错、高精度转定位检测技术及自动化程度高等优点。如图 6-62、图 6-63 所示。

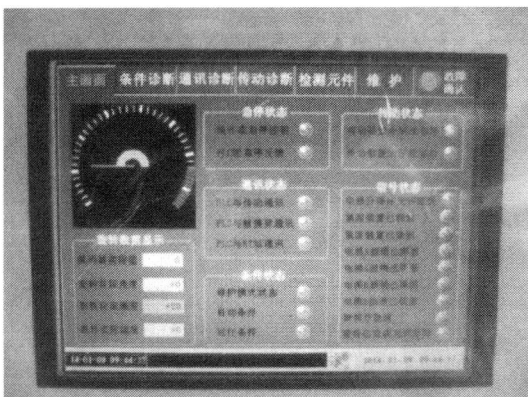

图 6-62　操作界面

图 6-63　旋转控制柜

（3）旋转操作流程

正常状态即旋转节带梯笼正常工作使用时的状态，每次旋转动作完成 180° 旋转换轨。标定状态为设备的初始状态或者需要重新标定时而使用的状态，旋转节不带梯笼自转一整圈，电控系统重新找回旋转节机械原点。维护状态为旋转节非正常使用和维修的调试状态，旋转节只能使用人工按钮手动控制旋转。如图 6-64 所示。

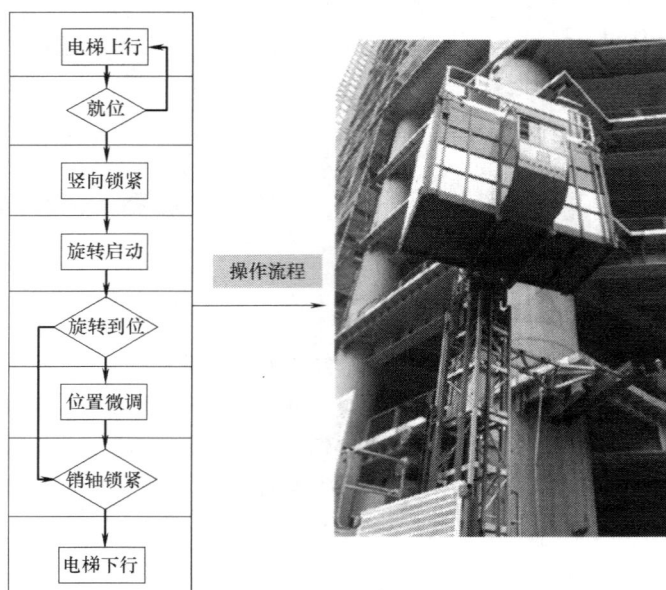

图 6-64 旋转操作流程示意图

4. 防过转装置的设计与研究

因为吊笼随着旋转换轨机构每次旋转 180°，如果超过 180°，则吊笼在空间陕小的区域可能会撞到建筑物墙壁上，造成人员伤亡和机器损坏。因此设计一种防过转机构来防止这种状况的出现。如图 6-65、图6-66所示。

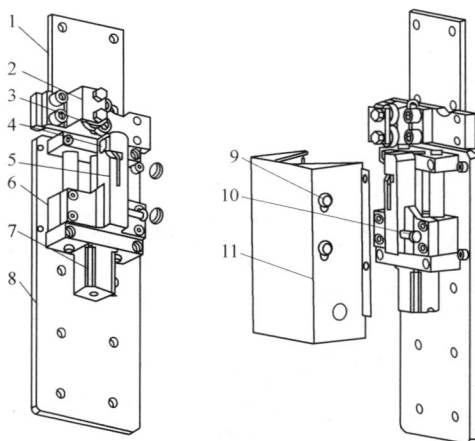

图 6-65 防过转装置组成示意图

1—固定（旋转）体固定件；2—限位块；3—轴承；
4—接触传感器；5—机械触手；6—直线运动组件；
7—电机；8—旋转（固定）体固定件；9—传感器；
10—距离检测触发块；11—防水防尘罩

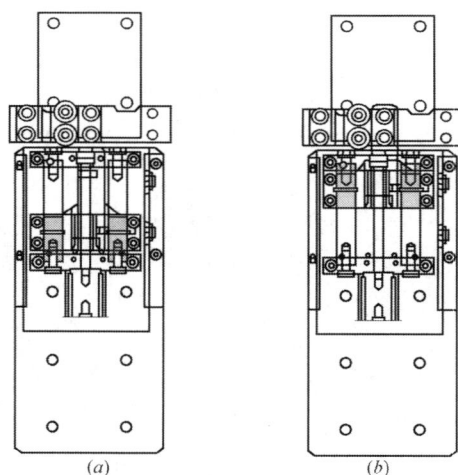

图 6-66 防过转装置工作状态示意图
（a）作用前；（b）作用后

通过电机控制直线运动机构运动，使机械触手伸出，旋转导轨系统旋转到目标位置时，机械触手接触到限位块，并通过接触传感器将接触信息反馈给控制系统，控制系统控制旋转导轨系统立即停止运动，保证旋转导轨系统不会出现过转，当需要下一次旋转时，电机控制直线运动机构缩回，旋转导轨系统可以继续旋转，从而保证整个系统的可靠性和安全性。防过转装置安装如图 6-67 所示。

6.3.3 智能群控调度及安全监控系统的设计

1. 系统组成

整个系统包含 1 个地面主监控调度站和若干个梯笼监控子站（每个梯笼安装一部）（见图 6-68）。主监控调度站是系统的"大脑"（见图 6-69），所有一切指令都从这里发送出去。监控子站接收来自"神经"的指令，转换成对电梯（或者司机）的执行动作。无线网络则负责两者的通信，也就是"神经"。

图 6-67　防过转装置安装图

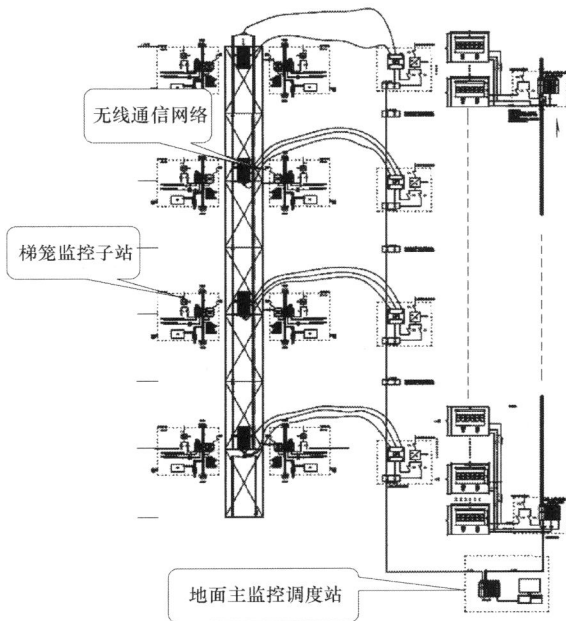

图 6-68　系统组成示意图

图 6-69　主监控调度站监控画面

2. 控制原理

综合监控系统由 1 个主监控调度站、若干个梯笼监控子站和工业无线通信网络组成。梯笼监控子站记录梯笼自身的所有状态信息，并将自身状态信息通过无线网络传输到主监控调度站，主监控调度站接收和监测各个梯笼监控子站的状态，并计算各个梯笼之间的相对距离，根据梯笼之间的相对距离，实现对各个梯笼的安全间距控制，保证多个梯笼在循环运行过程中的安全。另外，为了保证梯笼的绝对安全，每个梯笼的顶部和底部分别安装有测距仪，当测距仪测量的距离低于设定的最低值时，梯笼会强制停机。

3. 子系统的设计与研究

（1）主监控调度站

主监控调度站由主控制 PLC 柜、UPS 电源柜、操作台、显示墙等组成。主监控调度站是整个循环电梯的监控调度和控制中心，主监控调度站可以接收所有楼层呼叫系统的电梯请求信息，也可以实现对任意一个梯笼和旋转节的全功能控制。

主监控调度站具备如下特点：

1）为了统一通信接口、简化软件调试、预留升级改造空间和方便现场施工，整个系统全部采用工业以太网进行数据通信，主监控调度站只需一根光纤或一根千兆以太网线就可以实现对外的所有通信。

2）为了保证主控制 PLC 柜、主干路通信网络和旋转节的电源不因意外断电而中断，主监控调度站还设置了不间断供电电源（UPS）。

3）为了更直观地显示每个梯笼所在的绝对高度和相对距离、每个旋转节的工作状态、梯笼在旋转节上的旋转换轨情况等，主监控调度站还设置了大尺寸显示墙，显示墙两边显示的是组态软件画面，所有梯笼的绝对高度和相对距离都可以在组态软件上实时动态的一一显示出来，极大地方便了主监控调度站操作员对整个循环电梯运行情况的整体把控；显示墙中间显示的是每个旋转节的实时摄像头监控画面，通过监控画面，操作员可以随时查看每个旋转节的实时工况及梯笼在旋转节旋转换轨的具体状况等。

4）为了方便主监控调度站操作员对整个循环电梯的整体操控，主监控调度站配备了扇形操作台和操作 PC 机，通过 PC 机组态画面，操作员可以查看整个系统的所有状态信息，也可以实现对所有系统的操控，同时，操作台上还设置了全局急停按钮，以便于在紧急情况下主控室操作员将全部设备停止运行。

（2）梯笼监控子站

梯笼监控子站由控制 PLC、无线网络硬件、操作面板等组成。

梯笼监控子站的任务是：

1）收集梯笼的所有状态信息，并将梯笼的所有状态信息通过无线网络发送给主监控调度站。

2）接收来自主监控调度站的控制指令，并执行相应的动作，控制梯笼的运行。

3）实时测量上下相邻梯笼的距离，如果相邻梯笼的距离小于设定的最低值，则强制控制梯笼停止运行。

4）梯笼准确定位到旋转节后，由司机按动操作面板上的按钮和开关，将旋转换轨指令传达至主监控调度站，主监控调度站再控制旋转节完成梯笼的旋转换轨动作。

（3）无线网络

由于梯笼处于移动状态，通信方式优先采用无线方式，为了保证通信安全可靠，对比了多种方案（如蓝牙、定向天线、全向天线等无线传输方式）后，采用工业无线移动通信——漏波电缆。漏波电缆是沿着固定导轨敷设的特殊定向无线发射天线，无线信号沿着漏波电缆的敷设方向延展，这样在整个导轨架高度上形成一个圆柱形的无线网络信号覆盖范围。漏波电缆布置如图 6-70 所示。

（4）智能楼层呼叫系统

由于现有的施工电梯呼叫系统只是单向的呼叫，且无线发射器数量多、距离太远，容易造成发射器信号质量差，互相干扰串码等问题。

为了克服传统楼层呼叫系统的弊端，研发了一种即插即用式的智能楼层呼叫系统（见图 6-71）。每层楼安装楼层呼叫节点，楼层呼叫节点由电源模块、主控制 MCU 模块、电梯呼叫请求按键、数据存储模块、LED 显示屏、楼层地址设定模块、CAN 网络通信模块等组成。所有楼层呼叫节点的 CAN 网络通信模块通过一根即插即用的 CAN 通信电缆串接起来，连接至调度站。楼层呼叫节点和调度站通过 CAN 总线互相通信，楼层呼叫节点的呼叫请求信息通过 CAN 总线传输至调度站，调度站计算出最优的电梯调度指令，调度相应电梯执行运输任务，同时，调度站的调度指令通过 CAN 总线传输至楼层呼叫节点，由楼层呼叫节点的显示屏显示电梯的调度信

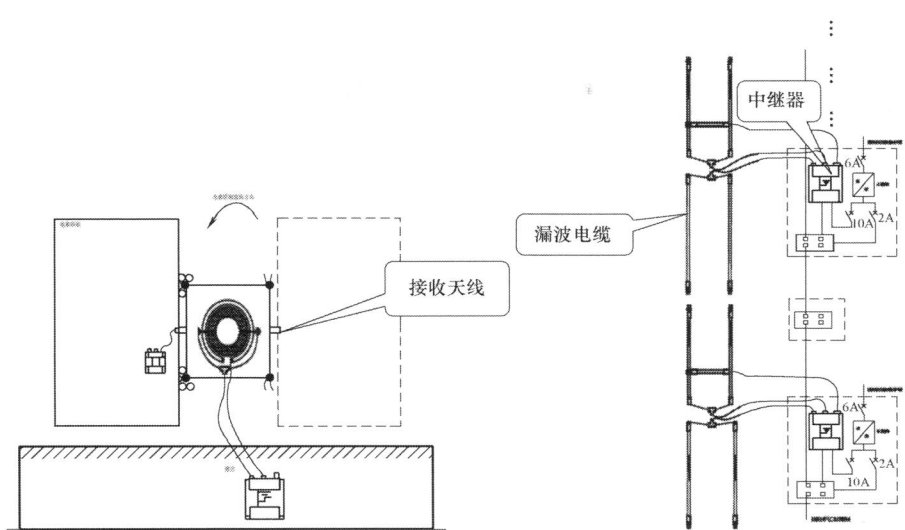

图 6-70 漏波电缆布置图

息。并且，得益于 CAN 总线的热插拔特性，楼层呼叫系统可以在不断电的情况下随时增减楼层呼叫节点的数量，这样极大地方便了超高层建筑施工过程中楼层呼叫系统的维护工作。

全新研发的智能楼层呼叫系统采用了功能丰富的键盘，楼层呼叫节点的键盘不仅可以让乘梯人输入乘梯上行下行方向信息，还可以预先输入乘梯人的目的楼层信息。传统的施工升降机只能输入上下方向请求信息，由于不知道乘梯人的目的楼层，电梯控制中心就无法做出合理的派遣指令，电梯的运行效率就无法提高；如果乘梯人预先就能够输入上下方向信息和目的楼层，调度站就能够根据当前的呼叫请求信息，准确地下达电梯调度指令，从而提高电梯的运行效率。

另外，智能楼层呼叫系统采用了 LED 显示屏设计（见图 6-72），楼层呼叫节点的 LED 显示屏可以显示最近几部电梯梯笼所在的位置，方便候梯人员查看等候，避免工人在等候电梯时出现焦躁情绪；LED 显示屏还可以显示整个系统的警报、故障等特殊信息，极大地方便了系统的维护工作。

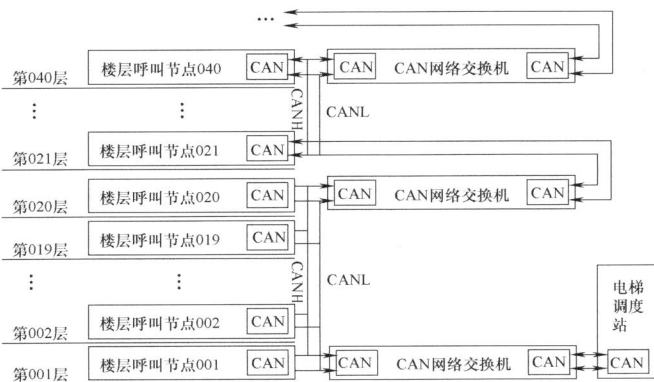

图 6-71 智能楼层呼叫系统组成框图

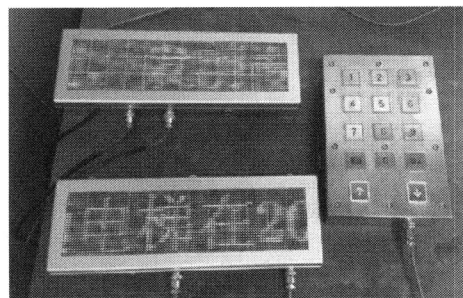

图 6-72 智能楼层呼叫系统显示器及呼叫盒

基于 CAN 总线的即插即用式的智能楼层呼叫系统，配备 LED 显示屏及丰富的电梯呼叫请求按键，且具有即插即用等功能，有利于提高超高层施工升降机的运行效率，简单易用，可以在超高层施工升降机上推广使用。

4. 调度模式及方法

（1）调度模式的研究

调度模式包括远程调度模式、本地操作模式和单机检修模式三种。

远程调度模式仅用于吊笼的入库、出库以及综合监控系统的调试。梯笼内无人，接收综合监控系统的指令，由综合监控系统完全控制，梯笼也受控于上下测距仪。

本地操作模式用于梯笼的正常运行，梯笼由具有从业资格的司机经培训后操作。梯笼接收综合监控系统的紧急停止、正常停止、减速、限速、限定运行方向指令，由吊笼控制系统自动执行，并提醒司机。梯笼受控于上下测距仪。

单机检修模式仅用于吊笼的安装、维护和调试。梯笼由专业维护人员操作运行，梯笼受控于上下测距仪，梯笼不接收综合监控系统的控制指令，仅当梯笼处于此模式下时，才允许专业维护人员在梯笼笼顶操作梯笼运行。

（2）几种常用调度模式的设计

几种典型情况下的调度模式如图 6-73、图 6-74 所示。

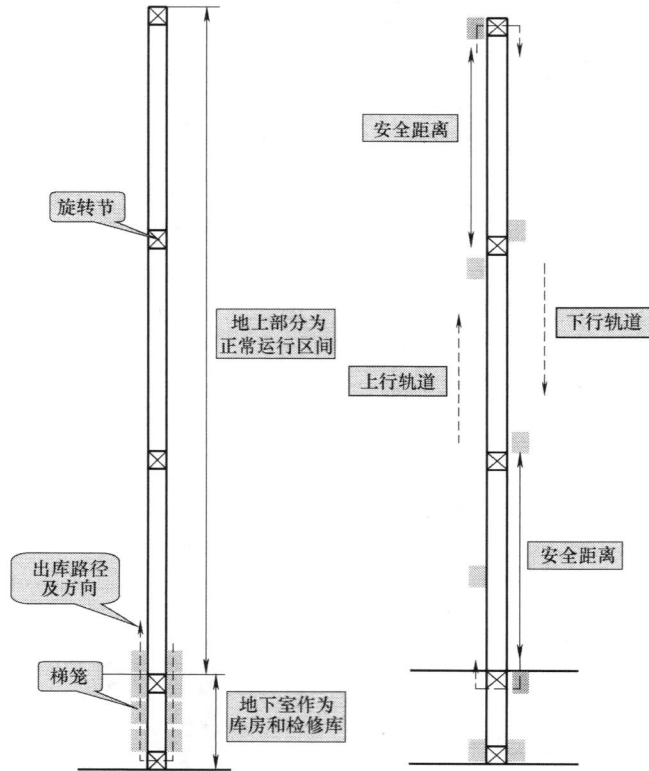

图 6-73　出（入）库模式及正常运行模式

5. 安全控制系统

（1）主控系统防撞

为了确保不会撞车，各梯笼把自己的位置和运行方向实时发送给地面群控调度系统，地面主监控调度站自动判断各梯笼之间的距离，当距离不小于 40m 时，梯笼允许最大速度为 90m/min；介于 25～40m 之间时，梯笼允许最大速度为 60m/min；介于 15～25m 之间时，梯笼允许最大速

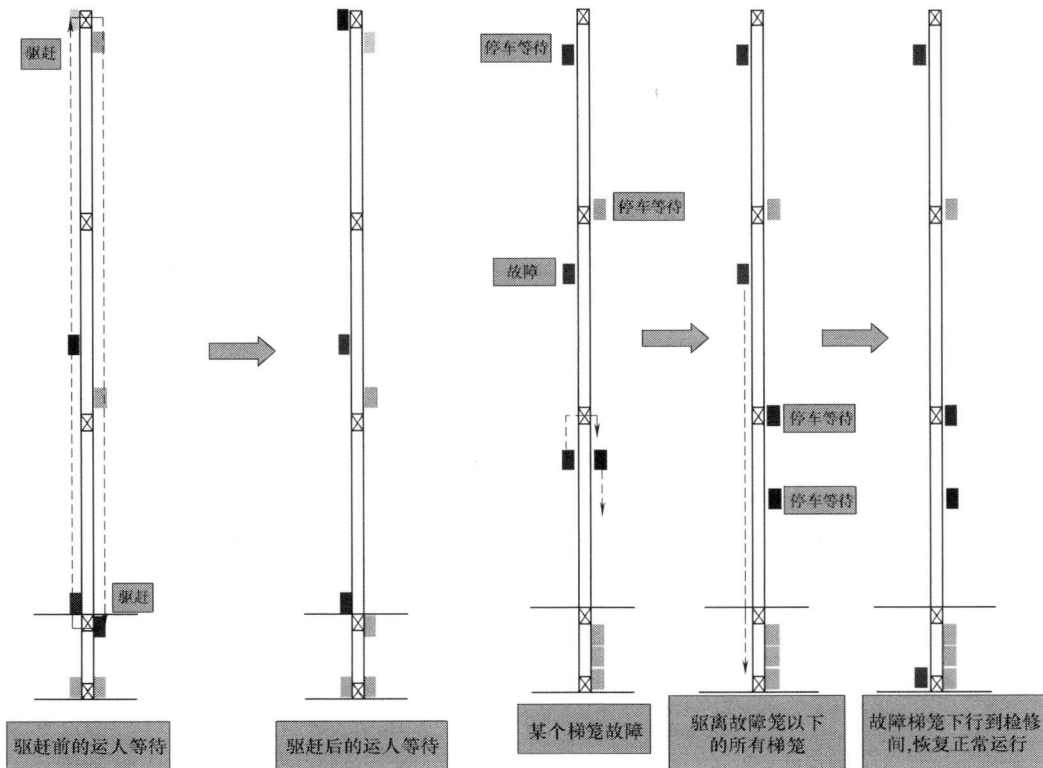

图 6-74　梯笼等待时的"驱赶"模式及梯笼故障应急模式

度为 30m/min；小于 15m 时，"接近"梯笼减速停车。主控系统防撞原理如图 6-75 所示。

地面主监控调度站还将自动判断梯笼与正在进行旋转换轨的旋转换轨机构之间的距离，当距离不小于 40m 时，梯笼允许最大速度为 90m/min；介于 25～40m 之间时，梯笼允许最大速度为 60m/min；介于 15 ～ 25m 之间时，梯笼允许最大速度为 30m/min；小于 15m 时，"接近"梯笼减速停车。另外，出现通信中断时，梯笼自动减速停车。

（2）识别及自动紧急制动系统

当主控系统防撞构成的第一道安全防线失效时，为了确保不会撞车，每个梯笼采用了识别及自动紧急制动系统，当距离达到限值后自动报警，且切断电源，自动紧急制动。

识别及自动紧急制动系统（见图 6-76）包括位于梯笼上的用于接收其他梯笼信息及发出本机信息的无线收发器，位于梯笼顶部和底部的智能识别测距装置，无线收发器和智能识别测距装置均与电梯升级控制系统相连，当两梯笼距离过近，超过设置的限值时，系统一方面向电梯司机发出警告信息，另一方面自动控制梯笼减速，停车甚至断电紧急制动。

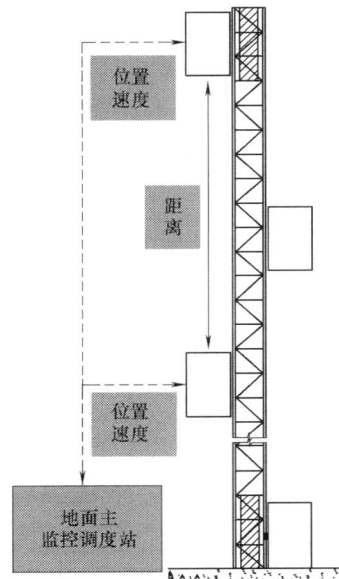

图 6-75　主控系统防撞
原理示意图

距离测量装置包括激光测距仪及超声波测距仪，是能够识别相邻梯笼相对距离的测量装置。控制器包括 PLC、单片机、微控制器、工控机等具备计算处理能力的控制器件，控制器实时读取测距仪测量的距离数据，根据梯

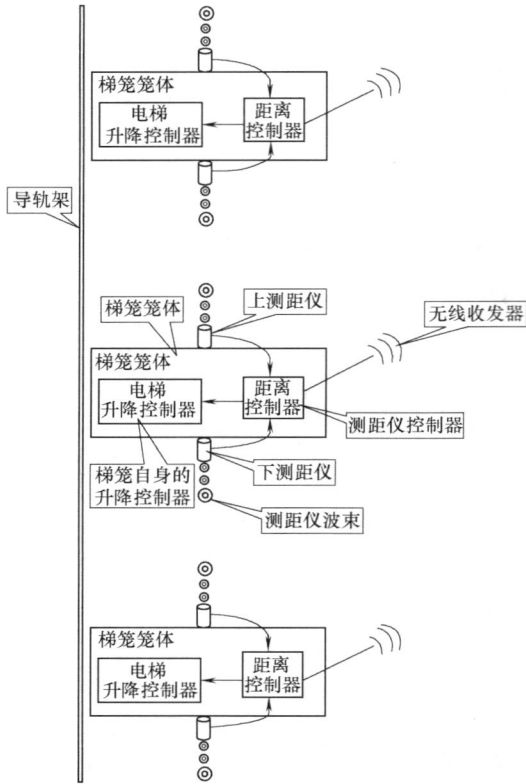

图 6-76　识别及自动紧急制动系统示意图

笼之间的相对距离控制梯笼的速度。具体来说就是，设置若干个距离警戒点，比如3个，从远到近依次命名为正常安全距离、警告安全距离、极限安全距离，当相邻梯笼的距离大于正常安全距离时，允许梯笼正常行驶；当相邻梯笼的距离小于正常安全距离但是大于警告安全距离时，允许梯笼减速慢行；当相邻梯笼的距离小于警告安全距离但是大于极限安全距离时，控制梯笼停车等待；当相邻梯笼的距离小于极限安全距离时，为非正常状态，应该立即切断驱动电机的电源，强制停车。另外，当相邻梯笼的距离小于正常安全距离时，控制器还应该通过声光报警装置提醒电梯司机主动控制电梯速度。

（3）其他安全措施

在每个梯笼上设置监视摄像头，帮助司机用来观察上下部的情况。此外，万一出现上述装置和系统均不起作用的极端情况，通过在梯笼的顶部和底部设置缓冲阻尼装置（见图6-77、图6-78），保证即使相撞，也不会导致脱轨和坠落。

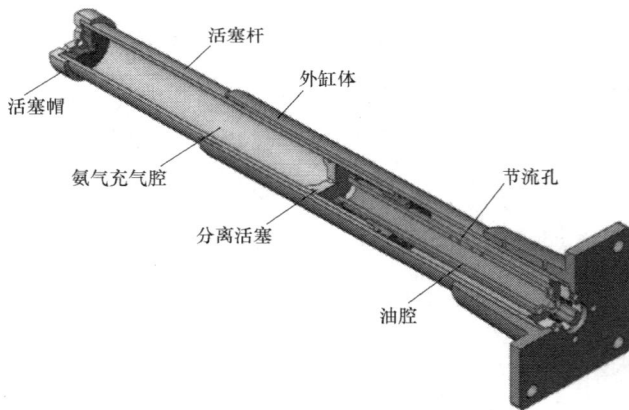

图 6-77　缓冲器示意图

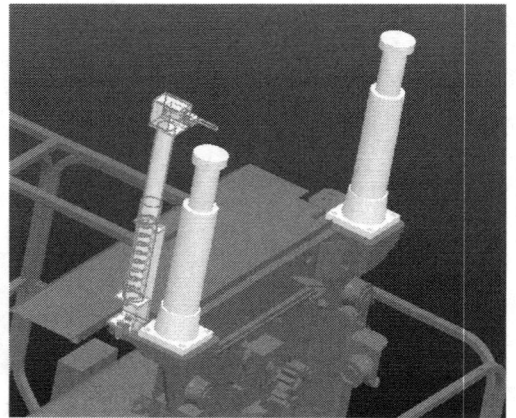

图 6-78　缓冲器布置图

6.3.4　无电缆分段供电技术的设计

由于需要多梯笼换轨，随行电缆的供电方式已不再适用于循环电梯，故采用无电缆方式，即采用滑触线形式替代电缆进行供电。集电器（碳刷）通过可调支架固定在梯笼上，母线槽则固定在导轨架上，当梯笼运行时，通过碳刷在母线槽中滑动进行取电，如图6-79所示。

1. 供电系统范畴及组成

循环电梯供电系统解决从箱式变压器380VAC低压侧到各梯笼的电力分配问题，为了减

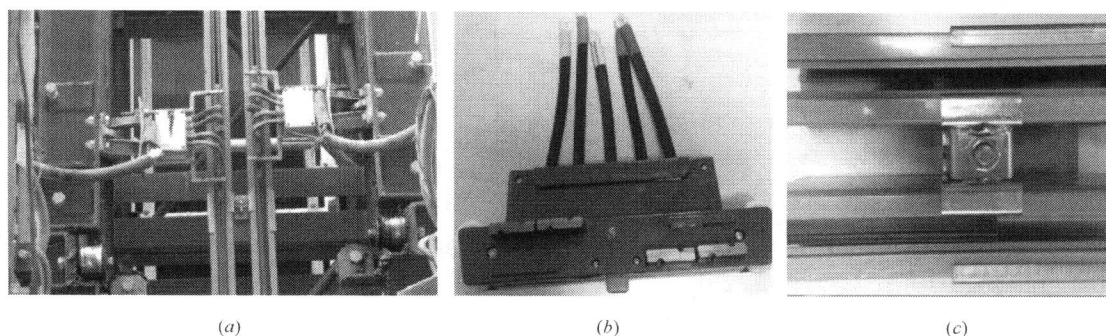

图 6-79 滑触线组成
(a) 供电滑触线；(b) 集电器（碳刷）；(c) 母线槽

小母线电流和电压降，采用 690VAC 工作电压。供电系统包括升压变压器、总配电箱、分段配电箱、外接电缆、滑触线、各梯笼开关箱以及用电设备。循环电梯供电系统范畴如图 6-80 所示。

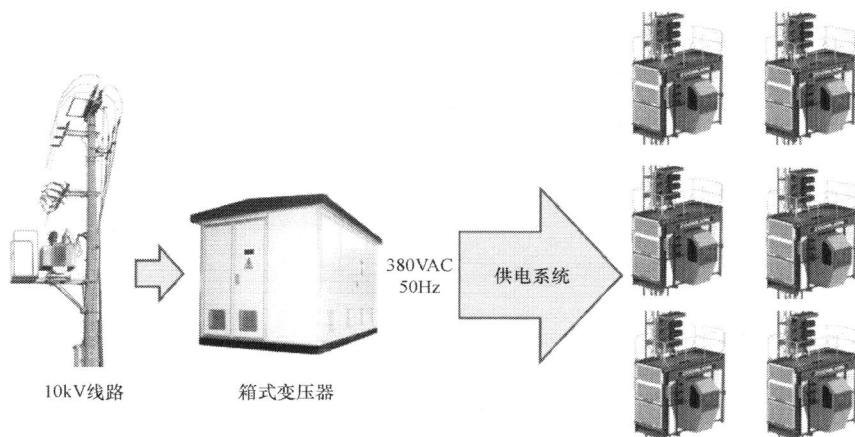

图 6-80 循环电梯供电系统范畴

2. 供电系统设计

循环电梯相比传统施工电梯，其原理组成及运行方式进行了极大创新，因此传统施工电梯供电系统解决方案已不再满足循环电梯需求，具体表现在以下几个方面：

（1）单部循环电梯的梯笼数量远大于传统施工电梯（2 梯笼），用电设备总功率大幅度提升，对供电母线及电气开关的载流要求大幅度提升；

（2）循环电梯通常用于建筑结构高度大于 400m 的超高层建筑项目，供电距离长，负荷大，电压降问题突出；

（3）供电系统负载的梯笼数量多，若发生故障影响范围较大，因此可靠性要求高。

针对以上问题和需求，需设计出满足循环电梯大负荷、合理电压降、高可靠性需求以及相关规范要求的新型供电系统。

拟采取的解决方案为：将附着于导轨架全高的滑触线分为若干独立供电段，并分别通过外接电缆接入总配电箱，总配电箱设短路、过载、漏电保护。通过计算及合理规划确定每一分段所允许运行的最大梯笼数量和负载功率，从而降低对每一分段的载流要求。每一分段均有 2 组互为冗余的供电回路，设置有独立保护装置，当某分段其中一回路发生短路、过载故障时，该回路电源切断而不影响另一回路和其他分段，最大限度保持运行能力。

根据初步计算，若采用一次供电方式，600m 母线电压降达到 27.8%，远远超过用电设备允许范围。电动机欠压工作（恒负载情况下）会导致转速下降甚至堵转，电流升高，线圈过热甚至烧毁，其危害大于过电压。

为了解决电压降过大的问题，采用分段供电方式。分段的最大长度，除了满足电压降要求外，还应考虑故障排查及检修，较短的分段长度能减小发生故障后的影响范围，但同时也会增加故障源和维护工作量。

3. 供电系统方案设计

采用如图 6-81 所示的三级配电系统。将外部电源引入总配电箱，通过树干式配电线路接入各分段滑触线，干线与各分段之间设置分段配电箱，分段配电箱具有对分段内两路冗余滑触线组的开关断路保护功能。每个梯笼通过一个取电切换箱分支出两路集电器接入同侧轨道的两路滑触线，取电切换箱能选择其中一路滑触线形成通路取电。该供电系统已授权实用新型专利。

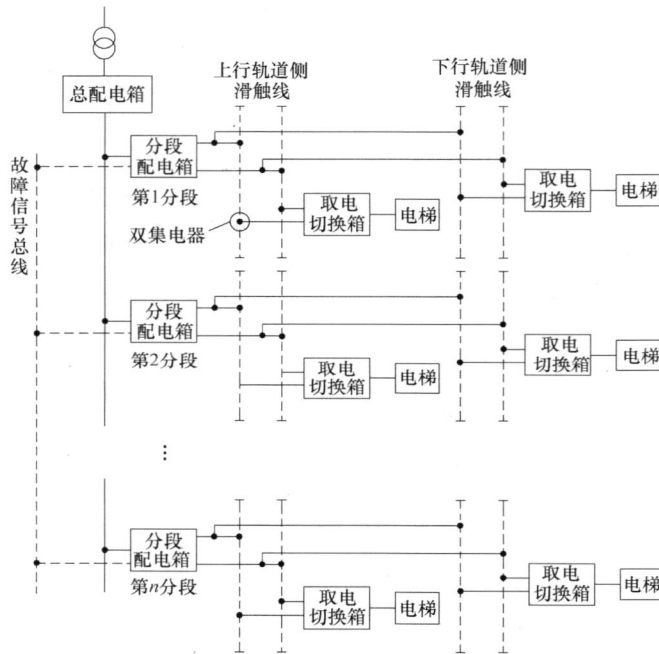

图 6-81　循环电梯供电系统方案示意图

4. 旋转和跨越分段的不间断供电设计

为满足母线在旋转节旋转过程中的不间断供电，在每个旋转节处设置电气滑环，将附着于旋转节上的滑触线和相邻固定标准节上的滑触线导通（见图 6-82）。在旋转节部分，滑触线进行断开设置，接头处采用双向锥形设计（见图 6-83），便于在旋转节位置，取电器顺利通过母线槽，同时为了保证旋转过程中不断电，在旋转节下部设置了电气滑环。

为严格保证各供电分段的电气隔离，在相邻两个分段的交界处，滑触线同相导体之间设置有一定长度的绝缘隔离材料替代导电导体，在不影响集电器碳刷通过的条件下，将两侧回路隔离。

但由此产生了新的问题：为保证绝缘性能，绝缘隔离材料的长度大于集电器单相碳刷的长度，当碳刷经过绝缘隔离材料时，会同时失去前后两个回路的动力供应，导致梯笼强制停车。为解决该问题，每个梯笼采用双集电器并联，上下间隔排布从滑触线取电（见图 6-84）。

图 6-82 滑触线及电气滑环示意图

图 6-83 双向锥形接头

图 6-84 双集电器设计

6.3.5 样梯现场试验

选取武汉中心项目进行 50m 样梯的现场试验，样梯包括两部梯笼、两部旋转换轨机构，并完成相关循环运行试验。整体试验共分为三个阶段，第一阶段进行旋转试验，第二阶段进行单笼循环试验，第三阶段进行整机测试，同时进行群控调度及安全控制系统的试制安装。

1. 样梯的配置及安装

（1）循环电梯机型配置

旋转电梯参数如表 6-7 所示。

旋转电梯参数   表 6-7

编号	W5 号
型号	SC200/200B-THPIX
施工升降机数量	1 台
额定载质量	2×2000kg
额定安装载质量	2×1000kg
安装高度	50m
起升速度	0～96m/min
限速器	SAJ60-2.0

吊笼内部面积(长×宽×高)	3.2m×1.5m×2.5m
标准节规格	650mm×900mm×1508mm
电机功率	2×3×18.5kW(德国 NORD 电机)
变频器功率	110kW(施耐德)
附墙距离	1.85～3m
最大悬臂高度	5.9m
另:	1. 标准节及附墙镀锌处理 2. 供电系统:滑触线 3. 楼层呼叫系统 4. 超载保护装置:微电脑超载控制配置 5. 配套 690V 升压装置 6. 带操作室

（2）标准节配置

旋转电梯标准节大小为 900mm×650mm，由旋转换轨机构、加强型附着节、电梯标准节组成，其中旋转换轨机构 2 节、加强型附着节 4 节、电梯标准节 23 节。

（3）附墙件配置

50m 旋转样梯附墙件选用及附着楼层见表 6-8。

50m 样梯附墙件配置表 表 6-8

附着	楼层	附墙长度(mm)	附墙型号	附墙可调范围(mm)
第 1 道	2	3200	2.8m 特殊	2650～3000
第 2 道	3	3200	2.8m 特殊	2650～3000
第 3 道	4	3200	2.8m 特殊	2650～3000
第 4 道	5	3200	2.8m 特殊	2650～3000
第 5 道	6	2155	2.1m 特殊	1850～2200
第 6 道	8	2155	2.1m 特殊	1850～2200
第 7 道	9	2155	2.1m 特殊	1850～2200
第 8 道	10	3200	2.8m 特殊	1850～2200

附墙间距在 1850～2200mm 之间（共 3 道），附墙件如图 6-85（a）所示，附墙间距在 2650～3000mm 之间（共 5 道），附墙件如图 6-85（b）所示。

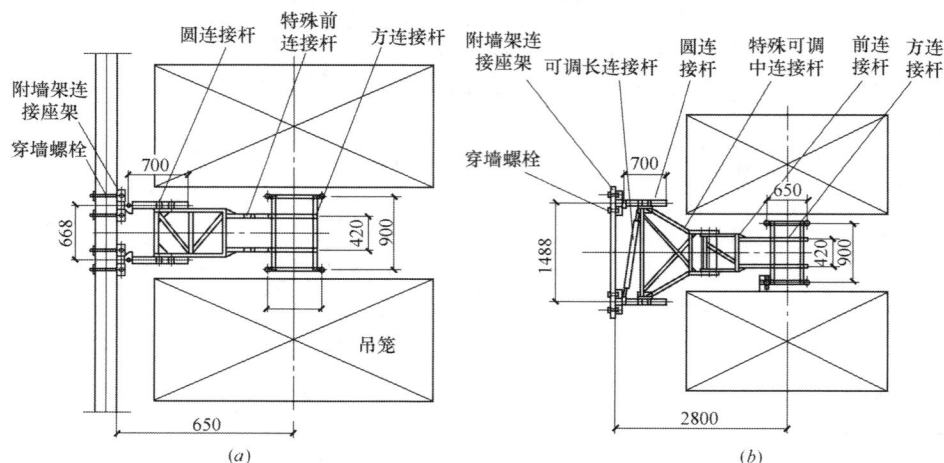

图 6-85 附墙件示意图

（a）附墙间距在 1850～2200mm 之间；（b）附墙间距在 2650～3000mm 之间

（4）旋转机构配置

旋转机构由电动机、电磁制动器、弹性联轴结、伞齿减速机及传动齿轮等组成，传动机构弹性连接在吊笼上，通过齿轮与齿条啮合，使吊笼运行。在加工前需先设计完善，再寻求专业厂家进行深化设计及工厂试制。旋转机构的加工及运输见图 6-86～图 6-88。

图 6-86　机械部分工厂整体拼装

图 6-87　旋转节驱动部分工厂组装

导轨锁定块

图 6-88　旋转换轨机构运输

（5）安全电控系统

安全电控系统由电路里设置的各种安全开关及其他控制元件组成。当升降机运行发生异常情况时，将自动切断升降机电源，使吊笼停止运行，以保证升降机的安全。安全电控系统控制元件见图 6-89。

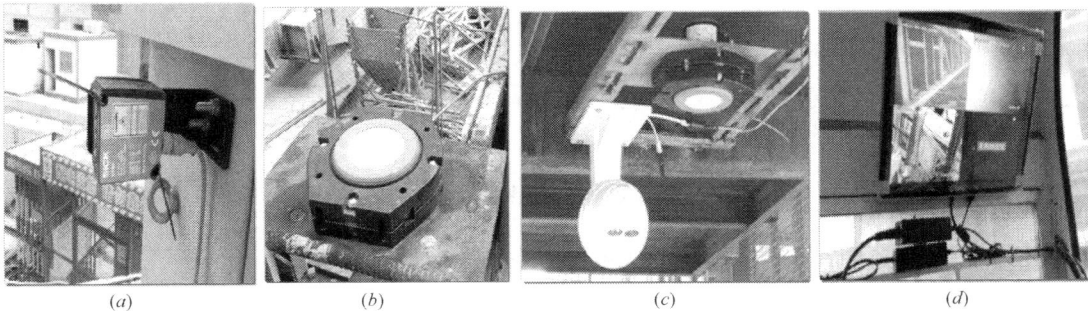

(a)　　　　　　　(b)　　　　　　　(c)　　　　　　　(d)

图 6-89　安全电控系统控制元件

（a）激光测距仪；（b）超声波测距仪；（c）摄像头；（d）笼内监控画面

吊笼的单、双门上及吊笼顶部的活板门上均设有安全开关，如任一门开启或未关闭，吊笼均不能运行；钢丝绳锚点处设有断绳保护开关；吊笼上装有上、下限位开关及减速限位开关和极限开关，当吊笼行至上、下终端站时，可自动停车，若此时因故不停车超过安全距离时，极限开关动作切断总电源，使吊笼制动。

此外，在限速器尾盖内设有限速保护开关，限速器动作时，通过机电连锁切断电源。

（6）电力供应系统

梯笼供电系统采用滑触线接触供电，滑触线随建筑高度的增加逐步进行安装。由于升降机安装在超高层建筑，工地电压在某些时段波动较大，以及高度过大带来的电压降问题，会严重影响升降机的使用，故增加一 690V 升压稳压系统，安装在升降机的首层。

针对循环电梯在武汉绿地中心项目的应用，样梯试验时按拟投入 8 部 96kW 梯笼考虑，可知在 8 部梯笼平均速度 75m/min、平均载重 1.5t、同时系数 0.67 条件下的计算电流为 478A，视在功率为 571kVA。根据计算负荷，选择 800kVA 容量变压器，负载率 71%。同时通过分析论证，最终确定供电分段的最大长度为 75m，电压降为 3.5%。

（7）防噪措施

升降机的噪声主要是由于电机齿轮齿条摩擦产生共振而产生的，故为了减少噪声的产生，在吊笼上安装一套自动加油机，保证齿轮齿条的润滑，从而减轻噪声产生的根源。

2. 试验内容及方法

循环电梯试验主要包括性能试验、结构应力测试、可靠性试验，并记录各种工况、载荷、试验程序以及试验过程中的维修保养和异常现象；同时还包括结构应力测试的动态应变曲线记录，并将每一次的试验及记录结果如实记录。

（1）性能试验

样机应装备设计所规定的全部装置及附件，至少应安装两套旋转导轨、一套竖向承力附墙架，竖向承力附墙架上部的导轨高度不应小于 50m，最少安装 3 台吊笼。吊笼运行应能达到一个工作循环的要求，附墙架按设计位置安装。其主要试验项目如下：

1）检查与测量

① 检查传动系统、电气系统、防坠安全器、制动器及操作系统有无异常情况。

② 检查导轨架、附墙架等金属结构件的完好情况。

③ 检查金属结构件的连接件是否牢固、可靠。

④ 应在额定载质量的情况下检验其传动齿轮、防坠安全器与齿条的啮合精度。

2）标准节互换性检验

① 随机抽检 5 节标准节，每节能否不用锤击等强制方法顺利装配。

② 检查每根立管接缝处的错位阶差。

③ 检查各齿条连接处相邻两齿的齿距偏差和齿高方向的阶差。

3）滑接输电装置安装检查

检查滑接输电装置接缝处的错位阶差，不得大于 1mm。

4）安全装置检查

① 检查吊笼门及围栏门机械锁钩和电气安全装置，上、下限位，减速限位和极限限位，急停等电气安全开关的正确性、有效性。

② 检查各缓冲器的齐全性、安装正确性及功能。

③ 检查超载保护装置的可靠性。

5）绝缘试验

① 在电源接通前，测量主电路及控制电路的绝缘电阻值。

② 测量主体金属结构、电气设备金属外壳的接地电阻值。

6）稳定性试验

① 吊笼位于无附着最大提升高度，笼内装有均布的 150％额定载质量，判定施工升降机稳定性。

② 导轨架单边布置全部吊笼，吊笼间距 6m，笼内装有均布的额定载质量。

7）安装试验

安装工况不少于两个标准节的接高试验。

8）空载试验

① 每个吊笼应分别进行空载试验。

② 全行程应进行不少于 3 个工作循环的空载试验，每一工作循环的升、降过程中应进行不少于两次的制动，其中在半行程应至少进行一次吊笼上升和下降的制动试验，观察有无制动瞬时滑移现象。

9）载荷试验

① 额定载质量试验：

a. 每个吊笼分别进行额定载质量试验。

b. 吊笼内装额定载质量，载荷重心位置按吊笼宽度方向均向远离导轨架方向偏 1/10 宽度，长度方向均向附墙架方向偏 1/10 长度的内偏（以下简称内偏）以及反向偏移 1/10 长度的外偏（以下简称外偏），按所选电动机的工作制，内偏和外偏各做全行程连续运行 30min 的试验，每一工作循环的升、降过程应进行不少于一次制动。

c. 额定载质量试验后，应测量减速器的温升。

② 超载试验：

超载试验取 125％额定载质量。载荷在吊笼内均匀布置，工作行程为全行程，工作循环不应少于 3 个，每一工作循环的升、降过程中应进行不少于一次制动。

10）安装垂直度的测定

吊笼在导轨架左右两侧均分为两组，均空笼降至最低点，从垂直于吊笼长度方向（V 向）与平行于吊笼长度方向（P 向）分别测量导轨架的安装垂直度（见图 6-90），重复 3 次取平均值。

11）噪声的测定

① 分别测定吊笼内与传动系统处的噪声。

② 测定吊笼内噪声时，吊笼装载额定载质量，以额定提升速度上升，声级计位于吊笼宽度方向距传动板内壁 1m、长度方向的中点、距吊笼内底板 1.6m 高度位置，声级计（A 计权）的传感器分别指向 A、B、C、D 四个方向（见图 6-91），各测量 3 次，取最大的噪声值。

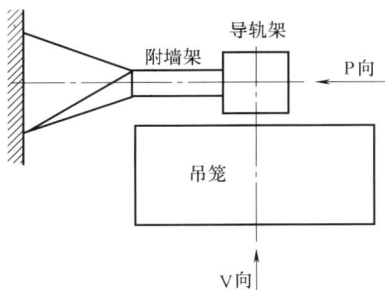

图 6-90　导轨架安装垂直度
测定方向示意图

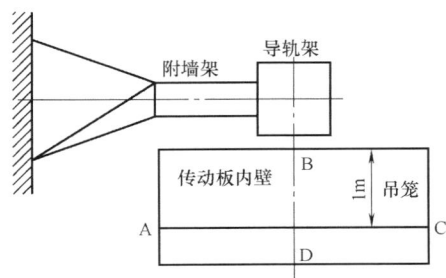

图 6-91　噪声测定时
传感器方位示意图

287

③ 测定传动系统处的噪声时，吊笼装载额定载质量，以额定提升速度上升，声级计位于传动系统长度和高度方向的中心、距传动板内壁 1m 处，声级计（A 计权）的传感器分别指向 A、B、C、D 四个方向，各测量 3 次，取最大的噪声值。

12）速度测定

在额定载质量下测量吊笼额定提升速度。提升距离为全行程，次数不应少于 3 次，计算其平均值。

13）吊笼坠落试验

① 试验时，应在额定载质量和额定安装载质量中选择最不利的工况作为试验条件。

② 试验前，不得解体或更换防坠安全器。

③ 对施工升降机进行坠落试验时，通过操作按钮盒驱动吊笼以额定提升速度上升约 3～10m。按坠落试验按钮，电磁制动器松闸，吊笼将呈自由状态下落，直至达到试验速度时防坠安全器动作，测量制停距离。试验结束后重新将防坠安全器复位，对于防坠安全器不能制停吊笼的施工升降机，应立即停机检修。

④ 当防坠安全器动作时，其电气连锁安全开关也应动作。

⑤ 升降机坠落试验后检查：

a. 结构及连接应无任何损坏及永久变形。

b. 吊笼底板在各方向的水平度偏差改变值。

14）多吊笼试验

① 同时安装多个吊笼（不少于 3 个），每个吊笼额定载重进行试验。

② 所有吊笼同时全行程进行不少于 3 个工作循环。

（2）结构应力测试

1）测试方法

① 结构的自重应力（σ_0）可以计算数据作为依据。

② 全部吊笼处于行程最低点，取吊笼空载状态作为初始状态，应变仪调零。

③ 结构的载荷动应力测试按表 6-9 规定的工况加载，以额定提升速度运行，每个吊笼加载后依次从基站提升，运行距离不小于 10m 并靠近一道附墙架时制动，再启动上升不小于 10m，靠近最下一道附墙架时制动，然后再启动上升至上限位时制动。接着每个吊笼旋转后下降，每次运行距离不小于 10m，并在附墙架附近制动，最后到下限位制动。

④ 每一工况试验应重复 3 次，取其平均值。超载试验后，若结构出现永久变形或局部损坏，应立即终止试验，进行检查和分析。超载试验时，允许调整制动器，但试验结束后应重新调整。

2）安全判据

① 根据表 6-9，当载荷取额定载质量时所测出的结构最大动应力，应满足公式（6-1）给出的安全判据。超载工作状况只用于考核结构的完整性，不作为安全判据检查。

$$n = \sigma_s / \sigma_r \geqslant 1.5 \tag{6-1}$$

式中　n——安全判据；

σ_s——材料的屈服极限（Pa）；

σ_r——自重应力与当量应力之合（Pa）。

结构应力测试工况与项目   表 6-9

序号	测试工况			测试项目
1	安装额定载质量			附墙系统、导轨架的应力
2	单吊笼	额定载质量	内偏	附墙架、导轨架及吊笼的应力
3			外偏	
4		125%的额定载质量	内偏	
5			外偏	
6	单吊笼旋转	额定载质量	内偏	附墙系统、导轨架的应力
7			外偏	
8	导轨单边全部吊笼同时正常工作	额定载质量	内偏	
9			外偏	
10		125%的额定载质量	内偏	
11			外偏	
12	导轨两边同时有吊笼,且两边吊笼数量差不大于1个	额定载质量	内偏	
13			外偏	
14		125%的额定载质量	内偏	
15			外偏	
16		额定载质量	导轨一侧吊笼全部内偏,另一侧吊笼全部外偏	
17		125%的额定载质量		
18	选定一道竖向承力附墙系统,将所有吊笼位于此道竖向承力附墙系统导轨架段,且将吊笼分布于导轨架两侧,两边吊笼数量差不大于1个	额定载质量		竖向承力附墙系统的应力

② 对吊笼、导轨架、附墙杆等受压杆件,按公式 (6-2) 进行安全判据的检查。

$$n = 1/[\sigma_{ra}/\sigma_{cr} + (\sigma_{rm} - \sigma_{ra})/\sigma_s]r \geqslant 1.6 \qquad (6\text{-}2)$$

式中　σ_{ra}——由一个断面上若干个测点应变读数的平均合应力 (Pa);

　　　σ_{rm}——同一断面上几个电阻片确定的屈曲面所计算出的压杆最大压应力 (Pa);

　　　σ_{cr}——受压杆发生挠曲的临界应力 (Pa)。

(3) 可靠性试验

1) 预备试验

① 在可靠性试验前,应进行不少于3个工作循环的空载预备试验,并排除非常态故障。

② 空载试验每一工作循环上升和下降均取全行程,上升和下降工作行程中应进行不少于一次的制动。

③ 空载试验中升降机传动系统、安全装置以及结构部分有故障,应按有关规定进行保养或排除故障。

2) 工作工况试验

① 75%的额定载质量在吊笼内按内偏或外偏设置,每完成1000个工作循环后内外偏变动一次。

② 对于双吊笼施工升降机,可靠性试验按双吊笼同时上升1000个工作循环,再按一吊笼上升一吊笼下降1000个工作循环交替进行。载荷按双吊笼同时外偏、同时内偏,每1000个工作循环改变一次。

③ 完成 1.0×10^4 个工作循环后,应进行5次额定载荷的吊笼坠落试验。

6.3.6 工程应用

通过在武汉中心 50m 样梯的现场试验，各项性能指标满足了设计要求。在武汉中心完成了 50m 样梯群控调度及安全控制系统的安装调试工作，实现了样梯的计算机自动控制循环运行，完成了样梯整机"万次试验"计划，总体循环次数达到 11200 次，包括双笼不同载重下的循环试验，淋雨、通信中断及焊接电磁干扰等相关恶劣工况的循环试验。另外结合曲线电梯的研究，增加了适应楼层的曲线电梯设计及试验方案，目前已完成武汉绿地中心 137m 高样梯的安装，同时配置 6 部梯笼，为循环电梯的型式试验提供试验支持。试验样梯如图 6-92 所示。

图 6-92　武汉中心及绿地中心试验样梯

6.4　超高层跃层电梯

某项目共投入使用 4 部超高层跃层电梯（编号 TX-01 和 TA-01～03），作为施工人员及货物的运输工具。顾名思义，跃层电梯的机房是可自行爬升的临时机房，每次跳跃四层，即土建核心筒及楼板每上升四个楼层，电梯机房向上跳跃一次。结构封顶且电梯机房完工后，将新的电梯曳引机控制柜等机房设备安装在最终机房内，更换相应部件后即可转换为最终电梯。该安装方式可与建筑高度同步递增，适用于本工程施工周期较长、永久电梯尽早投用的特点，极大地降低了无谓的人工和进度的消耗。跃层电梯立面构造如图 6-93 所示。

6.4.1 跃层电梯安装与跃升流程

1. 跃层电梯安装

跃层电梯安装的前置条件是井道施工，关键线路为钢梁吊装、校正焊接、组合楼板铺设、钢筋绑扎、混凝土浇筑、测量放线、厅门角钢焊接（分隔梁、钢楼梯穿插安装）、地坎浇筑、ALC 条板安装、厅门封堵等。

初始安装时：（1）接收合格电梯井道，然后在井道高位定位防护平台，做好防水措施，以免雨水、杂物进入井道；（2）定线放样，搭设井道脚手架，并由底坑向上安装第一段导轨；（3）安装后续导轨和电梯每层厅门；（4）安装移动机房，同样依附在导轨上，它也有自动提升装置，安装完毕后提升上去，给轿厢挪出运行空间；（5）按常规拼装轿厢；（6）底坑及电气部件安装、调试。跃层电梯安装见图 6-94。

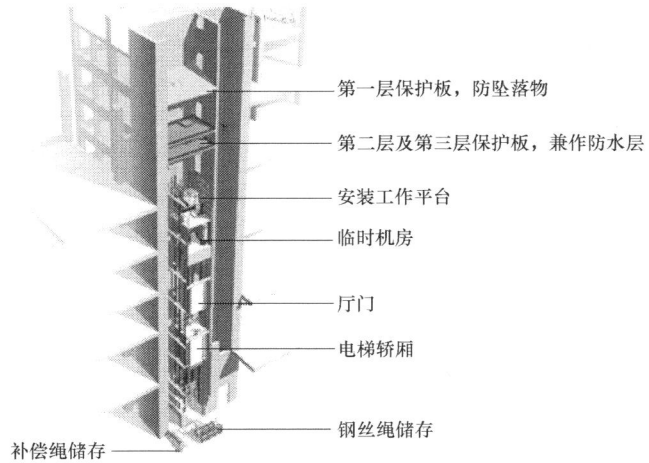

图 6-93 跃层电梯立面构造图

- 第一层保护板，防坠落物
- 第二层及第三层保护板，兼作防水层
- 安装工作平台
- 临时机房
- 厅门
- 电梯轿厢
- 钢丝绳储存
- 补偿绳储存

(a) (b)
(c) (d)

图 6-94 跃层电梯安装
(a) 井道分隔梁；(b) 头顶防护板；(c) 工作平台；(d) 临时机房

2. 跃升流程

（1）借助核心筒桁车吊提升防护平台，提升时两层防护平台通过铁链连接同时提升。本项目每四个楼层提升一次，定位后重做防水。

（2）定线放样并加装导轨。导轨安装在工作平台上完成，并与工作平台交替上升。跃层过程中导轨也是每四层进行一次安装。

（3）提升移动机房与轿厢。通过移动机房的自提升装置将移动机房与轿厢同时缓慢提升四层。

（4）安装四个楼面的井道信号开关、厅门及召唤、显示按钮等，并移交使用，本工程跃层电梯在施工期间最高可提供 100 层以下的人员及货物的垂直运输。

跃升流程见图 6-95。

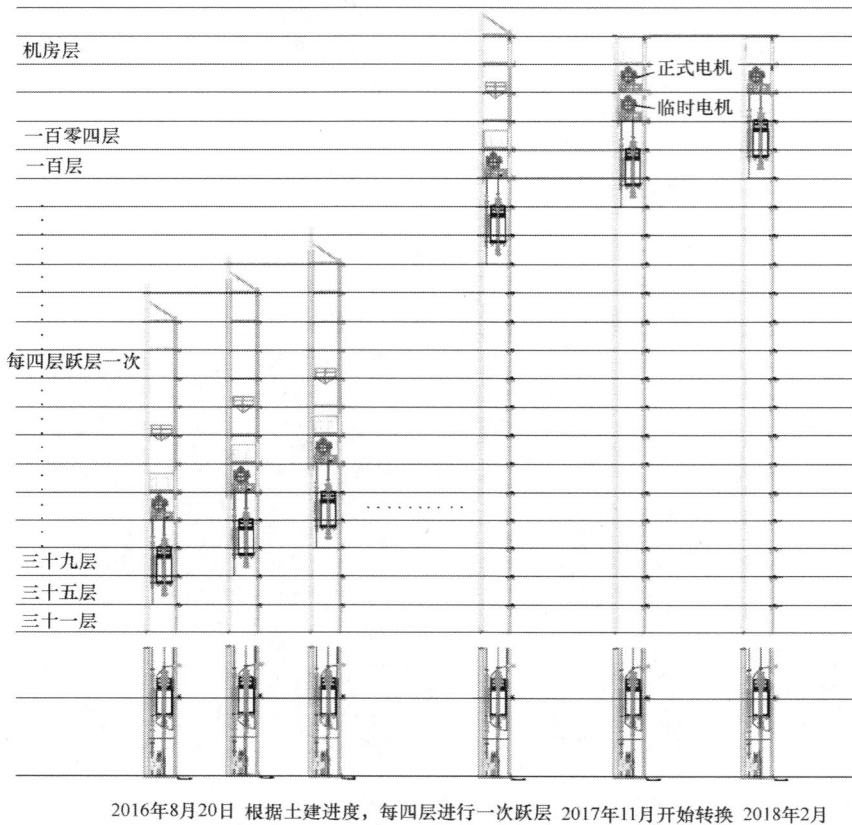

2016年8月20日 根据土建进度，每四层进行一次跃层 2017年11月开始转换 2018年2月

图 6-95 跃升流程图

6.4.2 跃层电梯临时支撑形式的研究

由于跃层电梯的临时机房是可自行爬升的，同时，为确保轿厢在施工期间像正式电梯一样安全可靠地运行，其临时支承梁形式应满足以下三个条件：

（1）承载力应满足要求；

（2）可适当的伸缩调节以适应井道内两支点间的跨度变化；

（3）便于施工，操作简便且安全性和稳定性要求高。

经方案研究，设计一种可伸缩支承梁：在跃层电梯正常使用工况下，支承梁一端通过伸臂落放在墙体预留孔洞内，另一端则支撑于厅门楼板上（楼板下方有楼板梁分担受力）；而在提升工况下，则通过上部安装工作平台下放的吊绳作用适当上提 50mm，驱动梁上的收缩机构，使得支承梁伸臂缩回并同支座脱离，进行整体的提升。如图 6-96 所示。

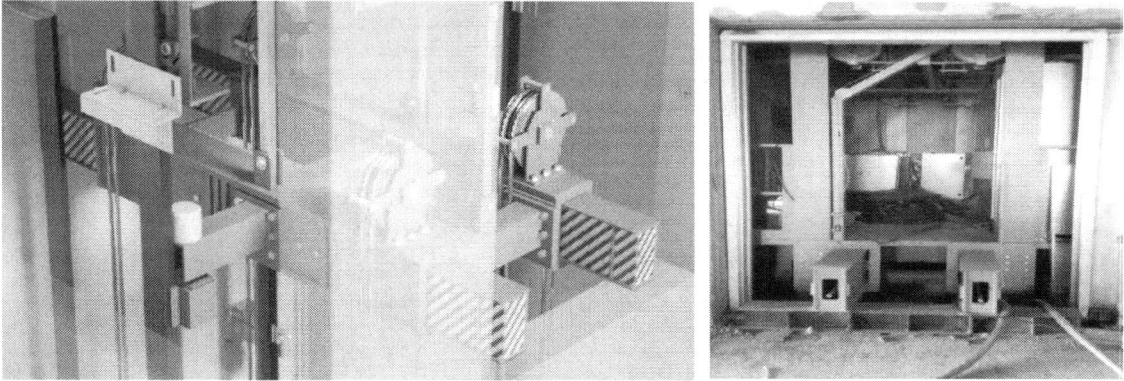

图 6-96　支撑节点图

6.4.3　跃层电梯全过程多专业深化设计及协同施工

1. 埋件及节点深化

与常规施工电梯通过钻孔射入膨胀螺栓方式将附墙件同结构墙体连接不同，由于跃层电梯具有自爬升和施工电梯投运的双重功能，其埋件的深化应综合考虑承载力、临时支撑形式等因素的影响，此项工作同墙体钢梁埋件、正式电梯井道内埋件、机电管线埋件同步完成。

（1）埋件深化

根据最不利工况下承载力验算，TX-01 结构墙体上预留孔洞每点最大载荷 250kN，TA-01～03 单点最大载荷 200kN，同时需外伸牛腿为支承梁提供落位支点。如图 6-97、图 6-98 所示。

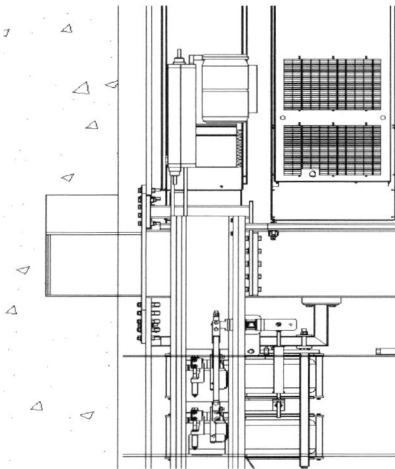

图 6-97　跃层电梯预埋示意图

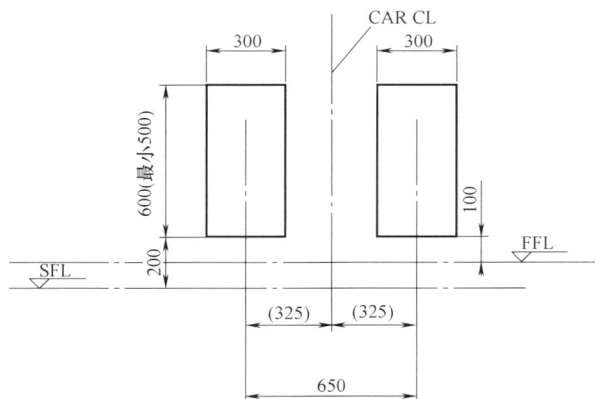

图 6-98　结构预留洞口示意图

（2）节点深化

基于对支撑形式的研究，该跃层电梯采用可伸缩式钢梁提供支撑，其一端铰接固定于墙体预留孔洞内，另一端铰接在井道厅门楼板上。为确保钢梁落位时的水平度，应对预留孔洞与楼板标高做适当调整，定位原则：R1、R2 预留孔洞下表面标高高于 R3、R4 标高 200mm，R3、R4 的标高为结构楼面标高。如图 6-99 所示。

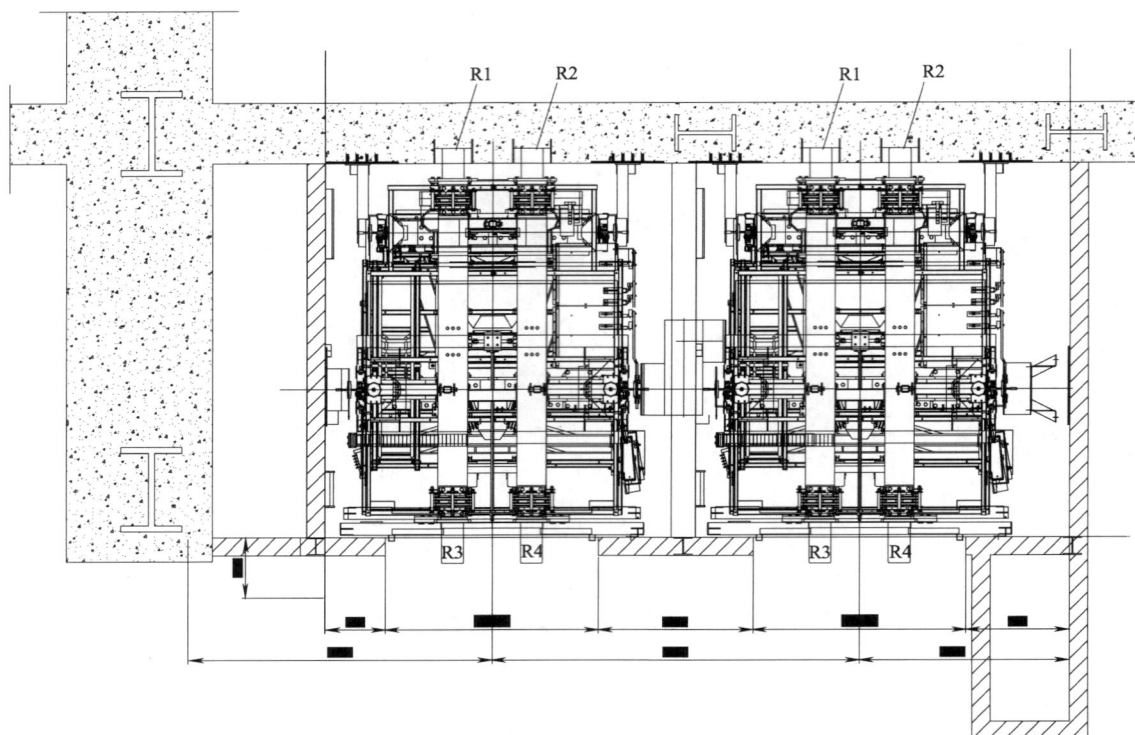

图 6-99 电梯节点平面图

2. 土建协同施工

（1）移交并临时封闭地下室电梯前室

临时封闭 B6～B3 层电梯前室，安装完成不小于 2m×2m 的门，钥匙交由电梯保管，作为存储钢丝绳的封闭空间；封闭区域用填充墙临时封堵，填充墙采用小型加气混凝土砌块由 M5 水泥砂浆砌筑而成。

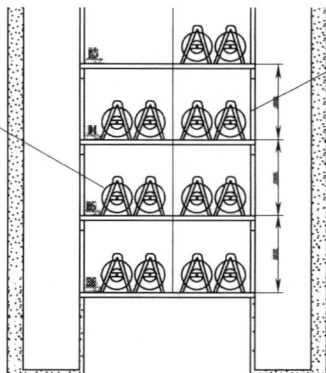

TA-01 与 TX-01 每层共用一个电梯前室，两者存储钢丝绳的空间应有分隔。TX-01 共 16 根钢丝绳，每层有 4 个钢丝绳卷筒，共需占用 B6、B5、B4、B3 四个结构层；TA-01 共 12 根钢丝绳，每层也有 4 个钢丝绳卷筒，需占用 B6、B5、B4 三个结构层。TA-02 与 TA-03 每层共用一个电梯前室，两者存储钢丝绳的空间应有分隔。每台均有 12 根钢丝绳，每层有 4 个钢丝绳卷筒，需占用 B6、B5、B4 三个结构层。如图 6-100 所示。

图 6-100 钢丝绳存储

（2）电梯井道移交

在钢结构完成且井道厅门立柱、分隔梁等主体钢构件吊装焊接后，土建应及时插入井道加气混凝土隔墙施工和后续的机房地面施工，电梯井道尺寸及误差、机房标高必须在电梯施工可控范围之内。

（3）厅门防水施工

每层电梯门口用灰砂砖砌 200mm 厚、200mm 高的挡水坎，并在挡水坎的内外侧及顶面用 1：2 水泥砂浆抹灰，挡水坎连接处做 200mm 高 C20 素混凝土地坎，防止电梯井道及底坑进水。实施效果如图 6-101 所示。

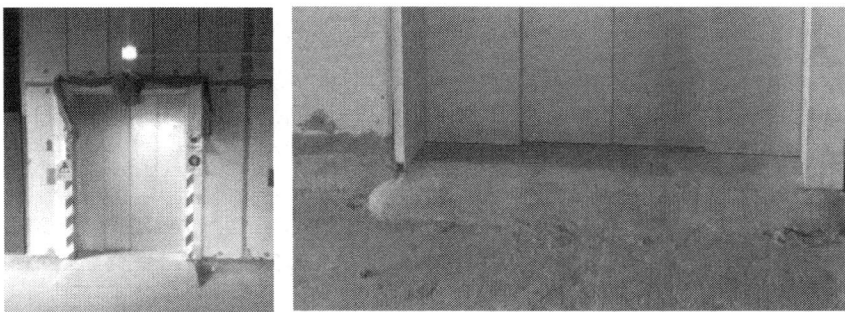

图 6-101 实施效果照片

3. 钢结构协同施工

电梯首次安装井道施工及跃层提升运行时，上部电梯井道结构正在施工，由于下部电梯已投入运行，导轨的位置已固定，为保证上部后安装导轨与下部已安装部分有效连接，上部井道结构施工偏差必须控制在导轨安装允许正偏差范围内，这对井道结构定位、结构成型质量提出了更高的要求。因此电梯厅门三边框角钢施工至关重要，需在施工过程中加强复核和验收，确保井道的垂直度和井道空间定位的准确性。

4. 机电协同施工

根据电梯厂家提供的需求，设置三路开关大小为 160A 和一路开关大小为 250A 的开关箱，从标准层 F060 和 F061 设置的二级箱 160A 开关引出 3 路，电缆大小为 JC3×35＋2×16mm²，分别引至该开关箱的 160A，从 60 层的配电室的一级柜引一路至该开关箱的 250A 开关，电缆型号为 YJV3×50＋2×25mm²。四路电缆长度均为 400m，该开关箱每 8 层提升一次，电缆随之提升。

6.4.4 跃层电梯临时机房与正式机房的切换

在继续安装前，确认提升形式，在安装平台上继续安装。遵照工地特别提升计划安装。在最终转换前，施工人员必须确认电梯转换条件：正式机房是否施工完毕，电梯井道是否施工完成。在满足以上条件的情况下，可以将正式电梯的机房设备先行就位，以缩短转换时间。再行确认电梯何时停驶，合理安排停驶周期。105 层楼板施工完成，电梯完成最后一次跃层，将服务楼层延伸至 100 层。准备就绪以后，安装人员完成电梯井道顶和机房建设，移除防坠落平台，拆除安装平台，将轿厢和吊架移至最终电梯转换的位置上并安装最后一根导轨。当

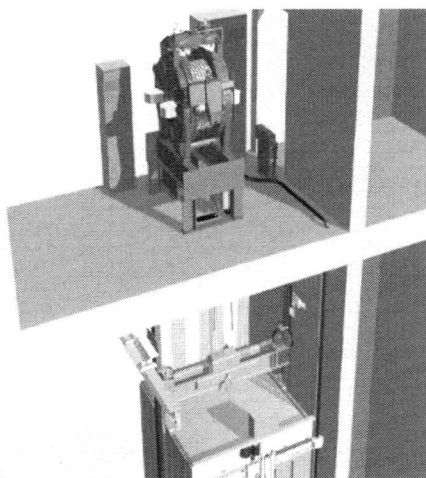

图 6-102 临时机房与正式机房切换示意图

机房二次结构完工后，开始进行最终转换（见图 6-102）。更换电气部件和损耗部件，电梯重新调试验收后即可投入使用。根据进度每次转换两台，以保证此阶段有电梯持续提供临时用梯服务。

6.5 竖向通道塔

随着超高层建筑数量逐渐增多、规模越来越大、高度越来越高，对施工电梯，尤其是对施工电梯支撑体系的架设高度和稳定性的要求也越来越高。然而，传统的施工电梯的支撑体系形式比较单一，主要使用导轨架及附墙杆系统，施工电梯的标准节结构形式也一直没有什么变化，不论架设高度多高，从上到下基本上为同一规格的无缝钢管。导轨架与主体结构之间的连接较弱，结构整体稳定性差。施工电梯支撑体系也无规范可依。因此，传统的施工电梯支撑体系在高度和稳定性方面已经难以满足日益发展的超高层建筑的施工要求，急需研发一种新型的施工电梯支撑体系来满足超高层建筑实际施工要求。

同时，随着超高层建筑的高度不断被刷新，超高层建筑施工期的垂直运输问题已经成为制约超高层建筑施工技术进一步向前发展的一道瓶颈。通常情况下超高层建筑施工电梯多分散布置于结构外立面或电梯井道内，影响后期幕墙封闭及正式电梯施工，施工工期大幅度延长。分散布置的施工电梯，每台电梯都需要有专门的水平运输通道，不仅在地面占用大量场地用以转运相关物料，在建筑物内部也需要使用大量运输空间，而且分散的布置形式对于物料及人员垂直运输的施工组织提出了很高的要求，管理难度非常大。

"通道塔"就是在上述发展趋势下产生的一种新型支撑体系。"通道塔"的应用把室外施工电梯集中起来，减少了室外施工电梯对施工的影响，有效提高了管理效率和运输效率。"通道塔"符合施工电梯支撑体系"轻量化、集中化、工业化"的发展新趋势，具有广阔的发展及应用前景。

6.5.1 通道塔结构设计

目前，"通道塔"在中国香港环球贸易广场施工过程中进行了初步应用，在天津 117 大厦的应用尚属大陆地区首次。本书将依托天津 117 项目展开研究。

1. 材料性质

通道塔使用的主要钢材为 Q345B 号碳素结构钢，其主要力学性能如表 6-10 所示。

Q345B 力学性能　　　　　　　　　　　　　　　　表 6-10

牌号	等级	屈服点 σ_s(MPa)				抗拉强度 σ_b(MPa)≥	伸长率 δ_5(%)≥	冲击吸收功 A_{kv}(纵向)(J)≥			
		厚度(直径、边长)(mm)						+20℃	0℃	-20℃	-40℃
		≤16	>16~35	>35~50	>50~100						
Q345GJ-c	A	345	325	295	275	470~630	21				
	B						21	34			
	C						22		34		
	D						22			34	
	E						22				27

2. 构件截面尺寸

通道塔主要构件材料与截面尺寸见表 6-11。

通道塔主要构件材料与截面尺寸 表6-11

构件类别	构件编号	楼层	截面尺寸(mm)（高×宽×腹板厚×翼缘厚）	材质	备注
钢框架柱	GKZ	BASE～L18	H600×600×32×34	Q345B	标准层一
		L19～L45	H550×550×26×30		标准层二
		L46～L66	H500×500×20×26		标准层三
		L67～L94M	H450×450×18×24		标准层四
		L95～L116	H400×400×16×22		标准层五
钢梁	GL1		HN298×149×5.5×8		所有楼层
水平支撑	GSC1		HN248×124×5×8		所有楼层
	GSC2		HM244×175×7×11		所有楼层
	GSC3				
	GSC4				
钢桁架	HJL1	上弦	HN400×200×8×13	Q345B	所有楼层
		腹杆	HM194×150×6×9		
		下弦	HN298×149×5.5×8		
	HJL2	上弦	HN400×200×8×13		
		腹杆	HM194×150×6×9		
		下弦	HN298×149×5.5×8		
	HJL3	上弦	HN298×149×5.5×8		
		腹杆	HM194×150×6×9		
		下弦	HN298×149×5.5×8		
地下室	GKL	B3～L1	HN400×200×8×13	Q345B	地下室
	GC	B3～L1	HW250×250×9×14		
附墙杆	FQG	L95～L116	H400×400×14×16	Q345B	
		L67～L94M	H350×350×12×14		
		L32～L65	H300×300×10×12		
		L7～L31	H250×250×8×10		
		L4、L5	H300×300×12×14		
走道梁	ZDZL	L95～L116	HM582×300×12×17	Q345B	ZDL4
		L67～L94M	HM482×300×11×15		ZDL3
		L41～L66	HM390×300×10×16		ZDL2
		L2～L40	HN396×199×7×11		ZDL1
走道次梁	ZDCL		工14	Q235B	所有楼层
花纹钢板	4mm厚		4mm厚花纹钢板	Q235B	所有楼层
花纹钢板加劲肋	槽8		槽8	Q235B	所有楼层

3. 通道塔主体结构设计

通道塔主体结构从下至上主要由两部分组成：

第一部分为钢结构框架——支撑体系，这一部分结构处于－18.250～1.200m 标高范围内，涉及 B3 层到 L1 层。为避免占用地下室各层中设备管道的空间，通道塔在地下室空间仅在地下室楼板上下位置布置水平支撑，在地下室净空范围内设置柱间支撑，塔身柱脚基础设置在主楼基础筏板上。地下室布置如图 6-103、图 6-104 所示。

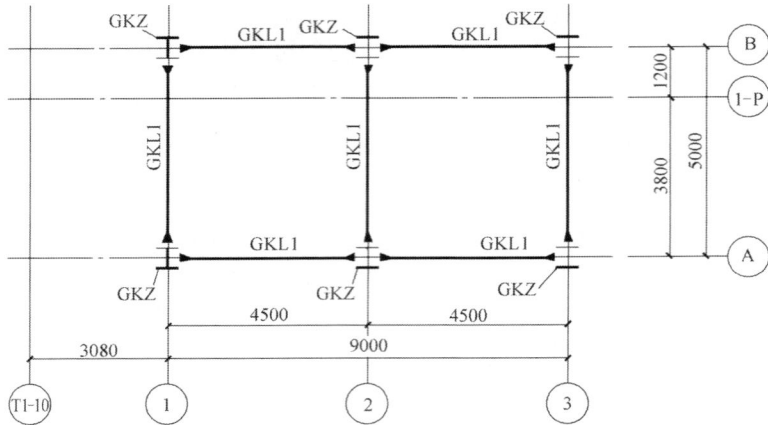

图 6-103　通道塔 B3、B2、B1M、B1 层结构平面布置图

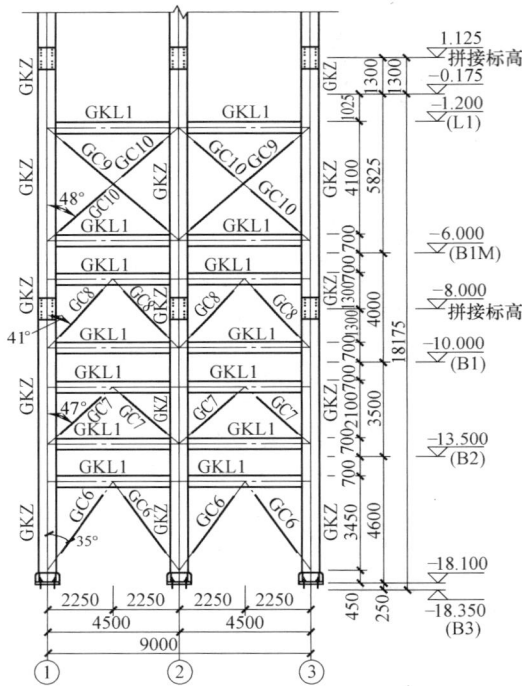

图 6-104　通道塔地下室及一层 A、B 轴
结构立面布置图

第二部分为钢框架组成，标准层主要构件为钢柱、桁架梁和水平支撑。处于 1.200～500.610m 标高范围内，涉及 L1 层到 L100 层。此部分总高度为 499.410m，结构层设置与天津 117 大厦结构层一致，为方便运输和考虑结构的沉降补偿，通道塔结构平台面标高比天津 117 大厦楼面标高每层高 550mm。通道塔标准层平台尺寸为 5m×9m，一面与主楼东面相连，另外三面配置施工电梯，通道塔标准层桁架布置如图 6-105 所示。

整个结构为装配式钢结构，标准节在工厂预制，然后随结构施工进度分层进行现场拼装，除柱、走道梁和附墙杆截面沿通道塔高度分段变化外，其他均采用标准设计，此做法不仅为工程竣工后的拆除提供了方便，也为通道塔的重复利用创造了条件，标准节连接如图 6-106 所示。使用过程中通道塔每个桁架标准层的楼面需铺设花纹钢板，并在四周设置安全护栏以及防护钢板网，如图 6-107 所示。

4. 通道塔与主体结构连接设计

通道塔与天津 117 大厦主体结构由附墙杆和走道梁连接，形成有效的附着和水平运输通道。

（1）附墙杆设计

在通道塔框架部分每隔两个结构层设置一层附墙杆，附墙杆两端分别连接于通道塔每层桁架的上弦节点处和主楼东面的楼板上，如图 6-108 所示。

（2）走道梁设计

在通道塔桁架楼面与主塔楼面之间层层搭设走道，走道梁搁置在主塔楼东面边梁之上。由于主楼 L32 层以下的提前运营需求，为了最大限度降低通道塔连接杆件对主塔楼幕墙安装的影响，

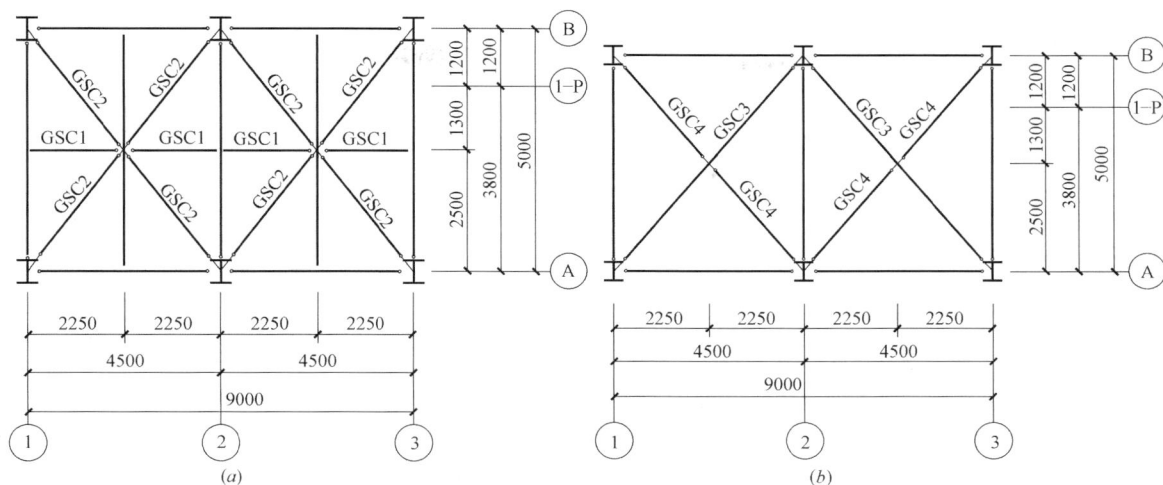

图 6-105 通道塔标准层结构平面布置图
(a) 上弦支撑平面布置图；(b) 下弦支撑平面布置图

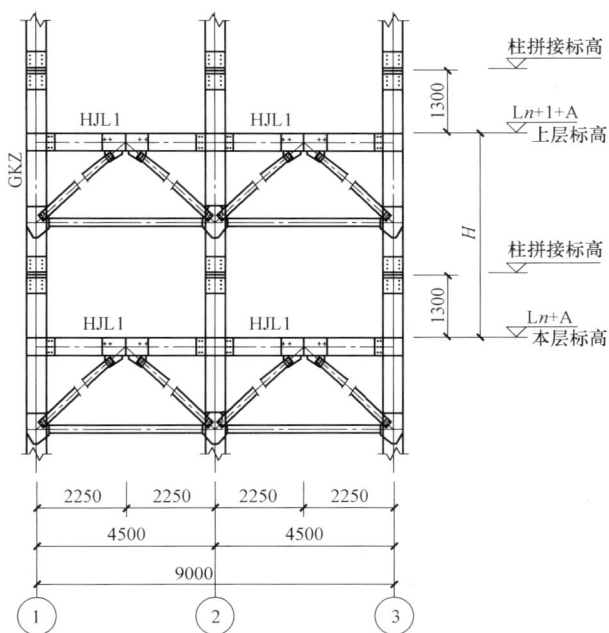

图 6-106 通道塔标准节典型立面图

在 L32 层提前运营之后的施工阶段，通道塔 32 层以下的走道梁、花纹钢板以及钢板网围护全部拆除，仅留下结构构件。

6.5.2 通道塔安拆技术

1. 构件概况

通道塔构件主要有 H 型钢柱、框架梁、水平支撑、钢桁架、附墙杆、走道梁及花纹钢板等，钢柱截面尺寸为 H500×500×18×24，重 252.4kg/m，标准节长度在 3.5～6.8m 之间，标准节最大质量为 16.89t；钢梁截面尺寸为 HN248×124×5×8；水平支撑截面尺寸为 HN248×124×

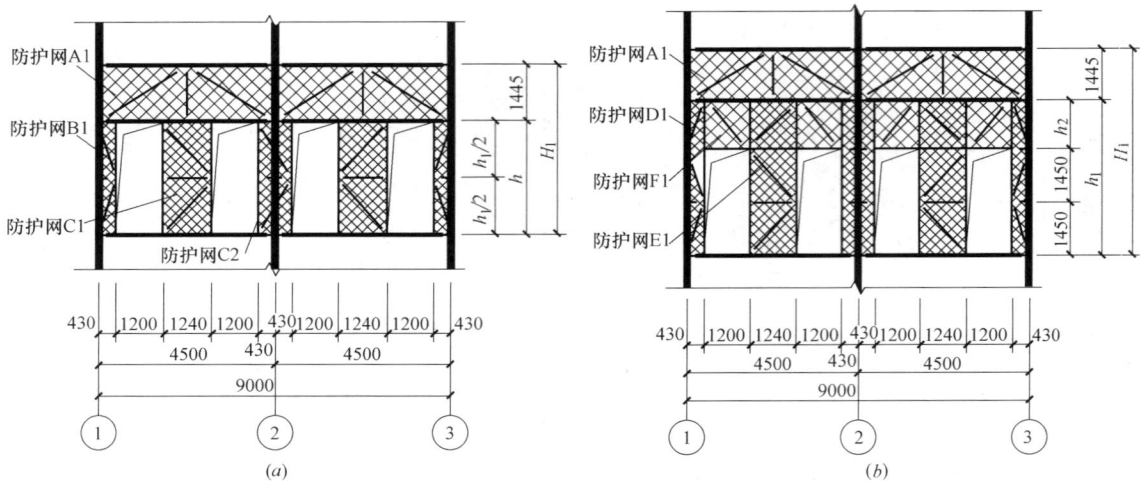

图 6-107 通道塔标准层防护网立面图
(a) A 防护网立面图；(b) B 防护网立面图

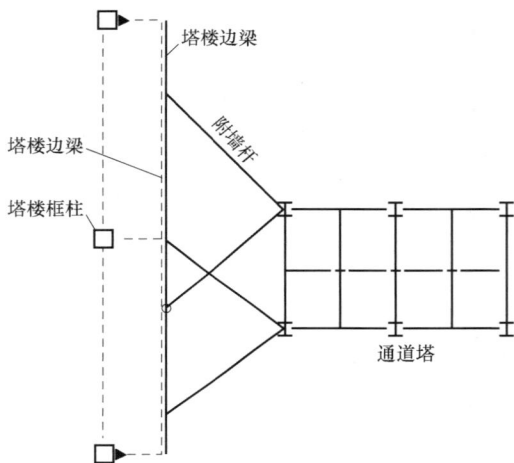

图 6-108 通道塔附墙杆布置图

5×8；桁架最大截面尺寸为 HN400×200×8×13。通道塔标准结构层采取地面拼装，整段吊装的方法进行施工。

附墙杆最大截面尺寸为 H450×450×14×16，最大长度为 13m，重 2.07t。塔楼混凝土楼板通过附墙杆分别与通道塔钢柱、楼层混凝土板、楼层梁等构件连接，附墙杆为每隔两层设置一道。走道梁最大截面尺寸为 HN692×300×13×20，花纹钢板厚 4mm，间隔 500mm 设置一道 8 号槽钢。

2. 标准节吊装

通道塔标准节平面尺寸为 5m×9m，桁架上弦距柱顶 1.3m，为确保吊装时通道塔标准节整体的稳定性，考虑在与桁架上弦连接处的六个钢柱上设置吊耳。同时，为了保证吊装平衡，在吊钩下挂设三根具有足够强度的钢丝绳进行吊装，钢丝绳规格为 $\phi30$mm，卡环型号为 GD6.0，吊耳与钢柱采用单面坡口半熔透焊接。

标准节最重为 16.89t，设置六个吊点，每个吊点承受重力为 28.15kN，根据建筑钢结构施工手册中计算公式可得钢丝绳直径 $d^2=28.15\times10^3/500$，因此 $d=7.5$mm，取安全系数为 4，则钢丝绳直径为 30mm。

3. 附墙杆安装

标准节就位后需及时将与之相连的附墙杆及走道梁安装就位，以便将通道塔标准节与主塔楼连接，形成稳定体系。附墙杆在通道塔框架部分每两个结构层设置一道，附墙杆采用 H 型钢，具体尺寸见表 6-12。

附墙杆与主楼连接节点分为与主楼次柱连接及与楼层板连接两大类，与主楼次柱连接时，直接在次柱上焊接连接板，连接板焊接前需进行测量放线，确认精确位置后方可进行焊接连接。与楼层板连接时，需在楼层混凝土浇筑前预埋预埋件，连接板与预埋件分离，待混凝土强度达到设计要求后，附墙杆安装前进行连接板的测量放线，确认精确位置后进行连接板的安装，完成后再进行附墙杆的吊装施工。在楼层钢筋绑扎时进行附墙杆预埋件及拉结筋的预埋，并将预埋件与拉结筋进行焊接连接，待楼层板混凝土浇筑完成且达到强度要求后方可进行附墙杆的吊装施工。

附墙杆尺寸 表6-12

构件类型	a(mm)	截面尺寸(mm) (高×宽×腹板厚×翼缘厚)	销轴直径 (mm)	适用楼层	销轴材质	附墙杆材质
附墙杆 （FQG）	150	H300×300×12×14	M56(孔61)	7F～31F	40Cr	Q345B
	175	H350×350×14×16	M56(孔61)	32F～62MF		
	200	H400×400×14×16	M56(孔61)	63MF～91F		
	225	H450×450×14×16	M56(孔61)	93F～116F		

附墙杆的连接方式为销轴连接，为确保销轴连接的质量，在附墙杆吊装前根据附墙杆的位置确定连接板与埋件板的连接位置，调整完成后再进行连接板的焊接固定，然后再进行连接板与附墙杆的销轴连接。附墙杆上翼缘开设两个吊装孔，吊装时需在上翼缘设置防护栏杆并拉设上下两道镀锌钢丝安全绳。

4. 走道梁安装

钢梁安装时，在主梁上设置防护栏杆并拉设上下两道镀锌钢丝安全绳，楼层钢梁边吊装边铺设水平安全网和楼层通道，将各个作业区域连成一体（见图6-109）。

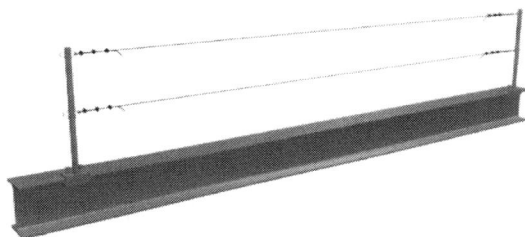

图6-109 主梁拉设双安全绳

梁间安全网必须采用梁下拉设安全网的方式，走道梁安装完成后在安装檩条及压型钢板前须拉设安全网，待压型钢板铺设完成后拆除安全网。

安全网连接件采用对拉螺栓式连接件，在梁下翼缘上用钢筋焊接钢筋环，每3m设置一个钢筋环，利用钢丝绳穿过安全网再穿过钢筋环连接安全网，对拉螺栓起到紧固钢丝绳的作用，连接方式如图6-110所示。

（a） （b）

图6-110 安全网连接方式
（a）安全网连接件；（b）梁间下拉式安全网

走道梁安装完成后进行花纹钢板的铺设，并在通道塔楼层走道板四周的安全防护网上设置高150mm的挡脚板，以防止碎物下落。

5. 通道塔拆除施工

（1）标准节拆除

标准节拆除时，采用安装时钢柱上设置的吊耳作为拆除吊装的吊耳，采用 3 根双绳 6 个吊点自串平衡吊装。标准节 6 个吊点绑扎完成后进行高强螺栓拆卸施工，高强螺栓拆除使用电动扭矩扳手进行拆除，高强螺栓拆卸完成后，及时将连接板及废弃螺栓、垫片、螺母等回收，避免高空坠物伤人。

高强螺栓拆卸完成后，使用屋面吊将标准节吊装至地面，然后在地面进行拆解，倒运出场，进行下节标准节的拆除。

（2）附属件拆除

附属件包括附墙杆、走道梁、标准节、桁架层的水平支撑等构件。楼层防护网、踢脚板等防护拆除完成后依次进行花纹钢板、附墙杆、走道梁、桁架层水平支撑的拆除。由于附属件连接主要是高强螺栓连接和销轴连接，高强螺栓使用扭矩扳手进行拆除，在进行高强螺栓和销轴拆除时，其下部挂设焊接时使用的接火盆，避免高强螺栓或销钉掉落伤人。桁架层水平支撑采用麻绳捆绑吊装拆卸，其余附属件采用钢丝绳进行吊装。

6.5.3　通道塔监测技术

1. 监测内容、频率、精度及报警值

通道塔结构形态监测工作内容包括关键杆件的应力应变、温度、整体变形及位移，具体监测内容、频率见表 6-13 和表 6-14。

监测量统计表　　　　　　　　　　　　　　　　表 6-13

监测内容	测点数量	监测频率
风速	10 套风速监测设备	实时监测
关键构件应力应变	88 只表面应变计	每小时 1 次
关键构件温度	88 只表面应变计	每小时 1 次
整体变形	68 个反射片/GPS	每周 1 次

监测精度要求　　　　　　　　　　　　　　　　表 6-14

监测内容	监测精度
水平位移	观测点精度为：GPS10mm/全站仪 2mm
竖向位移	观测点精度为：GPS10mm/全站仪 2mm
应力监测	$\pm 0.1\%$F.S
温度观测	$\pm 0.5℃$

2. 监测预警值

在工程监测中，每一测试项目都应根据实际情况和设计要求，事先确定相应的警戒值，以判断位移或受力状况是否超出允许的范围。判断监测对象是否安全，是否需要调整施工步序或优化原设计。因此，测试项目警戒值的确定至关重要。

监测报警指标一般根据相关规范，由累计变化量和变化速率两个量来控制。本工程根据《钢结构设计规范》GB 50017—2003 提出钢结构通道塔监测指标控制值，如表 6-15 所示。

监测报警控制值   表 6-15

序号	监控项目	报警值
1	应力比(应力应变)	1
2	层间相对位移	$h/400$(h:层高)
3	柱顶水平位移	$H/400$(H:结构高度)
4	温度(温差)	50℃
5	风压(风速)	基本风压超过 4kN/m²

注：当监测值达到上述临界值或测量数据的变化突然增加，或连续保持高速率时应及时报警，分原因，并及时采取施工措施，以确保工程和环境安全。

3. 监测点布设

(1) 监测点布设原则及要求

监测点的布设要能够充分控制监测对象的受力及变形状态，尤其是内力和变形较大的代表性部位，监测点的数目依据监测对象的受力及变形特征和相应的规范确定。

通道塔监测点的布设应最大程度地反映监测对象的实际受力、变形状态及其变化趋势，并应满足监控要求。通道塔监测点的布设应不妨碍监测对象的正常工作，并尽量减少对施工作业的不利影响。监测标志应稳固、明显、结构合理，监测点的位置应避开障碍物，便于观测。应加强对监测点的保护，必要时应设置监测点的保护装置或保护设施。

通道塔监测点布设需满足以下要求：

1) 位移监测基准点应布设在变形影响范围以外，靠近观测目标，便于长期保存和联测的稳定位置。

2) 应力应变监测点应布设在内力和变形较大的构件上，能确切反应变形量和变形特征的位置。

3) 监测点、观测点应在钢构件吊装前布设完毕。

4) 施工时应对观测线路提供有效的保证，所有点位不得被碾压、扰动、遮挡。

5) 监测点、观测点应设有明显的标识。

(2) 关键构件应力应变监测

根据通道塔的结构图纸与计算分析报告，拟在通道塔底层支承柱及以下楼层处（65、75、85、95、105、115 层）的 1 号、4 号附墙杆，以及以下楼层处（65、75、85、95、105、115 层）的通道塔内关键水平弦杆上设置振弦式应变计，以对通道塔结构关键构件的应力应变、温度进行监测，应变和温度的采集频率为每小时采集一次。

1) 底层通道塔支承柱应变计布置如图 6-111 所示，每根支承柱及柱间支撑上下翼缘各布置一个应变计，总计 6 根支承柱和 14 根柱间支撑，共计 40 个应变计。

2) 附墙杆应变计布置如图 6-112 所示，每根附墙杆上下翼缘各布置一个应变计，6 个监测楼层总计 12 根附墙杆，共计 24 个应变计。

3) 根据设计计算报告，通道塔关键水平弦杆为邻近主塔楼的两根水平上弦杆，其应变计布置如图 6-113 所示，6 个监测楼层总计 12 根水平弦杆，共计 24 个应变计。

(3) 整体变形监测

在以下楼层处（11、21、31、41、51、61、65、71、75、81、85、91、95、101、105、111、116 层）设置反射片，通过全站仪对通道塔结构变形（水平变形、竖向变形）进行监测，同时采用 GPS 进行校核，变形监测频率为每周 1 次，确保通道塔的结构安全。

反射片布置如图 6-114 所示，共计 68 个反射片。

(4) 温度监测

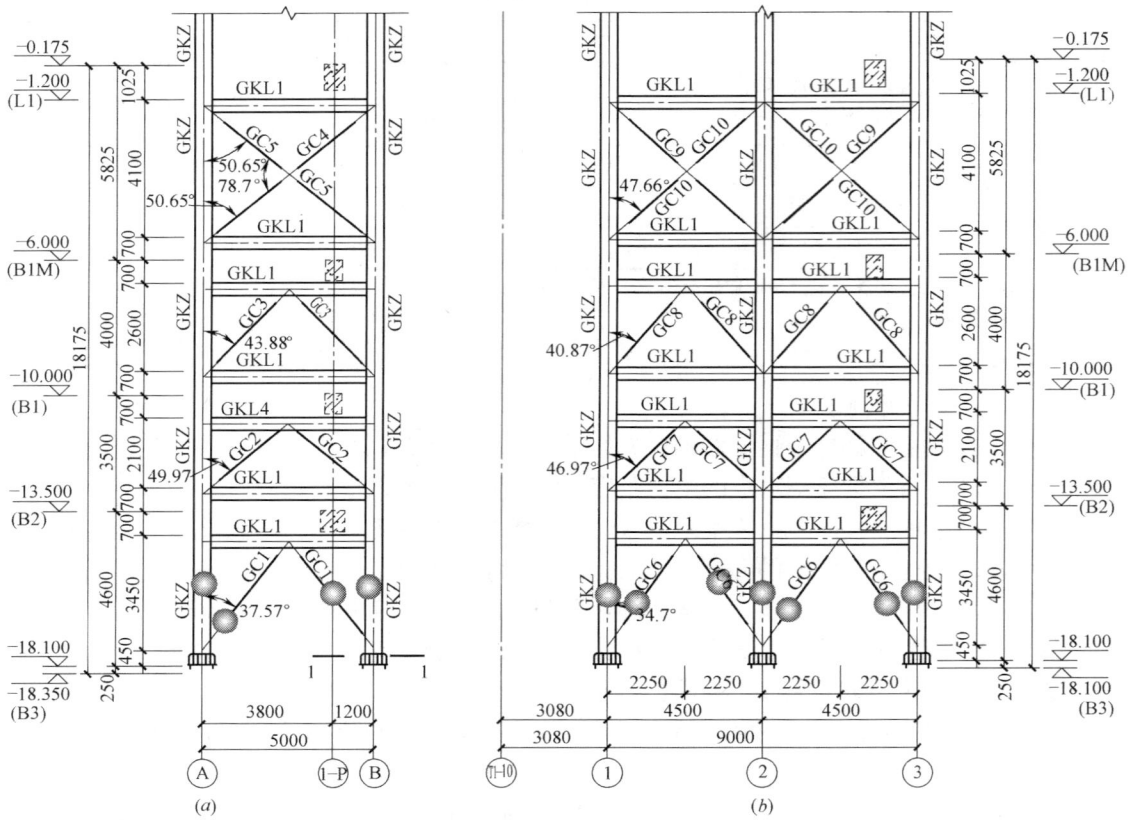

图 6-111　通道塔底层支承柱应变计布置示意图

（*a*）通道塔地下室及一层 1、2、3 轴结构立面布置图；（*b*）通道塔地下室及一层 A、B 轴结构立面布置图

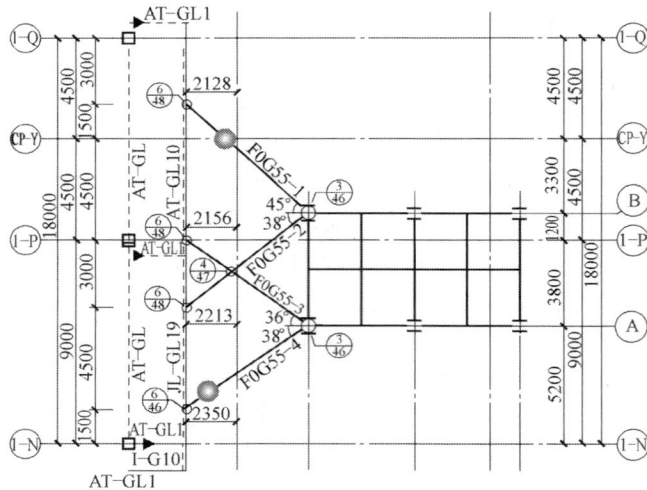

图 6-112　通道塔附墙杆应变计布置示意图

振弦式应变计内置的温度传感器（热敏电阻）可同时监测安装位置的温度。相应测点分布与关键构件应力应变监测一致，即在通道塔底层支承柱及以下楼层处（65、75、85、95、105、115层）的支承杆以及以下楼层处（65、75、85、95、105、115层）的通道塔内关键水平弦杆上设置振弦式应变计。

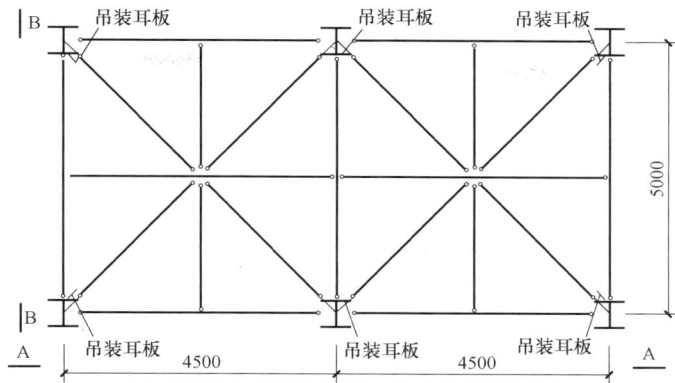

图 6-113 通道塔内关键水平弦杆应变计布置示意图

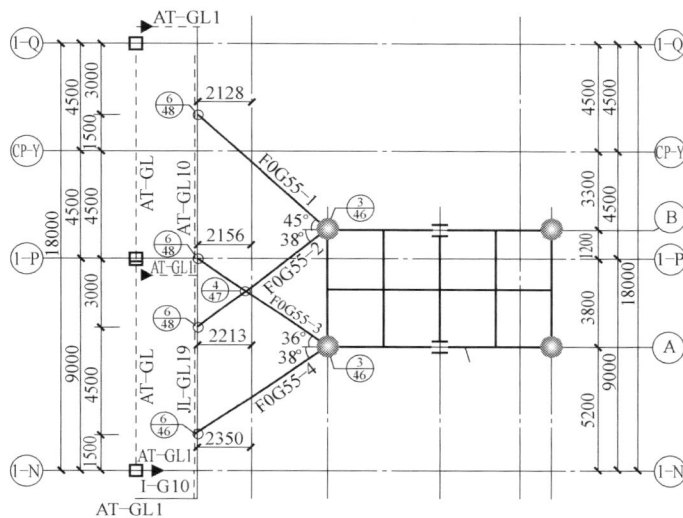

图 6-114 通道塔反射片布置示意图

6.5.4 工程应用效果

目前，"通道塔"只在中国香港环球贸易广场施工过程中得到了应用（见图 6-115），且只作为施工电梯的支撑体系，其结构内部还具有较大的可利用空间。

天津 117 大厦施工阶段也采用了通道塔方案解决施工电梯的布置问题（见图 6-116），施工电梯可以到达通道塔所有楼层，为工程结构、机电、装饰施工提供了充分的垂直运输保障。天津 117 大厦"通道塔"垂直运输系统布置于主塔楼东侧，塔体为装配式钢结构体系，±0.000m 标高以上总高度为 500.610m，共涉及 107 个结构层，顶层为 100 层，±0.000m 标高以下高度为 18.350m，是目前世界上最高的装配式钢结构塔体。"通道塔"独立于塔楼主体结构，西侧采用附墙件与塔楼外框结构连接，在垂直运输区段的每个结构层设置尺寸为 5m×9m 的钢平台，通过 1～100 层搭设的钢走道与塔楼连接，形成通道。人员、设备、材料等通过附着于通道塔的 5 台施工电梯到达相应楼层面高度，经通道塔平台和钢走道进入楼层内部，完成垂直运输工作。

"通道塔"垂直运输系统在天津 117 大厦的成功应用大幅度降低了塔楼工程施工垂直运输的组织难度，为施工方和建设方创造了良好的经济效益。主要优势如下：

图 6-115　中国香港环球贸易广场通道塔
(a) 通道塔外景；(b) 通道塔附墙；(c) 塔体平台

图 6-116　天津 117 大厦通道塔

（1）施工电梯布置方式集中，将垂直运输通道、路线集中起来，实现了施工人员、物料垂直运输的统一规划，大大节省了有限的施工现场用地，解决了建筑施工场地狭小不利于垂直运输的问题。

（2）采用独立于塔楼主体结构的电梯附着体系，解决了超高层建筑由于外立面变化带来的施工电梯超长附着难题。

（3）克服了传统超高层建筑施工电梯分散布置时，对结构外立面大面积附着或占用正式电梯井带来的工序穿插及工期问题，最大程度地减少了施工电梯对电梯井道的占用及幕墙封闭的阻碍，使得后续正式电梯、幕墙、装修施工提前插入；同时通道塔总体附着面积较小，有利于幕墙工程的提前封闭安装，有效节约了工期。

（4）整个通道塔采用全方位式的安全防护系统，每个结构层全部设置安全防护网，设置安全防护门作为电梯的屏蔽门，保证施工电梯垂直运输的安全。

（5）通道塔塔体为装配式钢结构，构件采用标准化设计，螺栓连接，安拆方便，所用构件及连接件均可周转重复使用，绿色环保。

6.6　大型设备性能提升及改进技术

6.6.1　动臂式塔式起重机施工技术研究

进入 21 世纪以来，国内的超高层建筑如雨后春笋般出现，随着技术的不断更新，其高度更高、结构形式更复杂，施工过程中对塔式起重机提出了更高的要求：建筑高度的增加，塔式起重机的使用形式逐步由外附式（固定式）过渡为内爬式；钢结构技术的日益成熟，异形柱、巨型柱、刚性整体节点等吊装单元的质量大大增加，塔式起重机的起重能力开始由小吨位发展至大吨位；由于建筑高度和吊装单元的双重作用，塔式起重机的驱动形式逐步由电力驱动升级为柴油机驱动；由于施工场地的狭窄和周围障碍物的限制，塔式起重机的结构形式开始由普通平臂（小车变幅）演变为动臂变幅（俯仰变幅）；由于塔式起重机经常依附在核心筒周围，而核心筒的尺寸更为有限，对塔式起重机尾部（平衡臂）的回转半径提出限制性要求。

因此，具有起重吨位大、尾部回转半径小、柴油机驱动等特点的动臂式塔式起重机，在超高层建筑施工中已成为主流垂直运输设备。

1. 动臂式塔式起重机外附着施工技术

对于超高框筒结构的建筑物，由于核心筒领先于外框筒施工，通常将塔式起重机布置于核心筒井道内，然而此种塔式起重机布置方法吊运区域覆盖较小、对核心筒结构依赖性强。通过不断改进，总结出一套将塔式起重机布置于外框筒外，并在顶升过程中依附于外框筒柱上，临时附着与固定附着相结合，通过安拆周转达到最终附着的施工方法。

（1）技术特点

将塔式起重机布置于结构外框筒以外，并随着核心筒高度的攀升，逐步顶升塔式起重机以满足施工需要，当塔式起重机自由高度达到限值时，采取附着在结构外框筒立柱上来保证塔式起重机的稳定性和起重能力。由于核心筒施工进度比外框筒立柱施工进度快，塔式起重机附着根据核心筒和外框筒进度情况及机械性能，规划确定附着点，若需附高度不足附着高度时，采用临时附着，并通过安拆周转成为固定附着。

1）塔式起重机选择面大，节省造价。

在超高层框筒结构施工中，通常将塔式起重机布置于核心筒内，采用内爬的方式逐步上升以满足施工要求，由于塔式起重机间间距很小，故只能选择动臂式塔式起重机，而国内动臂式塔式起重机种类少，性能较低，且采用进口动臂式塔式起重机价格昂贵。该施工技术的塔式起重机在结构外布置，使塔式起重机选择面更大，节省造价。

2）覆盖面广，提高机械效率。

该施工技术将塔式起重机布置于外框筒结构外，吊运覆盖面积更大，可充分发挥平臂式塔式起重机的优势，提高了机械效率。

3）不受结构强度影响，通过临时附着安拆加快了工程进度，保证安全。

该施工技术塔式起重机无需以主体结构为基础，故不受结构混凝土养护时间的限制，加快了结构施工速度、安全高效。塔式起重机布置于结构外，通过逐步顶升以满足核心筒施工要求，而外框筒结构落后于核心筒进度，故采用临时附着以保证塔式起重机安全稳定，通过对临时附着的安拆周转，使之最终成为固定附着。

（2）工艺流程及操作要点

1）塔式起重机附着体系设计

该技术中塔式起重机以外框筒立柱作为依附结构，因此针对不同的建筑工程，由于塔式起重机定位、建筑结构形式及塔式起重机参数等的不同，塔式起重机附着体系的设计会有所不同。但均可将附着体系分成附着框、附着杆和附着支座埋件这三部分进行设计，并尽量采用栓接的形式连接固定，以便于附着杆件的拆卸周转。

塔式起重机附着体系的设计：包括附着杆、支座预埋件及连接部位的强度验算。

塔式起重机附着对基础的影响：塔式起重机附着后，其受力形式将发生改变，因此应对各工况下塔式起重机对基础受力的影响进行分析。

塔式起重机附着支座验算：塔式起重机依附于主体外框筒结构柱上，依据不同类型的柱，对其结构承载能力进行验算。

混凝土柱：需对柱的抗弯、抗剪能力以及混凝土局部承压强度进行验算，由于受施工进度和工期制约，通常情况下，不可能等混凝土达到设计强度后再进行塔式起重机附着杆连接，因此在进行验算时，应以实际强度进行验算，通常可取 7d。

钢柱：需对钢柱的抗弯、抗剪能力及稳定性和局部承压强度进行验算。

组合结构柱：需针对塔式起重机附着时柱的施工情况进行承载力验算。

附着装置设计验算完成后绘制制作图及相关说明，并交原塔式起重机制造厂或具有相应能力的厂家进行加工制作。

2）塔式起重机附着点确定

固定附着点的位置根据塔式起重机原制造厂的参数确定，结合现场实际情况，可适当调整固定附着点，但其附着杆间距离必须小于最大间距。塔式起重机随核心筒施工顶升至无附着最大自由高度时，需对塔式起重机进行附着方能继续顶升，根据外框柱的进度情况确定附着点的形式，若外框柱已施工至第一道固定附着点之上，则可直接设置固定附着点；若未达到高度，则可在柱靠近上端处设置临时附着点；之后进行塔式起重机的顶升，以保证核心筒的顺利施工，当塔式起重机顶升至有附着最大自由高度且无法满足核心筒施工时，采用同样的方法设置附着点直至达到塔式起重机最大高度。

（3）附着支撑系统

目前常见的附着支撑系统主要有"抬轿式"支撑系统、"斜拉式"支撑系统、"斜撑式"支撑系统、"撑拉结合式"支撑系统。

1）"抬轿式"支撑系统

此种形式的支撑系统的主要受力构件包括箱型钢梁、水平支撑、连系梁等，以上构件形成的第一道支撑系统承担塔式起重机竖向荷载和水平荷载；第二道支撑系统仅承担水平荷载；第三道支撑系统在塔式起重机爬升前安装就位，在爬升过程中使用，塔式起重机爬升完成后即转换成第二道支撑系统（见图 6-117）。这种形式的支撑系统多在核心筒内使用。

图 6-117 "抬轿式"支撑系统

图 6-118 "斜拉式"支撑系统

2）"斜拉式"支撑系统

此种形式的支撑系统的主要受力构件是支撑横梁、斜拉杆、水平支撑及次梁，支撑横梁与斜拉杆在竖向上形成一个稳定的"三角"受力结构，承担了塔式起重机所有的竖向荷载，支撑横梁与水平支撑在水平面上形成一个稳定的"三角"受力结构，承担了所有的水平荷载（见图 6-118）。这种形式的支撑系统多用于核心筒的外侧。

3）"斜撑式"支撑系统

此种形式的支撑系统的主要受力构件是支撑横梁、斜撑杆、水平支撑及次梁，支撑横梁与斜撑杆在竖向上形成一个稳定的"三角"受力结构，承担了塔式起重机所有的竖向荷载，支撑横梁与水平支撑在水平面上形成一个稳定的"三角"受力结构，承担了所有的水平荷载（见图 6-119）。这种形式的支撑系多用于核心筒的外侧。

图 6-119　"斜撑式"支撑系统

图 6-120　"撑拉结合式"支撑系统

4）"撑拉结合式"支撑系统

此种形式的支撑系统的主要受力构件是支撑横梁、斜拉杆、斜撑杆、水平支撑及次梁，支撑横梁与斜拉杆在竖向上形成一个稳定的"三角"受力结构，承担了塔式起重机所有的竖向荷载，支撑横梁与水平支撑在水平面上形成一个稳定的"三角"受力结构，承担了所有的水平荷载，斜撑杆仅起到支承上支撑系统自重的作用（见图 6-120）。这种形式的支撑系统多用于核心筒的外侧。

（4）塔式起重机附着周转

当每道（除第一道外）附着体系安装完成后，其下侧的临时附着杆便可以拆除并转至上部进行附着，因此准备固定附着所需的附着杆件套数，经过上述方法反复安拆周转便可达到最终的固定附着。为减少临时附着拆除对结构柱的影响，每次优先拆除最下侧的临时附着杆进行周转。

塔式起重机附着的设置和安拆周转依据前述的塔式起重机基本要求、施工进度情况、附着及周转规划，遵照各阶段的附着情况进行安装。

塔式起重机在无附着情况下，顶升至其无附着最大自由高度时，停止顶升，进行第一次临时附着后再继续顶升加节。

当塔式起重机顶升至吊钩与顶附着之间高差临近其有附着最大自由高度时，停止顶升，根据前述附着设置进行相应附着，当附着点处的钢柱需要加强时，须先安装好加强杆件，再进行附着。重复本步骤完成塔式起重机的顶升和附着。

进行塔式起重机附着加节作业时相邻附着的间距不得超过其最大间距。

根据周转规划及塔式起重机最终附着图及周转图，进行附着装置的安拆周转，达到最终的固定附着。

（5）塔式起重机附着安装

1）塔式起重机附着装置中附着杆与预埋件间的连接宜采用栓接，以便于安拆周转，承载力不足或者施工条件受限时，可采用焊接。

2）根据塔式起重机预定的附着点位置，在结构柱施工时，预埋好附着装置预埋件，预埋件需保证定位准确，固定牢靠。若结构柱为钢柱或钢混凝土组合结构柱，应将预埋件与钢柱牢固地焊接在一起；若为钢筋混凝土柱，则应将预埋件与柱筋绑扎或焊接固定，以保证其在浇筑混凝土时不会发生偏位。

3）用塔式起重机将附着框吊起，在塔式起重机标准节上与预埋件的等高位置上将附着框用高强度螺栓紧紧地抱在标准节主弦杆上，固定在塔身上。

4）用塔式起重机将附着杆逐一吊起，使其一端与附着框用销轴连接起来，另一端与预埋件的耳板栓接或焊接起来。四根附着杆应保持在同一水平面内。

5）调节附着撑杆的调节螺丝，使塔式起重机的塔身满足垂直度≤4/1000的要求。

（6）工程应用

该技术在深圳证券交易所项目成功应用（见图6-121），项目所采用的MC480和C7050型2台塔式起重机对称布置在主楼框外侧，采用固定外附墙形式，MC480塔式起重机通过17次附着，其中5次固定附着，12次临时附着；C7050塔式起重机通过16次附着，其中5次固定附着，11次临时附着，通过安拆周转最后达到固定附着。

图6-121 深圳证券交易所营运中心工程

2. 动臂式塔式起重机移位技术

在工程前期布置大吨位动臂式塔式起重机的安装位置时，原则上要求优先选择塔式起重机在该位置能够完成整个工程的施工。但是，若因工程结构变化等原因，工程施工到一定高度后，在原位置处塔式起重机不能完成上部结构的施工任务时，就必须进行塔式起重机的高空移位。

在近几年的超高层建筑大吨位动臂式塔式起重机的施工中，塔式起重机移位技术越来越多地被应用。

（1）塔式起重机高空移位原理

塔式起重机的高空移位，实际上是将塔式起重机从一个位置转移到另一个位置，以便满足工程施工的需要。这不仅是塔式起重机的重新布置、机座的重新设计制作以及安装，而且还涉及塔式起重机的所有安拆过程。

塔式起重机高空移位原理，实际上就是重新对塔式起重机进行定位后，利用相邻塔式起重机将移位的塔式起重机从原位置拆除，再在新位置重新安装。

（2）工程应用

仅以上海环球金融中心项目为例，进行塔式起重机移位技术研究（见图6-122）。该工程建筑高度492m，地上101层。两台M900D塔式起重机安装在工程主体结构的核心筒里面。当施工至98层时，由于建筑物结构发生变化，两台M900D塔式起重机因无继续爬升的可能，不能满足现场的施工要求。

因此，两台M900D塔式起重机为了继续完成TOT结构的吊装，满足现场的施工要求，就必须重新选定安装位置，对两台塔式起重机进行高空移位。

移位后塔式起重机布置在TOT结构的同侧从核心筒内移至核心筒外，利用88～91层的带状桁架系统和桁架弦杆,共同支撑两台 M900D 塔式起重机,作为塔式起重机基础的承载结构,在此结构上设计制作塔式起重机的支撑机座。

首先利用其中一台塔式起重机对另一台塔式起重机进行拆除,并在新定的位置完成拆除塔式起重机的重新安装;然后再利用重新安装好的塔式起重机将原塔式起重机拆除,并在新定的位置完成拆除塔式起重机的重新安装。整个过程实际上是两台 M900D 塔式起重机之间互相进行拆除并安装的过程。

图 6-122 塔式起重机移位前后实际效果
(a) 移位前;(b) 移位后

3. 动臂式塔式起重机的高空拆除技术

(1) 超高层大吨位动臂式塔式起重机拆卸原理

超高层建筑主体结构施工时,为了满足施工进度及吊装量等多重因素的需要,每栋塔楼上所布置的大吨位内爬式动臂式塔式起重机的数量一般不少于两台,而且动臂式塔式起重机之间应满足相互安装拆卸的要求。超高层建筑主体结构安装及施工完成后,大吨位动臂式塔式起重机应及时进行拆除,以便完成工程后续施工。

在工程主体施工的最后阶段,一般是利用大吨位动臂式塔式起重机进行相互拆卸,只保留一台大吨位动臂式塔式起重机,并用该台动臂式塔式起重机完成所拆卸塔式起重机处未安装的主体结构后,利用安装小塔拆卸大塔的分级拆卸原理将该台动臂式塔式起重机拆除。

(2) 超高层大吨位动臂式塔式起重机拆卸总流程

超高层大吨位动臂式塔式起重机的拆卸通常有以下三种拆卸法:五级八步拆卸法、四级六步拆卸法和直接拆卸法。与其相对应,分别需要使用并安装三台和两台不同级别的吊装设备。其流程分别如下:

1) 五级八步拆卸法流程:

第一步(一级拆卸):大吨位动臂式塔式起重机互相拆卸,剩下一台动臂式塔式起重机;

第二步:安装一台中型动臂式塔式起重机;

第三步(二级拆卸):拆卸剩下的一台大吨位动臂式塔式起重机;

第四步:安装一台小型动臂式起重机;

第五步(三级拆卸):拆卸中型动臂式塔式起重机;

第六步：安装一台可人工拆卸的更小型起重机；

第七步（四级拆卸）：拆卸小型动臂式起重机；

第八步（五级拆卸）：人工拆卸更小型起重机。

该拆卸法已经在上海环球金融中心工程、广州珠江新城西塔工程、深圳京基 100 大厦工程等工程中应用，所使用的吊装设备均为澳大利亚法福克公司生产的三台不同级别的起重机：M370R、SDD20/15、SDD3/17。

计划使用五级八步拆卸法的工程有：沈阳市府恒隆广场工程、武汉绿地工程等，所使用的吊装设备为中升建机（南京）有限公司生产的三台不同级别的起重机：ZSL380、ZSL200、ZSL60。

2）四级六步拆卸法流程：

第一步（一级拆卸）：大吨位动臂式塔式起重机互相拆卸，剩下一台动臂式塔式起重机；

第二步：安装一台中小型动臂式塔式起重机；

第三步（二级拆卸）：拆卸剩下的一台大吨位动臂式塔式起重机；

第四步：安装一台可人工拆卸的小型起重机；

第五步（三级拆卸）：拆卸中小型动臂式塔式起重机；

第六步（四级拆卸）：人工拆卸小型起重机。

该拆卸法已经在中央电视台新台址工程、深圳证券交易中心工程、太原湖滨广场工程等工程中应用，所使用的吊装设备是两台不同级别的国产起重机，型号分别为 ZSL200、ZSL60（央视新台址为 WQ16、WQ6）。

3）直接拆卸法：就是利用外部的起重设备（汽车吊、履带吊等）以及现场已有的塔式起重机直接进行拆除。

（3）工程应用

1）五级八步拆卸法——深圳京基 100 大厦动臂式塔式起重机拆卸技术

深圳京基 100 大厦（原称深圳蔡屋围京基金融中心大厦），总建筑高度为 441.8m，两台 M900D 大吨位动臂式塔式起重机拆除选用五级八步拆卸法进行拆除较为合适，使用法福克配套的以下三台不同级别的吊装设备：一台 M370R 塔式起重机、一台 SDD20/15 起重机、一台 SDD3/17 起重机。要完成此次塔式起重机拆卸任务，共需要进行三台次中小型动臂式塔式起重机的安装和五台次塔式起重机的拆卸工作。

2）四级六步拆卸法——太原湖滨广场动臂式塔式起重机拆卸技术

太原湖滨广场主楼施工中，采用了两台大型动臂内爬式塔式起重机进行施工作业，其型号分别为 ZSL1000 和 ZSL750。经过综合考虑，两台塔式起重机的拆除选用四级六步拆卸法进行。首先用 ZSL1000 塔式起重机拆除 ZSL750 塔式起重机；然后再选用以下两台不同级别的吊装设备进行 ZSL1000 塔式起重机的拆除：一台 ZSL200 塔式起重机，一台 ZSL60 起重机。

6.6.2 高速电梯施工技术

国内超高层建筑发展迅速，高度 500m 以上的建筑越来越多。垂直运输是超高层建筑施工的关键要素之一，随着建筑高度的大幅度提高，特别是在沿海城市，风荷载大幅度增加，在正常作业或台风极端天气情况下，垂直运输机械所受的荷载远大于普通高层建筑施工中机械所受的荷载，因此，垂直运输机械自身和附着必须具备更强的承受风荷载的能力。施工电梯作为垂直运输的重要机械，对超高层建筑的施工起着至关重要的作用。进入装修阶段以后，大量的装修材料、人员都要通过施工电梯运送至作业面，运输速度和运输安全都直接影响后续施工能否正常进行。

（1）典型的电梯布置方式

根据运行高度，一般运行高度在 200m 以上时选择高速电梯，运行高度在 200m 以下时选择中速或低速电梯。电梯布置时，在不影响正式电梯安装的情况下，布置在正式电梯井道内，如果影响正式电梯安装，可以考虑布置在结构外侧，但要考虑对外幕墙收口的影响，两种方式存在各自的优缺点（见表 6-16），施工时根据实际情况选择布置在核心筒内还是结构外侧，也可以是两者相结合。在施工后期，根据整体工程工期安排，可以提前使用正式电梯，一般选择消防电梯和货运电梯，以便尽早拆除施工电梯，减少对后续施工的影响。

电梯布置优缺点分析

表 6-16

电梯位置	优缺点	分　　析
布置在结构外侧	优点	1. 不影响正式电梯的安装； 2. 材料可以从堆场直接进入电梯，不需要进入楼内； 3. 对室内精装修影响较小
	缺点	1. 影响外幕墙的封闭； 2. 影响安装高度。对于高度超过 300m 的建筑物，附墙立柱随着高度的增加变形会越来越大
布置在核心筒内	优点	1. 不影响外幕墙的封闭； 2. 不受建筑物高度的影响，对于超过一定高度的建筑物，可以分级接力至顶层
	缺点	1. 影响正式电梯的安装； 2. 影响精装修的收尾

（2）面临的主要技术问题

1）电梯基础：目前基础大部分有两种形式，即简支钢梁和钢筋混凝土，这两种基础各有优缺点，钢梁安装和拆除相对简单，但变形大，容易引起竖向颤动。混凝土基础变形小，但施工和拆除麻烦。建筑物高度增加以后，竖向变形明显增大，对基础的变形要求更高，如果采用钢结构基础，需对简支钢梁进行中部卸荷。

2）电缆小车的质量设计及电缆保护架：随着建筑物高度的增加，高空风荷载也会加大，为防止电缆被风吹出保护圈，需要对电缆小车的质量、构造及保护架进行改造。

3）标准节：标准节的荷载变大以后，承载能力也要相应增强。

4）梯笼：为适应超高层建筑大构件的运输，可以尝试做双立柱、大梯笼，能直接使用运输叉车装卸货物。梯笼要尽可能采用轻质、高强、刚度足够的材料。

5）超长供电电缆抗拉强度及耐久性：电缆长度很长以后其质量势必也随之增加，另外使用次数增多以后，电缆寿命也会变短，为避免中途更换，要求电缆的抗拉强度、抗扭强度、使用寿命都与常规建筑不同。

6）立柱的分段卸荷：立柱高度增加以后，内力变大，竖向变形也会增加。目前观测到的数值规律是每 500m 高度会有 2～3cm 的压缩变形值。

7）运行速度：采用 96m/min 较为合适、安全，目前市场已有 120m/min 的技术，但尚未投入实际应用，需进行实际工程测试。

8）超高层建筑施工电梯配置方面：

① 配置数量、安装位置的问题。

② 施工电梯与核心筒爬模无缝连接技术：在考虑爬模不断爬升的情况下，施工电梯如何快速、无缝连接爬模平台。

③ 施工电梯与正式电梯倒换技术：施工电梯一般安装在建筑物正式电梯井道内，在保证运力的情况下，如何完成与正式电梯的倒换。

1. 现有施工电梯的技术改进

（1）提升运输能力

超高层建筑势必会有大量材料和大构件需要运输，高度的增加导致运输周期变长，提高运输能力将是最先要考虑的问题，即增加梯笼数量和提高运行速度。

1）增加梯笼数量

为适应超高层建筑大构件的运输，可以尝试做双立柱、大梯笼，能直接使用运输叉车装卸货物。梯笼要尽可能采用轻质、高强、刚度足够的材料。

梯笼数量由现有双立柱单梯笼改为双立柱中间一个大梯笼，两侧各增加一个小梯笼，中间大梯笼主要用于货物运输，并用叉车进行货物装卸；两侧小梯笼主要用于人员运输，有效提高运输效率和运输安全，具体结构见图 6-123。

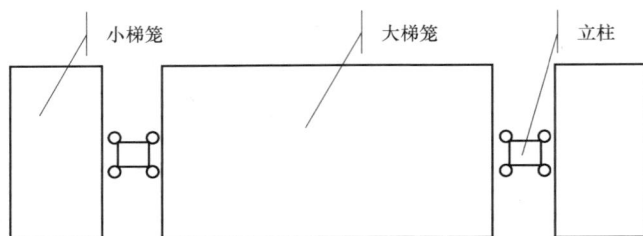

图 6-123　双立柱、一个大梯笼加两个小梯笼施工升降机示意图

2）增大梯笼高度

将梯笼最小净空高度加大到 4.5m，以满足装修及设备安装阶段物料运输的要求。目前常用的标准梯笼高度为 2.5m，若增加到 4.5m 需保证材料具有足够的强度和足够的刚性，梯笼门的开、关需采用新的控制方式。

3）改善梯笼材质，增加载质量

为了增加梯笼的载质量，需对梯笼的材质进行改进。综合采用多项新技术对梯笼材质进行改进，并保证梯笼运行的稳定性（见图 6-124）。

梯笼顶部材料采用玻璃钢制作，上围板材质改为 Q345，材料厚度由 6mm 改为 4mm。梯笼立柱宽度由 160mm 改为 180mm（见图 6-125），梯笼侧滚轮由单滚轮改为双滚轮。

图 6-124　梯笼采用新型材质

图 6-125　梯笼立柱宽度增加

（2）提升运行高度

提高垂直运输施工升降机运行高度，满足建筑高度超高的施工使用要求，第一必须考虑电压降，要保证电压的稳定性；第二要考虑标准节的承载能力，增加标准节主弦杆一定的臂厚，提高

其强度；第三要考虑梯笼运行的稳定性，包括机械和电气控制等各种因素。

1）提高运行速度

目前多采用 96m/min，此速度较为舒适、安全，市场目前已有 120m/min 的技术，已有部分超高层建筑项目拟采用此电梯。

2）电梯基础

采用混凝土基础或钢板基础。

以下为某超高层建筑电梯基础做法与设计，电梯基础见图 6-126。

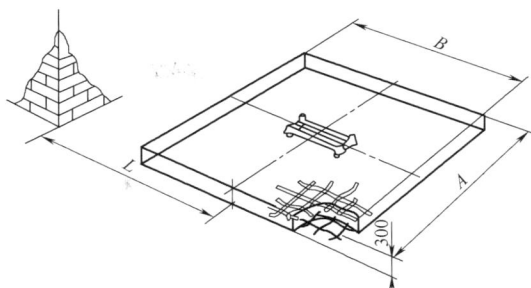

图 6-126　某超高层建筑电梯基础示意图

基础的总压力 P：

$$P \geqslant n \times (\text{升降机总自重} G_0 + \text{载重} G_1)$$

其中：n——考虑动载、自重误差及其他因素对基础的影响，取系数 $n=2$。

$$G_0 = \text{梯笼重} G_2 + \text{导轨架重} G_3 + \text{外笼重} G_4$$

$$G_1 (\text{载重}) = 78.48\text{kN}$$

$$\text{梯笼重} G_2 = 107.91\text{kN}$$

$$G_3 (\text{导轨架}) = 3433.50\text{kN}$$

$$P \geqslant 2 \times (G_1 + G_2 + G_3) = 7239.78\text{kN}$$

基础要求与设计：

承受的载荷能力应大于 7239.78kN；

混凝土基础板下地面的承载力应大于 0.15MPa；

采用三层钢筋网：钢筋直径 16mm，间距 200mm；

基础座或基础预埋件应全部埋入混凝土基础板内，基础厚度为 400mm。

3）附墙架

由于施工升降机达到一定高度后，易产生弹性变形，在梯笼运行超过 300 多 m 后会产生 20～30mm 的弹性形变，为了消除梯笼运行所产生的弹性形变，特设计一种新的卸载附墙架，在标准节上增加一些卸载装置，将导轨架的部分质量由卸载附墙架来承受，以减少施工升降机在运行过程中出现上下摆动，提高施工升降机在运行过程中的稳定性，同时也起附墙架作用，使梯笼运行超过 300 多 m 后产生 20～30mm 的弹性形变减少到 10～15mm。

载荷的设定及要求：分别在双柱顶部作用 6000kg 的垂直力，共设置 6 个卸载装置，不考虑标准节自重，计算此时各个卸载装置对建筑物的支反力，这里的卸载装置主要是针对梯笼一部分质量及载重引起的上下颤动，与标准节自重没有关系。在安装过程中，随着标准节质量的增加，卸载装置可能会承受标准节自重。为了避免这种情况出现，在增加部分标准节后，要重新调整已经装上的卸载装置，释放由自重产生的应力，使卸载装置仅承受梯笼质量及载重载荷。该工程卸荷点的应力计算见表 6-17。

<table>
<tr><td colspan="6">**某工程卸荷点的应力计算表**</td><td>**表 6-17**</td></tr>
</table>

		节点号	X 方向	Y 方向	Z 方向
第1道	下	3617	−47.72	−0.27	−1.49
		3618	−46.89	0.24	−1.15
	上	3677	47.16	1.72	79.31
		3678	46.22	−1.69	77.72

		节点号	X 方向	Y 方向	Z 方向
第2道	下	6977	−137.00	−0.77	−4.85
		6978	−134.62	0.68	−3.74
	上	7037	136.93	4.98	230.26
		7038	134.13	−4.90	225.55
第3道	下	10757	−440.73	−2.53	−13.44
		10758	−432.81	2.19	−10.41
	上	10817	432.95	15.75	728.06
		10818	424.10	−15.47	713.18
第4道	下	13517	−876.70	−4.93	−36.53
		13518	−861.18	4.37	−28.15
	上	13577	886.64	32.30	1491.00
		13578	867.14	−31.69	1458.20
第5道	下	17717	−4230.60	−24.31	−110.69
		17718	−4153.90	21.03	−86.14
	上	17777	4157.00	151.18	6990.50
		17778	4072.00	−148.43	6847.60
第6道	下	21917	−9679.00	−54.58	−653.91
		21918	−9428.10	48.21	−500.49
	上	21977	9751.20	356.21	26398.00
		21978	9514.10	−349.29	25999.00

4）提高标准节的承载力

建筑高度超高以后，要考虑标准节的承载能力，增加标准节主弦杆一定的臂厚，提高其强度，可以将标准节主弦杆外径提高到 76mm，臂厚增加到 20mm，标准节主弦杆的材质采用 Q235B，其材料的抗压应力按 $\sigma_b = 375 \sim 460$MPa 考虑。

5）电缆保护架和电缆托架

随着建筑物高度的增加，高空风荷载也会加大，为防止电缆被风吹出保护圈，需对电缆保护架和托架进行改进。

改进电缆托架与梯笼的连接，以提高其载重；挑线架由现阶段的杆件结构改为杆件加斜拉组合结构，提高挑线架的载质量。

减少电缆保护架的安装距离，防止大风将电缆吹出保护圈；保护圈橡胶由 1 个螺栓改为 2 个，防止保护圈橡胶移位造成电缆脱出保护圈；使用挂接电缆专用保护型丝网套等。

6）电缆小车

采用新的电缆小车结构：优化电缆小车结构，采用三角形结构设计，三角一个顶端为活动连接，避免小车在运行中卡住；电缆滚轮增加限位滚轮，防止电缆脱槽，优化电缆小车上的滚轮、轴与轴承的配合精度，保证电缆小车运动正常。

7）标准节

标准节的荷载变大以后，承载能力也要相应增强。改变现有标准节的弦杆厚度，可采用 20mm。

8）超长供电电缆抗拉强度及耐久性问题

电缆长度很长以后其质量势必也随之增加，另外使用次数增多以后，电缆寿命也会变短，为避免中途更换，要求电缆的抗拉强度、抗扭强度、使用寿命都与常规建筑不同。

采用新的高强度护套滑车式施工电缆 SJEUW-BQ（海底用电缆），提高电缆的抗拉强度、抗扭强度和使用寿命，钢丝网套有四种规格可统一采用"中六股"规格钢丝网套，适用范围是直径25～50mm，其头部长度 E305mm，网身长度 M760mm，网套能承受的最大拉力为 11kN。电缆参数见表 6-18。

电缆参数　　　　　　　　　　　　表 6-18

电缆型号	电缆外径(mm)	电缆质量(400m/kg)
3×16+1×6	26.4	538.4
3×16+2×6	27.5	594.8
3×25+1×10	32.0	789.2
3×25+2×10	33.4	878.8

9）立柱的分段卸荷

立柱高度增加以后，内力变大，竖向变形也会增加。目前观测到的数值规律是每 500m 高度会有 2～3cm 的压缩变形值，照此推测 1000m 将会达到 4～6cm，这会严重影响电梯的运行平稳度与使用安全。一般的解决方案是每间隔 100m 卸荷一次。

10）采用动力、传动新技术

现阶段梯笼的动力一般是由电缆供电给传动减速电机，再由减速电机上的齿轮与齿条啮合，带动梯笼上下运动，当梯笼高度超高时，因电缆太长，易产生较大的电压降，造成梯笼上下运动不稳定，当梯笼运行到顶部时载质量会减少，因此需要采用新的动力、传动技术：采用燃油机械动力；采用滑轨供电技术；采用无电缆供电技术、停靠时充电；采用其他动力。

滑轨供电技术：即采用滑轨＋电刷对传动减速电机供电，电压降较少，技术比较成熟，应用较广，但滑轨安装比较困难，滑轨固定夹易坏，滑轨导电部分防雨水也困难，因此需要采用新的安装工艺、新的防雨水方法和新材料。无电缆供电技术：对梯笼改用电瓶供电，当梯笼每到设置的停靠点时及时实现充电，保证稳定的运行电压，可实现无电缆供电，但需要解决减轻电瓶的质量、提高电瓶充电速度等问题。采用滑轨供电和无电缆供电已有成熟的技术可以借鉴，实现要快些。

11）优化梯笼传动机构及控制

采用变频调速，将电机运行频率由 50Hz 设置为 87Hz 基频，使电机在 87Hz 以下运行时为恒转矩运行，在 87Hz 以上运行时为恒功率运行，保证吊笼在 50～87Hz 运行的其传动功率提高3 倍。

12）电气控制系统

采用最优的电气选配，电机变频器为 3×45kW，实行 1 托 1 的配置，即 1 个电机配置 1 个变频器，以提高其控制精度，提高施工升降机低速和超高速时的运行性能，加大载质量，降低损耗电流和电能，使施工升降机可在超高速度下运行。施工升降机变频调速控制系统包括与电网连接的升压变压器、与升压变压器连接的电抗器、与电抗器连接的滤波器、与滤波器连接的变频装置、与变频装置连接的电机组、与电机组连接的抱闸以及控制变频装置的 PLC；变频调速控制系统采用了 3 个 690V 变频器分别对 3 个电机进行控制，而且 3 个变频器之间相互通信，保证 3 个电机输出转速一致。与现有技术相比更能保证施工升降机启动和运行时的平稳性，而且输入电压的提高降低了输电电缆上的电流，因而减少了电能的损耗。

2. 超高层建筑施工电梯配置技术

（1）施工电梯配置数量、安装位置的优化对比

1）施工电梯配置数量

建筑物的功能、结构形式、装修风格以及所在地区的地域特点不同，则需要电梯运输的材料种类及数量也不尽相同。综合考虑以上因素如何确定电梯配置数量是首先要研究的技术。一般的经验数是 300m 以下 4 台左右，300m 以上 6 台左右，均指从下到上的数量，不包括分级接力的数量。可通过运力计算来复核。

2）施工电梯安装位置

目前超高层建筑施工电梯的安装位置基本有三种方式：一是全部安装在正式电梯井道内；二是在结构外侧设电梯塔，全部安装在结构外侧；三是在低区或结构施工时安装在结构外侧，高区以后安装在正式电梯井道内。

（2）施工电梯与核心筒爬模无缝连接技术

在考虑爬模不断爬升的情况下，施工电梯如何快速、无缝连接爬模平台技术研究。

1）在爬模下部加设附加下平台，将爬模可上人高度往下延伸。

2）在爬模与施工电梯高度上交叉位置，修改爬模设计，保证施工电梯立柱顺利往上延伸，确保梯笼升高到更高高度。

（3）施工电梯与正式电梯倒换技术

施工电梯一般安装在建筑物正式电梯井道内，在保证运力的情况下，如何完成与正式电梯的倒换安排研究。

1）确定各施工阶段实际需要投入材料运输的正式电梯数量。

2）确定最先可以投入材料运输的正式电梯，尽早安装。

3）根据整体工程进度安排，确定逐步安装的正式电梯和逐步拆除的施工电梯。

以某高层为例，该工程共 63 层，350m，施工电梯与正式电梯倒换流程见表 6-19。

施工电梯与正式电梯倒换流程 　　　　　　　　　　　　　　　　表 6-19

核心筒施工至 L6 层时安装 1、2 号施工电梯	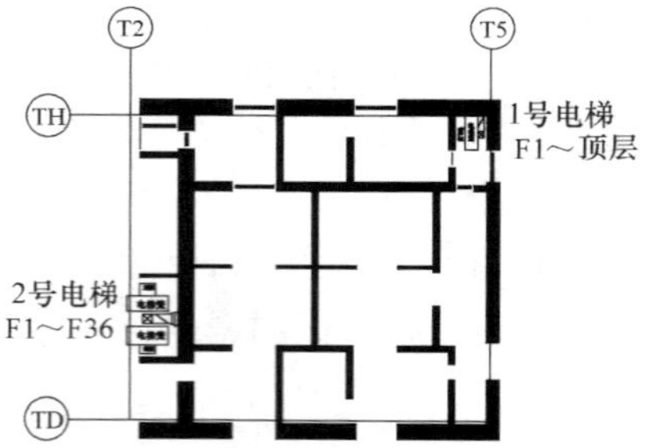
核心筒施工至 L30 层时安装 OT-SFT-1 跃层电梯	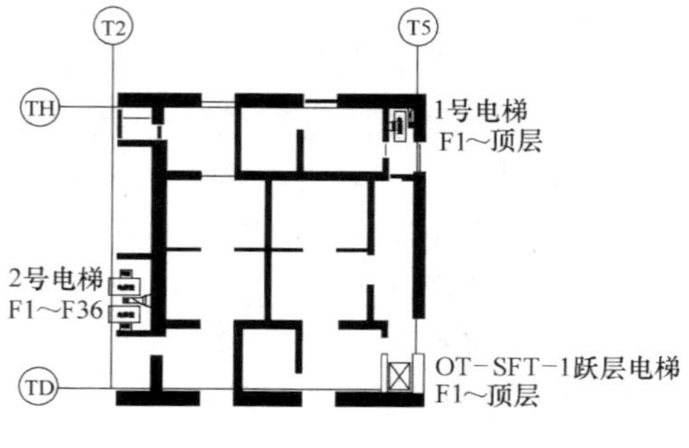

核心筒施工至 L34 层时安装 3 施工电梯 核心筒施工至 L50 层时安装正式电梯 OT-B-3、OT-B-4	 L1～L33层　　　　L33～屋顶
结构封顶以后安装正式电梯 OT-D-2、OT-D-3，跃层电梯 OT-SF-1 延伸至顶层，拆除 1 号施工电梯，安装 OT-SFT-1 跃层电梯	 L1～L33层　　　　L33～屋顶
正式电梯 OT-B-3、OT-B-4、OT-D-2、OT-D-3 和 OT-SFT-1、OT-SF-1 共 6 部电梯承担材料垂直运输任务	 L1～L33层　　　　L33～屋顶

3. 可用于 600m 以上的电梯型号及技术参数

（1）双柱升降机（型号 SCE400），其改进项目及参数见表 6-20。

双柱升降机改进项目及参数 表 6-20

序号	改进项目	改进后参数
1	额定载质量	4000kg
2	提升速度	0～30m/min
3	安装高度	1000m
4	标准节	650mm×900mm×1508mm
5	进口电机	2×3×15kW

序号	改进项目	改进后参数
6	升压装置	690V
7	电缆	特殊海底电缆
8	西门子变频器	2×55kW
9	减速机速比	1：18.20
10	Y形接法	
11	梯笼尺寸(长×宽×高)	4.0m×3.0m×4.5m
12	附墙架	专用V型
13	限速器	SAJ120-1.2
14	动作速度	1.2m/s
15	特制限速器的减速装置 两端安装数齿编码器	

（2）单笼升降机（型号 SCEG2000），其改进项目及参数见表6-21。

单笼升降机改进项目及参数　　　　　　　表6-21

序号	改进项目	改进后参数
1	额定载质量	2000kg
2	提升速度	0～96m/min
3	安装高度	1000m
4	标准节	650mm×900mm×1508mm(与双柱共用)
5	进口电机	3×22kW
6	升压装置	690V
7	特殊电缆	
8	艾默生变频器	3×45kW
9	减速机速比	1：11.40
10	△形接法	
11	梯笼尺寸(长×宽×高)	3.2m×1.5m×2.5m
12	附墙架	专用V型(与双柱共用)
13	限速器	SAJ60-2.0
14	动作速度	1.95m/s
15	安装数齿编码器	

6.7　小结

目前竖向通道塔已成功应用于 597m 的天津 117 大厦项目，更高高度的应用还有待进一步论证及实践；回转式多吊机集成运行平台已在成都绿地中心项目应用；单塔多笼循环运行施工电梯、高速电梯改进技术等已取得了一定的研究成果，形成了成套产品，并在超高层建筑项目中开展了整机试验。随着超高层建筑数量的增加，垂直运输设备的市场不断加大，国产设备要想缩小与进口设备的差距，就必须在提升运行速度、优化电力驱动技术、节能环保和舒适感方面进一步提升。随着超高层建筑高度的增加，尤其是复杂外立面造型，对垂直运输设备的安全性、适应性提出了更高的要求。满足千米高度的运力需求，适应复杂造型的附着形式是超高层建筑垂直运输设备下一步的研究方向。

7 千米级摩天大楼施工期消防与逃生技术研究

7.1 研究背景

随着经济建设的快速发展，超高层建筑如雨后春笋般在城市中矗立起来，在给城市带来高效、便捷、繁华的同时，也带来了消防安全问题。据统计，截至目前，全国现有超高层建筑超过2000栋。从经济发达的东部沿海到经济蓄势待发的中西部地区，到处可见正在加紧施工的超高层建筑。根据超高层建筑防火设计的多年实践，以及发生超高层建筑火灾的惨痛经验教训，人们对防范扑救超高层建筑火灾已经有足够的认识。但是，施工单位对超高层建筑施工工地火灾未能给予足够重视，超高层建筑施工工地火灾时有发生，给人民生命财产安全带来了极大威胁。2005年4月，河南发展大厦工地因点焊焊渣引燃防护网，导致120m高楼层顶部突发火灾，处置难度非常大，消防队经2个多小时才将火扑灭。2005年11月，山西省太原市正在施工的财富大厦13层发生火灾，消防官兵战斗到天亮才控制住火灾，该大厦13、14层被烧毁。2007年10月，广西南宁市埌东汽车站旁一栋正在施工的高层建筑在电焊安装外墙铝塑板钢龙骨时，引燃外墙铝塑板及安全网，发生火灾，由于事发于数十米高的外墙上，风势很大，火很快蔓延整个外墙，已安装的外墙铝塑板及安全网全部被烧毁。2009年2月，中央电视台新址附属文化中心大楼发生火灾，16个消防中队54辆消防车用了将近6个小时才将大火扑灭。

大量的超高层建筑工地火灾事故让人触目惊心，超高层建筑施工现场的消防安全问题应该引起社会的重视。然而，我国现有超高层建筑消防安全规范及研究主要针对大楼设计及建造完成后的运营阶段，未能针对超高层建筑建造期的消防安全问题进行专门研究并提出应对措施，因此，加强对超高层建筑建造期工地火灾特性及防火对策的分析研究显得十分重要。

国内外关于建造期超高层建筑的消防安全问题研究尚处于探索阶段，主要研究成果如下：李亚东等基于上海中心大厦项目施工实际，从消防设施配备、消防管理制度两个方面介绍了相关经验；周波从部分高层建筑的施工现场消防设施方案及现状入手，对现场临时消防设施的设计合理性及使用效果进行了总结和分析，旨在推动在建工程消防临时设施配备的标准化建设；李继章通过分析高层建筑建设施工火灾的特点，从施工总平面布局、施工消防给水设施、固定放置灭火器、编制消防预案四个方面初步探讨了高层建筑建设施工消防安全的管理措施；冯世基认为超高层建筑施工由于工程体量大、工艺复杂、施工单位多、交叉作业多、贵重设备及可燃材料多，应注重加强消防设施、保温材料、明火作业、易燃易爆危险物品等重点环节的消防管理，做好施工人员的消防安全教育培训和灭火准备等应急处置工作；董世贤在阐述了高层建筑施工的安全特点后，从不同的角度对高层建筑施工过程中存在的安全问题进行了简述，最后提出了在超高层建筑施工现场安全管理的相关措施，希望能够做到进一步提升建筑施工的安全水平，将事故发生率进一步减小，让超高层建筑施工的安全管理能够更进一步；连永强等基于电信广场原广东省邮电枢纽综合楼施工实际，从建立消防组织，完善消防设施，电气防火和安全用电管理，火源管理及动火作业制度，易燃易爆物品防火管理，临时设施、宿舍及办公区防火管理，消防资料管理，临时工及合同工防火教育，易燃杂物清理和材料的堆放等多个方面介绍了施工消防安全管理经验。

7.2 "临时/永久"相结合消防系统应用研究

临时消防是保证在建建筑工程施工安全的重要措施之一，尤其是超高层建筑。鉴于临时消防系统相对于正式消防系统较为简单，管理和运行单一，目前工程中临时消防多用临时性管道、临时性水泵、水箱及其相关附件组成，但对于超高层建筑而言上述做法会造成工程措施费高昂、灭火能力有限、临时设施对后续施工造成影响较大、工程竣工前临时设施处理困难等问题。

在超高层建筑中，正式消防系统功能较为强大，是其安全保障的中流砥柱，因此其形式较为复杂。在结构施工中如果正式消防系统全面同步建设，不仅难度高投入大而且可能对结构进度产生一定影响。如果只建设正式消防系统的关键节点及部位并配合部分临时设施，且各专业能紧密协同，就能实现正式消防用于保障施工阶段的安全，并随着各专业施工进度进行无缝转换，逐步转化为正式消防，最终与其他专业同步完成。因此突破传统模式，探索施工消防新模式已迫在眉睫。

7.2.1 正式消防系统在施工阶段应用的可行性分析

1. 正式水箱应用分析

正式水箱的应用，经多方协商确定以下原则：

（1）积极推动业主和监理单位确认正式消防水泵房材料及设备品牌；

（2）机电单位提前进行正式消防泵房设备基础提资工作；协调机电、装饰、二次结构单位进行正式消防水泵房深化设计工作，这样不仅可以检验深化设计配合情况又可以作为泵房提前施工的基础；

（3）优先完成正式消防水泵房地面和二次结构墙体，然后交由机电进行正式水箱和设备安装，防火涂料和装饰部分等消防设施投入使用后再择机施工；

（4）正式水箱使用期间做好成品保护措施。

2. 消防水泵

由于正式消防系统中水泵为转输水泵，其只用于水箱串联加水，而"临时/永久"相结合消防系统中水泵既充当转输泵又充当消火栓系统临时高压供水，需考虑用水水头，因此"临时/永久"相结合消防系统中水泵扬程比正式水泵扬程高，故"临时/永久"相结合消防系统只能采用临时水泵（见图7-1），且为保障消防系统安全性，每个泵房配备两台消防泵（一用一备），备用泵采用柴油泵，停电时依然保障现场消防安全。

3. 管道及附件

管道及附件经分析确定以下原则：

（1）消火栓立管和环管利用正式管线；

（2）由于结构施工阶段装饰并不能与管线同步施工，因此末端消火栓横支管采用临时管线；

（3）阀门及附件中正式管线采用正式阀门及附件，最后转换成正式时如果损坏将进行更新，否则直接转入正式工程；临时管线采用临时阀门及附件，并考虑回用至正式工程。

图 7-1　消防水泵

4. 消火栓成套装置

由于正式消火栓箱安装需与装饰紧密配合（见图7-2），鉴于装饰进度，"临时/永久"相结合消防系统的末端消火栓成套装置采用临时设施（见图7-3），随工程进度改装。

图7-2　正式消火栓箱

图7-3　临时消火栓箱

7.2.2　临时消防系统与正式消防系统无缝转接技术

利用F18、F44、F74设置有效容积60m³的正式转输水箱，通过水箱串联临时水泵接力供水将水加压至F103有效容积690m³的正式消防水池，利用正式转输水箱（水池）的泄水口作为重力供水点，结合部分临时性管线实现水箱以下分区为常高压消防系统而F103层以上为临时高压系统，随着工程进度逐步拆除或更换临时设施，向正式消防系统转换。该系统既减少了临时设施的投入，同时也尽量减少了正式设施的投入，整体提高消防安全保障系数，减少消防空白点。

"临时/永久"相结合消防系统共分六个阶段逐步投入使用，各阶段以上述楼层转输水箱具备消防供水条件为界面划分。因此，作为该系统中的临时消防泵在上级转输水箱具备消防供水条件后，将本层消防临时高压给水泵切换为上一区域水箱转输水泵使用，并经过减压阀组给上一区域转输水箱供水，过程中穿插完成上一区域消防水平管、立管、消火栓的安装，以满足上一区域的消防要求。譬如F18层消防转输水箱在第二阶段和第三阶段使用中的调整，如图7-4、图7-5所示。

临时消防与正式消防系统中间转换共分为六个阶段，如表7-1所示。

本系统在施工过程中存在多次转换，每次转换时既要保证现场的临时消防要求，又要保证"临时/永久"相结合消防系统的相关转换区域从临时高压系统到常高压系统的无缝转换，同时在屋顶高位水箱具备消防供水条件后，该系统全数转换为正式消防系统。作为转换的核心工作，主要如下：

（1）临时消防泵与正式消防泵的转换

1）在施工期间，前述楼层内转输泵房分别投用两台临时消防泵（一用一备），临时消防泵利用预留水泵位置（不占用正式消防水泵空间），安装时在正式消防泵位置预留进出口管道接口阀门，为切换做准备。

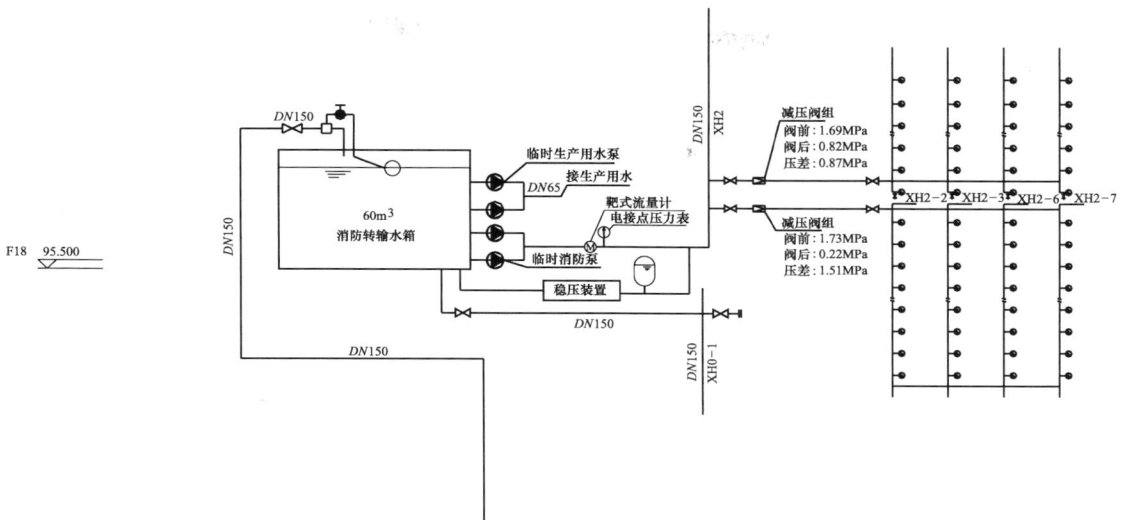

图 7-4 F44 层转输水箱施工前

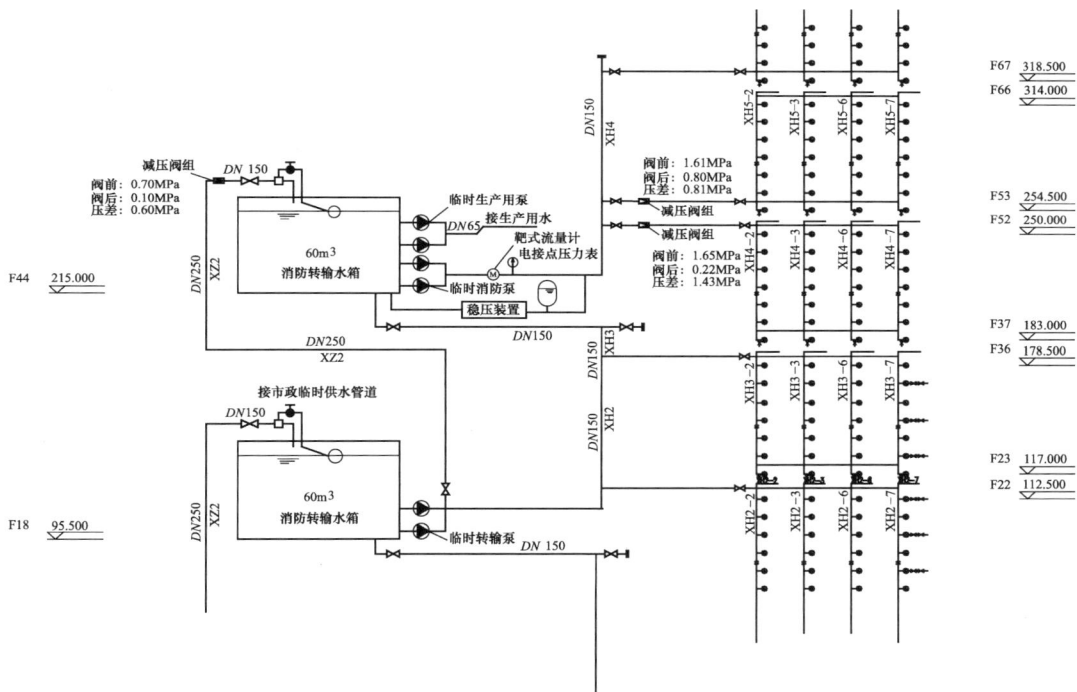

图 7-5 F44 层转输水箱施工完成

2）正式消防泵进场后就位安装，与预留管道接口阀门完成接驳，阀门开启，利用夜间进行调试，调试完成后，正式消防水泵作为临时消防水泵的备用泵使用。

3）正式消防泵投入使用（一用一备），临时消防泵接口管道阀门关闭，临时消防泵拆除。

（2）临时消火栓与正式消火栓的转换

1）本方案结构施工阶段采用临时消火栓，而在室内装修阶段则采用正式消火栓。

临时消防与正式消防系统转换阶段　　　　　　　　　　　　　　　表 7-1

序号	阶段	内容	供 水 范 围
1	第一阶段	F18 层消防转输水箱投入使用前	施工总承包单位负责 B7～F22 层临时消防系统的实施。B7～B1M 层采用市政压力供水，首层～F22 层采用临时高压系统供水。 施工总承包单位在 B1 层设置临时转输水箱及临时消防水泵，保证首层～F22 层的临时高压系统和 F18 层的正式消防转输水箱供水
2	第二阶段	F18 层消防转输水箱投入使用	通过施工总承包单位已设置的临时水箱、临时水泵及临时管道完成 F18 层正式消防转输水箱的供水。 F18 层消防转输水箱具备供水条件后，首层～F6 层的消火栓系统转换成常高压供水。 利用 F18 层的临时消防泵及正式消防转输水箱加压，保证 F7～F52 消火栓系统的临时高压供水。超压部分设置减压阀和减压稳压消火栓
3	第三阶段	F44 层消防转输水箱投入使用	通过转输水箱加压的方式完成 F44 层正式消防转输水箱的供水。 F44 层消防转输水箱具备供水条件后，F36 层以下的消火栓系统转换成常高压供水。 利用 F44 层的临时消防泵及正式消防转输水箱加压，保证 F37～F82 消火栓系统的临时高压供水。超压部分设置减压阀和减压稳压消火栓
4	第四阶段	F74 层消防转输水箱投入使用	通过转输水箱加压的方式完成 F74 层正式消防转输水箱的供水。 F74 层消防转输水箱具备供水条件后，F66 层以下的消火栓系统转换成常高压供水。 利用 F74 层的临时消防泵及正式消防转输水箱加压，保证 F67～F96 层消火栓系统的临时高压供水。超压部分设置减压阀和减压稳压消火栓
5	第五阶段	F103 层消防水池投入使用	通过转输水箱加压的方式完成 F103 层消防水池的供水。 F103 层消防水池具备供水条件后，向 F74、F44、F18 减压水箱供水，F96 层以下的消火栓系统切换成常高压供水。 利用 F103 层的临时消防泵及正式消防转输水箱加压，保证 F97～屋顶层消火栓系统的临时高压供水。超压部分设置减压阀和减压稳压消火栓。此时，临时高压系统供水完成，可以把一台备用临时消防泵转换成正式消防泵
6	第六阶段	给水系统向 B1 层正式转输水箱及屋顶水箱供水	生活补水满足屋顶水箱间供水条件后，F97～屋顶层采用消防贮水池、消防水泵和屋顶消防水箱联合供水形式。此时，另一台正式转输水泵替换临时水泵，临时水泵全部拆除，倒运出现场

2）转换时，以竖向区域内的消火栓立管转换为基本单元，原则上每次转换只进行一个竖向立管消火栓的转换，转换前将该立管泄空（其余三支消防立管处在正常消防保护状态），待此竖向立管完成转换后进行下一个竖向立管消火栓的转换。

"临时/永久"相结合消防系统施工完毕后，低区具备正式消防系统施工条件后，依次将各分区剩余正式系统施工完成。

完成临时泵的更换后，启用分区剩余正式消防系统，关闭分区"临时/永久"相结合消防系统相关管道，替换临时管件，通过预留节点切换完成分区"临时/永久"相结合消防系统并入正式系统。

由下向上依次完成各个分区的系统转换直至 F96 层，其上部临时高压区由上向下转换，待屋顶水箱完成后进行该区剩余正式系统施工，完成后由屋顶水箱配合增压稳压设施供剩余正式消防系统，关闭"临时/永久"相结合消防系统管道，替换临时管件，通过预留节点切换完成分区"临时/永久"相结合消防系统并入正式系统。

7.2.3　基于BIM技术平台的机电管线综合深化及专业协同

建筑信息模型是本工程在涵盖机电安装在内施工过程中使用的一种技术手段和工作方式，借助BIM技术将复杂管线排布可视化，完成碰撞检查和方案模拟，并与其他专业协同工作。消防泵房BIM模型如图7-6所示。

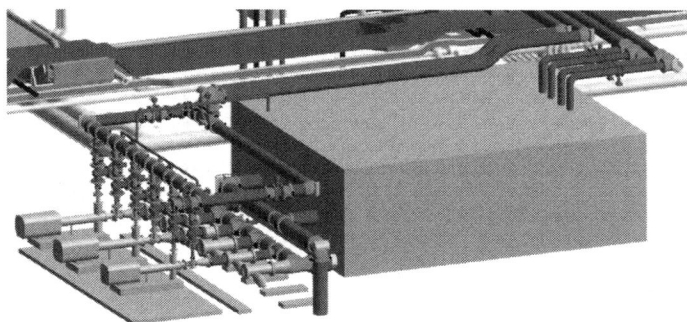

图7-6　消防泵房BIM模型

在施工阶段，使用BIM组织和实施深化设计工作，并交付以深化设计模型为代表的设计成果。并将BIM深化设计用于形成和验证深化设计成果合理性的BIM应用，充分考虑并满足实际施工要求。

深化设计前，明确需要深化设计的专业或特殊部位如消防环管、立管等，对相关的施工设计图纸、方案、技术交底等进行综合分析考虑，准备所需模型文件。在设计或专业单位提供的模型基础上，充分考虑施工的实际需求，结合现场三维高精度测角测距技术（见图7-7），通过BIM软件进行管线建模深化设计，准确反映现场状况，以达到信息的无缝衔接（见图7-8）。

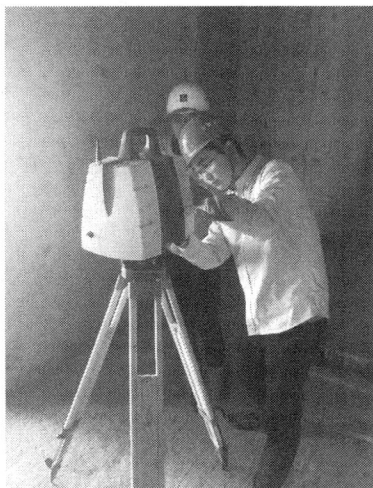

图7-7　三维高精度测角测距

图7-8　BIM模型管线深化设计效果

7.3　磁力缓降安全逃生装置

随着城市化进程的加速发展，高层、超高层建筑已成为城市新建建筑的主要结构形式，高层建筑能在有限的空间内承载更多的人群，节省土地空间，然而，高层建筑的垂直运输是一个极大的考验，当发生高层建筑事故时，人员逃生问题显得尤为突出。近年来由于民众消防安全意识淡薄，高层建筑火灾事故频现，而高层建筑中的楼宇烟雾、有毒气体、电梯停运等因素又极大地限制了受困人员的高楼逃生或消防人员的救护。因此，对高楼逃生装置的研究具有极大的实践与应用价值。

中建三局依托武汉中心、武汉绿地中心等超高层项目，针对超高层建筑建造期安全逃生问题，开展了一系列研究，研发了一种利用物理学楞次定律实现磁力缓降的安全逃生装置。工程试制产品的逃生效果及安全可靠性已经在实体工程中得到了试验验证。

7.3.1　高楼逃生装置国内外技术现状及方向

国外建筑中配备较多的逃生装置主要有：逃生梯、逃生滑道（见图7-9）、逃生舱（见图7-10）以及楼梯转运椅（见图7-11）等。逃生梯作为外墙布置器材，在国外建筑中有一定的配置，一般安装在靠近窗口位置或钩挂在阳台、窗台边缘，固定式逃生梯一般适用于低层、多层建筑。逃生滑道是一种快速高效的高层建筑逃生设施，一般安装在建筑物内部或是阳台、屋顶。其安装所需空间小，只需要$1\sim2m^2$，逃生速度为$1\sim3m/s$，确保以每分钟20人的速度迅速逃离火场和危险区域，

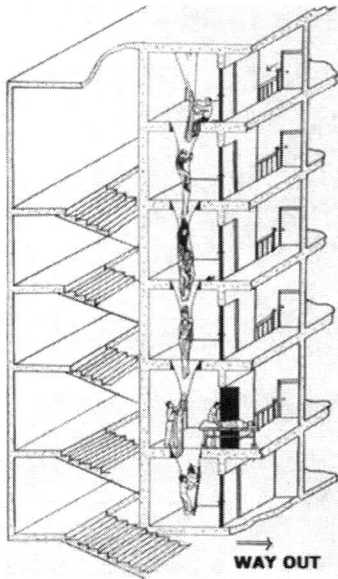

图7-9　多入口逃生滑道

图7-10　逃生舱

图7-11　逃生滑轨

故逃生滑道使用方便，逃生速度快不需要特殊培训，对逃生者的体力、臂力和心理素质没有要求。

西班牙研究人员发明了一种安装在楼梯间的逃生装置。该设备为单人输运装置，沿建筑物顶棚安装导轨，该装置以可控的滑行运动将人员安全地运送到紧急出口。该装置装卸方便，使用者还可使用手刹来控制滑行速度，避免使用时出现碰撞事故。但是该装置会破坏楼梯间的外观；对滑轨精度的要求很高，增加了安装施工难度；一旦烟气窜入楼梯间，该装置将无法使用，目前该装置尚处研发阶段，有些技术尚不成熟，如在手刹制动方面还有待改进。

美国 Kevin Stone 发明了一种摩天大楼逃生轮，该逃生轮结构与渔线轮相似，由坚固的长绳和一套离心制动系统组成，逃生轮的绳索自一个线轴内伸出，然后缠在一个与制动装置相连的轴上，随着线轴转动，一组制动块会对制动盒内缘施加压力，平稳、缓慢地将使用者放下。该项发明也被美刊评为 2009 年十大发明之首。然而，在使用该项逃生装置时，使用者不仅要克服心理恐惧，还要经过专门培训，对逃生姿势、臂力均有较为严格的要求。

英国技术人员研究出了一种特殊材料制成的尼龙膜充气袋，该尼龙气袋可以耐高温防火，摩擦阻力较大，并且能够在极短时间内完成充气，尼龙膜袋充气后就成为一个倾斜槽形的滑道，逃生者可迅速缓降滑行逃生。该逃生滑道仅适用于低层或多层结构，由于滑道的刚度不够等原因而难以用于高层或超高层结构。

国内在逃生避难装置方面的研究起步晚，当前的逃生装置品种单一，根据使用场合，逃生装置主要分为两大类，一类是用于公共建筑的大型逃生设备，如逃生舱、柔性滑道、救生气垫等；另一类是家用的小型逃生设备，如逃生软梯、缓降器、逃生绳等。

高楼逃生舱采用两个箱体疏散逃生人员，每个箱体内最多可运送 6 人，两个箱体上下往复运行，逃生效率可达 300 人/h，该装置于 2014 年在北京首次启用。该装置的优点是采用空气阻尼技术，可在无电情况下使用，但也有较大缺陷，高楼逃生舱的安装位置固定，不能自由移动，且工作中不能停靠，只能从顶层直降第一层，工作状态缺乏灵活性。同时，该逃生装置仅适用于150m 高度以下的高层楼宇。

柔性救生滑道是一种能使多人顺序地从高处在其内部缓慢滑降的逃生用具（见图 7-12），滑道采用摩擦限速原理，达到缓降的目的。目前，柔性救生滑道根据限速方式可分为三类：一是采用粗的橡胶环进行分段限速；二是采用布置紧密的细的橡胶绳圈全程限速；三是采用高分子弹性纤维制成的弹性良好的布套进行全程紧密包裹限速。逃生滑道使用简单，无需培训，老弱病残孕小孩均可使用，可用在学校、医院、写字楼、宾馆等公共场所，实现人员集体快速逃生。

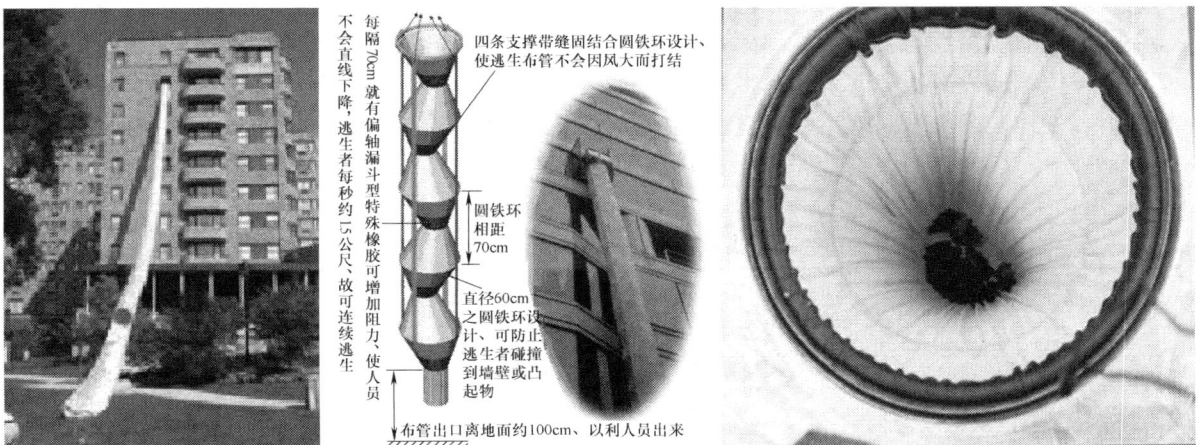

图 7-12　柔性滑道逃生装置

单人或家用逃生缓降器越来越多的受到专家学者的青睐，而且，目前已有较多关于缓降器的研究，因此，将缓降器单独列出介绍。按照缓降器制动原理，将其分为三类：摩擦制动式、流体阻尼式、电磁阻尼式。摩擦制动式缓降救生器都是依靠机械摩擦力产生阻尼来制动缓降的装置，在多次重复使用或长时间存放于户外时都易发生摩擦制动零件的磨损使其疲劳强度减弱或塑性变形、老化等问题，这些问题都严重影响缓降救生的安全性。特别由于摩擦阻力的大小很难控制，因此很难实现匀速缓降。液压阻尼系统和空气阻尼系统都存在泄漏以及不适应寒冷气候的缺点，所以都要求加工制造精度比较高，需要额外的压力源，对环境条件比较敏感。电磁阻尼式缓降器实现了自救设备无源化；缓降速度稳定、易控制、质轻体积小；通过安装应急刹车装置，实现控制缓降速度不超限，保证使用者安全的作用；然而，电磁阻尼式缓降器在市场上的应用较少，尚处于研发阶段。

根据逃生装置国内外研究现状可发现，当前逃生器材种类繁多，大多数逃生装置仅能适用于中低层建筑，能用于高层或超高层建筑逃生且技术比较成熟的设备很少，逃生装置存在适用高度问题。同时，适用于高层建筑逃生的装置往往需要外部能源输入，然而，高层建筑中火灾的蔓延速度快，易形成烟囱效应，有毒的烟气易蔓延至楼梯间等疏散通道，不仅严重影响人们的疏散速度和生命安全，还会常常造成停电现象，故现有的高层逃生装置稳定性受到较大的影响。此外，现有的高层建筑逃生装置往往需要专门培训，还要克服高空心理恐惧，难以大范围推广应用。针对国内外逃生装置研究现状与应用情况，研究采用楞次定律原理，研发一种载重效率高、无需外部能源输入、无需培训、操作简单、适用高度无限制的高层建筑逃生装置。

7.3.2 磁力缓降逃生系统载重效率研究

依据楞次定律，经分析与试验结果验证，可知：只要逃生装置中配备数量充分、磁力强度相当的高强永磁体，并使高强永磁体与非铁磁材料保持合理适当的间距，则逃生装置在下落过程中，非铁磁材料与高强永磁体之间相互运动而切割磁感线，会产生阻碍装置下落的阻力，该阻力与逃生装置的下落速度成正比，并最终与逃生人员和装置的重力达到平衡状态，使得人员匀速缓慢下落。

磁力缓降逃生装置的关键是高强磁铁与非铁磁性材料之间的相互运动而产生的供逃生人员匀速下落的阻力，该阻力的大小影响逃生装置的可行性和载重效率（载重效率指逃生装置在最大载重下，高强磁铁的重量与载重的重量比）。逃生装置的载重效率影响装置使用对象与装置安全，因此，需要尽可能地提高装置逃生效率，即用尽可能少的磁铁产生尽可能大的阻力，这样可极大地提高装置的实用性与安全性，因此，探讨逃生装置的载重效率是研究的重点之一。

载重效率通过试验和有限元模拟两种方式进行确定，研究磁铁构造（磁极、形状、厚度等）、磁铁组合方式、下滑管路的尺寸（直径、材质、壁厚）等参数对阻力和下落速度的影响，在该研究的基础上，设计出磁铁构造、组合方式和下滑管路尺寸等（见表7-2）。主要参数和试验分布如下：

载重效率主要参数和试验分布 表7-2

序号	材质	管壁厚度	管壁磁铁净距	磁铁长宽高	磁铁组合方式	磁铁净距	磁极分布	磁铁形状	磁铁屏蔽措施
1	不锈钢	○	○	○	○	○	○	○	○
2	铝材	●	●	●	●	●	●	●	●
3	铜材	○	○	○	○	○	○	○	○

注：●必做，○部分选做。

研究过程中，依据试验和相关原理对部分材料和参数进行了设定，主要有以下内容：

（1）管路材质选取：铝材电阻率小，型材获取较为方便，加工性能好，因此采用铝型材作为轨道的主要材料；铜材导电性优于铝材，对装置阻力有增大效果，但铜材获取较复杂，加工性能不佳，因此，铜材仅作为关键位置的轨道材料。

（2）磁铁选取：磁铁的牌号越高，其剩磁越高，从而载重效率越高，因此采用目前市场上牌号最高的 N52。

（3）安装参数选取：考虑到加工及安装误差以及磁铁下滑的顺畅，管壁和磁铁之间的净距控制在 5mm 以内。由于磁铁牌号较高，磁铁之间相互作用力较大，考虑到安装的安全，因此磁铁之间的间距暂定为 3cm 以内，后期可以根据安装工艺对间距加以调整。

除以上材料和参数之外，对逃生系统载重效率影响因素主要还有磁铁的形状尺寸、磁极分布及其组合方式等，这些参数需要根据现场试验和有限元模拟结果进行确定。

针对市面上现有的成品高强磁铁进行采购（见图 7-13）、加工与制作，选取不同形状、不同尺寸的磁铁制作载重装置，并在试验中进行测定。

图 7-13 不同形状尺寸高强磁铁

磁铁的形状尺寸、磁极分布，以及其组合方式对载重效率影响的研究方法主要采用有限元和试验相结合的方法（见图 7-14），以有限元计算为主，试验加以验证，最后通过有限元计算确定最佳磁铁组合方式。有限元分析时，通过电磁分析计算出轨道内的磁场分布，然后根据安培定律，计算出不同速度对应的安培力，从而确定磁铁最佳形式。

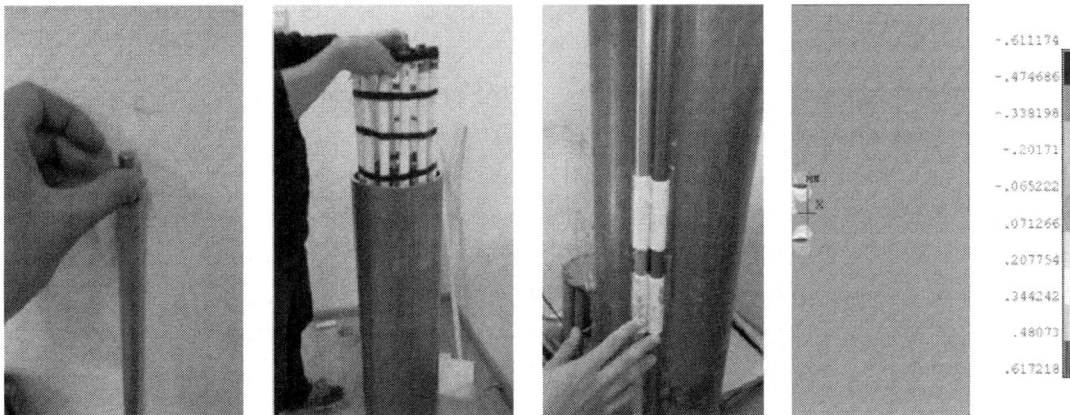

图 7-14 试验比对验证

根据有限元模拟和试验研究结果，得出结论：磁铁宽度越宽，其载重效率越高；高度越小，载重效率越大；磁铁厚度越大，其载重效率越大；磁铁组合方式，相邻磁铁相互排斥组合方式可以大大提高磁铁的载重效率；瓦形磁铁与管路间的贴合性最好，因此后期试验选用瓦形磁铁；进一步研究发现，可以通过在磁铁背面加薄铁片类的铁磁性材料的方式，加强磁铁的载重效率。

通过载重验证试验得出（见图 7-15），平均速度控制在 1.5m/s 的情况下，磁铁自重和负载之比可以达到 1：15，即载重效率达 1：15。

图 7-15　载重验证试验

7.3.3　磁力缓降逃生系统附属装置的研究与试制

为了保证装置的正常使用和便捷性，除了磁铁之外，还需要配备一些附属装置。附属装置主要包括：（1）管路连接附着装置：该装置将圆管与圆管连接在一起，并将圆管固定在建筑物上，要求方便拆卸，易于调节误差，同时经济合理；（2）载人装置：装置将人和磁铁结合在一起，要求装置轻质，具有一定的舒适度。

（1）管路连接附着装置

下滑管路依附墙体而设，将随着建筑高度的增加而增加，因其材质为铝质，且高度可达 200～300m 甚至更高。在管路设计时，若将竖向力均传至管路底部基础，这样就会导致底部管道受力过大而增大尺寸，故有必要将每段管路及在其上运行装置的荷载传递至建筑物墙体或其他支点上，同时考虑安装精度可调及中间换管的要求，主要设计要求如下：

1）分段承载：将每段管路及在其上运行装置的荷载通过附着装置传至墙体；

2）三向可调：实现上下、前后、左右可调；

3）中间可换：当中间某段管路出现问题时，在不拆上下管路情况下直接更换；

4）外径一致：外径与管路一致，保证载人装置顺利、平稳通过。

根据上述设计要求，设计出了四种方案。分别是：法兰式、分片式、销轴式、拨档式，并对法兰式（见图 7-16）和拨档式组织了加工生产。

法兰式管路附着装置包括用于连接上下两分段导轨的导轨连接块、用于固定安装在建筑物墙体上的连接板以及设置在导轨连接块与连接板之间的附墙架，导轨连接块的最大外径与上下分段导轨工作段的外径一致，以使连接后上下分段导轨具有连续性从而实现垂直运输设备沿着导轨无障碍平稳移动。导轨连接块包括上下两个导向定位块，定位块之间设有一定间隙，上下分段导轨分别套设在上下导向定位块外，每个导向定位块上均设置有水平调节板，附墙架设置在两个导向定位块的水平调节板之间。使用方法，包括以下步骤：

1）按导轨的卸力需求，将螺栓预埋在建筑物墙体的相应位置；

2）先将该装置的连接板与预埋在建筑物墙体内的螺栓连接，再将其导轨连接块的下端与下分段导轨连接，然后将附墙架与导轨连接块的水平调节板通过第一腰孔和螺栓进行连接，再将附

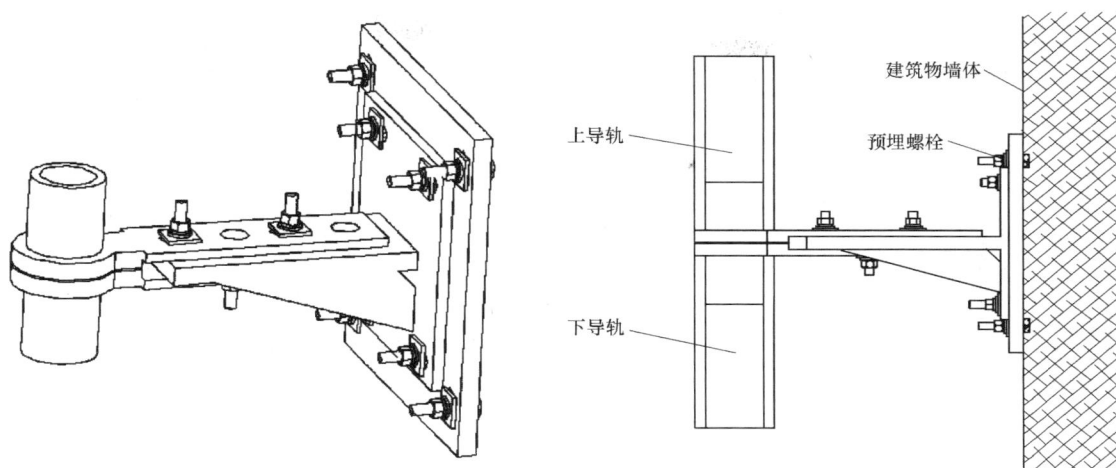

图 7-16　法兰式管路附着装置

墙架通过第二腰孔和螺栓安装在连接板上，然后将上分段导轨安装到导轨连接块的上端，保证上下分段导轨同轴心，如此自下而上安装各分段导轨。

3）当需要拆除某分段导轨时，取下位于该分段导轨上方的下导向定位块与附墙架之间的螺栓，同时取下位于该分段导轨下方的上导向定位块与附墙架之间的螺栓，即可将该分段导轨连同其上下端的下导向定位块和上导向定位块一起沿水平方向取出。

考虑试验需求，最终试验管路中选择了使用法兰式和拨档式管路附着装置（见图 7-17），可实现分段承力、三向可调、中间换管的功能。

图 7-17　用于试验的管路附着装置

（2）载人装置

载人装置设计前后基本经历了三个阶段：

1）第一阶段，主要实现其功能，能够将磁铁有效的安装在载人装置上，载人装置能够和人体进行连接（见图 7-18）。

2）第二阶段，进一步考虑人体工学，考虑载人装置与人体结合时的舒适度，进一步减轻装

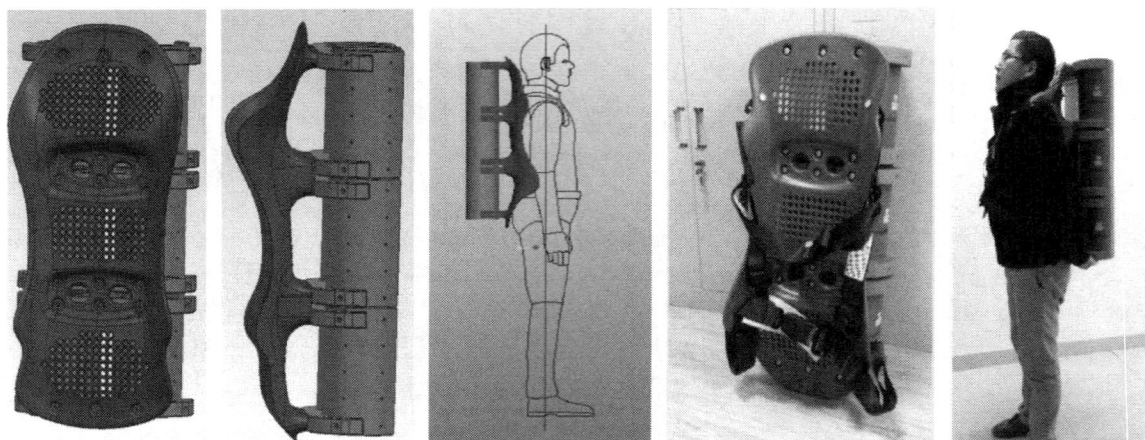

图 7-18　第一阶段背包式载人装置设计

置的重量（见图 7-19）。

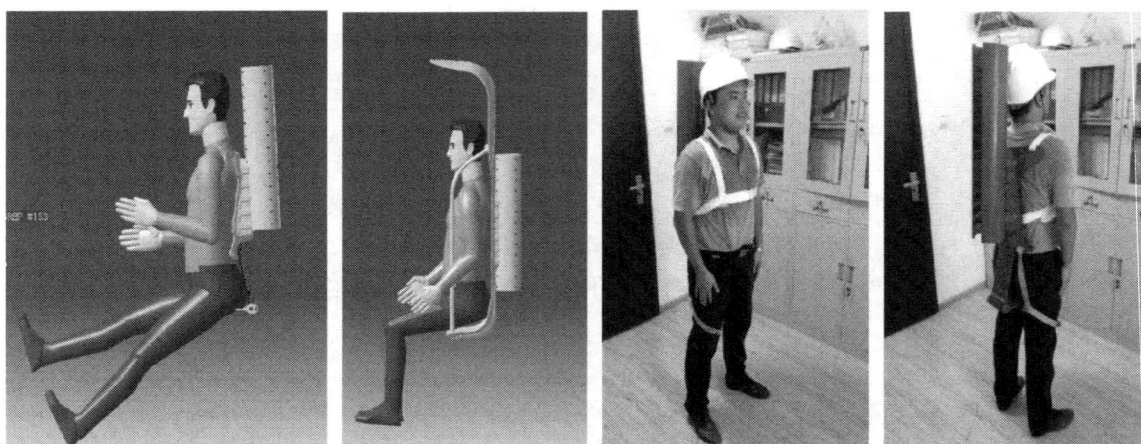

图 7-19　第二阶段载人装置设计优化

3）第三阶段，充分考虑载人装置的使用性能，能够自动开合，从任意位置进入逃生管路，便捷性和舒适度进一步改进（见图 7-20）。

图 7-20　第三阶段载人装置设计优化（站立式）

三个阶段的载人装置都在试验室和现场组织了多次载物、载人试验,一些关键参数得到了确认,载重比和下落速度与预期基本一致,但载人装置还存在很大的优化空间。研究人员结合应用场景,又提出了多种设计方案,下一步也将逐步进行试验验证。

7.3.4 磁力缓降逃生系统足尺模型试验及工程应用储备研究

开展足尺模型试验,能够更好地验证装置存在的问题,并对未来应用时做相关的技术储备。依托在建的武汉中心、武汉绿地中心项目开展了多次现场试验,并对磁铁的布置形式和附属装置进行了优化,形成了比较完善的磁铁布置方案和附属装置设计方案。同时,针对不同超高层结构形式,做了针对性的方案储备。

(1)载重及模拟载人试验

2015年3~4月进行了1:5~1:15载重比的系统载重试验,其中载重比1:15时,下落速度仅为1.4m/s,满足目标要求。同时,组织开展了模拟载人逃生试验,对如何进入管路、载人装置相关的尺寸、安全防护方式等有了直观的认识,并提出了后续改进方向(见图7-21)。

图 7-21 载重及模拟载人试验

(2)载人试验

2015年10~12月完成了第二阶段载人装置的设计,并在武汉中心项目完成了两款不同装置的载人下落试验。更加真切的体会到,现有装置在下落过程中人体的感受。作为紧急逃生装置,若要加以应用还需对相关细节问题进行优化(见图7-22)。

(3)装置优化载重试验

在前两阶段的基础上,2016年7~9月完成了第三阶段载人装置的设计加工,并在武汉中心项目完成了站立式(见图7-23)和骑乘式(见图7-24)两款不同装置的载重及载人下落试验。对两款装置进入管路的方式,锁紧的形式,以及操作的便捷性、舒适性等进行了全方位的验证。

目前,基本具备了载人逃生应用的条件,但在结构重量、体积以及操作的便捷性上需要跟进一步的优化和改进。

图 7-22 现场载人逃生试验

图 7-23 站立式载人逃生装置载重试验

图 7-24 骑乘式载人逃生装置载重试验

7.4　小结

结合超高层建筑施工特点开展施工期消防与逃生技术研究具有重要意义。临时消防系统在超高层建筑施工过程中起重要作用，但目前的临时消防系统还存在成本高、拆除难等不足。施工期避难层、逃生通道等尚未形成，施工期安全逃生系统在火灾发生时显得尤为重要。

中建三局研究开发的"临时/永久"相结合消防系统技术，在降低成本、提高安全效率等方面取得了显著效果。同时依托武汉中心展开磁力缓降安全逃生装置试验，该装置已经过原型试验和真人模拟逃生试验验证，并完成了工程产品试制。目前正逐步优化并拟开展整体装置30～60m现场模拟试验，应用前景广阔。

参 考 文 献

[1] 毛志兵. 高层与超高层建筑技术发展与研究 [J]. 施工技术，2012，41（23）：4-10.

[2] 王宏，戴立先，朱邵辉，等. 天津高银 117 大厦异形多腔体巨型钢柱施工分段研究 [J]. 施工技术，2012，41（20）：22-23.

[3] 朱邵辉，宫健，吕黄兵，等. 异型多腔体巨型钢柱焊接研究 [C] // 中国钢结构协会房屋建筑钢结构分会 2013 年学术年会论文集. 2013.

[4] 陈钧，范道红，季书培，等. 天津高银 117 大厦大截面多箱体组合型巨柱制作技术 [J]. 施工技术，2015，44（20）：28-31.

[5] 徐国强，陆建新，刘晓斌，等. 深圳平安金融中心钢板剪力墙安装技术 [J]. 施工技术，2013，42（2）：6-8.

[6] 王川，唐齐超，陆建新，等. 深圳平安金融中心核心筒钢板剪力墙焊接技术 [J]. 施工技术，2013，42（14）：8-10.

[7] 魏明，胡建平，江强. 06Ni9 钢埋弧自动横焊技术探讨 [J]. 石油工程建设，2013，（1）：42-45.

[8] Wang Kezheng, Chen Xinzheng, Jia Gaofeng. Automatic seam tracking system for submerged arc welding with linear CCD vision sensors [J]. Journal Tsinghua University, 2003, 43 (5): 597-600.

[9] Zhang Xiaoming, Wang Gang, Feng Lina. Horizontal Submerged Arc Welding Equipment Based on the Torch Swinging Design [J]. Advanced Materials Research, 2012, 429: 101-104.

[10] Bortsov A. N, Shabalov I. P, Velichko A. A, et al. Features of Multi-Electrode Submerged-Arc Welding in the Production of High-Strength Thick-Walled Pipes [J]. METALLURGIST, 2013, 57 (3-4): 310-319.

[11] 钟红春，叶代英，路程，等. 建筑钢结构工程施工现场埋弧横焊技术的研究与应用 [J]. 焊接技术，2016（2）：54-58.

[12] 赵云龙，张朝，潘宏旭. 超高层主体结构机器人现场常温焊接 [C] // 钢结构与金属屋面新技术应用. 2015.

[13] Agarwal R K, Gardner N J. FORM AND SHORE REQUIREMENTS FOR MULTISTORY FLAT SLAB TYPE BUILDINGS [J]. Aci Structural Journal, 1974.

[14] 孙璨，傅学怡，吴兵. 基于变形能原理的高层混凝土整体结构徐变效应分析 [J]. 四川建筑科学研究，2009，35（1）：11-15.

[15] 陈灿. 高层钢框架-混凝土核心筒混合结构体系施工期间变形及其控制研究 [D]. 同济大学，2007.

[16] 王宏，刘曙，陆建新，等. 深圳京基 100 无线监测数据分析 [J]. 施工技术，2012，41（18）：58-61.

[17] 陆建新，支旭东，许航，等. 深圳京基金融中心钢结构施工监测技术 [J]. 施工技术，2010，39（8）：136-140.

[18] 陈良. 泵送混凝土技术与超高层泵送混凝土技术分析 [J]. 江西建材：2016，14：110.

[19] 李谭芳，武雁鸣. 关于大体积混凝土裂缝的探讨 [J]. 内蒙古石油化工，2015，（19）：100-102.

[20] 罗晓生. 孟金龙. 李静. 张海军. 翟志梅. C80 大体积高强混凝土夏季施工技术 [J]. 2013，42（18）：37-57.

[21] 严波. 大体积混凝土配合比设计与综合温差控制技术 [J]. 混凝土. 2004（05）：65-68.

[22] 李秀才. 陈应波. 龚友丽. 大体积防裂混凝土配合比设计与试验 [J]. 2004，25（2）：51-54.

[23] Michael Schmidt. Ultra-high performance concrete-high-tech material of the future [J]. Betonwerk＋Fertigteil, 2004, 70 (2): 90~91

[24] 蒲心诚，王冲，刘芳等. 特超强高性能混凝土的研制与展望 [J]. 混凝土与水泥制品，2008（2）：1-5.

[25] 吴斌兴，陈保钢，徐建华，康明智. 高强高性能混凝土泵送压力损失规律分析 [J]. 混凝土，2011（01）：142-144.

[26] 田倩. 自密实高性能混凝土矿物外掺料 [J]. 混凝土与水泥制品，2000（5）：18-20.

[27] S Rahman, T Molyneaux, I Patnaikuni. Ultra high performance concere: recent applications and research [J]. Australian Journal of Civil Engineering, 2005, 2 (1): 13-20.

［28］ WANG Ai-qin，ZHANG Cheng-zhi，ZHANG Ning-sheng．The theoretic analysis of the influence of the particle size distribution of cement system on the property of cement ［J］．Cement and Concrete Research，1999，29（11）：1721-1726．

［29］ WANG Ai-qin，ZHANG Cheng-zhi，ZHANG Ning-sheng．The theoretic analysis of the influence of the particle size distribution of cement system on the property of cement ［J］．Cement and Concrete Research，1999，29（11）：1721-1726．

［30］ 郭佩玲，史冬青，朱新强，金永升，石勇，刘鑫，王鹏．C100超高强泵送混凝土在沈阳远吉大厦工程中应用［J］．混凝土，2003（07）：48-51＋31．

［31］ Michael P. Collins．In search of elegance ［A］//Proceedings 2nd international symposium on structural lightweight aggregate concrete．Norway，2000，1-15．

［32］ Edda，Lilja，Sveindottir．State-of-the-art report on LWAC material properties．European Union：Brite EuramIII，1998．

［33］ 丁庆军，张勇等．泵送高强轻集料混凝土的研究 ［J］．武汉理工大学学报．2001，23（9）：4-6．

［34］ 王发洲，周宇飞等．超轻集料混凝土配合比设计与泵送施工技术 ［J］．施工技术．2008，37（9）：109-111．

［35］ 彭卫．高性能轻骨料在泵送轻骨料混凝土中的应用研究 ［D］．湖南大学硕士学位论文．2009．

［36］ 低位顶升模架技术规程 ZJSJ．JS001—2014 ［S］．中建三局集团有限公司，2014．

［37］ 超高层建筑施工装备集成平台技术规程 ZJSJ．JS002—2015 ［S］．中建三局集团有限公司，2015．

［38］ 钢结构设计规范 GB 50017—2003 ［S］．北京：中国计划出版社，2003．

［39］ 液压爬升模板工程技术规程 JGJ 195—2010 ［S］．2010．

［40］ 中国建筑第四工程局有限公司，中建三局建设工程股份有限公司，广州市建筑集团有限公司．低位三支点长行程顶升钢平台可变模架体系：中国，200810029576. 5 ［P］．2010-06-30．

［41］ 中建三局建设工程股份有限公司，中建三局第三建设工程有限责任公司．低位少支点模块化整体顶升钢平台模架体系：中国，201010525164. 8 ［P］．2012-01-04．

［42］ 中建三局建设工程股份有限公司，中建三局第三建设工程有限责任公司．装配式可变钢桁架平台及其布置方法和组装方法：中国，201010191541. 9 ［P］．2011-04-20．

［43］ 中建三局建设工程股份有限公司，中建三局第三建设工程有限责任公司．可调节式挂架体系：中国，201010191405. X ［P］．2011-10-05．

［44］ 中建三局建设工程股份有限公司．一种用于超高层建筑施工的智能型施工平台：中国，201210338024. 9 ［P］．2014-09-10．

［45］ 中建三局建设工程股份有限公司．具有伸缩及自动咬合功能的可爬升支撑机构及其施工方法：中国，201210087812. 5 ［P］．2014-08-13．

［46］ 中建三局建设工程股份有限公司．具有模板功能的凸起式可周转混凝土承力件及其施工方法：中国，201210047627. 3 ［P］．2014-08-13．

［47］ 王开强，郭耀杰，吴延宏等．模块化低位顶升钢平台模架体系装配式空间钢桁架平台设计与试验研究 ［J］．施工技术，2012（41）：1-6．

［48］ 王健，周杰刚，蒲勇，李健强，王瑶．武汉中心伸臂桁架与核心筒凸点顶模协同施工技术 ［J］．施工技术，2014（20）：9-13．

［49］ 吴延宏，许立艾，王开强，刘晓升，黄爽，刘志茂．模块化低位顶升钢平台模架体系在福州世茂国际中心项目实施关键技术 ［J］．施工技术，2012，41（370）：1-6．

［50］ 王开强，郭耀杰，吴延宏，黄爽，刘晓升，刘志茂．模块化低位顶升钢平台模架体系装配式空间钢桁架平台设计与试验研究 ［J］．施工技术，2012，41（370）：7-11．

［51］ 葛洪军，苏广洪．广州珠江新城西塔顶升模板系统支撑架设计与应用 ［J］．施工技术，2009，38（12）：8-12．

［52］ 季万年，杨玮，顾国荣．广州珠江新城西塔顶升模板体系设计与应用 ［J］．施工技术，2009，38（12）：13-15．

［53］ 魏捍东，张智. 从央视大火探讨超高层建筑灭火对策［J］. 消防科学与技术，2010，29（7）：606-611.

［54］ 周波. 超高层建筑的施工现场消防系统方案设计及现状［J］. 安装，2011（06）：50-54.

［55］ 建筑火灾逃生避难器材　第1部分：配备指南 GB 21976.1—2008［S］.

［56］ 建筑火灾逃生避难器材　第5部分：应急逃生器 GB 21976.5—2012［S］.

［57］ Kakegawa，Shuji，et al. Design fires for means of egress in office buildings based on full-scale fire experiments［J］. Fire Safety Science，2003（7）：975-986.

［58］ Liu，J.，and W. K. Chow. Determination of Fire Load and Heat Release Rate for High-rise Residential Buildings［J］. Procedia Engineering，2014（84）：491-497.

［59］ Hall，John Raymond. High-rise building fires［R］. The Association，2000.

［60］ Chen，Zhengrong. Design fires for motels and hotels［R］. Diss. Carleton University Ottawa，2008.

［61］ Chow，C. L.，and W. K. Chow. Heat release rate of accidental fire in a supertall building residential flat［J］. Building and Environment，2010，45（7）：1632-1640.

［62］ Kumar，Sunil，and CVS Kameswara Rao. Fire load in residential buildings［J］. Building and Environment，1995，30（2）：299-305.

［63］ Kim，Hyeong-Jin，and David G. Lilley. Heat release rates of burning items in fires［J］. Journal of propulsion and power，2002，18（4）：866-870.